Mary Renault, 1905 in London geboren, studierte in Oxford und schrieb über ein Vierteljahrhundert Romane, in denen lebendige Spannung mit schriftstellerischer Kunst vereint ist. Sie starb 1983.

Mary Renault

Der Läufer und sein Held

Roman

Aus dem Englischen von
Albert Heß

Knaur

Von Mary Renault ist außerdem erschienen:

Feuer vom Olymp (Band 63008)
Der König muß sterben (Band 63017)
Ein Weltreich zu erobern (Band 63059)
Tödlicher Tanz (Band 63081)
Der Stier aus dem Meer (Band 63088)
Die Maske des Apoll (Band 63098)

Deutsche Erstausgabe Mai 1998

Titel der Originalausgabe: »The Last of the Wine«
Originalverlag: Curtis Brown, London
Umschlaggestaltung: Agentur Zero, München
Umschlagabbildung: AKG, Berlin
Satz: Ventura Publisher im Verlag
Druck und Bindung: Elsnerdruck, Berlin
Printed in Germany
ISBN 3-426-63089-3

2 4 5 3 1

1

Wenn ich als kleiner Junge in der Klemme saß, krank oder in der Schule verprügelt worden war, so dachte ich stets daran, daß mich mein Vater am Tage meiner Geburt hatte töten wollen.
Man mag einwenden, das sei nichts so Außergewöhnliches, ich behaupte aber doch, es sei weit weniger alltäglich, als man annehmen möchte. Wenn nämlich ein Vater ein Kind auszusetzen beschließt, so geschieht das in der Regel, und die Angelegenheit ist damit erledigt. Auch kann selten einer von sich behaupten, er verdanke statt des Todes den Spartanern oder der Pest das Leben. Es war die Zeit zu Beginn des Peloponnesischen Krieges, als die Spartaner in Attika eingefallen waren und alle Bauernhöfe einäscherten. Man war in jenen Tagen der Ansicht, kein anderes Heer vermöge ihnen zu Lande Widerstand zu leisten, weshalb wir nur die Stadt, den Hafen Piräus und die sie verbindenden Langen Mauern verteidigten. Das war auf Rat von Perikles geschehen, der zur Zeit meiner Geburt zwar bereits krank, aber tatsächlich noch am Leben war, was törichte Jünglinge noch lange nicht – wie unlängst – zur anmaßenden Frage berechtigt, ob ich mich denn noch an ihn erinnern könne.
Die Landleute, deren Güter niedergebrannt wurden, strömten in die Stadt und lebten wie die wilden Tiere, wo immer sie hinter ein paar Brettern oder unter einem Fell Zuflucht fanden. Sie schliefen und kochten in den Altären und Säulengängen der Ringerschulen. Den ganzen Weg bis zum Hafen hinunter reihten sich, den Langen Mauern entlang, stinkende Hütten aneinander. Irgendwo in dieser Gegend nahm denn auch die Pest

ihren Anfang und breitete sich aus wie Feuer in dürrer Heide. Die einen sagten, die Spartaner hätten den bogengewaltigen Apollon um Hilfe angefleht, andere hielten dafür, es sei ihnen gelungen, die Quellen zu vergiften. Einige Weiber waren es wohl, welche die Landbevölkerung bezichtigten, einen Fluch in die Stadt eingeschleppt zu haben, als könnte jemand im Ernst glauben, die Götter würden einen Staat für gerechte Behandlung seiner Bürger bestrafen. Aber die Weiber, aller Philosophie und Logik bar, fürchten die Traumdeuter mehr als den unsterblichen Zeus und halten gleich für böse, was sie ein wenig sauer ankommt.

Die Pest lichtete auch meine Familie, wie jede andere. Der Vater meiner Mutter, Damiskos, der olympische Läufer, wurde mit seinen alten Siegeszeichen und dem Olivenkranz bestattet. Mein Vater gehörte zu jenen, die sich die Krankheit zwar zuzogen, sie aber überlebten. Noch einige Zeit litt er an der roten Ruhr und war zum Kriegsdienst untauglich. Als ich geboren wurde, hatte er eben erst seine Kräfte wiedergewonnen.

Am Tage meiner Geburt starb der jüngere Bruder meines Vaters, Alexias, in seinem vierundzwanzigsten Jahr. Als er von der Erkrankung des Jünglings Philon hörte, den er sehr liebte, eilte er sogleich zu ihm und soll dort gesehen haben, wie nicht nur die Sklaven, sondern auch die leibliche Schwester des Jünglings in entgegengesetzter Richtung flohen. Vater und Mutter des Freundes waren bereits umgekommen, Alexias fand ihn allein im Becken des Hofbrunnens liegen, wohin er sich geschleppt hatte, um sein Fieber zu kühlen. Er hatte niemanden gerufen, um nach seinem Freund zu schicken, da er ihn nicht anstecken wollte; aber ein paar Passanten, die sich nicht in die Nähe wagten, berichteten, sie hätten Alexias ihn ins Haus tragen sehen. Mein Vater erfuhr davon erst später, als meine Mutter bereits in den Wehen lag. Er schickte einen verläßlichen Diener hin, der die Pest bereits hinter sich gebracht hatte; er fand die beiden

Jünglinge tot vor. Aus ihren Gebärden im Tode scheint hervorzugehen, daß Alexias zu Philons Sterbestunde die Krankheit schon selbst in sich gefühlt und, da er ihr Ende vorauswußte, den Schierlingsbecher geleert hatte, um die große Reise gemeinsam mit seinem Freund anzutreten. Der Becher stand noch neben ihm auf dem Fußboden; er hatte, wie man das nach beendetem Gelage mit dem letzten Weinrest zu tun pflegt, den Bodensatz auf die Erde geschüttet und mit dem Finger *Philon* hineingeschrieben.

Da mein Vater die Nachricht zur Nachtzeit erhielt, machte er sich mit Fackeln auf den Weg, um die Leichen zu holen, damit er ihre Asche in einer gemeinsamen Urne mischen und ihnen ein angemessenes Grabmal errichten lassen könne. Sie waren aber verschwunden und bereits in die Straße auf einen der öffentlichen Scheiterhaufen geworfen worden. Später jedoch ließ mein Großvater in der Gräberstraße für Alexias einen Stein aufstellen mit einem Relief, das die beiden Freunde zeigt, wie sie sich beim Abschied die Hände reichen; neben ihnen steht auf dem Sockel ein Becher. Jedes Jahr am Familienfest opferten wir für Alexias auf dem Hausaltar, und diese Geschichte ist eine der ersten, deren ich mich entsinne. Mein Vater pflegte zu sagen, es seien in ganz Athen ausgerechnet die Schönen und Guten gewesen, die an der Pest umgekommen.

Da Alexias vor der Zeit seiner Heirat gestorben war, beschloß mein Vater nun, das erwartete Kind, sollte es ein Knabe sein, Alexias zu nennen. Mein um zwei Jahre älterer Bruder Philokles war bei seiner Geburt ein besonders schönes und kräftiges Kind gewesen; ich aber, als die Hebamme mich hochhob, erwies mich als schmächtig, runzlig und häßlich, denn meine Mutter hat mich beinahe einen Monat zu früh zur Welt gebracht, sei es aus körperlicher Schwäche, sei es kraft der allwissenden Voraussicht eines Gottes. Mein Vater erklärte sogleich, ich sei das Kind einer unseligen Zeit, vom Zorn der Götter gezeichnet und des

Namens Alexias unwürdig; es wäre besser, mich nicht erst aufzuziehen.
Der Zufall wollte aber, daß ich geboren wurde, während er noch nach den beiden Leichen suchen mußte, und die Hebamme hat mich meiner Mutter schon zum Stillen gereicht. Das ärgerte meinen Vater, denn Mutter zeigte alsbald eine echt weibliche Liebe zu mir und bat ihn unter Tränen, noch erschöpft und fiebernd, um mein Leben. Er versuchte noch, sie zu überreden – denn mit Gewalt mochte er mich ihr nicht entreißen –, als ein Herold mit dem Horn die Reiter zusammenrief, weil die gegen die Stadt anrückenden Spartaner gesichtet worden waren.
Wir waren damals eine recht wohlhabende Familie, mein Vater hielt zwei oder drei Pferde, er mußte also zu den Waffen greifen und zu seiner Abteilung einrücken. Er nahm Abschied von meiner Mutter, zwar ohne seine Anordnungen zu widerrufen, doch ob nun aus Eile oder Mitleid, auch ohne Auftrag erteilt zu haben, seinen Befehl auszuführen. Und da sich niemand um die Ausführung eines solchen Auftrages reißt, ließ man die Sache einige Tage auf sich beruhen, bis die Spartaner abgezogen waren und mein Vater nach Hause kam. Er traf den Haushalt in Verwirrung an. Mein Bruder Philokles war tot, und meine Mutter lag in den letzten Zügen. Gleich anfangs hatte sie angeordnet, man solle mich ihr fernhalten; ich war einer Amme überlassen worden, die eine der Sklavinnen ausfindig gemacht hatte.
Mit geschorenem Haupt kehrte er vom Begräbnis zurück, ließ mich vorführen und vertraute mich weiterhin der Obhut der Amme an, die eine anständige Person zu sein schien. Er mußte meine Mutter gern gehabt und sich zudem die Unsicherheit des Lebens vergegenwärtigt haben, daß er es schließlich für weniger schmählich erachtete, mich zu hinterlassen, als ganz ohne Nachkommen zu sterben, als hätte er nie gelebt. Und als er sah, daß ich Fleisch ansetzte, kräftiger wurde und besser aussah, nannte er mich doch, wie ursprünglich beabsichtigt, Alexias.

2

Unser Haus stand im Inneren Topfmarkt, dem Kerameikos, nicht weit vom Dipylon-Tor. Der Hof hatte einen kleinen Säulengang mit bemalten Säulen, einen Feigenbaum und einen Weinstock. Auf der Rückseite befanden sich die Ställe, wo mein Vater seine beiden Pferde und einen Maulesel hielt. Man konnte unschwer auf das Stalldach und von dort aufs Hausdach klettern.

Das Dach war mit Akanthusziegeln eingefaßt und nicht sehr steil; saß man rittlings auf dem First, konnte man gerade noch über die Stadtmauer hinweg und an den Türmen des Dipylon-Tores vorbei die Heiligen-Straße sich zwischen Gärten und Gräbern nach Eleusis schlängeln sehen. Im Sommer konnte ich an einem weißen Oleander, der in der Nähe wuchs, die Grabsäule meines Onkels Alexias und seines Freundes ausfindig machen. Blickte ich nach Süden, wo die Akropolis sich wie ein riesiger Steinaltar vom Himmel abhebt, so hielt ich zwischen dem Dächergewirr der Tempel nach jenem goldigglänzenden Punkt Ausschau, der die ragende Athene Promachos bezeichnet, die ihre Lanze den Schiffen auf dem Meer entgegenhält.

Aber am liebsten blickte ich nach Norden auf die Bergkette des Parnes, die im Winter schneebedeckt und im Sommer braunversengt und grau und im Frühling grün ist, auf Ausguck nach Spartanern. Bis ich sechs Jahre alt war, kamen sie beinahe jedes Jahr. Sie zogen über den Paß bei Dekeleia, und meist kündigten ein paar Reiter ihr Kommen an, manchmal aber war der Rauch über den Hügeln, wo sie ein Gehöft einäscherten, das erste Warnzeichen für die Stadt.

Unser eigener Hof liegt in den Vorbergen, jenseits von Acharnai.

Unsere Familie soll schon seit Urzeiten dort gewohnt haben. Der Talhang ist zur Kultur von Weinreben gestuft worden, aber den besten Ertrag liefern Oliven und Gerste aus den Olivenfeldern. Er hatte dort einen Hain, wohl fast so alt wie die Erde selbst. Die Stämme waren so dick wie drei Menschenleiber, ganz knotig und knorrig. Athene selbst soll ihn gepflanzt haben, als sie dem Land die Olive als Gabe brachte. Zwei oder drei der Bäume stehen noch immer. Zur Erntezeit opferten wir jeweilen dort, falls es überhaupt etwas zu ernten gab.

Ich wurde jeweils schon im Vorfrühling aufs Gut geschickt, um Landluft zu atmen, und wieder abgeholt, wenn die Spartanereinfälle bevorstanden. Einmal aber, ich war vier- oder fünfjährig, kamen sie so zeitig, daß bei unserer Flucht großer Wirrwarr entstand. Ich erinnere mich, wie ich mit den Sklavinnen und dem Haushaltsgerät im Karren saß, mein Vater zu Pferd an unserer Seite, und wie der Sklave die Ochsen antrieb; die Karrenräder holperten, und wir husteten den Rauch der brennenden Felder. Alles wurde in jenem Jahr niedergebrannt, alles außer den Hausmauern und dem heiligen Olivenhain, den sie aus Ehrfurcht schonten.

Ich war noch zu klein, um etwas Ernstes zu verstehen, deshalb freute ich mich nach ihrem Rückzug darauf, nachsehen zu können, was sie angerichtet hatten. Einmal hatte ein Trupp im Bauernhaus Quartier bezogen, und wer schreiben konnte, hatte die ganzen Mauern mit den Namen seiner Freunde und mit Lobliedern auf ihre Schönheit und Vorzüge verkritzelt. Ich entsinne mich, wie mein Vater wütend die Kohlenstriche auszuwischen versuchte und sagte: »Laßt dies plebejische Gekritzel überstreichen. Der Junge wird nach solchen Vorlagen nie schreiben lernen, weder schön noch richtig.« Ein Spartaner hatte seinen Kamm zurückgelassen. Ich sah darin eine Kostbarkeit, mein Vater sagte aber angewidert, er sei dreckig, und warf ihn weg. Ich glaube kaum, daß ich vor meinem sechsten Jahr wußte, was Unglück heißt. Meine Großmutter, in deren Obhut ich immer gegeben wurde, wenn mein Vater in den Krieg zog, starb zu jener Zeit. Mein Großvater Philokles (ein hochgewachsener Greis mit schönem, stets frischgekämmtem Bart, dessen Weiß fast ins Blau hinüberspielte und in dessen Bild ich bis heute den Gott Poseidon verkörpert sehe, wurde altersschwach und konnte mit mir nichts mehr anfangen. Mein Vater stellte deshalb eine Kinderfrau ein, eine Freigeborene aus Rhodos.

Sie war schlank und schwarzbraun, mit einem Schuß ägyptischen Blutes. Bald erfuhr ich, ohne ganz zu verstehen, was es bedeute, daß sie meines Vaters Konkubine sei. Nicht daß er es je in meiner Gegenwart hätte an Höflichkeit fehlen lassen, aber manchmal hörte ich die Sklaven etwas munkeln, die ihre guten Gründe hatten, sie zu hassen.

Wäre ich ein wenig älter gewesen, hätte ich, wenn ihr Gebaren mich bedrückte, mich selbst mit dem Gedanken trösten können, Vater werde ihrer bald überdrüssig sein. Sie besaß nicht jene Anmut, die er selbst bei einer Hetäre von mäßiger Bildung hätte finden können; und damals konnte er sich das Beste leisten. Mir schien sie ebenso dauernd zum Hausrat zu gehören wie die Vorhalle oder der Ziehbrunnen. Doch wird sie selbst bald gemerkt haben, daß mein Vater die Gelegenheit ergreifen und sich ihrer entledigen werde, sobald ich alt genug wäre, um mit einem Pädagogen zur Schule zu gehen. Jeder Fortschritt meinerseits stachelte ihre Wut noch mehr an.

Auf der Suche nach Gesellschaft hatte ich von einem Sklaven ein verlaufenes Kätzchen bekommen. Sie sah es und drehte ihm vor meinen Augen den Hals um. Ich versuchte es ihr zu entreißen und biß sie in den Arm. Damals erzählte sie mir – auf ihre eigene Art natürlich – die Geschichte meiner Geburt, die sie von Sklaven vernommen hatte. Es kam mir nie in den Sinn, es meinem Vater zu sagen, wenn sie mich schlug, oder ihn um Hilfe

zu bitten. Ich wurde immer verschlossener und mürrischer im Umgang und blasser und trübsinniger im Aussehen. Er muß sich zuweilen gefragt haben, ob sein erster Einfall nicht doch der beste gewesen sei. An den Abenden, da er in Festkleidung zum Mahl kam, pflegte ich ihn zu betrachten und mich zu fragen, wie sich einer im vollen Bewußtsein der eigenen Schönheit wohl fühlen müsse. Er war über sechs Fuß groß, hatte graue Augen, gebräunte Haut und goldblondes Haar. Er glich einem großen Apoll aus Phaidias' Werkstatt, noch vor jener Zeit, da die Bildhauer begannen, die Züge des Gottes zu verweichlichen. Was mich betrifft, so begann ich spät zu wachsen und war für mein Alter klein, und es war deutlich genug, daß ich der männlichen Linie der Mutterseite nachschlug, die dunkles Haar und blaue Augen hatte und mehr Läufer und Springer als Ringer und Allkämpfer hervorbrachte. Die Rhodierin hatte mich nicht im Zweifel gelassen, ich sei nur ein zwerghafter Sproß aus guter Sippe; und eines Besseren war ich nie belehrt worden.
Es machte mir indessen Freude, meinen Vater in seinem besten blauen Umhang mit der Goldborte zu sehen, die braune Brust und linke Schulter entblößt, gebadet, gekämmt und mit wohlriechendem Öl gesalbt, das Haar mit einem Blumenkranz geschmückt und den Bart kurz gestutzt. Das wies auf eine Abendgesellschaft hin und bedeutete für mich, allein und ungewaschen zu Bett zu gehen, dazuliegen, während die Rhodierin in der Küche wirtschaftete, dem Flötenspiel, dem Gelächter und dem Aufklatschen des Weines in der Bronzeschüssel zu lauschen, wenn sie Kottabos spielten; und dem An- und Abschwellen der Stimmen im Gespräch oder dem Lyragesang zuzuhören. Bisweilen kletterte ich auch aufs Dach und schaute über den Hof einem Tänzer oder Gaukler zu, den man hatte kommen lassen. Einmal gab er eine Gesellschaft, zu der Hermes, der Gott, persönlich erschien. Wenigstens glaubte ich das, nicht allein, weil der Jüngling zu groß und schön erschien, um nicht ein Gott

zu sein, und sich auch gebärdete wie einer, der Anbetung gewohnt ist, sondern weil er so sehr einer Herme vor einem der neuen reichen Häuser glich, daß sein Haupt als Modell dazu hätte dienen können; und so verhielt es sich auch wirklich. Meine Ehrfurcht erfuhr erst einen Dämpfer, als er austrat und im Hof sein Wasser abschlug, was mir so ziemlich die Gewißheit gab, er sei ein menschliches Wesen. Dann rief einer von drinnen: »Alkibiades, wo bist du?«, und er kehrte in den Eßsaal zurück.
Meinem Vater gaben damals eigene Angelegenheiten genug zu schaffen, und er erinnerte sich nicht allzuoft an mich. Mitunter aber kam es ihm doch in den Sinn, daß er einen Sohn habe, und dann schickte er sich an, mir gegenüber seine Pflicht zu erfüllen. So geschah es zum Beispiel am Tage, da unser Verwalter mich beim Klauen von Korn ertappte, das ich den Tauben hinstreuen wollte. Er nahm es mir wieder weg, da wir in jenem Jahr knapp an Korn waren. Getreu den Manieren, die ich meiner Kinderfrau abgeguckt hatte, stampfte ich mit dem Fuß und sagte, er habe kein Recht, mir etwas zu verbieten, er sei ja nur Sklave. Da trat mein Vater ins Zimmer. Er hatte meine Worte gehört, schickte den Mann mit einem freundlichen Wort weg und rief mich zu sich. »Alexias«, sagte er, »mein Schild befindet sich dort drüben in der Ecke, heb ihn auf und bring ihn mir.«
Ich ging zum bezeichneten Ort, wo der Schild gegen die Wand lehnte, faßte ihn am Rand und begann ihn über den Fußboden zu rollen, da er mir zum Heben zu schwer war. »So macht man das nicht«, versetzte mein Vater. »Strecke den Arm durch die Riemen und trage ihn wie ich.«
Ich schob den Arm durch einen der Riemen und vermochte den Schild aufrecht hinzustellen, heben aber konnte ich ihn nicht; er war fast so hoch wie ich. Er fuhr fort: »Du wirst ihn doch hochheben können? Weißt du, daß ich beim Fußkampf nicht nur ihn, sondern auch noch den Speer tragen muß?« – »Aber Vater«, entgegnete ich, »ich bin ja noch kein Mann.«

»So bring ihn in die Ecke zurück«, sagte er, »und komm her!«
Ich gehorchte.
»Und nun«, fahr er fort, »hör mir gut zu. Wenn du einmal Manns genug bist, einen Schild zu tragen, wirst du erfahren, wie es kommen kann, daß Männer in die Sklaverei verkauft und ihre Kinder dort geboren werden. Bis dahin sei es dir genug zu wissen, daß Amasis und die anderen nicht durch dein Verdienst, sondern durch Bestimmung des Schicksals Sklaven sind. Du wirst den Hochmut, den die Götter hassen, zügeln und dich als anständiger Mensch betragen. Solltest du das vergessen, so züchtige ich dich selbst.«
Ein solches Aufflackern des Interesses bei meinem Vater war der Rhodierin verhaßt; sie sah plötzlich Bock und Zicklein durch ihr zerschlissenes Netz entschlüpfen. Sowie sich Gelegenheit bot, eine meiner kleinen Sünden aufzubauschen oder mich als Lügner hinzustellen, wenn ich etwas bestritt, ergriff sie diese. Sie trieb es aber zu bunt. Mein Vater sagte, es sei Zeit für mich, zur Schule zu gehen, und schickte mich unverzüglich hin. Bald darauf zog er in den Krieg; und so konnte sie noch ein paar Monate bleiben. Ich habe schon schwere Zeiten durchgemacht und mein redlich Teil Unglück auf mich genommen, jene Zeit aber war die schlimmste, deren ich mich entsinnen kann. Es ist ungewiß, wie ich sie überlebt hätte, wäre nicht in der Schule ein Freund aufgetaucht; zu einer Zeit, da ich ein schweigsamer Leisetreter geworden und gar keine Freunde besaß.
Als ich eines Morgens in die Unterrichtsstunde kam, gab es viel Gelächter und heimliches Knuffen. Den Lehrer bedachten sie mit einem neuen Übernamen: Lehrer des Alten. Tatsächlich saß im Klassenzimmer auf einer Bank ein etwa fünfundvierzigjähriger Mann mit ergrauendem Bart, der wirklich etwas alt zu sein schien für die Elementarkenntnisse, die man Kindern beibringt. Ich merkte gleich, daß ich als Einzelgänger verulkt wurde und die Bank mit dem Alten teilen sollte. Ohne mit der Wimper zu

zucken, setzte ich mich deshalb freiwillig neben ihn. Er nickte mir zu, und ich starrte ihn erstaunt an. Zuerst wohl bloß, weil er der häßlichste Mann war, den ich je gesehen, dann aber auch, weil ich ihn zu kennen glaubte, war er doch das Abbild des Silens auf der großen Weinbowle zu Hause: mit der Stumpfnase, dem großen schwulstigen Mund, den hervorquellenden Augen, den breiten Schultern und dem riesigen Kopf. Er hatte sich freundlich gezeigt, weshalb ich denn auf der Bank näherrutschte und ihn leise fragte, ob er Silen heiße. Er drehte sich mir zu, um zu antworten; ich erschrak beinahe, als sei helles Licht auf mein Herz gefallen; denn er blickte mich nicht an wie die meisten Leute die Kinder, als dächten sie halb an etwas anderes. Er nannte mir seinen Namen und fragte mich dann, wie er die Leier stimmen müsse.

Ich freute mich, mit meinen geringen Kenntnissen prahlen zu können, und fragte ihn, da ich mich in seiner Gegenwart ganz unbefangen fühlte, weshalb ein alter Mann wie er noch zur Schule gehe. Er antwortete, durchaus nicht verstimmt, für einen alten Mann sei es eine viel größere Schande als für einen Knaben, nicht alles zu lernen, was Vollkommenheit bringe, denn er habe ja reichlich Zeit gehabt, den Wert der Dinge einzuschätzen. »Und überdies«, fügte er hinzu, »erschien mir kürzlich im Traum ein Gott, der mir befahl, Musik zu machen. Ob mit den Händen oder mit der Seele, sagte er nicht; du siehst also, ich darf keins von beiden vernachlässigen.« Gern hätte ich noch mehr von seinem Traum gehört und ihm einen eigenen erzählt, doch er sagte: »Da kommt der Lehrer.«

Ich war so neugierig, daß ich anderntags, statt zu trödeln, den ganzen Schulweg rannte, um ja früh genug zu sein, mit ihm plaudern zu können. Er aber erschien genau zu Beginn der Stunde, mußte aber wohl bemerkt haben, daß ich nach ihm Ausschau gehalten hatte, denn am nächsten Tage kam er etwas früher. Ich war in einem Alter, da Kinder voller Fragen stecken;

zu Hause hatte der Vater selten Zeit, sie zu beantworten; und die Rhodierin wollte und die Sklaven konnten es nicht. Ich unterbreitete sie alle meinem neuen Klassengenossen in der Musikstunde, der nie um eine vernünftige Antwort verlegen war; selbst ein paar andere Knaben, die unsere Freundschaft verspottet hatten, verrenkten nun die Hälse und begannen zuzuhören. Mitunter, wenn ich fragte, was die Sonne erwärme oder weshalb die Sterne nicht auf die Erde fielen, antwortete er, er wisse das nicht und außer den Göttern wisse es keiner. Fürchtete man sich vor etwas, bewies er stets einleuchtend, daß und warum man sich nicht zu fürchten brauche.

Eines Tages entdeckte ich auf einem hohen Baum bei der Schule ein Vogelnest. Als mein Freund hinzutrat, sagte ich ihm, nach dem Unterricht wolle ich hinaufklettern und nach Eiern suchen. Ich glaubte gar nicht, daß er mir zuhöre, denn er schien an diesem Morgen tief in Gedanken, während ich unablässig schwatzte. Doch ganz unvermittelt starrte er mich eindringlich an, daß ich zusammenschrak, und sagte: »Nein, mein Kind, das untersage ich dir.« – »Warum?« fragte ich, denn ihn durfte man stets offenherzig nach dem Grund fragen. Da erzählte er mir, seit seiner Kindheit, als er etwa in meinem Alter gewesen, erhalte er stets, wenn er oder seine Freunde etwas zu tun beabsichtigen, was kein gutes Ende nehme, ein Warnungszeichen, das ihn noch nie getäuscht habe. Er wiederholte sein Verbot. Da ich zum erstenmal die Kraft seiner Persönlichkeit spürte, war ich tief beeindruckt und dachte gar nicht daran, seinen Befehl zu mißachten. Nicht lange, und der Ast mit dem Vogelnest fiel zu Boden: er war durch und durch verfault.

Obgleich er nie so gut spielte wie ich, da seine Finger nicht mehr so gelenkig waren wie meine, lernte er doch die Noten rasch, und der Lehrer hatte ihm nichts mehr beizubringen. Ich vermißte ihn schmerzlich, als er uns verließ. Vielleicht hatte ich den Eindruck gehabt, er sei ein Vater, der mich nicht als Schande

betrachten (denn er war häßlich), sondern mich lieben und nicht auf dem Berg aussetzen würde. Ich weiß es nicht. Jeder, der Sokrates begegnete, durch welch merkwürdigen Zufall auch immer, hatte nachher das Gefühl, er sei von einem Gott geleitet worden.
Bald darauf heiratete mein Vater seine zweite Frau, Arete, die Tochter von Archagoras.

3

Während ich und meine Altersgenossen zu Epheben heranwuchsen, wurde uns zuweilen nachgesagt, es fehle uns an der gebührenden Achtung vor Alter und Sitte, wir nähmen nichts auf Treu und Glauben hin und würfen uns eigenmächtig und überheblich zu Richtern über die Dinge auf. Man kann nur für sein eigenes Leben Zeugnis ablegen, und nach meiner Erinnerung zu urteilen, hielt ich damals bis zu einem bestimmten Tag in meinem fünfzehnten Lebensjahr die meisten Erwachsenen für weise.
Mein Vater erwartete seinen Freundeskreis zum Nachtmahl und benötigte Kränze für die Gäste. Schon tags zuvor hatte ich ihm gesagt, die schönsten Blumen könne ich früh morgens vor Schulbeginn pflücken. Er lachte, da er meinen Vorwand, einmal ohne den Begleiter ausrücken zu können, durchschaute; doch er gab mir die Erlaubnis, wohl wissend, daß mich zu so früher Stunde nicht viele Versuchungen erwarteten. Jedermann weiß, daß man meinen Vater in jungen Jahren statt »Myron, Sohn von Philokles« nur »Myron, den Schönen« nannte, als wäre das ganz selbstverständlich. Er aber dachte wie alle Väter, ich sei kind-

licher und unreifer als er in meinem Alter. An jenem Tag aber hatte er mit der Vermutung recht, mein einziger Wunsch bestehe darin, den Aufmarsch der Kriegsflotte zu schauen. Als sei nicht schon seit unserer Geburt Krieg gewesen, nannten wir Jungen ihn *den* Krieg, denn es handelte sich nun um eine neue Expedition der Stadt, und die gewaltigen Rüstungen für das Expeditionsheer machten auf uns den Eindruck von wirklichem Krieg. In der Palästra konnte man rund um die Einfassung des Ringplatzes überall Männer sehen, die kleine Landkarten in den Staub ritzten, von Sizilien zum Beispiel, das unsere Truppen erobern sollten, von den verbündeten und den dorischen Städten oder vom großen Hafen von Syrakus.

Es überraschte mich, daß mein Vater nicht mitzog. Nicht daß die Reiterei einberufen worden wäre, doch hatten sich manche Reiter, um nicht zurückbleiben zu müssen, freiwillig als Hopliten gemeldet. Zwar war er erst vor kurzem von einem Feldzug zurückgekehrt, der ihn mit Philokrates zur Insel Melos geführt hatte, die uns den Tribut verweigert hatte. Die Athener hatten den Sieg davongetragen und die Melier völlig unterdrückt. Ich hatte auf die Nachricht gewartet, um meinen Schulkameraden sagen zu können: »Mein Vater sagt es, er war dabei!« Er brauste aber gleich auf, als ich ihn ausfragen wollte.

Als ich jetzt beim zweiten Hahnenschrei aufstand, während die Sterne noch hell leuchteten, hütete ich mich, den Haushalt aufzuwecken, was meinen Vater aufgebracht hätte, denn unsere Nachtruhe war bereits gestört worden. Die Hunde hatten Lärm geschlagen, und wir mußten aufstehen, um Schlösser und Riegel zu sichern; und doch hatte niemand einzubrechen versucht. Ich weckte den Pförtner, der hinter mir wieder zuriegelte, und ging hinaus. In meiner Jugend ging ich immer barfuß, was jeder Läufer tun sollte. Als ich vom Vorhof auf die Straße hinauskam, trat ich auf etwas Spitziges. Da meine Sohlen so hart wie Ochsenhaut waren, floß kein Blut, und ich hielt mich nicht auf, um

nachzusehen. In diesem Jahr hatte ich mich für die Panathenischen Spiele zum Langlauf der Jugend gemeldet, weshalb ich während des Laufens meine Aufmerksamkeit auf die Anweisungen meines Sportlehrers richtete. Gewöhnt an den groben Sand der Übungspiste, schien jetzt mein Schritt federleicht auf dem feinen Straßenstaub. Früh wie es war, brannten in der Straße der Waffenschmiede noch immer die Lampen, und rot stieg der Rauch aus den dickwanstigen, niedrigen Schornsteinen neben den Werkstätten. Auf meinem Weg begleitete mich das Dröhnen der Hämmer; die schweren streckten Panzerplatten, die mittleren vernieteten Scharniere, und die leichten Hämmer schlugen die Goldverzierungen fest, welche von Kunstbeflissenen bestellt worden waren. Mein Vater hatte nichts dafür übrig, da oft eine Speerspitze darin festhakte, statt abzuprallen. Gern wäre ich eingetreten und hätte der Arbeit zugeschaut, aber es blieb mir nur gerade Zeit, zur Akropolis hinaufzusteigen und nach den Schiffen Ausguck zu halten.
So früh war ich noch nie dort gewesen. Von unten sahen die Mauern riesig wie schwarze Klippen aus, mit ihren mächtigen zyklopischen Felsen, die unten noch immer von den Feuern der Meder rauchgeschwärzt waren. Ich schritt am Wachtturm und an der Bastei vorbei und stieg die Stufen zur Stoa Poikile empor. Zum erstenmal hier allein, ergriff mich ein ehrfürchtiger Schauer vor ihrer Höhe und Breite und den in Dunkelheit sich verlierenden weiten Räumen; mir war wirklich, als betrete ich die Schwelle der Götter. Die Nacht lichtete sich wie dunkler Wein, dem klares Wasser beigemischt wird; noch konnte ich sehen, wie die Farben unter dem Dach gleißten und im Dämmergrau des Morgens klarer wurden.
Neben dem Altar der Gesundheit gelangte ich so ins Freie und sah die Flügel und Dreifüße auf den Tempeldächern sich schwarz vom perlgrauen Himmel abheben. Da und dort stieg ein flüchtiger Rauch auf, wo jemand opferte oder ein Orakelprie-

ster die Vorzeichen befragte; aber kein Mensch war sichtbar. Hoch über mir blickte die hehre Athene Promachos unter ihrem dreifachen Helmbusch hervor. Duft von Weihrauch lag in der Luft und ein Geruch von Tau. Ich schritt zur Südmauer und blickte auf die See hinaus.
Die Ferne war schummrig wie Nebel, doch ich sah die Schiffe, da alle ihre Lichter brannten. Auf den vertäuten Schiffen brannten sie für die Wachen und die vor Anker liegenden als Vorsichtsmaßnahme; so viele hatte es. Fast hätte man glauben können, Poseidon habe seinen alten Zwist mit Athene gewonnen und die Stadt aufs Meer hinaus verlegt. Ich begann die Schiffe zu zählen: die um den Piräus dicht zusammengeballten, jene am buchtenreichen Strand von Phaleron und jene, die draußen in der Bucht vor Anker lagen; doch ich verzählte mich bald.
Weiter als bis Delos war ich noch nie gekommen; dorthin war ich einmal mit einem Knabenchor zum Tanz für Apollon gefahren. Voller Neid war ich auf die Kämpfer des Heeres, die nun auszogen, um den Ruhmesbecher zu leeren, und mir nichts übrigließen. So muß mein Großvater noch gesehen haben, wie sich die Flotte bei Salamis zusammenscharte, wo der Bronzeschnabel seiner Trireme wie der Adler des Zeus auf die Schiffe der langhaarigen Meder schoß. Der Himmel verfärbte sich; ich drehte mich um und sah hinter dem Hymettos den Morgen heraufdämmern. Die Lichter erloschen eins ums andere, und die Schiffe selbst, wie graue Vögel auf dem Wasser schaukelnd, wurden langsam sichtbar. Die Speerspitze der Athene sprühte Feuerfunken, und nun wußte ich, daß Eile not tat, wollte ich nicht zu spät zur Schule kommen. Die Farben an Statuen und Friesen wurden kräftiger und heller, und der Marmor erwärmte sich. Mir war, als würde jetzt aus Nacht und Chaos heraus die göttliche Ordnung gepriesen. Ich fühlte mein Herz höher schlagen. Als ich die Schiffe so dichtgedrängt auf der Wasserfläche gesehen, hatte ich mir gesagt, sie hätten uns zu dem gemacht, was

wir waren, zu den Führern aller Hellenen. Doch nun hielt ich inne, blickte um mich und dachte: »Nein, wir sind das nicht dank unserer Schiffe, sondern kraft der den Göttern allein gefälligen Gaben geworden.«

Nun breitete die Morgendämmerung ihre Flammenschwingen aus, doch Helios weilte noch immer unter dem Meeresspiegel. Alles war licht und schwerelos; und reglos lag die Welt da. Vor dem Weggehen hatte ich das Bedürfnis zu beten, wußte aber nicht, an welchen Altar mich wenden, denn die Götter schienen allgegenwärtig und sprachen zu mir alle dasselbe, als wären ihrer nicht zwölf, sondern einer nur. Ich wußte dunkel, daß ich einem Mysterium beigewohnt hatte, wußte aber nicht, was für einem. Ich war glücklich. Da ich alle Götter gleichermaßen zu preisen wünschte, blieb ich stehen, wo ich war, und hob die Hände zum Himmel.

Erst als ich die Treppe hinunterstieg, kam ich wieder zu mir und merkte, daß ich mich verspätet hatte. Aus Leibeskräften rannte ich zum Markt, verbrauchte schnell das Geld meines Vaters, kaufte bereits zu Kränzen gewundene Veilchen und etwas Stephanotis; die Verkäuferin gab mir einen Binsenkorb obendrein. An einem anderen Stand gab es dunkelblaue Hyazinthen, für die ich etwas Geld beiseite gelegt hatte. Ein Mann, der Myrten aussuchte, lächelte mir zu und sagte: »Du hättest zuerst diese kaufen sollen, Hyakinthos.« Doch ich runzelte bloß die Stirn und ging weiter, ohne ein Wort.

Der Markt war überfüllt und die Leute redselig. Neuigkeiten höre ich so gern wie irgendeiner, da mir aber der Mann mit den Myrten folgte und ich den Zorn meines Vaters nicht herausfordern wollte, rannte ich, so schnell es möglich war, ohne die Blumen zu zerdrücken, und schaute deshalb weder nach rechts noch links, bis ich zu Hause angelangt war.

Ich hatte für unsere Schutzherme einen Myrtenkranz gekauft, um sie zum Fest zu schmücken. Es war eine sehr alte Herme, die schon vor dem Einfall der Meder beim Tor gestanden. Sie hatte den Gesichtsausdruck der ältesten Statuen: einen geschlossenen, wie Neumond lächelnden Mund, einen Reisehut auf dem Kopf und einen Bart. Ich hatte den Schutzgott von Kindesbeinen an gekannt; darum hatte ich eine Schwäche für ihn und dachte nicht schlechter von ihm, wenn er auch etwas Bäurisches an sich hatte. Ich trat auf ihn zu und suchte in meinem Korb nach dem Kranz. Als ich ihn in Händen hielt, blickte ich auf. Er war von der hellen Morgensonne überglänzt. Da fuhr ich entsetzt zurück und schlug das Bannzeichen gegen Unheil.

Jemand war in der Nacht gekommen und hatte sein Gesicht zertrümmert. Bart und Nase waren verschwunden, ebenso Hutkrempe und Phallus, und auch der Mund war zur Hälfte weggeschlagen; er sah aus wie vom Aussatz zerfressen. Nur die blaugemalten Augen waren übrig und blickten grimmig, als hätten sie sprechen wollen. Überall zerstreut lagen Splitter herum, und an einem solchen hatte ich mir wohl beim Aufbruch in der Dunkelheit den Fuß verletzt.

Im ersten Schreck glaubte ich, der Gott selbst müsse das getan haben, um unser Haus für eine schreckliche Schuld zu verfluchen. Ich hatte aber das Gefühl, ein Gott hätte das Bildwerk mit einem einzigen Donnerschlag in zwei Stücke geschlagen; das hier war das Werk von Menschenhand, die anrichtete, was sie eben konnte. Dann fiel mir das Bellen der Hunde in der Nacht wieder ein.

Ich traf meinen Vater, bereits angekleidet, bei der Durchsicht einiger Rechnungsrollen. Er begann zu schelten, denn die Sonne war inzwischen aufgegangen, als er aber meine Nachricht hörte, eilte er hinaus. Erst bannte er den bösen Blick durch ein Zeichen, dann schwieg er eine Weile. Endlich sagte er: »Das Haus muß gesäubert werden. Das war die Tat eines Wahnsinnigen.«

Da hörten wir Stimmen näherkommen. Unser Nachbar Phalinos, sein Verwalter und ein paar Passanten sprachen alle gleichzeitig und sprudelten die Nachricht hervor, alle Hermen der ganzen Straße seien geschändet worden. Auch in anderen Straßen habe man so gewütet.
Als das Geschrei etwas nachließ, sagte mein Vater: »Die Götter müssen sich gegen unsere Stadt verschworen haben. Da steckt der Feind dahinter.« – »Welcher Feind?« fragte Phalinos. »Du willst wohl sagen, Ehrfurchtslosigkeit und starker Wein hätten sich verschworen. Wer, außer einem, trotzt dem Gesetz aus Anmaßung und den Göttern aus Spaß? Das spottet jeder Beschreibung, noch dazu am Vorabend des Feldzuges. Mögen die Götter geben, daß nur die Schuldigen leiden.« – »Ich kann mir denken, auf wen du anspielst«, versetzte mein Vater. »Aber du wirst deinen Irrtum noch einsehen. Wir alle wissen, daß der Wein ihn zu Ausschweifungen verführt, aber er macht ihn nicht dumm, blind oder töricht; ich vertraue auf die Orakel des Dionysos.« – »Das mag deine Meinung sein.« Phalinos konnte selbst die freundschaftlichste Meinungsverschiedenheit nicht ertragen. »Wir wissen, daß die, welche Alkibiades' Gunst, und sei es auch noch so kurze Zeit, genossen haben, ihm alles verzeihen.«
Ich weiß nicht, was mein Vater darauf geantwortet hätte, da er mich aber dabeistehen sah, wandte er sich ärgerlich um und fragte, ob ich eigentlich den ganzen Tag auf den Straßen herumzulungern gedenke.
Ich ging schnell frühstücken, rief meinem Knabenführer und machte mich auf den Schulweg. Man kann sich denken, daß es uns auf dem Weg nicht an Gesprächsstoff fehlte. Er war ein Lyder, hieß Midas und konnte lesen und schreiben; ein kostspieliger Sklave, um als Knabenführer verwendet zu werden, doch mein Vater hielt nichts davon, Kinder einfach der Obhut von Sklaven anzuvertrauen, die einzig zur Begleitung taugten. Midas hatte seit geraumer Zeit gespart, um sich einmal loszukaufen,

indem er in der Freizeit Reden abschrieb, aber er war ein teurer Sklave gewesen und hatte wohl zehn Minen gekostet, so daß er sich kaum die Hälfte erübrigt hatte. Vor kurzem hatte ihm aber Vater versprochen, falls er bis zu meinem siebzehnten Jahr gut für mich sorge, werde er als eine Gabe der Götter seine Freiheit erhalten.

In jeder Straße hatte es zertrümmerte Hermen. Einige waren der Ansicht, man hätte für dieses Zerstörungswerk eine ganze Armee anheuern müssen; andere sagten, es sei eine Rotte Betrunkener gewesen, die sich nach einem Gelage auf dem Heimweg ausgetobt habe; und wiederum wurde der Name Alkibiades genannt.

Außerhalb des Schulareals stand eine Knabenschar und betrachtete die dort stehende Herme. Sie war ein schönes Kunstwerk gewesen, ein Geschenk von Perikles. Einige Jungen deuteten mit den Fingern, begannen zu kichern und kreischen, worauf einer der älteren hinging und sie zurechtwies. Da ich in ihm einen meiner Freunde, Xenophon, den Sohn von Gryllos, erkannte, rief ich ihn. Er kam herüber und sah sehr ernst aus. Er war ein hübscher Junge, groß für sein Alter, mit dunkelrotem Haar und blauen Augen; sein Begleiter folgte ihm auf den Fersen, denn schon begann er die Aufmerksamkeit auf sich zu lenken.

»Das müssen die Korinther gewesen sein«, sagte er zu mir, »sie wollten die Götter veranlassen, im Krieg gegen uns zu kämpfen.« – »Müssen die aber einfältig sein«, erwiderte ich, »glauben sie denn, die Götter könnten im Dunkeln nicht sehen?« – »Einige Bauern auf unserem Gut draußen vermögen kaum den Gott von dem Bildwerk zu unterscheiden, dem er innewohnt. In Sparta könnte das nie und nimmer geschehen.« – »Das möchte ich denn doch nicht sagen! Vor ihren schmierigen Hütten haben sie statt einer Herme nichts als einen Steinhaufen. Laß mich mit deinen Spartanern in Frieden!« Das war ein alter Streitpunkt zwischen uns, weshalb ich es mir nicht verkneifen konnte, noch hinzuzufügen: »Oder vielleicht waren es gar die Spartaner selbst, sie sind ja schließlich mit Syrakus verbündet.« – »Die Spartaner!« rief er und starrte mich an. »Das gottesfürchtigste Volk in ganz Hellas! Du weißt nur zu gut, daß sie an nichts Heiliges rühren, selbst im Kriege nicht, und jetzt herrscht ja Waffenruhe. Bist du verrückt?« Ich wußte wohl, daß wir uns wegen der Spartaner schon einmal bis aufs Blut gereizt hatten, ließ aber die Sache auf sich beruhen. Er plapperte ja bloß nach, was er von seinem Vater gehört, den er sehr liebte, und dessen Ansichten genau mit jenen übereinstimmten, die mein Großvater bis zum Tode hochhielt. Alle führenden Familien aus früherer Zeit, denen das Eindringen der Gemeinen in die Staatsgeschäfte verhaßt war, wünschten Frieden und ein Bündnis mit Sparta. Das galt nicht nur für Athen, sondern für ganz Hellas. Die Spartaner hatten ihre Gesetze seit drei Jahrhunderten unverändert beibehalten, und die Heloten schickten sich in die unterdrückte Stellung, die ihnen von den Göttern auferlegt worden war. Davon konnte ich selbst – aus den Tagen der Rhodierin – ein Liedlein singen. Doch man konnte Xenophon nie lange böse sein. Er war ein gutherziger Junge, alles zu teilen bereit und nie ratlos in einer Klemme.

»Du hast wohl recht«, sagte ich, »wenn ihr König als Beispiel zählt. Hast du von König Agis' Hochzeit gehört? Die Braut lag im Ehebett, und er war eben im Begriffe, die Schwelle zu überschreiten, als die Erde zu beben begann. Das böse Vorzeichen beachtend, kehrte er um, ging aus dem Zimmer und gelobte, nicht vor Ablauf eines Jahres zurückzukommen. Wenn das nicht gottesfürchtig ist, was dann?« Ich hatte gehofft, ihn zum Lachen zu bringen, denn er liebte einen guten Scherz; aber er konnte daran nichts Komisches finden.

Eben jetzt trat der Rektor Mikkos aus dem Schulhaus, um uns hereinzurufen. Wir hatten Homer, und er war ärgerlich, teils wegen der öffentlichen Unordnung, teils wegen der unsrigen; er holte bald den Lederriemen hervor.

Nach der anschließenden Musikstunde konnten wir es kaum erwarten, unsere Leiern aufzuhängen und zur Palästra hinauseilen zu dürfen. Während wir uns entkleideten, sahen wir den Säulengang voller Menschen; nun konnten wir die letzten Neuigkeiten erfahren. Unser Sportlehrer hatte bei Delion eine Kompanie befehligt, heute aber konnte er sich kaum Gehör verschaffen, und der Flötenklang, der zu den Übungen rief, wurde im Lärm erstickt. So suchte er sich denn die paar besten Ringer zur Spezialausbildung aus und befahl den übrigen, unter sich zu üben. Unsere Begleiter rappelten sich auf, als sie bemerkten, daß wir den Männern in den Säulengängen zuhörten, aber auch sie redeten alle über Politik. Man konnte das schon von weitem bemerken, denn sie dämpften stets die Stimme, wenn sie sich über einen Jungen stritten.

Jedermann schien mit Sicherheit den Schuldigen zu kennen, und nicht zwei waren gleicher Meinung. Einer sagte, die Korinther wollten den Krieg hinziehen, ein anderer erwiderte, das sei Unsinn, hier seien Leute am Werk gewesen, welche die Stadt so gut wie ihre eigenen Höfe kannten. – »Warum nicht? Einige unserer zugewanderten Metöken würden selbst ihre Väter für fünf Obolen verkaufen.« – »Sie arbeiten schwer und verdienen tüchtig Geld, was Unduldsame bereits als Verbrechen brandmarken.« So kam es, daß Widersacher in Liebe oder Politik, die bislang den Mund gehalten, sich nun in aller Öffentlichkeit schmähten. Noch nie war ich inmitten fassungsloser Männer gewesen, und ich war noch zu jung, um nicht bestürzt zu sein. Ich hatte bis dahin nicht geglaubt, daß ein von einem eigenen Mitbürger begangener Frevel einen Fluch über die ganze Stadt bringen könne.

Neben mir schoben ein paar junge Männer den Oligarchen die Schuld in die Schuhe. »Warte nur, das werden sie den Demokraten anzuhängen versuchen und sich dann die Erlaubnis zum Waffentragen ausbitten, zum Selbstschutz. Das ist der alte Trick des Tyrannen Pisistratos. Doch er hat damit den eigenen Kopf, nicht den eines Gottes eingeschlagen.« Die Oligarchen nannten das ein Bubenstück abgefeimter Demagogie. Die Stimmen verschärften sich; eine bisher unbekannte rief: »Gebt weder den Demokraten noch den Oligarchen die Schuld; die trägt ein einzelner. Ich kenne einen Zeugen, der für sein Leben fürchtete und nun in einem Tempel Schutz gesucht hat. Er schwört, daß Alkibiades ...«

Bei der Erwähnung dieses Namens wurde der Tumult noch größer als zuvor. Es wurden Anekdoten über seine erotischen Heldentaten erzählt, was für uns Knaben, die wir die Ohren spitzten, nicht unbedingt erzieherisch wirkte oder zum Schulpensum gehörte. Andere sprachen von seiner Maßlosigkeit, seinen sieben Rennwagen in Olympia, seinen Rennpferden, Flötenspielerinnen und Hetären, wie er jedermann an Eleganz und Prunk ausstach, wenn er sich für ein Theaterstück oder einen Chor einsetzte. »Nur des Goldes und der Beute wegen begann er die sizilische Expedition.« – »Weshalb sollte er dann einen Frevel anstiften, um sie zu verhindern?« – »Er würde unter einer Tyrannis nur noch reicher.« Die Stadt wurde des Geschwätzes über Alkibiades nicht müde. Zwanzig Jahre alte Geschichten aus seiner Knabenzeit, über seine Unverschämtheit gegenüber Verehrern, wurden wieder aufgetischt. »Nur zu seinem eigenen Ruhm hat er den Krieg fortgesetzt«, sagte einer. »Hätte er die spartanischen Unterhändler nicht genasführt, als sie verhandeln kamen, hätten wir jetzt Frieden.« Eine zornige Stimme, die sich schon lange Gehör zu schaffen versucht hatte, rief jetzt aber: »Soll ich euch Alkibiades' Verbrechen nennen? Er wurde zu spät geboren, in einer Stadt kleiner Geister. Weshalb hat der Pöbel Aristides, den Gerechten, verbannt? Weil er es überdrüssig war, das Lob auf seine Vorzüge anzuhören! Er gestand ihm seine

Tugend zu. Er wurde durch sie beschämt. Und jetzt verabscheut er es wiederum, Schönheit und Geist, Tapferkeit, edle Geburt und Reichtum in einem einzigen Mann vereinigt zu sehen. Was erhält denn die Demokratie überhaupt am Leben, wenn nicht der Haß auf das Vortreffliche, wenn nicht das Bemühen der Niederträchtigen, keinen Kopf über ihrem eigenen zu dulden?« »Nie und nimmer, bei allen Göttern. Demokratie ist Gerechtigkeit, die Gabe des Zeus an die Menschheit.« – »Gerechtigkeit? Wenn die Götter einem Menschen Weisheit oder Besonnenheit oder Erfahrenheit verleihen, muß man ihn dann herunterreißen, als hätte er all das gestohlen? Bald ist es so weit, daß wir unsere besten Athleten im Namen der Gerechtigkeit und auf Veranlassung der schlechtesten krumm und lahm schlagen. Oder ein pockennarbiger und triefäugiger Mitbürger wird Klage führen gegen einen Jüngling wie diesen da« (hier deutete er plötzlich mit dem Finger auf mich), »und um der Gerechtigkeit willen wird man ihm wohl die Rotznase einschlagen.«
Gelächter unterbrach hier die Auseinandersetzung. Die Gebildeteren unter ihnen blickten, da sie meine Verwirrung gewahrten, zur Seite, ein paar andere aber glotzten mich beharrlich an. Ich sah Midas den Mund verziehen und trollte mich.
Zu den wenigen Jungen, die tatsächlich zu üben versucht hatten, gehörte auch Xenophon. Er hatte seinen Gang beendet und kam zu mir herüber. Ich glaubte schon, er werde sagen, in Sparta gäbe es weniger Lärm. Aber er versetzte: »Hast du zugehört? Ich will dir etwas Merkwürdiges sagen. Wer die Korinther oder Oligarchen beschuldigt, behauptet immer, das verstehe sich von selbst oder alles weise darauf hin; wer aber Alkibiades die Schuld zuschiebt, sagt, er habe es auf der Straße gehört.« – »So ist es. Dann ist vielleicht etwas daran?« – »Ja, es sei denn, jemand setze dieses Gerücht mit Vorbedacht in Umlauf.« Er hatte ein offenes Gesicht und ruhiges Gebaren; man mußte ihn schon gut kennen, um einzusehen, daß er einen klugen Kopf auf den

Schultern trug. Er schaute in der Säulenhalle umher, dann lachte er im stillen. »Falls du übrigens bei einem Sophisten weiterlernen willst, wenn du von der Schule kommst, so ist jetzt die Zeit, dir einen auszuwählen.«

Man konnte ihm sein Lachen nicht verargen. Bis er mich daran erinnerte, hatte ich ganz vergessen, daß die Sophisten hier waren. An einem gewöhnlichen Tage wäre ein jeder hochaufgerichtet inmitten seiner Schüler gestanden wie eine von Bienen umsummte Blume; heute aber saßen sie auf den Bänken oder schritten im Säulengang auf und ab und fragten wie alle einen jeden aus, der etwas zu wissen vorgab. Die einen unterschieden sich von ihrer Umgebung durch größeren Anstand, andere aber nicht. Zenon verfocht hitzig seine demokratischen Ansichten; Hippias, der seine jungen Parteigänger so zu behandeln gewohnt war, als drückten sie noch die Schulbank, hatte sie ein Streitgespräch ausfechten lassen und mußte sie nun mit hochrotem Kopf zur Ordnung rufen; Dionysodoros und sein Bruder, billige Jahrmarktsophisten, die zu herabgesetzten Preisen von der Tugend bis zum Seiltanz alles lehrten, kreischten wie Marktweiber, bezichtigten Alkibiades und gerieten in Wut, wenn die Leute lachten; denn es war wohlbekannt, daß dieser einmal beide herausgefordert und in einem halben Dutzend Antworten mit ihren eigenen Waffen widerlegt hatte. Einzig Gorgias, mit seinem langen weißen Bart und seiner glänzenden Beredsamkeit, sah, obgleich selbst Sizilianer, gelassen wie Saturn aus. Er saß da, die Hände im Schoß gefaltet, umgeben von ernsten jungen Männern, deren anmutige Haltung ihre Erziehung verriet. Wenn ein oder zwei Worte herüberklangen, konnte man hören, daß sie ganz in philosophische Gespräche vertieft waren.

»Mein Vater«, bemerkte Xenophon, »läßt mich zwischen Hippias und Gorgias wählen. Gorgias scheint mir besser.« Ich ließ den Blick durch die Palästra wandern und sagte: »Es sind nicht alle hier.«

Meine eigenen ehrgeizigen Pläne hatte ich ihm nicht anvertraut. Er teilte die Ansicht meines Vaters, daß Philosophen sich anständig kleiden und benehmen sollten, wie es sich für ihren Stand geziemt. Aber Midas war mir auf den Sprung gekommen. Er nahm seine Aufgabe ernst, und mein Vater hatte ihm aufgetragen, nicht nur Verehrer abzuweisen, sondern mich auch allen Sophisten und Rhetorikern fernzuhalten. Ich sei noch zu jung, sagte mein Vater, um der Philosophie etwas Stichhaltiges abzugewinnen, sie würde mich nur zur Haarspalterei gegenüber gesetzteren Leuten und zur Überschätzung der eigenen vermeintlichen Weisheit verführen.
In diesem Augenblick kanzelte uns der Sportlehrer ab; wir seien zum Ringen da und nicht zum Quatschen wie Mädchen bei einer Hochzeit; es würde uns noch leid tun, wenn er das wiederholen müsse. Noch während wir uns alle um einen Gegner bemühten, hörte ich einen lauten Aufruhr am Ende des Säulenganges. Aus seiner Mitte drang eine mir bekannte Stimme. Weshalb ich nicht stehenblieb, wo ich war, weiß ich selbst kaum. Ein Junge gleicht einem Hund, er ist glücklicher, wenn er die Meute hinter sich weiß. Werden seine Götter verspottet, läßt er die Ohren hängen und zieht den Schwanz ein. Und nun zog es mich zur anderen Seite der Palästra; ich eilte hin und gab vor, einen Partner zu suchen, machte aber gleichzeitig um jeden, der wirklich frei war, einen großen Bogen.
Sokrates, aus voller Kehle schreiend, stritt sich mit einem mächtigen Mann, der ihn niederzubrüllen versuchte. Eben als ich anlangte, schrie er: »Schön, du achtest also die Götter der Stadt? Und die Rechte auch?« – »Wie sollte ich nicht?« brüllte der Mann, »frag das deinen Freund Alkibiades, nicht mich!« – »Das Beweisrecht, zum Beispiel?« Der Mann schrie: »Gib dir keine Mühe, den wahren Sachverhalt zu verschleiern.« Hierauf mischten sich die Umstehenden ein und riefen: »Nein, nein, das ist nicht angängig, du solltest seine Frage beantworten.« – »Na

schön, ich achte jedes Recht, das du willst, aber es sollte ein Gesetz erlassen werden gegen Leute wie dich!« – »Gut denn, wenn das, was du uns gesagt hast, dir beweiskräftig erscheint, warum unterbreitest du es nicht den Archonten? Ist es etwas wert, so wirst du noch dafür bezahlt. Du traust dem Recht, traust du auch dem Beweisrecht? Nun, so sprich!«
Das tat der Mann. Er nannte Sokrates eine listige Schlange, die Schwarz in Weiß verdrehe und von den Korinthern bestochen sei. Ich konnte Sokrates' Antwort nicht hören, doch plötzlich landete der Mann einen Schwinger an seinen Kopf, daß er gegen Kriton taumelte, der neben ihm stand. Alles ging durcheinander. Kriton sagte ganz verwirrt: »Das wirst du noch bedauern, mein Lieber. Einen freien Bürger schlagen! Dafür wirst du büßen müssen!« Sokrates hatte inzwischen wieder das Gleichgewicht erlangt. Er nickte dem Mann zu und sagte: »Danke. Nun sehen wir alle die Kraft deiner Beweisführung ein.« Der Mann fluchte und erhob die Faust, und ich dachte: »Diesmal wird er ihn töten.«
Kaum wissend, was ich tat, traf ich Anstalten, mich auf den Mann zu stürzen. Dann sah ich, daß einer der jungen Männer, die hinter Sokrates gegangen waren, vortrat und den Raufbold am Handgelenk packte. Ich wußte, wer er war, nicht nur, weil ich ihn mit Sokrates oder in der Stadt gesehen hatte, sondern weil in Mikkos' Flur eine Bronzestatuette des etwa Sechzehnjährigen stand. Er war ehemaliger Schüler und hatte bei den Panathenischen Spielen im Ringen einen Kranz gewonnen, als er noch zur Schule ging. Es hieß auch, er habe zu den auffallendsten Schönheiten seines Jahrgangs gehört, was noch immer mühelos zu erkennen war. Ich las seinen Namen täglich, da er auf dem Sockel der Statue eingeritzt war: Lysis, Sohn von Demokrates, aus Oexone.
Sokrates' Feind war ein mächtiger, klotziger Mann. Lysis war größer, aber nicht so dick. Ich hatte ihn aber schon auf dem

Ringplatz gesehen. Er winkelte den Arm des Kerls auf dessen Rücken und sah dabei so ernst und bedacht aus, als bringe er ein Opfer dar. Die Faust des Mannes zuckte krampfartig; als er das Gleichgewicht verlor, versetzte ihm Lysis einen unerwarteten Stoß, der ihn fein säuberlich die Stufen hinab und in den Staub der Palästra schickte. Der Sand stopfte ihm das Maul so gründlich, daß alle Jungen lachten; das klang wie Musik in meinen Ohren. Lysis blickte Sokrates an, als wolle er sich für die Einmischung entschuldigen, und trat wieder in die Schar der jungen Männer zurück. Die ganze Zeit hatte er kein Wort gesprochen. Wirklich hatte ich seine Stimme selten gehört, außer bei den Pferderennen mit Fackeln, wenn er das Gespann anfeuerte. Sie übertönte dann Beifallsrufe, Pferdelärm und alle anderen Geräusche.

Auf Sokrates' Gesicht zeichnete sich ein rotes Mal ab. Kriton drängte ihn, doch Klage zu führen, und anerbot sich, für die Gerichtsgebühren aufzukommen. »Mein lieber Freund«, sagte Sokrates, »letztes Jahr bockte auf der Straße ein Esel und versetzte dir einen Fußtritt; ich kann mich aber nicht erinnern, daß du ihn gerichtlich belangt hättest. Dir, lieber Lysis, danke ich herzlich für den guten Willen. Eben als er an der Durchschlagskraft seiner Argumente zweifeln wollte, hast du sie ihm mit Beredsamkeit und Überzeugungskraft bestätigt. Und nun, meine Lieben, wollen wir wieder zu unserem Gespräch über die Aufgaben der Musik zurückkehren.«

Ihre Gedankengänge wurden zu schwierig für mich, aber ich zauderte noch, blieb im Sand unten stehen und schaute zu ihnen, die auf dem Bürgersteig standen, empor. Lysis war mir am nächsten, denn er stand ein wenig hinter den andern zurück. Ich verglich ihn im Geist mit der Statue im Flur; der Vergleich fiel nicht schwer, weil sein Gesicht rasiert war, damals eine neue Mode, die von den Athleten erst kürzlich eingeführt worden war. Ich bedauerte, daß jetzt, da er ein Mann war, keiner eine Bronze

von ihm schuf. Das Haar, welches er kurz trug, schmiegte sich leicht gelockt an den Kopf und glänzte wie ein goldverzierter Bronzehelm, da es blond und braun meliert war. Noch während sich meine Gedanken mit ihm beschäftigten, drehte er sich um. Es war augenfällig, daß er sich nicht erinnerte, mich je gesehen zu haben; er lächelte mir aber trotzdem zu, als wollte er sagen: »Tritt nur näher, wenn du willst, es wird dich keiner fressen.«
Ich faßte Mut und trat einen Schritt vor. Doch Midas, der nie lange müßig blieb, sah mich und kam sogleich herbeigeeilt. Er packte mich sogar am Arm, weshalb ich ruhig und ohne Widerstreben mit ihm ging, um mir noch größere Demütigungen zu ersparen. Sokrates sprach gerade mit Kriton und achtete nicht darauf. Ich bemerkte, wie Lysis mir beim Weggehen nachblickte; ob er aber meinen Gehorsam billigte oder meine Unterwürfigkeit verachtete, konnte ich nicht sagen.
Auf dem Heimweg sagte Midas: »Sohn Myrons, ein Junge deines Alters sollte nicht mehr dauernd überwacht werden müssen. Was kommt dir denn in den Sinn, Sokrates nachzulaufen, nach allem, was ich dir erzählt habe? Besonders heute?« – »Warum heute?« fragte ich. – »Hast du vergessen, daß er der Lehrer von Alkibiades war?« – »Nun, und?« – »Sokrates hat sich stets geweigert, in die heiligen Mysterien eingeweiht zu werden; wer anders, glaubst du, hat Alkibiades beigebracht, sie zu verspotten?« – »Verspotten?« wiederholte ich, »tut er das?« – »Du hast ja gehört, was alle Bürger sagen.« Es war das erstemal, daß ich davon hörte, aber ich wußte um das Geschwätz unter Sklaven. »Nun, wenn er das tut, ist es doch widersinnig, Sokrates dafür verantwortlich zu machen. Schon seit Jahren habe ich Alkibiades nie in seiner Nähe gesehen oder sie zusammen sprechen hören, abgesehen von einem Gruß auf der Straße vielleicht.« – »Ein Lehrer ist für seinen Schüler verantwortlich. Wenn Alkibiades Sokrates mit Recht verließ, muß Sokrates ihm Grund dazu gegeben haben und ist zu tadeln; falls aber zu Unrecht, hat

Sokrates ihm nicht genug Gerechtigkeitssinn beigebracht. Wie kann er behaupten, seine Schüler zu fördern?« Diese Schlußfolgerung mußte er wohl von Dionysodoros oder einem ähnlich schlechten Sophisten aufgeschnappt haben. Obwohl ich noch keine Übung in Logik besaß, witterte ich einen Trugschluß. »Wenn Alkibiades die Hermen schändete, sind sich alle einig, daß das seine größte Schandtat war. Folglich muß er als Schüler von Sokrates besser gewesen sein, als er es heute ist, nicht wahr? Und du weißt ja nicht einmal, ob er es überhaupt getan hat. Und«, fügte ich hinzu, und wurde wieder zornig, »was Lysis anbetrifft, er wollte mir aus reiner Gutmütigkeit die Befangenheit nehmen.« Midas sog die Wangen ein. »Gewiß. Wer wollte daran zweifeln? Wir kennen aber beide die Anweisungen deines Vaters.«

Darauf hatte ich keine Antwort; so antwortete ich: »Mein Vater sagte dir, ich dürfe die Sophisten nicht hören, Sokrates aber ist Philosoph.« – »Jeder Sophist«, versetzte Midas naserümpfend, »ist ein Philosoph – für seine Freunde.«

Schweigend ging ich weiter und dachte: »Wozu mit einem Manne rechten, der ohnehin nur an das denkt, was ihm in zwei Jahren die Freiheit verschaffen kann? Mag er denken, was er will. Mir scheint, ich kann gerechter sein als Midas, nicht weil ich gut, aber weil ich frei bin.« Er ging einen Schritt hinter meinem Ellbogen und trug meine Schreibtafeln und meine Leier. Ich dachte: »Ist er einmal frei, wird er sich einen Bart wachsen lassen und Hippias ziemlich ähnlich sehen. Wenn er will, wird er dann mit anderen freien Männern sich zu Kampfübungen entkleiden dürfen, aber schon zu alt sein, um seinen Körper noch gerne zu zeigen, der weiß und weich sein muß.« Ich hatte ihn in all den Jahren nie nackt gesehen, er hätte ebensogut eine Frau sein können. Auch wenn er frei wäre, würde er immer noch nicht mehr sein als ein Metöke, ein Zugewanderter, nie aber ein Bürger.

Vor langer Zeit einmal hatte ich meinen Vater gefragt, weshalb Zeus die einen Menschen als in Städten wohnende und die Gesetze achtende Hellenen, andere als Barbaren unter Tyrannenherrschaft und wieder andere als Sklaven erschaffen habe. Er hatte geantwortet: »Mein lieber Junge, du könntest ebensogut fragen, warum er die einen Tiere als Löwen, einige als Pferde und andere als Schweine erschaffen hat. Zeus der Allwissende hat alle Arten von Menschen in einem ihrem Wesen gemäßen Zustand erschaffen; etwas anderes läßt sich nicht erwägen. Vergiß aber nicht, daß ein schlechtes Pferd übler ist als ein guter Esel. Und warte zu, bis du älter bist, ehe du nach dem Ratschluß der Götter fragst.«

Als ich nach Hause kam, begegnete ich meinem Vater im Hof; er trug einen Myrtenkranz auf dem Kopf. Er hatte alles bereitgestellt, was die Ausräucherung des Hauses erforderte: Wasser aus den Neun Quellen, Weihrauch und alles übrige. Er hatte auf mich gewartet, damit ich ihm bei den Riten die notwendigen Handreichungen machte. Es war lange her, seit wir diese Riten zum letztenmal ausüben mußten, und damals nur, weil ein Sklave gestorben war. Ich band mir die Myrte um den Kopf und half ihm beim Reinigungsopfer; als der Weihrauch auf dem Hausaltar brannte, sprach ich die Antworten zu den Gebetsformeln. Ich war froh, als es zu Ende war, denn ich war hungrig, und der Geruch aus dem Innern des Hauses verriet, daß meine Mutter etwas Gutes kochte.

Um genau zu sein, müßte ich eigentlich »Stiefmutter« schreiben, aber nicht nur rief ich sie Mutter, sondern nannte sie auch in meinen eigenen Gedanken so, da ich keine andere gekannt. Wie bereits erklärt, bewahrte mich ihr Einzug in unser Haus vor viel Elend und Kummer; deshalb dünkte mich, eine Mutter müsse gerade sein wie sie und nicht anders. Es spielte für mich keine Rolle, daß sie nur etwa acht Jahre älter war als ich. Mein Vater hatte sie geheiratet, als sie noch nicht ganz sechzehn gewesen.

Anderen mochte es damals vorgekommen sein, als trete sie mir gegenüber eher als ältere Schwester auf, der man die Schlüsselgewalt anvertraut hat; ich erinnere mich, daß sie sich anfänglich oft an mich um Rat wandte, wenn sie über die Gepflogenheiten des Hauses im Ungewissen war, um ihre Autorität bei den Sklaven nicht einzubüßen. Doch weil ich oft von einer zärtlichen Mutter geträumt hatte, wenn ich unglücklich war, und da sie mir freundlich begegnete, erschien sie mir als Prototyp aller Mütter. Das mag auch der Grund gewesen sein, weshalb ich bei meiner Einweihung in die Mysterien von gewissen Dingen, über die zu sprechen unstatthaft ist, nicht so ergriffen und beeindruckt war wie die anderen Neophyten meiner Umgebung. Die Göttinnen mögen mir verzeihen, wenn ich etwas Unpassendes gesagt habe.

Selbst dem Aussehen nach hätte sie meine Schwester sein können, denn mein Vater, der offenbar schwarzhaarige Frauen bevorzugte, hatte als zweite Frau eine gewählt, die der ersten nicht unähnlich sah. Ihr Vater war ruhmbedeckt bei Amphipolis gefallen; sie verwahrte seine Rüstung in einer Olivenholztruhe, denn er hatte keine Söhne. Deshalb hatte er sich wohl angewöhnt, zu ihr mit fast unschicklicher Offenheit zu sprechen; denn als sie zuerst in unser Haus kam, pflegte sie oft meinem Vater Fragen über den Krieg und Ereignisse in der Ratsversammlung zu stellen. Über den ersteren gab er zuweilen Auskunft, wenn sie aber auf einem Gespräch über die Geschäfte der Politik beharrte, trat er, freundlich ablehnend, zu ihrem Webstuhl und lobte ihre Arbeit. Als mir nun der Geruch des guten Essens in die Nase stieg, lächelte ich und dachte: »Liebe Mutter, mich brauchtest du nicht erst zu nötigen, ich würde dir schon für eine Schale Bohnensuppe alles verraten, was sich in der Stadt herumspricht.«

Deshalb stieg ich nach dem Essen zu den Wohnräumen der Frauen hinauf. Sie wob schon seit geraumer Zeit an einem großen Wandbehang für das Eßzimmer: scharlachrot, in der Mitte ein weißes Schiff auf blauer See, und mit einer Borte aus persischer Arbeit. Eben hatte sie das Mittelstück beendet. An einem kleineren Webstuhl wob eine der Mägde, die sie angelernt hatte, ein ungemustertes Tuch. Der kleinere Webstuhl schnurrte gleichmäßig, während das Klappern des größeren den Takt nach den Erfordernissen des Musters richtete.

Sie fragte mich zuerst, wie es mir in der Schule ergangen sei. Um sie zu necken, antwortete ich: »Nicht sehr gut. Mikkos schlug mich, weil ich meine Verse vergessen hatte.« Ich dachte, sie frage mich wenigstens nach dem Grund meiner Vergeßlichkeit, aber sie sagte nur: »Pfui, schäme dich!« Als sie sich aber umblickte, lachte ich, und sie stimmte ein. Die anmutige Linie ihres Kopfes gemahnte an einen grazilen Vogel mit strahlenden Augen. Neben ihr stehend, bemerkte ich, daß ich wieder gewachsen war; waren bisher unsere Augen auf gleicher Höhe gewesen, so blickte ich ihr nun bereits an die Stirn. Ich erzählte ihr alle Gerüchte, die im Umlauf waren. Wenn sie nachdachte, zog sie die Augenbrauen bei der Nasenwurzel nach oben, so daß dazwischen auf der Stirn eine kreideweiße Vertiefung entstand.

»Wer, glaubst du, Mutter, hat es getan?« fragte ich. Sie antwortete: »Vielleicht werden es die Götter enthüllen. Aber, Alexias, wer wird jetzt an Alkibiades' Stelle das Heer befehligen?«

»An seiner Stelle?« fragte ich und riß die Augen auf. »Aber er muß doch der Anführer sein. Es ist doch *sein* Krieg.« – »Ein Mann, der des Sakrilegs bezichtigt wird? Sie können doch das Heer nicht einem Fluch aussetzen?« – »Wohl kaum; vielleicht werden sie dann gar nicht nach Sizilien fahren.« Ich machte ein langes Gesicht, da ich an die Schiffe dachte und an all die großen Siege, auf die wir uns gefreut hatten. Meine Mutter schaute mich an, nickte und sagte: »O doch, sie werden fahren. Männer sind wie Kinder, sie müssen ihre neuen Kleider gleich am ersten Tag tragen.« Sie wob wieder ein paar Reihen und fügte hinzu: »Dein

Vater sagt, Lamachos sei ein guter Anführer.« – »Er wurde schon zu oft zum Gespött gemacht«, erwiderte ich. »Er kann zwar nichts dafür, daß er arm ist, aber als er das letztemal Schuhleder für sich bestellte, griff Aristophanes das Thema auf, weißt du, und begann ihn mit all seinen Scherzen lächerlich zu machen. Doch Nikias wird ihn wohl im Auge behalten.«

Sie hielt mit Weben inne und wandte sich um, das Weberschiffchen in der Hand. »Nikias?« fragte sie. – »Natürlich, Mutter. Das versteht sich doch von selbst. Er ist schon immer einer der hervorragendsten Athener gewesen, soweit ich zurückdenken kann.« Und wirklich, das hätte sogar ein Bürger im Alter meines Vaters noch immer behaupten dürfen.

»Aber er ist ein alter, kranker Mann«, sagte sie. »Er sollte seine Suppe im Bett essen und nicht übers Meer fahren. Der Krieg hat ihm schon von Anfang an den Magen umgedreht.« Ich merkte, daß sie bereits einiges von den Ereignissen gehört hatte; zweifellos war jede Frau, die noch ihrer Beine mächtig war, unter dem Vorwand, ein wenig Mehl oder ein Krüglein Öl borgen zu wollen, von Haus zu Haus gelaufen. »Und doch«, fuhr ich fort, »wäre er der richtige Mann, wenn die Götter erzürnt sind. Sie haben es sein ganzes Leben lang nicht zugelassen, daß er eine Schlacht verliere. Keiner hat ihnen mehr Achtung gezollt als er. Ja, er hat ihnen sogar ganze Altäre und Tempel errichtet.«

Sie blickte auf. »Was kann es den Göttern schon bedeuten, von einem Manne gefürchtet zu werden, der sich selbst vor allem fürchtet? Wie sollte er auch Schlachten verlieren? Er ging nie ein Wagnis ein.«

Ich blickte mich ängstlich um. Zum Glück war mein Vater nicht da.

»Ich habe selbst gesehen«, fuhr sie fort, »wie er auf der Straße, als eine Katze seinen Weg kreuzte, darauf wartete, daß ein anderer an ihr vorübergehe und das Unglück auf sich nehme. Ein solcher Mann gibt keinen Krieger ab.« – »Kein Zweifel,

Mutter«, sagte ich lachend, »du hättest eher das Zeug dazu.« Sie errötete, wandte sich wieder zum Webstuhl und sagte: »Ich darf keine Zeit mehr mit Schwatzen vertrödeln. Die Freunde deines Vaters kommen heute abend.«

Dieser Kreis trug den Namen »Sonnenrosse«. Damals war er in der Politik eher gemäßigt, und sein Hauptanliegen war ein gepflegtes Gespräch, obgleich er daneben auch den üblichen politischen Zwecken diente. Die Mitgliederzahl durfte acht nicht übersteigen, damit das Gespräch die Linie bewahre. Alle Gründungsmitglieder, zu denen auch mein Vater zählte, waren Männer von Rang und einigem Reichtum gewesen, der Krieg hatte aber manche Veränderungen in den Vermögensverhältnissen bewirkt. Heute bemühten sie sich als Aristokraten, die Tatsache zu übersehen, daß es nun Reiche und Arme unter ihnen gab; die Beiträge für die Mahlzeiten waren immer bescheiden gewesen, und es wurden auch vom jeweiligen Gastgeber keine kostspieligen Zugaben erwartet. Vor kurzem aber hatten die Dinge einen Punkt erreicht, wo einige Männer sich das zusätzliche Lampenöl und das Gewürz für die Mahlzeiten des Kreises nicht mehr leisten konnten; sie gaben unter irgendeinem Vorwand den Austritt, um diese Ausgaben nicht der gemeinsamen Kasse aufbürden zu müssen. Einer, dessen Stolz nicht allzu empfindlich, der aber sehr beliebt war, hatte mehr als einmal seinen Teil von den anderen Mitgliedern zusammentrommeln lassen.

»Wohin willst du?« fragte mich meine Mutter. – »Nur schnell zu Xenophon. Sein Vater hat ihm ein Fohlen geschenkt, das er selbst dressiert, um reiten zu können, wenn er zur Stadtwache kommt. Ich möchte seine Fortschritte sehen. Er sagt, man dürfe ein Pferd ebensowenig mit der Peitsche zureiten wie einem Tänzer mit Schlägen Anmut beibringen. Ein Pferd müsse aus seinem eigenen Stolz heraus einen gefälligen Stil finden. Mutter, wäre es nicht an der Zeit, daß Vater ein neues Pferd kauft? Korax ist nur noch ein alter Klepper; was soll ich reiten, wenn ich zur

Wache komme?« – »Du?« rief sie aus. »Du Kindskopf, das hat noch gute Weile.« – »Nur drei Jahre, Mutter.« – »Das hängt von der kommenden Ernte ab. Bleib nicht zu lange bei Xenophon. Vater will dich heute abend zu Hause wissen.« – »Nicht heute, Mutter, heute kommt der Kreis.« – »Das weiß ich, Alexias. Und dein Vater hat angeordnet, daß du nach dem Mahle den Wein einschenken sollst.« – »Wer? Ich?« Ich war tief beleidigt. Noch nie hatte ich bei Tisch den Diener spielen müssen, abgesehen von öffentlichen Essen, wo die Sitte dieses Amt den Kindern aus guter Familie anweist. »Was ist denn los? Sind die Sklaven krank?« – »Zeige nur Vater nicht diesen Murrkopf. Du solltest das als Ehre betrachten. Und nun troll' dich, ich hab' zu tun.«

Als ich an diesem Abend zum Baderaum ging, war mein Vater bereits fertig, und der alte Sostias spülte ihn ab. Wie ich seine gutgeformten Schultern betrachtete, ebenmäßig, breit und nicht zu wuchtig, nahm ich mir vor, künftig mehr Zeit auf Diskus- und Speerwerfen zu verwenden. Mag auch die junge Generation anderer Meinung sein, selbst heute kann ich es kaum ertragen, wenn ein Läufer aus nichts als Beinen besteht und außerhalb der Rennbahn nur dazu taugt, schneller als andere vom Schlachtfeld zu fliehen.

Als Sostias gegangen war, sagte mein Vater: »Du wirst uns heute abend den Wein einschenken, Alexias.« – »Ja, Vater.« – »Alles, was du von den Gästen hörst, behältst du für dich. Verstanden?« – »Ja, Vater.« Das rückte die Sache in ein neues Licht. Ich ging weg und holte mir einen Kranz; ich glaube, aus Hyazinthen. Sie waren mit dem geschäftlichen Teil früh fertig; während sie noch aßen, hieß mich mein Vater die Leier holen und singen. Ich gab die Ballade von Harmodios und Aristogeiton zum besten. Dann sagte mein Vater: »Verzeiht dem Jungen seine etwas abgeschmackte Wahl; aber gerade solange diese altbekannten Lieder für die Knaben noch den Reiz der Neuheit haben, können sie am meisten daraus lernen.« – »Entschuldige dich nicht,

Myron«, sagte Kritias. »Ich bin wohl nicht der einzige hier, der beim Hören dieser Ballade ihren Sinn heute abend zum erstenmal richtig verstanden hat.« Die Sklaven räumten die Tische ab, was mir Gelegenheit gab, zu tun, als hätte ich nichts gehört.
Nachdem ich den Wein gemischt hatte, schritt ich rings um die Liegebetten, unauffällig und ruhig, wie man es mich gelehrt hatte; aber der eine oder andere alte Freund meines Vaters hielt mich zurück und wechselte mit mir ein paar Worte. Theramenes, der mir mein erstes Knöchelspiel geschenkt hatte, bemerkte, ich sei tüchtig gewachsen und würde so schön werden wie mein Vater, falls ich nicht meine Zeit im Badehaus oder dem Balsamladen vergeude, sondern mir die Wahl des Herakles immer vor Augen halte. Einige weitere Gäste hatten auch ein Wort für mich übrig, als ich aber zu Kritias trat, beeilte ich mich nach Möglichkeit, als stünde ich vor einem Regimentstisch in Sparta.
Er war damals wenig über Dreißig, posierte aber bereits als Philosoph, in Mantel und Bart. Er hatte ein ausgehungertes Gesicht, und die Haut spannte sich glatt über die Backenknochen. Er sah aber nicht schlecht aus, wenn man von seiner Hagerkeit absah, nur seine Augen waren zu hell neben der dunklen Haut. Er gehörte dem Kreis noch nicht lange an, wurde aber als eine seiner Zierden betrachtet, denn er stammte aus bestem Hause, war reich und geistvoll. Natürlich hatte mich niemand um meine Meinung gefragt, wie man sich wohl denken kann. Zufällig hatte ich seine Bekanntschaft einiges früher als mein Vater gemacht. Er war mir zuerst in der Gesellschaft von Sokrates aufgefallen, was in mir solches Zutrauen erweckte, daß ich mich von ihm ansprechen ließ, als er sich mir näherte, während Midas den Rücken kehrte.
Zwar war ich alt genug, um bereits Aufmerksamkeiten von Männern ausgesetzt zu sein, aber auch noch kindlich genug, um das reichlich lächerlich zu finden, was übrigens Männer, die

Knaben nachstellen, gewöhnlich auch sind. Aber es wäre mir nie eingefallen, Kritias lächerlich zu finden.
Als ich mit dem Wein zu ihm trat, war er voll Freundlichkeit und sagte, als hätten wir uns nie zuvor gesprochen, er habe mich auf der Rennpiste beobachtet und eine Leistungssteigerung festgestellt; er nannte auch die Namen von ein paar Siegern, die mein Sportlehrer ausgebildet hatte. Als ich so knapp antwortete als möglich, lobte er meine Bescheidenheit und fügte hinzu, ich hätte das Gebaren eines früheren und besseren Jahrhunderts; er zitierte Theognis dazu. Ich konnte feststellen, daß mein Vater beifällig zuhörte. Sobald er aber den Kopf abwandte, versetzte Kritias seiner Trinkschale einen kleinen Stoß, daß der Wein sich über mein Kleid ergoß. Er entschuldigte sich und sagte, hoffentlich würden keine Flecken bleiben. Damit griff er plötzlich mit der Hand unter den Saum meines Untergewandes, aber so, daß außer mir jeder glauben mußte, er befühle nur den Stoff.
Ich weiß nicht mehr, was mich zurückhielt, ihm den Krug über den Kopf zu schlagen. Er wußte wohl, daß ich mich schämen würde, die Aufmerksamkeit auf ihn zu lenken – in Gegenwart meines Vaters und seiner Freunde. Ich entzog mich ihm sogleich, wenn auch ohne ein Wort, und ging zur Mischbowle den Krug nachfüllen. Ich dachte, keiner hätte etwas bemerkt, als ich aber zu Tellis kam, dem Manne, der zu arm war, um seinen eigenen Mitgliederbeitrag zu bezahlen, redete er zu mir mit einer Güte, die mich erraten ließ, daß er alles beobachtet hatte. Beim Aufblicken sah ich, daß Kritias uns beide wachsam betrachtete.
Nachdem die Kränze hereingebracht, die Sklaven gegangen und die Türen geschlossen worden, luden mich ein oder zwei Gäste ein, mich neben sie zu setzen; ich ließ mich aber am Fußende der Kline meines Vaters nieder. Sie hatten um die Wette Verse zitiert, eine Unterhaltung, in der Kritias geglänzt hatte; als sie nun aber allein waren, blickten sie sich an, und es

entstand eine Pause. Dann sprach Theramenes: »Nun, jeder Hund hat seinen Tag, und heut ist Demagogentag.«
Mehrere Stimmen pflichteten ihm bei. Er fuhr fort: »Sie denken mit den Ohren, den Augen, den Bäuchen oder mit was auch immer, nur nicht mit dem Verstand. Wenn Alkibiades unverschämt zu ihnen war, muß er in ihren Augen auch schuldig sein. Hat er aber in einem Laden viel Geld ausgegeben und dabei sein Lächeln nicht vergessen, kann er mit einer geschändeten Herme unter dem Arm durch die ganze Stadt spazieren und ist für sie doch so unschuldig wie dieser Junge hier. Macht man sie aber darauf aufmerksam, was zweckmäßig wäre, macht man ihnen klar, daß er ein genialer Stratege ist, wie ihn Ares nur einmal in einem Jahrhundert schickt, dann glotzen sie; was geht das sie schon an? Seit drei Generationen haben sie den Fuß auf kein Schlachtfeld mehr gesetzt, sie haben nicht einmal eine Rüstung, nein, uns aber können sie Marschbefehle erteilen und unsere Anführer wählen.« Kritias warf ein: »Wir tragen die ganze Last der Stadt, und sie sind wie verzogene Kinder: sie zerschlagen die Dachziegel, und wir bezahlen.«
»Von der Gerechtigkeit«, fuhr Theramenes fort, »haben sie soviel Ahnung wie ein Fischgekröse. Ich sage dir, mein lieber Myron, noch heute abend könnte ich hier eine wüste Keilerei und ein Saufgelage anzetteln, dich vor all diesen Zeugen ins Gesicht schlagen, deine Sklaven verletzen, und wenn du dann einfach vor Gericht gehst und aussiehst und dich benimmst wie ein Aristokrat, ich wette, du würdest deinen Fall verlieren. Denn ich, mein Lieber, würde mein altes Gewand anziehen, das ich draußen auf dem Lande trage, mir von einem ehrlichen armen Teufel eine Rede aufsetzen lassen und sie so gut auswendig lernen, bis ich sie selber glaubte. Ich würde meine Kinder mitbringen und mir noch einige ausborgen dazu, weil das Jüngste schon zehnjährig ist, und wir würden uns alle die Augen mit Zwiebel reiben. Ich versichere dir, am Ende wärest du es, der

die Buße zu bezahlen hätte, weil du deinen harmlosen Freund mit stärkerem Stoff, als er ihn sich zu Hause leisten kann, abgefüllt und versucht hast, daraus Vorteil zu schlagen. Angespien würdest du noch bei deinem Abgang.«

Mein Vater antwortete: »Nun gut, ich muß zugeben, daß sie oft wie Kinder sind. Aber Kinder kann man erziehen. Perikles hat dies getan. Wer aber macht das jetzt? Jetzt, da sie sich in ihrer Torheit ganz dem Gewinn verschrieben und nach nichts anderem mehr trachten?« – »Ein jeder mag sich über sie beklagen«, sagte einer, »nur nicht Alkibiades. Er hat die Demagogie selbst erfunden. Vor dieser Tatsache sollten wir die Augen nicht verschließen, nur weil er die Demagogie mit einer gewissen Würde und Anmut ausübt.« – »Wir wollen ihm die Ehre dieser Erfindung lassen, wenn du willst«, antwortete Kritias, »nicht aber die ihrer Vervollkommnung. Er hätte es besser wissen müssen, statt seine stärksten Verbündeten zu beleidigen. Das wird ihn teuer zu stehen kommen.« – »Ich muß heute abend schwer von Begriff sein«, sagte Tellis. »Was für einen Verbündeten meinst du?« Kritias lächelte, nicht ohne eine Spur von Verachtung. »Vor langer Zeit«, fuhr er fort, »lebte einmal ein weiser alter Tyrann. Name und Stadt kennen wir nicht, doch man mag sie erraten. Seine Wachmannschaft genügte wohl zum Schutz seiner eigenen Person, nicht aber zur Durchsetzung der Regierungsmaßnahmen. So erfand er in seinem Kopf zwölf riesige Wächter und Diener seines Willens: allwissend, fernhintreffend, und erderschütternd, Spender von Korn, Wein und Liebe. Er erschuf sie nicht alle fürchterlich, weil er Dichter und weise war. Aber auch den Schönen verlieh er die Gabe schrecklichen Zornes. ›Ihr mögt euch allein wähnen‹, sprach er zum Volk, ›wenn ich mich in meine Burg eingeschlossen habe. Sie aber sehen euch und lassen sich nicht täuschen.‹ So schickte er die zwölf aus, einen Donnerkeil in der einen, einen Becher mit Mohnsaft in der andern Hand; und sie waren treffliche Diener seit eh und je für den, der sich ihrer zu bedienen wußte. Perikles, zum Beispiel, hatte sie alle zu Gebot. Man möchte glauben, auch Alkibiades habe etwas daraus gelernt.«

Zum erstenmal in meinem Leben hörte ich solche Gespräche. Meine Gedanken wanderten zur Morgendämmerung dieses selben Tages zurück, als ich auf der Akropolis gestanden; nun kam mir vor, es wäre eine Kleinigkeit gewesen, meinen Körper zu schützen, als er diesen schmutzigen Händen ausgeliefert gewesen.

Mein Vater war offensichtlich der Meinung, man hätte auf meine Gegenwart mehr Rücksicht nehmen dürfen. Er schickte mich deshalb mit dem Wein nochmals herum, um die anderen an meine Anwesenheit zu erinnern. Dann sagte er: »Im übrigen ist noch nichts bewiesen. Die Vernunft verlangt nicht weniger als das Gesetz nach einem Grund. Nichts könnte ihm mehr einbringen als die Unterwerfung Siziliens. Die einzige Schwierigkeit, die meines Erachtens auftauchen könnte, wäre die Frage, wie man die Leute daran hindere, ihn zum König zu krönen. Wenn die Athener selbst die Hermen zertrümmerten, so halte man nach einem Menschen Ausschau, der nach einer Tyrannis trachtet und einen Rivalen fürchtet.«

Kritias entgegnete: »Ich bezweifle, daß man dort suchen wird, hat sich erst einmal die Geschichte seiner eleusinischen Belustigung herumgesprochen.«

Man konnte förmlich hören, wie die Männer im Zimmer den Atem einzogen, um zum Sprechen anzusetzen, und ihn dann schweigend wieder ausstießen. Mein Vater sagte: »Der Junge wird in die Mysterien eingeweiht.« Aber sie hatten es sich bereits überlegt, und keiner sprach ein Wort. Schließlich brach mein Vater das Schweigen. »Gewiß«, sagte er, »werden dem selbst unsere unbeholfenen Freunde von der Agora nach so langer Zeit nicht zuviel Gewicht beimessen. Jeder gute Verfasser von Anklagereden … Man weiß doch, wie die jungen Männer

sind, die mit Denken erst beginnen und die sich für vorurteilsfrei halten. Ein Fackelzug durch den Garten, neue Verse zur Melodie einer Hymne, eine Überraschung im Dunkeln und etwas Gekicher, und schließlich nichts Schlimmeres als vielleicht ein wenig Liebesfeuer. Das war im Jahre, als … Aber da war ja noch kaum sein Bart gesproßt.«
Kritias runzelte die Stirn. »Aber nein. Natürlich würde das heute nicht viel Staub aufwirbeln. Hatte er diese Neigung schon so früh? Nein, ich sprach von diesem Winter. Das wird er kaum als jugendlichen Leichtsinn abtun können, fürchte ich. Sie plünderten das Lagerhaus und raubten rituelle Gegenstände. Das müßte schon ein äußerst tüchtiger Verfasser von Gerichtsreden sein, der das wegerklären könnte. Sie verhöhnten schlechthin alles. Gebete, Waschungen, die heiligen Worte, alles. Wußtest du das nicht, Myron?« Mein Vater schob die Trinkschale zur Seite und sagte: »Nein.«
»Nun, wer damals zugegen war, wird es heute wohlweislich vergessen haben. Da es aber schon spät war und einige Verwirrung herrschte, achtete man unglücklicherweise nicht auf die Sklaven; sie blieben bis zuletzt; und einige waren Uneingeweihte.«
Von allen Lagern hörte ich wieder das Einziehen des Atems der Männer. Kritias fuhr fort: »Sie machten auch die Enthüllung lächerlich. Sie führten ein Weib herein.« Er fügte noch etwas hinzu, was man nicht niederschreiben kann.
Es folgte ein langes Schweigen. Dann rief ein Mann aus der entfernteren Ecke: »Das ist nicht nur Blasphemie, das ist Hybris.«
»Es ist noch viel gefährlicher«, entgegnete Kritias, »es ist Leichtfertigkeit.« Er hob die Schale hoch und setzte sie wieder hin, um mir zu bedeuten, daß sie leer sei. »Er wird sich zugrunde richten, weil sich sein Kopf nicht lange mit etwas Ernsthaftem befassen mag. Seine Begabung ist außerordentlich. So beginnt er ein

Unternehmen von einiger Wichtigkeit, ist sich seines Erfolges gewiß und zieht einen Mißerfolg gar nicht erst in Betracht. Dann kommt etwas über den Weg gelaufen, ein Streit, eine Liebesgeschichte, irgendeine Narretei, der er nicht widerstehen kann. Er liebt gefährliche Improvisationen. Er hat die Seele eines Akrobaten. Denkt an sein erstes öffentliches Auftreten, mit dem er Kriegsgelder beibringen wollte. Keiner weiß wie er das erste Auftreten wirkungsvoll zu gestalten. Aber er kann seine Kampfwachtel nicht zu Hause lassen, ungeachtet des Verbotes. Sie entschlüpft seinem Mantel. Im ersten Augenblick sind die Leute belustigt, rennen im Theater herum und suchen sie für ihn einzufangen. Unbekümmert um alles, was ihm später nützlich sein könnte, nimmt er sie aus der Hand eines Niemand entgegen, eines Steuermannsmaates eines Kriegsschiffes; sie gehen zusammen nach Hause, und der Mann bleibt bei ihm bis zum heutigen Tag. Ein andermal, als er sich mit Geschäften abgeben soll, will er die Kunst des Verhandelns lernen. Er geht zu Sokrates; nicht gerade eine sehr umsichtige Wahl, aber auch keine dumme; der Mann ist zwar verrückt, aber ein hervorragender Logiker; ich habe ihm selbst einiges zu verdanken und gebe das offen zu. Seine Gedankengänge führen selbstredend alle zu einem Rationalismus, den anzunehmen er selbst sich weigert; man kennt ja diese Exzentriker. Alkibiades aber, der zu jener Zeit bereits alles Schöne in dieser Stadt genossen hatte, von allen drei Geschlechtern, ist von der außergewöhnlichen Häßlichkeit des Mannes fasziniert und duldet es, daß dieser den Unterricht nach allen möglichen Richtungen ausdehnt. Nicht lange, und er hat das Hirngespinst seines Liebhabers, unsere Göttervorstellungen seien erneuerungsbedürftig, aufgegriffen und folgert durch einen einfachen Syllogismus, alle noch nicht erneuerten und gereinigten Götter seien Freiwild. Daher rührt auch der gefährliche kleine Mummenschanz, von dem du, Myron, sprachst. Heute hat er es freilich aufgegeben, die Olympier bessern zu wollen, obwohl er sie in Angelegenheiten der Liebe noch einiges lehren könnte. Gefahr und Wein müssen heute schwer sein, um sein Blut noch in Wallung zu bringen.«

Ich stand neben der Weinbowle, den Krug in der Hand, und schaute Kritias an. Am liebsten hätte ich ihn tot gesehen. Ich erinnere mich, fest geglaubt zu haben, mein Fluch würde wirksamer sein, könnte ich ihn dazu zwingen, mir in die Augen zu schauen; aber er blickte nicht her.

Dann sagte Tellis, der lange nicht gesprochen hatte, mit seiner ruhigen Stimme: »Nun, wir begannen damit, die Hermenschändung zu erörtern. Wenn eines feststeht, glaube ich, so dies: eine Stegreifhandlung war das nicht. Selbst ein paar hundert Mann könnten das kaum in einer einzigen Nacht und in der ganzen Stadt bewerkstelligen. Oder wurden die Hermen da und dort von Betrunkenen zertrümmert, und niemand erinnert sich? Und kein Vorübergehender soll sie zurechtgewiesen oder angezeigt haben? Nein, Myron hat recht, alles war haarklein vorbereitet, und nicht von Alkibiades.«

Kritias entgegnete ruhig: »Ich bin überzeugt, daß keiner von Tellis geringer denken wird, weil er zu seinem Gastgeber hält.«

Die Männer hatten getrunken und waren ganz von ihren Angelegenheiten in Anspruch genommen. Ich aber, als bloßer Zuschauer, sah, wie Tellis' Gesicht erstarrte wie unter dem ersten Streich eines Schwertes. Wenn wir uns unter guten Freunden wähnen, die schon tausend Beweise für die Wertschätzung unserer Gesellschaft geliefert haben, so ist es ein schwerer Schlag, zum erstenmal als Speichellecker hingestellt zu werden. Ich wußte sogleich, er werde nie wieder in diesem Kreise speisen. Ich trat zu ihm und füllte seine Schale nach; anders wußte ich ihm meine Gefühle nicht zum Ausdruck zu bringen. Er lächelte mir zu und versuchte mich zu grüßen, wie er es immer tat. Unsere Blicke kreuzten sich über der Weinschale, und wir sahen uns ins Auge wie Männer, deren geschärftes Ohr den Verlust einer Schlacht schon erraten hat, ehe die Trompete zum Rückzug bläst.

4

Adonis war tot. Meine Mutter band den Trauerschleier um, nahm einen Korb Anemonen, die sie auf sein Grab streuen wollte, und ging ihn beweinen. Bald traf man an jeder Ecke auf einen Trauerzug; der tote Gott wurde in seinen Garten getragen, die Weiber wehklagten zum Flötenspiel, mit aufgelöstem Haar. Ich habe noch nie einen Mann gekannt, der dieses Fest geliebt hätte. In diesem Jahr traf es auf einen kalten, grauen, wolkenverhangenen Tag. Die Bürger drängten sich in die Palästra und in die Bäder und an alle Orte, wo die Frauen ausgeschlossen sind, und munkelten von Vorzeichen und Wundern. In der Agora soll soeben ein Mann in wahnsinniger Raserei auf den Altar der Zwölf gesprungen sein, das Messer gezogen und sich damit die Geschlechtsteile abgetrennt haben. Der Altar war besudelt und mußte wieder frisch geweiht werden.
Auf der Akropolis waren die Tempel so überfüllt, daß die sich zum Opfer Drängenden Schlange stehen und ihre Reihe abwarten mußten. Beim Weggehen sahen sie aus wie Leute, die mit der Pest in Berührung gekommen sind, sich eilig gewaschen haben, aber noch zweifeln, ob dies auch gründlich genug geschehen sei. Von der Mitte des Tempels blickte die große Athene auf uns alle herab. Ihre goldenen Gewänder strahlten, ihr von Siegeszeichen besäter Mantel hing hinter ihr; das milde Licht, das durch den zarten Marmor der Dachziegel drang, ließ

ihr Antlitz erglühen, so daß das warme Elfenbein zu leben schien; man wartete bloß, daß sie ihren mächtigen Arm mit warnendem Finger erhebe und mit einer Stimme aus klirrendem Gold spreche: »Dort ist der Mann.« Aber sie hielt ihren Ratschluß geheim. Die Menschen waren geschäftiger. Eine öffentliche Belohnung war ausgesetzt und ein Ausschuß ernannt worden, der die Angeber einvernehmen sollte. Bald liefen Nachrichten ein, zwar nicht über die Hermenzerstörung, aber über einen jeden, der im Geruche stand, etwas Gotteslästerliches getan, gesagt oder gedacht zu haben. Mein Vater sagte jedem, der es hören wollte, das heiße die Bestechlichkeit des Gesindels auf die Spitze treiben und Perikles wäre es dabei speiübel geworden. Um dieser ganzen trüben Stimmung in der Stadt zu entfliehen, brachten Xenophon und ich unsere Freizeit im Piräus zu. Da gab es immer etwas Neues; ein reicher Metöke aus Phrygien etwa baute sich ein Haus im Stil seiner Heimatstadt oder errichtete einen Altar für einen der Götter, die man in ihrer fremdartigen Bekleidung – vielleicht sogar mit einem Hundskopf oder Fischschwanz – kaum erkannte; oder es mochte im Emporion eine frische Schiffsladung eintreffen: mit Teppichen aus Babylon, persischem Lapislazuli, skythischen Türkisen oder mit Zinn und Amber aus den hyperboreischen Orten, die einzig die Phönizier kennen. Unsere Silbereulen waren damals das einzige Geld, das auf der ganzen Welt Geltung hatte. Auf den breiten Straßen sah man Nubier mit Elfenbeingehängen, die ihre Ohren bis auf die Schultern hinabzogen; langhaarige Meder in Hosen und zechinenbesetzten Mützen; Ägypter mit geschminkten Augen, einzig mit Röcken aus steifem Leinen bekleidet und mit Halsketten aus Edelsteinen und Perlen. Die Luft war schwer von den Gerüchen fremder Leiber, von Gewürzen und Hanf und Pech; merkwürdige Sprachen schwatzten durcheinander, als sprächen wilde Tiere mit Vögeln; man suchte den Sinn zu erraten und achtete auf die Beredsamkeit der Hände.

Alkibiades wurde an dem Tage öffentlich angeklagt, da er vor die Ratsversammlung trat, um die Flotte ausfahrbereit zu melden.

Der Ankläger, von einem Sklaven begleitet, verlangte Befreiung von Strafverfolgung und den Ausschluß aller Nichteingeweihten. Als dies geschehen, wiederholte der Sklave laut die entscheidenden Worte, die Alkibiades in seiner Gegenwart entwürdigt haben sollte.

Am folgenden Tag vermißte ich Sokrates in der Palästra.

An sich hätte mich seine Abwesenheit wenig beschäftigt, denn er pflegte mit aller Art Leute überall in der ganzen Stadt zu sprechen. Betroffen war ich erst, als ich auf die Rennbahn hinaustrat und unter den Zuschauern eine Gruppe seiner Freunde bemerkte, die sich bestürzt unterhielten. Sogleich fuhr es mir durch den Kopf, es könnte ihn jemand denunziert haben, weil er des Alkibiades Lehrer gewesen und sich geweigert hatte, eingeweiht zu werden. Der Arzt Eryximachos war zu den andern getreten. Ich konnte die Ungewißheit nicht länger ertragen. Beim Lauf hinkte ich auf einem Bein, hielt inne, als sei ich verletzt, und humpelte aus der Bahn. Der Lehrer war zu beschäftigt, um mir nachzulaufen, und ich setzte mich in ihre Nähe, um zu lauschen.

Eryximachos mußte eben gefragt haben, ob Sokrates krank sei, denn Kriton erwiderte, daß ihm nie etwas fehle. Er fuhr fort: »Nein, Sokrates ist zu Hause, er opfert und betet für das Heer der Athener.« Und Chairephon fügte hinzu: »Sein Dämon hat zu ihm gesprochen.«

Sie blickten sich an. Auch ich schwieg, massierte den Fuß in meiner Hand und dachte an den Baum mit dem Vogelnest.

Wie ich so in Gedanken versunken dasaß und kaum auf den Lärm der Rennbahn hörte, bemerkte ich plötzlich, wie ein Schatten auf mich fiel, und ich hörte eine Stimme. Aufblickend sah ich Lysis, den Sohn von Demokrates. Als ich mich niedersetzte, war

er bei Sokrates' Freunden gestanden, aber gleich darauf weggegangen. »Ich sah, wie du deinen Fuß verstauchtest«, sagte er. »Tut es sehr weh? Du solltest ihn mit einem kalten Umschlag einbinden, bevor er anschwillt.«
Ich dankte stammelnd, völlig überrascht und überwältigt, daß ein solcher Mensch zu mir sprach. Als er bemerkte, wie weit ich zu ihm emporblicken mußte, ließ er sich auf ein Knie nieder; ich sah, daß er ein feuchtes Tuch in der Hand hatte, das er eben vom Bad gebracht haben mußte. Er wartete einen Augenblick und fragte dann: »Soll ich es machen?«
Nun fiel mir ein, daß mir ja gar nichts fehlte. Ich war beim Gedanken, er könnte es herausfinden und denken, ich hätte mich aus Schwäche oder einfach aus Angst, überholt zu werden, hingesetzt, so beschämt, daß ich das Gesicht und den ganzen Körper siedend heiß werden fühlte und, jeglicher Antwort unfähig, sitzen blieb. Ich dachte, meine Tölpelhaftigkeit werde ihn abstoßen, er aber hielt mir das Tuch hin und sagte freundlich: »Wenn du es lieber selber machst, tu es nur.«
Diese ganze Zeit hatte es sich Midas, der mich in der Obhut des Lehrers sicher glaubte, bequem gemacht. Jetzt sah er zum erstenmal, wo ich steckte. Atemlos lief er herbei, riß Lysis das Tuch fast aus den Händen und sagte, er wolle das schon besorgen. Er erfüllte schließlich ja nur seine Pflicht, aber es kam mir in diesem Augenblick barbarisch vor; ich blickte zu Lysis auf, fand aber keine Worte der Entschuldigung. Er aber zeigte sich nicht beleidigt, grüßte mich lächelnd und ging.
Ich war so zornig und verwirrt, daß ich Midas wegstieß und sagte, meinem Fuß gehe es besser und ich könne nun wieder laufen. Für den Eindruck, den das auf ihn machte, ist er kaum zu tadeln. Auf dem Heimweg fragte er mich, ob ich eine Tracht Prügel von ihm beziehen oder lieber wolle, daß er meinem Vater alles erzähle. Da ich mir lebhaft vorstellen konnte, zu was für einer Geschichte er das aufbauschen würde, wählte ich das

erstere. Obwohl er tüchtig zuschlug, trug ich es schweigend; noch immer fragte ich mich, ob Lysis mich wohl für einen Weichling gehalten habe.

Mittlerweile stand die Stadt auf Zehenspitzen, in der Erwartung, Alkibiades vor Gericht gestellt zu sehen. Die Argiver und Mantineer demonstrierten: sie seien hergekommen, um unter Alkibiades zu kämpfen, sagten sie, und drohten, wieder nach Hause zu marschieren. Die Seeleute blickten so drohend drein, daß die Trierarchen eine Meuterei befürchteten. Wer anfänglich am heftigsten nach einer Gerichtsverhandlung verlangt hatte, wurde mit einemmal kleinlaut; andere Redner traten vor; niemand wußte, wer sie dazu bewogen hatte. Sie traten als Freunde des Angeklagten auf und zweifelten nicht, daß dieser im Notfall über eine gute Verteidigung verfüge, und beantragten, man möge ihm erlauben, den so wohlvorbereiteten Krieg fortzuführen. Die Leute erwarteten, er werde sich nun eilig diese Möglichkeit zunutze machen, aber er sprang vor die Ratsversammlung hin und verlangte leidenschaftlich und beredt, vor ein Gericht gestellt zu werden. Niemand wurde daraus klug. Schließlich ging der zweite Antrag durch.

Die Flotte lief wenige Tage später aus.

Ein Freund meines Vaters besaß ein Lagerhaus im Piräus und erlaubte uns Knaben, aufs Dach zu klettern. Wir fühlten uns wie Götter, die auf eine Reise der Helden niederschauen. Alle Proviantschiffe hatten sich in Korkyra versammelt, nur die glänzenden, schlanken Triremen waren in der Bucht zurückgelassen worden. Die vorsommerliche Brise ließ ihre Heckwimpel flattern: Adler und Drachen, Delphine und Eber und Löwen warfen ihre Häupter empor, wenn die Schiffsschnäbel gegen die Dünung prallten.

Die Hochrufe nahmen in der Stadt ihren Anfang; wie das Dröhnen eines fernen Bergsturzes drangen sie zwischen den Langen Mauern zu uns herauf. Dann hallte es durch den Piräus; man

hörte die Musik kommen und Schilder rhythmisch an die Brustpanzer klirren. Jetzt konnte man zwischen den Mauern die Helmbüsche sich bewegen sehen, einen ganzen Strom, eine riesige Schlange, gleißend in ihren neuen Frühlingsschuppen, in Bronze und Gold, Purpur und Rot. Lichtfunken schienen darüber zu tanzen, da die Morgensonne die Spitzen vieler tausend Speere aufleuchten ließ; die Staubwolke hatte einen Schein von feinem Gold.
Auf den Dächern in unserer Umgebung schwatzten die Ausländer miteinander und bestaunten die Schönheit und Stärke des Heeres, das die Stadt nach so vielen Kriegsjahren noch immer aussenden konnte. Zwei Nubiersklaven verdrehten die Augen und riefen »Oh! Oh!« Wir jubelten, bis uns die Kehle schmerzte. Xenophons Stimme klang schon fast wie die eines Mannes.
Die Truppen marschierten an der Wasserfront und den Kais auf; sie scharten sich um die Laufstege oder wurden in Boote, deren Dollbord im Wasser untertauchte, verladen und zu den Schiffen übergesetzt. Verwandte und Freunde liefen herbei, um ein letztes Mal Abschied zu nehmen. Ein Greis segnete seinen Sohn, ein Junge rannte mit einem Abschiedsgeschenk der Mutter zu seinem Vater; oder zwei Liebende sagten sich Lebewohl, da der Jüngling noch nicht alt genug war, um seinen Freund zu begleiten. An diesem Tag waren nicht alle Tränen zu Hause bei den Frauen geblieben. Für mich aber war es das größte aller Feste, schöner noch als die Panathenäen im Großen Jahr. Wie das Sprichwort sagt: Köstlich erscheint der Krieg dem Unerfahrenen.
Lärm ertönte nun wieder zwischen den Mauern. Jemand schrie: »Lang leben die Generale!« Man hörte das Stampfen von Pferden und sah bereits ihre Staubwolke.
Alsbald ritt Lamachos unter uns vorbei, auf seinem gemieteten Klepper, groß und saturnisch-finster; alte Soldaten, die ihm zujubelten, grüßte er gemessen; von allen andern blieb er unbe-

rührt. Dann folgte Nikias, in ernster Pracht, das weiße Haar noch bekränzt, unmittelbar vom Opfer kommend; ihm zur Seite ein Wahrsager mit dem heiligen Dreifuß, den Messern und der Schale. Die ihm eigene bleierne Tönung der Haut erhöhte nur noch seine Würde. Als er vorüberritt, erinnerten die Leute einander an das alte Orakel, wonach sich die Athener in Sizilien dauernden Ruhm erwerben würden.

Es folgte ein beklemmender Unterbruch, jener Stille vergleichbar, bevor das Meer wieder zu steigen beginnt. Und das vielstimmige Gemurmel, das immer näher kam, klang wie der Sog einer riesigen Woge, die an steinigem Strand die Kiesel unwiderstehlich in ihre Strudel reißt. Dann rief ein Jüngling mit heller Stimme, einem Schlachtruf gleich: »Alkibiades!«

Er brach wie die Sonne hervor. Die Rüstung war mit goldenen Sternen besetzt; der Purpurmantel umwallte ihn, als hätte ein Bildhauer die Falten geworfen. Sein Reitknecht folgte ihm und trug den sagenumwobenen Schild, der Stadt Abscheu und Entzücken, mit einem blitzeschleudernden Eros als Wappenbild. Sein offener Helm ließ das Gesicht sehen; das Hermesprofil und den kurz gekräuselten Bart. Das Kinn vorgereckt; die blauen Augen, hell und klar, schienen ins Leere gerichtet, als müsse es gefüllt werden. Heute scheint mir, als hätten sie gesagt: »Ihr habt nach mir verlangt, ihr Athener, hier bin ich! Befragt mich nicht, kränkt mich nicht; ich bin der eurem Herzen entsprungene Wunsch, und wenn ihr mich verletzt, muß euer Herz dafür bluten. Eure Liebe hat mich erschaffen. Zieht sie nicht zurück, denn ohne Liebe bin ich ein von seinem Gott verlassener Tempel, den der finstere Rachegeist betreten wird. Ihr wart es, ihr Athener, die mich, einen Dämon, dessen Speise Liebe ist, beschworen habt. Speist mich also, und ich will euch mit Ruhm bekleiden und euch euer Abbild im Spiegel eures Wunsches zeigen. Ich bin hungrig: Speist mich. Zur Reue ist's zu spät!«

Die Menge murmelte und wogte wie ein bewegter Schwarm von

Fischen, den die Flut einzieht. Dann neigte sich eine Hetäre aus einem Torweg und warf ihm eine Kußhand zu. Er winkte, seine umwölkten Augen erwärmten sich wie das Meer im Frühling; Beifallsrufe wurden laut und umtobten ihn. Sein Lächeln glich dem Lächeln eines zum erstenmal im Wettkampf gekrönten Knaben, jung und beglückt, die ganze Welt umarmend; und sie jubelten ihm zu, bis er verschwunden war. Adonis war vor ihm durch die Straße gezogen; zerstampft von den Pferdehufen, färbten die hingestreuten Anemonen den Staub wie Blut.
Die Generale verfügten sich zu ihren Schiffen, der Lärm nahm ab und verebbte. Eine Trompete blies ein langes Signal. Dann hörte man nur noch ein ersterbendes Murmeln, das Klatschen des Meeres an den Molen, den Schrei der Seemöwen und das Bellen eines Hundes, den die Stille ängstigte. Die dünne, klare Stimme eines fernen Herolds forderte zur Anrufung der Götter auf. Sie wurde auf den Schiffen und am Ufer übernommen; wie die Brandung flutete und rollte der Ruf dahin; auf jedem Achterdeck blitzte Gold oder Silber auf, wenn der Trierarch seine Schale zum Opfer emporhob. Dann schollen der Kampfruf übers Wasser und die Rufe der Steuerleute, welche die Schiffe zur Abfahrt aufforderten. Die Taktschläger begannen den Ruderern den Takt anzugeben, es wurden die mit Sonnen und Sternen und Vögeln bemalten Großsegel gehißt. So stachen sie in See; die Mannschaften antworteten einander mit ihren Liedern, die Steuerleute riefen sich zu und stachelten einander zur Wettfahrt an. Ich sah den weißen Bart von Nikias wehen, als er mit erhobenen Armen betete, und auf dem Achterdeck von Alkibiades' Trireme, die bereits voran war, eine kleine glänzende Gestalt wie ein goldenes Götterbild, nicht größer als die Adonispuppen, welche die Frauen eben durch die Straße getragen hatten.
Die Segel füllten auf, die Ruderblätter hoben und senkten sich im Takt, hellgefiederte Schwingen; wie Schwäne zogen die Schiffe singend auf die Inseln zu. Tränen traten in meine Augen.

Ich weinte über ihre Schönheit, wie so viele andere. Glücklich wären die Athener gewesen, hätten die Tränen, die später folgten, den meinen geglichen.

5

Bald danach vernahm ich die Nachricht, daß Kritias im Gefängnis sei. Ein Denunziant schwor, er habe ihn in der Nacht, als die Hermen zerschlagen wurden, in der Säulenhalle des Theaters gesehen, wie er die Bande um sich geschart und instruiert habe. Es sei heller Mondschein gewesen, sagte der Mann, und er könne die meisten Anführer mit Namen nennen.

Als ich dies vernahm, konnte ich mir nicht vorstellen, weshalb ich nicht von allem Anfang an gewußt hatte, daß es Kritias sein müsse; denn ich bildete mir ein, jung wie ich war, er sei der einzige schlechte Mensch auf der Welt. Als ich am Gefängnis vorüberging, sah ich eine Anzahl Frauen dort stehen – einige mit ihren Kindern –, die schluchzten und heulten. Doch ich konnte nicht glauben, daß Kritias jemanden habe, der ihn beweine.

Mein Triumph war jedoch von kurzer Dauer; denn sein Vetter Andokides, einer der Angeklagten, anerbot sich zu einem vollen Geständnis, falls ihm Straflosigkeit zugesichert werde. Im wesentlichen sagte er aus, er wisse von der Verschwörung, habe jedoch ein Alibi; auch Kritias sei unschuldig. Dann nannte er die Schuldigen, darunter einige Verwandte. Sie wurden sogleich hingerichtet; ebenso der erste Angeber, wegen Meineids. Einige Leute waren der Ansicht, Andokides hätte seine ganze Aussage nur um der Straflosigkeit willen und aus Furcht vor einem

Gerichtsverfahren frei erfunden. Bis auf den heutigen Tag kennt niemand die Wahrheit.

Die Toten waren kaum erkaltet, als die Nachricht eintraf, die Thebaner stünden an der Grenze und rüsteten sich zum Einfall. Wir hatten uns eben in der Schule hingesetzt, als dies draußen ausgerufen wurde. Waffen klirrten auf der Straße, als die Bürger zu den Musterungsplätzen eilten. Unser Sportlehrer schaute herein und teilte dem Lehrer mit, er müsse einrücken. Dann blies die Trompete des Herolds vom Tempeldach der Zwillinge und rief die Reiterei zusammen. Mikkos, der wohl wußte, daß mit uns nichts mehr anzufangen sei, sagte darauf, wir würden zu Hause benötigt, und entließ die Klasse.

Ich traf meinen Vater bereits in voller Rüstung, sein Schwert umgürtend, während ihm Sostias die Speere zur Auswahl reichte. Er sagte: »Da du gerade hier bist, Alexias, geh zum Stall und prüfe Phoenix für mich, sieh zu, daß seine Hufstrahlen sauber und die großen Tragriemen gut verschnürt sind und seinen Bauch decken.« Als ich zurückkehrte, hatte er den Helm auf. Er sah sehr groß aus. »Vater«, fragte ich, »darf ich Korax reiten und mitkommen?« – »Das sicher nicht. Sollten die Dinge schiefgehen und Knaben deines Alters einberufen werden, so geh, wohin man dich heißt und gehorche deinen Befehlen.« Dann legte er mir die Hand auf die Schulter und sagte: »Mögen wir hier oder dort sein, als Verteidiger der Stadt werden wir Seite an Seite kämpfen.« Ich antwortete, daß ich ihm hoffentlich keinen Anlaß zur Schande gebe. Als er meine Mutter umarmt hatte, reichte sie ihm den Tornister mit Notvorrat für drei Tage. Er bückte sich unter dem Türsturz, dann schwang er sich auf Phoenix' Rücken und ritt davon.

Die Stadt brodelte den ganzen Tag. Jedermann glaubte, die Thebaner hätten von den Verschwörern ein Zeichen erhalten, aber dieser Plan sei gerade noch zur rechten Zeit entdeckt worden. Andere behaupteten, die Spartaner seien im Anzug, und

ihnen habe man die Tore öffnen wollen. Der Senat begab sich zur Akropolis und beriet die ganze Nacht.
Meine Mutter und ich arbeiteten im Hause und machten alles fest. Sie unterhielt sich fröhlich mit den Sklaven und erzählte, sie erinnere sich noch, wie ihre eigene Mutter all dies auch schon getan, als sie noch ein Kind war. Ich begleitete unseren alten Sklaven Sostias beim Einkaufen von Notvorräten für den Fall einer Belagerung. Als aber die Dunkelheit hereinbrach und die Truppen immer noch in Bereitschaft standen, hielt es mich drinnen nicht mehr, und ich sagte: »Vater hätte sicher gern ein wenig Wein, da ja alles ruhig ist.«
Sie ließ mich gehen. Ich empfahl ihr, Midas zum Schutz bei sich zu behalten, und zündete eine Fackel an; so ging ich allein zum Anakeion. Die Umgebung des Tempels war erfüllt vom Geruch der Pferde und dem Geräusch ihres Stampfens und Schnaubens. Hoch über den Linien der Feldwachen konnte ich die Großen Zwillingsbrüder, die Beschützer der Reiter, erblicken, die ihre bronzefarbenen Streitrosse sternwärts lenkten. Ich löschte meine Fackel, denn beim Schein der Wachtfeuer konnte man genügend sehen; ich fragte mich nach meinem Vater durch, nannte seinen Namen und den Namen seines Vaters und den Namen seines Heimatortes.
Jemand sagte mir, er stehe an der nordöstlichen Ecke des Tempelbezirkes Wache; ich schlug diese Richtung ein und fand ihn bei der Mauer, auf den Speer gestützt, den Widerschein des Feuers auf seiner Rüstung, wie einen auf den schwarzen Grund einer Vase rot aufgemalten Krieger. Ich stieg zu ihm hinauf und sagte: »Mutter schickt dir hier ein wenig Wein.« Er antwortete, er werde ihn später gut brauchen können; ich stellte ihn nieder und wollte ihm eben gute Nacht wünschen, als er sagte: »Du kannst ein wenig bleiben und mit mir wachen.«
Ich kletterte vollends empor und stellte mich neben ihn. Man konnte nicht weit sehen, denn die Nacht war mondlos. Niemand

war in unserer unmittelbaren Nähe; als es kühler geworden war, hatten sie sich zu den Feuern oder in den Tempel zurückgezogen. Ich hatte das Gefühl, ihm etwas sagen zu müssen; aber wir hatten nie viel miteinander gesprochen. Schließlich fragte ich doch, ob er gegen Morgen einen Angriff erwarte. »Wir werden sehen«, versetzte er. »Verwirrung in einer Stadt erzeugt leicht blinden Alarm. Aber sie können wohl kommen, wenn sie hoffen, wir hätten nicht genügend Leute übrig, um die Mauern zu besetzen.« Er blickte nicht um sich, während er sprach, hielt die Augen ins Dunkel gerichtet, wie man dies auf der Wache tut, damit der Feuerschein nicht blende. Unvermittelt fragte ich: »Wie lange wird das Heer brauchen, um Sizilien zu unterwerfen?« Er antwortete: »Das wissen allein die Götter.«
Ich war überrascht und verfiel in Schweigen. Nach einer Weile sagte er: »Die Syrakuser hatten uns weder Unrecht getan, noch uns bedroht. Der Krieg ging gegen die Spartaner.« – »Aber«, versetzte ich, »wenn wir die Syrakuser geschlagen haben und ihre Schiffe, ihren Hafen und das Gold besitzen, werden wir dann nicht leicht mit den Spartanern fertig?« – »Mag sein. Doch es gab eine Zeit, da kämpften wir nur, um die Barbaren fernzuhalten, die Stadt zu verteidigen oder um der Gerechtigkeit willen.« Bei den meisten Männern hätte ich solche Worte für Kleinmut gehalten; denn ich war zu hören gewöhnt, wir kämpften, um die Stadt groß und zu einer Führerin der Hellenen zu machen. Aber als ich ihn so in seiner Rüstung dastehen sah, wußte ich nicht, was denken. Er fuhr fort: »Im dritten Kriegsjahr, als du noch immer in der Obhut der Kinderfrau warst, erhoben sich die Lesbier, unsere unterworfenen Verbündeten, gegen uns. Sie wurden ohne große Mühe zur Übergabe gezwungen; und die Ratsversammlung, die über ihr Schicksal zu bestimmen hatte, hielt es für weise, ein Exempel zu statuieren. Alle wehrfähigen Männer sollten durchs Schwert hingerichtet und die verbleibenden Leute als Sklaven verkauft werden. So machte sich also die

Galeere mit diesem Beschluß nach Lesbos auf. Aber in jener Nacht lagen wir schlaflos oder schreckten aus dem Schlaf auf, denn wir hatten immer die Schreie der Sterbenden, das Jammern der Frauen und das Weinen der Kinder in den Ohren. Am Morgen kehrten wir alle in die Ratsversammlung zurück; und nachdem wir das Urteil rückgängig gemacht, boten wir den Ruderern einer zweiten Galeere eine Belohnung an, falls sie die erste überhole. Sie schaffte es; denn die erste hatte sich dahingeschleppt, als säßen Kranke an den Rudern, so sehr hatte sie ihr Auftrag niedergedrückt. Als sie bei Mytilene überholt wurden, fühlten sich die Athener ebenso erleichtert wie die Lesbier; sie freuten sich gemeinsam und teilten ihren Wein. Aber letztes Jahr beschlossen die Melier, die uns nichts schulden, da sie Dorer sind, lieber ihrer Mutterstadt Tribut zu zahlen als uns. Was wir taten, weißt du.«

Ich faßte Mut und sagte, er habe es mir nie erzählt. Er antwortete: »Wenn du opferst, so bitte die Götter, dies möge dir in deinem Schicksal erspart bleiben, sei es als Leidender, sei es als Handelnder.«

Ich hatte nie vermutet, daß ihn solche Dinge bewegten. Es war Alkibiades gewesen, der die Bestrafung der Melier vorgeschlagen hatte. »Die Götter bestrafen die Hybris der Menschen«, sagte er »Weshalb sollten wir dann annehmen, daß sie die der Städte gutheißen?«

In diesem Augenblick löste jemand seine Wache ab. Wir gingen zu einem der Feuer, wo er den Wein mit einigen Freunden teilte und mich ihnen vorstellte. »An der Größe seiner Hände und Füße könnt ihr sehen«, sagte er, »daß er noch immer wächst.« Da verstand ich, daß er sich für mich entschuldigte, weil jedermann sehen konnte, daß ich nie so groß sein würde wie er; ich dachte daran, wie er mich bei meiner Geburt hatte aussetzen wollen, deshalb verabschiedete ich mich, sobald es die Höflichkeit erlaubte. Ich zündete meine Fackel an einem Feuer an, das in der Nähe der Zwillingsstatue brannte, als ein Mann auf mich zuschritt, der soeben vom Tempel herabgekommen war. Er hatte seinen Helm abgenommen, und im Licht meiner Fackel erkannte ich Lysis. Ich hatte ihn schon früher in Rüstung gesehen, bei Reiterübungen; er sah darin sehr gut aus. Er sagte: »Hast du deinen Vater gefunden, Sohn Myrons?« Ich dankte ihm und bejahte. Er blieb einen Augenblick stehen, so daß ich fast geglaubt hätte, er sei absichtlich hergekommen, um mit mir zu sprechen; aber er sagte nur »Gut« und stieg wieder die Stufen empor.

Am nächsten Tag hatte man vom Feind nichts mehr vernommen, und die Truppen kehrten nach Hause zurück. Der nächste Sturm, der die Stadt erschüttern sollte, betraf Alkibiades.

Sein Segel war kaum unter den Horizont gesunken, als sich auch schon die Denunzianten hervorwagten. Die Geschichte von jenem Fest in Eleusis wurde in allen Einzelheiten ausgeschlachtet. Selbst die Frau, auf deren Rolle anzuspielen frevelhaft wäre (die Zweimalgeborenen mögen raten; sie werden recht haben), wurde entdeckt und zur Zeugenaussage herbeigeführt. Jetzt, da sein Gesicht außer Sicht- und seine Stimme außer Hörweite war, sah jedermann den Wahnsinn ein, das Heer einem solchen Mann anzuvertrauen. Deshalb wurde die Staatsgaleere, die »Salaminia«, ausgeschickt, um ihn und seinen Freund Antiochos, den Steuermann, der ebenfalls denunziert worden war, zurückzuholen. Er sollte jedoch nicht festgenommen werden, damit nicht neue Schwierigkeiten mit den Seeleuten und Argivern entstünden. Der Trierarch der »Salaminia« sollte ihm nur höflich die gerichtliche Untersuchung anbieten, die er ja selbst gefordert hatte, und ihn auf seinem eigenen Schiff zurückgeleiten.

Ich entsinne mich gut, daß ich am Tage dieses Beschlusses beim Nachhausekommen meinen Vater beim großen Schrank stehen fand, eine bemalte Weinschale in Händen. Es war eine, die er selten benützte, denn sie war wertvoll, eine der gelungensten

Arbeiten von Meister Bacchios. In der Schale befand sich ein Bild, Rot auf Schwarz, das Eros zeigte, wie er einen Hasen jagt; auf der einen Seite stand *Myron* und auf der andern *Alkibiades*. Mein Vater drehte sie unschlüssig in den Händen herum; als er mich aber sah, stellte er sie in den Schrank zurück.

Man sprach nur von Alkibiades in der Stadt. Auf der Straße, in der Palästra und auf den Märkten wärmte man alte Geschichten über seine Unverschämtheit und Ausschweifung auf. Wer einst zu seinen Gunsten gesprochen hatte, erörterte jetzt nur noch, wie er das hatte werden können, was er war, nachdem doch ein so tüchtiger Mann wie Perikles seine Erziehung in die Hand genommen hatte. Die Antwort war stets dieselbe: Die Sophisten hatten ihn verdorben. Sie hatten sich seiner schon als junges Bürschchen bemächtigt, von seiner Schönheit und seinem hellen Verstand angezogen; sie hatten ihn mit Eitelkeit aufgebläht, ihn freidenkerische Ehrfurchtslosigkeit (hier wurden gewöhnlich *Die Wolken* angeführt) gelehrt, bis er sich erfrechte, sogar mit Perikles selbst seine Haarspaltereien zu treiben. Später, nachdem er von ihnen gelernt, was seinen Zwecken dienlich war, verspottete er ihr Geschwätz über Weisheit und Tugend und wandte sich ab.

Mit wehem Herzen hörte ich zu und wartete, bis der Name fiel, der früher oder später fallen mußte. Es war allgemein bekannt, sagten die Leute, daß Sokrates den Jüngling geliebt hatte und einen größeren Perikles aus ihm machen wollte; er pflegte ihn auf seine liederlichen Trinkgelage zu begleiten, in Gegenwart seiner Freunde auszuschelten und ihn, aus Eifersucht, wie einen Sklaven fortzuziehen, da er den Knaben nicht eine Stunde aus den Augen lassen wollte. Ich fühlte die Schande, als wäre es meine eigene. Da ich die Leute nicht zum Schweigen zwingen konnte, sprach ich mit Xenophon darüber. Wir schabten uns nach dem Ringkampf gegenseitig den Schweiß und Schmutz vom Rücken; während ich ihn mit dem Striegel bearbeitete,

sagte ich, ich könne kein Verbrechen darin sehen, aus einem schlechten Menschen einen guten machen zu wollen. Er lachte mich über die Schulter an: »Schab stärker, du schabst nie stark genug. Eins muß man dir lassen, Alexias, du hältst zu deiner Partei. Seien wir gerecht: all diese Leute wurden selbst von Alkibiades hereingelegt, und nun brauchen sie einen Sündenbock. Aber ein Mann wie Sokrates, der den ganzen Tag umhergeht, um den Leuten ein Bein zu stellen und den Kopf zurechtzusetzen, kann es sich nicht leisten, sich lächerlich zu machen. Weißt du, daß Alkibiades einmal als Jüngling bei einem Ringkampf die Zähne brauchte, als er den kürzeren zog? Wäre das in Sparta geschehen, hätte man nicht nur ihn, sondern auch seinen Liebhaber verprügelt, weil der ihn nicht gelehrt hatte, ein Mann zu sein.«
Ich war nicht in der Verfassung, um mich zur Höhe der Spartaner aufzuschwingen. »Guck in den Laden des Balsamhändlers«, fuhr er fort, »dort wirst du die Jünglinge von Sokrates stundenlang herumlungern sehen, mit Wortspaltereien und Seelenanalyse beschäftigt; ganz wie Agathon, der sich vermutlich noch freuen würde, wenn man ihn mit einem Mädchen verwechselte.« – »Er ist preisgekrönter Tragöde«, versetzte ich. »Wozu einen Mann verspotten, der unsterblich sein wird, wenn keiner mehr an dich oder mich denkt? Hast du je Sokrates beim Balsamhändler gesehen? Ich nie.« – »Es dürfte einige Zeit dauern, scheint mir, bis wir ihn überhaupt irgendwo wiedersehen. Ich wette zehn Knöchelchen gegen eins, daß er sich während wenigstens einer Woche nicht mehr im Säulengang blicken läßt. Gemacht?« – »Ja.« Da bemerkte er erst, daß ich mit Schaben aufgehört hatte, und drehte sich um. »Friede«, sagte er lächelnd, »sonst müssen wir mit der Schaberei wieder von vorn anfangen.«
Wir hatten gehört, der Athlet Autolykos ringe in Taureas' Palästra, und deshalb baten wir unsere Aufseher um die Erlaubnis

zuzusehen. Sie willigten ein, dort vorbeizugehen, doch nicht anzuhalten. Autolykos hatte eben seinen Gang beendet und ruhte aus; der Platz war voller Leute, die sein Aussehen bewunderten und darauf warteten, ihn wieder ringen zu sehen. Ein Bildhauer oder Maler saß dort und verfertigte eine Skizze. Er war all das gewohnt und achtete nicht darauf. Wir bahnten uns eben einen Weg durchs Gedränge, als am andern Ende ein »Pst!« hörbar wurde und dann das Murren einer aufgebrachten Menge. Meine Hände wurden kalt. Ich wußte, wer eingetreten war.

Er war allein. Es kam mir nicht in den Sinn, daß er gar nicht nach Gesellschaft gesucht haben könnte; ich dachte, sie hätten ihn alle verlassen. Kriton, der dem Ringkampf zugeschaut hatte, trat sogleich zu ihm hin und schloß sich ihm an; und zur allgemeinen Überraschung grüßte ihn Autolykos persönlich, verließ aber, da er nackt und staubbedeckt war, den Ringplatz nicht. Alle andern wandten sich ab, als er vorüberging, oder kehrten ihm den Rücken; als er näher kam, hörte ich ein Lachen.

Was mich betrifft, so war ich weder mutig genug, um vorzutreten, noch feige genug, mich abzuwenden. Als andere, die sich zurückzogen, die Sicht freigaben, konnte ich es kaum über mich bringen hinzusehen. Ich konnte höchstens hoffen, er werde sie durch die Kraft seines Blickes alle vertreiben, wie er es beim Rückzug von Delion mit dem Feind gemacht haben soll. Doch als er an mir vorüberging, sagte er, als spräche er zu Hause: »Doch er behauptet, die Methode könne gelehrt werden, nicht aber die Gabe, sie zu begreifen. Wäre es eine Frage der Mathematik ...« Mehr konnte ich nicht hören. Als Midas mich rief, wandte ich mich ab, um zu gehen: da sah ich, daß Xenophon gerade hinter mir stand. Zuerst sah er mich nicht, denn er folgte Sokrates mit den Augen. Ich wartete auf ihn, damit er seine Wettschuld begleiche, denn er war immer ein guter Verlierer. Er schaute aber immer noch an mir vorbei und sagte: »Am Tage, da mir die Götter Mühsal und Gefahr schicken, mögen sie mir auch den Mut dieses Mannes verleihen.«

Auf dem Heimweg stiegen wir zur Akropolis empor und blickten auf den Hafen hinaus. Ein Schiff lief aus; da der Tag klar war, sahen wir ein blaues Wappenbild auf dem Segel. »Das wird die ›Salaminia‹ sein«, sagten wir, »mit der blauen Eule.« Sie machte rasch Fahrt und eilte Sizilien zu.

6

In diesem Jahr führte mein Vater an den Dionysien meine Mutter und mich ins Theater. Der Dichter war einer, den er sehr schätzte, weil er die Sophisten und die Demokraten und jedermann verlachte, der die Stadt mit etwas Neuem aus der Fassung bringen wollte. Kydilla kam mit, um meiner Mutter aufzuwarten, und Sostias, um die Kissen zu tragen; mein Vater gab ihm zwei Obolen, damit er sich das Stück auch ansehen könne. Es war ein strahlend klarer Tag; ein paar kleine Wolkenschatten schwebten über das besonnte Theater hin und zogen weiter gegen das Meer. Meine Mutter ging mit Kydilla zu den Plätzen der Frauen. Sie trug ein neues Paar Goldohrringe, das mein Vater ihr eben erst geschenkt hatte; kleine Blättchen hingen daran, die zitterten, wenn sie den Kopf drehte. Die Sitzplätze füllten sich bereits. Die Schaffelle und ungefärbten Kleider der Arbeitsleute auf den oberen und die leuchtenden Farben auf den unteren Bänken gaben dem Rund des Theaters das Aussehen einer großen Blume, die sich in einem Kelch von trockenen Blättern in die Flanke der Akropolis schmiegt.

Heute wundert es mich oft, daß ich noch immer die Stücke von

Aristophanes ansehe, dessen Hände befleckt sind, wenn Worte die Hand, die sie niederschreibt, beflecken können; befleckt mit dem Blut, das mir das teuerste ist auf Erden. An jenem Tag ging ich unwillig hin, weil seine Verspottung von Sokrates, von der er sein ganzes Leben nicht abließ, in aller Munde war. Und doch hatte es in diesem Lustspiel ein Lied auf die Vögel, so schön, daß mir ein Lustschauer über den Nacken fuhr. Wenn er singt, schafft er sich wahrhaftig seinen eigenen Himmel und seine eigene Erde; das Gute ist das, was ihm beliebt, und wo er Altäre errichtet, dort wohnen die Götter. Platon sagt, das sollte keinem Dichter erlaubt sein; und er ist heute zu bedeutend, als daß man ihm noch widersprechen dürfte. Ich bemerke indessen, daß er selbst dasselbe tut. Wie dem auch sei, Aristophanes jedenfalls entging der Preis in jenem Jahr. Er wurde einem Stück mit dem Titel »Die betrunkenen Nachtschwärmer« zuerkannt, das die Zuschauer zu heftigem Zorn gegen Hermenschänder und Gotteslästerer hinriß.

Wir warteten draußen auf meine Mutter, als ein Mann zu uns trat und sagte: »Ich bin zurückgeblieben, um dir, Myron, zu sagen, daß deine Frau nach Hause gegangen ist. Doch sorge dich nicht, meine eigene Frau hat sie begleitet, und sie behauptet, es habe nichts auf sich. Ihr kannst du's glauben, sie hat vier eigene gehabt.« Er lächelte, und mein Vater dankte ihm mit größerer Herzlichkeit, als er anfänglich gezeigt hatte. »Schön, Alexias«, sagte er, »dann wollen wir nach Hause gehn.«

Unterwegs war er guter Laune und sprach über das Theaterstück. Ich weiß nicht mehr, wie ich ihm antwortete. Er ging sogleich meine Mutter aufsuchen, und ich blieb allein zurück. Ohne zu überlegen, was ich tat, ohne meinen Aufseher aufzusuchen oder um Erlaubnis zu bitten, rannte ich aus dem Hause und durch die Straßen. In der Nähe des Acharnischen Tors rief mir jemand zu: »Wohin so eilig, Sohn Myrons?« Ich erkannte Lysis, aber ich hätte jetzt um mein Leben mit keinem reden können;

ich wandte das Gesicht ab, um es vor ihm zu verbergen, und rannte weiter. Ich eilte durch Felder und Wälder und befand mich schließlich auf den Hängen des Lykabettos.
Mit Händen und Füßen erkletterte ich die steilen Felsen über mir und gelangte an eine ebene Stelle, wo sich ein paar kleine Blumen dem Fels anschmiegten. Selbst die Akropolis tief unter mir sah flach aus; jenseits des Rückens des Hymettos erglänzte das Meer. Keuchend legte ich mich hin und sprach zu mir selbst: »Wozu bin ich so gerannt? Man sollte nichts ohne Grund tun.« Dann wandte ich mein Gesicht zur Seite und weinte bitterlich; und doch hatte ich, als ich wegrannte, nicht gewußt, daß ich weinen wollte. Ich sagte mir, mein Kummer sei töricht; und doch erfüllte er mein Herz und schmerzte sogar körperlich. Mir schien, meine Mutter hätte mich betrogen; sie hatte sich meiner angenommen, als mich keiner mochte, und jetzt hatte sie sich mit meinem Vater verbündet, um einen anderen an meine Stelle zu setzen. Ich haßte meinen Vater dafür, obgleich ich mir bewußt war, daß das Frevel sei. Wären doch, dachte ich, die Spartaner am Tage meiner Geburt nicht gekommen, dann hätten schon lange, an einem ähnlichen Ort wie diesem, die Wölfe meine Gebeine zernagt und der Wind sie verweht.
Mit der Zeit versiegten meine Tränen; die kleinen Blumen warfen lange Schatten, und ich empfand die Abendkühle. Diese erinnerte mich daran, wie ich am Hochzeitstag meines Vaters aufs Dach geklettert war, um zu sehen, wie die Braut nach Hause gebracht wurde. Da ich damals erst sieben Jahre alt war, hatte ich in meiner Einfalt geglaubt, auch an den Festlichkeiten teilnehmen zu dürfen. Mein Vater hatte gesagt, er bringe mir eine Mutter; und ich glaubte, sie gehöre bereits mir, als hätte er mir einen eigenen Hund oder Vogel versprochen.
Erst als es Zeit wurde, die Lichter anzuzünden, riß ich mich von meinen Erinnerungen los und stieg den Lykabettos hinunter. Ich war hungrig, und der Abend war kühl, nachdem die Sonne

untergegangen war. Es wurde mir klar, daß ich einige Stunden ohne meinen Begleiter fortgewesen war, und ich fragte mich, ob vielleicht dank eines glücklichen Zufalls mein Vater nicht zu Hause sei. Als ich aber eintrat, wartete er bereits im Wohnzimmer auf mich.

Er war allein; statt ihn um Verzeihung zu bitten, fragte ich, noch bevor er Zeit fand, etwas zu sagen: »Wo ist Mutter?«, denn ich befürchtete plötzlich, sie sei ernstlich krank. Er stand von seinem Stuhl auf und sagte: »Alles zu seiner Zeit, Alexias. Wo bist du gewesen?«

Da er sprach, als hätte ich kein Recht zu fragen, stieg der Zorn in mir hoch. Ich starrte ihm mit verkniffenem Mund mitten ins Gesicht. Nun schoß ihm das Blut hoch, wie mir schon zuvor. Schließlich sagte er: »Schön. Wenn du etwas getan hast, dessen du dich schämen mußt, so hast du allen Grund zu schweigen. Aber ich warne dich, es macht sich besser bezahlt, es mir jetzt zu erzählen, statt wie ein Feigling zu warten, bis ich es herausfinde.« Jetzt brannte es wie Feuer in meinem Kopf, und ich sagte: »Ich bin in der Männer-Palästra gewesen, habe den Sophisten zugehört und meine Freunde getroffen.«

Da er nun sehr zornig war, hielt er erst einen Augenblick inne, bevor er sprach; dann sagte er, ohne die Stimme zu erheben: »Mit wem also warst du dort?« – »Nicht mit dem und nicht mit jenem«, sagte ich, »obwohl dein Freund Kritias mich bat, mit ihm nach Hause zu kommen.«

Ich versuchte krampfhaft, zwischen mir und der Furcht einen Wall von Zorn aufzurichten. Er war ein sehr großer Mann. Ich biß die Zähne zusammen, entschlossen, nicht zu wanken, und sollte er mich totschlagen. Er aber sagte nur leise: »Geh auf dein Zimmer und warte dort auf mich.«

Der Abend war kalt und ich war hungrig. Mein kleines Zimmer war abends dunkel, da ein Feigenbaum davor stand. Ich wanderte hin und her, um mich zu wärmen. Endlich trat er ein, die

Reitpeitsche in der Hand. »Ich habe gewartet«, sagte er, »weil ich dich nicht im Zorn züchtigen wollte. Statt meinem Impuls zu folgen, wollte ich gerecht sein. Wenn du zu einem wertvollen Menschen heranwächst, wirst du mir Dank wissen, daß ich deine Frechheit bestraft habe. Zieh dich aus.«

Ich zweifle, ob seine Selbstbeherrschung mir ebensoviel nützte wie ihm, denn dies waren die schlimmsten Prügel meines ganzen Lebens. Gegen das Ende konnte ich mich nicht mehr ganz still verhalten, aber ich konnte verhindern, laut herauszuschreien oder ihn gar zu bitten, ein Ende zu machen. Als er fertig war, kehrte ich ihm den Rücken und wartete, daß er gehe. »Alexias«, sagte er. Da drehte ich mich um, damit er nicht glaube, ich wage ihm nicht mein Gesicht zu zeigen. »Nun«, fuhr er fort, »es freut mich festzustellen, daß es dir weniger an Mut als an Verstand gebricht. Doch Mut ohne anständiges Betragen ist die Tugend eines Räubers oder Tyrannen. Vergiß das nicht.« Mir war sehr übel, und lieber wäre ich gleich gestorben, als in seiner Gegenwart Schwäche zu verraten; so sagte ich denn, um ihn loszuwerden: »Es tut mir leid, Vater.« – »Gut denn«, versetzte er, »dann Schluß damit; gute Nacht.«

Als ich allein war, lag ich auf meinem Bett und hatte das Gefühl, wie das oft geschieht, wenn man noch klein ist, das gegenwärtige Elend werde ungeschmälert mein ganzes Leben dauern. Ich beschloß, an den Strand zu gehen und mich von einem Felsen ins Meer zu stürzen. Ich blieb liegen, um abzuwarten, bis ich wieder genügend bei Kräften sei, um meinen Entschluß auszuführen; ich sah im Geiste die Straßen, durch die ich kommen würde, wenn ich die Stadt verließ. Dann erinnerte ich mich, wie Lysis mich auf dem Wege getroffen und gesagt hatte: »Wohin so eilig, Sohn Myrons?« Ich suchte mir vorzustellen, wie ich antwortete: »Ich werde mich ins Meer stürzen, weil mein Vater mich verprügelt hat.« Nun merkte ich, wie kindlich das war. So deckte ich mich denn im Bett zu und schlief endlich ein.

Später erfuhr ich, daß mein Vater mich in der Stadt gesucht hatte und gewußt haben mußte, daß ich nicht in der Palästra war, mich aber für meinen Mangel an Ehrerbietung bestraft hatte, wie dies wohl jeder Vater getan hätte. Ich habe meine eigenen Knaben nie so hart gezüchtigt; aber, soweit ich es beurteilen kann, sind sie deshalb nicht besser geworden.

Am nächsten Tage zögerte ich, meine Mutter an ihrem Webstuhl aufzusuchen; aber sie rief mich zu sich: »Als du noch klein warst, Alexias, wurdest du da böse, als du hörtest, daß du eine Stiefmutter bekommen solltest? Bestimmt, denn in allen Geschichten sind sie immer bösartige Geschöpfe.« – »Gewiß nicht. Ich habe dir doch oft erzählt, wie alles war.« – »Sicher hat dir aber jemand gesagt, wenn eine Stiefmutter einen eigenen Sohn habe, behandle sie das frühere Kind ihres Mannes schlecht? Die Sklaven wissen immer solche Geschichten zu erzählen.« Ich blickte weg und antwortete: »Nein.«

Sie ließ das Schiffchen durch den Webstuhl sausen. »Aber auch alte Weiber sind so. Die unken gern einer jungen Frau vor, was für schwere Prüfungen eine zweite Frau zu erwarten habe; sie versichern ihr, zu fürchten seien nicht nur ihr Mann – dies sei ohnehin der Fall –, sondern auch seine Sklaven und sogar seine Freunde, die von ihr nichts weiter wissen wollten, als daß sie koche und webe. Und vor allem müsse sie unweigerlich damit rechnen, daß ihr Stiefsohn sie bereits hasse und ihren Einzug als das schlimmste Übel seines Lebens betrachte. Und wenn sie dann, auf all das gefaßt, einen guten Sohn vorfindet, der sie willkommen heißt, wird sie sich ewig daran erinnern; kein Kind kann ihr lieber werden als das erste.« Sie hielt inne, aber ich konnte ihr nicht antworten. »Du warst ein Knabe, der seine eigenen Wege ging«, fuhr sie fort, »doch als du bemerktest, wie ich fürchtete, unwissend zu erscheinen, erzähltest du mir von der Hausordnung, an die du dich halten mußtest, und sogar wie man dich bestrafte, wenn du sie nicht befolgtest.«

Ihre Stimme zitterte, und ich spürte, daß sie dem Weinen nahe war. Ich wußte, daß ich nun wortlos weggehen mußte, doch beim Gehen faßte ich sie mit der Hand am Arm, um sie wissen zu lassen, daß wir als Freunde schieden. Ihre Knochen fühlten sich zart an, wie die eines Hasen.

Von da an fand ich mich mit dem Gedanken an das Kind ab und sprach sogar zu einigen meiner Schulfreunde davon. Xenophon gab mir gute Ratschläge, wie ich es behandeln müsse. Zeitweise hatte ich den Eindruck, es wie einen Spartaner, dann wieder wie ein Pferd erziehen zu müssen.

Ich war nun sechzehn geworden und hatte meine Schulzeit bei Mikkos abgeschlossen. Einige meiner Freunde studierten bereits bei Sophisten. Ich hütete mich, diesen Gegenstand im Gespräch mit meinem Vater zu berühren, denn nach den jüngsten Ereignissen wußte ich wohl, daß er mich nicht zu Sokrates lassen, sondern einem anderen anvertrauen werde. Ich beabsichtigte, ihm erst damit zu kommen, wenn seine Erinnerung an diesen Zusammenstoß etwas verblaßt sei. Einen guten Teil meiner Freizeit verbrachte ich nun auf unserem Bauernhof, führte die Aufträge meines Vaters aus und überwachte die Dinge ein wenig, wenn er beschäftigt war; und zuweilen gingen Xenophon und ich auf die Hasenjagd. Er besaß seine eigene Koppel Hasenhunde, die er aus der Zucht seines Vaters aufgezogen hatte; sie waren gut darauf abgerichtet, eine Spur zu verfolgen, ohne sich von Füchsen und anderem Gelichter ablenken zu lassen.

Ich hatte die »Salaminia« schon beinahe vergessen, als sie einlief. Alles strömte zum Hafen, um zu sehen, was für ein Gesicht Alkibiades mache und ob er Zeichen von Furcht verrate. Der Zorn der meisten Leute hatte sich inzwischen abgekühlt; sie fragten sich nur noch, was für eine Verteidigungsrede er halten werde, und glaubten, sie werde zweifellos besser sein als die eines gemieteten öffentlichen Redners.

Die beiden Schiffe kamen näher, aber er war nicht zu sehen. Dann legte der Trierarch der »Salaminia« an; er sah aus wie einer, der einen Sack Gold verloren und dafür einen Strick gefunden hat. Sein Bericht wurde zufällig belauscht und ging von Mund zu Mund. Alkibiades hatte sehr freundlich eingewilligt mitzukommen und war mit ihnen bis Thurii in Italien gefahren. Während sie anlegten, um sich mit Trinkwasser zu versorgen, waren er und Antiochos an Land gegangen, um sich die Beine zu vertreten; und als es an der Zeit war, wieder auszulaufen, hatte ihr Schiff weder Trierarchen noch Steuermann. Niemand machte dem Trierarchen der »Salaminia« große Vorwürfe. Als die Seereise einmal begonnen hatte, standen Alkibiades zu seiner Verteidigung ebenso viele Mann zur Verfügung wie dem Trierarchen zu dessen Verhaftung, und überdies hatte man ihm letzteres abgeraten.

Das Schwurgericht tagte in Abwesenheit des Angeklagten, und die gesamte Klageschrift wurde verlesen. Das Urteil lautete auf Konfiskation seines gesamten Eigentums und auf Tod. Sein Haus wurde niedergerissen, und das Grundstück den Göttern gewidmet. Sein junger Sohn wurde enteignet. Die Versteigerung seines Besitzes dauerte vier volle Tage. Fast jedermann in der Stadt kaufte etwas. Selbst mein Vater kam mit einem goldgesäumten Mantel zurück; der Saum war aber ausgefranst, da Alkibiades die Gewohnheit hatte, ihn hinter sich herzuziehen. Mein Vater hielt es selbst für einen schlechten Kauf, denn er trug den Mantel nie. Einige Zeit später lief ein Schiff aus Italien ein, das Briefe der Kolonisten an ihre Freunde ablieferte. Einer hatte eine Nachricht von einem Athener namens Thukydides erhalten, einem ehemaligen General, der in den Anfängen des Krieges den Entsatz einer Stadt verpatzt hatte und nun im Exil lebte. Da er keine Beschäftigung hatte, reiste er dahin und dorthin und schrieb viel, um sich die Zeit zu vertreiben. Er berichtete seinem Freund, er sei zugegen gewesen, als man

Alkibiades sein Todesurteil überbracht hatte. Die Zuschauer hatten eine geistreiche Rede zu hören erwartet, er aber soll bloß gesagt haben: »Sie sollen erfahren, daß ich am Leben bin.«
Über kurz erfuhren wir, daß er in einem Fischerboot nach Argos übergesetzt und, wie man vermute, sich dort niedergelassen habe. Aber schon wenige Tage später dockte im Piräus ein Kauffahrer an, und wir erfuhren die Wahrheit. Den ganzen Weg zu Xenophon rannte ich, um ja mit der Neuigkeit der erste zu sein, denn ich war gar zu gespannt, was für ein Gesicht er machen werde. Erst starrte er mich an, dann warf er den Kopf in den Nacken und lachte laut auf. »Ist ihm sein Leben wirklich so kostbar? Alkibiades in Sparta! Die Götter müssen ihn mit Wahnsinn geschlagen haben, daß er ihren Fluch freiwillig an sich selbst vollzieht. Was die Athener ihm angetan hätten, wäre im Vergleich dazu ein Nichts.«
Obwohl die Leute aufgebracht waren, konnte man doch ihr Gelächter in der ganzen Stadt hören. Sie malten sich das Bild aus: Alkibiades sitzt auf einer Holzbank in einer Scheune, Alkibiades am spartanischen Gemeinschaftstisch (wenn sie ihn überhaupt dort zum Essen duldeten), dreckige schwarze Brühe aus einer Holzschale trinkend, er, der sich lydische Köche gehalten und auf daunengestopften Ruhebetten gelegen; das Haar ungepflegt herunterwachsend, der Leib ungebadet, es sei denn, er entschließe sich zu einem Bad im eiskalten Eurotas; kein duftendes Öl mehr für ihn, keine juwelenbesetzten Sandalen; Schilfhalme für sein Bett, und niemand, es mit ihm zu teilen. »Das wird ihn umbringen«, sagten sie, »und zwar weniger sanft als der Schierlingsbecher.« Und einer mochte hinzufügen: »Kein Lob mehr für geistreiche Reden, die Spartaner lieben die ihren kurz und bündig.« Doch keiner führte die Worte an, die er beim Empfang seines Todesurteils gesprochen hatte.
Die winterlichen Winde hatten nachgelassen; das Meer war blau; wie Drachen an einer Schnur wiegten sich die Seemöwen

mit ausgebreiteten Flügeln in der Luft; es war gutes Segelwetter. Eines Morgens sah ich im Hafen bei Munychia, wie eine große Trireme geladen wurde, und fragte mich, welches wohl ihr Bestimmungshafen sei. Als ich nach Hause kam, war unser Wohnzimmer mit Gepäck und Pferdegeschirr verstellt, und mittendrin stand mein Vater, die Rüstung rings um ihn ausgebreitet, und fettete die Riemen ein.

Ich muß geglotzt haben wie ein Narr, denn er hieß mich ungeduldig hinauszugehen oder einzutreten. Ich ging zu ihm und fragte, ob er in den Krieg ziehe. »O nein«, versetzte er und sah mich mit hochgezogenen Brauen an. »Trage ich nicht immer die Rüstung, wenn ich zum Bauernhof reite?« Seine Stimme klang wie die eines jungen Mannes. Seine Gedanken mußten wohl weit weg gewesen sein, als ich eintrat. »Was ist geschehen?« fragte ich. »Kommen die Spartaner?« Er zog einen alten Riemen aus dem Brustpanzer und warf ihn weg. »Nicht, daß ich wüßte; und wenn sie kommen, mein Sohn, so überlaß ich sie dir; gut Glück also! Ich fahre nach Sizilien.«

Ich sagte unüberlegt, davon hätte ich nichts gewußt. »Ich auch nicht, bis heute morgen«, versetzte er. Er wählte einen neuen Riemen und zog ihn ein, wobei er ein Soldatenlied vor sich hin summte, das er aber wieder abbrach, als er sich meiner Gegenwart erinnerte. Ich hatte ihn noch selten so guter Laune gesehen. Ich glaube, seine Natur hat ihn lange Zeit nach zwei entgegengesetzten Seiten gezogen, und er war nun froh, daß das Schicksal statt seiner die Entscheidung traf.

Er warf mir seine Beinschienen zum Glänzen herüber und erzählte mir, während wir arbeiteten, er sei an Stelle eines erkrankten Reiters eingezogen worden. »Nikias braucht Reiterei, und er hätte das auch vorhersehen sollen. Die Syrakuser Reiterei stört seine Belagerungsarbeiten. Wenn wir dort sind, kann er zum Schlag ausholen; er braucht einen Tritt in den Hintern. Schon an den Dionysien hat Aristophanes ihm wegen seiner Saumseligkeit eins ausgewischt.« – »Nimmst du beide Pferde mit?« fragte ich und dachte dabei, fürchte ich, nur an mich.

»Keins von beiden; er wird uns dort ausrüsten. Überlaß Phoenix nicht dem Stallknecht, reite ihn selbst, wie ich es immer getan habe.« Und er hielt mir eine lange Rede über Pferdepflege. Ich versprach, nach allem sehen zu wollen und im Zweifelsfalle Xenophons Vater um Rat zu fragen. »Gryllos geht mit uns«, sagte er. »Aber du hast in seinem Sohn den richtigen Freund gewählt.« Er hob den Schild auf und begann ihn zu glänzen. Dann fügte er hinzu: »Wenn die Zeit des Familienfestes kommt, vergiß deinen Onkel Alexias nicht, dessen Namen du trägst.« – »Nein, Vater.« – »Du mußt nun sechzehn sein oder doch beinahe.« Ich bejahte. Er setzte den Schild nieder und blickte mich an. »Nun, dann wirst du in zwei Jahren Ephebe sein, und es wäre unangebracht, dich wie ein Kind zu behandeln. Es gibt schöne Menschen in der Familie deiner Mutter und auch in der meinen.« Es dauerte eine Weile, bis ich begriff, daß er meine wirkliche Mutter meinte. »Von dieser Schönheit wird auch etwas für dich abfallen, wenigstens scheint es jetzt so. Es ist besser, du hörst das zuerst von mir als von einem andern, der dir das nur sagt, um dich zum Narren zu halten.« Ich war erstaunt; nicht über seine Worte, die er mir zu Unrecht als erster gesagt zu haben glaubte, sondern weil er sie für wahr hielt. »Selbst in der Jugend«, sagte er, »steht schon etwas vom inneren Menschen auf dem Gesicht geschrieben. Doch gibt es unter den Liebhabern, die von der Schönheit angezogen werden, nur wenige, denen man nicht mißtrauen muß; und die mußt du dir erst verdienen. Was die übrigen betrifft, so halte ich dich für klug genug, um jene selbst zu erkennen, denen es nicht daran liegt, ob du ein Tölpel, Feigling oder Lügner bist; aber du wirst auch solche treffen, die, obgleich sie wissen, daß einer all dies ist, sich ihren Stolz mit Füßen treten und sich wie Sklaven umherschleppen lassen. Auch wenn sie sich in anderer Hinsicht auszeichnen mögen, sollst du sie trotzdem verachten. Die Freundschaft für Geschenke zu verkaufen, ist nichts für anständige Männer. Aber sie gegen Schmeichelei zu verkaufen oder bloßer Zudringlichkeit aus Schwäche nachzugeben, wie man einem zudringlichen Bettler einen Obolus zuwirft, ist meiner Ansicht nach auch nicht besser. Wenn du im Zweifel bist, kannst du kaum etwas Besseres tun, als dich deines Onkels Alexias erinnern. Erwäge, ob der betreffende Mann für dich tun würde, was er für Philon getan hat, und unterlaß es nicht, dich selbst zu prüfen, ob du das für ihn tätest.« Er hauchte den Schild an und rieb weiter. »Ich möchte hoffen, daß du in deinem Alter noch kein Bedürfnis hast, dich mit Weibern einzulassen. Laß dich von keinem zu solchen Häusern führen wie dem von Milto, wo man dich berauben und vergiften wird. Korittos Mädchen sind angeblich sauber.«

Nach dieser Rede war er wohl ebenso erleichtert wie ich, als meine Mutter eintrat. Sie war ruhig, doch ziemlich blaß und sagte, der Walker werde seinen Mantel bis zum Einbruch der Nacht bringen. Wenige Tage später fuhr er ab. Ich ging mit meinem Großonkel Strymon zum Dock, um ihm das Geleit zu geben. Unsere Familie war durch die Pest und den Krieg so sehr gelichtet worden, daß er nach der Abreise meines Vaters nun mein nächster männlicher Verwandter war. Ich fragte mich, wie das werden würde, denn ich kannte ihn nicht gut. Mein Vater hatte ihn bei festlichen Anlässen bewirtet, ihm zum Opfertag eine Fleischspende geschickt und die üblichen Höflichkeiten gepflogen. Er lud ihn jedoch selten mit seinen Freunden zum Essen ein. Ich glaube aus dem einzigen Grund, weil er ihn grenzenlos langweilte.

Die Hälfte der Schüler meines Jahrganges schien dort zu sein und von den Vätern Abschied zu nehmen. Xenophon beachtete mich nicht; es war mir schleierhaft, daß Vater und Sohn einander so viel zu sagen haben konnten.

Endlich segelte das Schiff ab. Ich winkte meinem Vater noch lange nach, und er mir ebenso; beide wünschten wir wohl, zum Schluß noch alles Versäumte nachzuholen. Später schwatzte ich mit einigen Schulfreunden; aber Xenophon machte sich allein davon, obschon er äußerlich die Fassung gut bewahrte. Ich glaube, er war sogar ohne seinen Aufseher.

Ich mußte mit meinem Großonkel Strymon nach Hause gehen. Er war nicht viel über Sechzig (denn er war viel jünger gewesen als mein Großvater) und gesund für seine Jahre. Seine Ansichten deckten sich immer mit jenen der Mehrzahl der angesehenen Bürger. Wenn ich manchmal über ihn hätte lachen können, hätte ich ihn wohl lieber gehabt.

Zu Hause begegnete mir die Mutter lächelnd und gab mir einen Sesamkuchen. Ihr Haar war an den Schläfen naß; sie hatte ihre Augen mit kaltem Wasser benetzt. Ihre Schwangerschaft begann sich bereits ein wenig abzuzeichnen, und ihr Gesicht sah blaß und dünn aus. Ich bat sie, sich keine Sorgen zu machen, der Krieg werde bald zu Ende sein, nun, da die Reiterei ausgerückt sei; aber sie schüttelte den Kopf. Ich sagte: »Mir scheint, du fürchtest dich leichter als sonst; aber gib dem nicht nach; ich bin ja hier, um nach dir zu sehen. Und wenn du etwas Besonderes zum Essen wünschest«, (denn das war so ziemlich das einzige, was ich von der Sache verstand), »so sollst du es bekommen, gleichgültig, wie selten es auch sein mag.« Sie schaute mich an und begann zu lachen; aber es wurde bald ein Weinen daraus, und sie ging.

7

Bei seinem Abschied hatte mein Vater Midas freigegeben, früher als er versprochen hatte, um sich Apollo gnädig zu stimmen. Der alte Sostias sollte nun ein Auge auf mich haben; aber ich war in letzter Zeit ein gutes Stück größer geworden, an Länge und auch sonst. Ich erkannte bald, daß er in Verlegenheit war und ich mit ihm umspringen konnte, wie ich wollte.

Anfänglich hatte ich wenig Zeit zu eigenen Vergnügungen; es gab viel Arbeit auf dem Bauerngut. Solange mir der Vater den Rücken gestärkt, hatte ich seine Befehle selbstsicher weiterleiten können; diese Sicherheit legte ich nun auch in meine eigenen, ohne daß die Sklaven einen großen Unterschied merkten. Es waren auch nicht diese, die mir Schwierigkeiten verursachten, sondern die Einmischung meines Onkels Strymon. Er hatte sein ganzes Erbteil in Sklaven investiert, die er an die Silberminen vermietete, auf nichts weiter bedacht, als jeden Monat die Miete einzuziehen und etwas für allfälligen Ersatz beiseite zu legen: aber er war ein Alleswisser, voll antiquierter Grundsätze, die man auf das Land gar nicht mehr anwenden konnte. Wenn ich einen Einwand geltend machte, pflegte er zu sagen: »Schön, schön. Ich weiß ja, daß sich die Jugend von heute nichts sagen lassen will. Ich tue ja nur meine Pflicht gegenüber deinem Vater, so gut ich es vermag.«

All dies unterbrach mein Training auf der Rennbahn; doch auf dem Gut draußen pflegte ich querfeldein zu laufen, während der Knecht die Pferde führte; und es gab dort reichlich körperliche Arbeit, die mich vor Verweichlichung bewahrte. Im vergangenen Jahr war ich schnell gewachsen und ziemlich schlaksig geworden; jetzt stand ich vor Morgengrauen auf, war bei jedem Wetter im Freien und arbeitete oft mit, um den Sklaven und gemieteten Arbeitern das Arbeitstempo anzugeben; meine Knochen setzten Muskeln an und wurden fest, braun und hart. Bald bemerkte ich in der Freizeit bei einem Besuch der Palästra oder der Bäder, daß sich Leute nach mir umdrehten, die sich dies früher nie hätten träumen lassen. Ich fand es sogar ein- oder zweimal für notwendig, das alte Rauhbein Sostias hinter mir hertrotten zu lassen.

Das Schiff, welches meinen Vater nach Sizilien gebracht hatte, kehrte mit der Nachricht zurück, Lamachos sei tot. Er war bei der Erstürmung einer gegnerischen Mauer gefallen, welche die Syrakuser errichtet hatten, um unsere Belagerungsarbeiten zu kontrollieren. Dank ihm aber war nun die Stadt beinahe eingeschlossen. Sobald dies vollständig der Fall war, konnte der Krieg als beendigt gelten. Die Syrakuser hatten sich als rauhe Krieger erwiesen; ein Pöbelhaufen kleiner Scharen, von überall her zusammengewürfelt. Sie kämpften noch vor den Türen ihrer Häuser, was selbst den schlechtesten Truppen eine gewisse Zähigkeit verleiht, sonst wären sie schon längst aufgerieben worden.

Ganz Hellas war ruhig, nur die Argiver, die von den Spartanern angegriffen worden waren, baten uns um Schiffe zur Verteidigung ihrer Küste. Obwohl wir mit den Spartanern einen Waffenstillstand abgeschlossen hatten, wäre eine Ablehnung unehrenhaft gewesen, da die Argiver schließlich Truppen nach Sizilien entsandt hatten. Als wir erfuhren, daß einige dieser Schiffe die Küste von Lakonike angegriffen hatten, gab es einiges Kopfschütteln; doch es handelte sich nur um eine kleine Einzelaktion, die bald vergessen war: sicherlich was mich anbetraf, denn in diesem Jahr begann mein Umgang mit Sokrates.

Ich kam zuerst wie ein Dieb in der Nacht, damit er mich nicht bemerken und mir eine Frage stellen sollte, die meine Dummheit bloßgestellt hätte, so daß ich nicht wieder hinzugehen gewagt hätte. Wenn man ihn fragte, weshalb er keine Bezahlung

annehme, pflegte er zu antworten, er sei lieber frei in der Wahl seiner Gesprächspartner, und keiner solle sich Schüler nennen, höchstens Freund. Deshalb war ich mir meiner Vermessenheit wohl bewußt. Ich wartete jeweilen, bis er eine Menge Leute um sich geschart hatte, und versteckte mich hinter diesen; wenn er in meine Richtung zu blicken schien, machte ich mich aus dem Staube. Ich hielt mich für trefflich verborgen, bis er einmal mitten in einem Gespräch sagte: »Hier aber offenbart sich dem Jüngsten von uns, glaube ich, ein Trugschluß, was meinst du dazu, Alexias?« Mir war, als hätten wir uns schon die ganze Zeit zusammen unterhalten; nichts Besonderes schien dabei zu sein, und ich antwortete unbefangen. Wenn er nur wollte, so konnte er jede Schwierigkeit als leicht und das Natürlichste auf der Welt hinstellen; doch konnte er auch etwas Altvertrautes in ganz neuem Licht und befremdlich erscheinen lassen, daß man überrascht war, seine Schönheit nie bemerkt oder es nicht voll Abscheu weggeworfen zu haben.
Ich glaube, die Welt wurde für ihn jede Stunde neu erschaffen. Die meisten von uns sehen das, was andere uns sagen, die es wiederum von anderen gehört haben. Für ihn aber war alles in der Welt von den Göttern erfüllt, und es wäre ihm als die größte Gottlosigkeit vorgekommen, nicht alles selbst zu besehen. Dies ist wohl der Grund, weshalb er sowohl von Feigen und Anmaßenden als auch von all denen gehaßt wurde, die weder sich selbst noch die Gottheit zu erkennen wagen.
Vieles hielt mich ihm fern; ein Junge meines Alters durfte nicht überall hingehen, wo er sich bewegte, und ich hatte auch meine Arbeit zu verrichten. Es gab aber noch einen anderen Grund, der mich abhielt. Sobald mein Vater abgereist war, hatte Kritias sein wahres Gesicht gezeigt; nicht als Liebhaber, der höflich hätte abgewiesen werden können, sondern als eine Art schleichende Pest, der es meines Erachtens gesetzlich verboten werden sollte, sich überhaupt an die Söhne freier Männer heranzu-

machen. Er hatte, wie bereits erwähnt, eine widerliche Art, aus dem Anstandsgefühl oder der Elternliebe anderer Vorteil zu ziehen. Als letzte Rettung gab ich jeweils Sostias ein Zeichen, er solle mich wegführen. Kritias blickte mir nie nach, aber beim Weggehen machte er jeweilen eine Anspielung in Worten.

Anfangs wunderte es mich, daß sich Sokrates so täuschen lassen konnte. Später begriff ich, daß er vieles, wenn auch nicht dasselbe wie ich, von dem Mann wußte, das damals über meinen Horizont ging. Es war nun offensichtlich, daß Kritias sich in der Politik einen Namen machen werde; deshalb war es zum Wohl der Stadt, wenn man ihn Tugend lehrte. Übrigens war Sokrates klüger als die meisten, aber er besaß zu viel Seelengröße, um mit gesenkten Augen umherzugehen und nach Schmutz Ausschau zu halten. Wenn ich also Kritias in seiner Nähe sah, hielt ich mich fern. Das geschah nicht allzuoft, denn der Mann war überaus beschäftigt und hörte auch anderen Sophisten zu, welche die politischen Künste lehrten.

Kurz nach der Sommersonnenwende rückte die Zeit heran, da meine Mutter gebären sollte.

Nach einem anstrengenden Tag auf dem Lande lag ich noch im tiefsten Schlaf, als Kydilla mit einer Lampe eintrat und mich bat, die Hebamme zu holen. Ich sprang aus dem Bett und vergaß ganz, mich zu bedecken, bis das Mädchen bereits gegangen war; aber ihr Gesicht sprach deutlich aus, daß ich kein Kind mehr sei. Aber dafür hatte ich jetzt keine Zeit. Ich glaubte, Mutter habe statt eines Sklaven mich geschickt, weil ich der Schnellste war und sie bereits in Wehen lag. Das trug sich lange vor Tagesanbruch zu, und sie lag noch den ganzen Tag in Wehen.

Als es hell wurde, ging ich allein in die Stadt und suchte nach einem Zeitvertreib. Zuerst ging ich zur Palästra, wo ich mir mehr zumutete, als ich bewältigen konnte, und mich eins ums andere Mal werfen lassen mußte, bis ich müde war. Während ich mich

anschließend schabte und badete, traten zwei oder drei Leute heran, die – wie sie sagten – schon seit einiger Zeit auf die Gelegenheit gewartet hatten, mich kennenzulernen. Ich schenkte ihnen kaum Beachtung und merkte erst viel später, daß ich damals in den Ruf kam, kühl und abweisend zu sein.
Am frühen Nachmittag ging ich nach Hause, aber es gab dort für mich nichts Neues, und die Hebamme, die mich in der Nähe der Türe fand, schickte mich mit scharfen Worten weg. Ich raffte einen Gerstenkuchen und eine Handvoll Oliven zusammen, ging dann zum Phaleron hinunter und schwamm, bis ich nicht mehr konnte. Ich erreichte abends den Piräus und befand mich in einem merkwürdigen Zustand, ich hatte lange nackt in der Sonne gelegen und meine Sehnen waren vom Wasser schlaff geworden. Auf einer Straße hinter dem Hafen Munychia sah ich eine Frau vor mir hergehen. Ihr Kleid aus dünnem rotem Stoff lag eng an und zeigte ihre Formen, die schlank und anmutig waren. Als sie um die Ecke bog, sah ich ihre Fußspuren im Staub. Auf der Sohle ihres Schuhes waren ein paar Metallbuchstaben befestigt, so daß ihr Fuß mit jedem Schritt auf den Boden schrieb: »Folge mir.«
Da sie ohne Begleitung war, hatte ich schon vorher vermutet, was sie war. Die Fußspuren führten mich zu einem niedrigen Türgang, wo ich stehenblieb, unschlüssig, ob ich klopfen solle; denn ich war noch nie bei einer Frau gewesen. Ich fürchtete, dort bereits einen Mann vorzufinden und von beiden ausgelacht zu werden. Aber ich hörte nichts und entschloß mich, doch zu klopfen. Die Frau kam an die Tür, den Schleier halb hochgezogen, so daß ihre Augen sichtbar wurden, welche wie die einer Ägypterin geschminkt waren. Mir gefielen ihre Augen nicht, und ich wollte gehen, aber sie zog mich herein, und ich schämte mich wegzulaufen. Die Mauern des Zimmers waren blau getüncht; auf der einen, dem Bett gegenüberliegenden Wand hing ein unzüchtiges Bild, eine rote Kreidezeichnung. Als ich einge-

treten war, warf sie nicht nur ihren Schleier, sondern gleich ihr Kleid von sich und stand nackt vor mir. Dies war das erstemal, daß ich so etwas sah, und in einer für einen Jüngling meines Alters nur natürlichen Verwirrung der Gefühle sah ich mir ihr Gesicht nicht deutlich an. Als sie mich umarmen kam, sah ich aber nichts anderes mehr. Obgleich es schon zehn Jahre her war und obwohl sie Lippen, Augen und Brüste geschminkt hatte, erkannte ich sie. Es war die Rhodierin. Ich wich vor ihr zurück, als hätte ich beim Umwenden eines Steines plötzlich in den Rachen der Hölle geschaut. Doch sie, im Glauben, ich sei zu schüchtern, griff nach mir und lockte mich mit Wörtern, wie sie solche Frauen gebrauchen. Mit einem Schrei des Entsetzens stieß ich sie zurück, da ich jetzt auch ihre Stimme wiedererkannte. Das machte sie wütend, so daß sie mir, als ich mich zur Türe wandte, einen Fluch ins Gesicht schleuderte; und nochmals fühlte ich ihre Hände mein Fleisch liebkosen.
Ich rannte die Straße hinunter, als wäre sie eine Rennbahn. Als ich weder zu mir selbst kam, hatte ich nur den einen Gedanken, daß ich bei meiner Rückkehr meine Mutter tot vorfinden würde. Zu Hause angekommen, erfuhr ich, sie sei vor einer Stunde entbunden worden. Das Kind war ein Mädchen.
Ich hatte das Holzscheit über der Tür gar nicht beachtet, so sicher war ich gewesen, dort den Olivenzweig zu sehen. Mir war, als sei ein Gott von einer Wolke herabgestiegen, um mein Schicksal zu ändern. Ich stand da wie vor den Kopf geschlagen und gab mich meinem Glück hin, bis mein Onkel Strymon aus seinem Stuhl aufstand, um mir so zu bedeuten, daß ich ihn übersehen hatte. Er sagte, wir müßten uns alle über ihre glückliche Niederkunft freuen; zwar werde mein Vater enttäuscht sein, doch seien sie beide noch jung und könnten es sich leisten, auf die Gunst der Götter zu warten. »Aber es ist doch schade; er hatte versprochen, das Kind nach ihrem Vater Archagoras zu nennen, damit der Name eines würdigen Mannes nicht der

Vergessenheit anheimfalle.« Dann erinnerte ich mich, daß es ja – ungeachtet meiner eigenen Wünsche – ihr Erstgeborenes sei.

Als ich zum Zimmer trat, sagten mir die Weiber, es sei noch nicht gereinigt worden und ich könnte mich beschmutzen. Ich versetzte: »Nun, und wenn schon«, und trat ein. Sie lag da mit offenem Haar; es sah welk und feucht aus, wie nach einem langen Kampf; das Gesicht war verkrampft, und sie hatte blaue Schatten unter den Augen. Das Kind lag in ihrem Arm. Ich fragte: »Wie geht es, Mutter?«, und sie blickte zu mir auf.

Ist ein Mann im Allkampf, dem Pankration, besiegt und herumgeschlagen worden, bis er kaum mehr stehen kann, richtet er sich dann vom Boden auf und wischt sich das Blut von den Augen und begegnet er unterwegs jenem Menschen, von dem er weiß, daß er sich am meisten über seine Niederlage freut, dann, wie groß sein Mut auch immer sein mag, wird er sich etwas anmerken lassen müssen. So war es jetzt zwischen meiner Mutter und mir. Als ich das damals verstand, begriff ich wohl zum erstenmal den Gram eines Mannes. Allein, wenn der Regen einmal gefallen ist, kann man ihn nicht mehr in den Himmel zurücktragen.

In dieser Bitternis tat jeder dem andern leid. Sie lächelte mir bald zu, ergriff meine Hand und sagte, sie fühle sich viel besser. Ich fühlte, daß ich sie küssen sollte; aber das Zimmer roch nach Frauen und Blut, ihr Fleisch kam mir wie das einer Fremden vor und stieß das meine zurück. Da sagte sie: »Schau, hier ist deine Schwester.«

Ich hatte gar nicht an das Kind gedacht. Es hatte noch immer den Flaum des Neugeborenen an sich, und seine Haare waren wie feines Silber. Ich nahm es in die Hände, da ich mit jungen Hunden gut umzugehen wußte: sie halten still, wenn man fest zupackt. Da ich meine Mutter nicht geküßt hatte, glaubte ich, ihr eine Freude zu machen, wenn ich das Kind küßte. Ich

versuchte es widerstrebend, doch als ich es näher hielt, fand ich, daß es süßlich roch. Auch bei meinen eigenen Kindern habe ich dieselbe Beobachtung gemacht.
Am folgenden Tag kaufte ich auf dem Markt Nahrungsmittel ein, als mich ein Mann ansprach: »Sohn Myrons, ein Seemann suchte dich mit einem Brief. Er ist noch in Duris' Weinschenke.« Sostias war dabei, um mir tragen zu helfen. Ich weiß nicht, was mich veranlaßte, ihm zu sagen: »Geh zu jener Bude und frage nach dem Preis der Wasserkrüge.« Er ging gehorsam; von meinem Wächter war er anstandslos zu meinem Diener geworden. Ich ging zu der Weinstube und fragte: »Wer hat sich nach Myrons Sohn erkundigt?« Ein Seemann erhob sich und reichte mir einen Brief. Ich gab ihm ein kleines Trinkgeld, gerade so viel, daß er mich weder loben noch tadeln konnte, bog dann um die Ecke und brach das Siegel. Mein Vater schrieb, Syrakus stehe unmittelbar vor der Übergabe. Er ermahnte die Mutter, auf ihre Gesundheit zu achten, recht zu essen und sich warm zu halten. Dann schrieb er: »Was das Kind betrifft, so zieh es auf, wenn es ein Knabe ist; ist es ein Mädchen, so setz es aus.«
Da stand ich mit dem Blatt in der Hand. Das Kind war weniger als einen Tag alt; was blieb mir übrig, als den Befehl meines Vaters nach Hause zu bringen? Es war klar, daß er mit Überlegung und mit gebührender Rücksicht auf mich entschieden hatte. Seit er uns verlassen hatte, war mir einiges über unsere näheren Verhältnisse klar geworden; wir konnten uns keine Mitgift leisten, und wenn er eine ausbezahlte, so nur auf Kosten meines Erbteils. Es hatte mir nicht gefallen, wie meine Mutter dem Kind die Brust reichte, und ich wäre nicht sehr bekümmert gewesen, wenn es gestorben wäre. Aber ich hatte gesehen, daß es ihr bereits lieb geworden war und ein Trost in ihrer Niederlage. Jetzt, da es mir zufiel, ihr das Kind wegzunehmen, dachte ich an ihren Schmerz, und das quälte mich. Ich erinnerte mich daran, wie ich damals, als meine Hündin geworfen hatte, alle

Jungen ertränkte, da Xenophon erklärt hatte, der ganze Wurf tauge nichts; wie die Alte zu mir gekommen war, heulend und mit den Pfoten an meinen Knien scharrend, im Glauben, ich könne ihr die Jungen zurückbringen.
Diese Erinnerung war es wohl, die mich zu der Verfehlung verführte, die mich später noch so lange als schwere Schuld bedrückte. Als hätte ich von Anfang an geplant, was ich nun zu tun beabsichtigte, ging ich in den Hof hinter der Schenke, zerriß den Brief meines Vaters und warf ihn in die Latrine. Dann traf ich Sostias und ging nach Hause. Als die Mutter das nächstemal nach mir schickte, um meinem Vater zu schreiben, schrieb ich: »Wir hoffen bei allen Göttern, von Dir etwas zu hören, da wir seit Deiner Abreise noch ohne Nachricht von Dir sind.«

8

Welcher vernünftige Mensch könnte Politik oder Krieg ohne Humor ertragen? Deshalb hatten wir uns Alkibiades unter den Spartanern ausgemalt, wie er seinen Balsamhändler und Koch beweint; während er in Wirklichkeit an den Ufern des kalten Eurotas bei allem Wetter draußen war, einfach aß, hart schlief und wenig sprach. Nach einem Monat schon konnten nur noch wenige, die ihn sahen, glauben, er sei kein geborener Spartaner. Xenophon hatte wohl recht, als er sagte, Alkibiades habe einmal in der Palästra seine Zähne gebraucht. Aber das geschah vor unserer Zeit, weshalb uns der Sinn der Geschichte verborgen blieb: sie wollte nicht besagen, daß er schwach oder ein Feigling sei, sondern daß er vor nichts zurückschrecke, um zu siegen.
Er war es auch, der die Spartaner darauf hinwies, daß die

Entsendung unserer Schiffe zu den Argivern einem Bruch des Waffenstillstandes gleichkomme. Nun machten es die Spartaner uns nach. Sie liehen den Syrakusern einen General. Er kam ohne Truppen, in einem Fischerboot, nur von den Heloten bedient, die ihm Ausrüstung und Schild trugen; deshalb maß ihm Nikias keine Bedeutung bei und ließ ihn durch.
Nach dieser Nachricht hörten wir für längere Zeit nichts mehr. Wenn Xenophon nach seinem Vater gefragt wurde, antwortete er, es gehe ihm gut; er war in spartanischer Zucht dazu erzogen worden, von seinen Gefühlen nicht viel verlauten zu lassen. Aber er war ein lebhafterer Gesellschafter als irgendein Spartaner, und wir waren immer noch gute Freunde. Er war nun Schüler von Gorgias geworden, und man konnte ihn unter jenen wohlerzogenen Jünglingen sehen, die mit ernster Miene zuhörten und nur sprachen, wenn die Reihe an ihnen war. Daß er sich über meine eigenen Studien ausschwieg, hatte seinen Grund darin, daß er wußte, ich könne das Honorar für Gorgias nicht erübrigen. Er hatte aufgehört, sich über Sokrates lustig zu machen, doch bedauerte er die meisten seiner Freunde, die, wie ich wohl wußte, nie in Gryllos' Haus empfangen worden wären. Soviel sagte er mir eines Tages auf dem Hymettos, wo wir jagen gegangen waren. Wir hatten Beute gemacht und unsere Netze wieder aufgenommen und frühstückten nun auf der Höhe des steinigen Hochlandes, auf einer Felsplatte sitzend, die von taufunkelndem Gras umgeben war. Die Stadt lag golden in der Sonne hingebreitet unter uns; jenseits von Aegina blickten die argolischen Hügel blau über den Golf, und hinter ihnen erhoben sich die hohen lakedämonischen Berge. Die Hunde, die ihr Futter erhalten hatten, leckten die Mäuler und fingen Flöhe. Man findet leicht das Wort in solchen Stunden, und er fragte mich ganz ohne Falsch, wie ich nur meine Zeit auf solche Leute verschwenden könne. »Auf Euripides, zum Beispiel. Ist es wahr, daß er alle seine Stücke Sokrates vorlegt, bevor er sie einreicht?«

Ich bestätigte, daß ich das auch gehört habe. »Wie kann dann Sokrates etwas gutheißen, das ehrfurchtslos und voll hämischen Spottes gegen die Götter ist?« – »Definiere deine Begriffe«, versetzte ich. »Was verstehst du denn unter Ehrfurcht gegenüber den Göttern? Nimm an, Euripides halte vielmehr einige der alten Sagen für ehrfurchtslos, was dann?« – »Sobald man einmal damit beginnt, eigenmächtig für sich selbst zu entscheiden, was man von den Göttern glauben soll ... wohin soll das führen? Übrigens macht er auch die Frauen herunter und schätzt sie ab.« – »Ganz und gar nicht. Er stellt sie nur als Fleisch und Blut dar. Ich hätte eher gedacht, gerade das würde dir gefallen.« Er hatte nämlich seit kurzem begonnen, etwas für Weiber übrigzuhaben.

Er pfiff die Hunde herbei und zupfte die Kletten aus ihrem Fell, während sie sich stießen, um ihm möglichst nahe zu sein. Es waren kastorianische Hunde für die Hasenjagd, rötlich und mit weißen Schnauzen; sie hießen Psyche und Augo, wenn ich mich recht erinnere. Während er das eine Ohr der Hündin nach Zecken absuchte, sagte er: »Nun gut, Alexias, wir alle wissen, daß man einem Lehrer treu ergeben sein soll. Doch aus dem, wie du Sokrates nachläufst, könnte man fast schließen, er sei dein Verehrer. Wenn es aber wahr ist, dann tut mir leid, was ich gesagt habe.«

Ich bemerkte, daß es ihm durchaus ernst und er nur darauf bedacht war, meine Gefühle zu schonen, wenn dies der Wahrheit entspräche. Ich begann zu verstehen, daß ihm diese Art der Liebe fremd war. Ich darf hinzufügen, daß er meines Wissens nie einen Verehrer duldete. Schon immer hatte er ungeduldig auf das Mannesalter gewartet, und vielleicht fürchtete er – was zweifellos auf minderwertige Liebhaber zutrifft –, daß sie ihn so lange wie möglich im Knabenalter zurückhalten wollten. Nicht einmal das Beispiel Spartas vermochte ihn in dieser Hinsicht zum Schwanken zu bringen. Mitunter fragte ich mich wirklich, ob ihm nicht die Anlage, Männer zu lieben, völlig fehle; aber ich hatte ihn zu gern, um ihn durch eine solche Frage zu kränken. Um der Klarheit willen erwähne ich vielleicht besser an dieser Stelle, daß sich nun allmählich die Aufmerksamkeit in der Stadt auf mich lenkte. Wenn ich jetzt in die Palästra kam, mußte ich bemerken, daß eine allgemeine Unterbrechung und ein lächerliches Treiben entstand, da sich einige Rivalen gewaltsam vorzudrängen versuchten und dabei andere zurückstießen. Nichts ist lästiger und lächerlicher als ein Mann in seiner zweiten Lebenshälfte, der solch jugendlichen Erfolgen nachrennt, als hätte er in der inzwischen vergangenen Zeit nichts geleistet, das der Beachtung würdiger wäre. Und schließlich läuft alles nur darauf hinaus, daß er, statt von hundert Leuten, die ihn von sich aus beachten, nur von drei oder vier Männern bewundert wird, die zufällig den Ton der Mode angeben. Das alles genügte schon, um ein oder zwei Dichter dazu anzuregen; die Vasenmaler einige ihrer Töpfe mit *Schöner Alexias* beschriften zu lassen, und so weiter.

Es bestand allerdings geringe Gefahr, daß der Kopf eines Jünglings von alldem verdreht wurde, solange er sich in der Gesellschaft von Sokrates befand, dessen Lieblingsscherz in dem Spruch bestand, er sei der hilflose Sklave der Schönheit. Er sagte das etwa so wie ein tapferer Held, der nach geschlagener Schlacht lachend erzählt, er sei keinen Fußbreit gewichen, doch nur, weil er nicht hätte fliehen können. Niemand erlaubte es sich, uns vor seinen Ohren mit übertriebenen Schmeicheleien zu betören. Solche Leute würde er beiseite genommen und ihnen gesagt haben: »Siehst du nicht ein, daß du noch vor errungenem Sieg dein eigenes Triumphlied singst? Zudem machst du das Wild toll, und es wird schwerer zu erjagen sein; jeder Jäger macht das besser.« Das war aber nicht das einzige, was mich vor stolzem Hochmut bewahrte.

Eines Tages war ich ziemlich verspätet gekommen, und Sokrates befand sich bereits im Gespräch in der Säulenhalle, als der junge Theages bemerkte: »Aber Sokrates, ich glaube nicht, daß wir damit das widerlegt haben, was Lysis eben gesagt hat. Du, Lysis, hast eingewendet ... Wo steckt er jetzt? Eben war er noch hier.«

Schon seit einiger Zeit hatte ich mir den Kopf zerbrochen, weshalb ich jetzt Lysis nie mehr in Sokrates' Gesellschaft traf. Da er durchaus nicht zu jenen Menschen gehörte, die sich leicht unbeliebt machen, mußte er für sein Fernbleiben einen triftigen Grund haben. Die Worte von Theages beschäftigten mich, und ich fragte ihn später, ob Lysis oft zugegen sei. »O ja«, antwortete er, »fast so oft wie du. Es muß ein Zufall sein, daß du ihn nie getroffen hast.«

Nicht lange danach erfuhr ich, Sokrates sei in die Gärten der Akademie gegangen. Ich folgte ihm und sah ihn unter dem heiligen Olivenbaum neben der Statue des Helden Akademos sitzen. Der anschließende Abhang war damals freier Rasen, und man hatte einen weiten Ausblick. Ich erkannte Lysis sogleich und spürte – wie man das auch aus beträchtlicher Entfernung kann –, daß er auch mich sah. Nun bog mein Weg um einige Oleanderbäume, und als ich wieder in den freien Raum hinaustrat, war er verschwunden.

Es mag verständlich sein, wenn einer in der Palästra in der Menge der Freunde untertaucht, ein ander Ding ist es aber, wenn man sich Angesicht zu Angesicht gegenübersteht. Ich konnte nicht mehr zurück, da sie mich alle gesehen hatten; aber diesmal glänzte ich nicht im Wortgefecht. Auf dem Heimweg fragte ich mich: »Was soll das? Noch vor kurzem schämte sich Lysis nicht, auf dem Anakeion mich in Gegenwart aller anzusprechen. Wodurch bin ich ihm widerwärtig geworden? Vielleicht hat mich jemand verleumdet.« Ich hatte mir zwangsläufig einige Feinde gemacht, teils Leute, die ich noch nie gesehen hatte und deren Freunde ich – sollten sie diese verloren haben – ihnen postwendend zurückgeschickt hätte. »Doch nein, Lysis ist kein Mensch, der sich von Klatsch beeinflussen läßt, ich bin es vielmehr, der ihn jetzt beleidigt hat. Ich habe wohl mein Benehmen nicht genügend überwacht, habe mir von unwürdigen Aufmerksamkeiten schmeicheln lassen, und nun meiden mich Männer mit bewährtem Urteil voller Abscheu.« Als ich Lysis das nächste Mal vor mir sah, wich ich selbst aus, unbekümmert, ob er es bemerke oder nicht. Schließlich bin ich gut genug erzogen, dachte ich, um nicht zu warten, daß Ältere mir Platz machen müssen.

Ein paar Tage später fand das Fest des Olympischen Zeus statt, mit seinem Fackelrennen zu Pferd. Ich ging in Begleitung von Xenophon, den ich unschwer dazu überreden konnte, den musikalischen Wettstreit frühzeitig zu verlassen; wir fanden einen guten Platz und langten sogar vor den Feigenverkäufern und Gauklern an. Das Hippodrom war mit Eichenkränzen und Blumen geschmückt; zwei riesige Fackeln waren bei der Startlinie und eine an der Spitzsäule angezündet worden. Es war eine klare Nacht, gerade genug Wind, um die Fackeln anzufachen, doch nicht genug, um sie auszulöschen; der Mond erhob sich groß und düster, wie ein goldener Schild. Unter den aufleuchtenden Fackeln versammelten sich nun die Gespanne. Die nackten Männer auf den hohen Rossen ließen an Kentauren denken, die sich im Mondschein zur Jagd scharen. Die Mannschaftsführer waren bereit; ich hörte, wie eine Stimme einem Pferd Ruhe gebot, und sah Lysis, sein Pferd an der Startlinie zügelnd, in der Linken die Zügel, die Rechte mit der Fackel hoch aufgereckt. Die Trompete ertönte, Hufe donnerten über die Erde, die Flamme der Fackel zog sich im Winde dahin, und das Beifallsgeschrei folgte ihr wie ein Rauch. Als sie die Spitzsäule nahmen, lag Lysis in Führung; als er seine Runde beendete, sich vorreckte, um die Fackel weiterzugeben, und die Flamme seine Hand umloderte, sah ich ihn deutlich seinem Vordermann zulächeln

und ihn antreiben. Xenophon sagte später, die Mannschaft von Lysis habe gewonnen, weil sie ihre Pferde besser auf den Stafettenwechsel abgerichtet haben. Ich stimmte bei, dies sei zweifellos der Grund.
Ein von Sizilien zurückgekehrter Frachter brachte einen zweiten Brief meines Vaters. Meine Mutter rief mich, ihn ihr vorzulesen; darin hieß es: »Meinen früheren Brief schickte ich dir mit dem samischen Schiff, dessen Steuermannsmaat ihn dir hätte überbringen sollen. Wenn dich dieser erreicht, wird das Kind geboren sein. Ist es ein Knabe, so nenne ihn Archagoras, wie wir besprochen haben. Meinem Sohn Alexias, der dir diesen Brief vorlesen wird, meinen Segen. Er soll weder seine Übungen noch das Reiten vernachlässigen, auch soll er sich einen guten Fechtmeister suchen; ich empfehle Demeas von Mantinea und bin mit den Kosten einverstanden. Meiner Ansicht nach wird der Krieg nicht so schnell vorüber sein, wie die Stadt glaubt.«
Ich meldete mich also zu einem Kurs im bewaffneten Kampf zu Pferde und zu Fuß. Demeas lieh mir einen Panzer zu Übungszwecken; mein Vater hatte nichts vom Kauf einer vollständigen Rüstung geschrieben, und ohne seine ausdrückliche Billigung wären die Auslagen dafür viel zu groß gewesen. Aber nächstes Jahr nach eingebrachter Ernte würde ich ja Ephebe sein. Mittlerweile kräftigten sich meine Schultern bei dem anstrengenden Fechtdrill, und ich brachte sie in Einklang mit meinen Beinen und Lenden, die bereits mit dem Läufergürtel geschmückt waren. Um diese Zeit folgte mir in der Palästra ein Mann so beharrlich und frech, daß ich mich beleidigt fühlte und nicht mit ihm sprechen wollte. Er überraschte mich jedoch beim Abschaben, und es stellte sich heraus, daß er nicht ein Verehrer, sondern ein Bildhauer war, der ein Modell suchte. Da ich mich ihm wegen meiner Unhöflichkeit ein wenig verpflichtet fühlte, ließ ich ihn einige Skizzen machen, trotz der Belästigung durch die herumstehenden Gaffer. Als er mich aber mit dem Ansinnen

belästigte, mit in seine Werkstatt zu kommen, mußte ich ablehnen; aus Zeitmangel, wie ich sagte. Ich arbeitete nun jeden Tag mit meinem Trainer, denn die Panathenaia rückten heran; und dies war das Große Jahr, an dem Athene ihren neuen Mantel erhält und die Großen Spiele abgehalten werden.

Dreimal in meinem Leben hatte ich den heiligen Umzug gesehen; mit vier, acht und zwölf Jahren: den schiffbauchigen Wagen der Göttin; wie die Mägde ihr Gewand ausbreiteten, um die Stickereien zu zeigen; die goldgehörnten, zum Opfer bekränzten Rinder; die Mädchen mit den heiligen Körben; die für ihre Schönheit ausgezeichneten Epheben und die Sieger der Wettspiele. Zweimal war ich unter der schwitzenden Landbevölkerung auf der Straße gestanden, um meinen Vater mit den Vornehmen vorbeireiten zu sehen, in seinem purpurgesäumten Mantel, der zu diesem Anlaß aus der kräuterduftenden Lage hervorgeholt wurde, den Kopf mit Myrte umkränzt, das Pferd gestriegelt, bis es wie Bronze glänzte. Dieses Jahr ritt er nicht mit. Und ich schaute auch nicht zu. Denn ich gewann den Langstreckenlauf für die Jugend und marschierte unter den Siegern mit.

Deutlicher als an das Rennen erinnere ich mich, wie ich auf dem Startstein stand, die Zehen auf der Startlinie, und befürchtete, ich könnte zu früh los und deswegen von den Kampfrichtern verprügelt, oder zu spät und besiegt werden. Es war sehr heiß; seit vielen Tagen hatte Helios, ohne Regen zu schicken, die Felder versengt; der Staub der Rennbahn brannte unter den Füßen; er setzte sich in Hals und Nase fest, bedeckte meine Zunge und brannte meine Lungen; in der letzten Runde glaubte ich Messer einzuatmen und drohte zu ersticken, als sei ich aus Blei und unfähig, mich weiterzubewegen. Meine Ohren dröhnten von den Zurufen und vom Blut; ich konnte meinen Atem zischen hören, und doch wurde das Geräusch leiser, je mehr ich mich anstrengte; es war von dem mich bedrängenden Hintermann gekommen, der nun zurückfiel. Ich hatte das Ziel durchlaufen, bevor es mir bewußt wurde; plötzlich trugen mich die Leute auf den Armen und lachten, lösten mir das Schweißtuch von der Stirn, wischten mir das Gesicht ab und umwanden mir Arme und Schenkel mit den Siegesbändern.

Ich fühlte mich gleichsam von Hand zu Hand geboten; meine Augen waren geblendet, und mein mit dichtem Staub bedeckter Körper schien vor Hitze zu kochen; ich erstickte beinahe unter dem Andrang von so vielen; mein Herz schwoll und klopfte wie eine Trommel; ich stieß mit den Händen um mich und hatte das Gefühl, ich müsse Atem erlangen oder sterben. Ein Kampfrichter schrie: »Zurück dort, zurück, macht dem Jungen Platz!« Dann zerstreute sich die Menge ein wenig, mein Großonkel Strymon tauchte auf und sprach die unvermeidlichen Phrasen. Mein Atem ging nun leichter, und mich umblickend, sah ich all die Leute, die mich täglich in der Palästra umgaben, die immer gleichen Gesichter. Während meine Augen noch umwölkt gewesen waren und sich all die Hände um mich bemüht hatten, da war mir, hingerissen von meinem Sieg wie die Motte zur Fackel, so etwas wie ein Glücksgefühl vorgegaukelt. Doch nun war ich hier wieder inmitten dieser alltäglichen Gesichter.

So hörte ich denn den Herold meinen Namen ausrufen, und ich wurde im Tempel der Jungfrau mit dem Olivenzweig bekränzt und schien, wie es einem in solchen Augenblicken vorkommt, weniger mir selbst als der Stadt und ihren Göttern zu gehören und wie in Gold gekleidet zu sein. Draußen brannten die Sonnenstrahlen weiß und sengend auf die Akropolis und wurden vom Felsen zurückgestrahlt, aber es war kühl im Tempel; wir standen in Reih und Glied, während man die Siegeshymne sang. Vor mir stand Autolykos, der einmal mehr den Allkampf gewonnen hatte, wie aus Marmor, bescheiden und ruhig. Nun war es vorüber, und ich schritt vom Tempel hinunter und sah, wie auf den Stufen Autolykos von seinem Vater Lykon begrüßt wurde;

nun lachte er und erwiderte die Umarmung. Ich ging mit meinem Onkel Strymon nach Hause und hielt meinen Preis in den Händen, ein Ölgefäß mit einem Bild des Rennens auf der einen und dem der Göttin auf der anderen Seite. Das heilige Öl schenkte ich meiner Mutter, da man auf dem Markt kein so gutes erhält. Sie freute sich über meinen Sieg und hatte für mich ein feines Essen gekocht: Thunfisch in Käsekuchen. Ich war zufrieden und ging zu Bett.

9

Wenn ich bis jetzt keinen meiner Verehrer mit Namen genannt habe, so wird man verstehen, warum. Einzig ihre Zahl hatte mir in gewissem Grade Spaß gemacht, als Zeichen des Erfolgs, als wären mir für mein gutes Aussehen soundso viele Auszeichnungen verliehen worden; aber die Kränze, die ich in Wettläufen errungen hatte, freuten mich noch mehr, da dies eine Disziplin war, in der sich mein Vater vor mir nicht ausgezeichnet hatte. Aber ich war doch höflich gegen sie, selbst zu den lächerlichsten, schon aus Rücksicht auf meinen guten Namen. Die Leute sagten deshalb, ich sei durch die Bewunderung nicht verdorben worden, und gerade das wünschte ich auch.

Nur einmal durchbrach ich diese Regel. Als ich in Mode kam, entschloß sich Kritias zu einem ernsthaften Annäherungsversuch, in Form eines Epigrammes, er wolle sich in meinen unauslotbaren Augen ertränken und all die üblichen Mätzchen. Ihm drehte ich wortlos den Rücken, und da wir Zuschauer hatten, zeigte er sich nicht wieder.

Charmides hatte mich einige Monate lang umworben. Es waren

auch wirklich seine Aufmerksamkeiten gewesen, die mir zuerst den Weg zum Erfolg geebnet hatten. Er war außerordentlich hübsch (nur hatte er aus Mangel an körperlicher Ertüchtigung keinen guten Stand) und von vornehmster Herkunft; einflußreich, wohlhabend und vielseitig gebildet. Ich dachte mehr als einmal, daß es mir sehr zustatten gekommen wäre, wenn ich mich für ihn hätte entschließen können; wäre er nämlich mein offizieller Verehrer gewesen, so hätten sich die übrigen augenblicklich zurückgezogen. Man kann sich fragen, warum mir dies so erstrebenswert erschien; doch das bringt mich auf Polymedes.

Polymedes war gar noch reicher als Charmides, aber es fehlten ihm dessen Erziehung und Geist. Charmides hatte viele Liebesgeschichten und konnte es sich leisten zu warten. Er gab sich stets liebenswürdig und anmutig und vertraute darauf, daß ich mich, nachdem ich ihn einige Zeit mit den anderen verglichen habe, schließlich doch ihm zuwenden werde. Polymedes mag in mich verliebt gewesen sein, oder was solche Leute eben darunter verstehen. Hätte man die Art des Liebhabers charakterisieren wollen, vor der mich mein Vater gewarnt hatte, so wäre das erste verachtungswürdige Beispiel schon bei Polymedes zu finden gewesen. Ich war überzeugt, hätte ich mich auch aufs Schmählichste benommen und für meine Gunstbezeugungen Geschenke von ihm verlangt, oder hätte er mich öffentlich einen achtbaren Greis mißhandeln sehen, er würde mich nicht nur weiterhin begehrt haben, sondern hätte sich auf Wunsch gar in den Staub geworfen und mich über ihn hinwegschreiten lassen. Jedenfalls hatte seine Ausgelassenheit die Grenze des zulässigen Scherzens weit überschritten. Ich konnte in der Nähe meines Hauses kaum an einer Mauer vorübergehen, ohne darauf die Worte »Lang lebe der schöne Alexias« prangen zu sehen. Unser Schlaf wurde durch seine Serenaden gestört, denn er mietete seiner verschwenderischen Natur gemäß doppelt so viele Musikanten wie jeder andere. Während Charmides höchstens eine Flöte und Leier brachte und auf eine stille und, wie ich gestehen muß, angenehme Art sang, machte Polymedes ein solches Getöse, daß sich die Nachbarn zu beklagen begannen und ich mich am Morgen bei der Mutter entschuldigen mußte. Ich wollte mit ihr die Sache nicht verhandeln, aber ich konnte den Gedanken nicht ertragen, daß sie glaube, ich ermutige Polymedes. Zu meiner Erleichterung nahm sie es nicht tragisch und sagte bloß, ich solle ihn nicht mehr kommen lassen, weil der Lärm das Kleine wecke; dies richtete ich ihm auch aus und hoffte, es werde ihn so beschämen, daß er für immer fernbleibe. Aber er war nur entzückt, daß ich mit ihm sprach, wenn auch auf diese Weise. Und, als ob ihm meine Wünsche überhaupt nichts bedeuteten, als ob ich irgendein Standbild aus Gold oder Silber wäre, für das er im Wettstreit mit anderen zu bieten habe, übertraf er sich zwei Tage später selbst. Als ich noch ziemlich früh am Tage von meinen Körperübungen zurückkehrte und mich dem Hause näherte, sah ich ihn auf die Eingangsstufen hingestreckt das Gesicht nach unten; so hatte er anscheinend schon einige Zeit gelegen. Wohl hatte ich schon von Liebenden gehört, die ihrer Werbung auf diese Weise Nachdruck verschaffen wollten, aber wirklich geglaubt, das komme nur in Lustspielen vor. Eine Schar kleiner Jungen war stehengeblieben, um zuzuschauen; sie fragten laut, wo er sich so früh morgens betrunken habe. Eben als ich anhielt, kam unser Nachbar Phalinos herbei, beugte sich übertrieben dienstfertig über ihn und fragte, ob er krank sei. Ich sah Polymedes die Augen rollen und erriet die Antwort, die er gegeben haben mußte, denn Phalinos ging brummend und kopfschüttelnd weiter. Ich konnte mir lebhaft ausmalen, wie die Sklaven im Haus miteinander klatschten und sich fragten, was wohl zu tun sei. In diesem Augenblick richtete sich Polymedes auf einem Arm auf, wie ein Verwundeter, und blickte sich um, sei es nach mir oder einem andern, der ihn bewundern sollte. Ich wich hinter den Vorbau zurück und schlich mich fort.

Ich rannte zu den Hofstallungen, wo sich die Pferdeställe befanden, und führte Phoenix heraus, rief aber den Knecht nicht, da er vielleicht schon wußte, was vorging. So weit war es schon gekommen, dachte ich, daß ich den eigenen Sklaven nicht mehr ins Gesicht zu sehen wagte. Barfuß wie ich war, stieg ich auf und ritt davon, Tränen des Zornes in den Augen. Mein Onkel Strymon hätte mir in dieser Lage helfen können, wenn er anders gewesen wäre; aber ich konnte die Demütigung nicht schlucken, ihn um Rat zu bitten. Es war schon schlimm genug, daß er leicht hätte zu Besuch kommen und alles mit eigenen Augen sehen können.

Als ich aber in die Straße der Hermenbildner kam, sah ich mitten darauf den einzigen Menschen auf der Welt, den zu treffen mir an diesem Morgen Freude machen konnte. Er unterhielt sich, und da ich ihn nicht stören wollte, zog ich bereits in einiger Entfernung die Zügel an.

Der andere war mir unbekannt. Sokrates hatte sich, wie so oft, mit einem gewöhnlichen Bürger ins Gespräch eingelassen, und ich konnte sogleich bemerken, daß der Mann langsam hitzig wurde. Es war alles schön und recht, wenn Sokrates diesen Leuten über ihr Gewerbe Fragen stellte, denn er hörte allem, was sie sagten, bescheiden zu; und wenn er ihnen schließlich eine nützliche Anwendung ihres eigenen Wissens zeigte, ließ er sie immer im Glauben, sie seien es gewesen, die ihn etwas gelehrt hätten. Manchmal aber entpuppten sie sich als Leute, die es hassen, zum Denken gezwungen zu werden, und dann gab es Verdruß.

Dieser Mann sah aus wie einer jener minderwertigen Bildhauer, die sich in der Herstellung von Hermen versuchen; er hatte Pratzen wie Schinken und war mit dem weißen Staub seiner Arbeit bedeckt; das Gespräch war an einem Punkt angelangt, wo

es sich eher wie der Spektakel anhörte, den man etwa im Hof eines Steinmetzen hören kann. Mag sein, daß Sokrates seinen Jüngling ein wenig aufgebracht hatte. Gerade als ich hinsah, stieß der Mann einen Wutschrei aus und stürzte sich auf Sokrates. Ich sah, wie er ihn bei den Haaren packte und herumschüttelte. Ich trieb Phoenix heftig an und er nahm einen Satz, so daß jedermann auf der Straße aus dem Wege stob. Während ich näherkam, konnte ich nicht bemerken, daß Sokrates viel unternahm, um sich zu wehren, aber er sprach noch immer. Als ich sie erreichte, rief ich dem Manne zu, er solle loslassen, worauf Phoenix, der mich rufen hörte, sich aus eigenem Antrieb auf die Hinterbeine stellte und mit seinen Hufen den Kopf des Mannes bedrohte, wie mein Vater ihn dies für die Schlacht gelehrt hatte. Ich war höchst überrascht, konnte mich jedoch im Sattel halten und den Mann von Sokrates wegziehen. Der Mann, um den zu kümmern mir keine Zeit blieb, machte sich aus dem Staube.
Sobald ich Phoenix beruhigt hatte, sprang ich ab. Sokrates wich dem Pferd aus, und ich glaubte, er taumle. Rasch umfaßte ich ihn mit den Armen und fragte ihn, ob er verletzt sei. Sein Leib aber war fest wie ein Fels, und ich fühlte mich beschämt. »Mein lieber Junge«, sagte er, mir zublinzelnd, »was willst du da meinem guten Ruf zufügen? Daß ich mir um der Vernunft willen die Haare ausreißen lasse, geht in Ordnung, aber morgen wird es etwas ganz anderes sein, wenn jedermann sagen wird: ›Schaut euch den alten Schuft an, der alle seine Rivalen aus dem Feld geschlagen hat, indem er einen Raufbold kaufte, der ihn zum Schein angreifen mußte; nun ist er der einzige in der Stadt, der sich brüsten kann, der schöne Alexias habe ihn auf der Straße umarmt.‹«
»Wenn das wahr wäre!« sagte ich lachend. »Grausamer Sokrates, mich mit solchem Glück zu verspotten.« Das Seltsame unseres Zusammentreffens hatte mich von meiner Schüchternheit befreit. Ich fragte, was den Mann veranlaßt habe, ihn anzu-

greifen. »Er behauptete vor einer ganzen Anzahl Leute, die Ägypter seien Barbaren, weil sie wilde Tiere und Vögel als Götter anbeten. Ich entgegnete, man müsse der Sache erst einmal nachgehen, ob sie das wirklich täten. Eben hatte er sich so weit durchgerungen, zuzugeben, daß es noch gottloser sei, ein Bild in Menschengestalt anzubeten und wirklich zu glauben, der Gott gleiche einem Menschen, als die göttliche Weisheit in der Form eines Falken anzubeten. Aber nun wurde er wütend, man hätte fast geglaubt, es sei für ihn von Gewinn, jeden Ägypter für noch barbarischer zu halten als sich selbst.«

»Dein Kopf blutet«, sagte ich und wischte ihn mit dem Zipfel meines Mantels ab. Da erblickte ich den Sohn eines Metöken, den ich vom Sehen kannte, und gab ihm etwas, damit er Phoenix für mich heimführe, denn die Leute scharten sich zusammen und starrten ihn an, wie immer, wenn ein gutes Pferd in der Stadt auftaucht. »Nun aber, Sokrates«, sagte ich, »werde ich dich begleiten, wohin du auch gehen magst, denn wie willst du mich abschütteln? Die ganze Stadt würde deine Unbeständigkeit rügen, nach dem, was zwischen uns vorgefallen ist.« Und ich blickte ihn aus dem Augenwinkel an, wie Agathon dies getan hätte.

Er antwortete nichts, aber als wir zu gehen begannen, merkte ich, daß er still vor sich hinlachte. Plötzlich sagte er: »Glaube ja nicht, mein lieber Alexias, daß ich aus Tollkühnheit lache, wie einer, der sich um die Gefahr nicht kümmert. Doch wer würde in der vollkommenen Schönheit, die mir von allen Seiten Blicke des Hasses und Neides zuzieht, den schüchternen Knaben wiedererkennen, der sich immer im Hintergrund hielt und sich, wenn er befürchtete, angeredet zu werden, hinter einer fremden Schulter versteckte?« – »Bei dir, Sokrates«, sagte ich und hörte auf zu lachen, »fühle ich mich immer gleich.« Er blickte mich an und versetzte: »Nun, ich will dir glauben. Aber etwas quält dich; doch wenn man daran geht, es herauszubringen, dann zeigt es sich, daß deine reizende Kühnheit doch nur hauchdünne Oberfläche ist. Vielleicht handelt es sich um eine Liebesgeschichte? In diesem Fall könnte dir natürlich ein Neuling wie ich kaum helfen.«

»Du weißt wohl, daß ich in diesem Fall wie alle anderen schon vor Tagesanbruch vor deiner Tür stehen würde. Aber es handelt sich nur um einen Verehrer, und du könntest mich kalt nennen wie schon einmal und mich fortjagen, ohne mir Gelegenheit zu geben, dir zu beweisen, ob ich kalt bin oder nicht.« Ich hatte einmal Kallikles so mit ihm sprechen hören, und offenbar hatte es ihm Vergnügen bereitet.

»Ist dieser Verehrer«, sagte er, »vielleicht zufällig Polymedes? Ihr beide habt euch doch nicht überworfen, was?« – »Überworfen!« rief ich. »Ich habe zu dem Manne kaum gesprochen. Du kannst doch nicht gedacht haben, Sokrates ...« – »Natürlich werden in einem solchen Falle gedankenlose Leute sagen, ohne Ermutigung oder gar gewährte Gunst wäre der Verehrer nie so weit gegangen. Aber ich sehe, daß sie dir Unrecht getan haben.« Ich war so sehr verletzt, daß ich den Kopf verlor und sagte, ich habe von allem genug und gedenke mich, wenn möglich, heimlich dem Heer in Sizilien anzuschließen. Er sagte: »Sachte, mein Freund. Sei das, was du gerne scheinen möchtest; das ist immer noch die beste Verteidigung eines Mannes gegen böse Zungen. Beruhige dich, und erzähle mir deine besonderen Sorgen.«

Als ich es getan hatte, fuhr er fort: »Ich sehe ein, daß ich unrecht hatte, als ich dir erlaubte, dein Pferd heimzuschicken, denn ich nahm an, du eilest gerade zu einem Freund, um Rat und Hilfe zu holen; Charmides vielleicht?« Ich verneinte entrüstet, vielleicht wirklich mit zu viel Empörung. Es stimmte zwar, daß ich nicht auf dem Weg zu Charmides gewesen war, aber noch beim Reiten hatte ich gedacht: »Ich werde nicht um seine Hilfe bitten und dann in seiner Schuld stehen; wenn ich aber bewiesen habe, daß ich auf mich selbst aufpassen kann, würde es gar nichts schaden, ein- oder zweimal in seiner Gesellschaft gesehen zu werden.« Statt dessen aber sagte ich: »Das ist es gerade, worauf Charmides wartet. Wenn das Liebe ist und das Benehmen von Liebenden, dann lieber den Feind in der Schlacht.«

Ich sprach im Zorn, denn mir war weh ums Herz. In Wirklichkeit gelangte ich nun in ein Alter, da man sich nach Liebe sehnt und seine eigenen Vorstellungen davon hat, wie sie sein sollte; und ich hörte auf zu glauben, daß ich irgendwo finden würde, was ich suchte.

»Übrigens«, fragte Sokrates, »was mißfällt dir so sehr an Polymedes? Er sieht natürlich, verglichen mit Charmides, wenig vornehm aus, und sein Vater hat sein Vermögen als Lederhändler gemacht. Ist es seine niedrige Abstammung, oder was sonst?« – »Nein, Sokrates, das zwar auch, aber vor allem seine ureigene Gemeinheit. Erst versuchte er mich mit Geschenken zu kaufen; nicht etwa mit Blumen oder einem Hasen, sondern mit Dingen, die wir uns zu Hause nicht leisten können. Dann ließ er mich wissen, er liege im Sterben, damit ich ihn aus Mitleid erwähle; und jetzt – und tiefer kann gewiß kein Mensch sinken –, jetzt will er, daß ich ihn einfach deshalb erhöre, damit er Ruhe gebe. Wenn ich Vater und Mutter und alles, was ich habe, verlieren sollte, wenn ich sogar vor der ganzen Stadt entehrt würde, daß die Leute sich auf der Straße von mir abwendeten, so würde ihn das freuen, sofern es mich in seine Gewalt brächte. Und das nennt er Liebe.« Ich hatte allzu heftig gesprochen, aber Sokrates blickte mich immer noch freundlich an; so kam ich zuletzt doch auf das, was hinter allem steckte, und sagte: »Ich werde mir mein Leben lang schlecht vorkommen, weil ich seine Wahl gewesen.«

Er schüttelte den Kopf. »Du irrst, mein Junge, wenn du glaubst, er suche einen verwandten Geist. Er sucht vielmehr, was ihm fehlt, da seine Seele schlaff ist und er sich dagegen sträubt zu erkennen, daß das Gute zuerst unter Mühsalen aus dem Innersten des Menschen herausgehauen werden muß, wie die Statue aus dem Stein. Jetzt aber glaube ich, brauchst du den Rat eines andern, der von diesen Fragen etwas versteht.«

Ich war im Begriff zu sagen: »Wessen Rat, Sokrates?«, als lautes Hämmern uns daran erinnerte, daß wir in die Nähe der Straße der Waffenschmiede gekommen waren. Seit den Nachrichten aus Sizilien hatten sie wieder viel Arbeit. Wir wandten uns ab, um uns verständlich machen zu können, ohne brüllen zu müssen. »Noch vor Ablauf eines Jahres«, fuhr Sokrates fort, »wirst du dir eine eigene Rüstung bestellen müssen; so schnell vergeht die Zeit. Zu wem wirst du gehen?« – »Zu Pistias, wenn ich mir den Preis leisten kann. Er ist sehr teuer; neun oder zehn Minen für einen Reiterpanzer.« – »So viel? Da wird wohl eine Goldverzierung auf dem Bruststück inbegriffen sein?« – »Bei Pistias? Nicht einmal für zwölf Minen; er würde sie nicht anrühren.« – »Kephalos würde dir dafür ein Prunkstück machen, das alle Blicke auf sich zieht.« – »Ja, aber Sokrates, vielleicht brauche ich die Rüstung für den Kampf.« Er lachte und schwieg. »Ich sehe wohl«, fuhr er dann fort, »daß du einen ausgesprochenen Sinn für Werte hast, obwohl du noch so jung bist. Vielleicht kannst du dann mir, der langsam zu alt wird für derlei Dinge, auch sagen, welchen Preis man für einen treuen und anständigen Liebhaber zahlen sollte?« Ich fragte mich, für wen er mich denn halte, und antwortete unverzüglich, dafür solle man überhaupt nichts zahlen.

Er sah mich forschend an und nickte. »Das ist eine Antwort, Alexias, die des Sohnes deines Vaters würdig ist. Und doch haben viele Dinge ihren Preis, die man nicht auf dem Markt kaufen kann. Wir wollen einmal prüfen, ob das nicht auch eins von diesen ist. Wenn wir in Gesellschaft eines solchen Verehrers geraten, so wird offenbar eines von drei Dingen geschehen. Entweder gelingt es ihm, uns ihm selbst gleichzustellen an Rang und Ehre; oder es mißlingt ihm, und er kann sich auch nicht von der Liebe befreien, so wird er, da er versuchen muß, uns zu gefallen, weniger gut werden, als er vorher war, oder dann ist er ein stärkerer Geist und besinnt sich, was er den Göttern und seiner eigenen Seele schuldig ist; dann wird er sich beherrschen und gehen. Oder kannst du noch eine andere Möglichkeit sehen?«

»Ich glaube kaum, Sokrates«, antwortete ich, »daß es noch eine weitere gibt.«

»Dann scheint also der Preis für einen anständigen Liebhaber offenbar der zu sein, daß wir selbst anständig sind und daß wir ihn weder gewinnen noch behalten können, wenn wir einen niedrigeren Preis bieten, nicht wahr?« – »Gewiß, es scheint so«, sagte ich und fand es freundlich von ihm, sich so viel Mühe zu geben, um meine Gedanken von meinen Sorgen abzulenken.

»Und so kommen wir zur Einsicht«, fuhr er fort, »daß sich gerade das als das Teuerste erweist, was wir für Liebe zu bekommen glaubten. Du bist ein glücklicher Mensch, Alexias, denn für dich, glaube ich, ist das noch erreichbar. Doch schau, wir sind schon über unser Ziel hinaus.«

Wir waren eben an der Säulenhalle des Archon basileus vorbeigekommen und standen vor Taureas' Palästra. Da ich ihn mit meiner Gegenwart nicht ungebührlich lange belästigen wollte, fragte ich, ob er einen Freund treffe. »Ja, wenn ich ihn finden kann. Aber geh noch nicht, Alexias. Ich suche ihn nur um deinetwillen, damit wir ihm deinen Fall vorlegen können. Er ist viel besser geeignet als ich, dir zu helfen.«

Ich kannte seine Bescheidenheit; da ich mich aber entschlossen hatte, mit Polymedes sogleich abzurechnen, war ich gar nicht darauf erpicht, den Rest des Vormittags damit hinzubringen, von Protagoras oder einem anderen ehrwürdigen Sophisten belehrt zu werden; ich versicherte also Sokrates, er habe mir selbst so viel geholfen, wie nur irgendeiner das könne, mit Ausnahme eines Gottes. »Oh«, machte er, »und doch glaube ich, daß du mich nicht für unfehlbar hältst; eben erst habe ich bemerkt, daß du die Meinung von Pistias höher schätzest als die meine.« – »Nur was Rüstungen anbetrifft, Sokrates. Pistias ist ja schließlich Waffenschmied.« – »Ganz recht. Warte also, bis ich meinen Freund geholt habe. Er ringt hier gewöhnlich um diese Zeit.« – »Ringen?« sagte ich verblüfft; Protagoras war wenigstens achtzig Jahre alt. »Wer ist dieser Freund, Sokrates? Ich dachte ...« – »Warte im Garten«, versetzte er und fügte bereits im Gehen hinzu: »Wir wollen es mit Lysis versuchen, dem Sohn von Demokrates.«

Ich muß laut nach Luft geschnappt haben, als hätte er mir einen Krug Wasser über den Kopf geschüttet. Ungeachtet meiner guten Erziehung faßte ich ihn am Mantel und hielt ihn zurück. »Sokrates, ich bitte dich! Was denkst du? Lysis kennt mich kaum. Er wird gerade üben oder mit seinen Freunden sprechen. Stör ihn nicht wegen einer solchen Kleinigkeit. Er wird sich ärgern und angeekelt sein; er wird einfach denken, ich sei ein Dummkopf, der sich nicht selbst zu helfen weiß. Ich könnte ihm nie wieder ins Gesicht sehen.«

»Na, was ist denn das?« fragte er, und die Augen traten so weit aus dem Kopf, daß ich fast fürchtete, er sei nun wirklich böse. »Wenn einer allzu voreingenommen ist, um die Ansicht eines Kenners einzuholen, wie soll man ihm da helfen? Wir vertrödeln nur unsere Zeit; ich muß nun wirklich weiter.« – »Sokrates! Bitte, komm zurück, ich bitte dich inständigst. Ich hätte es dir früher sagen sollen: Lysis verachtet mich, er meidet mich und geht mir aus dem Weg. Hast du nicht bemerkt, wie ...« Aber ich hatte vergessen, ihn festzuhalten; ich sprach in die Luft.

Ich sah ihn den inneren Hof durchschreiten und im Säulengang verschwinden. Einen Augenblick lang fühlte ich mich versucht wegzulaufen; aber ich wußte, ich könnte es mir nie verzeihen, wenn ich ihn unehrerbietig behandelte. Also wartete ich in dem kleinen ummauerten Garten, wo sich der Trinkbrunnen befindet, unter der Platane, die gleich innerhalb des Tores steht. Ein paar Greise, Athleten aus den Zeiten des Perikles, saßen im Schatten des Dachvorsprungs; näher in der Mitte, um die Steinbänke herum, die gewöhnlich für sie reserviert sind, ruhten sich einige bekränzte Sieger aus, auf den Sitzen, wenn sie angekleidet waren, oder auf das Gras hingestreckt, um nach dem Bade die Sonne zu genießen; der Tag war noch recht warm, wenn auch schon spätherbstlich. Meine Anwesenheit war fast eine Anmaßung; ich wünschte, Sokrates möchte sich beeilen, dann wieder hoffte ich auf eine Verzögerung.

Schon nach reichlich kurzer Zeit sah ich ihn zurückkommen; er sprach über die Schulter weg zu einem, der ihm folgte. Ich erkannte Lysis an der hohen Gestalt und der Kopfhaltung, als er sich noch im Schatten befand. Er hatte gebadet oder sich geschabt und kam so wie er war, ein Handtuch über der linken Schulter. Gerade am Ende des Säulengangs hielt er einen Augenblick inne; in Gedanken versunken, schaute er vor sich hin. Ich dachte mir: »Nun hat er gesehen, wen Sokrates mitgebracht hat, und ist mißvergnügt, wie ich es erwartete.« Aber gleich ging er weiter. Autolykos, der im Grase lag, rief ihm etwas zu, und er schickte sich an zu antworten, hielt sich jedoch nicht auf, sondern schritt auf mich zu, Sokrates zurücklassend. Ich sah, daß seine rechte Schulter, die man immer zuletzt reinigt, noch mit Staub und Öl bedeckt war. Er war zu diesem Zeitpunkt etwa fünfundzwanzig Jahre alt.

Er stand da und blickte auf mich nieder, ohne ein Wort zu sagen, und ich schaute schweigend zu ihm empor. Ich wußte, daß ich als erster sprechen und mich für die Störung entschuldigen sollte; doch ein Ochse schien meine Zunge niedergetreten zu haben. Dann holte ihn Sokrates ein und sagte fröhlich: »Nun, Alexias, ich habe Lysis von deinem Kummer erzählt.« Als ich eben sprechen wollte, sagte Lysis: »Wenn ich etwas für dich tun kann ...« Er fuhr aber nicht fort, und ich suchte etwas zu sagen, bevor er die Geduld mit mir verliere. »Es tut mir leid, Lysis, dich zu belästigen, da du mit deinen Freunden zusammen warst.« – »Aber bitte«, antwortete er. – »Wenn du mich lieber zu einer andern Zeit anhören willst ...?« – »Nein«, antwortete er und lächelte mich plötzlich an. »Sokrates ist der Ansicht, es sei der rechte Augenblick. Komm, setzen wir uns.«

Er schritt zur steinernen Brunneneinfassung hinüber und warf sein Handtuch hin, um sich darauf zu setzen. Als er mich einlud, mich ebenfalls niederzulassen, blickte ich mich nach Sokrates um, ich erwartete, er nehme an unserem Gespräch teil. Aber ich konnte ihn nirgends entdecken. So setzte ich mich denn ins Gras.

»Nun«, sagte Lysis, »Polymedes verursacht also Scherereien? Er hat wenigstens Ausdauer.« Ich dachte, der Stadtklatsch müßte meine Befürchtungen noch übertroffen haben, daß sogar Lysis davon gehört hatte. »Wirklich, Lysis«, fuhr ich fort, »es gab ja gar nichts, wofür er Ausdauer gebraucht hätte. Jetzt steht es aber so, daß ich entweder mit ihm sprechen muß und ihm die Szene in der Öffentlichkeit mache, die er verlangt, oder ihn durch die Sklaven rausschmeißen lasse.« – »Nein, beim Herakles«, unterbrach er, »das wäre gar nicht gut; jedermann würde seine Partei ergreifen. Wenn einer um seinen Vater trauert oder um seinen Sohn, so finden die Leute solche Übertreibungen widerlich, sie dulden sie aber in solchen Fällen, als wäre ...« Stirnrunzelnd unterbrach er sich, blickte dann auf und sagte: »Doch wenn ich die Macht des Gottes beleidige, läßt er mich dafür leiden.« Er lächelte mir zu und schaute mir in die Augen. Ich dachte: »Er versucht mich zu beruhigen, wie schon früher einmal; es kann nur das sein.« Ich senkte den Blick und riß ein Grasbüschel aus, zu schüchtern, um sein Lächeln zu erwidern oder gar zu antworten. Seine Füße, auf die mein Blick nun zufällig fiel, waren wohlgeformt und kräftig gewölbt wie die eines Läufers.

Wieder ernst werdend, fuhr er fort: »Nein, Alexias, das ist eine Angelegenheit, die ein Freund für dich erledigen sollte. Weißt du einen, den du darum bitten könntest?« Und er prüfte aufmerksam mein Gesicht. Ich hob den Kopf und antwortete: »Nun, ich dachte wirklich an Xenophon. Er hat gewöhnlich den einen oder andern Plan. Aber er läßt mich nie das Ganze wissen.« – »Xenophon?« fragte er und runzelte die Stirn noch stärker, »wessen Sohn ist das?« Als ich es ihm gesagt hatte, versetzte er: »Ach so!« und sah weniger streng aus; ich glaubte fast, er beginne zu lachen. »Ich denke, wir werden Xenophon damit nicht belästigen müssen. Polymedes ist ein Mann, wenigstens den Jahren nach, wenn auch sonst keiner. Wenn es dir recht ist, werde ich mich um die Sache kümmern, willst du? Und um alles andere auch, das noch kommen mag, jetzt und zu jeder Zeit.«

Ich fand kaum Worte, ihm zu danken, konnte aber wenigstens etwas stammeln. Er antwortete: »Gut. Dann werden wir ihn, wenn wir jetzt gleich aufbrechen, mit etwas Glück aus dem Wege geräumt haben, bevor dein Onkel zu Besuch kommt: Warte hier, während ich mich ankleide. Ich bin gleich da.«

Während ich noch wartete, kamen ein paar Männer, die sich abgekühlt hatten, herüber, um zu trinken. Ich zog das Wasser für sie hoch, und sie bedankten sich höflich. Keiner belästigte mich mit Vertraulichkeiten oder fragte, weshalb ich hier sei. Ich dachte: »Vielleicht nehmen sie an, Lysis habe mich eingeladen.« Da kehrte er zurück, gebadet und angekleidet, und sagte: »Gehen wir!« Ich erinnerte mich, daß er gerungen hatte, und fragte: »Soll ich dir erst noch etwas Wasser heraufziehen, Lysis? Du bist jetzt wohl genügend abgekühlt, um zu trinken?«

Er hielt beim Brunnen an und sagte: »Glaubst du, ich müsse mir den Staub aus dem Mund spülen? Du solltest Ephisthenes, mit dem ich eben gerungen habe, Wasser geben.« Da bemerkte er meine Unsicherheit und fuhr fort: »Aber du hast recht, ich bin ziemlich durstig. Danke.« Ich zog das Wasser herauf und füllte

mit dem Schöpfkrug den Bronzebecher und reichte ihn ihm auf der flachen Hand, damit er die Henkel anfassen konnte, wie man mich das beim Auftragen des Weines gelehrt hatte. Er hielt einen Augenblick inne, den Becher in den Händen, hob ihn dann hoch und goß ein Trankopfer aus, bevor er ihn leerte. Als er ihn dann mir zum Trinken reichte, tat ich desgleichen, um ja nichts zu unterlassen, was die Sitte fordern mochte.
Er begann zu sprechen, hielt aber wieder inne. »So komm dann«, sagte er schließlich, und wir begaben uns hinaus auf die Straße. Im Gehen sagte er mir: »Denk nicht zu viel an Polymedes, auch dann nicht, wenn es sich zeigen sollte, daß der eine oder andere ihn gesehen hat. In einer Woche wird alles vergessen sein. Was er sich auch ausdenken mag, es ist alles schon dagewesen. Einmal hörte ich von einem Mann ...« Seine Geschichte war so komisch, daß ich trotz meiner Befangenheit lachen mußte. Fast hätte ich nach dem Namen des Jünglings gefragt, als ich mich erinnerte, wie sehr man wohl ihm selbst nachgelaufen sein mochte, noch ehe er die Schule verließ.
Kaum waren wir um die Ecke unserer Straße gebogen, als ich sah, daß Polymedes noch immer dort war. Nur widerstrebend ging ich weiter; ich war überzeugt, daß er wieder zu seufzen und stöhnen beginnen oder eines seiner schlechten Gedichte rezitieren werde, sobald er eine Zuhörerschaft um sich sehe. Seine Leier lag neben ihm auf den Stufen. »Ich befürchte, Lysis ...«, begann ich, aber Polymedes mußte bereits meine Stimme erkannt haben, denn er wandte den Kopf. Statt aber zu tun, was ich erwartet hatte, sprang er, als hätte ihn ein Skorpion gestochen, auf die Füße und brüllte, ohne mich zu grüßen oder auch nur anzusehen, in leidenschaftlicher Wut: »Nein, bei der heiligen Mutter, das ist zuviel! Du könntest noch einen Kreter betrügen und einen Spartaner stehlen lehren, Lysis! Glaubst du, ich werde mir deine Unverschämtheit gefallen lassen?« Lysis musterte ihn und antwortete, ohne die Stimme zu erheben: »Du

hast nun wirklich lange genug hier gelegen, jedermann ist dir dankbar, daß du endlich aufgestanden bist.« Aber Polymedes schrie lauter denn je: »Ein Blinder hätte sehen können, was du vorhast! O ja, ich habe dich beobachtet, als du mich weit weg glaubtest. Ich habe dich Umschau halten und abseits stehen sehen, mit deinem unerträglichen Stolz, den dir die Götter brechen werden, wenn es überhaupt Götter gibt. Du hättest kein Kind, geschweige denn einen Liebenden täuschen können. Darauf also warst du aus, was? Wie ein Pferdedieb um den Sattelplatz herumstreichen, während ein Tüchtigerer das Füllen zureitet, sich dann im Dunkel der Nacht heranschleichen und es stehlen, wenn der Zureiter schläft!« Lysis würdigte ihn keiner Antwort. Ich hätte nicht einmal sagen können, ob er böse war. Was mich betrifft, so war ich so von Scham übermannt, als ich hörte, welche Sprache gegen ihn geführt wurde, daß ich mich am liebsten verkrochen hätte. Er rührte sich nicht, blickte Polymedes nur ernst an, der nun, da er auf den Beinen war, unsicher in die Runde blickte. Ich dachte: »Er fragt sich wohl, was für eine Wirkung er erzielt, wenn er sich wieder auf die Stufen hinlegt. Wenn er aber stehenbleibt, muß er noch seine Leier aufheben.« Als ich den Kopf wandte, sah ich, wie Lysis' Mundwinkel zuckten, und plötzlich überfiel mich ein Lachkrampf. Aber ich zwang meinen Körper, ihn zu unterdrücken, obwohl ich noch vor einer Stunde froh gewesen wäre, wenn ich hätte lachen können. Ich wußte wohl bereits – wenn ich es auch noch nicht wagte, auf mein Wissen zu pochen –, daß die Götter mir eine köstliche Gabe zugedacht hatten und daß es deshalb gemein wäre, einen Ärmeren zu erniedrigen. Auch Lysis hatte das Gelächter unterdrückt. Aber wir konnten uns nicht enthalten, uns zuzublinzeln. Polymedes schaute von einem zum andern und hakte den Mantel auf der Schulter fest, als versuchte er seine Würde zusammenzuraffen; dann kehrte er uns plötzlich den Rücken und ging die Straße hinunter. Die Leier ließ er auf den Stufen, wo sie war.

Lysis und ich blickten ihm mit ernsten Mienen nach. Die Leier kam uns beiden wie das Schwert eines Toten vor, das auf dem Schlachtfeld zurückbleibt. Vielleicht hätten wir wissen sollen, daß offenes Lachen weniger grausam gewesen wäre als Mitleid. Aber wir waren jung.

10

Am nächsten Tage hatten wir große Mühe, uns zu treffen; denn Lysis hatte mich nicht gebeten, eine bestimmte Zeit oder einen bestimmten Ort festzulegen, da er, wie er mir später anvertraute, nicht als ein Mann erscheinen wollte, der für jeden kleinen geleisteten Dienst gleich seine Belohnung verlangt. So verbrachten wir beide den halben Morgen damit, an verschiedenen Orten umherzuwandern. Noch war niemand so weit über uns auf dem laufenden, um zu sagen: »Lysis war eben erst da und hat dich gesucht, er schlug diesen Weg ein.« Aber als ich schließlich die Hoffnung bereits aufgegeben hatte und zu den Übungen ging, sah ich ihn, als ich um die Spitzsäule der Rennbahn flog, am andern Ende stehen und zuschauen. Mir war plötzlich, als blase ein kräftiger Rückenwind und beflügle meine Füße. Ich spürte den Boden kaum mehr unter mir und beendete das Rennen mit solchem Vorsprung auf die übrigen, daß mich jedermann beklatschte. Ich hörte Lysis' Stimme; und da ich vom Laufen und dem plötzlichen Wiedersehen ganz atemlos war, war mir, als berste mir das Herz in der Brust, und es wurde mir schwarz vor den Augen. Aber es ging vorüber, und ich konnte wieder sprechen, als er mich begrüßte.

Sobald ich angekleidet war, gingen wir zusammen durch die

Straßen. Er fragte mich, ob es wahr sei, daß mein Großvater Läufer gewesen sei, und wir unterhielten uns darüber, über unsere Eltern und dergleichen. Dann erkannte ich unverhofft auf der andern Straßenseite seinen Schwager Menexenos; als er uns sah, zog er die Brauen hoch, lächelte offen und schickte sich an, herüberzukommen. Ich sah Lysis den Kopf schütteln, worauf jener die Hand grüßend erhob und weiterging. Obwohl Lysis rasch unser Gespräch fortsetzte, sah ich doch, daß er ein wenig rot geworden war. Bis dahin war es mir nicht in den Sinn gekommen, auch er könnte verlegen sein. Wir spazierten von einer Straße zur andern, hielten manchmal an, um etwas zu betrachten (oder wir taten doch so), einen Töpfer etwa oder Goldschmied bei der Arbeit. Schließlich blieb er stehen und sagte: »Wo wolltest du eigentlich hin, Alexias?« – »Das weiß ich selber nicht, Lysis«, versetzte ich. »Ich glaubte, du hättest ein bestimmtes Ziel.« Wir mußten beide lachen. Er fragte: »Wollen wir zur Akademie gehen?« Wir begaben uns also dorthin und plauderten auf dem ganzen Weg, denn wir waren noch nicht vertraut genug, um zusammen schweigen zu können.

Auf einem Grashang beim Kephissos setzten wir uns unter eine Weide. Das Wasser roch herbstlich nach schwarzen Blättern. Wir hatten keine Worte mehr und warteten auf ein Zeichen oder ich weiß nicht was. In diesem Augenblick sah ich durch die gelben Pappeln Charmides mit ein paar Freunden kommen. Wir erwiderten beide seinen Gruß; mein Mut sank, als ich sah, daß er nähertrat, denn obgleich er sich stets ritterlich betragen, kann man in einer solchen Lage nicht auf die Menschen zählen. Damit schmeichelte ich mir aber ganz unerträglich dumm; denn es muß nur selten vorgekommen sein, daß er weniger als zwei Liebesgeschichten an der Hand hatte, von den Frauen ganz zu schweigen. Jedenfalls trat er lächelnd zu uns und sagte im liebenswürdigsten Ton: »Das ist aber gar zu schändlich von dir, Lysis. Du bist ja wie das Pferd, das man vom Lande bringt,

nachdem die Wetten bereits abgeschlossen sind. Hast du dich einzig deshalb so lange zurückgehalten, um das Vergnügen zu haben, nun zusehen zu können, wie wir übrigen uns lächerlich machen? Ich weiß nicht mehr genau, wie lange es her ist, daß ich, wie die andern Opfer, meine Huldigungen darbrachte; auch nur um die übliche Antwort zu erhalten: ›Danke, Charmides, für deine Verse; ich bin überzeugt, daß sie ausgezeichnet sind, aber ich bin leider kein Kenner solcher Dinge‹, während du durch die Säulenhalle schrittest, scheinbar auch ohne nur über die Schulter zu blicken. Ich glaube nicht, daß Alexias dich mehr als einen Augenblick beachtet hat, ich aber, der ich für die Zeichen des Eros nicht blind bin, sagte mir sogleich: ›Dort geht der Sieger, wenn er am Rennen teilnehmen wollte.‹« Das war noch schlimmer als Polymedes; es wurde mir heiß und kalt, aber Lysis antwortete lächelnd und fast ohne Zögern: »Ich begreife, Charmides, daß du es gerne sehen würdest, wenn ich mich selbst zum Narren machte. Besten Dank für die Einladung, doch der Narr läßt bitten, man möge ihn entschuldigen. Aber sag mir doch, da wir gerade von Pferden sprechen, wird dein Schwarzer nächste Woche siegen oder nicht?«
Wiewohl sich Charmides besser betragen hatte als erwartet, fürchtete ich doch seinen Abgang mehr, als ich seiner Ankunft entgegengebangt hatte. Fast unmittelbar darauf ging er mit seinen Freunden fort. Ich hob eine Handvoll Kiesel auf und begann sie über das Wasser hüpfen zu lassen. Ich sehe ihre Farben und Formen noch vor mir. »Sie springen nicht weit«, versetzte Lysis, »das Ufer ist zu hoch.« – »Sonst gelingt es mir besser.« – »Menexenos«, fuhr er fort, »wird unterdessen auch zu klatschen angefangen haben.« Ich warf noch einen Stein, der sogleich im Wasser versank. »Nun«, sagte er, »jetzt wissen wir ja, was sie sagen. Wenn es einem von uns mißfiele, würden wir nicht so beisammensitzen wie jetzt. Oder spreche ich nur für mich selbst?« Ich schüttelte den Kopf; dann wandte ich mich ihm

zu und sagte, durch sein Beispiel ermutigt: »Nein.« Er schwieg für eine Weile, dann fuhr er fort: »So sicher, als die Götter mich hören, Alexias, dein Wohl soll das meine sein, und deine Ehre soll mir so teuer sein wie die meine; und dafür will ich mit meinem Leben einstehen.« Ich war über das eigene Ich hinausgehoben und antwortete: »Fürchte nicht, Lysis, daß ich dir je Schande mache, solange du mein Freund bist; denn ich will lieber sterben, als dir Schande bereiten.« Er legte seine rechte Hand auf die meine, seine linke um meine Schulter und sagte: »So soll es zwischen uns immer bleiben.« Nach diesen Worten küßten wir uns. Die Sonne ging unter, und die Schatten der Pappeln waren länger als die Bäume selbst. Wir plauderten noch eine kurze Weile und gingen dann zur Stadt zurück.

Auf dem Weg fragte ich, ob ich in der Vergangenheit etwas angestellt habe, wodurch er verletzt worden sei. »Wie kannst du so was glauben«, versetzte er, »denn ich habe dich stets mehr geliebt, als für meinen Frieden gut war.« – »Du hast mich doch immer gemieden, ohne daß ich dir Ursache gab.« – »Ist es wirklich wahr«, sagte er, »daß du das von dir aus bemerkt hast, oder hat es dir jemand gesagt, der Unheil stiften wollte?« – »Wie kannst du denken, Lysis, ich sei so blind?« – »Aber als ich dich im letzten Frühling während der Dionysien ansprach, ranntest du auf die Straße.« – »Ich hatte Streit zu Hause; ich rannte den ganzen Weg bis in die Berge. Ich hätte nie gedacht, daß du dich daran erinnerst.«

»Die Geschichte geht noch viel weiter zurück«, fuhr er fort. Dann erzählte er mir, daß er, vor fast zwei Jahren, als er mich in der Palästra zum erstenmal sah, vom Gedanken an mich besessen gewesen sei und beabsichtigt habe, ernsthaft mit mir zu sprechen, sobald sich eine Gelegenheit biete. Aber Sokrates habe ihm das ausgetrieben, und statt das erhoffte Mitgefühl zu bekunden, habe er ihn scharf zurechtgewiesen und gesagt, die Liebe zu jungen Knaben sollte gesetzlich verboten werden; der

Mann, so sagte er, verschwende seine Mühe auf etwas Ungewisses, und die Folge sei unweigerlich eine Enttäuschung; während der Charakter des Knaben noch weich und bildsam sei, werde er bereits zu Eitelkeit und Wahn geformt und zu einer Rolle herangezogen, die er noch nicht verstehen könne. »Wenn ein Athlet an einem Wettkampf einer geringeren Stärkeklasse teilnehmen müßte, würde dann sein Sieg nicht entwertet und seine Niederlage zum Gespött?« Als er mir das erzählte, fügte Lysis noch hinzu: »Darauf hatte ich keine Antwort.« Tatsächlich hatte Sokrates ihn gut zu treffen gewußt.

Er bekannte, daß er später, als ich sehr umworben wurde, viele bittere Stunden durchgemacht habe. Es war ihm zu Ohren gekommen, ich hätte eine Zuneigung zu Charmides gefaßt; aber ich schämte mich, ihn zu fragen, warum er nicht die Probe aufs Exempel gemacht habe. Wenn ich an die ausgefallenen Verschrobenheiten meines Anhangs dachte, wunderte ich mich nicht, daß er einen solchen Kampf für unter seiner Würde hielt. Auch zweifelte ich nicht daran, daß er erfahren hatte, ich gelte als kühl und abweisend; er, der sich schon zu mir hingezogen fühlte, bevor sich noch jemand mit mir abgegeben hatte. »Das Herz war mir schwer«, sagte er. »Ich konnte Sokrates eine Zeitlang nicht verzeihen und mied ihn sogar; bis ich dann in meiner Umgebung jene Menschen betrachtete, die sich geweigert hatten, seine Medizin zu schlucken, und sah, was aus ihnen geworden war. Am nächsten Tag ging ich zu ihm zurück.«

Er mußte beim Sprechen heftig gähnen. Zur Entschuldigung führte er an, er sei gestern fast die ganze Nacht wachgelegen, unfähig zu schlafen vor lauter Glück. Ich bekannte, daß es mir auch so ergangen sei.

Am folgenden Tag führte er mich zu seinem Haus, das außerhalb der Mauern in der Nähe der Heiligen Straße lag, und stellte mich seinem Vater vor. Demokrates war ein Mann von etwa fünfundfünfzig Jahren, sah aber älter aus, da ihm seine Gesundheit, wie Lysis sich ausdrückte, seit einiger Zeit zu schaffen machte. Sein Bart war lang und fast ganz weiß. Er empfing mich sehr höflich und lobte den Mut meines Vaters im Felde. Abgesehen davon aber ließ er eine gewisse Zurückhaltung walten; vielleicht hatte es vor langer Zeit eine Unstimmigkeit zwischen den beiden gegeben, und er hielt es für kleinlich, mich das merken zu lassen.

Das Haus war groß und enthielt einige schöne Marmor- und Bronzestatuen, obwohl es langsam etwas schäbig wurde, wie ich das von meinem eigenen Heim her kannte. Man sagte, Demokrates habe in seiner Jugend auf großem Fuße gelebt; in dieses Haus, erinnerte ich mich, war auch der junge Alkibiades geflüchtet, als er seinen Aufsehern entwischt war, der erste Beweis für sein unbändiges Verlangen nach der Stadt. Perikles versuchte damals, die Sache zu vertuschen.

Wie viele alternde Leute, deren Lebensumstände sich verschlechtert haben, liebte es auch Demokrates, lange über die ruhmreiche Vergangenheit zu sprechen. Ich bemerkte, daß Lysis geduldig zuhörte, wie einer, der sich schon im voraus ins Unvermeidliche schickt; aber es war doch deutlich zu sehen, daß sich die beiden liebten. »Ich habe zwei Söhne verloren«, sagte der Vater, »noch in ihrer Kindheit, aber mit Lysis hatten die Götter ein Einsehen, denn sie machten aus ihm einen Sohn, der soviel wert ist wie drei. Er ist jetzt alt genug, daß ihm das nicht mehr in den Kopf steigt, deshalb darf ich sagen, daß seine Knabenzeit alle meine Wünsche erfüllte; und auch als Mann hat er mich nicht enttäuscht. Ich möchte ihn nur noch verheiratet sehen und einen Sohn von ihm, der meinen Namen trägt; dann kann ich gehen, wenn die Götter bereit sind.«

Ich weiß nicht, ob Demokrates das einfach sagte, weil Kranke völlig in sich selbst aufzugehen pflegen, oder aus Absicht, um zu prüfen, ob ich einer jener Jünglinge sei, die dem Freund aus Bitterkeit und Eifersucht im Wege stehen. Da ich mich, wie man dies in jenem Alter tut, für den Mittelpunkt aller Dinge hielt, dachte ich, es stünde mir schlecht an, bei dieser Probe keinen Mut zeigen; ich antwortete deshalb kühl wie ein Spartaner, der Sohn von Demokrates könne sich seine Frau auswählen, wo immer er wünsche. Als Lysis mich ins Freie führte, um mir den Lustgarten zu zeigen, war mir wie nach einem schwierigen Schwerttanz zumute, nachdem man endlich dem kritischen Blick des Kampfrichters entflohen ist. Lysis reckte sich, wie ein Mann, der soeben den Harnisch ausgezogen hat, lachte und sagte: »Vater hat es gar nicht eilig, für mich eine Frau zu finden, wie er vorgibt. Eine meiner Schwestern heiratete letztes Jahr, und es ist noch eine zweite da, die bereits fünfzehn ist. Bis zum Zeitpunkt, da sie versorgt ist, wird es noch lange dauern; erst dann kann ich einen eigenen Hausstand gründen, das weiß er wohl.«

Er erzählte mir, daß in früheren Jahren der Großteil ihres Reichtums aus ihren Gütern in Thrazien gekommen sei, wo sie Zugpferde und Reitmaulesel gezüchtet hatten; er selbst habe allerdings diese Ländereien nie gesehen, denn sie seien im Krieg beschlagnahmt und verwüstet und der Viehbestand abgeführt worden, noch bevor er das Mannesalter erreicht habe.

Jenseits des Lustgartens befanden sich die Felder der Blumenhändler, und selbst jetzt im Herbst war die Luft noch voll süßer Düfte. »Man sollte heiraten«, sagte Lysis, »solange man noch jung genug ist, um kräftige Söhne zu zeugen, aber dazu ist noch Zeit. Wenn mich nach weiblicher Gesellschaft verlangt, habe ich ein nettes Mädchen, eine Korintherin. Sie maßt sich nicht an, Anakreon und die großen Lyriker zu rezitieren, wie die heutigen Modepuppen; aber sie singt hübsch, mit einer hellen Vogelstimme; das schätze ich an einer Frau.« Er lächelte und fügte hinzu: »Man hat manchmal merkwürdige Gedanken, wenn man sich einsam fühlt, es gab Zeiten, da wünschte ich, reich genug zu sein, um Drosis allein aushalten zu können, wie Perikles die

Aspasia, damit sie sich mit keinem anderen abzugeben brauche. Nicht daß es mir viel ausgemacht hätte, daß sie auch mit andern Männern schlief; ich sah ja wohl ein, daß ich sie nie kennengelernt hätte, wäre sie keine Hetäre gewesen, noch hätte sie eine bessere Gesprächspartnerin abgegeben als jene Mädchen, die man heiratet. Nein, obgleich es albern klingt, ich dachte nur ungern daran, daß sie das Benehmen, das sie zur Schau stellte, um mir zu gefallen, wie ein Hemd wechseln konnte und sich für einen andern Mann auch in ein anderes Wesen verwandeln konnte. Nun, sie ist eine ganz nette Gesellschaft auf ihre Art, aber keine Aspasia, die arme Kleine; und ich glaube auch nicht, daß solche Vorstellungen mich länger beunruhigen können.«
Ich hörte allem ehrfurchtsvoll zu und machte eine feierliche Miene, wie einer, der sich in solchen Sachen auskennt. Lysis lächelte, faßte mich am Arm, und wir gingen uns die Pferde ansehen.
In der Geschirrkammer, wo die Joche alter Streitwagen an den Wänden verstaubten, spielten wir mit einem Wurf junger Eberhunde und erzählten uns alte Geheimnisse, wie man das in solchen Fällen immer tut, nur um dem andern sagen zu können: »Das habe ich außer dir noch keinem erzählt!« Er vertraute mir an, er sei zwar schon mit siebzehn Jahren zum erstenmal bei einer Frau gewesen, in einen Jüngling habe er sich aber noch nie verliebt, bis er mir begegnet sei. Manchmal habe es ihn beim Lesen der Dichter beunruhigt, daß er gerade dieser Liebe unfähig zu sein schien, die sie als die edelste und den Ansporn zu vielen ruhmreichen Taten priesen. »Ich wußte nicht«, schloß er, »worauf ich eigentlich wartete. Aber mein Gott wußte es.«
Ich wünschte, mein Vater käme zurück, damit ich ihm Lysis vorstellen könne. In ihm besaß ich etwas, das mein Vater nicht hätte bemängeln können. Sie kannten einander vom Sehen, von ihren Reitübungen her, da sie beide in derselben Abteilung

dienten. Lysis bemerkte, ich sehe wohl meiner Mutter ähnlich, da ich nicht viele Züge von meinem Vater besitze. Ich sagte ihm, das sei auch meine Vermutung, sie sei aber schon bei meiner Geburt gestorben. Er sah mich verblüfft an. »Aber«, wandte er ein, »ich habe dich doch schon so oft von deiner Mutter reden hören. Ist sie denn bloß deine Stiefmutter?« – »Ja, aber das war sie für mich nie.« – »Sie war wohl Witwe, als dein Vater sie heiratete?« – »Nein, Lysis, sie war in Wirklichkeit noch nicht einmal sechzehn.« Lächelnd ließ er mich ausreden; dann zog er die Brauen zusammen. »Du bist für mich voller Geheimnisse, Alexias. Ich kann es mir zwar nicht vorstellen, daß du es jemals gegenüber der Frau deines Vaters an Höflichkeit fehlen ließest, aber sogar mir gegenüber nennst du sie Mutter, als wäre sie es tatsächlich. Und nun sagst du mir noch, sie sei etwa so alt wie ich! Ich muß mir ja als Hundertjähriger vorkommen.« Er sprach leichthin; doch quälten mich seine Worte, ich weiß nicht warum. »Aber sie ist doch meine Mutter, Lysis. Wenn sie es nicht ist... wenn sie es nicht ist, dann hatte ich nie eine.« Er bemerkte meine Verwirrung, umarmte mich zärtlich und sagte: »Aber natürlich, mein Lieber, gewiß ist sie deine Mutter.«

Ich blieb zum Abendessen; Demokrates zog sich wegen seiner Krankheit früh zurück, und wir waren allein. Sommerblumen gab es keine mehr, aber wir hatten Kränze aus Zyklamen und Efeu. Der Wein war gut, aber wir tranken mäßig, da wir es nicht nötig hatten, unser echtes Glück künstlich zu steigern. Nach dem Essen spielten wir Kottabos mit den Rückständen des Weines, indem wir sie in der Schale im Kreise schwenkten oder kräftig auf den Boden schleuderten und unweigerlich jedesmal in den verschütteten Resten die Buchstaben unserer Namen herauslasen. Im Fußboden war ein Mosaik eingelegt, das Athene im Kampf mit einem Meder darstellte; allmählich sah das Bild aus, als sei reichlich Blut geflossen, was uns zum Lachen reizte; denn wir befanden uns in der Stimmung, da man über alles und jedes lacht. Später, als der Mond hervorgekommen war, spazierten wir im Garten und teilten ein- und denselben Mantel.

Die ganze Zeit über verlangte Lysis nicht mehr von mir als einen Kuß. Ich verstand ihn. Er wollte mir andeuten, daß er mich mit der Seele liebe und nicht – wie man zu sagen pflegt – mit der Liebe der Agora. Mir kam mein Glück in seiner Gesellschaft vollkommen vor, und ich hatte keinen Wunsch, außer dem einen, alles besitzen zu dürfen, was sein Glück noch vergrößern konnte, um ihn damit zu beschenken. Wie man manchmal im Frühling einen sommerlichen Wind verspürt, ahnte ich dunkel, daß andere Zeiten kommen würden. Es bedurfte keiner Worte, um diese Dinge auszudrücken. Wir sprachen von allem möglichen; von unserer Kindheit und den Augenblicken, da wir uns zufällig bei festlichen Anlässen, in der Palästra oder bei Wettkämpfen, gesehen hatten. Als es spät wurde, goß er den Rest seines Weines in die Schale und sagte: »Auf meinen Alexias«, und die Schale erklang in einem reinen Ton. Dann tranken wir mit klarem Wasser auf die Gute Göttin, er ließ sich eine Fackel bringen und brachte mich nach Hause.

An der Haustüre sagte er noch: »Unser ganzes Glück verdanken wir Sokrates. Wir dürfen ihm nicht länger fernbleiben. Morgen gehen wir wieder zu ihm.«

Am nächsten Tag trafen wir uns früh und gingen ihn gemeinsam suchen. In seinem Hause sagte uns sein Sohn Lamprokles, er sei schon ausgegangen. Ich war diesem Jungen schon früher begegnet, hatte aber keinen Groll auf ihn, obwohl er mich immer haßerfüllt anblickte. Man konnte nicht erwarten, daß er von Sokrates gerade viel Schönheit ererbt habe, aber bei ihm war der Zauber und die Kraft der Häßlichkeit seines Vaters verlorengegangen, ohne ihn in anderer Hinsicht zu entschädigen. Man hatte ihn bei einem Maurer in die Lehre gegeben, da er offenbar nicht die Begabung besaß, das Bildhauerhandwerk zu erlernen, das Sokrates selbst aufgegeben hatte. Das Haus war armselig, aber so blankgeputzt, daß schon die Schwelle den Fuß des Besuchers zu verfluchen schien. Während wir noch mit dem Jungen sprachen, hörten wir seine Mutter, deren lauernde Augen wir hinter einem Fenster gesehen hatten, ihn auszanken, er solle nicht herumschwatzen, als ob es an *einem* Nichtstuer im Hause nicht schon mehr als genug wäre. Das war für uns nichts Ungewohntes, denn man konnte sie oft schon Sokrates begeifern hören, bevor man sich der Türe auch nur näherte. Unter uns nannten wir sie einen keifenden Hausdrachen und kratzbürstige alte Hexe; doch kann man begreifen, daß es ihr sauer war, sehen zu müssen, wie ihr Mann unentgeltlich lehrte, wo ihm doch so viele junge Männer nachliefen, die hätten bezahlen können. Er war seinem Beruf nachgegangen, bis Kriton erfuhr, wie es um seine Ersparnisse stand, und sich anerbot, sie so anzulegen, daß sie für seine bescheidenen Bedürfnisse genügend abwerfen würden. Ich sprach freundlich mit dem Jungen, da er mir leid tat; nicht wegen seiner Mutter, sondern weil er eigentlich weniger Sokrates' Sohn zu sein schien als etwa Lysis oder sogar ich.

Die Herme neben der Haustür war Sokrates' Werk. Zur Zeit der Hermenschändung hatte er sein altes Werkzeug hervorgekramt und dem Gott, als Werk der Ehrfurcht, einen neuen Kopf aufgesetzt. Das Werk war, was man oft mit »aufrichtig« bezeichnet, wenn man damit ausdrücken will, daß ein von uns persönlich geschätzter Künstler nicht gerade ein Meister ist. Er hatte es in jenem strengen Stil der Zeit des Phidias geschaffen, und es sah bereits ein wenig altväterlich aus.

Wir trafen Sokrates in den Gärten des Lykeions bereits mit fünf oder sechs Leuten im Gespräch, die zufällig lauter alte Freunde waren. Kriton war dabei und Eryximachos, Agathon mit seinem Freund Pausanias, und ein oder zwei weitere. Sokrates sah uns als erster und lächelte uns mit einem Kopfnicken zu, ohne seine Rede zu unterbrechen. Die andern machten uns ohne Umstände

Platz, wie es üblich ist, nur Agathon sah uns aus seinen blauen Augen groß an und bedachte uns vor allen andern mit seinem freundlichen Lächeln.
Sie hatten sich über das Wesen der Wahrheit unterhalten. Ich weiß nicht, wie das Thema angeschnitten worden war, aber bald nach unserer Ankunft jedenfalls sagte Sokrates, man könne der Wahrheit nicht dienen wie ein Sklave einem Herrn, der für seine Befehle keine Gründe nennt; man müsse sie vielmehr so suchen, wie ein wahrhaft Liebender sein Wissen um den Geliebten zu erfahren trachte, um völlig zu erkennen, was dieser ist und braucht, und nicht wie niedrig gesinnte Liebhaber, die nur erfahren wollen, was ihnen Vorteil bringt. Und damit kam er auf die Liebe zu sprechen.
Die Liebe, sagte er, ist keine Gottheit, denn ein Gott hat keine Wünsche mehr, sondern einer jener großen Dämonen, die Boten sind zwischen Göttern und Menschen. Sie kommt nicht zu Dummköpfen, die sich mit ihrem niedrigen und gemeinen Wesen zufriedengeben, sondern nur zu jenen, die sich ihrer eigenen Unvollkommenheit bewußt geworden sind und durch die Umarmung des Schönen und Guten auch Güte und Schönheit zu erschaffen trachten; die schöpferische Kraft ist die Unsterblichkeit des Menschen und bringt ihn den Göttern am nächsten.
Alle Geschöpfe, fuhr er fort, lieben die Kinder ihres Fleisches; die edelsten Kinder der Liebe aber sind Weisheit und Ruhmestaten, denn sterbliche Kinder vergehen, jene aber leben ewig, da sie nicht vom Leib, sondern der Seele gezeugt sind. Irdische Leidenschaft läßt uns in irdischer Lust versinken, so daß die Schwingen der Seele erlahmen; wer so liebt, mag sich zwar zum Guten emporläutern, nicht aber zum Besten. Die beschwingte Seele aber erhebt sich von Liebe zu Liebe; vom Schönen, das geboren ward und stirbt, hinauf zur Schönheit, die in sich ewig ist; zum eigentlichen Leben, von dem die sterbliche Schönheit nur ein an die Wand geworfener, fliehender Schatten ist.

Während seine tiefe Stimme weitersprach, wurde meine Seele von Ungeduld mit meinem Körper erfaßt, und sie strebte über ihn hinaus, nach einem Gotte über den Göttern suchend. Von meinem ganzen Leben haftete nichts mehr in meiner Erinnerung außer jenen Augenblicken, die dieser Gott berührt hatte: als ich auf der Akropolis in der Morgenfrühe die Sonne über den Schiffen aufgehen sah; oder manchmal in den Bergen, wenn Xenophon mit den Hunden verschwunden war und mich allein die Netze überwachen ließ; oder mit Lysis an den Ufern des Kephissos. Sokrates blieb nicht wie üblich, um unsere Einwände gegen seine Beweisführung abzuwarten, er stand sogleich auf und entbot uns einen guten Tag.
Die andern setzten sich ins Gras, um zu plaudern, und auch wir ließen uns nieder. Keiner redete uns an. Viel später erst sagte mir Agathon einmal, man hätte ebensogut zur Pythia sprechen können, wenn sie in Verzückung des Gottes liegt. Ich glaube nicht, daß wir ihnen lästig fielen; wir waren so tief in Gedanken versunken und blickten nicht einmal uns selber an, daß sie um uns und über uns sprachen, als wären wir Statuen oder Bäume! Nach einiger Zeit – ich glaube, es dauerte gar nicht einmal so lange – begann ich wieder zu hören, was sie sprachen. Pausanias sagte eben: »Es ist schon lange her, seit Sokrates so zu uns gesprochen hat wie heute. Das letztemal in deinem Hause, Agathon, erinnerst du dich? Wir feierten damals deinen ersten Siegeskranz.« – »Ich will gleich tot umfallen, wenn ich das je vergesse.« – »Und als er geendigt hatte, kam Alkibiades betrunken durch die Gartentür.« – »Seine Schönheit kann den Wein nicht mehr so gut ertragen wie früher«, warf Kriton ein. »Als Knabe sah er noch aus wie ein blühender Gott.« Einer fragte: »Was geschah denn damals?« – »Da er uns alle Sokrates loben hörte, sagte er: ›Oh, ich kann euch noch etwas viel Schöneres erzählen.‹ Und er beschrieb, wie er eines Abends nach dem Essen erfolglos versucht hatte, Sokrates zu verführen. Betrun-

ken wie er war, erzählte er die Geschichte doch gut, das muß man zugeben; doch man konnte deutlich bemerken, daß er sich nach Jahren noch darüber den Kopf zerbrach. Er muß damit wohl das für ihn höchste Lob für Sokrates ausgesprochen haben. Sokrates aber zog auf die ihm eigene Art die Geschichte ins Scherzhafte, was sie wohl auch wirklich war. Ich hätte selbst tüchtig mitgelacht, wäre mir nicht jene Zeit in den Sinn gekommen, da Sokrates den Knaben liebte.«

Nun kamen meine Gedanken, die überall und nirgends gewesen, wieder zurück und wurden langsam klarer. Ich erinnerte mich an den stumpfsinnigen Jungen in Sokrates' Haus. Alkibiades hatte seine Liebe entgegengenommen, wie ein zerbrochener Krug den Wein. Da er aber in das Gute verliebt war, konnte er meines Erachtens nicht aufgehört haben, sich von ihm Nachkommenschaft zu wünschen. Es war also an Lysis und mir, uns nicht von ihm wählen zu lassen (denn kein Mensch kann das von einem anderen verlangen), sondern uns selbst zu seinen Söhnen zu erwählen.

Ich spürte, wie Lysis mich anblickte, und wandte mich ihm zu. Wir verstanden einander, erhoben uns und gingen durch die Gärten auf die Straße. Wir hatten es nicht nötig zu sprechen und schlugen den Weg zur Akropolis ein; Seite an Seite stiegen wir die Stufen empor. Wir lehnten uns an die nördliche Mauer und blickten nach den Bergen. Auf die Gipfel des Parnes war der erste Schnee gefallen; der Tag war klar und blau; nur ein paar Wölkchen, blau und dunkelviolett, standen am Himmel. Der Nordwind blies uns das Haar aus der Stirn und ließ unsere Kleider hinter uns herwehen. Die Luft war frisch, scharf und lichterfüllt. Es kam uns vor, als trage der Wind uns auf Befehl wie Adler in die Lüfte und als sei der Himmel unsere Heimat. Wir reichten uns die Hände; sie waren so kalt, daß man die Knochen im Fleisch spürte. Wir hatten noch immer nichts gesprochen, wenigstens nicht mit Worten. Als wir uns von der

Mauer abwandten, sahen wir Menschen an den Altären opfern oder in den Tempeln ein- und ausgehen. Als wir zum großen Altar der Athene kamen, hielt ich an und fragte: »Wollen wir schwören?« Er überlegte einen Augenblick und antwortete dann: »Wer es nötig hat zu schwören, wird später bereuen; und die Furcht zwingt ihn in ihre Fesseln. Es muß alles aus unserer eigenen Seele und der Liebe kommen.«

Als wir die Vorhalle erreicht hatten, sagte ich: »Ich muß noch Hermes ein Opfer bringen, ehe ich gehe. Er hat eines meiner Gebete erhört.« – »Was war das für ein Gebet?« – »Ich betete, er möge mir ein Zeichen geben, wenn Sokrates etwas benötige.« Er blickte mich unter den Brauen hervor an und lachte dann. »Bring dein Opfer. Wir werden später sprechen.« Ich ging Myrte holen, und Lysis betrat den Tempel der Jungfrau. Er blieb länger als ich, weshalb ich neben dem kleinen Siegestempel auf dem Bollwerk, der in diesem Jahr fast fertiggestellt worden war, auf ihn wartete. Als er kam, fragte ich ihn, warum er gelacht habe. »Um dir die Wahrheit zu gestehen«, antwortete er, »ich fragte mich, ob du eigentlich in Sokrates oder mich verliebt seiest. Bin ich bloß das Opfer, das du am Altar geschlachtet hast, damit du deinen Freund mit seinem Fleisch zum Essen einladen kannst?« Ich wollte Einspruch erheben, aber er lächelte. »Ich verzeihe dir«, sagte er. »Ich muß es ja wohl; ich bin selbst sein Gefangener gewesen, seit meinem fünfzehnten Jahr. Es war am Hermestag, in der Schule, als ein Besucher ihn mitbrachte. Mein Aufseher und Menexenos hatten sich zu einem Trunk verdrückt, und so hörten wir ihm zu. Er bemerkte, wie wir, hinter den Männern versteckt, die Ohren spitzten, forderte uns auf mitzusprechen und fragte uns, was Freundschaft sei. Zu guter Letzt gelang uns keine Definition. Menexenos und ich stritten uns den ganzen Rest des Tages. Ich ließ meinem armen Vater keine Ruhe mehr, bis er mich wieder zu ihm gehen ließ.«

Vor dem Aufbruch hielten wir an, um nochmals die Berge zu

betrachten. Die Luft war so durchsichtig, daß wir im Norden bis Dekeleia sehen konnten, wo die Spartaner vor dem Waffenstillstand herunterzusteigen pflegten. Eine kleine Rauchfahne stieg dort auf; eine Wache oder ein Hirte zündete das Mittagsfeuer an.

11

Die Wochen vergingen und brachten den Feldern den Winter und mir den Frühling. Wie der große Helios auf einen zugefrorenen Teich scheint, die Vögel zu nisten beginnen und abends die Tiere zur Tränke gehen, so war auch ich glücklich und begann, statt Verehrern Freunde zu besitzen. Aber meine Gedanken waren zu sehr mit Lysis beschäftigt, um die Veränderung zu bemerken, und ich wußte kaum, wie ich meine Zeit hinbrachte, wenn er beschäftigt war.

Eines Tages kam ein Eilbericht aus Sizilien und wurde vor der Ratsversammlung verlesen. Wir unmündigen Jungen lungerten am Fuße des Hügels herum und warteten auf Neuigkeiten. Die Männer kamen mit langen Gesichtern und laut miteinander sprechend von der Pnyx herab.

Nikias berichtete, der Spartanergeneral Gylippos habe auf der entfernteren Seite der Insel ein Heer ausgehoben, ausgebildet und ihm Disziplin beigebracht. Nun marschiere er damit gegen Syrakus, um die Stadt zu entsetzen. Er habe sich in den Hügeln eingegraben und unser Heer zwischen sich und der Stadt eingeschlossen. Ganz Sizilien sei gegen uns vereinigt und erwarte noch Verstärkung vom Spartanischen Bund. Am Ende forderte Nikias ein zweites Heer, nicht kleiner als das erste, und weitere

Geldmittel, um es versorgen zu können, sowie einen General, der ihn ablöse. Er sei nierenkrank, berichtete er, und könne seine Aufgabe nicht mehr so bewältigen, wie er es möchte. Den Winter könne er noch überbrücken, die Hilfe dürfe aber nicht über den Frühling hinaus verzögert werden; damit schloß er.
Lysis erzählte mir all das, während wir noch mitten im Gewühl der Menge standen. Jedermann schien verärgert zu sein, aber ich erinnere mich an keine bösen Ahnungen. Sie glichen eher Leuten, die zu einem Fest erschienen sind und die Mitteilung erhalten haben, vor Ablauf einer Woche sei noch nichts bereit, sie sollten ruhig wieder nach Hause gehen.
Nicht lange danach wurden die Musterungsrollen herausgegeben und machten gewissen Befürchtungen, die mich gequält hatten, ein Ende. Lysis ging nicht: man hatte zu Hause zu wenig Reiterei, um die Grenze zu schützen. Als die Kämpfer wegfuhren, wurde er aus seiner Schwadron ausgemustert und an Stelle eines Offiziers, der nach Sizilien fuhr, zum Wachtpylarchen ernannt. Er war zwar dafür noch sehr jung, doch waren sie froh, in ihm einen zu finden, der sich bei den Jünglingen durchzusetzen und sie in Zucht zu halten vermochte. Das hielt ihn viel von mir fern, und es kam mir lange vor, bis ich endlich Ephebe sein würde; denn er hatte mir versprochen, sich einzusetzen, daß ich dann unter seinem Oberbefehl eingezogen würde. Da er sah, wie lerneifrig ich war, opferte er oft seine Freizeit, obgleich ihm manches mehr Spaß machte als das Kriegswesen, um mich im freien Feld auszubilden, was Demeas nie tat.
Wir ritten jeweils mit abgeschützten Speeren aus, und er lehrte mich, wie man sich steif macht, um während des Galoppierens den Speer schleudern zu können; oder wir übten den Nahkampf und versuchten einander vom Pferd zu werfen. Ich dachte, er fürchte vielleicht, mich zu verletzen, aber er war im Gegenteil oft derber als Demeas. Als er mich einmal an einem steinigen Ort aus dem Sattel geworfen hatte, so daß ich über und über von

Schrammen und Quetschungen bedeckt war, tat es ihm zwar aufrichtig leid, aber er sagte, lieber wolle er mich selbst verletzen, als einmal zuschauen zu müssen, wie mich ein Feind in der Schlacht töte.

Es wurde nun immer seltener, daß wir mehrere Stunden hintereinander mit Sokrates verbringen konnten; er wäre aber auch gewiß der letzte gewesen, der junge Männer von nützlicher Arbeit hätte abhalten wollen. Da aber immer wieder jemand seiner Anziehungskraft erlag, traf man stets fremde Gesichter um ihn, die während der eigenen Abwesenheit neu dazugekommen waren. Einige gingen, andere blieben; aber keines überraschte mich so wie eines, das ich bei Phokas, dem Silberschmied, eines Morgens antraf. An der gegenüberliegenden Wand hing ein geschliffener Silberspiegel. Als ich mich aus dem Hintergrund näherte, zeigte er mir zuerst das Gesicht von Sokrates, dann eines an seiner Seite. Ich traute meinen Augen kaum. Es war Xenophons Gesicht.

Später, als ich ihn allein sprach, lachte er über mein Erstaunen und sagte, er sei seit Wochen schon um Sokrates und wundere sich bloß, daß wir uns nicht früher getroffen hätten. »Aber ich kann mir denken, daß es einen ganzen Mann erfordert, um die bekannteste Liebesaffäre der Stadt zu erleben; aber in einigen Jahren wirst du wohl auch deine Freunde wieder besuchen.« Ich bemerkte, daß er tatsächlich ein wenig verletzt war, und es war fast so schwierig, alles ins alte Geleise zu bringen, wie einem Tauben zu erklären, warum man ins Theater geht.

»Aber«, fragte ich, »was hat dich denn zu Sokrates geführt?« – »Er selbst.« – »Wie das? Indem du seinen Gesprächen zugehört hast?« – »Nein. Er forderte mich auf zu kommen.« Überraschter denn je, bat ich ihn zu erzählen. Er sagte, er sei einmal ein enges Gäßchen heruntergekommen, als er Sokrates getroffen habe. »Ich war ihm noch nie so nahe gewesen und konnte mich, selbst auf die Gefahr hin, unhöflich zu erscheinen, nicht enthalten, ihm

mitten ins Gesicht zu sehen. ›Ja‹, dachte ich, ›die Leute können wohl lachen, aber dennoch: Das ist ein Mann.‹ Ich senkte den Blick und schritt an ihm vorüber; aber er streckte seinen Stock quer über die Gasse und hielt mich auf. ›Kannst du mir sagen‹, fragte er, ›wo man gutes Öl kaufen kann?‹ Ich fand es seltsam, daß man ihm das sagen mußte, aber ich wies ihm den Weg. Dann fragte er weiter, wo Mehl und Tuch zu haben seien. Ich nannte die besten Läden, die ich kannte, und er fragte weiter: ›Und wo kann man das Gute und das Schöne kaufen?‹ Ich muß ziemlich dämlich ausgesehen haben; schließlich antwortete ich: ›Es tut mir leid, das kann ich dir nicht sagen.‹ – ›Nein?‹ versetzte er lächelnd, ›dann komm mit mir, wir wollen es zusammen herausfinden.‹ So machte ich denn kehrt und ging neben ihm her. Ich blieb den ganzen Tag in seiner Gesellschaft. Warum aber, Alexias, hast du mir nie mehr von ihm erzählt?«
»Was?« rief ich aus.
»Ich dachte immer, die Sophisten verbrächten ihr Leben damit, den Lauf von Mond und Sternen zu berechnen und sich darüber zu streiten, ob die Materie einheitlich oder mannigfaltig sei. Bitte verzeih mir, wenn ich das sage, aber du selbst neigst etwas dazu, den Kopf in den Wolken zu haben, weshalb ich auch fand, Sokrates sei gerade der Sophist, der dir am meisten entspreche. Jetzt aber entdecke ich plötzlich, daß er der geeignetste Mann ist, an den man sich wenden kann, wenn man Rat benötigt. Ich selbst hörte ihn sagen, keiner dürfe sich anmaßen, im Universum lesen zu wollen, ehe er gelernt habe, in der eigenen Seele zu lesen, da sonst unweigerlich auch all sein übriges Wissen dem Bösen dienstbar werde. Die Seele, sagte er, erkrankt ohne Übung genau so wie der Körper, und man kann die Götter nur erkennen, wenn man sich in der Güte ebensoharten Prüfungen unterzieht wie in Wettkämpfen.« – »Sagte er das wirklich? Jetzt verstehe ich auch, weshalb er sich nie einweihen lassen wollte.« – »Aber es stimmt ganz und gar nicht, Alexias, daß er keine

Ehrfurcht besitzt, ich versichere dir, er ist im Gegenteil ein höchst religiöser Mensch.« – »Verteidigst du, Xenophon, nun Sokrates mir gegenüber?« – »Es tut mir leid«, antwortete er. »Aber die Ungerechtigkeit der Leute macht mich wütend. Was wollen sie mit ihren Anklagen? Mein eigener Vater, der beste aller Männer, glaubt an dieses Märchen von Aristophanes, Sokrates lehre die jungen Männer ihre Eltern verachten und die Götter leugnen. Sicher könnte doch von all seinen Freunden, die schreiben und dichten, einer Sokrates in einem Theaterstück so darstellen, wie er wirklich ist?« – »Du solltest das selbst tun«, antwortete ich. Er errötete. »Jetzt lachst du mich aus; ich wollte ja nur sagen, daß das früher oder später geschehen müßte.«
Noch einer stieß um diese Zeit zu Sokrates, im Vorfrühling, wenn ich mich recht erinnere.
Ich bemerkte ihn zum ersten Male an einem Tag, als wir von der Agora zur Stoa des Zeus hinübergingen, um dort unser Gespräch fortzusetzen. Der Jüngling, von dem ich spreche, näherte sich ruhig und stand, halb verborgen, hinter einer Säule. Sobald ihn Sokrates aber sah, hieß er ihn willkommen. »Guten Morgen, Phaidon, ich hoffte, wir würden dich heute treffen. Komm, setz dich hierher, damit wir einander besser hören können.« Der Junge trat vor und setzte sich zu seinen Füßen. Lysis flüsterte mir ins Ohr: »Silen mit einem Leoparden.«
Er hätte keinen besseren Vergleich finden können. Der Jüngling hatte, was man oft von lyrischen Dichtern behauptet, aber selten bei ihnen findet: ganz dunkle Augen und Haare von hellstem Blond. Sie fielen wie schwere Seide und waren oberhalb der Brauen, die kräftig gezeichnet und nach außen hochgezogen waren, gerade geschnitten. Der Mund war edel geformt, aber irgendwie befremdlich, brütend und verschlossen; seine Schönheit war nicht apollinischer, sondern dionysischer Natur. Seine Augen wichen nicht von Sokrates' Gesicht. Sie waren tief und scharfsinnig; wie Fische in dunklem Wasser konnte man seine

Gedanken darin vorüberziehen sehen. Deshalb kam es mir in jedem Betracht merkwürdig vor, daß er dasaß, ohne den Mund zu öffnen, und daß auch Sokrates gar nichts anderes zu erwarten schien. Nur einmal wandte er sich an ihn: »Das dürfte *dich* interessieren, Phaidon, da es sich wohl auf unsere gestrige Fragestellung bezieht«, und der Junge antwortete zustimmend, so daß ich mich wenigstens nicht mehr zu fragen brauchte, ob er stumm sei. Beim Weggehen fragte ich Lysis: »Wer ist er? Kennst du ihn?« – »Nein; er kam zum ersten Mal an einem Tage, da du bei Demeas warst. Zuerst kam er ruhig herbei, sah sich die Gesellschaft an und ging wieder fort. Beinahe wie heute, nur daß damals Kritias dabei war.« – Heutzutage wagte sich Kritias auch nicht auf Speereslänge mehr an mich heran. Der Junge tat mir leid. Aber damals erschienen mir alle, die nicht von Lysis geliebt wurden, bemitleidenswert.
Bald darauf, als Lysis in den Manövern war, befand ich mich eines Tages in jenen kleinen, öffentlichen Gärten beim Theater, wo Sokrates gerade mit Aristippos darüber diskutierte, ob das Gute mit der Lust gleichzusetzen sei oder nicht. Sie standen einander gegenüber; jeder eine vollkommene Verkörperung seiner These. Aristippos war um die Dreißig, ein gutaussehender Mann, aber etwas welk im Gesicht; ihm war gleichsam der Preis des guten Reitesels auf den Rücken geschrieben. Sokrates sah in seinem alten, schäbigen Mantel so braun und hart wie eine Nuß aus. Man konnte die Geschichte glauben, daß er einmal auf einem Feldzug in Thrazien eine ganze Winternacht stehend und meditierend verbracht habe, während die Truppen unter Bergen von Fellen froren und vor Kälte schauderten.
Die Stärke eines Menschen, sagte er, hängt von der Arbeit ab, die er darauf verwendet, diese seine Stärke zu erhalten. Seine Freiheit ist abhängig von der Kraft, die zu ihrem Schutz eingesetzt wird, und welche Freude im Leben ist schon gewährleistet ohne Freiheit? Ich glaube nicht, daß Aristippos darauf noch

etwas zu entgegnen wußte; aber gerade in diesem Augenblick sah ich wieder Phaidon umherschlendern, von einigen Bäumen halb verdeckt. Er zog sich zurück, als Sokrates in seine Richtung sah; sobald aber Aristippos gegangen war, näherte er sich aus eigenem Antrieb. Sokrates begrüßte ihn, und er setzte sich dicht neben ihn ins Gras. Ich habe das Gespräch, das wohl Bezug auf ein vorangegangenes hatte, wieder vergessen; Phaidon saß schweigend und aufmerksam da, den Kopf dicht bei den Knien von Sokrates. Die Hänge rund um das Theater bannten das letzte Sonnenlicht fest, das mit dem blonden Haar des Jünglings spielte und es in seiner lichten Schönheit aufleuchten ließ; Sokrates, der im Sitzen sprach, streckte halb geistesabwesend die Hand aus und ließ eine Strähne durch seine Finger gleiten, wie man etwa eine Blume berührt. Aber ich sah den Jungen zurückschrecken. Sein Gesichtsausdruck veränderte sich. Die dunklen Augen sahen blitzend und häßlich aus; er gemahnte an ein halbgezähmtes Tier, das sich zu beißen anschickt. Sokrates spürte die Bewegung und blickte auf ihn hinunter; einen Moment lang begegneten sich ihre Blicke. Und unvermittelt war der Junge wieder völlig ruhig. Sein Gesicht war unbewegt wie zuvor; er saß, die Hände über den Knien gefaltet, und hörte zu, während Sokrates weiterhin sein Haar streichelte.

Das hatte meine Neugierde noch gesteigert, und ich war entschlossen, sie zu befriedigen. Als Sokrates gegangen war, traf ich Anstalten, zu ihm hinüberzugehen. Es war nicht weiter verwunderlich, daß mir ein Mann, der auch nur auf diesen günstigen Augenblick gewartet hatte, zuvorkam. Es war offenbar ein Fremder, der sich dem Jüngling höflich grüßend näherte. Phaidon lächelte ihm kühl zu und gab ihm eine Antwort. Ich konnte sie nicht verstehen, der Mann aber sah betroffen aus und zog sich zurück, als sei er geschlagen worden.

Es mag überraschen, daß ich trotzdem meine Absicht nicht aufgab. Aber in jenen Tagen dachte ich nur Gutes von den

Menschen und besaß Selbstvertrauen für zwei. Jedenfalls holte ich Phaidon ein, grüßte ihn und sagte etwas über das Gespräch mit Sokrates. Erst antwortete er kaum, kniff seinen schönen Schmollmund zusammen und überließ alles mir. Und doch hatte ich das Gefühl, er sei eher verwirrt als aufgebracht; weshalb ich nicht abließ, bis er schließlich zu sprechen begann. Wenn man seinen Verstand mit dem meinen verglich, so war ich wie ein Kind, das merkte ich sofort. Er fragte mich über ein Streitgespräch aus, das er verpaßt hatte und nur vom Hörensagen kannte. Ich wiederholte es ihm nach bestem Vermögen; einmal unterbrach er mich, um einen Einwand vorzubringen, auf den nicht einmal Kritias gekommen wäre. Ich sah keinen Ausweg mehr, er aber erledigte den eigenen Einspruch nach kurzem Nachdenken selbst.

Ich sagte, er sei zu bescheiden und sollte seine Stimme etwas häufiger hören lassen. Wir hatten ganz unbefangen gesprochen, jetzt aber schüttelte er den Kopf und schwieg wieder. An der nächsten Ecke sagte er: »Vielen Dank für deine Begleitung, aber ich nehme nun diesen Weg. Auf Wiedersehen.« Offenbar wollte er mich nicht sehen lassen, wo er wohnte. Ich dachte: »Seine Familie ist wohl verarmt, vielleicht muß er sogar arbeiten.« Er war ziemlich gut gekleidet, sein Haar roch nach Kamillenblüten; aber schließlich wahrt man den Schein, solange man kann. Jedenfalls schien er mir ein hervorragender Mensch zu sein, und auch ihm hatte wohl meine Gesellschaft nicht mißfallen, weshalb ich, da wir uns gerade in der Nähe der Palästra befanden, wo ich gewöhnlich trainierte, vorschlug: »Es ist noch früh, komm, messen wir uns im Wettkampf.« Aber er entzog sich mir und sagte schnell: »Nein, danke, ich muß nun gehen.«

Ich konnte nicht annehmen, daß er sich fürchte, mich seinen Kampfstil sehen zu lassen, denn er ging und bewegte sich wie ein Mann von Stand und Bildung. Nun fiel mir aber eine tiefe Narbe an seinem Bein auf, als sei dort ein Speer glatt durchgestoßen worden. Ich entschuldigte mich und fragte, ob sie ihm noch viel zu schaffen mache. Er blickte mich seltsam an: »Es ist nichts. Ich spüre sie jetzt nie mehr.« Dann setzte er langsam hinzu: »Ich empfing sie in der Schlacht. Aber wir haben verloren.«

Die Narbe war schon fast weiß, und doch schien er nicht älter zu sein als ich. Er sprach dorisches Griechisch, mit einem Einschlag des Inseldialektes. Ich fragte, in welcher Schlacht er mitgekämpft habe. Aber er starrte schweigend vor sich hin, und unter seinem leuchtenden Haar blickten die dunklen Augen wie winterliche Mitternacht. Ich war verwirrt und befangen; schließlich sagte ich: »Woher kommst du, Phaidon?« – »Das hättest du mich früher fragen sollen, Athener. Ich stamme aus Melos.«

Ich wollte ihm schon die Hand hinstrecken und sagen, der Krieg sei vorüber, doch die Worte erstarben mir auf der Zunge. Nun wußte ich, warum er nicht in die Palästra gehen konnte. Bis dahin war für mich das alles nur wie ein Märchen gewesen. Der Sieger kann wohl sagen, der Krieg sei vorbei, und dann nach Hause gehen. Für den Sklaven aber ist er erst mit dem Tod zu Ende.

Er war schon im Begriffe wegzugehen, als ich rasch die Hand ausstreckte, um ihn zurückzuhalten, so verwirrt, als hätte ich plötzlich die Sonne im Westen aufgehen sehen. Er war mir in allen Belangen überlegen gewesen. Ich hatte gar nicht geglaubt, daß so etwas auf der Welt geschehen könne. Ich hatte aber keine Zeit, länger darüber nachzudenken, denn ich las in seinem Gesicht, wie sehr er litt. Ich sagte: »Können wir beide denn Sokrates' Freunde sein, ohne auch untereinander befreundet zu sein? Und man sagt doch: ›Das Schicksal ist Herr über alle.‹«

Seine dunklen Augen blieben auf den meinen ruhen. So jung er auch war, ich fühlte mich nicht durch seine Dankbarkeit erhoben, doch geehrt durch seine Billigung. »Es tut mir leid, Alexias«, sagte er, »daß wir nicht ringen können, wir hätten wohl gut zusammengepaßt. Man pflegte von mir zu sagen, ich sei auch als Läufer nicht schlecht.« Er lächelte mir zu; es gibt eine Schönheit der Seele, die sich durch Bitterkeit emporkämpft, wie eine Marmorader durch die Erde. »Sei überzeugt«, rief ich aus, »die Götter werden das nicht ewig dulden.« Er blickte mich an, wie ein alter Mann ein Kind. »Ich gehe nicht zu Sokrates in der Hoffnung, die Götter verstehen zu lernen, sondern damit er mir vielleicht seinen Glauben übermitteln kann, daß sie gut seien.« »Sag mir, wenn du magst«, fuhr ich fort, »für welchen Meister arbeitest du?« Sein Gesicht verfinsterte sich wieder. Es war mir schmerzlich, ihn verletzt zu haben. Ich bat um Entschuldigung und sagte: »Das hat ja nichts auf sich.« Er blickte vom Boden auf und versetzte: »Ich habe Sokrates nicht dort getroffen.« – »Gleichviel«, sagte ich, »wir werden uns morgen oder doch bald wiedersehen?« Er antwortete: »Ich komme dann, wenn ich kann.« Ich fragte mich, wie er wohl von der Arbeit loskomme und ob er geschlagen würde. Den ganzen Abend ging er mir nicht aus dem Kopf. Am nächsten Tag machte ich mich auf, um Lysis die Geschichte zu erzählen, als ich auf dem Hof meinen Onkel Strymon traf. Er sagte mit seinem wichtigsten Gebaren, er müsse mir etwas mitteilen, und fügte hinzu, als ich ihn ins Wohnzimmer führen wollte, es sei nichts für die Ohren meiner Mutter. Nun war ich erst recht neugierig und führte ihn ins Gästezimmer. Erst hustete er, strich sich dann über den Bart, fügte hinzu, er sei schließlich meinem Vater Rechenschaft schuldig und begann dann: »Was du hinter verriegelten Türen tust, Alexias, kann ich nicht überwachen. Ich bin aber sehr enttäuscht, in einem so jungen Menschen wie dir, der nicht einmal die Entschuldigung der Häßlichkeit oder Mißgestalt ins Feld führen kann, die ihn schließlich daran hätten hindern können, die Freuden der Liebe auf ehrbare Weise zu genießen, Ausschweifungen feststellen zu müssen.«

»Ausschweifungen?« wiederholte ich und starrte ihn an, als sei er verrückt geworden. Meine letzte Abendgesellschaft hatte vor vierzehn Tagen stattgefunden; Lysis war anwesend, und da ich alles vermeiden wollte, was ihn hätte abstoßen können, war ich fast völlig nüchtern nach Hause gekommen. »Ich versichere dir, da muß ein Irrtum vorliegen.« – »Nicht, sofern mich meine eigenen Augen nicht täuschen; und ich darf wohl sagen, daß ich stets für ausgezeichnete Augen bekannt war. Öffentlich durch die Straßen zu ziehen, in der Gesellschaft eines Lustknaben aus Gurgos' Badehaus! Selbst Alkibiades war nur selten derart schamlos. In deinem Alter, das kann ich dir versichern, wußte ich kaum etwas davon, daß es überhaupt solche Leute gibt.« – »Mit was für einem Knaben?« fragte ich. Aber er bemerkte, daß sich mein Gesicht verfärbte, und sagte: »Ich sehe wohl, du verstehst mich recht gut.«

»Ein Sklave kann seinen Herrn nicht selbst wählen«, versetzte ich, »und Krieg ist Krieg.« Ich war zornig über die ganze Welt, über die Notwendigkeit und das Schicksal. Er strich sich wieder den Bart und bereitete einen neuen Angriff vor. »Und was soll man von einem Manne halten, der sich zum Lehrer der Jugend aufwirft und nicht nur selbst solche Kreaturen aufsucht, sondern sie sogar in den Kreis seiner Schüler aufnimmt?« Die Wut erstickte mich fast; aber ich bezwang mich, um besser mit ihm fertig zu werden. »Vielleicht bin ich zu tadeln, weil ich mit dem Jüngling nur über Philosophie gesprochen habe und ihn zu fragen vergaß, was er denn arbeite. Besten Dank für deine Aufklärung. Woher weißt du denn das übrigens?«

Wahrscheinlich hatte er es ja auf der Straße aufgegabelt, aber es tat mir dennoch wohl, nun sein Gesicht zu sehen. Er konnte wenigstens feststellen, daß mein Lehrer meinen Verstand geschärft hatte. Lysis aber machte ein ernstes Gesicht, als ich ihm von dem Auftritt erzählte, und sagte, wenn mein Onkel von Sokrates schlecht denke, so bringe ihn auch eine schnippische

Antwort nicht dazu, besser von ihm zu denken. Es war dies das erste Mal, daß er mich tadelte. Als er bemerkte, wie schwer es mich traf, wurde er gleich wieder milder.

Nach diesem Vorfall bemühte er sich, Phaidon freundlich zu grüßen; aber der Junge verstummte in Gesellschaft immer, wie das schon Sokrates erfahren hatte. Er sprach, wenn wir allein waren, aber immer gleichsam durch einen unsichtbaren Schirm hindurch. Er wartete nur darauf, ich würde herausfinden, was er war, und mich dann von ihm abwenden, das spürte ich deutlich. Man kann sich tatsächlich fragen, warum ich nicht trotzdem einen Ekel verspürte. Aber erste Liebe strahlt wie das Licht der Morgendämmerung eine Art Schönheit aus, wohin man auch blicken mag. Obgleich ich nun wußte, was für ein Leben er führte, war dies ein Wissen ohne Verstehen, so wie man etwas von einem Land wissen mag, in dem man noch nie gewesen ist. Es verlieh ihm in meinen Augen nur etwas Fremdartiges.

Eines Tages traf ich ihn früh morgens auf meinem Weg zur Akademie. Als wir zusammen durch die Gräberstraße schritten, sprachen wir über den Tod; und Phaidon sagte, er glaube nicht, daß die Seele weiterlebe, sei es nun in der Unterwelt oder in einem neuen Körper oder in der Luft. Ich antwortete, seit ich Lysis liebe, scheine es mir unmöglich, daß die Seele erlöschen könne. »Die Seele ist der Übersättigungstraum des Menschen«, sagte er, »der gegessen und getrunken hat und dessen Sinnenlust befriedigt ist. Laß den Körper hungern, dürsten oder begehren, was ist dann die Seele anderes als eine bloße Hundeschnauze, die den Körper zum Fleisch zieht? Der Hund verreckt und verwest, und seine Nase riecht nichts mehr.« Er sprach, als hasse er mich und wolle mir nichts lassen, woran ich mich erfreuen könne. Doch es kam mir in den Sinn, daß mich Lysis einmal getadelt hatte, als ich Sokrates die Antwort schuldig geblieben. Ich schwieg und dachte nach. Dann antwortete ich: »Wenn man einen dicken Greis in einen Langlauf steckt, wird er tot zusammenbrechen. Beweist das aber, daß das Rennen nicht doch gelaufen werden kann? Deshalb, Phaidon, glaube ich, daß die Seele den Körper überdauert: Ich habe gesehen, wie der Körper gekauft und verkauft werden kann, und nicht nur das: er kann sogar zu etwas gezwungen werden, das er haßt und dem er nie freiwillig zustimmen würde, die Seele aber kann frei sein, den Mut bewahren und ihrem Schicksal trotzen. Deshalb glaube ich an die Seele.«

Er schwieg einige Zeit und schritt so schnell aus, daß sich seine Wunde bemerkbar machte und er zu hinken begann. Schließlich versetzte er: »Es schien mir unmöglich, daß du alles wissen könntest.« Ich sagte, ich wäre nie darauf zu sprechen gekommen, hätte nicht das Schweigen eine Mauer zwischen uns aufgerichtet. »Ich kann zwar nicht viel vor Lysis geheimhalten«, fuhr ich fort, »aber du kannst dich auf ihn so gut wie auf mich verlassen: wir werden beide schweigen.« Er lachte kurz auf und sagte: »Mach dir deswegen keine Sorgen. Auch Kritias weiß es.«

Ein wenig später, als ich erfahren hatte, er sei noch nie aus der Stadt herausgekommen, nahm ich ihn auf einen Spaziergang in die Kiefernwälder am Fuße des Lykabettos mit. Dort erzählte er mir, wie er in die Sklaverei geraten war. Nachdem seine Stadt während einigen Monaten belagert worden war, hatte sein Vater, der ein Strategos war, einen Trupp Freiwilliger um sich geschart, um die athenische Belagerungsmauer zu erstürmen, ein verzweifeltes Unterfangen, das beinahe geglückt wäre. Phaidon, an seines Vaters Seite kämpfend, wurde dabei verwundet. Die Wunde heilte schlecht, weil sie damals fast am Verhungern waren. Die Athener schickten nach Verstärkung und schlossen die Lücke wieder, keinerlei Nahrung kam mehr herein, und es blieb ihnen keine Wahl, als sich dem Feind auf Gnade oder Ungnade zu ergeben. Phaidon, der nicht ohne Hilfe gehen konnte, lag auf seinem Bett und hörte den Tumult, als die Tore der Stadt geöffnet wurden und die Athener einmarschierten. Darauf hörte er das laute Schreien der Weiber und die Todesschreie der Männer. Soldaten drangen ein, schleppten ihn von seinem Bett zur Agora und warfen ihn zu einem Haufen Jünglinge und Kinder, die im Schafstall zusammengepfercht worden waren. Auf der anderen Seite des Platzes wurde ein Leichenhaufen aufgeschichtet, der immer mehr Zufuhr getöteter Krieger erhielt. Mitten heraus ragte der Kopf seines Vaters. Ein Versteigerungspodium stand auf der Agora: hier, von wo er alles gut überblicken konnte, vom Schmutz und Durcheinander unbehelligt, stand der athenische Befehlshaber Philokrates und leitete das Gemetzel der sich sträubenden Männer, das die Athener angeordnet hatten. Es dauerte noch einige Zeit. Phaidon war noch rechtzeitig gekommen, um zu sehen, wie sein Geliebter mit gefesselten Händen eingebracht und wie ihm vor seinen Augen die Kehle durchbohrt wurde. Als die Zeit gekommen war, die Frauen zu den Schiffen zu schleppen, schritt Philokrates von seinem Podium herab, um einige für sich selbst auszuwählen. Der Rest wurde zum Verkauf weggeführt. So sah Phaidon seine Mutter zum letzten Mal, eine noch hübsche Frau in den frühen Dreißigern.

Er wurde auf den Sklavenmarkt im Piräus gebracht, noch immer stark an seiner Verletzung leidend; aber Gurgos hatte dank seines Aussehens das Risiko trotzdem auf sich genommen und pflegte ihn nun gut. Zuerst hatte er nicht begriffen, an was für einen Ort er gelangt war, und hatte geglaubt, er müsse als Badeaufseher arbeiten. Als er begriff, worum es in Wirklichkeit ging, verweigerte er Speise und Trank und wollte sterben. »Dann«, sagte er, »kam eines Abends der alte Gurgos und stellte eine Schale Wein neben mich. Der Weinkrug war eben aus dem Brunnen hochgezogen worden, und die Schale schwitzte vor Kälte. Ich war matt und durstig und sagte mir: ›Für wen tue ich das alles? Ich habe weder Vater noch Freund, der sich meiner schämen müßte, und glaube weder an die Menschen noch an die Götter. Die Vögel und wilden Tiere leben von einer Stunde auf die andere, und sie leben sehr gut.‹« Er hatte dann die Künste seines Berufes erlernt und allmählich einen hohen Preis erzielt. Eines Tages aber, als seine Seele krank und sein Körper voller Unruhe war, hatte er die Tür verschlossen, als wäre jemand bei ihm, war aus dem Fenster geklettert und durch die Straßen der Stadt gegangen. Dort war er an Sokrates vorbeigekommen, der gerade in ein Gespräch vertieft war, war stehengeblieben und hatte zugehört. »Ist es wahr, Alexias, daß es einen Athener gibt, der in einer Höhle wohnt und die Menschen haßt?« – »Ja. Timon.« – »Als ich zu Sokrates kam, muß mir genau so zumute gewesen sein wie diesem. Ich hatte gelernt, meine Seele von den Menschen abzuziehen, so wie ein Hirte abseits auf einem Felsen sitzt, auf der Windseite seiner Ziegen. Ich verspürte keine Lust, meinen Felsen mit jemandem zu teilen; wenn sich eines meiner Tiere nach Menschen sehnte, so verstand ich, es in seine Schranken zurückzuweisen.«

Es war mir sehr daran gelegen, ihn mit Lysis bekannt zu machen; aber anfänglich fand Phaidon immer einen Vorwand, um auszuweichen. Bald einmal stellte ich sie einander doch vor, und es war gleich ersichtlich, daß beide aufeinander große Stücke hielten. Bald darauf gedachte Lysis für Sokrates und seine engeren Freunde ein Essen zu geben. Ich sagte zu ihm: »Schade, daß Phaidon nicht kommen kann; Sokrates würde ihn sicher gerne sehen.« – »Warum nicht?« fragte Lysis sogleich. »Das ist ein guter Gedanke. Ich werde vorher hingehen und ihn für den Abend freikaufen.« Ich bat, ihn begleiten zu dürfen, doch er wandte ein: »Sprichst du im Ernst? Dein guter Ruf wäre für immer dahin. Wenn Jünglinge deines Alters zu Gurgos gehen, dann nicht, um zu kaufen, sondern zum Verkauf.«

Der Abend verlief gut, und Phaidon schien ihn zu genießen. Als alle gegangen waren und Lysis und ich gähnend im Frühlicht standen, uns aber noch nicht trennen konnten, fragte ich ihn, wie es bei Gurgos aussehe.

»Sehr vornehm. Zuerst wirst du von Gurgos empfangen, einem fetten Phrygier mit gefärbtem Bart; er erkundigt sich händereibend nach deinem besonderen Geschmack; wenn du Phaidon verlangst, verbeugt er sich bis zum Boden, wie ein Tuchhändler, bei dem man Purpur bestellt. Dann führt man dich durch das Bad, wo du alle jene siehst, die man nie in der Palästra trifft, und wer gerade frei ist, macht sich nützlich, bis er anderweitig gebraucht wird. Die meisten sind aber Sklaven, weshalb es ihnen noch schlimmer gehen könnte. Als aber ein ungefähr neunjähriges Kind mir verliebte Blicke zuwarf, hätte ich gerne jeden Preis für das Vergnügen bezahlt, Gurgos' Kopf in einen der großen Bottiche stecken zu dürfen und ihm seinen Bart auszuwaschen. Die Zimmer befinden sich hinter den Bädern. Phaidon hat das Ehrengemach; sein Name steht über der Tür, zusammen mit dem Preis. Er hatte gerade Kundschaft, als ich kam. Phaidons Kunden werden als vornehme Herren behandelt und brauchen sich nicht zu beeilen; Gurgos' Rausschmeißer ist immer zur Hand, falls ein Ungeduldiger versuchen sollte, den Zugang mit Gewalt zu erzwingen. Zur gehörigen Zeit klopfte ich, und Phaidon öffnete. Er war einzig mit der Schminke auf seinem Gesicht bekleidet. Da wußte ich, daß ich nicht hätte kommen sollen. Im nächsten Augenblick wollte er die Tür zuknallen. Fast wäre er mir zuvorgekommen; aber da ich einiges stärker war als er, gelang es mir, sie offen zu halten. ›Geh ins nächste Zimmer‹, sagte er, ›ich bin besetzt.‹ – ›Warte, Phaidon‹, begann ich. Da riß er plötzlich die Türe auf, daß ich beinahe hineingestürzt wäre. Lachend stand er da: Er sah aus wie ein Tier, dem man im dunklen Wald begegnen könnte. ›Tritt ein, Lysis‹, sagte er. ›Beehre diese Schwelle. Wer bin ich denn, ein Geschäft zu verachten? Seit Alexias mir das Loblied auf deine Tugenden sang, habe ich schon immer erwartet, dich einmal hier zu erblicken. Womit kann ich dienen?‹ Er fügte noch ein paar Bemerkungen hinzu, gegenüber denen Gurgos' Rede fast schulmeisterlich erschien. Trotzdem ist es unverkennbar, daß er als Mann von Rang erzogen worden ist, er weiß sich zu entschuldigen und seine Würde zu wahren. Es war mein Fehler, ihn in seinem Zimmer aufzusuchen. Aber ich habe noch nie zuvor ein Knabenhaus betreten. Ich sagte ihm, ein jeder, der bereit sei, um deinetwillen zornig zu werden, sei mein Freund. Ich wünschte bloß, ich könnte es mir leisten, ihn loszukaufen: das wäre die schönste Huldigung an die Götter, die man in seinem Leben darbringen könnte. Aber ich mußte zwei Goldstater für den einen Abend bezahlen. Um ihn ganz loszukaufen, müßte man Gurgos den Preis eines Rennpferdes zahlen.«

Von nun an waren sie gute Freunde; doch Lysis blieb nie lange allein mit Phaidon, den dies aber nicht zu verletzen schien. Ich glaube, er empfand es eher als eine Art Kompliment, doch war er zu wohlerzogen, um mir gegenüber darauf anzuspielen; und ich glaube, er hatte recht. Selbst ich erlag gelegentlich seinem Zauber, denn Eros hatte gewiß bei seiner Geburt Pate gestanden. Ihm aber war all das nur Mühsal und Ekel, wie das Ruder dem Ruderskiaven. Ich war bei ihm so wohl behütet wie bei meinem Vater. Sein ganzes Leben lag in seiner Seele, die Sokrates für ihn zum Leben erweckt hatte. Ich, der Sokrates aus Liebe zu seinem Wesen gefolgt war, erschien Phaidon nur als halber Freund; er war schonungslos hart gegen meine Weichheit. Er zwang mich zur Logik des negativen Gegenbeweises und griff meine heiligsten Überzeugungen an, bis ich schließlich, aus meinem letzten Bollwerk vertrieben, zu sagen pflegte: »Aber Phaidon, wir *wissen* doch, daß es wahr ist.« – »O nein, wir haben vielleicht eine richtige Ansicht. Nennst du das aber Wissen? Wir wissen nur, was wir bewiesen haben.« Einmal verlor ich die Geduld mit ihm und ging schweigend weiter, um es zu verbergen. Da sagte er unvermittelt: »Du siehst heute reichlich mitgenommen aus, Alexias, hat dich einer verprügelt?« – »Aber nein«, antwortete ich, »Lysis warf mich beim Üben, und ich bekam ein paar Beulen ab, das ist alles.« – »Er nennt sich dein Freund und mißhandelt dich so?« Ich schöpfte Atem, um ihm eine zornige Antwort zu erteilen; dann begriff ich und bat um Verzeihung. »Das hat nichts zu besagen«, sagte er. »Aber ich glaube, ebensogut wie Lysis zu wissen, was eine gute Verteidigung wert ist.«

Er kannte kein Selbstmitleid und beklagte sich nie über seine Arbeit, zu der er zurückkehren mußte. Aber mittlerweile hatte ein besserer Freund als ich sein Geschick in die Hände genommen. Sokrates hatte Kriton von Phaidons Los erzählt, dem Manne, der ihn in seiner eigenen Jugend von seiner Werkstatt weggeholt und ihm einen Platz unter den Philosophen angewiesen hatte. Kriton war reich; er erbot sich sogleich, Phaidon loszukaufen.

Die Verhandlungen nahmen einige Zeit in Anspruch. Phaidons Ruf hatte sich verbreitet, und sein Preis war weiterhin gestiegen; Gurgos behandelte Kriton zuerst wie einen, der wegen des Jünglings den Kopf verloren hat und jeden Preis zu zahlen bereit ist. Bald aber fand er heraus, daß er es mit einem Geschäftsmann zu tun hatte; Kriton fragte, ob eigentlich seine Jünglinge vom Jungbrunnen getrunken hätten, und sagte, er werde sich in ein oder zwei Jahren wieder nach dem Preise erkundigen. Gurgos erschrak und schloß den Handel sofort ab.

Glücklich über den Wechsel seines Herrn, konnte Phaidon doch kaum begreifen, daß er nun frei sei. Kriton schätzte seine schöne Handschrift und stellte ihn in seiner Bibliothek an, wo er Bücher abschreiben konnte, und empfahl ihn auch anderen Gelehrten, so daß sich Phaidon während der Arbeit gleichzeitig bilden konnte. Bald konnte sich keiner von uns mehr vorstellen, wie unser Kreis ohne ihn ausgesehen hatte. Es lag etwas in seinem Wesen, das selbst die Schamlosesten achten mußten; keiner seiner früheren Kunden wagte, ihm auf der Straße vertraulich zu begegnen. Er seinerseits war konsequent genug, sie nicht zu verraten, denn jeder Beruf, sagte er, habe seine eigene Ethik. Manchmal aber, wenn ein selbstgefälliger Bürger in der Agora Moral predigte und das fremde Wohlleben in Grund und Boden verdammte oder fragte, wie weit es die jüngere Generation wohl noch treibe, konnte ich sehen, wie in Phaidons dunklen Augen Spott aufblitzte.

12

Die Erde bereitete sich auf den Frühling vor; auf dem großen Übungsplatz der Akademie exerzierte das Heer täglich unter Demosthenes' Aufsicht. Er war fest wie ein Felsen, aber nicht so kalt; sein Gesicht war trotz der Hitze im Theater mehr vom Wetter als vom Wein gerötet; seine Stimme laut und beherzt, voll Selbstvertrauen, aber nicht anmaßend. Ich dachte, mein Vater werde sich auf sein Kommen freuen.

Während dieser ganzen Zeit gedieh das Kind zu Hause prächtig. Meine Mutter hatte es Charis genannt, nach der Mutter meines Vaters, da er selbst keinen Namen vorgeschlagen hatte. Charis konnte bereits kriechen und versuchte zu stehen, indem sie sich an meinen Fingern aufrecht hielt. Eines Tages hatte ich gedacht: »Wenn der, welcher Leben gibt, der Vater ist, so bin ich es.« Darin war ein gewisser Trost, aber bald kam mir der Gedanke ehrfurchtslos vor, und ich wies ihn von mir. Dann dachte ich wieder: »Sie darf es nie erfahren. Niemand soll durch mich das erleiden, was ich selbst durchgemacht habe.« Ich ging deshalb zum Hausaltar, zündete etwas Safran an und weihte ihn Zeus, dem Barmherzigen. Die Schuld meiner frevlerischen Tat ließ mir manchmal nachts keine Ruhe, aber selbst gegenüber Lysis hatte ich meinen Schwur gehalten. Vielleicht hätte ich ihn einmal in einer finsteren Nacht gebrochen, aber zu jener Zeit benahm sich einer vor dem andern wie ein Schauspieler, der die Maske des Gottes zu tragen auserwählt ist.

Eines Morgens, als sogar die Stadt nach Frühling duftete, wachte ich glücklich auf; ich mußte auf das Gut hinausreiten, und Lysis hatte versprochen, mich zu begleiten. Das erste Sonnenlicht fiel grün durch die jungen Blätter des Feigenbaumes; die Tauben gurrten, und Kydilla sang zu ihrer Arbeit ein altes Volkslied von einer Braut. Vom Hofe hörte ich das Kind hinter der Tür plappern und zwitschern, wie einen jungen Vogel. Ich stimmte in das Lied ein und sang den Vers für den Bräutigam; Kydilla kicherte, brach ab und begann von neuem zu singen. Plötzlich ertönte vom Eingang her lautes Hufgeklapper. Ich sprang auf, um nachzusehen, das Bild meines Vaters vor meinem geistigen Auge. Aber es war Lysis, in voller Rüstung und behelmt, die Speere in der Halftertasche. Als er mich sah, rief er, ohne abzusteigen: »Alexias, hast du deine Rüstung?«

»Rüstung?« Ich hatte noch zwei Minen zu wenig zusammengespart, um Pistias' Preis zu bezahlen, und man hatte mir noch nicht einmal das Maß genommen; ich war nicht ganz sicher, ob ich schon ausgewachsen war. »Wann brauche ich sie denn, Lysis?« Er antwortete: »Jetzt.«

Die Tauben spielten immer noch ihr Liebesspiel, und das Kind sang weiter. Er fuhr fort: »Die Spartaner haben den Waffenstillstandsvertrag gebrochen und sind in Attika eingedrungen. Dekeleia fiel gestern nacht. Sie sind bereits fast in Acharnai. Von der Akropolis kann man die Feuer sehen. Was für eine Rüstung hast du? Meiner Einheit fehlen noch drei Mann.«

Ich schaute zu seinem hohen Helm aus Email auf, betrachtete

seinen Brustpanzer und die mit Goldnägeln eingefaßten Beinschienen. »Warte auf mich, Lysis. Ich werde gleich bereit sein.« Ich rannte schon ins Haus, als er mich zurückrief. Ich blieb stehen, als wäre ich einer seiner Soldaten. »Aber das bist du ja tatsächlich«, dachte ich. Ich kam zurück und sagte: »Ja, Lysis?« – »Hast du eine Rüstung«, wiederholte er, »oder nicht?« – »Mein Jagdwams ist aus starkem Leder.« – »Dies ist Krieg, kein Fackelrennen.« Dann sah er mein Gesicht und beugte sich herab, um mir auf die Schulter zu klopfen. »Nimm es nicht so schwer. Wir haben alle geschlafen. Woher solltest du auch eine Rüstung haben, du bist ja noch nicht volljährig! Aber jetzt muß ich weiter; ich bin zuerst zu dir gekommen.«

Ich dachte: »Ein Gott wird mir helfen«, und dann kam auch Hilfe. Ich hielt ihn am Fuß zurück und sagte: »Nein, warte, Lysis, ich weiß, wo ich sie bekommen kann. Geh noch nicht. Warte.«

Ich rief dem Stallknecht zu, er möge Phoenix satteln, und rannte ins Haus. Meine Mutter war bereits aufgestanden; sie stillte das Kind manchmal noch und hatte es an die Brust genommen. Sie zog ihr Kleid zurecht und erhob sich, hielt das Kind hoch und starrte mich an. »Mutter, die Spartaner kommen; sie haben bereits Acharnai erreicht. Doch fürchte dich nicht, wir werden sie bald zurückwerfen. Aber ich sollte sogleich aufbrechen und habe keine Rüstung, nur ein Schwert. Gib mir die Rüstung deines Vaters Archagoras.«

Sie trennte sich von ihrem Kind, legte es in die Wiege und stand auf. Mit der Hand preßte sie ihren Mantel an die Brust. »Du, Alexias? Ach nein, du bist ja noch ein Knabe.« – »Wenn ich heute nicht ein Mann bin, wird es morgen zu spät sein. Lysis ist gekommen und reiht mich in seine Mannschaft ein.« Sie schaute mich noch immer schweigend an. Ich sagte: »Mutter, du hast mir versprochen, daß ich wirklich dein Sohn sein soll.«

Immer noch starr vor sich hinblickend sagte sie: »Du bist es auch, Alexias.« Bei diesen Worten blies vom Anakeion der

Trompeterruf der Reiterei. »So sollst du sie haben. Aber es ist zu früh.« Sie nahm die Schlüssel aus ihrem Korb und öffnete die Lade. Sie hatte die Rüstung fachmännisch aufbewahrt, geputzt und geölt, einzig die Riemen waren verdorben. Aber mein Vater hatte ein paar neue zurückgelassen. Ich sagte: »Ich komme zurück, wenn ich sie angezogen habe. Aber ich werde Nahrungsmittel benötigen, sag es bitte Kydilla.«
Lysis war abgestiegen und wartete im Gästezimmer. Ich breitete die Rüstung auf einem Lager aus. Ich hatte sie jahrelang nicht gesehen, und ihr Anblick enttäuschte mich. Zur Zeit des alten Archagoras sah ein Mann, der etwas war, keinen Grund dafür, dies zu verheimlichen. Die Goldeinfassungen konnte man gelten lassen; aber das Gorgonenhaupt mit den sich ringelnden Schlangen auf dem Bruststück überstiegen das normale Maß. Ich sagte: »Das ist zu fein, man wird mich auslachen.« – »Heute? Einer meiner Jungen hat einen medischen Chiton mit Fischschuppen, der sechzig Jahre an der Wand gehangen hat.« Er half mir in die Rüstung. Sie paßte nicht so gut wie eine von Pistias; sie war ein wenig groß, aber immerhin besser als der Übungspanzer von Demeas, und so hielt ich mich doch für gut ausgerüstet. Lysis musterte mich auf Armeslänge und sagte: »Jetzt, da du drinsteckst, ist sie nicht zu vornehm; und keiner wird dich auslachen. Küsse deine Mutter zum Abschied und nimm deine Eßwaren mit, wir müssen aufbrechen.«
Das Schwert des Archagoras war besser als meines. Ich hängte es um und ging ins Wohnzimmer. Vaters alter Tornister lag auf dem Tisch. »Ich bin bereit, Mutter.« – »Laß mich den Helm probieren.« Sie hielt ihn in Händen, denn sie hatte ihn soeben geputzt. Der Busch war dreifach, aus Seepferdchen, deren Schwänze sich hinten vereinigten. Sie setzte ihn mir auf den Kopf; er paßte. Ein Silberspiegel hing an der Wand in ihrem Rücken; als ich mich bewegte, sah ich darin einen Mann. Verblüfft drehte ich mich um. Ich wollte sehen, wer es gewagt hatte,

die Frauengemächer zu betreten. Dann erst merkte ich, daß ich es selbst war.
»Du mußt einen Mantel mitnehmen«, sagte sie, »die Nächte sind immer noch kühl.« Sie hatte meinen schweren Mantel bereitgelegt. »Mein lieber Sohn, ich werde täglich Athene Nike und der Großen Mutter opfern.« Sie trat nicht näher. Ich schob die Schembarten zurück, was man fast so automatisch macht wie atmen, aber alles muß einmal zum erstenmal gemacht werden. Es war lange her, seitdem ich sie zum letztenmal umarmt hatte, doch als ich sie an mich zog, merkte ich, daß ich so groß geworden war, daß ich mein Kinn auf ihren Kopf stützen konnte. Ich dachte daran, wie gut sie zu mir in meiner Kindheit gewesen, als ich noch klein und schwach war. Es war seltsam, sie so klein in meinen Armen zittern zu fühlen, wie einen Vogel, den man mit der Hand umschließt. Ich war glücklich, daß ich nun als Mann ins Feld ziehen konnte, um sie zu verteidigen, und hob ihr Gesicht, sie zu küssen. Aber ich mußte ihr mit meinem Panzer weh getan haben, da ich ihn zum erstenmal trug, denn sie stieß mich von sich. Sie nahm den Mantel, hing ihn über meinen Arm und wiederholte: »Ich werde für dich beten.« Ich legte meine Hände auf die ihren. »Wenn du für mich betest, Mutter, so bete auch für Lysis.« Sie blickte auf und sagte noch, während sie zurückwich: »Ja. Ich will gewiß für ihn beten.«
So ritten Lysis und ich an diesem Tag schließlich doch noch aufs Land hinaus. Als sich das Stadttor für uns öffnete, sah ich den hinteren Teil seines Helmbusches. Er führte die Mannschaft hinaus, und seine Stimme übertönte den Lärm der Pferde, wenn er einen Befehl gab, und drang bis zu mir herüber. Wir bildeten Dreierkolonnen, und ich ritt ungefähr in der Mitte. Die Nachhut bildete Lysis' zweiter Offizier, der mit seinen neunzehneinhalb Jahren ein Veteran der Truppe war. Lysis war der einzige von uns allen, der schon einmal in einer Schlacht gekämpft hatte. Wir trabten die Acharnische Straße entlang und versuchten wie

Soldaten zu sprechen. Hinter uns erhob sich der Lärm der Stadt, die zu den Waffen rief. Die Hopliten rückten aus, und vor und hinter uns erhob sich der weiße Staub der Reiter.
Während wir ritten, sagte der Junge zu meiner Linken, er habe gehört, der Spähtrupp sei auf die Spartaner gestoßen und böse zugerichtet worden. Ich antwortete, Lysis habe unterwegs bereits davon gesprochen. »Lysis?« sagte er, »meinst du den Phylarchen? Du kennst ihn?« Ich bejahte, wollte jedoch nicht gestehen, daß ich ihn gut kannte. Nun begann der Junge, der erst vor kurzem zur Truppe gestoßen war, mich auszufragen, was für ein Offizier er sei: »Schindet er einen wie ein Spartaner, oder nimmt er es gemütlich; kümmert er sich selbst, oder überläßt er alles seinem Zweiten; liebt er die Frauen, oder will er einen von uns ins Bett?« Der Junge zu meiner Rechten sagte: »Du Dummkopf, du sprichst ja mit seinem Freund, mit Alexias, Myrons Sohn. Was möchtest du sonst noch alles über den Phylarchen wissen? Frag nur zu, ohne Hemmungen!« Der erstere sah etwas verdattert in die Welt, und der letztere fügte hinzu: »Frontmanieren, wirst dich noch dran gewöhnen.« Dann setzte er hinzu, er habe ein Jahr lang in der Wache dient, oder doch beinahe, und Lysis sei der beste Offizier, den er getroffen habe. Dies genügte, ihn als Freund zu betrachten. Er hieß Gorgion.
Abwechselnd ritten oder führten wir die Pferde, um ihre Hufe zu schonen. Es war ruhig; die Spartaner waren immer noch in den Hügeln. Am Mittag führte uns Lysis abseits, um zu essen und unsere Pferde zu tränken. Als wir uns gesetzt hatten, sagte er: »Bevor wir weiterreiten, will ich euch sagen, was wir vorhaben. Demosthenes wird sich um Dekeleia bemühen, wir werden uns also heute nicht um König Agis kümmern. Dreinschlagen und Laufen ist unsere Aufgabe, und der Schutz der Bauerngüter. Wo sie sich zerstreuen, um zu plündern, werden wir auf kleinere Trupps stoßen, mit denen wir fertigwerden können. Dies ist das Zeichen für absolute Ruhe. Macht es mir nach, zum Beweis, daß

ihr es kennt. Gut. Die Ausgebildeten werden auf die neuen Leute achtgeben. Ihr kennt alle das Kampfgeschrei für den Angriff. Macht es mir nach, und zwar so laut ihr könnt, der Stadt zu Ehren. Es wird die Spartaner nicht in Schrecken versetzen; um das zustandezubringen, braucht es ihre Weiber zu Hause. Wenn sie aber lieber sterben wollen als anhören zu müssen, wie bei der nächsten Siegesfeier ein Chor nackter Mädchen ein schmutziges Lied über sie singt, so ist es an uns, ihnen zu dienen. Hoffentlich können wir Athener um der Ehre willen eine Mannestat vollbringen, ohne erst geschlagen werden zu müssen, und ausgehungert, um den nötigen Mut aufzubringen. Wir kämpfen für unsere Stadt, deren Bürger eine freie Meinung haben und sie aussprechen dürfen und wo die Leute ihr tägliches Leben nach eigener Wahl führen und sich vor nichts zu fürchten brauchen. Wir wollen unserer Väter würdig sein und eine Quelle des Stolzes für unsere Geliebten und Freunde.« Und er opferte, indem er uns den Göttern anbefahl.

Als er sich mit seinem Essen zu uns setzte, empfand ich fast dieselbe Scheu vor ihm wie am ersten Tag, als wir zur Akademie hinausgegangen waren. Dann blickte er mich von der Seite an, und ich wußte, wie gerne er mich seine Rede loben gehört hätte; aber die andern saßen zu nahe. Aber wir verstanden einander und lächelten uns zu.

Der Wind hatte umgeschlagen. Wir begannen Rauch in der Luft zu riechen, den schweren Kriegsrauch, mit jenen Spuren von Unreinheit durchsetzt, die von brennenden Dingen, die nicht brennen sollten, herrühren. Als wir zwischen den Hügeln emporstiegen, bemerkte ich, daß der erste Hof auf unserem Weg der meines Vaters sein werde und daß der Rauch von dort kam. Der Geruch erinnerte mich an meine Kindheit, und ich sagte mir: »Die Oliven sind dahin.« Dann bogen wir um den Hügel und sahen, daß sie nicht nur in Brand gesteckt, sondern auch gefällt worden waren. Die bloßen Strünke ragten zwischen den brennenden Zweigen empor. Sie hatten nicht genügend Zeit gehabt, sie völlig niederzuhauen, und sie deshalb später noch in Brand gesteckt. Ich vermute, daß sie den Heiligen Hain wiederum schonen wollten, aber er war ebenfalls in Brand geraten, als der Wind drehte. Wir ritten auf das Haus zu. Das Stroh unter den Ziegeln schwelte; stoßweise quoll der Rauch unter den Dachrinnen und aus allen Fugen zwischen den Ziegeln hervor. Gerade als wir anlangten, gaben die Balken nach, und das Dach stürzte ein.

Der Hausrat war im Hof aufgeschichtet und angezündet worden. Zuoberst lag mein Bett und brannte lichterloh. Ich konnte die Buchstaben meines Namens erkennen, den ich als Knabe ins Gestell geschnitzt hatte. Aus der uns abgewandten Seite des Feuers fraß ein Hund etwas. Der Gutsverwalter lag dort, mit eingeschlagenem Schädel, das Hirn auf das Pflaster verspritzt. Sonst war nichts Menschliches in Sicht. Wohin auch die Sklaven gerannt sein mochten, eines war sicher: wir würden sie nie wieder sehen.

Es war ein gutes Stück Land, das beste im Tal. Wir waren schon so lange hier gewesen wie die Heuschrecken; Vater und Sohn hatten die Steine aus den Feldern geworfen und mit ihnen Terrassen gebaut. Ich selbst hatte eine neue errichtet, an der Hügelseite, und dort Reben gepflanzt. Sie waren kreuz und quer darübergeritten; das junge Grün war völlig in den Boden gestampft. Ebensogut hätte ich Onkel Strymon die Freude machen können, die Reben nach *seinem* Rezept zu ziehen. Vom ganzen lebenden Inventar war kein Haar und keine Feder mehr zu sehen.

Ich hörte, wie ein Murmeln durch die Mannschaft lief, als sie einander erzählten, wessen Gut das war. Sie blickten mich mit jener feierlichen Achtung an, die man einem Menschen im Unglück entgegenbringt. Lysis kam auf mich zugeritten und legte seine Hand auf die meine: »Sie sind Diebe von Geburt auf«, sagte er, »das aber werden sie mir büßen, beim Herakles.« Ich versetzte so frohgemut wie ein Schauspieler in einem Theaterstück: »Es macht nichts, Lysis, es ist ja nicht das einzige.« Sie waren alle der Ansicht, ich habe mich sehr tapfer gehalten; in Wirklichkeit aber es so, daß ich den Verlust noch gar nicht richtig ermessen konnte. Wenn ein Eßtisch umgeworfen wird, gibt es ein großes Durcheinander; dann wird der Wein aufgewischt, ein reines Tischtuch aufgelegt, frische Tassen und Teller werden hingestellt, und alles ist wieder wie zuvor. So dachte ich mir, würde es auch hier sein, wenn ich wiederkäme.

Es bestand kein Anlaß, länger zu verweilen. Von einer Erhöhung aus sahen wir schließlich ein ganzes Dach, aus dem der Rauch aufstieg, während wir zuschauten. Lysis sagte: »Gut«, und erteilte den Befehl weiterzureiten.

Wir passierten zwei weitere eingeäscherte Bauernhöfe. Selten war mehr als nur ein Huhn entronnen. Wie Lysis gesagt hatte: Die Spartaner sind die besten Diebe der Welt. Sie ernähren ihre Kinder immer nur halb, daß sich keines den Bauch vollschlagen kann, ohne zu stehlen; sie tun das, um sie frühzeitig zu lehren, ein Vagabundenleben zu führen. Sie erhalten Prügel, wenn man sie beim Essen erwischt. Es gibt eine bekannte Geschichte, die bezeichnend ist, weil ein Knabe so hungrig ist, daß er einen Fuchs zu verspeisen beabsichtigt.

Wir überraschten die Spartaner in einem kleinen Tal zwischen Thria und Phyle. Sie hatten den Hof noch nicht niedergebrannt, denn es war bereits Abend, und sie hatten sich dort für die Nacht einquartiert. Der Kundschafter berichtete, sie hätten eben im Hof ein Feuer angezündet und seien am Essen. Sie hatten keine Infanterie bei sich, nur ein paar unbewaffnete Heloten. Einer unseres Trupps stammte aus dieser Gegend und zeigte Lysis einen schmalen Reitpfad oberhalb der Oliven, auf dem wir ihren am Fluß aufgestellten Wachtposten umgehen konnten.

Wir kamen beim Bauernhof hinaus und sprengten durch die

Geflügelställe, unser Schlachtgeschrei singend, auf sie ein. Die Spartaner flohen von ihrem Feuer, riefen nach Waffen und rannten zu den Pferden. Einige ritten wir bereits zwischen dem Feuer und ihren Vorposten nieder. Die übrigen aber, die zu ihren Pferden gelangt waren, gaben diesen die Sporen und stellten sich zum Nahkampf.

Ich hatte oft bezweifelt, ob ich im Augenblick, da es wirklich zum Kampf komme, diesen auch als solchen empfinden werde oder nur wie eine zusätzliche Fechtübung bei Demeas. Ich hätte nicht zweifeln sollen. Wie man vielleicht weiß, setzt sich die spartanische Herrenklasse nicht aus Leuten zusammen, die sich Pferd und Rüstung leisten können, sondern ist ein Vorrecht, das für Verdienste gewährt wird. Xenophon, der so oder so mit Sicherheit darauf zählen könnte, aufgenommen zu werden, sagte mir oft, was für ein ausgezeichneter Brauch das sei. Das ist er wohl wirklich, nur daß jeder Gemeine, der sich Zutritt verschaffen will, sich veranlaßt sieht, die Herren zu überwachen, und jeden Fehler, den er entdeckt, zu denunzieren; kann er seine Behauptung beweisen, bekommt er vielleicht den Posten des andern. Man kann sich vorstellen, daß ein paar Jahre unter diesem System an einem Manne ihre Spuren hinterlassen. Ich will nicht gerade behaupten, sie hätten nie gelacht, aber sie waren sehr auf der Hut, worüber sie lachten. Sie trugen ihre häßlichen Rundhelme und die scharlachrote Chlamys, auf der man das Blut nicht sieht, ihr langes Haar (geölt, gekämmt, weil sie im Kriege waren) reichte bis auf die Schulter. Ich sah einen auf mich zureiten und bedurfte keiner besonderen Erleuchtung, um zu wissen. »Der Mann wird mich töten, wenn ich ihm Zeit dazu lasse.«

Aber wie das im Krieg oft geschieht, sein Pferd wurde plötzlich durch etwas abgedrängt; und da tauchte vor mir ein anderer Mann auf, wie aus dem Erdboden gestampft, der mich anstarrte, als hätte ich ihm ein Unrecht angetan. Ich warf den Speer, wie

Lysis es mich gelehrt hatte, und er drang tief in seinen Hals. Er stürzte mit der Waffe hin. Als ich einen neuen Speer hervorziehen wollte, sah ich Lysis in einiger Entfernung kämpfen. Einen Augenblick lang blickte er sich um. Ich dachte: »Er weiß nicht, wo ich bin.« Ich stieß deshalb das Kampfgeschrei aus und stürzte mich ins Gemenge, daß er sehen konnte, was ich treibe. Wie alles endete, weiß ich nicht mehr. Es war wie bei so vielen Geplänkeln, die ich in diesem und den kommenden Jahren mitmachte. Aber ich erinnere mich, daß wir vier oder fünf von ihnen töteten, sie jedoch nur zwei der unseren, da sie überrascht wurden und zahlenmäßig unterlegen waren. Wir töteten auch einen ihrer Heloten, der sich Waffen verschafft hatte, um für sie zu kämpfen. Er war ein tapferer Mann; wäre er in Lakonia geblieben, so hätte ihn die Krypteia (ein aus spartanischen Jünglingen bestehender geheimer Polizeidienst, besonders dafür ausgebildet, die Heloten zu überwachen) ohnehin aus dem Wege geräumt.

Nachdem sich der Rest aus dem Staube gemacht hatte (denn sie waren ja nur Plünderer und hatten nicht Befehl, zu kämpfen oder zu fallen), befahl Lysis, ihre Waffen und Rüstungen zusammenzutragen und unsere Beute zu machen. So kam ich auch zu dem Mann, den ich mit meinem Speer gefällt hatte. Er lag auf dem Rücken, und der Speerschaft steckte noch immer in ihm. Ich streckte meine Hand aus und sah im selben Augenblick, daß er noch lebte. Ich erkannte das Gesicht an seinem Bart, der noch ganz weich und jung war; er mochte wenig über zwanzig Jahre alt sein. Beide Hände hatten sich in den Boden gekrallt und wühlten im Schmutz; er hatte die Zähne zusammengebissen, und die Lippen waren zurückgezogen; das Weiße seiner Augen war sichtbar, und der Rücken war zu einem Bogen gekrümmt. Er versuchte zu atmen oder wegen der Schmerzen nicht zu atmen, und ein Gurgeln entrang sich seiner Kehle. Als ich hinsah, hob er eine mit Kot bedeckte Hand von der Erde und griff nach dem Speer, wo er in seinem Halse stak. Ich hatte ihn innerhalb des Schlüsselbeins hineingejagt, wie Demeas das empfohlen hatte. Aber niemand hatte mir gesagt, was dann geschieht.

Als ich in der Abenddämmerung dastand und ihn anstarrte, bewegten sich seine Augen und sahen mir ins Gesicht. Ich dachte, wie man das oft in kurzer Zeit vermag, an vielerlei: an die Schmerzen, die er in Sparta erduldet haben mochte, erst, um ein Mann, dann, um ein Ritter zu werden, um nun so früh zu sterben. Seine Hand fiel zurück und krallte sich wieder in den Boden, und er starrte mich grinsend an: ob es Trotz gegenüber mir, Tapferkeit gegenüber dem Tod oder Krampf der Qual war, vermag ich nicht zu sagen. Jemand war neben mich getreten; ich wandte mich um und sah Lysis, der auf den Verwundeten hinabsah. Er sagte: »Zieh den Speer heraus, dann wird er sterben.«

Ich streckte die Hand aus und sah, wie die Augen des Mannes immer noch auf die meinen geheftet waren. Ich fragte mich, ob er wohl Lysis' Worte gehört habe. Meine Hand berührte den Schaft und schreckte wieder zurück. Lysis sagte: »Zieh ihn heraus.« Er hatte den Tonfall gewechselt. Er war nun der Phylarch, der einen Befehl erteilt. Ich hatte gedacht, er würde mir helfen, aber er blieb stehen und wartete.

Ich stemmte den Fuß gegen den Brustpanzer des Spartaners und zog. Ich konnte spüren, wie die Speerspitze durch die Sehnen gerissen wurde und am Knochen kratzte. Ich hörte den Atem in der Kehle des Mannes zischen, sei es ohne besondere Veranlassung, sei es beim Versuch, einen Aufschrei zu unterdrücken. Dann hustete er heftig, und das Blut spritzte aus seinem Mund auf meine Arme und Knie; dann starb er, wie Lysis mir vorhergesagt hatte. Lysis sagte nichts, nickte mir zu und ging weg. Ich nahm der Leiche die Rüstung ab und warf sie auf den Haufen; dann verzog ich mich und erbrach hinter einer Mauer. Es wurde dunkel, und ich glaube nicht, daß jemand bei meiner Rückkehr meine Blässe bemerkte. Einer fragte: »Wie viele haben wir erwischt?« Ich schaute die Leichen an; der Mann, den ich getötet hatte, war darunter; dann antwortete ich: »Fünf.«

Bald darauf kamen die spartanischen Herolde, um sie während der vorübergehenden Waffenruhe wegzutragen; und wir, die Herren des Schlachtfeldes, stellten unsere erbeuteten Waffen auf. Dann errichteten wir einen Holzstoß, um unsere eigenen Toten zu verbrennen, denn wir wußten nicht, wann wir sie hätten nach Hause bringen können. Auch das ist etwas, dessen Anblick zum erstenmal nicht leicht zu ertragen ist. Abgesehen davon, daß man das Andenken an seine Toten im Herzen bewahren soll, schaue ich bis auf den heutigen Tag in eine andere Richtung, wenn das Feuer einen Menschen verzehrt, mit dem ich noch am Mittag das Brot gebrochen habe.

Als aber alles getan, unsere Waffen aufgehäuft, unsere Wachen ausgestellt waren und wir ums Feuer saßen, um zu essen, was wir den Spartanern abgenommen hatten, überkam uns erst das Gefühl des Sieges und die Freude am Leben, nachdem der Feind geschlagen ist. Die Wachen wurden abgelöst, damit auch sie essen konnten, dann kehrten wir zurück, zogen Rüstung und Kleider aus, ölten und schabten uns in der Wärme des Feuers und sprachen vom Kampf. Jetzt rief mich Lysis zum erstenmal an seine Seite; wir legten unser Essen zusammen und teilten es, wie wir es früher immer getan. Ich wußte, was das bedeutete: er hatte mich um der Disziplin in der Schwadron willen nicht auszeichnen wollen, ehe ich mich bewährt hatte. Als ich, nach dem Langlauf, zu Füßen der Athene gestanden, um mit dem Olivenkranz geschmückt zu werden, war ich stolz gewesen; im Vergleich dazu aber schien es geringfügig.

Ich starrte ins helle Feuer, sah seinen Widerschein auf den Gesichtern und Körpern meiner Kameraden und auf dem neben mir sitzenden Lysis, und dachte: »Wenn jetzt Fremde daherkämen und ihn erblickten, nackt wie er ist, sie müßten nicht lange fragen, wer hier der Anführer sei.« Dann fiel ein erloschener Holzklotz aus dem Feuer, und es kam mir wieder in den Sinn, daß unser Gut in Trümmern lag, die Ernte zerstört, Rinder und Schafe verschwunden und die Sklaven geflohen waren, und ich dachte: »Wir sind verarmt, wir werden jahrelang arm sein, vielleicht für immer.« Da ich aber jung war und die Gegenwart mich erfüllte, zog mir all dies nur wie Bilder aus einer Geschichte durch den Kopf, und ich konnte mir nicht vorstellen, daß ich es je schwerer empfinden könnte als damals.

Wir trugen Heu und Stroh für unser Lager zusammen, und während Lysis bei den Wachen eine Kontrollrunde machte, bereitete ich auch sein Lager. Dann rollten wir uns in unsere Mäntel und lagen Seite an Seite. Wir plauderten noch ein wenig, und er versprach mir, falls das Gut seines Vaters verschont bleibe, uns nach dem Rückzug der Spartaner Sklaven und Zuchtvieh zu leihen, damit der Hof bald wieder etwas einbringe. »Sie bleiben nie länger als zwei Monate«, sagte er, »und oft nicht einmal so lange.« Dann fiel er in Schlaf, wie eine Lampe, die ausgelöscht wird. Ich war etwas steif vom Reiten und hatte noch nie zuvor auf dem nackten Erdboden geschlafen; einen Augenblick schien ich zu glauben, ich werde nie ein Auge schließen können, und im nächsten war es bereits Morgen.

Solche oder ähnliche Tage durchlebten wir in den folgenden Wochen noch viele. Manchmal konnten wir den ganzen Viehbestand eines Hofes retten, indem wir die Spartaner vom Leibe hielten, bis er weggeführt werden konnte; manchmal aber wurden wir geschlagen, und sie behielten ihre Beute. Ein Teil des Viehs wurde nach Euböa in Sicherheit gebracht, nach einem alten Kriegsbrauch der Athener. Was unser Trupp leistete, war nur ein geringfügiger Beitrag, denn das Heer von Demosthenes stand nun im Feld, und die Spartaner wurden langsam in der

Festung bei Dekeleia eingeschlossen. Sie wurden von König Agis persönlich angeführt. Da sie zwei Könige haben, sind sie freigebiger mit ihnen als andere Leute. Es handelte sich um jenen Agis, der, wie ich bereits erzählte, auf das schlimme Vorzeichen eines Erdbebens hin ein ganzes Jahr lang das Ehebett seiner jungvermählten Gattin gemieden hatte. Er führte den Krieg mit großer Erbitterung, als habe er Grund, die Athener zu hassen, doch davon später. Aber Demosthenes verstand es, seine Wünsche zu zügeln. Er konnte ihn zwar nicht aus Dekeleia selbst vertreiben, es ist eine zu starke Festung, und Agis hatte sie nur erobern können, weil sie in Zeiten des Waffenstillstandes nur leicht bemannt wird. Er hatte aber so viel geplündert, wie ein Räuber etwa von sich erwarten kann in einer Saison; es konnte, so dachten wir, nicht mehr lange dauern, bis er wieder abziehen und Demosthenes freie Hand lassen würde, nach Sizilien zu fahren. Unterdessen wurde die Arbeit unserer Grenzwache leichter, und manchmal konnten Tage vergehen, ohne daß wir zum Einsatz kamen.

Was Lysis und mich betrifft, so wird mich jeder, der schon einmal zusammen mit dem Geliebten im Felde stand, verstehen, wenn ich sage, daß wir nie so viel, aber auch nie so wenig beisammen waren. Es verging kaum eine Stunde, daß wir uns nicht gesehen hätten, denn nach dem ersten Tag ritt ich fast immer neben Lysis und kämpfte an seiner Seite, und keiner, glaube ich, beanstandete je meinen rechtmäßigen Anspruch auf diesen Platz. Da wir immer in Gegenwart anderer sprechen mußten, erfanden wir eine eigene Sprache; manchmal, wenn wir für kurze Zeit allein waren, war uns dann fast die Zunge geknebelt, wir blickten einander lächelnd an und wußten nicht, wie beginnen. Am schönsten war es, wenn ich Mitternachtswache schob; Lysis pflegte dann meinen Posten erst sehr spät zu besuchen und vor dem Schlafengehen noch mit mir in einem stillen Gespräch zu verweilen. Wenn wir aber mit der Mannschaft ritten, versuchten wir zuweilen ein Problem zu prüfen und die Wahrheit auf logischem Wege zu finden, denn, sagten wir uns, was nützte es schon, die Spartaner vom Boden Attikas zu vertreiben, wenn wir dabei selbst zu dorischen Dummköpfen verblödeten? Dann dachten wir an Sokrates und an Dinge, von denen wir nicht sprachen.

Sobald die Mannschaft bemerkt hatte, daß ich meinen Teil harter Arbeit und Nachtwache wie jeder andere auf mich nahm, stellte sie sich zu unserer Freundschaft wohlwollend ein. Zwar wurden die üblichen Scherze gemacht, doch ohne jede Bosheit. Da es auf dem Lande jetzt ruhig war, machten wir zuweilen nachts, wenn das Feuer angezündet worden war, zusammen einen Spaziergang. Einmal, als wir auf dem Grasboden fast unhörbar zurückkamen, hörten wir den jungen Gorgion, der ein loses Maul hatte, unsere Abwesenheit bewitzeln. Gleich darauf sahen sie uns im Feuerschein. Natürlich stimmten wir in ihr Gelächter ein. Als wir aber das nächstemal gingen, waren wir ein wenig befangen, da wir nun wußten, was sie sich dachten, darüber aber lieber nicht sprechen wollten, sei es aus Verschämtheit oder einem anderen Grund. Ich war nicht mehr so unerfahren im Kriege, um nicht bereits gefühlt zu haben, wie der Tod an die Schulter der Liebe rührt und spricht: »Beeile dich.«

Unser Dienst fand schließlich ein Ende, und wir wurden von einer anderen Truppe abgelöst. Das ganze Land war gerade ruhig. Unser letztes Lager schlugen wir in der Nähe des Vorgebirges Sunion auf. Ich bezweifle zwar, daß man uns, ein halbe Meile von unserem Feuer entfernt, schon hören konnte, wie das die Besatzung der Festung nachher erzählte, aber ausgelassen waren wir sicher. Ich erinnere mich, daß ein jeder der Reihe nach, an Kopf und Fersen, hochgehoben und auf die anderen geschleudert wurde, bis schließlich die halbe Mannschaft auf Lysis losging, ihn auch überwältigte und auf die anderen warf.

In der nächsten Nacht sollten wir in Sunion einquartiert werden, und der Tag gehörte uns.
Lysis und ich ritten zusammen aus, der Küste entlang: neben uns das blaue Meer und der rote, felsige Strand, überall in kleine Buchten zerklüftet. Nach einem langen Galopp hielten wir bei einer dieser Buchten die Zügel an. Beim Anblick des klaren blauen Wassers warfen wir wie im Einverständnis unsere Kleider ab. Das Wasser war erst frisch, dann warm, und wir schwammen weit in die See hinaus, bis wir Poseidons Tempel bei Sunion in den Himmel ragen sahen. Lysis war der Schnellere, da das Ringen seine Schultern und Arme gekräftigt hatte, aber er wartete auf mich, wie ich das beim Laufen auch tat. Wir legten uns aufs Wasser und ruhten aus, dann schwammen wir dem Ufer zu und versuchten, in seichten Felsentümpeln lachend mit den Händen Fische zu fangen. Als wir dann aus dem Wasser stiegen, verspürte ich einen heftigen Schmerz im Fuß und sah, daß er blutete. Ich mußte in eine zerbrochene Muschel oder Scherbe getreten sein, denn der Schnitt war glatt und tief. Lysis kniete nieder und untersuchte ihn, während ich mich auf seine Schulter stützte. »Es könnte eine Entzündung entstehen«, sagte er, »wenn du über den Strand gehst und Sand hereinkommt; das könnte dich einen Kranz kosten. Wasch die Wunde gut im Meerwasser aus, dann werde ich dich an einen Ort tragen, wo man mit dem Pferd Zugang findet.« Denn der Strand war felsig. Ich setzte mich auf einen flachen Felsblock und schwenkte den Fuß im Meerwasser. Es war klar, und das Blut löste sich darin auf wie Rauch im blauen Himmel. Ich sah dem Vorgang zu, bis Lysis mich an den Schultern berührte und sagte: »Komm.« Ich lehnte mich zurück, damit er mich aufheben könne, und schlang die Arme um seinen Hals. Aber weder trug er mich, noch ließ ich ihn los. Lautlos sprachen wir jeder des andern Namen. Eine Seemöwe schrie über uns; ein verlorener Laut und ein Zeichen, daß wir allein am Ufer waren.

Ich sprach zu meinem Herzen: »Was für eine gewaltige Macht hast du herausgefordert?« Wahrlich, die Liebe kann der Sphinx der Ägypter verglichen werden; dem Gesicht eines lächelnden Gottes und den Pranken eines Löwen. Als die Sphinx mich verwundet hatte, verspürte ich einzig den Drang, mich in ihr Dunkel zu flüchten und dort verzehrt zu werden. Ich rief meiner Seele, aber sie strömte von mir weg wie Salz, das ins Meer zurückgeschwemmt wird. Meine Seele löste sich und entfloh; die Wunde in meinem Fuß, vom Wasser geöffnet, ergoß scharlachrotes Blut über den Felsen.

Ich lag zwischen Meer und Himmel, vom Großen Jäger getroffen; die feurigen, unsterblichen Hunde von Eros, der Leine entwischt, zerrten an meinem Hals und meinen Gliedern, um die Beute einzubringen. Mir schien, meine Seele sei nun hier, wenn überhaupt irgendwo. Nichts blieb von dem, was ich war, außer der Erinnerung, daß ich Sokrates eine Gabe versprochen hatte. Er, den ich liebte, kannte meine Seele; vielleicht war sie die seine. Wir verharrten ruhig, und einer verstand den andern.

Er ließ mich los und kniete neben dem Felsen nieder, meine Wunde mit seinem Mund bedeckend, bis sie zu bluten aufhörte. Wir schwiegen, er im Wasser kniend, und ich liegend wie ein Opfertier auf dem Altarstein; der blaue Himmel brannte in meinen Augen. Nach einer Weile beugte er sich nieder, wusch das Gesicht und stand lächelnd auf. »Wenn sich die Thrazier Freundschaft schwören, mischen sie ihr Blut oder trinken es. Nun sind wir wirklich eins geworden.« Er trug mich über den Strand zu den Pferden, riß ein Stück von seiner Chlamys und verband meinen Fuß. Die Wunde heilte sauber, und nach ein paar Wochen konnte ich bereits wieder das Laufen aufnehmen.

Nicht lange darauf, als wir schon wieder in die Stadt zurückgekehrt waren, sah ich ihn zum erstenmal mit der Korintherin Drosis, als er sich beim Verlassen ihres Hauses von ihr verabschiedete. Er hatte mich schon mehrmals, bevor der Kampf begonnen hatte, mit ihr zusammen zum Essen eingeladen, damit ich sie singen höre. Ich hatte lachend abgelehnt und geantwortet, solange wir nicht zusammenträfen, brauchten wir uns alle keine Gedanken darüber zu machen, wie wir uns liebten. Man braucht nicht viel Weltkenntnis, um zu wissen, daß die Geliebte eines Mannes dessen Freund entweder zuwenig oder zuviel liebt. Der Gedanke an sie hatte mich bisher nicht beunruhigt. Aber jetzt, als ich sie sah, ganz wie ich sie mir vorgestellt hatte: ein kleines, sanftes Mädchen, das seine Hand hielt, da fühlte ich Kummer und Zorn und zog mich rasch in einen Torbogen zurück, damit er mich beim Weggehen nicht sehen sollte.

Ich machte mich auf die Suche nach Sokrates; und obgleich ich nur zuhörte und selbst nicht sprach, wurde ich bald dieser Gedanken Herr und wies sie von mir, denn ich begriff, daß Lysis und ich, sollten sie von mir Besitz ergreifen, nicht das Gute gegen das Beste, sondern gegen das Schlimmste eingetauscht hätten.

13

Als ich bei der Rückkehr in den Hof eintrat, blickte mich meine Mutter schweigend an. Ich war zu jung und gedankenlos, um zu erwägen, was sie fühlen mochte beim plötzlichen Anblick eines Mannes, der die Rüstung ihres Vaters auf dem Pferd ihres Gatten trug. Ich sprang vom Pferd und umarmte sie lachend und fragte, ob sie mich für einen Fremden gehalten habe. »Ich hielt dich für einen Krieger, und nun, da ich dich anschaue, sehe ich, daß du das auch bist.« Das machte mir Freude, denn ich wollte

nicht, daß sie glaube, die Rüstung sei in schlechte Hände gefallen. Es hatte keinen Sinn mehr, je wieder an eine Rüstung von Pistias zu denken. In den Ställen fand ich Korax, das zweite Pferd meines Vaters, auf das schlimmste vernachlässigt, Strahlfäule am einen Bein. Ungehalten rief ich den Stallknecht und beabsichtigte, ihm die Tracht Prügel zu verabreichen, die er von meinem Vater erhalten hätte (denn das Pferd war schon alt und in meinen Augen nun endgültig erledigt); da teilte mir meine Mutter mit, er sei davongelaufen. Es war jetzt überall die gleiche Geschichte auf dem Land; daß es aber auch in der Stadt so bestellt sei, war mir neu. Sie sagte mir, Tausende von Sklaven seien entflohen, und Handel und Gewerbe der halben Stadt liege lahm. Die Spartaner ließen Sklaven immer durch ihre Linien schlüpfen, um weitere zur Flucht zu ermutigen, wohl wissend, welchen Schaden sie uns damit zufügten. Es war Krieg, und wir machten dasselbe mit ihren Heloten, wenn sich Gelegenheit bot. Unterdessen war, dank ihnen, unser Wohlstand halb vernichtet. Wir hatten noch ein kleines Gut in Euböa, gutes Getreideland, das immer noch etwas einbringen konnte, und einen kleinen Grundbesitz auf Pacht in der Stadt selbst. Sobald sein Fuß ausgeheilt war, würden wir nun den alten Korax wohl verkaufen müssen. Mein Onkel Strymon kam herüber, um mich mit einem Gesicht, so lang wie seine Buchhaltungsrollen, vor Verschwendung zu warnen. Er hatte einen schweren Schlag erlitten, als ein halbes Dutzend seiner Sklaven davonlief, und fand keinen Frieden mehr, bevor er nicht alle übrigen verkauft hatte.
»Es kann nun nicht mehr lange dauern«, sagte ich zu Lysis, »bis König Agis abzieht. Er ist schon länger an der Grenze geblieben als je.« Lysis schüttelte den Kopf. »Es waren wieder Kundschafter in Dekeleia. Und nun, da er, wie du meinst, heimkehren sollte, verstärkt er die Mauern und gräbt sich ein.«
Zuerst konnte ich ihn kaum verstehen. »Was? Wie sollen wir dann etwas pflanzen und die Ernte einbringen?« – »Wozu pflan-

zen, was die Spartaner ernten werden? Wir müssen unsere Pflüge in Schwerter verwandeln.« – »Aber warum, Lysis? Die Spartaner weichen nie von ihren Gewohnheiten ab. So etwas haben sie noch nie getan.« – »Glaubst du, ein Spartaner sei klug genug, darauf zu kommen? Dazu brauchte es einen Athener. Keiner wird je von Alkibiades behaupten wollen, er habe sich seine Verköstigung nicht selbst verdient.«

Ich brauchte lange, um alles zu durchschauen, dann sagte ich: »Aber, Lysis, wenn Demosthenes hierbleiben und die Spartaner halten muß, wie soll er da nach Sizilien kommen?« Lysis lachte. Wir schritten durch die Stadt. Er trug einen sauberen Mantel und Sandalen an den Füßen, aber einen Augenblick dachte ich, wir stünden wieder im Feld. »Wie? Wie glaubst du? Er wird dorthin gelangen, mein Lieber, indem wir an seiner Stelle die Spartaner halten.«

Ich hätte es nie für möglich gehalten, daß Demosthenes segeln würde, solange die Spartaner noch in Attika standen. Demosthenes vielleicht selbst nicht. Wir hatten den Feldzug nach Sizilien begonnen, wie etwa ein wohlhabender Mann ein Haus zu bauen beginnt, dessen Kosten dann seine Mittel übersteigen. Wenn alles gutgeht, wird das Unterfangen seinen Kredit noch erhöhen. Wir hatten uns an Siege gewöhnt, Ruhm war gleichermaßen unser Kapital wie Schiffe und Silber, und aus allem hatten wir tüchtig Gewinn geschlagen.

Ein oder zwei Wochen verbrachten wir in der Festung Munychia am Piräus, im Garnisonsdienst. Für die meisten jungen Männer, die sich in Friedenszeiten dorthin begeben, nachdem sie als Epheben angeworben worden sind, ist dies gleichsam ein Vorgeschmack des Kriegerlebens; für uns war es ein Erholungslager. Aber auch so erweckt es ein eigenartiges Gefühl, an den Hellingen vorbei durch das alte Zeughaus einzumarschieren und das Gekritzel der Väter an den Wänden zu sehen, das sie zurückgelassen haben zur Zeit, da sie selbst noch Epheben

gewesen sind. Wir erhielten viel Urlaub, denn wir hatten ihn bereits verdient.
Eines Tages waren wir in der Argospalästra und sahen den übenden Jungen zu, als Lysis mich auf einen aufmerksam machte und sagte: »Der Junge dort drüben wird einmal bemerkenswert. Er ist mir schon früher aufgefallen.« – »Glaubst du?« sagte ich. »Er kommt mir ein wenig untersetzt vor.« Lysis lachte und sagte: »Nein, ich meine natürlich als Ringkämpfer.« Ich sah dem Knaben zu, dem man einen viel größeren Gegner zugewiesen hatte; oder er hatte ihn selbst ausgewählt. Er schien etwa fünfzehn Jahre alt und war über sein Alter entwickelt. Als er einen Schenkelgriff ansetzte, machte er einen Fehler und wäre beinahe geworfen worden. Trotzdem gewann er den Gang; aber Lysis sagte: »Er hat diesen Fehler schon einmal gemacht, und ich kann nicht verstehen, wie das seinem Lehrer entgangen ist. Der Junge sollte in seinem Alter nicht mit Männern ringen, so findet er nie den passenden Gegner. Tu mir einen Gefallen, Alexias. Geh ihm nach und sage ihm mit meinen besten Empfehlungen, was er falsch macht und wie er es verbessern soll. Wenn ich selbst mit ihm spreche, fällt sein Aufseher vor Schreck in Ohnmacht.« Wir scherzten noch ein wenig und lachten. Dann sagte er mir, was ich ausrichten solle. Ich folgte dem Jungen in den Ankleideraum und traf ihn beim Abschaben. Er war wirklich zu vierschrötig, um schön zu sein; als Mann aber, falls er mit Ringen fortfahren sollte, würde er überhaupt keine Proportionen mehr besitzen. Seine Augenbrauen waren buschig und überhängend, was seine Augen tief in den Höhlen liegend erscheinen ließ, aber als er mich anschaute, war ich betroffen, denn sie waren strahlend und furchtlos. Ich begrüßte ihn und richtete Lysis' Rat aus. Er hörte aufmerksam zu und sagte schließlich: »Sage bitte Lysis meinen Dank. Sag ihm, ich fühle mich sehr geehrt, daß er sich meinetwillen diese Mühe genommen, und versichere ihm, daß ich nicht vergessen werde, was er gesagt hat.« Seine Stimme

war eher dünn, verglichen mit seinem Körperbau, aber angenehm und gut durchgebildet. Er fuhr fort: »Auch dir vielen Dank, Alexias, daß du mir seine Botschaft überbracht hast; ich hatte mich bereits gefragt, ob es dir wohl im Kriege gut ergangen sei, da es ja schon so lange her ist, daß wir das Vergnügen hatten, dich zu sehen.«

Er äußerte dies zwar ganz bescheiden, aber mit einem Schliff, wie ich ihn bei einem so jungen Menschen noch nie angetroffen hatte. Noch mehr aber fiel mir auf, daß er beim Sprechen die Augen bewundernd zu meinem Gesicht aufschlug, gar nicht aufdringlich, aber mit der Selbstsicherheit eines Dreißigjährigen.

Das war freilich das erste derartige Kompliment, das ich von einem gut und gern zwei Jahre jüngeren Knaben erhielt, aber ich konnte mich weder beleidigt fühlen noch darüber lachen, denn er war offensichtlich ernst zu nehmen. Da fiel mir auf, daß seine Ohren durchstochen waren, und ich schloß daraus, daß er aus einer jener uralten Adelsfamilien stammte, von denen einige noch immer den alten Schmuck trugen, der sich in ihnen seit dem Trojanischen Krieg vererbt hatte. Er hatte die Ringe herausgenommen, weil sie ihn zweifelsohne beim Ringen störten. Aber auch wenn man einen Teil seines Selbstbewußtseins seiner hohen Herkunft zuschrieb, blieb sie noch immer bemerkenswert. Ich gestand mir ein, daß er mir überlegen war, und fragte nach seinem Namen. Er antwortete: »Aristokles, Aristons Sohn.«

All dies erzählte ich Lysis, den es belustigte. Er sagte, er habe geglaubt, er könne mich wenigstens ruhig zu einem Schuljungen schicken, ohne daß ein Rivale ihn auszustechen suche. Als ich ihm aber den Namen des Vaters dieses Jungen nannte, runzelte er die Stirn und sagte: »Nun, was die Geburt betrifft, so geht's höher nimmer. Sein Vater stammt von König Kodros ab und seine Mutter von Solon; der göttliche Same des Poseidon auf beiden Seiten. Ich glaube wirklich, wenn Attika noch ein Königreich wäre, müßte sein älterer Bruder Thronerbe sein. Aber seine Familie denkt mehr an die glorreiche Vergangenheit, als es für die Stadt gut ist. In Wirklichkeit sind sie ein Oligarchenklüngel, und dieser Junge muß ein Neffe unseres ach so trefflichen Kritias sein, der ihn wohl bereits in der Rhetorik und den politischen Künsten unterrichtet. Nun, wenigstens kann er ringen.«

Mehr sagten wir nicht, denn Kritias wurde zu einem immer unverdaulicheren Bissen. Ein junger Bursche namens Euthydemos hatte sich kürzlich Sokrates angeschlossen. Er war erst etwa sechzehn, aber lerneifrig und zu allen jenen Torheiten geneigt, denen man in diesem Alter leicht verfällt: voller Gedanken, die er verwirklichen wollte, und ohne jede Vorstellung, wie das zu bewerkstelligen sei. Ich zweifle, ob ich selbst mit ihm die nötige Geduld gehabt hätte; Sokrates aber hatte gespürt, daß der Junge, trotz aller Unsinnigkeiten, das Vortreffliche liebte, und gab sich endlose Mühe mit ihm, verspottete seine Prahlereien, zog ihn in den Mittelpunkt, wenn er schüchtern war, und ersetzte seine nebelhaften Vorstellungen durch etwas Handgreifliches. Zur Zeit, da ich ihn kennenlernte, begann er bereits einige Vorzüge an den Tag zu legen; doch darum kümmerte sich Kritias nicht.

Da dieser das Vorzügliche immer weniger schätzte, verlor er auch die Fähigkeit, es sich anzueignen. Diesmal nahm er sich kaum die Mühe, auch nur unter dem Vorwand der Anständigkeit vorzugehen oder sich auch nur den Anschein einer ehrlichen Zuneigung zu geben, ehe er sein Ansinnen stellte; und seine Grobschlächtigkeit hatte den scheuen Jungen abgestoßen. Nach diesem schlechten Anfang nahm Kritias allmählich zur Schmeichelei Zuflucht, zu einer widerlichen Zudringlichkeit und – was noch viel gefährlicher für einen solchen Jüngling war – zu Versprechungen, ihn in vornehme Kreise

einzuführen. Ich erfuhr die ganze Geschichte von Phaidon, der Kritias aus Gründen, nach denen sich zu erkundigen ich nicht für tunlich hielt, mehr haßte als irgendeiner.
Nachdem Phaidon frei geworden war, ließ er sich durch Kritias nicht von Sokrates wegdrängen. Er blieb; aber er pflegte dazustehen und auszusehen, als sei sein Gesicht eine Maske. Dionysos trägt eine solche hübsche Maske in dem Stück, in dem er König Pentheus ausschickt, damit er von den Mänaden zerrissen werde. Ich sagte: »Man sollte es Sokrates sagen. Ich kann zwar begreifen, warum es keiner getan. Es muß ihn schwer treffen, daß einer so lange in seiner Gesellschaft war und sich nun so entwickelt hat. Aber es ist besser, als wenn er getäuscht würde.« »Ja«, sagte Phaidon. »Das dachte ich auch.« – »Du hast es ihm gesagt? Was antwortete er.?« – »Er sagte, er habe mit Kritias bereits gesprochen. Er hat ihn offenbar gefragt, weshalb er wie ein Bettler vor einen hintrete, in dessen Augen er doch glänzen wolle, und zwar als Bettler nicht um Edles, sondern um Gemeines.«
Es erstaunte mich, daß Kritias Euthydemos in der Gegenwart Sokrates' überhaupt noch anzublicken wagte. Und das tat er auch tatsächlich nur selten. Da ich aber selbst unter ihm gelitten hatte, brauchte ich nicht lange, um zu merken, was sich abspielte. Der Vater des Jungen hatte Vertrauen in Sokrates und ließ seinen Sohn ohne Begleiter zu ihm. Euthydemos aber schämte sich, etwas zu sagen, so, wie es auch mir ergangen war.
Kurz darauf fügte es der Zufall, daß aus unserem Kreise mehr als gewöhnlich aus dem Kriege zurückkehrten. Xenophon war soeben mit seiner Truppe heimgekehrt und sah aus, als hätte er jahrelang im Felde gestanden. Einige von seinen Leuten waren vor kurzem abgeschnitten worden, und der zweite Offizier war gefallen; Xenophon war ihm nachgerückt und hatte sich so gut bewährt, daß der Hipparch ihn in seinem neuen Rang bestätigte. Er muß der jüngste stellvertretende Offizier der ganzen Grenz-

wacht gewesen sein. Phaidon war auch da. Agathon, der irgendwo mit den Hopliten im Handgemenge gewesen war, rückte in Wohlgerüche gehüllt an, die, wie er sagte, den Lagergeruch vertreiben sollten. Er war mit Pausanias gekommen, Lysis mit mir, und Kritias war Euthydemos gefolgt. Zur Zeit, von der ich spreche, unterhielt sich Sokrates mit Xenophon über dessen Beförderung; mittendrin wich Euthydemos plötzlich zur Seite, von Kritias in eine Ecke gedrängt. Sokrates brach mitten im Satz ab.

Eine ungewöhnliche Pause trat ein, bedingt durch die Unschlüssigkeit derer, welche die Ursache kannten, und durch die Überraschung der übrigen. Ich sah, wie sich Phaidons Maske auflöste und sein wahres Gesicht, mit leicht geteilten Lippen, durchzuscheinen begann. Euthydemos, der arme Junge, der wohl schon lange etwas Derartiges befürchtet hatte, sah aus, als wolle er vor Scham auf der Stelle sterben; aber wir alle richteten unsere Aufmerksamkeit auf etwas ganz anderes. Es hatte sich plötzlich mitten in unserer Gesellschaft ein leerer Raum gebildet, in dem sich Sokrates und Kritias anstarrten. Ich hatte oft gesehen, wenn Sokrates vorgab, zornig zu sein: er sah dann sehr drollig aus, halb komisch, halb schreckeinflößend. Aber ich hatte ihn noch nie zuvor wirklich erzürnt gesehen, und das war nun nicht zum Lachen. Trotz aller geistigen Kraft, die er ausstrahlte, lag auch etwas von einem stämmigen alten Steinmetzen in ihm, der in seinem Hofe wettert. Hätte er einen Holzhammer aufgehoben und Kritias an den Kopf geschleudert, ich würde mich erst später darüber gewundert haben. Aber er sagte: »Hat dich das Schweinefieber gepackt, Kritias, daß du dich an Euthydemos scheuerst wie eine Sau an einem Stein?«

Man kann sich das nun eintretende Schweigen vorstellen, wenn man bedenkt, daß Sokrates selbst den Jüngsten unter uns nie in Gegenwart anderer getadelt hatte. Kritias war mit Abstand der Älteste in unserem Kreise, der Einflußreichste, der Reichste und

der Vornehmste von Geburt. Wenn Zeus persönlich gedonnert und ihn vor unsere Füße hingeschleudert hätte, ich glaube kaum, daß wir jüngeren Männer seine Leiche mit heiligerem Grauen angeblickt hätten als jetzt sein Gesicht.
Er war um den Mund gelb geworden und wirkte mit einemmal magerer. Aber es waren vor allem seine Augen, die mich fesselten. Er war krank vor Wut, doch bediente er sich ihrer als eines Werkzeugs seines Willens. Ich sagte mir: »Er versucht, Sokrates Angst einzujagen.« Der Mann in mir war empört, und der Knabe in mir gaffte das Schauspiel an, als stünde ein Haus in Flammen. Ich schaute auf Sokrates. Sein Gesicht war noch immer rot vor Zorn, aber die Empörung hatte sich bereits gelegt. Er stand wie ein Fels, und ein Schauer strich durch meine Haare; aber nicht einer, wie ihn die Furcht auslöst; und ich konnte ihn erst viel später verstehen, als ich ihn eines Tages im Theater wieder verspürte; auch dort erhob sich ein tapferer Mann gegen die Unerbittlichkeit des Schicksals.
Einer, glaube ich, fühlte all das noch deutlicher als ich, denn plötzlich stieß Agathon ein verrücktes Lachen aus und bedeckte dann rasch den Mund mit der Hand. Die Augen Kritias' weiteten und verengten sich wieder; dann machte er plötzlich kehrt und verschwand.
»Sag mir, Xenophon, nun, da du selbst Offizier bist ...« Ich glaube, Sokrates war der einzige unserer Gesellschaft, der sich erinnerte, worüber wir vorher gesprochen hatten; selbst Xenophon stammelte ein wenig, ehe er den Faden wiederaufnahm, aber er faßte sich gleich und fuhr mit dem Gespräch so kühl fort, als gelte es einen Marsch durch Feindesland, bis auch die anderen wieder in der Lage waren, sich zu beteiligen.
Später gingen Lysis und ich ziemlich schweigsam weg. Schließlich sagte ich: »Lysis, Kritias würde ihn getötet haben, hätte er es gekonnt. Ich sah seine Augen.« – »Es war nicht erfreulich«, antwortete er. Diese Redensart gebrauchte er, um mit Worten

abzutun, was ihn innerlich beschäftigte. »Laß dich aber nicht zu sehr beeindrucken; wir leben in einer gesitteten Stadt, Sokrates mischt sich nicht in die Politik ein und lehrt unentgeltlich. Und nur so weit reicht Kritias' Macht. Wir sind ihn gut losgeworden.«
Ich war an diesem Abend eben nach Hause gekommen und im Begriffe, mich umzukleiden, als Phaidon mich besuchte, was er unaufgefordert noch nie getan hatte. Er stand im Hof und sagte: »Komm mit mir spazieren.« Ich wollte ihn zum Essen einladen, dann schaute ich näher hin und schritt neben ihm in den Abend hinaus. Er führte mich sehr rasch zur Pnyx und stieg hinauf. Außer ein paar Liebespärchen und spielenden Kindern war niemand auf dem Hügel. Wir saßen auf der Plattform der öffentlichen Rednertribüne und schauten zur Akropolis hinüber. Die Säulen hoben sich schwarz von einem blaßgrünen Himmel ab, und die Lampen brannten gelb in den Altären. Ein Geruch von Tau auf Staub und zerstampften Blättern lag in der Luft; die Fledermäuse und Heuschrecken kamen hervor. Phaidon, der den Hügel wie ein Leopard an einer Leine hinaufgestiegen war, saß da, das Kinn in die Hand gestützt. Er muß alt werden, dachte ich, ehe man ihn so bedauert wie andere Menschen, wenn sie leiden. Man hatte den Eindruck, ein Meisterwerk zu bewundern, wie es nur in den späten Jahren der Abgeklärtheit geschaffen werden kann. Schließlich sagte ich: »Tiere müssen schweigend verbluten, dem Menschen aber haben die Götter die Sprache verliehen.«
Er lächelte mir zu wie einem Kind, das einen am Kleide zupft. Dann begann er: »Hast du dich je gefragt, weshalb ich Kritias hasse?« – »Nein, Phaidon, das könnte ich nicht behaupten.« Er nickte. »Du hast nicht so ganz unrecht. Ich war noch ein Anfänger bei Gurgos in der ersten Zeit und grün genug, um ihm zu zeigen, daß ich ihn nicht mochte. Ich erwartete sogar, er werde sich darüber beschweren.« Er lächelte ein klein wenig. Ich kreuzte die Arme über der Brust; mir wurde kühl. »Die meisten

Leute verlangen eine Entschädigung für Unterricht, aber Kritias bezahlte für das Vorrecht, mich lehren zu dürfen. Ich gewöhnte mich an sein Klopfzeichen ... Wie Sokrates kürzlich sagte: was wir einmal gelernt haben, kann uns nie mehr genommen werden.«

Es kam mir noch rechtzeitig in den Sinn, daß man ihn nicht berühren durfte, ohne daß er wegrückte. Ich wartete. Im fahlen Licht schien er eine Silberkappe zu tragen, seine dunklen Augen waren alt und strahlend wie die Augen der Schlange Apolls.

»Ich kam zuerst zu Sokrates«, fuhr er fort, »wegen seiner negativen Methode. Es machte mir Spaß, ihm zuzusehen, wie er die sicheren Überzeugungen der Dummköpfe ins Wanken brachte. Da ist ein Mann, dachte ich, der die Wahrheit nicht zähmen will, sondern ihr selbst in die Einöde folgt. Deshalb folgte ich ihm meinerseits, und er führte mich, wohin ich gar nicht zu gehen beabsichtigt hatte. Es entsetzt mich nicht, wenn er Begriffsbestimmungen niederreißt und nichts an seinem Ort beläßt. Gerechtigkeit, Heiligkeit, Wahrheit ... wenn man auch nicht definiert, man hat wenigstens die Beweisführung. Nun, von heute an darf ich wohl behaupten, sein bedeutendster Schüler im Studium des verneinenden Gegenbeweises zu sein. Ich habe meine Rivalen hinter mir gelassen ... Kritias und Alkibiades.«

Ich schwieg und versuchte, ihm nicht böse zu sein, daß er mich nun auch in den Teufelskreis seiner Leiden hineingezogen hatte. Da wandte er sich wieder an mich: »Du denkst immer noch mit dem Bauch, Alexias. Laß dich von Lysis nicht weich machen. Er ist in dich verliebt und zu harmlos, um zu wissen, was er tut. Würdest du aus einer Schlacht fliehen, so stürbe er vor Scham. Denk mit deinem Kopf, auch wenn es dich schmerzt. Wenn ein Mann der Fesseln des Dogmas und der Konvention ledig ist, wohin wendet er dann seine Schritte? Zu dem, was er haßt oder zu dem, was er liebt? Sag, glaubst du, daß viele Leute Lysis hassen?« – »Lysis? Ich glaube nicht, daß man ihn hassen kann.« – »Das glaubt auch Sokrates von der Weisheit und von Gott, in die er verliebt ist. Deshalb ließ er die Türe des Käfigs unverschlossen und ließ Alkibiades frei. Und nun läuft auch Kritias durch die Berge wie ein Wolf, der zwischen sich und seinem Willen kein Hindernis kennt. Seit langem habe ich zugeschaut, wie Kritias sich loslöste, von der Seele, wenn du willst, oder was es auch immer sei, das den Menschen auf zwei statt auf vier Beinen gehen heißt. Ich bin ihm Schritt für Schritt gefolgt, denn sein Verstand ist ein Spiegel, der dem meinen entgegengehalten wird, bis zum äußersten Rande seiner Schlußfolgerungen. Der echte Lehrer, sagt man, besitze die Gabe, einen Menschen sich selber zuzuführen: Bei Gurgos lag ich einst wach und erwog, wie man ihn töten könnte. Aber es war bereits zu spät.«

14

Bald darauf zogen wir wieder in den Krieg. König Agis führte den Oberbefehl in Dekeleia und sorgte dafür, daß die seine Spartaner ablösenden Thebaner nicht müßiggingen. Sie machten uns aber weniger zu schaffen, teils weil sie ein wenig langsam waren (wenn auch nicht so langsam, wie die Humoristen vorgeben), und teils, weil wir während des Waffenstillstandes beieinander aus und ein gegangen waren, bis wir uns eher als Nachbarn denn als Feinde kannten. Ich erinnerte mich besonders an zwei, die wir schwerverwundet auffanden. Der eine hätte fliehen können, kehrte aber um, als er den andern fallen sah. Am folgenden Tage lieferten wir sie durch die Herolde aus, denn es mochte wohl lange dauern, bis sie wieder kampftüchtig waren, und es ist immer unerfreulich, hilflose Männer ins Jenseits zu befördern, besonders wenn sie sich zuvor tapfer gezeigt haben. Ich brachte ihnen nachts zu essen und zu trinken und fragte, ob sie sich liebten. Sie bejahten und erzählten, es sei Sitte in ihrer Stadt, daß Liebende am Grabe von Iolaos, dem Geliebten des Herakles, ein Gelübde ablegten. Hernach kämpften sie immer gemeinsam in der Schlacht und würden an die Front geschickt, um diese zu halten, denn von ihnen könne man eher als von allen anderen erwarten, daß sie den Tod der Schande vorzögen. »Eines Tages«, erzählte der Jüngere, »wird man aus uns ein Regiment bilden, und dann werden wir die Welt erobern.« Und er wandte sich zu seinem Freund, der ihn anblickte und lächelte, obschon er noch ganz schwach von seiner Wunde war. Gerne hätte ich noch länger mit ihnen gesprochen, aber sie litten Schmerzen, und so ließ ich sie in Ruhe.

Demosthenes fuhr im Frühsommer nach Sizilien. Die Flotte lief unauffällig aus, ohne Schaugepränge, abgesehen von Opfern und Trankspenden für die Götter. Lysis und ich saßen zu Pferd auf einem Hügel. Von unseren Truppen umgeben, sahen wir zu, wie die Segel auf dem Meer immer kleiner und kleiner wurden. Wir sahen einander in die Augen und lächelten, dann drehte er sich um und rief: »Ein Hoch auf unsere Väter, und viel Glück für Demosthenes!« Wir stimmten alle ein und waren stolz, daß bei der Rückkehr des siegreichen Heeres keiner sagen könne, wir seien zu Hause bei den Weibern gesessen.

Wir brauchten diesen Stolz in den folgenden Monaten. Ich war stark und in der Blüte meiner Jugend, doch damals lernte ich die Müdigkeit kennen wie seither kaum einmal. Der Rest der Ernte reifte in den Bauerngütern. Wir verfügten einzig über die Reiterei, um sie einzubringen. Das ganze übriggebliebene Fußvolk mußte die Stadtmauern besetzen, so nahe waren die Eindringlinge gekommen. Tagsüber standen die Bürger schichtweise Wache, man konnte die Männer ihre Berufsarbeit in der Rüstung verrichten sehen; ebenfalls ihre Einkäufe auf dem Markt. Während der Nacht schlief jeder taugliche Mann auf den Musterungsplätzen bei den Tempeln, damit Agis uns nicht überraschen könne.

Die Reiterei war auf dem Anakeion in Stellung gegangen; wir sahen das Gespann der Zwillinge im Nachthimmel leuchten, und mehr als einmal stand ich an jener Mauer Wache, wo ich in meinem fünfzehnten Jahr mit meinem Vater zusammen gestanden war. Die Morgendämmerung rötete dann den Himmel, und wir warteten auf den Trompetenstoß, der nie lange auf sich warten ließ; dann pflegten wir unsere müden Pferde zu holen, ihre vom gestrigen Ritt noch lahmen und steifen Beine zu reiben, und machten uns wieder auf. Doch oft schliefen wir nachts in den Hügeln unter dem nächstbesten Obdach.

Zuweilen, wenn die Nacht kühl war oder Regen fiel und wir vom Reiten oder unseren Wunden Schmerzen hatten, rückten Lysis und ich nahe zusammen, um uns ein wenig Wärme zu geben, aber wir teilten nie denselben Mantel, denn tut man das im Winter, so macht man es auch im Frühling. Wenn ich an diese Tage zurückdenke, so weiß ich kaum, was uns die Durchsetzungskraft verlieh; wir hatten keine Zeit, uns der Philosophie zu widmen oder auszuruhen oder den Göttern zu huldigen, außer wenn die Schwadron sich zur Morgen- oder Nachtandacht versammelte; und es war wohl mehr als alles andere die Müdigkeit, die es uns ertragen ließ. Doch manchmal, während der Nachtwache, wenn die Milchstraße ihre Schrift über einem mondlosen Himmel entrollte, ahnte ich unser Ziel und wohin uns Sokrates führen wollte. Als Lysis mich verlassen hatte und sich schlafen legte, konnte ich fühlen, wie meine Seele die Liebe erklomm wie einen Berg, an dessen Fuß sich weite Abhänge ausbreiten, mit Felsen und Flüssen und Wäldern und Feldern aller Art; zuoberst jedoch befindet sich ein Gipfel, zu dem alle Pfade hinführen, und über ihm ist der blaue Äther, in dem die Welt schwimmt, wie ein Fisch im Meer, und wo die beschwingte Seele frei dahinfliegt. Wenn ich von dort zurückkehrte, gab es für mich für einige Zeit nichts in der Schöpfung, das ich nicht lieben konnte: den Kameraden, mit dem ich tagsüber zornig gewesen, die Spartaner, die in Dekeleia saßen; selbst Kritias tat mir leid, und ich konnte verstehen, weshalb ihn Sokrates nicht schon früher fortgeschickt hatte. Und doch war ich nicht etwa schläfrig oder in Träume verloren, sondern sah die Nacht klar wie einen Kristall funkeln und nahm jedes Kaninchen wahr, das sich regte, oder die lautlose Eule.

Gegen Ende des Sommers erhielten wir Nachricht aus Sizilien; um es kurz zu machen, zitiere ich den Brief meines Vaters, der damals eintraf. Ich hatte ihm mit einem von Demosthenes' Schiffen einen Brief zukommen lassen. Nach einigen Anweisungen über den Wiederaufbau unseres Gutes schrieb er: »Deiner Wahl eines Freundes stimme ich zu; er ist ein junger Mann von gutem Ruf, dessen Vater ich auch kenne. Folge seinen Ratschlägen für deine Person und im Felde, damit euere Gemeinschaft vor Göttern und Menschen in Ehre bestehe. Was den Krieg anbetrifft, so kann ich leider deine Nachrichten nicht mit besseren beantworten. Empfange die meinen wie ein Mann. Nikias hat durch vorsätzliche Unentschlossenheit den Sieg aus den Händen gegeben, Demosthenes, ein guter Mann ohne Glück, setzte alles auf eine Karte und verlor. Er weiß, daß das Spiel aus ist, und will uns mit dem, was noch zu retten ist, wieder nach Hause schaffen. Nikias aber zaudert, wartet auf Vorzeichen oder einen Demokraten, der ihm die Tore von Syrakus öffnen soll, oder auf die Einmischung eines Gottes; doch Syrakus ist nicht Troja. Meiner Ansicht nach hat er Angst, den Athenern als geschlagener Mann gegenüberzutreten. Demosthenes aber ist ein Mann, der das Notwendige tun möchte. Harre aus, bis wir zurückkommen, wir wollen gemeinsam Attika wieder säubern.«

Halb war ich auf diese Nachricht gefaßt gewesen, denn sie traf mit großer Verspätung ein, und Siegesmeldungen haben immer schnelle Beine. Ich glaube nicht, daß das irgendwo großes Erstaunen auslöste. Die Leute sahen ziemlich mürrisch aus, aber man konnte überall hören: »Wenn das Heer wieder zu Hause ist …« Wir dachten an unsere Bauernhöfe; wir hatten König Agis lange genug als dunkle Wolke am Horizont gesehen. Er war es indessen, der uns einen ermüdenden Abend auf dem Anakeion erträglicher machte. Eben hatte ich am Feuer meine Rüstung geglänzt; wir hatten gegessen, waren aber nur halbwegs satt, denn die Rationen waren karg, da der Nachschub auf dem Seeweg geliefert werden mußte. Xenophon hatte sein eigenes Feuer verlassen und sich zu uns gesetzt; ich teilte die Ölflasche mit ihm, und wir verglichen unsere Wunden. In der Palästra konnte man einen Reiter stets daran erkennen, daß seine Arme und Schenkel überall dort Narben zeigen, wo er vom Panzer nicht geschützt wird. Xenophon versuchte mir eine Erfindung zu erläutern, die er gemacht hatte: einen langen Lederschutz für den linken Arm und die linke Hand, der die Zügel nicht so behinderte wie ein Schild. Plötzlich ertönte ein gewaltiges Gelächter von einem anderen Wachtfeuer her. Dann griff es auf das nächste über, als würde ein brennendes Holzscheit weitergegeben, um das Feuer zu entfachen. Wir erhoben uns, um unsere Neugierde zu befriedigen, als Gorgion mit der Erklärung zu uns kam. Er lachte so sehr, daß er beinahe ins Feuer gefallen wäre.

Als er wieder sprechen konnte, sagte er: »Möchtet ihr die Wahrheit über König Agis erfahren? Vielleicht habt ihr geglaubt, er bleibe hier, weil er uns hasse und uns Schaden zufügen wolle; zu Unrecht, Freunde. König Agis bleibt aus Familienrücksichten hier und ist mit uns durch – man könnte fast sagen – die heiligsten Bande verknüpft. Wie stolz muß er sein, daß er dem Vorzeichen gehorchte und sein neuvermähltes Weib unbe-

rührt zurückließ. Hätte er das nicht getan, so wäre er höchstens Vater eines Spartaners statt eines Atheners geworden.«
»Eines Atheners?« fragte ich und wagte nicht zu glauben, was ich voraussah, bis ich mich an das Gelächter erinnerte. »Erzähl mir doch nicht, Alkibiades habe die ganze Zeit für ihn sein Bett warm gehalten?« – »Niemand hat es benützt. Als er zweimal täglich im Eurotas schwimmen war, pflegte er jeweilen zu frösteln. Nun wissen wir, warum er sich nie erkältet hat.«
Vor ein paar Jahren, als ich in Xenophons Haus bei Olympia zu Gast war, kam mir in unserem Gespräch zufällig dieser Vorfall wieder in den Sinn. Er sagte, er habe es immer als höchst anstößig empfunden, wenn die Würde eines verdienstvollen Mannes herabgesetzt werde, und er könne sich keinen vorstellen, der daran etwas Erheiterndes finde. Die Erinnerungen der Menschen weichen nach so langer Zeit voneinander ab, mir scheint aber, er habe damals ebenso laut gelacht wie ich.
»Nun«, versetzte ich, »jedenfalls hat er nun den Eurotas für sich selbst erwärmt. Er muß wohl lichterloh brennen.« – »Ja, wahrhaftig. Denn die Spartaner Frauen, die das Vorrecht haben, jeden zu denunzieren, der seinen Schild fallen läßt, sind nicht so schüchtern wie die unsern; sie sehen keinen Ruhm darin, wenn *nicht* über sie geklatscht wird. Als Alkibiades ihr einen Knaben schenkte, prahlte sie damit überall.« – »Sage uns«, fragte Lysis, »wie bewies er denn seine Unschuld?« – »Das Kind soll ihm zwar wie aus dem Gesicht geschnitten sein. Aber er meisterte die Lage mit der ihm eigenen Anmut. Er lehrte sie, wie sie Agis zum Narren halten könne. Wer ihn befragte, erhielt zur Antwort, er sei noch nie die hilflose Beute von Aphrodite gewesen. Einzig edler Ehrgeiz habe ihn dazu bewogen. Er habe nur ein neues Königsgeschlecht gründen wollen.« Wir rangen nach Atem und wischten uns die Tränen aus den Augen. Einer sagte: »Man mag sagen, was man will, aber einen Alkibiades gibt es nicht wieder.« So lachten wir und teilten den Rest unseres

Weines, erzählten einander noch ein paar schlüpfrige Witze und legten uns dann schlafen. Zweifelsohne erinnere ich mich noch so gut an diese Nacht, weil es bald darauf mit dem Lachen in der Stadt vorbei war.

13

Als wir die Spartaner in der Nähe von Marathon aus einem Bauerngut vertrieben, strauchelte Phoenix und warf mich ab. Wäre Lysis nicht gewesen, hätte man mich am Boden mit dem Speer erstochen, doch so brach ich nur das Schlüsselbein und mußte auf dem Gute liegen bleiben. Wegen des stark lahmenden Phoenix war ich aber so besorgt, daß ich jeden Tag aufzustehen pflegte, um nach ihm zu sehen; zudem war der Bauer alt; nicht aber seine Frau. Wie Sokrates verlangte sie kein Geld für ihren Unterricht; aber sie nahm den Verband ab, mit dem Lysis meine Schultern zurückgebunden hatte, weil er mir lästig fiel. Ein paar Tage später kam er zurück, um nachzusehen, wie es mir gehe, sonst wäre ich bis zum heutigen Tage verkrüppelt geblieben. Man mußte mich in die Stadt überführen und den Knochen nochmals neu richten.

Er war selbst kampfunfähig, da er einen Stich in den Arm abgekriegt hatte, als er mir die Spartaner vom Leibe hielt. Damals hatte er ihm keine Bedeutung zugemessen, jetzt aber war die Wunde bös vereitert und mußte jeden Tag frisch verbunden werden. Die meisten Verletzungen heilten langsamer als früher, denn die Ernährung war schlecht, und wir waren übermüdet. Es war dies das erstemal, daß Lysis und ich gleichzeitig verwundet wurden, und wir sahen darin gemeinsame Ferien.

Eines Tages spazierten wir durch die Agora, beide noch ein wenig schwach und krank; Lysis fieberte wegen seiner Wunde, und auch ich war noch nicht lange wieder auf den Beinen. Von der anderen Seite hörten wir einen großen Lärm und gingen nachsehen, doch ohne Eile, da wir noch Schmerzen hatten, wenn man uns im Gedränge herumstieß. Der Zufall wollte es jedoch, daß der Mann, der den Aufruhr veranlaßt hatte, geradewegs auf uns zukam und den Lärm mit sich brachte. Er war Metöke, ein Phrygier, und hatte eine Barbierschürze umgebunden. Er verwarf die Hände, rief die Götter als Zeugen an und verlangte, vor die Archonten gebracht zu werden.
Sein Aussehen ist mir noch frisch in Erinnerung geblieben: klein, aalglatt, dickbäuchig, mit einem Rubin im Ohr und schwarzem Krausebart als äußerem Zeichen seiner Kunst. Da er schon eine beträchtliche Strecke gelaufen sein mußte, schwitzte er wie ein Schwein, und das Wasser troff von seinem Haar in den Bart. Er sah aus wie ein kleiner Komödiant, der einen Lacherfolg bucht, indem er vorgibt, sich aus Furcht die Hosen voll gemacht zu haben. Hier aber lachte niemand, es sei denn die Götter, die über den Wolken thronten. Sie sagten sich vielleicht: »Wir haben euch Perikles als Berater geschickt, war diese Würde nicht genug für eure Stadt? Wir haben euch Vorzeichen und Wunder und die Zeichen in den Sternen geschickt, und in euren Straßen wurden als Warnungszeichen die Götterbilder verstümmelt; aber ihr Athener wußtet es besser. Ihr möchtet auf Purpur wandeln, ihr möchtet größer sein als die Notwendigkeit und das Schicksal. Wohlan denn, so empfanget denn dies.«
Er kam außer Atem auf uns zugerannt, von Lärm umgeben, als hätte er einen Kunden beim Rasieren geschnitten oder ihn übervorteilt. Als er uns sah, löste er sich von seinen brüllenden Verfolgern und keuchte: »O, mein Herr, ich kann sehen, daß du ein Mann von Rang und ein Krieger bist, sprich mit ihnen, Herr; die Stadt hat mir während sieben Jahren erlaubt,

meinen Lebensunterhalt hier zu verdienen, und was könnte ich für ein Interesse daran haben, an einem so arbeitsreichen Morgen, wo doch eben ein Schiff eingelaufen ist, meine Bude zu verlassen und eine solche Geschichte zu erfinden? Ich schwöre dir, Herr, der Mann verließ mich vor kaum einer Stunde, und ich eilte direkt hierher, die Götter sind meine Zeugen. Helft mir, Herr, du und dein Freund, der edle Jüngling, und führt mich vor die Archonten, denn die Leute nehmen sich Freiheiten heraus, Herr, mit einem Fremdling, obschon ich doch sieben Jahre …«

Lysis wandte sich an die Leute und sagte, sie sollten den Mann dem Gesetz überlassen, gleichgültig, was er auch gesagt habe, doch sei jeder eingeladen, der Rechtsprechung beizuwohnen. Da beruhigten sie sich ein wenig, bis ein alter Mann in einem Lederwams, wohl ein Waffenschmied, rief: »Und wie vielen wird er das noch unterwegs erzählen? Stopft ihm das Maul mit Pech zu, sag ich. Für dich mag's angehn, Sohn des Demokrates, deine Ruhe zu bewahren, ich aber habe drei Söhne im Heer, drei Söhne, und wie viele werden gleich mir heute nacht kein Auge schließen können wegen dieser Lügengeschichte? Nur um sich einen Tag lang wichtig zu machen und seine Stinkbude zu rühmen, dieser fremde Schweinepriester!«

Das entfesselte den Lärm von neuem, schlimmer noch als zuvor. Der kleine Mann rannte zwischen Lysis und mich wie ein Küchlein unter die Fittiche der Glucke, und wir waren gezwungen, mit ihm zu gehen, wohin er wollte. Er schnatterte uns die Ohren voll, und die Menge brüllte hinter uns her, rief noch andere herbei, die ihrerseits zu brüllen begannen und sich dem Gedränge anschlossen. Und der Barbier sprudelte und keuchte seine Geschichte hervor und nannte dazwischen die Namen von Gönnern, die für ihn ein Wort einlegen würden, dann brach er wieder ab, um uns einen kostenlosen Haar- oder Bartschnitt zu versprechen. Solcher Art war der Bote, den die Götter den Athenern schickten, um ihnen mitzuteilen, daß ihr Heer in Sizilien vom Erdboden vertilgt sei.

Er besaß einen Laden im Piräus, bei der Werft, wo die Kauffahrer aus Italien anlegen. Die Kolonisten pflegten nach der Landung zu ihm zu gehen, um sich nach der Reise zu verschönern. Ein Schiff war eingelaufen, und einer der Reisenden hatte sich auf die Bank gesetzt, um zu warten, bis er an die Reihe käme. Er kam mit seinem Nebenmann ins Gespräch und sagte: »Als ich zum letztenmal in eure Stadt kam, war es eine festliche Zeit: Kränze auf den Straßen, Fackeln in der Nacht, und der Wein floß reichlich. Jetzt aber fürchte ich es fast, die Freunde, die ich damals gewann, zu besuchen, denn was soll man Leuten in solchem Unglück sagen? Ich habe diesen Krieg schon immer für einen Fehler gehalten, denn ich verstehe etwas von Sizilien, weil ich selbst in Rhegium wohne, ich zweifelte, ob die Athener viel erreichen würden, aber, beim Herakles, hätte mir damals einer gesagt, daß sie alles verlieren würden, zwei große Armeen, zwei Schiffsflotten, und daß der gute Nikias und der tapfere Demosthenes beide einen elenden Diebestod sterben müßten … und doch, was sind sie neben so vielen tapferen Helden, die alle hingemetzelt oder, noch schlimmer, versklavt worden sind …« Da unterbrachen ihn die Leute im Laden mit einem Schrei und fragten, was er damit sagen wolle, er aber blickte sich erstaunt um und sagte: »Ja, habt ihr denn die Nachricht noch nicht erhalten? Hat es noch keiner gehört? Ganz Italien spricht von nichts anderem.« Da hatte der Barbier sein Rasierzeug hingeschmissen und war den ganzen Weg vom Piräus hierher gerannt, und da stand er nun. Lysis und ich schenkten ihm nicht mehr Glauben als die übrigen.

Wir geleiteten ihn sicher zum Prytaneion, denn es ist nicht gut, daß die dem Gesetz unterstellten Hellenen auf bloßes Hörensagen hin Strafen auf der Straße vollziehen. Wir lieferten ihn dort ab und gingen unseres Weges. Ich sah, wie sich Lysis' Wangen den Backenknochen entlang röteten und seine Augen vom Fieber flackerten. »Du bist zu lange gegangen«, sagte ich. – »Nein, es ist nichts, nur meine Wunde hat sich erhitzt.« Ich veranlaßte ihn, nach Hause zu gehen und die Wunde mit dem vom Arzt verschriebenen Aufguß zu behandeln, wand heiße Tücher aus und verband ihn frisch. Während dieser Arbeit begann meine Schulter wieder zu schmerzen, mehr als seit geraumer Zeit. Die ganze Zeit über sprachen wir darüber, daß man im Falle des Barbiers ein Exempel statuieren sollte, weil er die Stadt mit falschen Nachrichten in Unruhe versetzt habe. Und doch war es, als wüßten unsere Körper die Wahrheit.

Die Archonten verfuhren streng mit dem Barbier. Gerüchte gären wie Sauerteig, und er konnte nicht einmal den Namen seines Gewährsmannes nennen noch angeben, wohin der Mann gegangen sei. Da er kein Stadtbürger war, wurde er schließlich gefoltert. Da man aber auch damit nichts Vernünftiges aus ihm herausbrachte, hielt man ihn für genügend bestraft und ließ ihn laufen. Etwa neun Tage später lief ein zweites Schiff aus Italien ein; die Männer, die es brachte, stiegen nicht erst beim Barbier ab, obschon sie es nötig gehabt hätten. Es waren Flüchtlinge des sizilischen Heeres, die ihre Schilde weggeworfen und sich in die Wälder geflüchtet hatten. Nun wußten wir, daß der Barbier uns im Vergleich zur Wirklichkeit einen sogar schonungsvollen Bericht erstattet hatte.

Als Demosthenes zum Heere stieß, gebärdete er sich wie ein Mann, der nach langer Abwesenheit einen Freund besucht und dessen Familie ihm sagt: »Er kränkelte im vergangenen Jahr«, während sein unbefangenes Auge bereits den Tod hinter dem Krankenstuhl lauern sieht. Die Syrakuser hatten beide Halbinseln und die Anhöhen oberhalb des Hafens besetzt; er hatte einen kühnen Plan gewählt und die Höhen angegriffen. Eine Zeitlang wogte der Kampf unentschieden hin und her, aber die Dunkelheit kämpft immer auf der Seite des Mannes, der das

Land besser kennt. Nikias würde auch jetzt noch gezaudert haben, da er sein ehrenvolles Leben sich einem schmählichen Ende zuneigen sah; Demosthenes aber, der einen gesunden Körper und eine edle Gesinnung besaß, beschämte ihn so, daß er sich entscheiden mußte. Er willigte in den Rückzug ein. Vorsichtig und streng geheim wurden alle Vorbereitungen getroffen; die Syrakuser erfuhren kein Wort davon; man wartete nur noch auf eine finstere Nacht, um die Schiffe rasch auslaufen lassen zu können. Aber es war gerade der große Vollmond von Athenes Fest. Hier in Athen hatten wir eine bewölkte Nacht, dort aber leuchtete er hell über das Meer und das felsige Vorderland. Bis er auf dem Zenit war, konnte man ihn sehen, dann nahm sein Gesicht plötzlich ab, wurde immer mehr verdeckt und schließlich völlig verdunkelt, als würde ein großer Schild davor gehalten.

Man hätte denken sollen, Nikias habe nun beide Arme zum Himmel erhoben und Athene, die ihrem Volk so großmütig half, eine Hekatombe Ochsen geopfert. Denn das geschah während der Nacht ihres Festes, da sich die Gebete aller Athener zu ihr erhoben, es war mir immer vorgekommen, als sei es eine ebenso große Ehrfurchtlosigkeit, die Gabe dieser Göttin, den Schutz ihres Schildes, zu verschmähen, wie die des Anaxagoras, der behauptete, Helios sei nichts als ein glühender Stein. Nikias wollte aber in diesem Vorzeichen nichts als neues Unglück sehen und brachte so viele Leute auf seine Seite, daß Demosthenes überstimmt wurde. Man beschloß, noch einen ganzen Mondumlauf abzuwarten, ehe man segeln wollte.

Also warteten sie; und die Syrakuser griffen die Schiffe wieder an und versenkten einige mehr, als sich die Athener zu verlieren leisten konnten. Während sie sich noch stritten, was zu tun sei, bildete der Feind mit seinen eigenen Schiffen eine Kette quer über die Hafenmündung und verband sie zu einer Hafensperre. Nun brauchten sie keine göttliche Eingebung mehr, um zu wissen, daß sie durchbrechen oder sterben müßten. Sie rüsteten sich zum Kampf.

Als sei er soeben aus einem betäubenden Schlaf erwacht, arbeitete nun Nikias für zwei; er sorgte dafür, daß die Schiffe seetüchtig gemacht wurden, und ermunterte die Trierarchen und Mannschaften. Er rief ihnen das berühmte Wort des Perikles in Erinnerung, daß sie dem freiesten Volk der Welt angehörten, als ob die Syrakuser Untertanen eines Tyrannen und nicht auch Hellenen gewesen wären, entschlossen, frei zu sein oder zu sterben. Zwei Jahre lang hatte das Schicksal von Melos drohend über ihnen geschwebt. Sie bemannten ihre Schiffe der Küste entlang und warteten.

Demosthenes war es, der unsere Schiffe anführte, um die Sperre zu durchbrechen. Sie stürzten sich mit solchem Mut in ihre Aufgabe, daß sie zwei Sperrschiffe erstürmten und sich sogar daran wagten, die Taue und Ketten zu beseitigen, aber da griff sie die syrakusische Flotte aus dem Rücken an.

Zweihundert Schiffe sollen an jenem Tag im Großen Hafen gekämpft haben. Sie bedeckten fast die ganze Wasserfläche, noch während sich bereits im Handgemenge befindliche Schiffe enterten, rammten und stießen sie einander und trieben ab, so daß die Kämpfenden sich vermischten und vermengten in einer fürchterlichen Verwirrung. Hopliten sprangen von Deck zu Deck und wurden kämpfend von den Wurfspeeren ihrer eigenen Schiffe getroffen, Ruder zerbrachen im Gedränge, beschädigte Schiffe behinderten Freund und Feind, und das Schlachtgetöse war so laut und die Quartiere so nahe, daß man kaum wußte, ob der erteilte Befehl vom eigenen oder feindlichen Trierarchen kam.

Inzwischen schauten die Athener am Ufer der Schlacht zu, hilflos, als handle es sich um ein Würfelspiel, dessen Einsatz ihr Leben war. Sie schwankten hin und her, stießen bald Triumphschreie aus, bald stöhnten sie vor Verzweiflung, je nachdem der Kampf für sie eine gute oder schlimme Wendung nahm. Die Syrakuser aber hielten vier Fünftel der Ufer besetzt und konnten im Notfall überall hingelangen, während die Athener nur über den winzigen Landstreifen verfügten, den Gylippos und seine Leute ihnen noch gelassen hatten. Sie waren von allen Seiten eingeschlossen, und die Schiffe, die nicht versenkt worden waren, wurden an Land zurückgetrieben. Beim Anblick ihrer Rückkehr brach das wartende Heer in ein einziges lautes Stöhnen aus, und es starrte auf das mit Trümmern und Toten übersäte Meer nach dem Feindesland.

Dem Land kehrten sie zuletzt ihre Gesichter zu; die Toten ließen sie unbestattet und als wären die Vorwürfe dieser heimatlosen Schatten noch nicht genug, mußten sie auch noch die Verwundeten und Kranken zurücklassen. Es blieb ihnen keine andere Wahl, es sei denn, bei ihnen zu bleiben und mit ihnen zu sterben. Sie schleppten sich am Boden dahin, klammerten sich an ihre Freunde, bis sie nicht mehr gehen und kriechen konnten; dann lagen sie da, flehend, fluchend oder letzte Worte stöhnend. Ihre Stimmen schwebten über dem Heer, zusammen mit den Raben und den Weihern. Das übriggebliebene Fußvolk marschierte weiter, über steiniges Land, mit leerem Magen, durstig und zu beiden Seiten vom Feinde verfolgt, bis zum bitteren Ende. Schließlich gelangten sie an einen Fluß mit steilen Ufern, sie stürzten sich hinein, um ihn zu überqueren und um zu trinken, und die Syrakuser umzingelten sie von allen Seiten. Als die Athener im Wasser kämpften, hagelte es Steine, Dolche und Pfeile auf sie hinab. Der Fluß wurde schmutziggrau und gerötet vom Blut der Sterbenden. Aber dermaßen groß war ihr Durst, daß die, welche den Fluß erreichen konnten, hineinlagen und tranken, bis sie von anderen niedergetrampelt und ertränkt wurden.

Demosthenes stürzte sich in sein Schwert, wurde aber noch lebend geborgen und mußte dem Feind den Triumph lassen, ihn töten zu können. Auch Nikias brachten sie um, man weiß aber nicht, auf welche Art. Von den gemeinen Truppen gingen viele an Ort und Stelle zugrunde, viele wurden von den syrakusischen Soldaten weggeschleppt und mit Gewinn verkauft. Die übrigen wurden Staatseigentum. Die Geflüchteten, die sich in den Wäldern versteckt hatten, sahen nur, daß sie wie ausgehungertes Vieh weggetrieben wurden, und wußten nicht mehr.

Sie waren durch blumengeschmückte Straßen aus der Stadt ausgezogen, begleitet von klagenden Frauen. Man soll nur laut weinen, wenn Adonis stirbt, denn Weinen erleichtert das Herz, und die Götter kehren zurück.

Wenn in den stillen Straßen nun ein Mann seine Freunde kommen sah, ging er auf die andere Straßenseite, um nicht Rede stehen zu müssen. Manchmal konnte man auch beim Vorübergehen aus einem Haus das einsame Weinen einer Frau hören, ein trüber Laut, der sie begleitete, während sie sich mit ihrer Arbeit abquälte. Ich hatte ihn auch zu Hause vernommen und war schließlich in die Stadt geflohen. Lysis und ich hielten uns eng aneinander, wie Tiere im Winter; oft sprachen wir stundenlang kein Wort.

Eine oder zwei Nächte später ging ich zum Anakeion. Die Pferde stampften und schnoben, beunruhigt durch die Stille. Da und dort spielten ein paar Leute Würfel bei einem Wachtfeuer, um sich die Zeit zu vertreiben. Ich trat hinter den Mann, den ich gesucht hatte. Er hatte zwei Sechser gewürfelt, bemerkte es aber gar nicht, bis ihm jemand den Gewinn zuschob. Ich berührte seine Schulter und sagte: »Xenophon.«

Er blickte auf, erhob sich vom Feuer und trat an meine Seite. Ich sah, wie seine Augen die meinen suchten, aber er sagte ruhig, als hätten wir uns zufällig getroffen: »Freut mich, dich zu sehen, Alexias. Kannst du schon wieder reiten?« – »Nein; aber ich muß dir eine Nachricht überbringen. Dein Vater ist tot.« Ich bemerkte, wie er schwer und lautlos seufzte, wie ein Mann, von dem eine Last abgefallen ist. »Ist es sicher?« fragte er. – »Ich habe mit einem Mann gesprochen, der ihn sterben sah. Er fiel bei der Erstürmung der Anhöhen, einen Monat vor dem Ende. Alle jene Toten wurden noch bestattet, am Hafenstrand in einem Massengrab.« Er reichte mir die Hand, was er früher nie getan hatte. »Danke, Alexias. Doch geh nicht, ich habe etwas Wein hier.«

Oft hatte ich mich gefragt, was ich Xenophon beim Tode seines Vaters zum Trost sagen könnte. Doch der Eintritt des Geschehens macht alle unsere Erwartungen zuschanden. Er teilte seinen Wein mit mir und nötigte mich, wie einen Boten, der gute Nachricht bringt. Beim Weggehen sagte er: »Und du, Alexias? Hast du noch keine Nachricht?« – »Nein, noch nicht«, antwortete ich. – »Das tut mir leid. Aber noch ist immer Zeit.« Ich erfuhr jedoch nichts, obwohl ich jeden Überlebenden, dessen ich habhaft werden konnte, nach meinem Vater ausfragte.

Es wurde eine Ratsversammlung einberufen, und die Männer stiegen zur Pnyx empor. Sie blieben nicht sehr lange. Ich wartete auf Lysis am abgesprochenen Ort, einer Sattlerwerkstatt in einer nahen Straße. Der Ort roch nach altem Leder und Pferdeschweiß. Kaum ein Gegenstand darin war neu, so wenige konnten es sich heute leisten, etwas zu kaufen; es waren fast ausschließlich Reparaturarbeiten. Der Sattler befand sich in der Versammlung; ich sprach mit dem Vorarbeiter, einem Metöken, über Pferdeeinreibungen und geschwollene Sprunggelenke. Unsere Pferde lahmten aus mangelnder Ruhe die halbe Zeit; mein Schlüsselbeinbruch war nun wenigstens Phoenix zugute gekommen. Dann trat Lysis ein; er sah besser aus als während der ganzen Zeit seiner Verletzung. Der Sattler war bei ihm, und sie lachten zusammen. Er sagte zu mir: »Alles in Ordnung. Keine Übergabe.« Der Sattler klopfte dem Vorarbeiter auf die Schulter und sagte: »Nur Mut, Brygos, noch werden sie aus dir keinen Heloten machen.«

»Reibe deinen Arm nicht, Lysis«, sagte ich. »Du weißt, daß ihm das schadet.« – »Er beißt mich. Er wird nun heilen. Ich spüre, daß das Gift aus meinem Körper gewichen ist.«
Der Herbst näherte sich. Die Reben im Haushof trugen ein paar wenige Trauben, und auf den Hügeln von Attika wucherte Unkraut in den zerstörten Rebbergen. Der Krieg verlangsamte sich wieder, wie immer, wenn der Winter herankommt. Wir machten unsere Patrouillenritte. Die Thebaner wagten sich manchmal heraus und unternahmen kleine Raubzüge, damit wir uns nicht in Sicherheit wiegten. Die Hälfte der Reiterei hielt Wache auf dem Ankeion, die übrigen kehrten, Trupp um Trupp, nach Hause zurück. Die Vormittage wurden kühler; man bemerkte es, wenn man morgens die Kleider abwarf und zur Palästra hinauseilte, an dem Dampf, der von den ringenden Leibern aufstieg. Während des größten Teiles meines Urlaubes aber lief ich. Denn die Korinther hatten uns einen Herold geschickt, der uns heilige Waffenruhe des Poseidon ankündigte und einlud, Wettkämpfer an die Isthmischen Spiele zu entsenden. Ich sagte jedoch Lysis von meinen Hoffnungen nichts, für den Fall, daß nichts aus ihnen werden sollte. Die Stadt mußte alle Teilnehmer auf dem Seewege schicken und würde deshalb nicht viele entsenden.
Wir machten wieder Patrouillenritte, während einer langen Reihe schöner Tage: frostige Nächte, silberne Vormittage und goldene Nachmittage. Eines Abends kamen wir an dem Gut vorüber, wo ich mit meinem gebrochenen Schlüsselbein gelegen hatte. Während wir etwas Käse kauften, winkte mir die Bauersfrau um eine Ecke. Bei allem, was inzwischen geschehen war, erinnerte ich mich nur noch an ihre schlechte Pflege; das Wiedersehen nun gestaltete sich anders, und sie verlor keine Zeit, mich sogleich zu überzeugen, daß, was mit einer kranken Schulter gut gewesen, mit einer heilen noch besser sein würde. Sie war eine blondhaarige junge Frau, schlank und kräftig; das

Gesicht sonnengebräunt, ihr Körper aber ganz weiß. Unser Gespräch endigte damit, daß wir verabredeten, ich solle sie nachts, wenn das Lager nahe genug aufgeschlagen würde, in der Scheune treffen.
Da ich nichts lange vor Lysis verheimlichen konnte, hatte ich ihm mein früheres Abenteuer schon lange gebeichtet. Wenn es ihm mißfallen hatte, so war er doch nicht so kleinlich gewesen, es zu zeigen; aber er sagte, ich solle nicht verheirateten Frauen nachsteigen, als besitze ein Ehemann keinerlei Rechte. »Es kann in einem solchen Fall jedem passieren«, sagte er, »aber die Tatsache bleibt bestehen, daß das Diebstahl ist. Du würdest dich schämen, mit dem Pferd eines anderen durchzugehen, warum also mit seinem anderen Besitz freier schalten? Wenn du das nächstemal eine Frau brauchst, solltest du dafür bezahlen.« Ich antwortete: »Aber Lysis, diese Dinge sind ihm gleichgültig, er ist längst darüber hinaus und wünscht nur eine Haushälterin, wenigstens sagte sie mir das.« Als er nun sah, wie ich diese alte Geschichte mit todernstem Gesicht aufwärmte, konnte er sich nicht des Lachens erwehren. Aber es lag mir nichts daran, wie man sich vorstellen kann, ihm mitzuteilen, wohin ich zu gehen beabsichtigte. Ich hatte keine Wache in jener Nacht und schlich mich davon, sobald er eingeschlafen war.
Ich kannte eine Abkürzung über den Berg oder glaubte sie wenigstens zu kennen. Deshalb ließ ich meine Rüstung und mein Pferd zurück, nahm aber ein Schwert mit, was noch törichter war, als überhaupt nichts mitzunehmen, wie ich wohl hätte wissen sollen. Da ich noch vor Aufgang des Mondes aufbrach, verirrte ich mich und wanderte eine Zeitlang umher, bis ich auf einen Grenzstein stieß, das Stück eines zerbrochenen Felsens. Gleichzeitig vernahm ich Stimmen und Waffengeklirr. Der Felsen warf ein Echo zurück und fälschte den Ton. Als ich um den Felsen bog, rannte ich direkt in einen thebanischen Hopliten. Ich hatte eben mein Schwert gezogen, als zwei weitere mich von

hinten packten. Ich konnte mich nur als der ausgeben, der ich auch wirklich war.

Ich glaubte, sie würden mich auf der Stelle töten, aber sie führten mich in ihr Lager am Hügel zurück. Den Unterschied zwischen dem Kampf mit einem Freund in der Palästra und dem Handgemenge mit dem Feind versteht man nicht, ehe man ihn nicht erlebt hat. Es war nur ein kleiner Trupp, etwa zwanzig oder dreißig Mann. Als wir am Wachtfeuer anlangten, wo ihr Offizier saß, stießen sie mich grob vor, so daß ich strauchelte; da meine Hände gefesselt waren, konnte ich mich nicht auffangen und stürzte schwer. Sie lachten alle. Ich erhob mich erst auf die Knie, dann auf die Beine. Mein Haar war angesengt und mein Gesicht blutete. Der Offizier war ein untersetzter Mann mit dichtem, schwarzem Bart und mit einem Kahlkopf. Sie sagten ihm, ich sei ein Späher, den sie auf Ausschau ertappt hätten. Er schritt auf mich zu, drehte mich um und sah sich meine Arme an. Der linke wies an ein oder zwei Stellen Narben auf, was bei einem Hopliten, der einen Schild trägt, nicht vorkommt. »Grenzwacht?« fragte er. Ich gab keine Antwort. »Wo ist deine Schwadron?« – »Ich weiß es nicht. Mein Pferd stürzte, und ich bin den ganzen Tag herumgeirrt.« Ich hoffte, er würde mir glauben, denn ich hatte Angst. Er fuhr fort: »Wo ist dann deine Rüstung?« Der Mann, der mich gefangen genommen hatte, sagte: »Er trug ein Schwert.«

Der Offizier sprach: »Ich mache keine Gefangenen, Athener. Aber wenn du mir sagst, wo deine Schwadron steckt, bist du frei. Du siehst ja, wie wenige wir sind, wir wollen uns nur selbst in Sicherheit bringen.« Zwei der Männer blickten einander vielsagend an. Ich hörte ein Geräusch hinter ein paar Felsen, wo sich die übrigen befanden, auch war ein Feuerschein von dort zu sehen. »Sag es mir«, wiederholte er, »du kannst damit dein Leben retten.« Ich dachte: »Wenn ich etwas erfinde, bedeutet das, als Geisel mitgeschleppt zu werden, und schließlich einen

noch elenderen Tod.« Deshalb schwieg ich weiter. Jemand sagte: »Setzen wir ihn ein bißchen aufs Feuer.« Der Hauptmann fuhr fort: »Wir sind Hellenen. Willst du sprechen, Athener?« – »Ich weiß nichts.« – »Schön. Du hast ihn gefangengenommen?« Der Hoplite trat vor. »Beende dein Werk.«
Zwei von ihnen packten meine Schultern, und ein dritter schlug mir den Speerschaft in die Kniekehlen, um mich zu Fall zu bringen. Sie hielten mich nun knieend fest. Es war eine klare, kalte Nacht; das Feuer prasselte und sprühte, und die Sterne am Himmel glitzerten weiß und blau, wie die Funken eines Ambosses. Erst wenn man allein in Feindesland ist, erfährt man, wieviel der eigene Mut dem Wunsche nach einem guten Namen unter den Menschen und den wachsamen Augen des Geliebten und der Freunde schuldet. Hätte ich geglaubt, sie umstimmen zu können, indem ich um mein Leben flehte, so hätte ich es getan, aber ich wollte nicht zum Gespött werden. Ich dachte an meine Mutter, die nun allein mit dem Kind zurückblieb. Die Zunge lag trocken und bitter in meinem Mund. Ich fragte mich, wie lange es noch daure, bis man stirbt, wenn das Schwert einmal in der Brust steckt. Dann dachte ich an Lysis.
Der Hauptmann gab dem Manne, der mich gefangen hatte, mit der Hand ein Zeichen. Er nickte und verschwand aus meinem Gesichtskreis. Ich hörte seine Rüstung hinter mir klirren. Das Herz klopfte mir im Halse und ich sagte: »Warte.«
Jemand lachte. Einer der Männer, die mich an den Schultern festhielten, spie aus und sagte: »Fürchtest du dich, Athener? Mein Sohn war in Mykolessos, das die Athener mit den Thrakern geplündert haben. Bist du noch zu jung, Ephebe, um tapfer zu sein? Er war acht Jahre alt.« – »Möge der Schatten deines Kindes ruhen. Blut wäscht Blut wieder ab. Aber stellt den Mann nicht hinter, sondern vor mich hin.« Der Mann in meinem Rücken sagte: »Glaubst du, das helfe dir?« – »Ich glaube, ja«, versetzte ich. »Man sagt, ihr Thebaner verstündet etwas von

solchen Dingen. Ist es euch denn gleichgültig, ob euch euer Freund mit einer Wunde in der Brust oder im Rücken auffindet?«
Sie hielten inne und murmelten etwas. Dann sagte ein Mann, der vom anderen Feuer herübergekommen war: »Ich kenne diese Stimme. Ich will ihn mir ansehen.« Er nahm ein brennendes Scheit auf und leuchtete mir ins Gesicht. Das seine konnte ich nicht sehen, da mich die Flamme blendete, und doch war da etwas, an das ich mich erinnerte. Er sagte: »Ja, ich kenne ihn. Mit dem Kerl habe ich noch eine alte Rechnung zu begleichen. Gebt euch nicht weiter Mühe, überlaßt ihn mir.« Der Offizier antwortete: »Dann nimm ihn, wenn es dir Spaß macht. Aber mach es, wie er es verlangt.« Der Mann stellte mich auf die Beine, zeigte mir sein Schwert und sagte: »Komm.«
Ich überlegte, was er wohl mit mir vorhabe, da er sich offenbar schämte, es in Gegenwart der anderen zu tun. Er führte mich ein Stück abseits, an Felsen und Bäumen vorüber. Die Sterne glitzerten und blinkten. Es war kühl außerhalb des Feuers. Endlich hielt er an. »Deine Freunde sind nicht hier, Thebaner«, sagte ich, »doch die Götter sind es.« – »So mögen sie zwischen uns ihr Urteil sprechen. Kennst du mich?« – »Nein. Was für ein Unrecht habe ich dir zugefügt?« – »Letzten Sommer wurden ich und mein Freund von der Grenzwache aufgegriffen. Dort war ein Junge, namens Alexias, man sagte, er sei der Geliebte des Hauptmanns.« – »Das war die Wahrheit. Wenn du einen Streit mit Lysis hast, so stehe ich hier an seiner Stelle. Aber er wird dich töten.« – »Er schickte uns nachts Nahrung, und du hast sie gebracht. Mein Freund konnte sich nicht aufrichten, um zu trinken, aber du hobst seinen Kopf.« Jetzt erinnerte ich mich. »Er hieß Tolmides«, sagte ich. »Er wollte ein Regiment von Liebenden aufstellen und die Welt erobern. Ist er auch hier?« – »Er starb am Abend darauf. Wärest du grob zu ihm gewesen, so hätte ich dir heute das Herz durchbohrt.« Er schob sein Schwert

unter meine Fesseln und zerschnitt sie mit ein paar Rucken. Sein Schwert war scharf, und er war stark. »Bist du jener Alexias, der für den Langlauf ausgezeichnet wurde?« – »Ich bin der Läufer.« – »Alle Athener prahlen«, versetzte er, »beweise es.«

Als ich in unser Lager zurückkehrte, war es eine Stunde vor Tagesanbruch. Der Vorposten, dem ich unser Losungswort gab, wollte kaum mit mir sprechen. Er sagte, Lysis habe die ganze Nacht gewacht. Ich fand ihn, an seinem Platz in den Mantel gehüllt liegen, neben sich die aufgestellten Waffen und die Rüstung. Als ich näher trat, öffnete er die Augen nicht. Ich wußte, daß er nicht schlief, sondern böse war. Auf dem ganzen Rückweg hatte ich an ihn gedacht. Ich sagte mir: »Wenn ich spreche, werden wir ausfällig. Ich will jetzt in seiner Nähe sein, mag er am Morgen schelten.« Ich nahm meinen Mantel und legte mich neben ihn. Ich war zwar müde, konnte aber nicht schlafen und wußte nicht, ob er schlafe oder wach sei. Schließlich muß ich eingenickt sein, denn ich erwachte in einer kalten Morgendämmerung, und Lysis beugte sich über mich. Er fragte leise, denn die andern schliefen noch: »Bist du schwer verletzt?« – »Verletzt?« fragte ich. »Nein.« – »Du bist voll Quetschungen und mit Blut besudelt.« Ich hatte ganz vergessen, wie hart die Thebaner mit mir umgesprungen waren. Wir standen auf und gingen zum Fluß hinunter, uns zu waschen. Ein grauer Nebel erfüllte das Tal und hing über dem Wasser. Ich fühlte mich am ganzen Körper steif und kalt. Es war die Stunde, da die Lebensflamme nur niedrig brennt und die Kranken sterben. Sein Gesicht war grau vor Müdigkeit, und ich verstand, daß er den Wunsch gehabt hatte, die Truppe sich selbst zu überlassen und mich suchen zu gehen. Er sagte: »Es hat auch noch Blut in deinem Haar«, fand den Schnitt und wusch ihn aus. Ich dachte: »Die Liebe, die man in einem solchen Augenblick verspürt, muß wirklich die Liebe der Seele sein.«

»Hätte dich der Mann getötet«, sagte er, »als er dich bei seiner

Frau fand, so hätte es das Gesetz gebilligt. Hast du kalt?« – »Das Wasser war kalt.« Er legte den Arm mit seinem Mantel um meine Schulter. »War es dafür«, fragte er, »daß wir den Göttern unser Opfer brachten?«
Ich antwortete: »Ja, Lysis.« Wir standen am Fluß, denn es war zu kalt und feucht zum Sitzen, und ich erzählte ihm meine Geschichte. Die ersten Vögel erwachten, und das Antlitz des gegenüberliegenden Berges begann sich grau durch den Dunst abzuzeichnen; der Schwarzdorn war tränennaß vom Tau. Endlich warf die Sonne rote Strahlen auf den Gipfel, und wir hörten die anderen aufwachen; deshalb gingen wir zurück, um unsere Pferde zu striegeln und uns für den Tag zu rüsten.

16

Im Frühling kehrte König Agis nach Dekeleia zurück und marschierte geradewegs nach Attika hinunter. Fast alle Bauerngüter, die das letztemal gerettet werden konnten oder verschont geblieben waren, wurden diesmal niedergebrannt, und das von Demokrates war unter den ersten. Lysis empfing die Nachricht in der Stadt und kam, sie mir mitzuteilen.
»Statt zu klagen«, sagte er, »würden wir besser den Göttern danken für das, was wir retten konnten. In dieser Beziehung hat Vater auch Ursache, mir für einiges dankbar zu sein. Schon vor einem Monat haben wir den Ort fast völlig geleert, aber er wollte die Dachziegel erst wegnehmen, nachdem ich ihn tagelang bearbeitet hatte. Auch bleibt noch die Pferdezucht auf Euböa, die etwas einbringt, solange wir die Pferde noch verschiffen können. Wir brauchen nicht zu hungern, aber es ist hart für

einen Mann in seinem Alter, einen solchen Schicksalsschlag zu ertragen, und er ist nun auch wieder krank. Komm mit mir nach Hause, ich muß dir etwas zeigen.«

Ich begleitete ihn, und er öffnete einen der Ställe. Die Tür knarrte vor Rost. Im Innern stand ein mit staubigen Spinnweben bedeckter Rennwagen. Das Holzwerk war prunkvoll, im alten Stil, bemalt mit Gestalten aus dem Homer, die Schnitzereien vergoldet. Ein verblaßter und welker Kranz mit verschossenen Bändern hing daran. Lysis nahm ihn ab; und Spinnen liefen daraus hervor. »Der muß noch von den Pythischen Spielen herstammen«, sagte er. »Vor zehn oder mehr Jahren versuchten wir das Gestüt zu unterhalten für jenes Rennen, es muß längst schon dahin sein. Als ich noch ein Knabe war, pflegte unser Wagenlenker mich manchmal zum Üben emporzuheben, gab mir die Zügel in die Hände und ließ mich glauben, ich lenke selbst. Ich lebte ganz in der Vorstellung, eines Tages das Rennen zu gewinnen, wie mein Großvater Lysis zuvor. Ich will nicht, daß Vater es sieht, ehe es gereinigt ist. Wir verkaufen es morgen.«

Nicht lange darauf erhielt ich doch noch Nachricht, mein Vater sei gestorben.

Es war Sokrates, der mich auf das, was ich zu hören bekommen sollte, vorbereitete und mich zu Euripides' Haus führte. Er besaß, wie jeder andere, ein Haus in der Stadt, nicht weit von unserem, obschon man seit kurzem überall das dumme Märchen hören kann, er habe in einer Höhle gewohnt. Es mag daraus entstanden sein, daß er eine kleine Steinhütte besaß, die er sich am Strand hatte bauen lassen, wohin er sich zurückzog, um in Ruhe arbeiten zu können. Die Behauptung, er sei ein Menschenfeind gewesen, mag insofern wahr sein, als er sich über die Menschheit in dem Maße grämte, wie Timon sie haßte, und sie mitunter fliehen mußte, um überhaupt noch schreiben zu können.

Er begrüßte mich freundlich, doch mit wenigen Worten, und

blickte mich entschuldigend an, als könnte ich ihm einen Vorwurf machen, daß er nicht mehr zu sagen habe. Dann führte er mich zu einem Mann, den ich, wäre ich nicht im voraus gewarnt worden, für einen Bettler gehalten hätte, den er gewaschen und gekleidet hatte. Seine Knochen traten unter der Haut hervor, die Finger- und Zehennägel waren zerbrochen und schmutzig, die Augen lagen tief in den Höhlen, und er war mit schwärenden Wunden und Schrammen bedeckt. Auf der Stirn trug er das Sklavenbrandmal in Gestalt eines Pferdes, das noch gerötet und eitrig war. Aber Euripides stellte mich ihm, nicht ihn mir vor. Es war Lysikles, der die Schwadron meines Vaters befehligt hatte. Er begann mir seine Geschichte klar und deutlich zu erzählen, verlor aber den Faden, verirrte sich in Dinge ohne Zusammenhang, bis ihn Euripides erinnerte, wer ich sei und wer mein Vater war. Kurz darauf vergaß er wieder, daß ich da war, und starrte vor sich hin. Ich will die Geschichte nicht so erzählen, wie er sie vorbrachte. Ich erfuhr, mein Vater habe bis zu seinem Tod in den Steinbrüchen gearbeitet. Dorthin brachten nämlich die Syrakuser die Gefangenen des Staates nach der Schlacht, und die meisten hauchten dort ihr Leben aus. Die Steinbrüche bei Syrakus sind tief. Sie lebten dort ohne Schutz vor der sengenden Sonne oder den Frösten der Herbstnächte. Wer arbeiten konnte, brach den Stein. Sie wurden alle grau vom Staub, der nur zuweilen vom Regen abgewaschen wurde. Er drang in ihr Haar, in die Wunden der Sterbenden und in den Mund der Toten, welche die Syrakuser verfaulen ließen, wo sie gerade lagen. Man konnte ihnen nirgends im Felsen Gräber ausheben, selbst wenn jemand die Kraft dazu gehabt hätte; weil aber ein liegender Mensch mehr Raum beansprucht als ein stehender, stapelten sie die Toten zu Haufen, denn die Lebenden hatten kaum Platz, sich hinzulegen und zu schlafen – und an diesem einen Ort lebten sie und verrichteten alle Bedürfnisse. Nach einiger Zeit wurde nicht mehr viel Arbeit von ihnen verlangt, denn es fanden sich keine Aufseher mehr, die den Gestank aushalten konnten. Zur Nahrung erhielten sie täglich eine Pinte Mehl und zum Trinken eine halbe Pinte Wasser. Die Wärter verteilten sie aber nicht, sondern warfen den ganzen Vorrat hinab und ließen sie darum kämpfen. Anfänglich pflegten die Bewohner von Syrakus in Scharen hinauszupilgern, um die Steingruben zu besichtigen und sich an dem Schauspiel zu ergötzen, aber mit der Zeit wurden sie dessen und des Gestankes überdrüssig; außer den Knaben, die immer noch kamen und Steine hinunterwarfen. Erblickten sie von unten einen Bürger, riefen ihn jene, die sich noch nicht völlig mit dem Tode abgefunden hatten, und flehten ihn an, man möge sie in die Sklaverei oder irgendwohin bringen, denn es konnte nichts Schlimmeres geben als ihr damaliges Leiden. Nach ungefähr zwei Monaten sonderten die Syrakuser die Angehörigen der verbündeten Truppen aus, brandmarkten sie auf der Stirn und verkauften sie. Die Athener ließen sie im Steinbruch, aber zu diesem Zeitpunkt schafften sie wenigstens die Toten weg, unter denen sich auch mein Vater befand. Seine Leiche war damals schon einige Wochen dort gelegen, aber Lysikles hatte sie erkannt, als sie noch frisch war.

Hier machte er eine Pause und zog die Brauen zusammen, als wolle er sich auf etwas besinnen, das er ausgelassen. Als sich seine Stirn faltete, schienen sich die Beine des eingebrannten Pferdes zu bewegen. Dann kam ihm in den Sinn, was er sagen wollte, und er kondolierte mir zum Verlust meines Vaters, wie das ein gebildeter Mann gegenüber dem Sohn eines Freundes tut. Man hätte fast denken können, ich sei es, der ihm die Nachricht überbracht habe. Ich dankte ihm, und wir saßen da und schauten einander an. Ich hatte die Vergangenheit wieder aufgerührt, und er hatte die Qual um meinetwillen auf sich genommen. Wir starrten deshalb beide mit dem inneren Auge vor uns hin und wünschten uns wieder die frühere Blindheit.

Seine eigene Geschichte erzählte er mir nicht, aber ich erfuhr sie später. Er hatte sich für einen Argiver ausgegeben, da er ein wenig Dorisch aufgeschnappt hatte, und war nach der Brandmarkung mit ihnen zusammen verkauft worden. Ein rauher Meister hatte ihn zu einem niedrigen Preis gekauft, und er war schließlich, da er es vorzog, in den Wäldern zu hungern, entflohen. Als er zu schwach wurde, um weitergehen zu können, hatte ihn ein Syrakuser, der zu seinem Landgut hinausritt, aufgefunden. Der Mann erriet, daß er Athener war, gab ihm aber trotzdem zu essen, zu trinken und eine Unterkunft; als er sich dann etwas erholt hatte, wurde er gefragt, ob nicht kürzlich in Athen ein neues Stück von Euripides aufgeführt worden sei. Von allen modernen Dichtern schätzen die Sizilianer ihn am höchsten. Da sie aber so abseits leben, sind sie die letzten, die etwas Neues erfahren.

Lysikles gab zur Antwort, daß etwa ein Jahr vor seiner Abfahrt Euripides für eine neue Tragödie über die Plünderung Trojas und das Schicksal der weiblichen Gefangenen ausgezeichnet worden sei. Hierauf fragte ihn der Syrakuser, ob er ihm etwas daraus wiederholen könne.

Das ist das Stück, das Euripides unmittelbar nach dem Fall von Melos schrieb. Ich selbst sah es nicht, denn mein Vater, dem das frühere Werk des Dichters ketzerisch erschien, nahm mich nicht mit. Phaidon erzählte mir einmal, er habe es gesehen. Er sagte, vom Augenblick seiner Verwundung in der Schlacht an und während allen Erlebnissen auf der Insel und als Sklave bei Gurgos sei dies das einzige Mal gewesen, daß er geweint habe. Und keiner hätte es bemerkt, denn alle Athener zu seiner Seite hätten auch geweint. Lysikles hatte das Stück sowohl gesehen wie gelesen und lehrte den Syrakuser, was er noch daraus wußte. Als Bezahlung dafür erhielt er einen Sack mit Nahrung, ein Kleidungsstück und durfte seines Weges gehen. Das war nicht der einzige Fall dieser Art; Euripides erhielt mehrere Besuche von Athenern, die ihm erzählen kamen, daß einer seiner Chöre eine Mahlzeit oder einen Trunk wert gewesen sei. Einige, die am Anfang als Haussklaven verkauft worden waren, wurden zu Erziehern befördert, wenn sie seine Stücke kannten, und sahen so schließlich ihre Heimatstadt wieder.

Für meinen Vater aber, der lieber über Aristophanes gelacht hatte, gab es keine Rückkehr. Ich erfuhr nicht einmal, ob am Ende eine Handvoll Erde über ihn gestreut worden war, um seinen Schatten zur Ruhe zu bringen. Wir, mein Onkel Strymon und ich, brachten das Todesopfer auf dem Hausaltar dar, und ich schor mir das Haar. Nur kurze Zeit später, als Erwachsener, würde ich es Apoll dargebracht haben, denn er war der Gott, den mein Vater immer am meisten geehrt hatte. Als ich den mit den dunklen Locken meines Haares gebundenen Kranz auf den Altar legte, erinnerte ich mich daran, wie sein Haar im Sonnenlicht wie feines Gold geglänzt hatte. Obschon er eben vierzig geworden war, als er nach Sizilien segelte, war die Farbe noch kaum verblichen, und sein Körper war so hart wie der eines dreißigjährigen Athleten.

Ich sagte Strymon, mein Vater sei in den ersten Tagen seiner Gefangenschaft an einer Wunde verstorben, denn ich konnte seiner Zunge nicht trauen; und diese Version der Geschichte erzählte ich auch meiner Mutter.

Bald stand ich wieder im Feld, und das war wohl ein so guter Trost wie irgendeiner. Mag auch wenig Sinn darin liegen, aber wenn man sein Leben aufs Spiel setzt, fühlt man doch, daß man ein Opfer bringt, und die Götter, die den Menschen mit Reue quälen, sind wieder versöhnt.

Jetzt, da es Frühling war, arbeiteten die Schiffswerften den ganzen Tag; überall auf der Helling standen Kiele mit ihren Spanten, da und dort konnte man ein fertiges Schiff sehen, auf dem die halbe Nacht Fackeln brannten, um den Arbeitern zu leuchten. Es war prächtig und herzerhebend zu sehen, was alles bereit war, in See zu stechen. Nur eine einzige Nachricht fürchtete man jetzt beim Einlaufen eines Schiffes: daß die Inselverbündeten sich erhoben hätten.

Die ganze Zeit wartete ich darauf, mich endlich dem Gymnasiarchen stellen zu dürfen für die Ausscheidung der Wettkämpfer für die Isthmischen Spiele. Hätte ich mich in die Kategorie der Jugendlichen einschreiben können, so wäre ich der Auswahl ziemlich sicher gewesen, da ich aber zu jenem Zeitpunkt bereits achtzehn sein würde, mußte ich mich als Ephebe melden. Bei den Ausscheidungsläufen jedoch ersetzten mir die Götter durch Schnelligkeit, was mir an Technik mangelte, und ich sah mich unter den Erkorenen.

Ich war außer mir vor Freude, bis dann der athenische Mannschaftstrainer zu mir trat und sagte: »Dein Körper ist nun dem Gotte geweiht; melde dich bei deinem militärischen Vorgesetzten, damit du bis nach den Spielen von der Dienstpflicht befreit wirst, und komm morgen vormittag hierher.« Mit schleppenden Schritten ging ich durch das Portal auf die Straße. Ich hatte nicht an die Zukunft gedacht und auch nicht gewußt, daß die Trennung mich so hart ankommen werde. Das beunruhigte mich; es hatte etwas Übertriebenes an sich; ich hätte mich geschämt, es jemandem anzuvertrauen, selbst Lysis. Ich ging zu seinem Hause, entschlossen, vernünftig zu sein, als ich auf der Straße Xenophon traf, der laut lachend sagte:

»Na, wenn ihr, du und Lysis, heute abend feiert, so vergeßt nicht, den Wein mit reichlich Wasser zu mischen; ihr steht nun beide im Training.«

Ich war nun in einem Alter, da man auf der Straße angestarrt wird, wenn man zu laufen beginnt; aber ich rannte, bis ich ihn gefunden hatte. Es stimmte, zusammen mit Autolykos war er für den Allkampf ausgewählt worden. Er hatte mir nicht einmal gesagt, daß er sich den Selektionären gestellt hatte, aus Angst, es könnte nichts daraus werden. Lachend umarmten wir uns wie Kinder.

Am nächsten Tage begann unser Training ernsthaft: den ganzen Morgen wurde trainiert, ein Spaziergang nach dem Essen, der Wein immer mit zwei Dritteln Wasser gemischt, und mit den Hühnern zu Bett. Ein anderer Offizier hatte Lysis' Truppe übernommen; bis nach den Spielen sollten wir nur dann zu den Waffen greifen, wenn der Feind die Stadtmauern bedrohe.

Als wir uns eines Tages nach dem Training trafen, sagte Lysis: »Erinnerst du dich an Kritias' jungen Vetter Aristokles, den Ringer? Du hast ihm einmal eine Botschaft von mir übermittelt in der Argiverpalästra.« – »O, ja, Aristons Sohn, der Junge, der redet wie ein Prinz. Ich habe ihn seither nicht wiedergesehen.« – »Du wirst ihn bald treffen, er geht mit uns zu den Spielen, er ringt in der Jugendkategorie.« – »Dann hattest du recht mit deiner Behauptung, er werde noch von sich reden machen.« – »Ja, und von seinen Erfolgen auch, wenn nicht eine andere Stadt einen ganz außergewöhnlichen Ringer schickt. Er ist der geborene Ringer, es steht ihm ins Gesicht geschrieben, zu deutlich nur, um noch anmutig zu wirken. Sie haben ihm in der Palästra nun einen Übernamen gegeben, sie nennen ihn Platon.« – »Wie gefällt ihm das?« fragte ich. Es kam mir wieder in den Sinn, wie der Junge mich angeblickt hatte, als vergleiche er mein Gesicht mit irgendeiner Vorstellung der Schönheit in seinem Innern, der ich einen Augenblick lang genügen könnte. »Wenn sein Körper schlecht proportioniert ist«, fuhr ich fort, »so sieht er nicht danach aus, als müsse man ihn darauf aufmerksam machen.« – »Wohl kaum; er trainiert die Läufe in voller Rüstung, um seine Glieder in fester Form zu bewahren; aber eine kleine Neckerei wird ihm nicht schaden, er neigt zu sehr zu würdigem Ernst. Er weiß es aber gut zu schlucken, in seiner Familie lernen sie wenigstens Lebensart, und es ist eine erfreuliche Abwechslung, einmal einen von ihnen in der Palästra statt auf der Rednertribüne zu sehen.«

Falls ich die Zeit erübrigen konnte, nahm ich mir vor, den Jungen beim Üben einmal zu beobachten, aber gerade da kam etwas dazwischen, das solche Kleinigkeiten aus meinem Kopf verbannte. Ich kam nach Hause und traf im Hof meine kleine Schwester Charis weinend an. Sie stolperte stets und stieß sich oft, denn sie war im Begriff, laufen zu lernen. Ich hob sie auf; da sie erst zweijährig war, sprang sie nackt herum, solange es nicht zu kalt war; ihr Körper duftete süß wie ein frischer Apfel. Nachdem ich sie wieder zum Lachen gebracht hatte, suchte ich nach ihrer Verletzung, konnte aber keine finden; deshalb trug ich sie ins Haus. Dort sah ich meine Mutter mit meinem Onkel Strymon im Gespräch. Sie hatte den Schleier über das Gesicht gezogen. Ich fand es sehr sittsam von ihr, sich wegen eines alten Mannes diese Mühe genommen zu haben, und doch störte mich etwas daran. Ich setzte das Kind auf den Boden und trat ein. Nun ließ Mutter den Schleier fallen und wandte sich mir wie eine Frau einem Manne zu, unter dessen Schutz sie die Götter gestellt haben. Ich trat zu ihr und stellte mich neben sie. Aufblickend traf mich der Blick Strymons, und ich dachte: »Dieser Mann ist ein Feind.«

Ich begrüßte ihn aber wie immer. Er sagte: »Alexias, ich habe gerade deiner Stiefmutter, und das nicht zum erstenmal, klarzumachen versucht, wie unschicklich es ist, daß sie nun, da dein würdiger Vater gestorben ist, hier in einem Haushalt lebt, dem ein Mann vorsteht. Die Götter haben mir hinreichende finanzielle Mittel geschenkt, um solche Verpflichtungen auf mich nehmen zu können. Bitte überzeuge sie davon, da sie zu befürchten scheint, mir in meinem Hause zur Last zu fallen.«

Ich überlegte. Da ich beinahe achtzehn war, würde ich bald mündig und damit ihr gesetzlicher Vormund sein. Doch bis dahin war er immer noch das Familienoberhaupt; sein Vorschlag war korrekt, wenn auch ziemlich aufdringlich. Zuerst beschäftigte mich vor allem die Frage, ob er auch mich in seinem

Hause haben wolle, dann aber sah ich, wie ihre Augen vor seinem Blick zurückschreckten, und ich verstand.
Er war erst fünfundsechzig und bei guter Gesundheit. Zweifelsohne würde er ihr einen Heiratsantrag machen, und viele Frauen an ihrer Stelle hätten sich auch glücklich geschätzt. Der maßlose Ekel, den ich empfand, war ohne Zweifel meiner Jugend zuzuschreiben. Statt einen vernünftigen Einwand gegen ihr Weggehen vorzubringen, schrie ich wie von Sinnen: »Sie wird hier bleiben, beim Zeus, und den möchte ich sehen, der sie fortnimmt!«
Er stand von seinem Stuhl auf. Wir maßen einander mit den Augen; selbst über den Rand eines feindlichen Schildes hinweg bin ich schon freundlicheren Blicken begegnet. Man raube einem Feinde nie seinen Deckmantel, er ist die beste Waffe gegen ihn. Wir hatten beide Atem geholt, um zu sprechen, als meine Mutter sagte: »Schweig, Alexias. Du vergißt dich!«
Mir war, als hätte sie mir einen Dolchstoß in den Rücken versetzt, während ich sie verteidigte. Als ich mich umdrehte und ihr Gesicht sah, verstand ich jedoch, daß sie Angst hatte. Das war nur natürlich; denn ein offener Bruch mit ihm hätte sich sehr unerfreulich auf unser Leben ausgewirkt. Ihr scharfer Ton ließ mich teilweise zur Besinnung kommen. Ich bat ihn um Entschuldigung und begann einige Einwände vorzubringen, die ich am Anfang hätte anführen sollen. Er entgegnete: »Bitte bemühe dich nicht erst, Alexias, dich zu entschuldigen. In deinem Freundeskreis scheint mir das, was wir soeben von dir gehört haben, durchaus an der Tagesordnung zu sein. Wo der Lehrer nicht einmal die unsterblichen Götter ehrt, sondern sie durch neue Gottheiten entthront, kann man vom Schüler kaum viel Ehrerbietung gegenüber dem Alter und der Verwandtschaft bloßer Sterblicher erwarten.«
Seit meiner Kindheit hatte ich die Gewohnheit, den Kopf in den Nacken zu werfen, wenn ich zornig war. Das tat ich auch jetzt,

doch hatte ich dabei ein merkwürdiges Gefühl; ich war an das Gewicht meiner Haare gewöhnt, und das fehlte mir jetzt. Mir war, als hätte sich eine Hand auf mich gelegt, um mir zu sagen: »Besinne dich, du bist nun ein Mann.«

»Ich habe diesen Tadel verdient«, sagte ich. »Mein Lehrer hätte mich noch früher zurechtgewiesen als du. Ich danke dir für dein Anerbieten, aber ich wünsche nicht, daß meine Mutter dieses Haus verläßt, wo ich über kurz Herr sein werde.« – »In ein paar Jahren«, versetzte er, »wenn du eine Braut nach Hause bringst, wird deine Stiefmutter kaum mehr Ursache haben, dir zu danken.« – »Wenn ich mir eine Braut wähle, so wird es keine sein, die meine Mutter nicht ehrt.« Er entgegnete: »Du hast keine Mutter, und diese Frau ist die Gattin deines Vaters.«

Ich mußte meine Augen auf seinen weißen Bart heften, ich hätte sonst nicht mehr für mich einstehen können. Selbst in der Schlacht war ich selten so aufgewühlt gewesen. Als meine Mutter sprach, schien ich sie zuerst kaum zu hören. Sie sagte wie eine Frau zu einem Kind, dem sie eben eine Ohrfeige versetzt hat: »Genug jetzt, Alexias. Verabschiede dich von deinem Onkel und geh.«

Ich hatte ihm ja nicht einmal geantwortet. Ihre Ungerechtigkeit schmerzte und ernüchterte mich zugleich. Da sagte ich: »Nun, ich bin überzeugt, daß keiner von uns beiden eine Familienangelegenheit vor Gericht ziehen möchte. Abgesehen davon wäre ich zur Zeit der Gerichtsverhandlung bereits volljährig, und deine Klage würde gegenstandslos. Wir haben dich nun aber lange genug von eigenen Geschäften abgehalten; dürfen wir dir noch etwas anbieten, bevor du gehst?«

Als er gegangen war, widerstrebte es mir, ins Haus zurückzukehren. Ich war mir wohl bewußt, die Sache falsch angefaßt zu haben, und fürchtete die Vorwürfe meiner Mutter. Ich trat statt dessen auf die Straße hinaus und wurde nur noch von *einem* Gedanken beherrscht Alle Bekannten fragte ich, ob sie Lysis irgendwo gesehen hätten. Einer sagte mir, er sei immer noch auf dem Ringplatz, aber er war nicht dort; ich traf ihn auf der Sandbahn beim Diskuswerfen. Er hatte die Scheibe eben abgewogen und begann auszuholen, als er mich erblickte; sein Arm verlor an Schwung, und der Wurf mißglückte. Die anderen lachten ihn aus, als sie den Grund entdeckten; dann hob er den Diskus wieder auf und machte einen gelungenen Wurf. Bald darauf hörte er auf und kam heraus, um sich zu waschen. Mir war, als hätte ich ihn noch nie mit soviel Freude erblickt; ich vermochte ihn kaum zu begrüßen. Als er sich angekleidet hatte und wir weggingen, fragte er: »Was ist denn? Du bist ganz außer dir, ist etwas schiefgegangen?« – »Nein, Lysis. Aber manchmal frage ich mich, wie ich es überhaupt machen konnte, ehe ich dich kannte; denn heute kommt es mir vor, als hätte ich mich bloß aus Unkenntnis dessen, was mir mangelte, am Leben festgeklammert, und wenn du nicht nach Korinth mitkämest, würde ich lieber meine Anmeldung zurückziehen, als so lange von dir getrennt sein.«

Er starrte mich an, halb lachend. »Zurückziehen? Was, von den Spielen? Das würde mir in der Stadt nicht viel Ruhm einbringen. Ich sehe jetzt, was los ist: du bist übertrainiert und wirst langsam nervös. Folge meinem Rat und vergeude keine Zeit auf die Befürchtung, eine andere Stadt könnte einen schnelleren Läufer entsenden. Du kannst es weder wissen noch Abhilfe schaffen, wenn du es wüßtest. Wie Sokrates mir vor Jahren einmal sagte: Man kann seinen Körper nur so weit entwickeln, wie das möglich ist, und ihn den Göttern empfehlen. Wüßten wir nicht, daß sie dem besten Manne den Kranz verleihen, so könnten wir uns ebensogut die harte Zucht ersparen und zu Hause bleiben und trinken. Söhne dich mit dir selber aus, mein Lieber, denn alles hat seine Grenzen. Wollen wir schwimmen gehen? Oder das Pferderennen ansehen? Oder im Säulengang ein wenig plaudern?« Die Stirn in nachdenkliche Falten gezogen, blickte er

mich an. »Autolykos sagt, während der ersten Hälfte des Trainings nehme er sich gewöhnlich ein Mädchen. Die Trainer sind zwar anderer Meinung, ich weiß, aber er empfiehlt es.«
»Ich glaube, ich werde mich ausschließlich an mein Training halten«, antwortete ich, »und mit einem Mädchen warten, bis ich in Korinth bin.« Ich wußte, wofür diese Stadt berühmt ist, und hatte das Gefühl, meine Antwort klinge sehr männlich. Schließlich gingen wir zum Pferderennen. Was mir auch immer auf der Seele gelegen haben mochte, als ich ihn suchen ging, am Abend, als ich nach Hause kam, fühlte ich mich wie von einem Fieber befreit.
Einige Wochen später wurde ich achtzehn Jahre alt und stellte mich zur Untersuchung. Mein Onkel Strymon begleitete mich, um den Anstand zu wahren. Als mein Alter und meine Herkunft beglaubigt waren, wurde ich vom Strategos eingeschworen. Mit todernstem Gesicht sagte er, ich sei wohl darauf begierig, nun meinen Militärdienst absolvieren zu können, hielt dann einen meiner Arme empor, schaute meine Narben an und lachte.
Zu Hause fand ich auf dem Bett meinen Männermantel ausgebreitet, den meine Mutter schon vor geraumer Zeit gewoben hatte, er roch noch nach den wohlriechenden Kräutern, in denen sie ihre Kleider aufzubewahren pflegte. Lysis hatte mich bereits gelehrt, wie man ihn in Falten wirft. Ich zog ihn an und ging mich zeigen. »Jetzt, Mutter«, sagte ich, »laß mich ein Lächeln sehen, von heute an hast du nichts mehr zu fürchten.« Sie lächelte mich an und versuchte zu sprechen, da standen ihr plötzlich Tränen in den Augen. Frauen lassen sich oft bei freudigen Anlässen auf diese Weise gehen. Ich ging mit offenen Armen auf sie zu, um sie zu trösten; aber sie rief, es bringe Unglück, den Mantel gleich beim ersten Tragen mit Tränen zu benetzen, wich mir aus und ging.

17

Am festgesetzten Tag versammelten wir uns am Piräus: die Priester und angesehenen Bürger, die den Zug anzuführen hatten, zwei Trainer und die Athleten, Männer und Jünglinge. Der junge Aristokles begrüßte mich auf dem Dock mit seiner altväterischen Förmlichkeit. Sein Übername war ihm geblieben: Knaben und Trainer und jedermann nannte ihn jetzt Platon. Er machte gute Miene dazu, und bald gewöhnte auch ich mich daran, wie alle übrigen.

Die Stadt schickte uns auf dem Staatsschiff *Paralos* nach Korinth. Hier schloß ich zum erstenmal Bekanntschaft mit Männern, die ich später noch viel besser kennenlernen sollte; doch ist es bemerkenswert, wie sich das Gesicht eines Schiffes ändert, dessen gesamte Besatzung, Ruderer und alle, aus freien Bürgern besteht. Eine Anstellung auf der *Paralos* wurde als höchst ehrenvoll betrachtet und stand jedem offen, der sich eine vollständige Hopliten-Ausrüstung nicht leisten konnte, was auch in vielen Fällen der Grund dafür ist, weshalb einer zur See geht. In ihrem Falle war aus der Notwendigkeit eine Tugend gemacht worden. Sie waren überzeugte Demokraten und verstanden in dieser Hinsicht keinen Spaß von keiner Seite. Ein oder zwei Mitreisende, die oligarchisch gesinnt waren, beklagten sich über ihre Anmaßung. Was mich betrifft, so hätte ich ihnen nach dem wochenlangen Palästrageplauder stundenlang zuhören können. Ich muß gestehen, daß es mir nicht einleuchtet, warum ein Seemann weniger Stolz haben sollte als etwa ein Soldat oder selbst ein Athlet. Niemand wird behaupten wollen, es sei ein niedrigerer Beruf als etwa der eines Mannes, der sich in seinen vier Wänden über eine Werkbank beugt, was dem Körper schadet und die Seele beengt.

Autolykos war einer ihrer Lieblinge, aber er war auch bei allen andern beliebt. Ich habe tonangebende Leute sagen hören, er besitze nicht mehr Verstand als ein Preisbulle, und ich will auch nicht behaupten, daß er in einem Streitgespräch geglänzt hätte, aber er war bei all seinen Erfolgen bescheiden, ein guter Kamerad und anständig durch und durch. Als Lysis ihn einmal vor mir lobte, sagte ich: »Ich kann mir gar nicht vorstellen, wie ihr Allkämpfer euch im Wettstreit einstellt. Ein Läufer muß bloß seine Gegner hinter sich lassen; aber in ein oder zwei Tagen, wenn du und Autolykos im selben Gang ausgelost werdet, schlagt ihr euch die Fäuste um die Ohren, werft euch gegenseitig zu Boden, tretet, würgt und verrenkt euch die Glieder, wobei jeder dem andern, abgesehen von Beißen und Augenausreißen, soviel körperlichen Schaden zufügt, wie das zwei Männer ohne Waffen in Händen nur können. Macht euch das denn nichts aus?« Er lachte und versetzte: »Man geht nicht darauf aus, den andern zu verletzen, sondern versucht ihn bloß zur Aufgabe zu zwingen. Ich kann dir nur sagen: Autolykos im Kampf ist kein Gegenstand für Zärtlichkeiten.«
Wir waren damals beim Nachtessen in einer Schenke in Salamis; der Gegenwind hatte uns hier zu nächtigen gezwungen. Autolykos war auch da und hielt den Steuermann aus. Ich sagte zu Lysis: »Er ist im letzten Jahr sehr schwer geworden. Das hat sein Aussehen nicht gerade verschönert. Ich habe noch nie jemanden soviel essen sehen wie ihn.« – »Er befolgt nur seine Trainingsdiät, er sollte sogar, strenggenommen, noch mehr essen; zwei Pfund Fleisch pro Tag.« – »Jeden Tag Fleisch! Das würde mich langsamer machen als einen Ochsen.« – »Nun, das Gewicht hat auch etwas für sich, die Sportlehrer der Stadt sind geteilter Meinung, sie lassen uns deshalb weitermachen, wie wir es unter den früheren Trainern gewohnt waren. Ich bin mit dem meinigen einig, daß der Allkampf, das Pankration, eine Männerprüfung sein soll, weshalb das passen-

de Gewicht eines Mannes auch für den Allkämpfer das richtige sein soll.«
Die Wirtshauslampe war angezündet worden; scheinbar hatte sich ganz Salamis draußen an der Hafenfront versammelt, um uns essen zu sehen, als sich herumgesprochen hatte, wer wir waren. Als sie uns so anstarrten, versuchte ich Lysis mit den Augen eines Fremden zu sehen, was mir sehr schwer fiel. Theseus, als er sich in voller Manneskraft befand und zum Ringkampf nach dem Isthmus aufbrach, hätte wohl nicht besser aussehen können. Sein Mantel stand offen, das Lampenlicht zeigte den schönen, harten Glanz seiner Haut, geöltem Buchenholz vergleichbar, und die klare Zeichnung der Muskeln und Sehnen. Nacken und Schultern hatten sich nicht verdickt, waren aber hart wie ein Fels, und er bewegte sie voller Anmut, wie ein Rennpferd. Es war offensichtlich, daß die Leute draußen auf seine Siege Wetten abschlossen und mir meinen Platz neben ihm neideten. Doch er glaubte in seiner Bescheidenheit, ihre Bewunderung gelte mir.
Am folgenden Tag sichteten wir den Hafen von Isthmia und sahen den zum Himmel emporragenden runden Berg, auf dem sich die korinthische Burg befindet. Als sich der Dunstschleier hob, konnte man die Mauern sehen, die sein Haupt wie mit einem Stirnband umzogen. Auf dem Gipfel sah ich einen kleinen leuchtenden Tempel und fragte Lysis, ob er ihn kenne. Er antwortete: »Das muß der Altar der Aphrodite sein, mit den Mädchen der Gottheit.«
»Wohnen sie dort?« fragte ich. Es schien mir sehr schön, daß Aphrodite ihre Mädchen wie Tauben in einer hohen Föhre halte, nicht leicht erreichbar. Ich stellte mir vor, wie sie in der Morgendämmerung erwachten, ihre rosigen Glieder vor dem frischen Morgenwind durch Kleidung schützten und zum Bergquell hinunterschritten; Mädchen wie Milch und Honig oder wie Rotwein, Geschenke an die Kyprierin aus jedem Land unter der

Sonne. »Nein«, antwortete er lächelnd, als er mein Gesicht sah, »der Altar ist für Leute wie du, welche Verständnis für die Liebe auf einem Berggipfel haben. Die Mädchen wohnen in der Nähe der Stadt, sonst würde die Göttin nicht sehr reich werden. Aber mach dir nichts draus, nach den Spielen wollen wir beide besuchen gehen. Nachts zu den Mädchen, bei Tagesanbruch auf den Berg. Wir werden ihnen zusehen, wenn sie Helios das Morgenopfer darbringen, wenn er aus dem Meere steigt.«
Ich stimmte zu, da mir das alles sehr passend schien für Männer, die vor dem Angesicht eines Gottes um den Ruhm gekämpft haben. Im Geiste sah ich bereits das Mädchen meiner Wahl im Lichte einer kleinen Lampe die Arme ausbreiten, ihr schimmerndes Haar auf dem Kissen.
Rund um uns schauten die Leute zu, wie die Küste immer näher kam, und unterhielten sich – wie das Männer unter strengen Trainingsvorschriften gerne tun – über die Vergnügungsmöglichkeiten von Korinth, sie tauschten die Adressen von Badehäusern, Bordellen und der berühmten Hetären von Lais abwärts aus. Da ich den jungen Platon in der Nähe stehen sah, wie immer ziemlich ernst, klopfte ich ihm auf die Schulter und sagte: »Nun, mein Freund, was wirst denn *du* in Korinth unternehmen?« Er blickte mich an und antwortete, ohne einen Augenblick des Zögerns: »Aus der Quelle von Peirene trinken.«
»Peirene?« fragte ich starrend. »Aus der Quelle des Pegasos? Du willst doch nicht etwa Dichter werden?« Er schaute mich offen an, um zu prüfen, ob ich ihn auslache (er war, wie bereits bemerkt, kein Dummkopf), und versetzte dann, vom Ergebnis offenbar befriedigt: »Doch, ich hoffe es.« Ich schaute seine buschigen Brauen und seinen kräftigen Körper an. Das Gesicht hatte etwas Vornehmes, das einen hinderte, es häßlich zu nennen; ich hatte sogar den Eindruck, er müsse als Mann einmal imponierend aussehen. Ich erkundigte mich deshalb mit dem gebührenden Ernst, ob er bereits etwas verfaßt habe. Er antwor-

tete, er habe eine Anzahl Epigramme und Elegien geschrieben und eine Tragödie über Hippolytos beinahe vollendet. Dann senkte er die Stimme und fügte hinzu, teils aus knabenhafter Schüchternheit, teils aber mit der Besonnenheit eines Mannes: »Ich überlegte mir eben, Alexias, was für einen Gegenstand für eine Ode das abgäbe, wenn du und Lysis bei den Spielen beide den Kranz gewinnen solltet!« – »Du junger Fant!« sagte ich, halb lachend, halb ungehalten. »Es bringt Unglück, schon vor dem Wettkampf den Triumphgesang anzustimmen. Nichts mehr von deinen Oden, in Apollos Namen!«

Als wir uns dem Hafen näherten, sahen wir zwischen den Föhren den großen Tempel des Poseidon und in der Runde die Gymnasien und Palästren, das Stadion und das Hippodrom. Die Ehrendelegation der Spiele empfing uns bei der Landung sehr höflich, verlas uns die Wettkampfregeln und sorgte dafür, daß uns unsere Unterkunft und der Speisesaal der Athleten gezeigt werde. Alle Ankleideräume und Bäder waren schöner als zu Hause; alles aus Marmor, und jeder Wasserspeier aus kunstvoll gearbeiteter Bronze. Der Ort wimmelte bereits von Wettkämpfern, die vor uns eingetroffen waren. Als ich auf die Übungsbahn hinaustrat, traf ich Jünglinge aus allen Städten der Ägäis, selbst aus dem fernen Ephesos.

Die Trainingsmöglichkeiten waren gut organisiert, nur mißfiel mir, daß sich alle möglichen Müßiggänger unter die Athleten mischen durften: Krämer, die Glücksbringer und Salben verkauften, Zuhälter aus den Bordellen, Spielmacher, die ihre Wetten auf uns so geräuschvoll abschlossen, als wären wir Pferde. Es war schwer, sich auf ein Ziel zu konzentrieren, aber als ich mich einmal an alles gewöhnt und Zeit gefunden hatte, die Form der anderen Jünglinge zu prüfen, glaubte ich zu wissen, daß ich mich nur vor zwei oder drei Gegnern in acht nehmen müsse. Einer war ein Spartaner namens Eumastas, den ich aus Neugierde ansprach, denn ich hatte mich noch nie mit einem Spartaner unterhalten, wenn man vom gegenseitigen Zurufen des Feldgeschreis absehen will. Sein Gebaren auf der Kampfbahn war ausgezeichnet, aber sein Benehmen ziemlich ungehobelt; da er selbst im Krieg nie aus Lakonia herausgekommen war, fühlte er sich in diesem großen Menschenauflauf unsicher und suchte das durch Betonung seiner Würde wettzumachen. Er war wohl neidisch auf meine Kampfnarben, dann er zeigte mir die Striemen auf seinem Rücken, die er bei der Auspeitschung vor dem Altar der Artemis Orthia erhalten hatte, wie das bei ihnen der Brauch. Er war Sieger im Wettlauf gewesen, da er am längsten ausgehalten hatte; der zweite, so sagte er, sei gestorben. Ich war um eine passende Antwort verlegen, beglückwünschte ihn aber jedenfalls. Er war harmlos, aber schwer von Begriff.

Viel weniger gefiel mir ein Jüngling aus Korinth, ein gewisser Tisander. Seine Aussichten wurden oft abgewogen, von ihm selbst noch mehr als von andern; sprach man von einem Neuankömmling, der ihm gefährlich werden könne, so zeigte er seinen Unmut mit ebenso lächerlicher wie ungebührlicher Offenheit. Ich machte ein oder zwei Schnelläufe und überließ ihn seinen eigenen Mutmaßungen.

Als wir uns trafen, erzählte mir Lysis, die Menschenmenge in der Palästra sei noch schlimmer als im Stadion, denn die Korinther haben eine Schwäche für den Ring- und den Allkampf. Ich fragte ihn nicht nach der Form seiner Gegner, denn kein Allkämpfer übt den Freistil, bei dem alles erlaubt ist, unmittelbar vor den Spielen, um sich keiner Verletzung auszusetzen. Er war ziemlich ruhig, aber noch ehe ich ihn fragen konnte, warum, hinderte mich der Lärm daran, meine Frage auszusprechen. Wir wollten eigentlich zum Isthmus von Korinth spazieren, aber nicht nur Korinth, sondern fast ganz Hellas und ganz Ionien schienen zu uns gekommen zu sein. Die Menschenmassen an den Panathenäen waren nichts dagegen. Jeder Ladenbesitzer von Korinth hatte hier einen Stand errichtet, es gab ganze

Straßen davon, wo nicht nur Ölflaschen und Bänder und Striegel und solche Dinge verkauft wurden, wie man sie bei allen Spielen findet, sondern auch all die teuren Luxusgegenstände der Stadt: Bronzefiguren und Spiegel, mit Silber- und Goldnägeln verzierte Helme, hauchdünne Seide, Juwelen und Spielzeug. In Wolken von Wohlgerüche gehüllt, schritten die reichen Hetären mit ihren Sklaven durch die Straßen, schätzten die Preise der prunkvollen Gewänder ihrer Rivalinnen ab und stellten den eigenen Prunk zur Schau. Marktschreier verschluckten Schwerter und Schlangen, warfen Fackeln in die Luft oder führten einen Messertanz auf; Tänzerinnen, Schauspieler und Musikanten machten einander den Rang streitig. Ich konnte es nicht satt werden, immer wieder auf und ab zu gehen: jeden Augenblick gab es etwas Neues zu sehen. Wir besuchten den Tempel, in dessen Säulengang sich eine Gruppe von Sophisten stritt, und sahen im Innern den großen Poseidon aus Gold und Elfenbein, der beinahe das Dach berührt. Dann spazierten wir wieder durch die Läden zurück. Nun wurden meine Blicke von vielen Dingen angezogen: ein silberbeschlagenes Schwert, eine goldene Halskette, die wie für meine Mutter geschaffen schien, und eine schöne, bemalte Weinschale, auf der die Heldentaten des Theseus dargestellt waren, ein Andenken, das ich Lysis hätte schenken mögen. Zum erstenmal ertappte ich mich beim Gedanken, was ich wohl mit den hundert Drachmen alles kaufen könnte, welche ein isthmischer Sieger von der Stadt erhält.
Am nächsten Morgen machte ich mich ernsthaft an die Arbeit, denn es trennten uns nur noch drei Tage vom Beginn der Spiele. In jeder fremden Ringschule schließt man sich einem Menschen mehr als den übrigen an, um sich gegenseitig den Rücken abschaben oder im Waschzimmer abspülen zu können; dies ergab sich zwischen mir und Eumastas, zuerst wohl aus Neugierde und wegen unserer gemeinsamen Abneigung gegenüber Tisander, später aus einem anderen, unbestimmbaren Grunde.

Ich hatte noch nie einen so schweigsamen, und er noch nie einen so geschwätzigen Menschen getroffen, das war offensichtlich. Aber wenn ich es müde wurde, für zwei zu sprechen, pflegte er mich auf seine kurzangebundene Art wieder von neuem in Fahrt zu bringen. Als wir uns einmal ausruhten, fragte er mich, ob alle Athener so glatte Beine hätten wie ich, denn er hielt dies für angeboren, und ich mußte ihm erst erklären, wozu ein Barbier zu gebrauchen ist. Er war ein hochaufgeschossener Jüngling mit dem ledernen Aussehen, welches das entbehrungsreiche Leben allen Spartanern verleiht, und mit struppigem Haar. Er war eben im Begriff, sein Haar lang wachsen zu lassen; in dem Alter, da wir das unsrige abschneiden. Ich machte sogar einen Versuch, ihm von Sokrates zu erzählen, aber er antwortete, aus Sparta würde ein jeder bald ausgewiesen, der die Knaben Widerrede lehrte.

In Eumastas sah ich meinen gefährlichsten Widersacher, was Ausdauer anbetrifft; Tisander war im Sprint zu fürchten, und Nikodemos von Kos wegen seiner Unberechenbarkeit, denn er war fähig, während des Rennens plötzlich Kräfte zuzusetzen. Gegen Ende des zweiten Morgens überlegte ich mir gerade diese Dinge, als der Flötenspieler eintrat, der den Takt für das Springen angibt. Ich wartete in der Kolonne, bis die Reihe an mich komme, als mir ein Mann winkte. Man hätte ihn für einen schlecht erzogenen Verehrer halten können; da ich für diese aber einen guten Blick hatte, mußte wohl etwas anderes dahinterstecken. Ich trat auf ihn zu und fragte, was er wolle.

Er behauptete, Trainer zu sein und die athenischen Methoden zu studieren, sei aber wegen des Krieges nicht mehr ganz auf der Höhe. Er stellte mir ein paar Fragen. Sie schienen mir nicht viel Fachkenntnis zu verraten, und ich begann bald zu zweifeln, daß er sei, wofür er sich ausgebe. Als er mich fragte, was ich von meinen eigenen Aussichten halte, schätzte ich ihn als gewöhnlichen Spielleiter ein, wollte ihn eben mit einer abgedroschenen Redensart abfertigen und weggehen, als er mich zurückhielt und vom jungen Tisander zu schwatzen begann, seiner Geburt und seinem Reichtum, von der Liebe seiner Familie zu ihm, bis ich fast überzeugt war, ich spreche mit einem in ihn vernarrten Anbeter. Plötzlich senkte er die Stimme und sah mir fest in die Augen: »Der Vater des Jungen hat mir erst heute gesagt, es wäre ihm wohl fünfhundert Drachmen wert, seinen Sohn siegen zu sehen.«

Es mag sein, daß wir schon bei der Geburt Erinnerungen an Schlechtes und Gutes mit uns bringen, anders wüßte ich nicht, wie ich ihn so rasch verstand. Ich hatte eben den Weitsprung mit Hanteln geübt und hatte diese immer noch in Händen. Ich spürte, wie sich meine Rechte von selbst in Bewegung setzte und sah den Mann zurückweichen. Doch selbst in seiner Furcht lag noch Berechnung. Wenn ich ihn niederschlug, kam mir in den Sinn, würde ich wegen Händel im heiligen Bereich festgenommen und für die Spiele disqualifiziert. Ich sagte: »Du bist wohl von einem Sklaven und einer Hure in der Gosse gezeugt worden! Sage deinem Herrn, er möge mir nach dem Waffenstillstand gegenübertreten. Ich will ihm dann zeigen, was der Preis eines Atheners ist.«

Der Mann war fast in dem Alter, das mein Vater nun gehabt hätte, und doch schluckte er das von mir mit einem blöden Lächeln. »Sei kein dummer Junge. Nikodemos ist damit einverstanden gewesen, und Eumastas auch; wenn aber du nicht mitmachst, dann wird aus dem Handel nichts, und du kannst von einem von ihnen geschlagen werden, ohne den geringsten Nutzen zu haben. Ich werde am Mittag wieder hier sein. Überleg's dir.«

Ich warf ihm einen unflätigen Fluch an den Kopf, der damals bei der Jugend gerade im Schwange war, und ließ ihn stehen. Die Flöte spielte immer noch. Man muß einmal in der Schlacht einen

Verletzten sich aufrichten gesehen haben, der seine Wunde noch nicht spürt und glaubt, weiterkämpfen zu können: genau so ging ich stracks ins Glied zurück, kam an die Reihe und war überrascht, den schlechtesten Sprung zu tun, den man wohl je auf dieser Anlage zu Gesicht bekommen hat. Einmal war genug, und ich zog mich zurück. Ich wußte nicht, was tun, aber auch nicht, was es für einen Sinn gehabt hätte, überhaupt etwas zu tun. Die ganze mir vertraute Welt schien unter meiner Hand wie eine faule Frucht zu zerspritzen.

In der Reihe der Springer konnte ich den breiten Rücken von Eumastas an den rosaroten, glänzenden Striemen auf der braunen Haut erkennen. Hätte mir jemand gesagt, ich sähe in ihm einen Freund, würde ich ihn angestarrt und gelacht haben; jetzt aber empfand ich eine bittere Übelkeit. Es kam mir in den Sinn, was man immer von Spartanern behauptet, sie seien schneller bestechlich als irgendein anderer, wenn sie Geld angeboten kriegen, da man sie zu Hause damit nicht in Berührung kommen läßt. Man mag sich mit Recht fragen, weshalb mir etwas an der Ehre eines Menschen lag, der mich im nächsten Jahr töten oder meinen Hof einäschern konnte. Und doch dachte ich: »Ich will zu ihm gehen und ihm das erzählen. Wenn er wirklich eingewilligt hat, die Bestechung anzunehmen, so wird er es bloß abstreiten. Wurde sie ihm aber angeboten, und er hat sie zurückgewiesen, wird er willig mit mir kommen und dem Vorstand der Spiele Bericht erstatten. Auf diese Weise kann ich mir Gewißheit verschaffen, und Tisander wird ausgepeitscht und disqualifiziert. Doch warte. An einem Ort, wo die Leute ihre Gegner kaufen, wird Verleumdung noch verbreiteter sein, da sie viel billiger zu stehen kommt. Wenn wir Bericht erstatten und man uns keinen Glauben schenkt, bleibt der Dreck für immer an uns kleben. Und falls Eumastas sich deshalb weigert, mich zu begleiten, so habe ich keinen Zeugen und werde auch nie erfahren, ob er bestochen wurde oder nicht. Nein, ich will ein gutes Rennen

laufen und meine Hände sauber halten; was geht es schließlich mich an, ob die der anderen sauber sind?«
Nun fühlte ich mich ruhiger und zuversichtlicher, bis es mir schien, die Stimme des Korinthers flüstere mir ins Ohr: »Kluger Bursche! Du hast erraten, daß ich log, als ich dir sagte, die anderen würden von dem Handel Abstand nehmen, wenn du dich weigerst. Ich sagte dir das, damit du die Gelegenheit zu einem leichten Sieg nicht ergreifen solltest. Nun, du hast mich zu rasch durchschaut. Eumastas und Nikodemos sind beide bestochen, du brauchst jetzt nur noch Tisander zu schlagen. Steig ins Rennen und gewinn dir deinen Kranz.«
Ich ging vom Kampfplatz weg, ohne zu achten, wohin ich schritt. Kein Weg schien mir gangbar, der nicht meiner Ehre abträglich gewesen wäre. Mir war, als sei ich für immer beschmutzt worden. In meiner Verwirrung hatten mich meine Füße von selbst zum Tor der Männerpalästra geführt. Ich überlegte: »Er wird wissen, was ich tun soll«, und schon war mir leichter ums Herz; dann aber stockte es und sprach: »Nennst du das Freundschaft, Alexias? Die Spiele stehen unmittelbar bevor. Ein Allkämpfer hat an seinen eigenen Sorgen genug.«
Er kam früher als gewöhnlich. Ich erkundigte mich nicht, wie es ihm heute gegangen sei, um nicht mit meiner Frage zurückgewiesen zu werden. Er war schweigsam, was mir gelegen kam, da ich selbst wenig zu sagen hatte; nachdem wir aber eine Weile gegangen waren, sagte er: »Es ist schönes und klares Wetter, und der Wind ist kühl. Wollen wir den Berg hinaufsteigen?«
Ich war ziemlich überrascht, denn da er für alles eine bestimmte Zeit festgesetzt hatte, sah es ihm gar nicht ähnlich, aus bloßer Launenhaftigkeit etwas zu ändern. Ich fürchtete schon, er habe meine gedrückte Stimmung bemerkt, aber ich freute mich wirklich über diese Ablenkung. Die Mittagshitze war vorüber, und das turmumkränzte Haupt der Akrokorinth hob sich golden vom zarten Frühlingshimmel ab. Beim Aufstieg wurden die Hügel in

unserer Umgebung größer, Korinth leuchtete zu unseren Füßen, und das Meer blaute weit hinaus. Unmittelbar unter den Mauern angelangt, sagte ich, vielleicht würden uns die Korinther nicht in ihre Burg einlassen, da wir ja, vom Heiligen Waffenstillstand abgesehen, ihre Feinde waren. Aber der Mann im Pförtnerhäuschen war höflich, plauderte über die Spiele und ließ uns ein.

Nachdem man die Mauern hinter sich gelassen hat, ist es noch immer ein gutes Stück Weges bis zur Akrokorinth. Da der Ort so hoch liegt, ist er nicht so von Menschen überlaufen wie unsere Akropolis; es war so still, daß man das Summen der Bienen im Asphodill, die hellen Glöcklein der Bergziegen und das Flötenspiel eines Hirten hören konnte. Jenseits der Mauern öffneten sich unermeßliche Räume blauer Luft, denn die Burg ruht auf hohen Felszacken, wie das Dach auf den Säulen eines Tempels.

Der Heilige Weg schlängelte sich zwischen Altären und heiligen Quellen durch. Wir betraten ein aus grauem Stein erbautes Heiligtum. Nach dem grellen Sonnenlicht war es hier sehr dunkel. In der Mitte, wo sonst das Bild der Gottheit steht, hing ein purpurner Vorhang. Ein Priester in dunkelrotem Gewand trat vor und sprach: »Fremdlinge, tretet nicht näher. Dies ist der Tempel der Notwendigkeit und der Gewalt; das Bild dieses Gottes darf nicht geschaut werden.« Ich hätte mich sogleich zurückgezogen, denn der Ort bedrückte mich, aber Lysis verweilte und fragte: »Ist es gestattet, ihm ein Opfer darzubringen?« Der Priester antwortete: »Nein. Dieser Gott nimmt nur die vorgeschriebenen Opfer an.« Lysis sagte: »So sei's denn«, und fügte zu mir gewendet hinzu: »Gehen wir!« Nun schwieg er so lange, daß ich ihn schließlich fragte, was ihn bedrücke. Er lächelte, schüttelte den Kopf und zeigte nach vorn; denn wir hatten nun den höchsten Punkt der Akrokorinth erreicht und schritten über kleine Heide- und Bergblumen auf den Altar zu.

Das Bild der Aphrodite zeigt die Göttin mit Schild und Speer bewaffnet, und doch habe ich noch nie einen so friedlichen Ort gesehen. Der Tempel ist zierlich und klein, und von seiner Terrasse fallen die Hänge sanft nach unten; die Mauern und Türme schauen aus der Tiefe empor, die Berge in der Runde gleichen grauen und purpurnen Schleiern, und die beiden Meerbusen breiten sich aus wie lauter Seide im Licht. Ich dachte an jenen Tag zurück, da Lysis und ich Sokrates gelauscht hatten und zur Akropolis hinaufgestiegen waren; diese Erinnerung schien uns hier gleichsam bereits erwartet zu haben, als sei der Ort eine Stätte für solche Dinge.

Nach einer Weile wies Lysis mit dem Arm nach unten und sagte: »Schau, wie klein es ist!« Ich schaute und sah das Areal der Spiele den Tempel und die Jahrmarktsbuden ringsum, kleiner noch als Kinderspielzeug aus bemaltem Ton. Meine Seele war leicht und frei und gereinigt von der Besudelung am Morgen. Lysis legte mir die Hand auf die Schulter; kein Zweifel und Kummer schien uns je wieder behelligen zu können. Nach unten in die Tiefe blickend standen wir da; ich folgte mit den Augen der langen Mauer des Isthmus, die den Süden Hellas' vom Norden trennt. Lysis zog eben den Atem ein, als wolle er sprechen, aber da hatte etwas meine Aufmerksamkeit erregt, und ich rief: »Lysis, schau, dort unten bewegen sich Schiffe auf dem Land.« Ich wies ihm die Richtung. Quer über den Isthmus zog sich eine so dünne Spur, daß sie unserem Auge nur wie ein Strich von einem Kinderstecken erschien. In kaum merklicher Bewegung krochen die Schiffe dieser Spur entlang. Um jeden Schiffsrumpf war fein wie Staub ein Schwarm von Seeleuten und Schleppern zu sehen, die an Seilen zogen oder mit Laufrollen den Weg vorbereiteten. Wir zählten vier Schiffe auf dieser Schiffsstraße und acht im Golf von Korinth, die darauf warteten, daß die Reihe an sie komme. Sie bewegten sich vom westlichen zum östlichen Meerbusen.

Ich wandte mich zu Lysis. Er sah aus wie vor einer Schlacht und bemerkte mich nicht. Ich packte ihn am Arm und fragte, was das sei. Er versetzte: »Ich habe von dieser Schiffsstraße schon gehört; das besagt an sich noch nichts. Aber es sind zu viele Schiffe.« Jetzt verstand ich. »Du meinst, es sind spartanische Schiffe, die hinter unserem Rücken in die Ägäis durchschlüpfen wollen?« – »Irgendwo auf den Inseln muß ein Aufstand ausgebrochen sein, und die Spartaner unterstützen ihn. Ich dachte schon längst, Alkibiades sei zu lange ruhig gewesen.«

»Wir müssen hinuntergehen«, sagte ich, »und die Abgeordneten benachrichtigen.« Die Schlange, die den ganzen Winter über geschlafen hatte, begann wieder das Haupt zu recken. Und doch schien mir das gering im Vergleich zu dem Bedauern, das ich nun über den Zwang empfand, den Berg verlassen zu müssen. Ich sagte zu Lysis: »Wir werden wieder zusammen hierherkommen, nach den Spielen.« Er antwortete nicht, sondern wies gegen Osten. Das Licht fiel schräg aus Westen ein und war sehr durchsichtig. Ich sagte: »Ich kann sogar bis Salamis sehen, dort ist die Hügelkette mit der Einbuchtung in der Mitte.« – »Ja«, stimmte er bei. »Kannst du noch weiter sehen?« Ich kniff die Augen zusammen. Jenseits der Einbuchtung glänzte etwas wie ein Stück Kristall in der Sonne. »Das ist die Akropolis, Lysis, mit dem Tempel der Jungfrau.« Er nickte, sprach aber nicht, sondern stand nur da wie einer, der tief in seine Seele aufnimmt, was er sieht.

Es war dunkel, als wir nach Isthma gelangten, aber wir begaben uns unverzüglich zum Hafen und riefen die *Paralos* an. Der Großteil der Besatzung vergnügte sich in Korinth, aber der Steuermann Agios war anwesend, ein untersetzter Mann mit gerötetem Gesicht und weißem Haar, welcher uns unter der auf dem Heck brennenden Pechlaterne Wein vorsetzte. Nachdem er uns angehört hatte, pfiff er durch die Zähne. »So, so«, sagte er, »das ist's also, was nach Kenchreai gebracht wird.« Er erzählte, wie er und sein Maat bei einer Wanderung am Strand beobachtet hatten, daß sich der Hafen dort mit Schiffen füllte; doch ehe sie noch in die Nähe gelangen konnten, waren sie von ein paar Wachen zurückgewiesen worden. »Spartanische Wachen«, fügte er hinzu. »Es ist mir nicht aufgefallen, daß sich die Korinther die Mühe genommen hätten, das zu verheimlichen.« – »Nein«, versetzte Lysis, »warum sind wir Athener denn sonst überhaupt hier? Es ist ihr gutes Recht, uns einzuladen, und das unsrige, zu kommen, da unsere beiden Städte die Spiele gemeinsam gründeten; aber es ist doch ein merkwürdiger Zeitpunkt, um den Heiligen Waffenstillstand anzubieten, während sich all das hier abspielt.«

Agios antwortete: »Sie sind schon immer unsere Nebenbuhler im Handel gewesen; es würde ihnen nicht schlecht passen, uns verarmen zu sehen. Mach mir aber nicht weis, daß sie ein Hellas unter Spartas Führung begrüßen würden. Hübsches Spielzeug, Vergnügungen, Luxus, das alles ist mehr als nur ihr Leben, es ist ihr Lebensunterhalt. So wie die Dinge liegen, wäre es zwar nicht erstaunlich, wenn sie eine Schwenkung vornähmen. Ich werde dafür sorgen, daß unsere Leute mit offenen Ohren in Korinth herumgehen. Aber hübsch eins ums andere; ihr Jungens solltet jetzt zu Bett gehen, so kurz vor den Spielen.«

Auf dem Rückweg trafen wir Autolykos bei seinem Trainingslauf nach dem Essen. Er rief Lysis an und fragte, was er denn statt dessen treibe. »Ich gehe schlafen«, antwortete Lysis, »wir stiegen heute mittag auf die Akrokorinth.« Autolykos runzelte die Stirn, er schien befremdet, wünschte uns aber eine gute Nacht und lief weiter.

Am nächsten Morgen war ich beim Aufwachen noch ein wenig steif in den Knochen von der Kletterei, weshalb ich zuerst eine Stunde beim Masseur verbrachte und anschließend nur die Lockerungsübungen im Takt der Musik machte, um morgen frisch zu sein, denn mit dem Wettlauf werden die Spiele jeweils

eröffnet. Zu Eumastas war ich höflich, als wir uns trafen. Einmal ertappte ich ihn, wie er mich mit einem Seitenblick streifte; wenn ich aber schweigsamer geworden war, so konnte das ausgerechnet einem Spartaner kaum auffallen.
Zu alledem waren die kretischen Athleten eingetroffen, als letzte von allen, da ein Sturm sie aufgehalten hatte. Ihr Ruf als Läufer gab mir mehr zu denken als Eumastas. Und richtig, als ich mich auf der Bahn einlief, fiel mir ein geschmeidiger, brauner Jüngling auf, von dem ich auf den ersten Blick sagen konnte, daß er uns allen überlegen sein mochte. Mit Windeseile verbreitete sich die Nachricht im Stadion, daß er in Olympia gelaufen und zweiter geworden sei. Obgleich ich meine eigenen Befürchtungen hatte, mußte ich doch lachen beim Gedanken, daß Tisander diese Nacht kaum werde schlafen können.
Ich erwachte an jenem einzigartigen Geräusch, das im Stadion anhebt, wenn sich die Bänke und Stehplätze zu füllen beginnen. Die Leute mußten sich schon lange vor den ersten Sonnenstrahlen eingefunden haben. Man konnte bereits das Ausrufen der Marktschreier und Akrobaten unterscheiden, das Anpreisen von Bändern, Kuchen und Myrte durch die Budenbesitzer und das Schreien der Wasserverkäufer und Buchmacher, welche die Vorgaben ausriefen, und das plötzliche Geschrei von Leuten hören, die sich einen Platz streitig machen; und durch alles hindurch das Gesumme der Gespräche wie von Bienen in einem alten Tempel. Das ist das Geräusch, das einen die Bauchmuskeln anspannen läßt und einen Schauer über das Genick jagt.
Ich stand auf und eilte zur Wasserröhre. Jemand überholte mich, es war Eumastas; er ergriff den Krug und spülte mich ab. Er warf einem das Wasser immer in einem einzigen harten Schwall über, daß man fast nach Luft schnappen wollte. Ich spülte ihn meinerseits ab und sah zu, wie das Wasser über seine Striemen rieselte. Fast unter einem Zwang sagte ich: »Ich laufe, um zu gewinnen, Eumastas.« Er starrte mich an und versetzte auf seine kurzan-

gebundene Art: »Was sonst?« Sein Gesicht ließ weder Überraschung noch sonst je ein Gefühl erkennen. Ich wußte nicht, ob er das in aller Harmlosigkeit, aus Taktgefühl oder aus Falschheit sagte. Und ich weiß es bis auf den heutigen Tag nicht.
Beim Einmarsch wurden die Athener ebenso bejubelt wie die Spartaner. Die Zuschauer waren zu ihrem Vergnügen gekommen und um den Krieg zu vergessen. Ich saß neben Lysis und verfolgte die Läufe der Knaben. Die Athener schlugen sich ganz gut, gewannen aber keine Preise. Es folgte eine Pause; Gaukler und Flötenspieler traten auf; dann erhoben sich plötzlich im ganzen Rund des Stadions die Epheben. Lysis legte mir die Hand aufs Knie und lächelte. Ich gab ihm ein verborgenes Zeichen, ein Geheimnis zwischen uns, und erhob mich mit den übrigen. Schon im nächsten Augenblick stand ich neben dem kretischen Jüngling, tastete mit den Zehen die Vertiefung im Startstein prüfend ab und hörte den Kampfrichter zum zweitenmal rufen: »Läufer! Füße auf die Startlinie!«
Es war einer jener frischen Frühlingstage, die uns anfänglich das Gefühl verleihen, man könne ewig laufen, und die den Anfänger dazu verleiten, das Tempo in einem Maße zu steigern, wie sie das an Sommerspielen nie wagen würden. Von diesen ließ ich mich überholen, als aber Eumastas die Spitze übernahm, war das ein ander Ding. Es fiel mir schwer, seinen striemigen Rücken anzuschauen, ohne an ihm vorbeizuspurten. »Sieh dich vor, Alexias«, sagte ich mir, »und verlaß dich auf das, was du weißt.« Auch Tisander verhielt sich abwartend. Wir liefen fast Kopf an Kopf. Abgesehen von Außenseitern, war Nikodemos der erste Läufer, der aufgab. Ich hatte gestern schon bemerkt, daß er beim Anblick des Kreters seine Hoffnungen begraben hatte. Für ihn war das allein schon ein hinreichender Grund gewesen.
Tisander holte ein wenig auf und machte eine Seitwärtsbewegung. Ich dachte schon, er wolle mich von der Seite regelwidrig

zu Fall bringen; das hätte ihm aber eine Disqualifikation eingetragen und mir weitere Sorgen erspart. Aber er änderte seine Absicht, denn wir wurden abgelenkt, weil irgendein Stümper einen Zwischenspurt anzog und sich an die Spitze setzte. Die ganze Zeit über war ich mir bewußt, daß mir der Kreter auf den Fersen folgte, denn ich sah ihn bei der Kurve vor dem Zieldurchgang nie. Jetzt plazierte er aber, geschmeidig wie ein Wolf, einen harten Antritt, der ihn bis an die Spitze und in Führung brachte. Das trug sich etwa in der Mitte der sechsten Runde zu. »Alexias«, dachte ich, »nun ist es Zeit!«

Ich dachte nur noch mit meinem Atem und meinen Beinen. Beim Startpunkt holte ich Eumastas ein. Ich war überzeugt, er werde mir einen heftigen Kampf liefern, aber nein: er war erledigt. Er war, wie die grünen Jungen, zu früh in Führung gegangen. Damit blieben noch der Kreter und Tisander. Beim Start war mir aufgefallen, daß Tisander als Talisman einen Pferdezahn trug, und ich hatte ihn deswegen verachtet; als Läufer aber war er keineswegs zu verachten. Er kannte sich und ließ sich nicht aus dem Konzept bringen. Vor uns lief der Kreter, gelöst und beherrscht. Wir liefen in die letzte Runde ein. Leute, die bisher ruhig geblieben waren, begannen uns nun anzufeuern, und wer uns bisher angefeuert hatte, begann nun zu brüllen. Plötzlich hörte ich durch all den Lärm hindurch Lysis' Stimme gellen: »Vorwärts, Alexias!« Es war jene Stimme, mit der er in der Schlacht das Feldgeschrei anhob, sie trug weit wie ein Trompetenstoß. Als höbe mich etwas empor, fühlte ich meinen Geist überströmen und mein Fleisch durchfluten. Kurz nach der Kurve ließ ich Tisander hinter mir zurück; den Kreter holte ich Mitte der Gegengeraden ein. Ich strafte sein Gesicht mit einem Seitenblick, er sah verblüfft aus. Ein paar Schritte liefen wir noch auf gleicher Höhe, aber nach und nach blieb er weiter zurück und ich verlor ihn aus meinem Blickfeld.

Die Menge hatte sich unmittelbar hinter dem Ziel zusammen-

gedrängt, und ich rannte mitten hinein. Zuerst teilte sie sich, um mich auslaufen zu lassen, dann schloß sie sich um mich zusammen. Mein Kopf dröhnte, und der Lärm verursachte mir Schwindel; ein riesiger Speer schien meine Brust zu durchbohren, so daß ich ihn mit beiden Händen ergriff. Während Myrtenzweige auf meine Schultern fielen, kämpfte ich gegen den Speerstoß, um Atem ringend. Dann wurde ein Arm ausgestreckt, um mir Platz zu schaffen und mich vor dem Gedränge zu schützen. Ich lehnte mich gegen Lysis' Schulter, und das Gewicht des Speeres verringerte sich allmählich. Bald darauf konnte ich die Leute um mich wieder erkennen und sogar mit ihnen sprechen. Weder hatte ich mit Lysis, noch er mit mir ein Wort gewechselt. Ich drehte mich ihm zu, damit er mir die Bänder umbinde, und wir schauten einander an. Sein weißer Mantel, den er am Morgen für das Opfer zu Poseidon frisch angezogen hatte, war vorne ganz mit Öl und Staub befleckt. Er sah so schmutzig aus, daß ich lachen mußte, aber er flüsterte mir zärtlich ins Ohr, er werde ihn beiseitelegen und aufbewahren, so wie er sei. Ich dachte: »Jetzt könnte ich sterben, denn größeres Glück können die Götter mir nicht bestimmt haben.« Aber dann fügte ich in meinem Herzen hinzu: »Der nächste Schritt heißt Olympia.«
Als die athenischen Abgeordneten mich beglückwünscht hatten, führte mich Lysis weg, damit ich mich noch vor dem Stadionlauf waschen und ausruhen konnte. Er brachte mir etwas gekühlten Wein mit Wasser und ein paar Honigkuchen, da er wußte, daß es mich nach dem Lauf immer maßlos nach Süßigkeiten verlangte; und wir legten uns oberhalb des Stadions unter einer Föhre nieder. Ein oder zwei Freunde kamen mit Bändern zu uns herauf, die sie für mich gekauft hatten, banden sie mir um und verweilten, um zu plaudern. Jemand sagte: »Der junge Tisander hat schließlich noch Glück gehabt mit seinem zweiten Platz.« – »Tisander?« fragte ich. »Er wurde dritter, der Kreter war zweiter.« Lysis versetzte lachend: »Nun, keiner sieht offen-

bar weniger vom Rennen als der Sieger.« Der andere fuhr fort: »Du hast dem Kreter die Luft weggenommen, als du an ihm vorbeigezogen bist, er hatte nachher keine Kampfkraft mehr.« – »Ich traute ihm den längeren Atem zu als Tisander«, sagte ich. »Vorsicht«, unterbrach mich Lysis und hielt den Weinkrug fest, »du hättest ihn beinahe umgestoßen, deine Hand ist noch nicht sicher.«

Ich bückte mich und scharrte aus Föhrennadeln einen kleinen Haufen zusammen, um dem Krug einen Halt zu geben. Die Bänder, die man mir um den Kopf geschlungen hatte, fielen mir dabei ins Gesicht, aber ich schob sie nicht zur Seite. Es kam mir wieder in den Sinn, wie der Kreter an die Spitze gespurtet war und ich gedacht hatte: »Dort läuft der Sieger, der wahre Sieger der Götter!« Er hatte auf der Piste so stolz und selbstsicher ausgesehen wie nur möglich, und er war doch so spät erst angekommen. Aber schließlich war er schon die Nacht zuvor in Isthma gewesen. Ich erinnerte mich an den Ausdruck der Verblüffung in seinem Gesicht, als ich mit ihm auf gleiche Höhe gezogen war. Ich hatte gedacht, er sei erstaunt, hier einen Meister zu finden.

Aus den Archiven ersehe ich, daß der Langstreckenlauf von einem Rhodier und der Stadionlauf von einem Thebaner gewonnen wurde. Alles, was ich von diesen Ereignissen noch weiß, ist, daß ich laut mitbrüllte, denn ich wollte mir nicht nachsagen lassen, ich hätte mich nur um meinen eigenen Sieg gekümmert. Am Tag darauf fanden das Boxen und die Wurfdisziplin statt, dann folgte der Tag der Ringkämpfe. Das strahlende und klare Wetter hielt an. Schon früh konnten die Athener einen Sieg melden; der junge Platon hatte den Wettkampf für Knaben gewonnen. Er lieferte einige ausgezeichnete, technisch hochstehende Kämpfe, brauchte sowohl seinen Kopf wie auch seine breiten Schultern und erntete viel Beifall. Lysis war voll des Lobes. Ich konnte wohl bemerken, wie das den Knaben freute;

wenn seine Augen unter den buschigen Brauen aufleuchteten, war er fast schön zu nennen. Ehe er ging, wünschte er Lysis Glück für seine eigenen Kämpfe. »Lysis«, sagte ich nachher, »wie gut kennt ihr, du und dieser Aristokles, einander? Ihr habt euch so ernst zugelächelt, daß ich mich noch immer frage, ob ich nicht eifersüchtig sein soll.« – »Sei kein Dummkopf«, antwortete er lächelnd. »Du weißt, daß das so seine Art ist; und wie steht es denn mit dir?« Und doch hatte ich wirklich einen Augenblick lang das Gefühl gehabt, sie teilten ein mir unbekanntes Geheimnis.

Bei der Grenzwache hieß ein geflügeltes Wort: »So kalt wie Lysis.« Er lebte dieser Legende auch nach, wie dies jeder gute Offizier tun würde. Er konnte selbst mich täuschen, aber doch nicht immer. Wenn er betont ruhig war, wußte ich, daß er innerlich gespannt war. Der Herold rief nun die Allkämpfer auf. Er machte mir unser Zeichen; ich sah ihm nach, bis er in den Umkleideräumen verschwunden war, und wartete, bis die Paarungen ausgelost waren. Er mußte im dritten Kampf gegen Autolykos antreten. »Wenn er den gewinnt«, dachte ich, »dann kann ihn keiner mehr am Kranzgewinn hindern.« Ich sprang von meinem Platz auf, denn ich hatte einen Plan gefaßt, und rannte die heiligen Stufen zum großen Tempel empor. Dort zog ich aus meinem Kleid eine Opfergabe hervor, die ich für den Gott bei einem der Läden draußen gekauft hatte. Es war ein hübsches Bronzepferdchen, mit versilberter Mähne und Schwanz und goldenen Zügeln. Ich kaufte Weihrauch und schritt zum Altar. In der Gegenwart Poseidons, einem so alten Gott, dem das Beben der Erde und die Stürme der See unterstehen, werde ich immer von Ehrfurcht ergriffen. Aber Pferde sind ihm teuer, und dies war das schönste, das ich hatte finden können. Ich händigte es dem Priester aus, sah, wie es geopfert wurde, und sprach mein Gebet.

Obwohl die Kämpfe unmittelbar vor dem Tempel ausgetragen

wurden, war bei meiner Rückkehr an meinen Platz der erste Kampf bereits vorüber, und die Athleten waren verschwunden. Der Kampf schien die Menge erregt zu haben, und es tat mir leid, daß ich ihn verpaßt hatte, für den Fall, daß Lysis später mit dem Sieger zu kämpfen hatte. Der zweite Kampf aber war nicht sehr sehenswert: er wurde von einem Mantinäer gewonnen, einem klotzigen Burschen, der einen Untergriff ansetzte, zu dem ihm Lysis nie Zeit gelassen hätte. Dann kündigte der Herold an: »Autolykos, Sohn des Lykon, gegen Lysis, Sohn des Demokrates, beide aus Athen.«

Es war vor allem Autolykos, der meine Aufmerksamkeit fesselte. »Was ist aus seiner Schönheit geworden?« fragte ich mich. Wenn er angekleidet war, sah man sein nettes Gesicht und bemerkte nicht, wie plump sein Körper geworden war. Kein Bildhauer hätte ihn jetzt mehr als Modell gewählt. Die Menge jubelte ihnen zu, bis sie im Ring standen. Man konnte feststellen – wie man das gewöhnlich kann –, daß sie Autolykos für das beklatschten, was sie von ihm gehört hatten, und Lysis für das, was sie von ihm sahen. Er stand da wie eine Bronze von Polykleitos; makellos überall, während Autolykos vierschrötig wie ein Dorfherkules aussah, der ein Ochsenkalb hochhebt, um eine Wette zu gewinnen. Aber ich war doch nicht so töricht, ihn zu unterschätzen. Trotz seiner Massigkeit war er noch sehr schnell und kannte jeden Schlich in seinem Fach. Während sie noch die ersten Schläge aus dem Stand wechselten, konnte ich die Kraft abschätzen, die hinter den seinen steckte, und ich betete, Lysis möge obenauf sein, wenn es erst zum Bodenkampf komme.

Doch trotz all meiner Befürchtungen brüllte ich mich schon nach der Zeit, die es braucht, um fünf Runden zu laufen, vor Freude heiser. Ich bahnte mir einen Weg durch die Menge und rannte auf Lysis zu. Der Kampf hatte ihm nicht stark zugesetzt. Er hatte ein geschwollenes Ohr, einige Schürfungen und rieb sich das linke Handgelenk, wo Autolykos einen Griff angesetzt und es beinahe gebrochen hatte beim Versuch, es zu einem Schulterschwung herumzudrehen. Alles in allem aber befand er sich in einem guten Zustand. Ich ging mit ihm hinein, und wir besuchten Autolykos, dem Lysis nach der Entscheidung hatte auf die Beine helfen müssen. Er hatte an einem der großen Rückenmuskeln eine Zerrung erlitten, und das hatte ihn erledigt. Er hatte starke Schmerzen; und es war Jahre her, seit er zum letztenmal den Sieg einem anderen hatte überlassen müssen, aber er schüttelte Lysis die Hand und beglückwünschte ihn zu seinem schönen Sieg, als der anständige Mann, der er immer gewesen war. »Das geschieht mir recht«, sagte er, »weil ich beim Training viel zuviel auf fremde Ratschläge hörte. Du bist vernünftiger gewesen, Lysis. Bringt nun die Petersilie; und dir weiterhin viel Glück.«

Ich hatte inzwischen meinen Sitzplatz verloren, aber Platon verschaffte mir einen neuen, indem er einfach jedermann zur Seite schob. Er war der stärkste Junge in diesem Alter, der mir je begegnet ist. Während der anderen Gänge sah ich keinen, der auch nur einen Gegner für Autolykos abgegeben hätte. Dann war es Zeit für die Viertelfinals. Es waren acht Kämpfer da, also hatte keiner Freilos. Der Herold rief: »Lysis, Sohn des Demokrates, aus Athen, gegen Sostratos, Sohn des Eupolos, aus Argos.« Der Name war mir unbekannt. Ich erriet, daß dies der Sieger aus dem ersten Kampf sein müsse, den ich verpaßt hatte, während ich im Tempel opferte. Dann traten sie vor, und ich sah den Mann.

Zuerst glaubte ich meinen Augen nicht zu trauen, und dies um so weniger, als ich ihn kannte. Zwei- oder dreimal hatte ich tatsächlich dieses Monstrum über den Jahrmarkt gehen sehen. Ich hatte nicht gezweifelt, er sei ein herumreisender Gaukler, dessen Kunst im Heben von Felsblöcken und Biegen von Eisenstangen bestehe, so sehr hatten mich seine lächerlichen, eingebildeten Gesichtszüge getäuscht. Einmal war auch Lysis bei mir gewesen, als ich lachend auf den Mann zeigte: »Was für ein scheußlicher Kerl! Was mag er wohl sein, und wer glaubt er eigentlich zu sein?« Lysis hatte geantwortet: »Er ist nicht gerade eine Schönheit, nicht wahr?« und hatte von etwas anderem gesprochen. Jetzt stand er da, ein Berg aus fettem Fleisch und großen Muskeln, die Rumpf und Arme wie knorriges Eichenholz bepackten, einem Stiernacken und Beinen, die unter dem Gewicht des plumpen Rumpfes gebeugt schienen, obschon sie dick und knotig waren. Aber wozu einen Anblick beschreiben, den heute jeder kennt, der sich die Ringkämpfer ansieht? Heute treten diese Ungetüme sogar in Olympia ohne jede Scham in Erscheinung, und nachher muß irgendein Bildhauer ihr Bild so verfälschen, daß man es ohne Ekel in der heiligen Altis ansehen kann.

Man wird heute den Eindruck haben, wir seien zu jener Zeit reichlich harmlos gewesen. Denn damals glaubten wir beim Anblick eines Mannes, der für Sprünge oder Läufe zu schwer war und tot umgefallen wäre, wenn er in der Rüstung einen Gewaltmarsch hätte machen müssen, etwas weit Schlimmeres als einen Sklaven zu erblicken, da er ja seinen Zustand selbst gewählt hatte. Wir warteten darauf, ihn aus der Gesellschaft freier Hellenen verbannt zu sehen, und munterten Lysis auf, diesem Wunsche nachzukommen. Er stand neben diesem häßlichen Klotz wie das Bild des Sieges: Held gegen Ungetüm, Theseus mit dem Minotaurus.

Dann begann der Kampf, neue Geräusche wurden hörbar, und ich erwachte aus meiner Träumerei.

Ich hatte den ersten Gang von Sostratos nicht gesehen, aber die Menge hatte ihm beigewohnt und sich schneller an den Anblick gewöhnt, daß Lysis einem Schlage ausweichen mußte. Niemand pfiff ihn aus, und einige jubelten ihm sogar zu. Als er selbst einen Schlag landete, begannen sie zu toben. Aber man konnte deutlich sehen, es war nur ein Schlag gegen einen Felsen. Die langen

Arme des Mannes glichen sausenden Felsblöcken, einer traf Lysis' Wange, nicht einmal voll, aber sogleich begann Blut zu fließen. Jetzt dachte ich, als wäre mir diese Neuigkeit zum erstenmal zugetragen worden: »Auch diese Mißgeburt ist ein Allkämpfer.«
Lysis ging als erster zum Nahkampf über. Er packte Sostratos' Arm während des Ausholens, und unter seinem eisernen Griff wurde dessen Hand schlaff. Ich wußte, was nun kommen würde: ein kurzes Abwinkeln und dann das Hochheben, ein Hüftschwung. Ich sah ihn den Griff ansetzen und konnte den genauen Augenblick erkennen, als er einsah, daß er diese Fleischtonne nicht hoch genug heben könne, um sie zu werfen. Dann setzte Sostratos zu einer Krawatte an; wäre Lysis nicht rasch wie ein Panther gewesen, er hätte nicht entrinnen können. Die Menge spendete seinem Entkommen Beifall, als hätte er einen Sieg errungen. Inzwischen hatte er die Wendigkeit des Gegners erprobt und begann jene Wagnisse einzugehen, die sich der schnellere Mann gegenüber dem langsameren erlauben darf; nur daß hier das Wagnis doppelt so groß war. Zuerst rannte er ihm den Kopf in den Bauch, ich hörte das Ungetüm grunzen; aber noch ehe es den Kopf von Lysis packen konnte, hatte sich dieser wieder befreit und zu einem Untergriff von vorn angesetzt. Dann hakte er das Bein hinter dem Knie von Sostratos ein, und sie schlugen beide zu Boden. Es gab einen dumpfen Ton, wie das Aufprallen eines stürzenden Felsblockes. Die Menge jubelte. Aber ich sah, daß Sostratos sich beim Stürzen über den Arm von Lysis gewälzt hatte. Er lag nun da, wie von einem Bergsturz begraben. Sostratos schickte sich an, sich über Lysis zu wälzen, aber dieser zog rechtzeitig das Knie an. Er wurde noch immer durch den Arm am Boden gehalten. Ich sprang auf die Füße und schrie ihm zu. Ich versuchte meiner Stimme Tragkraft zu verleihen, aber ich glaube nicht, daß er mich bei dem Getöse hören konnte. Er schlug die flache Hand in Sostra-

tos' großes Schweinsgesicht, preßte ihm den Kopf ins Genick und befreite seinen Arm. Dieser war zerschunden und blutig, aber noch immer kampffähig. Blitzschnell drehte er sich nun um; sie rangen am Boden weiter, schlugen aufeinander ein und setzten ihre Griffe an. Lysis war immer der Schnellere. Aber Schnelligkeit ist beim Allkampf nur Verteidigungswaffe. Die Stärke ist es, die gewinnt. Jemand schlug mich aufs Knie. Es war Eumastas, der Spartaner, der so meine Aufmerksamkeit auf sich lenken wollte. Er verschwendete niemals Worte. Als ich zurückblickte, fragte er: »Ist der Mann dein Geliebter?« – »Welcher?« fragte ich, denn ich hatte keine Zeit für ihn. Er sagte: »Der Mann.« Ich nickte, ohne mich umzuwenden. Ich spürte, wie er mich beobachtete, bereit, mich zu loben, falls ich mit unbeweglichem Gesicht zusehen könne, wie Lysis mißhandelt wurde. Ich hätte ihn an Ort und Stelle umbringen können.
Eben jetzt bekam Lysis für einen Augenblick die Oberhand. Sein Haar war von staubigem Blut verfilzt, Blut bedeckte sein Gesicht wie eine Maske und strömte an seinem Körper nieder. Er erhob sich, schien dann nach hinten zu fallen, und die Menge stöhnte auf. Als aber Sostratos auf ihn einstürzte, hob er den Fuß und trat den Mann nieder, daß dieser an seiner Statt zu Boden krachte. Der Lärm war so groß, daß ich kaum mich selbst brüllen hörte. Aber es lag nun etwas Neues darin. Zuerst hatte ich es nicht bemerkt, aber nun nahm es zu. In jener Zeit war der Allkampf ein Wettstreit für kämpfende Männer. Wohl hatte es immer ein paar Leute mit sklavenhafter Gesinnung gegeben, die daran ein anders geartetes Vergnügen hatten, aber sie waren klug genug gewesen, das für sich zu behalten. Jetzt aber wagten sie sich wie Geister, die durch Blutsaufen Kräfte gewinnen, plötzlich ans Tageslicht, und man konnte ihre Stimme hören.
Als Sostratos sich wieder auf ihn warf, packte ihn Lysis am Fußgelenk und hielt ihn fest. Er drehte nun den Fuß wie eine Schraube um und versuchte, Sostratos zur Aufgabe zu zwingen.

Schließlich gelang es Sostratos, ihn mit dem anderen Fuß wegzutreten, und ich sah wieder, wie die riesige Masse auf ihn niederkrachte. Aber Lysis glitt darunter hervor und packte dabei einen Arm; im nächsten Augenblick saß er auf Sostratos' Rücken, die Beine um seinen Rumpf geklemmt, und setzte den schönsten Würgegriff am Halse an, den ich je sah. Sostratos hatte nur noch einen Arm frei zur Abwehr, den anderen hatte Lysis gefesselt. Überall sprangen die Leute auf; der junge Platon, dessen Gegenwart ich völlig vergessen hatte, grub seine Finger in meinen Arm. Der Kampf sah so gut wie gewonnen aus.

Dann begann Sostratos sich zu erheben. Mit dem Gewicht eines schweren Mannes auf dem Rücken und halb erdrosselt, gelang es dem riesigen Ungetüm dennoch, sich auf den Knien aufzurichten. Ich hörte das blutrünstige Brüllen von Gesichtern, die ich nicht gesehen hatte. »Laß los, Lysis!« brüllte ich. »Laß los!« Aber seine Kraft war wohl beinahe erschöpft, und er wußte, daß es jetzt oder nie heiße. Er biß die Zähne zusammen und preßte seinen Arm fester um den Stiernacken von Sostratos. Und Sostratos richtete sich rücklings auf und ließ sich auf ihn niederfallen wie ein Baum. Tiefe Stille herrschte, dann begannen die blutbesoffenen Stimmen Beifall zu brüllen.

Alles, was ich von Lysis sehen konnte, waren Arm und Hand. Diese lag, die Handfläche nach oben gedreht, im Staub; dann sah ich ihn nach einem Angriffspunkt tasten. Sostratos drehte sich nun um. Zum erstenmal sah ich in seinem breiten Gesicht die kleinen Augen, nicht die Augen eines wütenden Ebers, sondern die kalten Augen eines Wucherers. Lysis begann sich auf seinem Arm aufzurichten. Ich wartete darauf, daß er dem Kampfrichter seine Aufgabe anzeigen werde. Vielleicht war er zu zornig, um aufzugeben, doch glaube ich eher, er war zu betäubt, um zu wissen, wo er überhaupt war. Auf alle Fälle schleuderte ihn Sostratos wieder auf den Boden, so daß man den Aufprall seines Schädels hören konnte. Selbst jetzt noch schien

er sich zu bewegen, aber der Kampfrichter senkte die gegabelte Rute und machte dem Kampf ein Ende.
Ich sprang auf. Platon hielt mich am Arm und sagte etwas; ich schüttelte den Jungen ab und drängte mich durch die Menge, während mich die Leute, auf die ich dabei trat, anbrüllten und mir Flüche nachschickten. Ich eilte zum Umkleideraum und traf eben ein, als sie ihn hereintrugen. Sie brachten ihn in ein kleines Hinterzimmer, auf dessen Boden ein Strohlager war, während ein Wasserspeier in der Form eines Löwenmauls einem Becken Wasser spendete. Draußen hatte der nächste Gang begonnen. Ich konnte den Beifall hören.
Der Aufseher sagte zu mir: »Bist du sein Freund?« – »Ja«, antwortete ich. »Ist er tot?« Weder Leben noch Atem konnte ich in ihm entdecken. »Nein, er ist nur bewußtlos und hat wohl ein paar Rippen gebrochen. Aber er könnte sterben. Ist sein Vater da?« – »Wir sind Athener«, versetzte ich. »Bist du Arzt? Sag mir, was ich tun soll.« – »Nichts«, antwortete der Mann, »aber beruhige ihn, wenn er erwacht und irre redet. Gib ihm Wasser, wenn ihn danach verlangt, aber keinen Wein.« Dann blickte er von Lysis auf und schien mich zum erstenmal zu sehen. Er sagte: »Er hat einen schönen Kampf geliefert, aber ich frage mich, was ihn bei seinem Gewicht zur Anmeldung bewogen hat.« Dann ging er, um draußen dem Kampf zuzuschauen, und wir blieben allein.
Er atmete, aber so leise und langsam, daß ich es kaum hören konnte. Die eine Gesichtshälfte war über und über zerschunden, die Nase hatte geblutet, und in der Kopfhaut klaffte ein Riß. Über der Augenbraue war die Stirnhaut gespalten, und ich konnte erkennen, daß die Narbe wohl bleiben würde. Ich zog die alte Wolldecke, mit der man ihn bedeckt hatte, weg; der Körper war so zerschlagen und beschmutzt, daß ich nicht ausfindig machen konnte, was er gebrochen hatte. Ich ergriff ein an der Wand hängendes Handtuch und wusch ihm das verkrustete Blut, das

Öl und den Staub ab, soweit ich das tun konnte; denn ich hatte Angst, ihn umzudrehen. Ich sprach mit ihm, rief laut seinen Namen, aber er rührte sich nicht. Dann merkte ich, daß ich ihn nicht hätte waschen sollen, denn das Quellwasser war kalt und der Raum aus Stein; sein Fleisch wurde unter meinen Händen kalt wie Marmor, und der Mund erhielt eine blaue Färbung. Ich glaubte, er werde unter meinen Augen sterben. Die Kleider von irgend jemandem lagen in einer Ecke, ich häufte sie auf ihn, aber er fühlte sich immer noch kalt an, so daß ich meine eigenen Kleider noch hinzufügte und mich selbst neben ihn legte.
Wie ich ihn umfing und versuchte, etwas Leben in ihn zu bringen, und selbst aus Furcht fror, dachte ich an die langen Erkundungsritte bei der Grenzwache, in den winterlichen Bergen, als selbst die Wölfe in ihren Höhlen sich aneinander wärmen mußten und er allein gelegen hatte. »Du hast mir Mut in der Schlacht gegeben«, dachte ich, »als ich das Pferd unter mir verloren hatte, du hast mir das Leben gerettet und wurdest für mich verwundet. Wer hätte nach so viel Mühsal nicht vom Felsen nach Honig ausgeschaut? Du aber hast ihn dem Himmel als Opfer dargebracht; für dich gab es nur Blut und die salzige See. Was ist Gerechtigkeit, wenn die Götter nicht gerecht sind? Sie haben dir den Kranz weggenommen und einem wilden Tier aufgesetzt.«
Sein Mund war kalt unter dem meinen, weder öffnete er die Augen, noch sprach, noch rührte er sich. In meinem Herzen sprach ich: »Zu spät liege ich bei dir unter dem Mantel, ich, der ich dir nie freiwillig etwas abgeschlagen hätte. Zeit und Tod und Wechsel sind unerbittlich, und in der Jugendzeit verlorene Liebe kehrt nicht wieder.«
Ich stand auf, da jemand kam. Das Licht im Eingang hatte sich verdunkelt. Sostratos stand da. Er fragte: »Wie geht es ihm?« Es war merkwürdig, aus seinem Mund einen menschlichen Laut statt des Grunzens eines Ebers zu hören. Es freute mich, Lysis'

Spuren an ihm zu bemerken. »Er lebt«, antwortete ich. Der Mann trat näher, starrte ihn an und ging wieder weg. Ich legte mich wieder zu Lysis. Bitterkeit erfüllte mein Herz. Ich erinnerte mich an seine Statue in der Schule, die geschaffen worden war, noch ehe ich ihn kannte, und ich dachte daran, wie er von Kindheit an gelaufen, gesprungen war, Diskus und Speer geworfen, wie er geschwommen und gerudert und geritten hatte, wie ich selbst mich abgeplagt, die Picke geschwungen und Gewichte gestoßen hatte, um Schultern und Beine in harmonischen Einklang zu bringen; wie der junge Platon in der Rüstung gelaufen war und wie wir alle im Gymnasium Apollo geopfert hatten, dem Herrn über Maß und Gleichmaß. Doch dieser Mensch hatte Anmut und Behendigkeit verkauft und die Ehre des Kriegers auf dem Feld; unbekümmert, ob er in den Augen der Götter schön sei, einzig darauf bedacht, den Kranz zu gewinnen. Und doch war ihm der Sieg zugefallen. Draußen war der Kampf zu Ende. Die Menge schwatzte, und einer spielte die Doppelflöte. Lysis bewegte sich und stöhnte. Er war nun ein wenig wärmer geworden. Unvermittelt versuchte er sich aufzurichten, mußte aber erbrechen. Als ich mit Aufwischen fertig war, trat der Arzt wieder ein. Er kniff Lysis in den Arm. Als er ihn ein wenig zucken sah, sagte er: »Gut. Aber er muß ruhig liegen bleiben, denn wer sich nach einer Bewußtlosigkeit zu schnell wieder anstrengt, kann sterben.« Nachdem er gegangen war, begann Lysis sich hin und her zu werfen und Unsinn zu reden. Er glaubte sich auf einem Schlachtfeld und einen Speer in der Flanke zu haben und hieß mich, ihn ja nicht zu berühren, sondern Alexias zu holen, der ihn herausziehen solle. Ich war am Ende meiner Weisheit, aber da kamen mir die Worte des Arztes wieder in den Sinn. Während ich noch versuchte, ihn hinzulegen, trat Sostratos wieder ein und fragte, wie es ihm gehe. Ich blieb kurz angebunden, dachte aber doch etwas besser von dem Mann wegen seiner Teilnahme. Bald darauf begann draußen wieder das Geschrei;

der Endkampf war im Gange. Er schien kaum begonnen zu haben, als er auch schon zu Ende war. Ich dachte, Sostratos müsse seinen Gegner mit einem Schlag erledigt haben. In Wirklichkeit aber hatte sein Gegner, der gesehen hatte, wie man Lysis hinausgetragen hatte, sich sofort an den Boden gelegt und den Kampf aufgegeben. Ich hörte, wie der Herold den Sieger verkündete. Die Beifallsrufe waren ziemlich flau; weder hatte es einen guten Kampf gegeben, noch war Blut geflossen, es war also niemand auf die Rechnung gekommen.

Die Menge zerstreute sich; draußen im Umkleideraum schwatzten und lachten die Leute. Jetzt kam der Mann, mit dessen Kleidern ich Lysis zugedeckt hatte, diese holen. Es wurde kühler, aber ich wagte nicht, ihn zu verlassen und nach weiteren Kleidungsstücken zu suchen, aber ich hoffte, es würde jemand kommen. Schließlich näherten sich Stimmen; Sostratos stand im Eingang und sprach zu einem über die Schulter hinweg. Die Bänder, mit denen er geschmückt war, gaben ihm das Aussehen eines Ochsen, der zum Opfer geführt wird. Als er schwieg, hörte ich den Mann, der seine Kleider geholt hatte, sagen: »Komm, mach dir keine Sorgen, Sostratos, ich war eben drinnen und hörte ihn sprechen. Er wird schon am Leben bleiben, solange die Spiele dauern, und nachher ist es ja gleichgültig.« Ich hatte ganz vergessen, daß überall – mit Ausnahme von Sparta – der Sieger im Allkampf disqualifiziert wird, wenn er im Kampfe tötet. Ich saß da und betrachtete Lysis; dann hörte ich etwas hinter mir. Sostratos war schließlich doch noch gekommen. Er sah Lysis ins Gesicht und fragte wieder, wie es ihm gehe. Hätte ich ihm geantwortet, so wäre es um meine Beherrschung geschehen gewesen. Er begann mich statt dessen zu mustern und nahm plötzlich feine Manieren an, was ihm so gut stand wie ein Veilchenkranz einem Schwein. »Warum so niedergeschlagen, schöner Jüngling? Die Glücksgöttin regiert die Spiele. Willst du die Zeit deines Sieges hier wie ein Gefangener vertrauern?

Komm mit und schließe mit anderen Siegern Bekanntschaft. Es ist an der Zeit, daß wir beide uns besser kennenlernen.«
Es gibt eine Gebärde der Abweisung, die jeder kennt, aber kein anständiger Mensch verwendet. Und doch wollte ich unmißverständlich sein. »Du hast deinen Kranz gewonnen«, versetzte ich, »geh und spiel mit ihm.«
Als er abging, hörte ich Lysis sagen: »Alexias.« Er schien böse mit mir zu sein. Ich weiß nicht, wieviel er verstanden hatte. Ich beugte mich nieder und sagte: »Hier bin ich, was ist?« Aber seine Augen verdunkelten sich wieder. Er sah sehr erschöpft aus. Die Abendkühle setzte ein, aber ich fürchtete, er versuche aufzustehen, wenn ich wegginge, um noch mehr Kleider zu holen. Bald mußte es dunkel sein. Tränen stiegen in mir auf wie eine Krankheit, aber ich wagte nicht zu weinen, weil er es hätte hören können.
Inzwischen hatte sich der Umkleideraum draußen entleert; da dröhnte ein kräftiger Schritt in seiner Leere. Der junge Platon trat ruhig ein und blickte auf Lysis nieder. Während wir dem Kampf zugeschaut hatten, trug er noch seine Siegesbänder, nun waren sie verschwunden. Ich bat: »Kannst du mir einen Mantel verschaffen, Platon? Lysis friert.« – »Du scheinst selbst kalt zu haben«, antwortete er. Nach kurzer Zeit kam er mit zwei Hirtendecken zurück; ich deckte Lysis zu und häufte noch meine Kleider darüber. Platon schaute schweigend zu, dann sagte er: »Sie haben Sostratos den Kranz verliehen.« – »Ja?« sagte ich. »Und der Krieg in Troja ist auch vorüber, gibt es sonst was Neues?« – »Für mich ist das neu. Was glaubt denn Sostratos gewonnen zu haben? Was für ein Gut? Was für ein Vergnügen? Was hatte er begehrt?« – »Ich weiß es nicht, Platon. Du könntest ebensogut fragen, warum die Götter das zulassen.« – »Die Götter?« versetzte er, zog seine buschigen Augenbrauen hoch und ließ sie wieder fallen, genau so, wie er es heute noch tut. »Was hat es für die Götter für einen Sinn, irgend etwas zu tun? Ist es

nicht genug, daß sie einfach sind? Hast du zu essen gehabt? Ich habe dir etwas mitgebracht.« Die Nahrung erwärmte mich etwas. Als er gegangen war, bemerkte ich, daß beide Decken neu waren; er mußte sie wohl selbst auf dem Markt gekauft haben. Bei Einbruch der Nacht trugen sie Lysis zum Bereiche des Asklepios; am nächsten Tage konnte er wieder vernünftig sprechen und Nahrung aufnehmen, obschon ihn wegen der gebrochenen Rippen jede Bewegung schmerzte. Er sprach wenig, und ich ließ ihn ausruhen. Ich wollte bei ihm bleiben, aber er befahl mir, die Wagenrennen anzuschauen. Meine Weigerung schien ihn aufzuregen, und so ging ich denn hin. Sie wurden mit großer Pracht abgehalten, zum Ruhme des pferdeliebenden Poseidon, der sich durch mein Bronzepferdchen nicht hatte erweichen lassen. Ich hörte, daß dies der große Tag der Spiele sei, an dem jeder Korinther komme und niemand mehr an Langstreckenlauf oder Allkampf denke.

Als ich zurückkam, schien Lysis etwas gekräftigt zu sein. Er sagte, am folgenden Tag, zu meiner Bekränzung, werde er aufstehen. Das aber war zuviel für mich, und ich erzählte ihm die Geschichte des Langstreckenlaufes. Er hörte ruhig zu, zog ein wenig die Brauen zusammen, aber eher in Gedanken als aus Zorn oder Überraschung. »Grüble nicht darüber nach«, sagte er dann. »Du bist ein gutes Rennen gelaufen, und sehr wahrscheinlich war überhaupt niemand bestochen. Jeder Dummkopf hätte in dir den schnellsten Läufer erkannt und sich zuerst deiner vergewissert, ehe er Geld auf die anderen verschwendet hätte. Ich habe den Kreter genau beobachtet, und er schien mir erledigt zu sein.« – »Vielleicht. Aber wir werden es jetzt nie sicher wissen.« – »Warum dann darüber nachdenken? Wir müssen die Welt nehmen, wie sie ist, Alexias.« Dann wiederholte er: »Du bist ein großes Rennen gelaufen. Sie waren alle in deiner Hand.«

Am folgenden Morgen fand der große Zug zum Tempel statt, und die Sieger wurden vor Poseidon bekränzt. Es gab viel mehr

Musik und Zeremonien als bei uns zu Hause. Die Priester des Asklepios wollten Lysis nicht aufstehen lassen. Ich kehrte nachher zu ihm zurück, und er ließ sich meinen Kranz zeigen. Ich hatte von ihrem Petersilienschmuck genug; aber als ich ihn in eine Ecke schleuderte, ermahnte er mich scharf, nicht den Narren zu spielen, sondern auszugehen und mit den andern in Korinth zu feiern.

Es war Abend. Die Sonne schien noch auf den mauerumkränzten Berg. Er muß gewußt haben, daß er nicht bis nach den Spielen warten durfte, wenn er ihn besteigen wollte. »Was soll ich in Korinth?« fragte ich. Aber er verlor die Geduld, wurde wütend und sagte, ich komme ins Gerede, wenn ich fernbleibe. Da erkannte ich, was ihn quälte: Man könnte sagen, er habe mich aus Neid von den Lustbarkeiten abgehalten. Deshalb willigte ich ein.

Es hat viel farbigen Marmor in Korinth und viele Bronzen, einige davon vergoldet; sie verbrennen Wohlgerüche in den Türeingängen; die Schenke, in der wir tranken, hatte draußen einen Käfig mit einem sprechenden Vogel hängen, der pfiff und sagte: »Tritt ein.« Ich hatte mich den Läufern und Boxern angeschlossen, später stießen noch ein paar Ringer zu uns. Ich betrank mich, so schnell ich konnte; und für kurze Zeit erschien mir Korinth ganz fröhlich. Wir zogen singend durch die Straßen und kauften Blumenkränze; dann betraten wir ein Badehaus, aber es stellte sich als ein anständiges heraus, und wir wurden aufgefordert, uns wegzuscheren.

Einer war ins Sprungbassin gestoßen worden und troff von Wasser beim Gehen; ein paar Flötenspielerinnen, die wir unterwegs aufgegriffen hatten, spielten uns vor. Wir kamen zu einem hohen Gang mit schlanken Säulen, mit Verzierungen aus Tauben und Blumenkränzen. Jemand sagte: »Da wären wir. Bei den Mädchen der Aphrodite. Kommt mit.« Als ich nicht eintreten wollte, versuchte er mich zu ziehen, und ich schlug ihm ins

Gesicht. Dann schlichtete ein anderer, den der Wein erheitert hatte, unseren Streit und schlug vor, wir sollten alle statt dessen zum Hause von Kallisto gehen. Im Hofe war ein Brunnen: ein Mädchen, das seine Brust hält, aus der das Wasser sprudelt. Kallisto hieß uns willkommen, und während wir weiter Wein tranken, spielten uns ein Junge und ein Mädchen die Pantomime von Dionysos und Ariadne vor. Ein wenig später sprangen fünf oder sechs Ringer, nach Musik rufend, auf, um den Kordax zu tanzen, und begannen ihre Kleider abzuwerfen. Sie forderten mich laut auf mitzutanzen, aber selbst wenn ich gewollt hätte, wäre ich dazu nicht mehr imstande gewesen. Eines der Mädchen legte sich zu mir und nahm mich dann mit sich. Als ich erwachte, sang sie ein Loblied auf meine Heldentaten im Bett, wie sie das immer bei jungen Männern machen, damit sie gut bezahlt werden. Ich kann mich nicht einmal erinnern, ob ich überhaupt etwas vollbracht hatte oder nicht. Zwei Tage später kehrten wir nach Athen zurück. Lysis konnte nicht zu Pferde sitzen, da seine Rippen noch nicht festgewachsen waren, und mußte auf einer Bahre ins Schiff getragen werden. Die Fahrt war stürmisch, und er hatte auf dem ganzen Weg Schmerzen zu erdulden. Agios, der Steuermann, besuchte uns und sagte, die spartanischen Schiffe steuerten Chios an, er hatte seine Zeit in Korinth besser angewendet als ich. Wir beeilten uns mit der Rückfahrt, um der Stadt diese Nachricht bald zu überbringen.

Das ist alles, was ich vom Isthmischen Fest zu berichten habe, dem ersten der zweiundneunzigsten Olympiade. Seitdem Theseus die Spiele zu Ehren seines Vaters Poseidon gegründet hatte, waren sie jedes zweite Jahr am selben Ort und vor demselben Gott abgehalten worden; und fragt man sich, weshalb die diesjährigen Spiele anders gewesen seien als die früheren, so weiß ich keine Erklärung.

18

Die Schiffe, die wir auf ihrer Fahrt nach Chios beobachtet hatten, wurden gestellt, besiegt und auf den Meeresgrund geschickt; aber Alkibiades und sein Freund Antiochos, der Steuermann, eroberten die Insel trotz allem. Täglich kamen uns Geschichten über seine Geschicklichkeit und seinen Mut zu Ohren. Auf der Agora konnte man hören, wir hätten mit seiner Verbannung mehr weggeworfen, als uns bewußt sei, und vor seiner Abfahrt nach Sizilien habe er ja ein Gerichtsverfahren gefordert wie ein Schuldloser. Auch ging ein Gerücht um, er habe sich gerade noch rechtzeitig zur See begeben, denn König Agis' Haß habe den Siedepunkt erreicht, und Alkibiades schlafe in Sparta nie ohne Leibwache.

Doch als ich eines Tages Lysis in seinem Elternhaus besuchte, sagte er: »Tritt ein, Alexias, und begrüße meinen Vater. Sprich ein wenig mit ihm. Über Pferde oder irgend etwas, nur nicht über den Krieg. Die heutige Nachricht hat ihn härter getroffen, als ich es verstehen kann, so schlecht sie auch ist.«

Ich war in der Stadt gewesen und hatte auch bei andern älteren Männern dieselbe Erschütterung festgestellt. Ich trat ein und versuchte, mein Bestes zu tun. Demokrates empfing mich freundlich, aber er sah fünf Jahre älter aus und wollte von nichts anderem als den neuesten Nachrichten sprechen. »Mir ist heute«, sagte er, »als hätte ich Perseus die Andromeda an den Drachen verschachern sehen – für einen Beutel Silber! Sparta und die Meder! Daß ich das noch erleben muß: Die Nation des Leonidas feilscht mit dem Großen König und tritt Ionien an ihn ab – für Geld! Gibt es denn keine Ehre mehr unter der Sonne?« – »Es ist geschehen, um die Ruderer bezahlen zu können«, versetzte ich, als hätte ich sie verteidigen müssen. »Sie sind zu wenig zahlreich, um selbst zu rudern, auch wenn sie ihren Stolz so weit erniedrigen könnten; und den Heloten können sie sich nicht anvertrauen.«

»Als mein Vater ein Knabe war«, fuhr er fort, »führte ihn sein Vater nach der Schlacht zu den Thermopylen, damit er von den Gefallenen lerne, wie Männer sterben sollen. Er hat mir das Schauspiel oft beschrieben; um den Leichnam des Erschlagenen zu verteidigen, standen die Freunde dort, wo der Lebende gestanden hatte, wie in den Tagen Homers; und jene, die gekämpft hatten, bis ihnen die Waffe in der Hand zerbrach, hatten sich mit Zähnen und Nägeln in die toten Barbaren festgekrallt. Und nun ist es *dazu* gekommen. Wie gelassen ihr Jungen das hinnehmt!« Er tat mir leid; aber noch besorgter war ich damals um seinen Sohn. Seine Knochenbrüche waren gut verheilt; abgesehen von der Narbe auf seiner Stirn hatte der Kampf mit Sostratos keinerlei Spuren an seinem Körper hinterlassen. Doch den Allkampf hatte er aufgegeben. Für einige Zeit verheimlichte er es mir; er trainierte genügend, um sich in Form zu halten; mitunter aber sagte er mir, er gehe zur Palästra, und ich fand ihn dann in der Säulenhalle oder überhaupt nicht. Als ich merkte, wie die Dinge standen, kam es mir wohl nicht sehr überraschend. Ich dachte daran, wie er sich zurückgezogen hatte, als Polymedes und die übrigen mit mir angebändelt hatten; er wollte sich nie mit gemeinen Gegnern einlassen. Zu mir hatte er nichts gesagt, damit es nicht den Eindruck erwecke, er schmälere dadurch mein Verdienst. Er war so ehrenhaft wie immer, aber weniger offen als früher. Manchmal verfiel er in Schweigen, und wenn ich ihn nach seinen Gedanken fragte, war er kurz angebunden.

In der Wache standen wir nun weniger unter Druck, da sich der Krieg so sehr aufs Meer verlagert hatte. Ich fand einen Freigeborenen, der gegen kleines Entgelt und Anteil an der Ernte auf dem Gut etwas arbeitete; wir pflanzten nur schnellwachsende

Dinge. Eines schönen Sommermorgens brachte ich eben an unserem Haus in der Stadt, das ich frisch getüncht hatte, die letzten Striche an. Ich hatte diese Arbeit stets bei Morgengrauen durchgeführt, bevor die ersten Menschen auftauchten. Obgleich heutzutage jedermann wußte, daß auch sein Nachbar nicht davor zurückschreckte, mit eigenen Händen Sklavenarbeit zu verrichten, wollte doch keiner, daß dies bemerkt werde. Jetzt aber war die Arbeit getan, und ich war damit zufrieden; desgleichen meine Mutter, der besonders der Hof gefiel, wo ich die Säulenköpfe rot und blau bemalt hatte. Ich hatte ein Bad genommen, mein Haar gekämmt und einen sauberen Mantel umgelegt. Ich schwang den Spazierstock, den ich in der Stadt zu tragen pflegte. Er war aus Rosenholz und hatte noch meinem Vater gehört. Nach der schmutzigen Arbeit genoß ich mit Behagen die Sauberkeit und blieb in der Vorhalle nochmals stehen, um einen letzten Blick auf mein Werk zu werfen. Als ich mich wieder der Straße zuwandte, sah ich einen Fremden auf unser Haus zukommen.

Es war ein hagerer Greis, der groß gewesen sein mochte, als er noch aufrecht ging, er schritt stockend dahin und stützte sich auf einen aus dem Unterholz geschnittenen Stock, da er sich den einen Fuß verletzt und ihn in einen schmutzigen Lappen gehüllt hatte. Das weiße Haar war zottig, als hätte er es selbst mit einem Messer geschnitten, und er trug einen kurzen Chiton graubrauner Färbung, wie ihn arme Arbeiter oder Sklaven tragen. Er war schmutzig genug, um beides sein zu können; und doch unterschied ihn seine Haltung von beiden. Er blickte unser Haus an und ging geradewegs darauf zu; als ich das sah, stieg ein unbekanntes Angstgefühl in mir auf, als sei er der Überbringer schlechter Botschaft. Ich trat aus der Vorhalle und wartete, daß er spreche; als er mich aber erblickte, starrte er mich bloß an. Sein abgezehrtes und knochiges Gesicht mit den monatealten Bartstoppeln war beinahe schwarzgebrannt, und seine grauen

Augen blickten durchdringend daraus hervor. Fast hätte ich ihn angerufen und gefragt, wen er suche. Zuerst wußte ich nicht, was mich davon abhielt. Ich wußte nur, daß ich nicht fragen durfte.

Sein Blick glitt an mir vorüber und verweilte auf dem Hof. Dann sah er mich wieder an. Seine schweigende Erwartung ließ mich erschauern. Er sagte: »Alexias.« Dann hieß mich etwas auf die Straße eilen, und meine Stimme rief: »Vater.«

Ich weiß nicht, wie lange wir dort standen, wohl nur wenige Augenblicke. Ich sagte: »Tritt ein«, kaum wissend, was ich tat. Dann faßte ich mich ein wenig und dankte den Göttern für seine Rettung. Auf der Schwelle strauchelte er mit dem verletzten Bein, und ich streckte den Arm aus, um ihn zu stützen, doch richtete er sich selbst schnell wieder auf.

Er stand im Hof und blickte sich um. Ich dachte an Lysikles, und es kam mir nun merkwürdig vor, daß ich sein Wort ohne einen Zweifel angenommen hatte, obgleich ich doch sah, wie gebrochen der Mann gewesen und wie seine Geschichte herumgegangen war. Was mich an ihn erinnert hatte, war der Anblick von meines Vaters Hand, schwielig und knotig, mit Rissen und Narben voller Schmutz. Mein Kopf war völlig leer. Ich suchte nach Worten, die ich ihm hätte sagen können. Ich habe diese schmerzliche Stummheit im Kriege beim Anblick eines tapferen Feindes erlebt, der vor mir in den Staub geworfen wurde, aber in der Jugend faßt man solche Gedanken nicht, noch sollte man sie verstehen. In anderen Worten sagte ich noch einmal dasselbe über die Götter wie zuvor. Ich sagte, wir hätten an seinem Wohlergehen gezweifelt. Dann faßte ich mich langsam und fuhr fort: »Ich will dir vorangehen und es Mutter melden.«

»Ich will es ihr selbst sagen«, sagte er und hinkte auf die Türe zu. Er bewegte sich rasch voran. Auf der Schwelle drehte er sich um und blickte mich nochmals an. »Ich glaubte nicht, daß du so groß werden würdest.« Ich antwortete irgend etwas. Zwar war

ich ein gutes Stück gewachsen, aber es war doch mehr seine gebückte Haltung, die unsere Augen auf gleiche Höhe gebracht hatte.
Ich erreichte die Türe nach ihm und blieb dann stehen. Mein Herz klopfte, meine Knie zitterten, und es kehrte mir den Magen um. Ich hörte, wie er zu den Gemächern der Frauen ging, aber ich konnte niemanden sprechen hören. Ich entfernte mich; endlich, nach einer mir angemessen erscheinenden Zeit, trat ich ins Wohnzimmer. Mein Vater saß im angestammten Stuhl des Hausherrn, den Fuß in einem Wassereimer, dessen Dampf nach Kräutern und einer Eiterwunde roch. Vor ihm kniete meine Mutter, ein Tuch in der Hand, und säuberte die Wunde. Sie weinte; die Tränen liefen über ihr Gesicht, da sie keine freie Hand hatte, um sie zu trocknen. Jetzt kam es mir erst in den Sinn, daß ich ihn hätte umarmen sollen.
Den Stock hielt ich immer noch in der Hand. Ich erinnerte mich an die Ecke, wo ich ihn zuerst gefunden hatte, und stellte ihn wieder zurück.
Nun trat ich zu ihm und fragte, wie er gereist sei. Von Italien her in einem phönizischen Schiff, gab er zur Antwort. Sein Fuß war zur doppelten Größe angeschwollen, und aus der Wunde floß grünlicher Eiter. Als meine Mutter fragte, ob ihm der Schiffsherr wegen des Fahrgeldes getraut habe, versetzte er: »Sie hatten einen Ruderer zuwenig.«
»Alexias«, sagte meine Mutter, »sieh zu, ob das Bad deines Vaters bereit ist und Sostias nichts vergessen hat.« Ich war eben am Weggehen, als ich ein Geräusch hörte. Der Atem stockte mir: ich war es, der etwas vergessen hatte.
Die kleine Charis trat singend und plaudernd ein. Sie trug eine bemalte Tonpuppe, die ich ihr aus Korinth mitgebracht hatte und zu der sie nun sprach; sie war schon bis in die Mitte des Zimmers gekommen, bevor sie aufblickte. Dann muß ihr der Geruch aufgefallen sein, denn sie machte große, runde Augen

wie ein Vogel. Ich dachte: »Nun sieht er, wie hübsch sie ist, sicherlich wird er an ihr Freude haben.« Er beugte sich nach vorn in seinem Stuhl, und meine Mutter sagte: »Da ist unsere kleine Charis, die schon so viel von dir gehört hat.« Mein Vater zog die Brauen zusammen, aber er schien nicht sehr zornig oder überrascht. Ich atmete wieder ruhiger. Er streckte die Hand aus und sagte: »Komm hierher, Charis.« Das Kind blieb stehen; deshalb trat ich vor, um es zu ihm zu führen. Kaum hatte ich jedoch versucht, sie vom Fleck zu bringen, als ihr Gesicht rot anlief und sie die Mundwinkel herunterzog. Sie versteckte sich in den Falten meines Mantels und heulte vor Furcht. Als ich versuchte, sie zu tragen, klammerte sie sich an meinen Hals und schrie. Ich wagte nicht, ihn anzublicken. Dann hörte ich meine Mutter sagen, das Kind sei scheu und weine beim Anblick jedes unbekannten Gesichtes; die erste Lüge, die ich von ihr hörte.

Ich führte meine Schwester fort und ging im Badezimmer nachsehen. Der arme alte Sostias hatte dort in seiner Verwirrung schlechte Arbeit geleistet; ich holte Rasiermesser, Kamm und Bimsstein und trug die sauberen Handtücher und den Mantel hinein, den meine Mutter bereitgelegt hatte. Sie sagte: »Ich will mit dir kommen, Myron, Sostias ist heute zu ungeschickt«, aber er antwortete, er könne allein fertigwerden. Ich hatte bereits bemerkt, daß sein Kopf voller Läuse war. Mit Hilfe des Stockes, den ich bereitgelegt hatte, betrat er das Bad. Während meine Mutter die Tücher und den Eimer wegräumte, erzählte sie mir rasch, wie krank er sei, was er essen müsse und nach welchem Arzt zur Behandlung seines Fußes geschickt werden solle. Ich dachte an das Elend, das er erduldet hatte, und es schien mir, mein Herz sei aus Stein, da ich nicht so um ihn geweint hatte, wie sie es getan. Ich sagte: »Wenigstens wird er mich sein Haar und seinen Bart schneiden lassen. Er wird kaum wollen, daß ein Barbier sie in diesem Zustand sieht.«

Als ich eintrat, schien er mich gleich wieder hinausschicken zu wollen, doch schließlich dankte er mir und hieß mich den Kopf kahlscheren, da er nur so gereinigt werden könne. Ich nahm das Rasiermesser und trat hinter ihn; dann sah ich seinen Rücken. Der Spartaner Eumastas wäre davon beschämt worden und hätte sich als Anfänger gefühlt. Ich weiß nicht, womit sie ihm zugesetzt hatten, es muß aber Blei oder Eisen in der Peitsche gewesen sein. Die Striemen zogen sich über den ganzen Rücken hin.

Bei diesem Anblick stieg in mir all der Zorn hoch, den ein Sohn empfinden mußte. »Vater, wenn du den Namen des Mannes weißt, der dies getan hat, so sag' ihn mir. Eines Tages könnte ich ihm begegnen.« – »Nein«, antwortete er, »ich kenne seinen Namen nicht.« Schweigend verrichtete ich meine Arbeit. Alsbald erzählte er mir, er sei aus den Steinbrüchen von einem syrakusischen Aufseher herausgeholt worden, der ihn für sich selbst verkaufen wollte. Er hatte mehrfach seinen Herrn gewechselt, »aber das«, sagte er, »kann warten.«

Sein Kopf war so schmutzig und filzig, daß mir ganz übel wurde; glücklicherweise stand ich außerhalb seines Blickfeldes. Als ich fertig war, rieb ich ihn mit meinem eigenen wohlriechenden Öl ein. Es war gute Ware aus Korinth, ein Geschenk von Lysis, das ich selbst nur zu besonderen Anlässen verwendete. Er roch daran und sagte: »Was ist das? Ich will nicht wie ein Weib riechen.« Ich entschuldigte mich und stellte es beiseite. Als er angekleidet war und man nicht mehr alle Knochen an ihm zählen konnte, sah er beinahe wieder ansehnlich aus und schien nicht viel über sechzig Jahre alt zu sein.

Meine Mutter verband seinen Fuß mit einer trockenen Binde und setzte ihm Speise vor. Ich merkte, daß es ihm schwerfiel, nicht wie ein Wolf darüber herzufallen; aber er war bald satt. Er begann mich über unseren Hof auszufragen. Ich hatte die Dinge so gut zusammengeflickt, wie man erwarten durfte, aber ich merkte, daß er wenig von dem Zustand wußte, in dem sich Attika

befand; er schien zu glauben, ich hätte meine ganze Zeit darauf verwenden können. Eben wollte ich ihm erklären, daß ich noch andere Pflichten gehabt habe, als, gleichsam als Antwort auf meine Gedanken, der Trompetenruf über die Stadt erschallte. Ich seufzte auf. »Es tut mir leid, ich hatte gehofft, sie würden mich länger in deiner Gesellschaft lassen. Es ist schon einige Tage her, seitdem wir den letzten feindlichen Einfall hatten.« Ich rannte hinaus und rief Sostias zu, er solle mein Pferd satteln; dann kam ich in meinem Reitrock zurück und nahm meine Rüstung von der Wand. Ich bemerkte, wie er mir mit den Augen folgte, und hoffte nun – nach seiner Bemerkung über das Öl – wie ein Mann auszusehen und ihm zu gefallen. Doch gleichzeitig waren meine Gedanken beim Einfall des Feindes, und ich stellte mir den einen oder anderen Weg vor, den die Spartaner einschlagen mochten und wie wir sie zurückwerfen könnten. Meine Mutter, an diese Warnrufe gewöhnt, war ohne meine Bitte hinausgegangen, mir Nahrung bereitzustellen. Nun kam sie zurück und half mir, als sie sah, daß ich mich mit einer verdrehten Schulterspange abmühte. Mein Vater fragte: »Wo ist Sostias? Das wäre seine Arbeit.« – »Im Stall«, antwortete ich. »Wir haben den Knecht verloren.« Es war eine zu lange Geschichte, um jetzt darauf einzugehen. In diesem Augenblick trat Sostias unter die Tür und meldete: »Dein Pferd ist bereit.« Ich nickte und drehte mich um, um mich von meinem Vater zu verabschieden. Er fragte: »Wie geht es Phoenix?«
Plötzlich sah ich vor meinem geistigen Auge, wie er an demselben Ort gestanden war und seine Rüstung angezogen hatte, wie ich heute. Ein halbes Menschenalter schien inzwischen vergangen zu sein. »Überanstrengt, so leid es mir tut«, antwortete ich, »aber ich habe ihn für dich so gut gehalten, wie ich nur konnte.« Gerne hätte ich verweilt, hätte nachgedacht und mehr erzählt, aber die Trompete hatte gerufen, und die Mannschaft hatte noch nie auf mich warten müssen. Ich küßte meine Mutter; und dann,

da seine Augen auf mir ruhten, war ich froh, diesmal meine Pflicht nicht zu versäumen, und umarmte ihn, bevor ich ging. Er fühlte sich seltsam und fremd an, knochig, steif. Ich glaube nicht, daß ich ihn umarmt hatte, seitdem meine Großmutter gestorben war, abgesehen von seiner Abfahrt nach Sizilien, damals auf dem Dock.

Wir hatten eine anstrengende Streife und waren einige Tage abwesend. Das Wetter war glühend heiß, die Hügel lagen versengt, und Fliegen summten ums Lager und quälten die Pferde. Wir retteten eine Talschaft mit zwei oder drei Bauerngütern, aber der junge Gorgion wurde bei der Verfolgung des Feindes getötet. Es traf mich hart, ihn, der immer der Witzbold der Mannschaft gewesen war, unter Schmerzen sterben zu sehen, erstaunt, daß es etwas gab, das er nicht hinwegzulachen vermochte. Lysis, dessen Aufgabe es immer war, dem Vater eines toten Jünglings die üble Nachricht zu überbringen, schien bedrückter als sonst. Wegen der Hitze konnten wir den Leichnam verbrennen. Es war so heiß, daß man keine Flammen, sondern nur flimmernde Luft und die rauchende und knisternde Leiche sehen konnte. »Hatte er einen Geliebten?« fragte Lysis. »Nein«, antwortete ich, »nur eine Geliebte, eine kleine Flötenspielerin. Ich will ihr ein Andenken an ihn mitbringen, ich glaube, das wäre ihr lieb.« – »Wozu?« fragte Lysis. »Was sie haben, das haben sie gehabt.«

Als wir zurückkamen, machte er meinem Vater seine Aufwartung, und sie sprachen über den Krieg. Plötzlich sagte mein Vater: »Und Alkibiades ist wohl noch immer bei den Spartanern? Die harte Lebensweise wird ihm heute wohl leichtfallen.« – »Nicht mehr«, antwortete Lysis. »Er schläft auf Steinen; er befindet sich jetzt in Persien.« Wir hatten diese Nachricht schon seit einigen Monaten erhalten, aber ich hatte sie noch nicht erwähnt. Mein Vater machte große Augen und fragte: »In Persien? Wie wurde er gefangengenommen? Was tat er, um den

Barbaren in die Hände zu fallen?« – »Nun«, versetzte Lysis lächelnd, »er fiel wie eine Katze in den Milchtopf. Der Boden Spartas wurde ihm zu heiß, König Agis ließ ihn als Freiwild erklären. Aber man sagt, Tissaphernes, der Statthalter, halte große Stücke auf ihn, und die persischen Prinzen hatten neben ihm ein mickeriges Aussehen, wie Hennen neben einem Fasan.« Mein Vater sagte nur: »Wirklich?« und sprach von etwas anderem. Als ich an jenem Abend durch den Hof schritt, stand er dort und warf zerbrochene Töpfe in den Brunnen. Als ich zufällig bald darauf an der Stelle vorbeiging, sah ich eine kleine Scherbe neben dem Brunnenrand liegen. Ihre Bemalung sah so zierlich aus, daß ich sie aufhob; sie stellte einen laufenden Hasen und eine ausgestreckte Hand dar. Es war eine Scherbe aus dem Boden der Weinschale des Bacchios.

Hätte ich vermutet, daß die Dinge nun zu Hause schwierig würden, so hätte ich versucht, nicht daran zu denken, da ich einem, der so viel gelitten hatte, nie hätte grollen können. Die erste Schwierigkeit wurde durch die kleine Charis verursacht. Wäre sie nur ein oder zwei Jahre älter gewesen, so hätte man ihr mit Vernunft beikommen können. Aber sie hatte so viele Geschichten über das gute Aussehen und die tapferen Taten ihres Vaters gehört, daß ich sie oft auf einen Helden auf einer Vase oder auf einer Mauer deuten sah, ja sogar auf einen Gott, und sagen hörte: »Dada.« Statt dessen zeigte man ihr nun diesen häßlichen und finsteren Greis; und ich glaube kaum, daß ihr Vertrauen in die Menschen später je wieder hergestellt worden ist. Ich weiß, daß sie volle vierzehn Jahre später, als ich ihre Vermählung mit einem ausgezeichneten Manne in die Wege geleitet hatte, meiner Aufzählung seiner Vorzüge unbewegt zuhörte, bis sie ihn selbst gesehen hatte. Ich war beinahe zornig auf sie, doch erinnerte ich mich dann dieses Vorfalls. Mein Vater, der nicht daran zu zweifeln schien, daß sein Brief verlorengegangen war, hätte sie wohl gnädig aufgenommen, wäre er nicht täglich durch ihre Abneigung verletzt worden. Das war schon schlimm genug, schlimmer noch aber war ihre Gewohnheit, in solchen Fällen bei mir Zuflucht zu suchen. Man konnte sie nie dazu bringen, ihn Dada zu nennen, was um so auffälliger war, als sie mich schon, seitdem sie sprechen gelernt hatte, Lala rief. Ich begann ihr das sogleich abzugewöhnen und merkte auch, daß meine Mutter dasselbe tat.

Verglichen mit meiner Mutter, konnte ich mich glücklich schätzen. Man hätte annehmen sollen, daß ihm nach soviel Entbehrung und Mühsal Bequemlichkeiten wie ein Segen hätten vorkommen müssen, doch er konnte nicht die leiseste Abweichung von unseren früheren Lebensgewohnheiten ertragen. Sie erklärte ihm jeweils die Ursache und Gründe für den Mangel an Arbeitskräften, er pflichtete ihr bei, blieb aber dennoch unversöhnt. Mir gegenüber beklagte sie sich nie und berührte den Gegenstand nur ein einziges Mal. Damals bat sie mich, ihm nicht zu sagen, daß ich sie während seiner Abwesenheit lesen gelernt hatte. Sie war eine aufgeweckte Schülerin, und diese Stunden waren für mich und wohl auch für sie eine Zeit des Glücks gewesen. Sie konnte jetzt sogar Dichtung lesen, wenn sie nicht zu schwer war, und ich hatte begonnen, ihr das Schreiben beizubringen. Wir konnten nur noch selten miteinander sprechen, denn er ließ sie nur ungern aus den Augen und rief sie immer herbei, sobald sie länger wegblieb. Ich beschäftigte mich so wenig wie möglich damit, denn es schmerzte mich so, daß ich nicht immer Herr meiner eigenen Gedanken war. Nach einiger Zeit fiel mir auf, daß ich es nicht gerne sah, wenn sie seinen Fuß verband, was immer als letztes geschah, bevor sie sich zurückzogen. Ich pflegte dann auszugehen und durch die Straßen zu wandern.

Selbst Lysis konnte ich nicht viel sagen. Nicht nur, weil ich mir bewußt war, wie schäbig meine Gefühle ihm erscheinen mußten. Es gab noch einen anderen Grund. In letzter Zeit waren wir zusammen nicht mehr so glücklich gewesen wie zuvor. Ich konnte wohl verstehen, daß er nach den Spielen etwas verstimmt war, als ich aber bemerkte, daß er eifersüchtig wurde, war ich verwirrt. Ich war zu jung, um Verständnis dafür gelernt zu haben, ich wußte nur, daß ich ihm keinen Grund gegeben hatte, auch nicht in meinen geheimsten Gedanken. Daß er in mir eine solche Gemeinheit wittern sollte, daß sein Mißgeschick meine Gesinnung zu ändern vermochte, verletzte mich zutiefst; ihn aber dessen zu beschuldigen kam mir noch gemeiner vor. Früher, wenn er von einem Tüchtigeren besiegt wurde, war keiner ein besserer Verlierer gewesen als er; ich vermochte nicht einzusehen, weshalb es ihn so sehr schmerzte, von einem Geringeren besiegt worden zu sein. Ich sah nur die mir zugefügte Beleidigung, wie ein tölpelhafter Bauer, der nur seinen zerbrochenen Krug beklagt, wenn das Dach vom Tempel weggefegt wird.

Wäre ich mit diesen Sorgen zu Sokrates gegangen, hätte er nicht nur mir geholfen, sondern auch Lysis helfen können. In meinem Kopf aber schwirrten lauter Dinge herum, die ich keinem anvertrauen konnte.

Während ich auf der Streife und abwesend war, stattete Strymon meinem Vater seinen ersten Besuch ab. Seit ich volljährig geworden, hatte er uns wenig behelligt, so daß ich nicht mehr an ihn gedacht hatte. Erst allmählich trat das Unheil zu Tage, das er anrichtete. Zuerst zog mein Vater die Abrechnungen des Gutes hervor und beanstandete sie vom Anfang bis zum Ende. Es war klar, wer ihn falsch unterrichtet hatte, und ich klärte es bald auf; und doch merkte ich, daß er mir noch immer grollte. Dann hörte ich wiederum, Strymon habe ihn besucht, während ich in der Stadt gewesen sei; kurz darauf beschuldigte mich mein Vater des Verkehrs in schlechter Gesellschaft. Sobald Phaidons Name genannt wurde, wußte ich, wem ich das zu verdanken hatte. »Phaidon«, sagte ich, »ist ein Melier. Du weißt besser als ich, welche Wahl ihm blieb. Seine Erziehung ist so gut wie unsere, und er lebt nur, wie es sich schickt. Gewiß wirst du einen Gefangenen nicht nach dem Los beurteilen wollen, das ihn im Kriege trifft?« Das traf ihn zu persönlich. Er wurde zornig, erwähnte Sokrates und gebrauchte Worte über ihn, die ich, selbst nach all den Jahren, aus Ehrfurcht vor dem Toten nicht niederschreiben will.

Kurz darauf traf ich meine Mutter weinend an ihrem Webstuhl. Es war niemand da, und ich bat sie, mir ihre Sorgen anzuvertrauen. Sie schüttelte den Kopf und gab keine Antwort. Ich näherte mich ihr, bis sich unsere Kleider berührten und ihre äußersten Haarlocken mein Gesicht streiften. Ich hatte sie umarmen wollen, doch wurde ich verwirrt. Ich hielt meinen Atem an und schwieg. Sie hielt den Kopf abgewandt und versuchte, ihre Tränen zu verbergen. Schließlich fragte ich: »Mutter, was sollen wir tun?«

Sie schüttelte den Kopf und legte, sich mir ein wenig zuwendend, die Hand auf meine Brust. Als ich sie mit meinen beiden Händen bedeckte, konnte ich den eigenen Herzschlag durch sie hindurch fühlen. Sie begann ihre Hand sachte von mir wegzuziehen; dann stieß sie mich plötzlich mit rascher und heftiger Gebärde von sich. Nun vernahm auch ich draußen das Klopfen von meines Vaters Stock. Ich stand wie betäubt; weder konnte ich es ertragen zu bleiben, noch zu fliehen; da vernahm ich ihre Stimme, die mir einen Botengang im Hause auftrug. Beim Gehen hörte ich noch, wie er sie scharf fragte: »Was fällt dir ein?« Von da an spürte ich immer seine Augen auf mir ruhen und jeder meiner Bewegungen im Zimmer folgen. Offensichtlich glaubte er, wir beklagten uns gegenseitig über ihn. Zu Hause herrschte nun eine erbärmliche Stimmung, und ich verbrachte meine ganze Zeit in der Stadt. Während ich durch die Säulenhalle schritt, begegnete ich Charmides. Ich war nun beileibe nicht mehr der grüne Junge, dem er den Hof gemacht hatte, und konnte mich wie ein Erwachsener an seinem Gespräch ergötzen; denn sein oberflächliches Gebaren verdeckte eine hochstehende Geistigkeit. Wir liefen zwei oder drei Runden zusammen, und er erzählte mir inzwischen, Sokrates habe ihm Vorhaltungen gemacht, daß er seinen Geist mit eitlem Geschwätz vergeude, während er ihn doch nützlich zum Wohl der Stadt verwenden könnte. Unglücklicherweise sah uns Lysis beisammen und nahm es übel auf. Ich verteidigte mich entrüstet. Dabei ließ ich mir aber mehr Gerechtigkeit willfahren als ihm, denn es war mir klar gewesen, daß Charmides mir gegenüber nicht gleichgültig geworden war und mich nicht aufgesucht hatte, um mit mir über Politik zu sprechen.

Politik hatte ich zu Hause genug. Der Fuß meines Vaters war ausgeheilt, er begann nun wieder in die Stadt zu gehen und seine alten Freundschaften zu erneuern, aber auch neue anzuknüpfen, die mich erschreckten. Seine ganze Mäßigung war verschwunden; ich hörte ihn sich mit einer solchen Bitterkeit gegen die Demokraten äußern, wie ich sie noch nie zuvor innerhalb der Wände unseres Hauses gehört hatte.

Während einer Zeit friedlichen Einvernehmens ging ich mit meinem Kummer zu Lysis. Er sagte: »Laß es unbeachtet. Kann es dich erstaunen, daß ihm nur die Vergangenheit gut erscheint? Wenn man älter wird, sieht man nicht, daß das Süße, dessen man sich erinnert, die Süße der eigenen Jugend und Kraft ist.« – »Aber Lysis, er ist kaum fünfundvierzig.« – »Warte, bis es vorübergeht. Es bleibt ihm nichts als die Bitterkeit, wenn du bedenkst, wie die Armee verlorenging. Die einfachen Bürger ließen sich von Alkibiades zu einem Wagnis verlocken, bei dem einzig er Aussicht auf Erfolg haben konnte. Dann ließen sie sich durch seine Feinde einschüchtern und übertrugen den Oberbefehl einem anderen. Noch immer glaube ich, daß die Lösung darin besteht, das Volk zu unterrichten und aufzuklären; aber ich habe nicht den Preis bezahlt, den dein Vater bezahlen

mußte.« An jenem Tage waren wir glücklich und zärtlicher miteinander als gewöhnlich, wie das nun nach unseren Streitereien zu sein pflegte.
Zu Hause aber kehrten nach dem Regen die Wolken stets zurück. Ich, der ich selbst in der Nacht vor den Spielen gesund geschlafen hatte, lag nun wach und fürchtete mich vor etwas Unbekanntem. Ich wußte nur, daß die Dinge nicht stehenblieben und sich nicht zum Besseren wandten. Ich begriff mich selbst nicht mehr. Nach einem Streit mit Lysis ging ich einmal in ein Bordell, was ich, mit Ausnahme von einem Vorfall in Korinth, noch nie getan hatte. Aber es ekelte mich unsagbar.
Eines Tages, kurz nach dem Abendessen, hörte ich meinen Vater Sostias rufen, doch erhielt er keine Antwort. Ich ahnte Unheil, ich machte mich aus dem Staube, um ihn zu suchen, da ich wußte, wo ich nachsehen müsse. Und wirklich, Sostias lag betrunken im Weinkeller. Ich schüttelte ihn und fluchte, konnte ihn aber nicht zu sich bringen. Seit er älter geworden war, geschah dies jeden Monat ein- oder zweimal. Selbstredend hatte ich ihn jedesmal geprügelt, aber vielleicht nicht so stark, wie ich es hätte tun müssen. Er war willfährig und hatte uns gern. Ich wußte damals nicht, daß er kürzlich, während ich im Krieg war, wieder zu trinken begonnen hatte. Er fürchtete meinen Vater, was seine frühere Ungeschicklichkeit noch schlimmer erscheinen ließ als je, er versuchte wohl, sich Mut anzutrinken. Eben als ich ihn auf die Beine stellte, fand uns mein Vater und sagte zu ihm: »Ich habe dich gewarnt, du wußtest, was dir blüht, wenn ich dich wieder betrunken finden sollte. Du hast es dir selbst zuzuschreiben.«
Er verprügelte Sostias mit größerer Kraft, als ich ihm noch zugetraut hätte, und schloß ihn in der leeren Vorratskammer neben dem Pferdestall ein. Als die Nacht hereinbrach, bat ich ihn, Sostias herauszulassen. »Nein«, entgegnete mein Vater. »Er würde uns in der Dunkelheit entwischen. Ich werde ihn morgen

in die Bergwerke verkaufen, wie ich es ihm das letztemal angekündigt habe.« Ich war zu sehr vor den Kopf geschlagen, um zu antworten. Sostias war bei uns gewesen, soweit ich mich zurückerinnern konnte. Keiner unserer Bekannten hatte je einen Haussklaven nach Laurion verkauft, es sei denn wegen tierischer Verrohung. Schließlich wandte ich ein: »Er ist nicht mehr jung. In einer Silbermine wird er nicht mehr lange leben.« – »Das hängt davon ab, aus welchem Stoff er geschnitzt ist«, sagte mein Vater.

Später, in der Stille der Nacht, hörte ich meine Mutter bittende Worte an ihn richten. Er antwortete ihr zornig, und sie schwieg. Die Nacht war heiß und schwül; ich warf mich auf meinem Lager hin und her und dachte an die noch nicht lange vergangenen alten Zeiten, da unsere kleinen Notbehelfe in einem Scherz bestanden hatten, an dem der alte Sostias teilgenommen hatte. Ich erinnerte mich an meine Kindheit, wie er mich vor der Rhodierin versteckt hatte, wenn sie mich schlagen wollte. Schließlich konnte ich es nicht mehr länger ertragen. Ich stand leise auf und holte etwas Nahrung aus der Speisekammer. Als ich mich zur Außentür schlich, hörte ich drinnen ein merkwürdig tappendes Geräusch. Ich öffnete. Das durch ein schmales vergittertes Fenster fallende Mondlicht zeigte mir Sostias, der sich erstaunt umwandte. In den Händen hielt er einen Strick, den er um den Balken oben geschlungen hatte.

Es entstand ein kurzer schmerzlicher Auftritt, wobei wir beide Tränen vergossen. Ich bin nicht sicher, was ich anfänglich beabsichtigt hatte; vielleicht wollte ich ihm nur zu essen geben und ihm Lebewohl sagen. »Sostias«, sagte ich, »wenn ich die Tür hinter mir zu schließen vergesse, weißt du, wohin du dich wenden mußt. Vielleicht triffst du in den Hügeln auf Reiter. Verbirg dich, bis du sie sprechen hörst. Sprechen sie dorisch, so sage ihnen, was du beabsichtigst, sie werden dich durchlassen. Du kannst in Megara oder Theben Arbeit finden.« Er kniete nieder und weinte auf meine Hände. »Mein junger Herr, womit wird er dich das entgelten lassen?« – »Das ist gleichgültig; wenigstens kann er mich nicht nach Laurion verkaufen. Laß nun das Trinken; und viel Glück.«

Am nächsten Morgen kleidete ich mich sorgfältig an, um gute Miene zum bösen Spiel zu machen, und wartete in der Umgebung des Hauses. Mein Vater war bereits ausgegangen; er kam in Begleitung des Minenverwalters zurück, womit ich nicht gerechnet hatte. Er öffnete die Tür in Gegenwart dieses Mannes, der in seiner Enttäuschung (denn der Sklavenmangel nahm weiterhin zu) über den vergeblichen Gang schimpfte und gegenüber meinem Vater ausfällig wurde. Dieser antwortete ihm kaum, es war, als hörte er gar nicht zu. Als der Mann wegging, brach mir in den Handflächen kalter Schweiß aus.

»Geh hinein, Mutter«, sagte ich. »Ich muß mit Vater allein sprechen.« Bis jetzt hatte sie kaum erraten, was ich getan hatte. »O Alexias!« sagte sie. Da erwärmte das Blut wieder mein Herz, und mein Mut kehrte zurück. »Geh hinein, Mutter«, wiederholte ich, »allein geht es besser.« Sie blickte mich noch einmal an und ging. Als mein Vater eintrat, hängte er den Schlüssel des Außenhauses wieder an den Nagel. Dann kehrte er sich, ohne ein Wort zu sprechen, mir zu. Ich schaute ihm in die Augen und sagte: »Ja, ich bin schuld. Ich ging mich letzte Nacht von Sostias verabschieden und war offenbar nachlässig.« Die Muskeln seines Gesichtes wurden schlaff und schwer, und seine Augen weiteten sich. »Nachlässig! Du unverschämter Hund, das wirst du mir bezahlen.« Ich versetzte: »Das will ich auch«, und legte das Geld, das ich bereithielt, auf den Tisch. »Für einen Mann seines Alters, den man heute morgen erhängt aufgefunden hätte, wenn ich nicht gewesen wäre, sind wohl dreißig genug.« Er starrte die Silbermünzen an; dann brüllte er: »Du wagst es, mir mein eigenes Geld anzubieten? Du hast hier nun am längsten den Meister gespielt.« – »Die Stadt schenkte es mir«, entgegnete ich, »für meine Läufe auf dem Isthmus. Sieh darin eine Gabe an die Götter.« Er schwieg einen Augenblick, dann stieß er mit der Hand danach, so daß ein Teil davon zu Boden fiel und auf den Fliesen klingelnd umherrollte. Wir standen Auge in Auge, ohne darauf zu achten.

Er zog den Atem ein; seinen Augen glaubte ich abzulesen, er werde die Hand gegen mich erheben oder mich gar verfluchen, denn er schien außer sich. Statt dessen verstummte er. Während dieses Schweigens war mir, als strecke die Furcht eine Hand aus und reiße mich an den Haaren; doch das Gesicht der Furcht war verborgen.

Er fuhr fort: »Bevor du volljährig wurdest, bot dein Onkel Strymon deiner Stiefmutter an, den Schutz dieses Hauses zu übernehmen. Weshalb hast du dich widersetzt?« Noch nie zuvor hatte er sie meine Stiefmutter genannt. Ein unerklärlicher Schauer erfaßte mich, so daß ich bleich geworden sein muß. Seine Augen blieben auf mein Antlitz geheftet. Da dachte ich daran, was für eine Rückkehr ins eigene Heim ich ihm erspart hatte, wurde zornig und versetzte: »Weil ich es für verfrüht hielt, deinen Tod als sicher anzunehmen.« Ich war im Begriff fortzufahren, doch ehe ich den Mund öffnen konnte, streckte er wie ein Verrückter den Kopf vor und spuckte aus: »Verfrüht! Ihr beide habt es früh genug miteinander getrieben!«

Ich starrte ihn an, und die Bedeutung seiner Worte drang erst langsam in mein Bewußtsein, indessen meine Seele noch versuchte, es zu verschließen. Die entstandene Pause wurde durch ein Geräusch unter dem Tisch unterbrochen. Mein Vater wandte sich rasch um und bückte sich. Ein lauter Schrei ertönte, als er die kleine Charis hervorzog; Sie mußte bei seinem Eintreten am Boden gespielt und sich dorthin verkrochen haben. Er schüttelte sie und fragte, was diese Horcherei bedeuten solle, als hätte sie auch nur ein einziges Wort unseres Gespräches verstehen können. Maßlos entsetzt wand sie sich in seinen Händen und

schrie, als sie mich erblickte: »Lala! Lala!« und strebte zu mir. »Laß, Vater«, sagte ich. »Du erschreckst sie, laß sie los.«
Unvermittelt schleuderte er sie von sich, so daß sie mir zu Füßen fiel. Ich hob sie auf und suchte sie zu beruhigen, während sie schluchzte und heulte. »So nimm sie«, versetzte er, »da du ja Anspruch auf sie hast!« Das Geheul des Kindes in den Ohren, konnte ich kaum glauben, ihn richtig verstanden zu haben. Er trat einen Schritt vor, packte uns beide bei den Haaren und hielt unsere Gesichter nebeneinander; seine Lippen ließen die zusammengebissenen Zähne sehen, wie bei einem Hund. »Sie ist klein«, sagte er, »für ein dreijähriges Kind.«
Wie es keinem erspart bleibt, der in solchen Zeiten gelebt hat, habe auch ich Böses in der Welt gesehen und den Schrecken kennengelernt. Nichts aber hat das übertroffen, was ich in diesem Augenblick empfand. Seither war das Gorgonenhaupt für mich kein Kinderschreck mehr. Ich spürte das Blut zum Herzen zurückströmen und meine Glieder erkalten. Die Stimme des Wahnsinns sprach in mir und schien zu sagen: »Töte ihn, so nimmt dies ein Ende.« Wäre das Kind nicht gewesen, ich weiß nicht, was für eine Schandtat ich hätte begehen können. Von einem Gott gelenkt, ließ sie es nicht zu, daß ich sie vergaß, sondern preßte ihr heißes, tränennasses Gesicht an meinen Hals und klammerte sich an meinem Haar fest. Beschwichtigend streichelte ich ihren Körper und kam teilweise wieder zur Besinnung. »Vater«, sagte ich, »Du hast viel Mühsal erduldet; ich glaube, du bist krank. Du solltest ruhen, deshalb verlasse ich dich jetzt.«
Ich schritt auf den Hof hinaus, die Schwester auf dem Arm. Dort blieb ich stehen und blickte mich um. Wenn ich mich nicht bewegte, so schien mir, könne ich wie ein Stein verharren und von nichts etwas wissen. Doch dieser Schlaf war mir nicht vergönnt. Das Kind unterbrach ihn und sagte mir etwas ins Ohr. Es verlangte nach seiner Mutter.

Ich beugte mich nieder und stellte es auf die Beine. Ich rief die Magd Kydilla, die eben vorüberging, und hieß sie das Kind hineinbringen und die Mutter suchen. Denn es hatte ein Recht auf das, was ihm gehörte. Dann trat ich auf die Straße hinaus.
Konnte ich zuerst auch nur einen klaren Gedanken fassen, so einzig den, einen Ort zu suchen, wo ich ruhig sein könnte. Als ich aber auf dieser vergeblichen Suche durch die Stadt schritt, wurde mir die Bewegung selbst zum Bedürfnis; ich schritt schneller und schneller dahin, wie einer, der versucht, seinen Schatten hinter sich zu lassen. Nachdem ich durch das Acharnische Tor geschritten war, befand ich mich alsbald außerhalb der Stadt. Von einem Zwang immer heftiger angespornt, raffte ich meinen Mantel und begann zu laufen.
Ich durcheilte die flache Ebene zwischen Stadt und Parnes. Ich lief nicht sehr schnell, denn ich wußte in meinem Innersten, daß ich weit laufen müsse, und mein Training wählte von selbst das richtige Tempo, obgleich ich nicht darauf achtete. Die hohe Wand des Parnes erhob sich steil vor mir, gebleicht von der Sommerdürre; versengtes Gras, dunkles Buschwerk und grauer Fels hoben sich von einem harten, dunklen Saphirhimmel ab. Ich gelangte zu den Abhängen am Bergfuß und lief durch die Olivenfelder, wo Mohn die Gerstenstoppeln wie mit Blut bespritzte. Als ich schließlich unter mir in einem Bachbett ein Bächlein murmeln hörte, wurde ich durstig und kletterte die Felsen hinab, um zu trinken. Nach der Hitze des Weges war es hier schattig, das Wasser kühl und frisch; ich verweilte hier, wo ich doch hätte weiterlaufen sollen. Dadurch wurde mir bewußt, daß es Wahnsinn war, dem ich hatte entfliehen wollen, denn dort holte er mich ein.
Die Art meines Wahnsinns bestand darin, daß ich die Sünde, deren man mich bezichtigt hatte, tatsächlich, wenigstens in meiner Seele, begangen hatte. Vom Grauen dieses Gedankens gepackt, kletterte ich wieder aus dem Bachbett empor und

begann über die Berge zu laufen, alle Vernunft wich von mir, und mir war, als hätte ich diese Sünde auch körperlich begangen. Mitunter versuchte sich mein Geist teilweise zurechtzufinden, und ich schüttelte diesen letzten Wahnwitz von mir ab; und doch kam ich nie wirklich zur Besinnung. Wer kann daran zweifeln, daß dies die Strafe für meinen Frevel war, daß ich den Brief meines Vaters vernichtet und seinen Befehl mißachtet hatte? Denn ich konnte das, was jeder vernünftige Mensch erkennen mußte, nicht sehen, nämlich, daß er sich in seiner unsinnigen Wut zu einem Widersinn hatte hinreißen lassen, den er wohl bereits einsehen mußte: mindestens ein Dutzend unserer Bekannten konnten den Zeitpunkt von Charis' Geburt bezeugen; selbst Strymon, der zwar boshaft, aber kein Schurke war, hätte wenigstens in diesem Punkt Zeugnis zu meinen Gunsten abgelegt. Ich fühlte mich vom Himmel und den Menschen verflucht. So hastete ich vorwärts, immer weiter und höher in die Hügel hinein, in das wilde Land über den Bauernhöfen; ich kletterte oder lief, wenn es Raum zum Laufen gab. Meine Beine wurden von Heidekraut und Sträuchern zerkratzt, meine Füße an den Steinen gequetscht. Einmal sichtete mich ein Trupp Spartaner, aber sie hielten mich für einen flüchtigen Sklaven, der nach Megara eilte, und ritten vorbei.

Schließlich gelangte ich auf die Höhen, wo nur noch öde, steinige Gipfel und tiefe Schluchten zu sehen sind und weit in der Ferne von Hitze umzitterte Felsumrisse. Ich verspürte keinen Hunger. Manchmal war ich durstig, aber ich hatte keine Lust, zu verweilen und ihn zu löschen, denn ich kam mir verfolgt vor, so daß ich mich nach dem umzublicken begann, was mich jagte, und versuchte, es zu narren. Der sonnenversengte Berg hatte die Farbe eines Wolfsfelles, und einmal glaubte ich, ich sehe einen Wolf sich rühren. Aber es war nur der Wind, der mit einem Busch spielte; es waren keine Wölfe, die mich verfolgten.

Die Sonne schien hell, aber nach der Mittagsstunde jagte der

Wind kleine dunkle Wolken über den Himmel, deren Schatten wie Raben flatterten und über die Berghänge hinunterschwebten und stürzten. Als ich das, was mich verfolgte, zuerst erblickte, sah ich darin nur eine solche Wolke, die hinter mir heraufzog. Ich war nun in der Sommerhitze weit gelaufen und hoch hinauf geklettert, mein Atem ging schwer, meine Beine begannen den Dienst zu versagen, und meine Zunge war trocken wie ein staubiger Schuh. Vor mir sah ich Wasser aus einem Quell fließen, und ich stürzte auf den Boden und trank wie ein Tier. Als ich da lag, fühlte ich das Kalte, das der Wolke voranging; als ich aufblickte, sah ich sie, die Erinnyen.

Sie waren nicht in der Wolke, sondern in ihrem Schatten, und kamen über das Gebüsch und die kleinen Steine auf mich zugerannt. Ihre Gesichter und ihre Füße waren blau wie die Nacht; ihre Gewänder entbehrten der Stofflichkeit und ließen manchmal ihre dunklen Glieder sehen, manchmal den Boden hinter ihnen. Mit einem Schreckensschrei sprang ich auf und floh; jetzt wußte ich, daß das, was ich nur für das Geräusch meiner keuchenden Lungen gehalten hatte, das Zischen der Schlangen gewesen war, die sich in ihren Haaren wanden und reckten. Während des Laufens betete ich, doch mein Gebet fiel wie ein verschossener Pfeil auf mich zurück; ich wußte, daß ich ihnen wie Orestes wegen meiner Sünde ausgeliefert sei und kein Gott mich retten würde. Und doch rannte ich wie der gehetzte Wolf, der ohne Hoffnung und Überlegung flieht, einfach, weil er so beschaffen ist.

Ich weiß nicht, wie lange ich rannte. Als sie mir näherkamen, begann ich ihre Stimmen zu hören, wie den Schrei einer bunten Meute, einige hoch, andere tief; und die Schlangen hinten und vorne zischend. Dann rannte ich den Berg hinunter und hörte, wie eine Stimme schrie: »Jetzt!« und spürte, wie etwas nach mir griff. Ich sprang vorwärts, verfehlte mein Ziel und rollte den Berghang hinunter. Ich glaubte, die Sinne schwänden mir. Aber

noch rechtzeitig hielt ein Stück ebenen Bodens meinen Fall auf. Ich erhob mich und war erstaunt, daß ich stehen konnte, denn ich hatte geglaubt, alle meine Knochen gebrochen zu haben. Schwankend stand ich auf den Beinen; der Abhang des Hügels stand dunkel hinter mir, und vor mir befand sich etwas Blasses, das in den letzten Sonnenstrahlen erglänzte. Jene, die man besser stets die Erhabenen nennt, konnte ich nicht mehr sehen. Doch ich hatte das Gefühl, ich liege im Sterben. Als ich erkannte, daß sich vor mir ein Gottestempel befand, ging ich darauf zu, bis ich die Stufen vor dem heiligen Bezirk erreichte. Dann wurde es mir schwarz vor den Augen, und ich fiel hin.
Beim Erwachen spürte ich Wasser auf meinem Gesicht und sah einen Greis neben mir stehen. Auf seinem weißen Haar trug er einen Lorbeerkranz; und ich begriff, als meine Sinne wieder klar waren, daß er der Priester des Heiligtums sei. Zuerst konnte ich nicht mit ihm sprechen, aber er gab mir Wasser, mit Wein vermischt, zu trinken, und bald konnte ich aufsitzen und seinen Gruß erwidern. Über meine Schulter hinweg blickte ich in die Richtung, aus der ich gekommen war; aber die Hochverehrten hatten sich von mir zurückgezogen.
Er folgte meinem Blick und sagte: »Du bist weit gelaufen, deine Kleider sind zerrissen, du bist zerschürft, mit Schmutz bedeckt und blutest. Hast du Blut vergossen, und kommst du hier Zuflucht suchen? Wenn ja, so betritt das Heiligtum, denn Apollon kann dich im Freien nicht beschützen.« Dann bückte er sich, um mir aufzuhelfen. Seine Hände waren alt, doch trocken und warm, und es war Heilkraft in ihnen. Ich antwortete: »Ich habe kein Blut vergossen. Es wäre besser, ich hätte mein eignes vergossen, denn meine Augen haben mein Herz erblickt, und sein Licht hat sich für immer in Dunkelheit verkehrt.« – »Im Herzen jedes Menschen«, versetzte er, »gibt es ein Labyrinth, und für einen jeden kommt der Tag, da er dessen Mitte erreichen und sich dem Minotaurus stellen muß. Du aber hast nichts entweiht, das

einem Gotte heilig ist, oder unter der Zusicherung von Schonung getötet oder Blutschande begangen?« Ich erschauerte und antwortete: »Nein.« – »So komm, mein armer Junge«, sagte er und stellte mich auf die Beine.

Wäre er nicht sehr stark für sein Alter gewesen, er hätte mich nicht die kurze Strecke zu seinem Hause führen können; denn meine Knie gaben beim Gehen nach, und ohne die Hilfe seiner Arme wäre ich gefallen. Seine Frau, eine Greisin, erschien und half ihm mich auf ein Bett legen. Sie gab mir Suppe zu essen und nahm meine Kleider weg. Sie wuschen mich, reinigten meine Wunden mit Wein und Öl und bedeckten mich mit einem Mantel. Ich kam mir wieder vor wie als Kind im Hause meiner Großmutter. Zuletzt reichte er mir einen heißen, gewürzten Milchgrog mit Mohn. Sobald meine Wunden dank dem Wein zu schmerzen aufhörten, schlief ich ein.

Ich schlief den Abend und die Nacht durch, bis beinahe zum nächsten Mittag. Dann warf ich den Mantel um, mit dem sie mich zugedeckt hatten, und trat hinaus. Ich fühlte mich müde und wund; meine Glieder gehorchten nur mühsam, aber sie waren unversehrt. Das Heiligtum stand neben einer Bergspalte, und ein steiler, mit Kiefern bewachsener Hügel wölbte sich darüber. Man konnte weit die Schlucht hinunter bis auf die Ebene und das Meer blicken. Es war ein Ort, wie ihn Apollo liebt. Doch die Schönheit des Morgens war befremdend, und ich begriff, daß sie nur für andere Menschen gut sein konnte.

Als mich der Priester sah, kam er vom Heiligtum herab, das nur klein und aus silberfarbenem Stein erbaut war. Er führte mich zum Haus zurück und setzte mir Essen vor, ohne mich auszufragen. Er erzählte mir, wie der Altar errichtet worden sei, von einem, dem der Gott an diesem Ort erschienen war. Als ich gegessen hatte, fragte er mich, ob ich das Heiligtum sehen wolle. »Denn«, fuhr er fort, »das Bild des Gottes ist sehr schön; obwohl es schwerfällt, an diesen Ort zu gelangen, unternahmen jene, die von anderen davon gehört hatten, lange Reisen, um es zu sehen. Es ist nicht so alt wie der Altar; ich war sogar selber bei seiner Einweihung hier. Phidias, der Bildhauer aus Athen, hat es geschaffen.«

Aus Höflichkeit begleitete ich ihn, und wegen seiner Freundlichkeit hatte ich meine Lobsprüche bereits vorbereitet, denn ich konnte mich für nichts erwärmen. Als ich aber das Standbild erblickte, mußte ich einsehen, daß sein Lob zu zurückhaltend gewesen war. Der Gott war dargestellt in frühem Mannesalter, ein herrlicher Jüngling von neunzehn oder zwanzig Jahren, mit einem außerordentlich edlen Gesicht, in dem sich Anmut und Kraft paarten. Über der Schulter hing eine blaue Chlamys, und in seiner Linken hielt er die Leier. Bei meiner Betrachtung vergaß ich sogar für eine Weile, was mich hergeführt hatte.

Der Priester sprach zu mir: »Du bewunderst das Bild, als wärest du erstaunt; und tatsächlich ist es nicht so wohlbekannt, wie es eigentlich sein sollte. Aber das geht auch jenen so, die voller Erwartung herkommen. Du wirst wohl gehört haben, daß Phidias, nachdem er seine Kunst zu höchster Vollendung gebracht hatte, nicht mehr nach lebenden Modellen arbeitete. Er wartete auf die Eingebung der Götter. Während er aber an diesem Bild arbeitete, nahm er einen gewissen edlen Jüngling, von einer Schönheit, die fast göttlich gewesen sein soll, manchmal zu sich, damit ihm dieser Modell stehe, als Dienstleistung für den Gott. Wenn er dann den Jüngling gehen ließ, pflegte er nachzusinnen, zu Apollon zu beten und dann mit der Arbeit zu beginnen.«

Ich blickte aufs neue hin und glaubte, sowohl Phidias wie der Jüngling müßten von einer Erscheinung heimgesucht worden sein; denn mir schien, dies und nichts anderes sei die wahre Gestalt und das wahre Antlitz des Gottes. Ich fragte, ob er wisse, wer dafür Modell gestanden habe. »Gewiß«, antwortete er, »das ist allgemein bekannt, und obgleich du noch jung bist, wirst du doch sicher von dem Mann gehört haben, denn es sind erst ein

paar Jahre her, seit sein Name noch in jedermanns Munde war: Myron, der Sohn des Philokles, den man den Schönen nannte.«
Mein Geist war ruhig wie frisch gefallener Schnee in regloser Luft. Ich stand da und schaute. Dann, wie das winterliche Eis den Berghang hinunterstürzt und auf dem Wasser dahintreibt, überfiel mich das Leid um alle Sterblichen so heftig, daß mein Leib es kaum zu tragen vermochte. Ich kümmerte mich nicht darum, daß der Priester neben mir stand; doch kam es mir alsbald in den Sinn, daß ich mich auch in der Gegenwart des Gottes befand, und ich hob meinen Arm und bedeckte mein Gesicht mit dem Mantel, als ich weinte.
Nach einer Weile rührte der Priester meine Schulter und fragte mich, warum ich weine. Doch ich hatte keine Antwort. »Du weintest«, fuhr er fort, »als ich dir den Namen des Jünglings nannte. Vielleicht ist er gestorben oder in der Schlacht gefallen?« Ich schüttelte den Kopf, konnte aber nicht sprechen. Er hielt inne und sprach dann: »Mein Kind, ich bin alt, und die Zeit steht für mich still. Auch fürchte ich den Tod nicht als ein Übel, nicht mehr, als man den Schlaf nach erfülltem Tagewerk fürchtet. Bete aufrichtig, daß zu jeder Zeit deines Lebens deine Wünsche erfüllbar seien, und fürchte dich nicht; hohes Alter wird dir nicht beschieden sein, doch einem anderen, den die Götter dafür bereit machen. Und was den Jüngling anbetrifft, um den du dich so grämst, so ist er glücklich, da ja seine Schönheit zur Stätte eines Gottes geworden ist und in diesem Tempel wie auch in seinen Söhnen weiterlebt.«
Ich neigte den Kopf und ehrte seine Weisheit. Und doch war er nicht bis zu meinem Kummer vorgedrungen. Und bis zum heutigen Tage habe ich keine Worte dafür gefunden, obgleich ich viele Bücher gelesen habe.
Den ganzen Tag ruhte ich mich dort aus, auch noch am nächsten und während der darauf folgenden Nacht, denn meine Kraft kehrte nur langsam wieder zurück. Am letzten Abend, als die

Lampe angezündet wurde und die Greisin das Nachtmahl kochte, erzählte ich ihm, wessen ich beschuldigt worden sei und daß ich nicht wisse, wohin ich gehen solle. Er sagte mir, ich müsse nach Hause zurückkehren, der Gott werde meine Unschuld beschützen. Als ich den Blick senkte, fuhr er fort: »Ein Mann ging einmal auf eine lange Reise und ließ sein Geld in der Obhut eines Freundes zurück. Bei seiner Rückkehr erhielt er alles zurück, was er in Verwahrung gegeben hatte, und war zufrieden. Hätte jedoch der Freund, während sich das Geld in seinem Hause befand, Mangel gelitten, würden ihn die Menschen dann weniger ehren oder mehr?« – »Das ist nicht dasselbe«, antwortete ich. – »Für die Götter ist es dasselbe. Glaube an deine eigene Ehre, dann werden auch die Menschen daran glauben.«
So machte ich mich denn am nächsten Tage früh auf den Weg nach der Stadt. Wohl war es ein gutes Stück Wegs, aber doch nicht so weit wie der Herweg, denn ich war kreuz und quer durch die Berge gelaufen. Am Abend, kurz bevor die Lampen angezündet wurden, war ich zurück. Die Frau des Priesters hatte die Risse in meinem Mantel ausgebessert und ihn gewaschen, so daß ich ganz anständig aussah, obwohl vom Sturz etwas zerschürft. Als ich den Hof betrat, sah ich die Lampe drinnen aufleuchten. Ich wartete eine Weile draußen, aber die Hunde erkannten mich, sprangen lärmend an mir empor, und so trat ich denn ein. Er sagte: »Tritt ein, Alexias; das Nachtessen ist gleich bereit, aber du hast wohl noch Zeit, ein Bad zu nehmen.« Dann wandte er sich an sie: »Hat er noch Zeit?« – »Ja«, antwortete sie, »wenn er nicht zu lange macht.« – »So beeile dich, doch wünsche vorher noch deiner Schwester gute Nacht. Sie hat immer wieder nach dir gefragt.«
So setzten wir uns zum Essen nieder und sprachen von Begebenheiten in der Stadt. Doch über das Geschehene wurde nie wieder gesprochen. Was er während meiner Abwesenheit meiner Stiefmutter oder was sie ihm gesagt hatte, habe ich nie

erfahren. Doch mit der Zeit bemerkte ich eine Veränderung. Manchmal hörte ich sie zu ihm sagen: »Der Abend wird kühl werden, dein Mantel ist nicht schwer genug« oder »Laß dir nicht wieder das gewürzte Fleisch geben, nach dem du das letztemal nicht schlafen konntest.« Er antwortete etwa: »Was soll das?« oder: »Schon gut«, aber er gehorchte ihr. Es war mir nicht aufgefallen, daß er sie stets wie ein Mädchen behandelt hatte, bis ich jetzt erkannte, daß er sie als Frau behandelte.

Wie es dazu gekommen war, habe ich nie erfahren, auch wollte ich es wohl nicht wissen. Es genügte, daß es nun nicht mehr sein würde wie früher.

19

Während der nun folgenden Zeit hielt ich mich oft in der Stadt und wenig zu Hause auf. In mir war eine große Leere; ich war immer froh um Gesellschaft und wartete nicht immer darauf, auch die beste zu finden.

Ich konnte über das Vorgefallene nicht sprechen, auch nicht mit Lysis. Ich würde ihm aber wohl wenigstens eine Andeutung gemacht haben, hätte er mich nicht so aufgebracht gefragt, wo ich gewesen sei, und mir Vorwürfe gemacht, daß ich kein Wort für ihn zurückgelassen habe. So verständlich das war, hatte ich doch das Gefühl – denn ich hatte mich noch immer nicht ganz gefunden –, er habe mich in einer Seelennot im Stich gelassen, weshalb ich nur kurz antwortete, ich sei jagen gewesen. »Allein?« fragte er. Ich bejahte. Da ich wußte, daß ich ihn angelogen hatte, hätte sein Unglaube mich nicht verletzen dürfen; und doch empfand ich ihn als ein Unrecht.

Obschon ich ihn jetzt mehr denn je gebraucht hätte, blieb ich nicht nur gedankenlos, sondern wurde sogar in der Folge unfreundlich. Oft quälte ich ihn und wußte dabei wohl, was ich tat; ich sagte mir, seine unbegründete Eifersucht verdiene Strafe. Dann wieder, wenn ich mich einsam und elend fühlte oder tief beschämt, kehrte ich zu ihm zurück, als wäre dadurch das Vergangene beseitigt worden oder als hätte ich bloß einen Mann ohne Stolz leichtfertig behandelt. Begegnete er mir dann kühl, so brauste ich auf, und alles begann wieder von vorn. Aus Sehnsucht nach seiner Gesellschaft bat ich ihn manchmal um Verzeihung oder versuchte, ihn wider seinen Willen umzustimmen, und wir waren versöhnt. Aber das glich der umwölkten Heiterkeit eines Fiebers. Beim Abschied fragte er mich dann mit erzwungener Unbekümmertheit, was ich am folgenden Tage zu tun gedenke und wen ich sehen wolle. Ich lachte dann und gab ihm eine abschätzige Antwort; später dann, allein in der Nacht, hätte ich alles darum gegeben, wenn wir als Freunde geschieden wären, und konnte mir nicht erklären, was in mich gefahren war. Denn oft in Gesellschaft oder in der Umgebung unserer Truppe schaute ich ihn an und wußte, daß es nichts Teureres auf der Welt gab; wenn wir in einem solchen Augenblick hätten allein sein können, es hätte kein Gewölk mehr zwischen uns gegeben. Ich glaubte sogar, er empfinde dasselbe.

In Gesellschaft von Sokrates konnte ich immer über den Dingen stehen und meine Torheit einsehen. Und doch wandte ich mich nicht an ihn um Rat. Als ich es eines Tages nicht mehr länger aushielt, war es Phaidon, an den ich mich wandte.

Zufällig lagen wir im Dampfbad nebeneinander. Kydons Badeanstalt genoß einen untadeligen Ruf. Als der Bademeister mit uns fertig war und wir auf den Masseur warteten, rückten wir unsere Pritschen zusammen und plauderten. An einem solchen Ort löst sich die Zunge leicht, und zusammen mit meinem Schweiß entledigte ich mich auch all meiner Kümmernisse. Er

hörte mir zu, auf dem Bauch liegend, den Kopf auf den verschränkten Armen und blickte mich durch sein blondes Haar hindurch an. Einmal schien er im Begriffe, mich zu unterbrechen, doch verstummte er und ließ mich ausreden. Schließlich sagte er: »Es ist dir doch nicht ernst, Alexias, wenn du sagst, du könnest all das nicht verstehen.« – »Aber ja; denn ich glaube nicht, daß einer von uns beiden sich wirklich weniger aus dem anderen macht. Ja, ich glaube sogar ...« Er strich sich das Haar aus der Stirn, um mich anzublicken, und ließ es dann wieder zurückfallen. »Nun«, sagte er, »wenn du es nicht verstehen *kannst*, dann, weil du es nicht verstehen *willst;* und nach allem, was ich weiß, hast du vielleicht recht. Nein, ich weiß dir kein Mittel gegen deinen Schmerz, Alexias; ich bin der Arzt nicht, der dir not tut. Du weißt, ich habe nie vorgegeben, etwas von der Liebe zu verstehen. Warum fragst du nicht Sokrates?« Ich antwortete, ich wolle es mir überlegen. Ich wollte ihn nicht fragen, was er damit meine.
Kurz darauf traf ich Charmides in der Palästra. Wir schauten ein wenig den Ringkämpfen zu und kamen ins Gespräch. Als ich zu den Ankleideräumen hinübersah, erblickte ich plötzlich Lysis. Er war im Begriff gewesen, sich für den Kampf zu entkleiden, als er mich aber sah, hielt er inne. Rasch blickte ich weg, als hätte ich ihn nicht bemerkt. Es war eine Torheit, nicht Bosheit. Ich fürchtete, er sei zu aufgebracht, um meinen Gruß zu erwidern, und die Leute könnten bemerken, daß wir entfremdet waren. Als ich wieder hinblickte, war er verschwunden. Dann fiel es mir, leider zu spät, ein, was er denken mußte: daß ich ihn absichtlich vor Charmides habe bloßstellen wollen, ja, daß sogar Charmides selbst mich dazu angestiftet habe. Jetzt war ich mehr als nur ernüchtert, ich hatte Angst. Ich ging sogleich weg und suchte Lysis in der Stadt. Schließlich ging ich zu seinem Hause. Dort traf ich ihn an seinem Schreibtisch sitzend, Papiere vor sich. Als ich eintrat, fuhr er noch einige Augenblicke mit Schreiben fort,

als warte ein Diener auf ihn; dann blickte er auf und sagte: »Ich bin beschäftigt, komm ein andermal.« Soweit war es noch nie zwischen uns gekommen. Ich überwand meinen Stolz und entschuldigte mich bei ihm. Er hörte mich kalt an und versetzte: »Das alles berührt mich nicht. Ich bin beschäftigt, wie du siehst; und ich habe dich gebeten zu gehen.« Er wandte sich wieder seiner Arbeit zu und ließ mich stehen. Verzweiflung bemächtigte sich meiner; aber ich konnte mich nicht weiter erniedrigen, denn seine Verachtung hätte ich nicht ertragen können. Der ersten besten Eingebung folgend, sagte ich: »Schön. Ich habe dich besucht, um dich zu fragen, ob du morgen mit mir auf die Jagd kommen willst, doch wenn dir nichts daran liegt, werde ich allein gehen.« – »Ja?« fragte er. »Wie auch schon?« – »Wenn du zu kommen geruhst, kannst du dich ja selbst überzeugen. Doch sei bei Tagesanbruch dort, ich werde nicht länger warten.« Dann, entschlossen, seine Aufmerksamkeit zu erzwingen, fügte ich hinzu: »Wenn du kommst, bring deine Eberspieße mit. Wenn du aber beschäftigt bist, so laß es bleiben.«

Wie ich gehofft hatte, fuhr er auf und starrte mich an. »Machst du einen Scherz«, sagte er, »oder bist du von Sinnen? Allein auf die Eberjagd?« – »Das ist deine Sache«, versetzte ich, »ob ich allein gehe oder nicht. Wenn du nicht dort bist, werde ich nicht den Morgen damit vergeuden, einen anderen Begleiter zu suchen.« Damit verließ ich ihn.

Am folgenden Tag stand ich noch in der Dunkelheit auf, um die erforderlichen Vorbereitungen zu treffen. Man kann sich vorstellen, wie unüberlegt mein Vorschlag war. Ich hatte nicht einmal eigene Eberspieße und hatte erst zwei solche Jagden in meinem Leben mitgemacht; einmal vor Jahren unter der Führung von Xenophons Vater, der uns Jungen auf einen Baum klettern ließ, als er und seine Freunde das Tier in die Enge getrieben hatten; und einmal mit der Wache, als wir unser zehn oder zwölf zusammen ausgeritten waren. Ich hatte jedoch von

Xenophon Spieße geborgt, der annahm, ich werde mit einer Gesellschaft ausziehen, und den ich in seinem Irrtum beließ.

Als die Sterne verblaßten, hörte ich Hufschlag in der leeren Straße. Dann hoben sich die Stichblätter von Lysis' Eberspießen dunkel vom Himmel ab. Neben ihm liefen seine drei großen Spartaner Hunde; hinter ihm trug ein Sklave auf einem Maultier die Staken und Netze, an die ich nicht einmal gedacht hatte.

Er blickte grimmig auf mich herab, um zu sehen, wie es mir gefalle, beim Wort genommen zu werden. Da er sich so verhielt, grüßte ich ihn kurz und dankte ihm dafür, daß er die Netze mitgebracht habe, als hätte ich damit gerechnet. Ich glaubte, wir seien nun quitt, er aber fragte, was für Hunde ich mitnehme. Ich pfiff sie herbei, einen großen Molosser und zwei Kastorer, eine für unser Vorhaben denkbar ungeeignete Koppel. Er sah sie an und runzelte die Stirn. Da griff der Molosser einen seiner Hunde an, was sich schon einmal ereignet hatte. Wir griffen ein, um sie zu trennen, und ich dachte, das werde ihn auftauen. Aber er war weiterhin kühl, empfindlich und meilenfern. Da sagte ich: »Schön, gehen wir.«

Wir ritten zum Pentelikon, wo es dieses Jahr viele Wildschweine gab, da die Jagd durch den Krieg sehr vernachlässigt worden war. Es war ein schöner, frischer Morgen, und eine Brise wehte vom Meer her; vom höchsten Punkt der Hügelkette konnten wir deutlich Tekelaia erblicken und ein halbes Dutzend Stellen, wo wir Seite an Seite gekämpft hatten. Ich konnte nicht umhin, mit dem Finger da und dorthin zu zeigen und ihn zu fragen: »Erinnerst du dich?« Es liegt in meinem Wesen, heftig aufzubrausen, aber nicht lange dabei zu verharren. Lysis war ein Mensch, dessen Zorn nur langsam wächst, war er jedoch einmal ausgebrochen, konnte er ihn nicht sobald wieder loswerden. Er antwortete mir kurz, deutete auf eine bewaldete Bergsenkung und sagte, wir wollten es dort versuchen.

Unterwegs trafen wir einen Bauernjungen mit ein paar Ziegen, und ich fragte ihn, ob es Eber im Walde gebe. »Ja«, antwortete er, »sogar einen sehr großen. Er vertrieb einen anderen Eber, der in der Nähe lebte. Erst gestern hörte ich sein Rumoren.« Als er gegangen war, wandte sich Lysis zu mir. Ich konnte an seinen Augen ablesen, daß er dachte, ich hätte es nun weit genug getrieben. Aber die Worte fielen ihm schwer; und nun war ich meinerseits wütend, weil er sich meinen Friedensvorschlägen gegenüber kühl und ablehnend verhalten hatte. Deshalb sagte ich: »Glaubst du, ich kehre jetzt um, damit du es mir ewig vorhalten kannst? Wenn du deswegen mitgekommen bist, bist du vergeblich gekommen.«

Darauf versetzte er kühl: »Du kannst deinen Witz später besser brauchen, Alexias.«

Schweigend stiegen wir ab und setzten uns, um etwas zu essen. Jeder verzehrte schweigend seine eigene Nahrung, umgeben von seinen Hunden. Dann blickte er auf und sagte: »Da wir die Arbeit ganzer Männer vor uns haben, wollen wir es auch wie Männer an die Hand nehmen und nicht wie Kinder.« Knapp und klar sagte er mir, was zu tun sei, als erteilte er einen Befehl im Feld. Dann koppelte er die Hündin, die er zum Spüren zu verwenden pflegte, ließ die übrigen Hunde und die Pferde beim Sklaven zurück und schritt aufs Dickicht zu.

Verglichen mit dem hellen Tageslicht schien es hier drinnen dunkel und beengend. Die Sonne fiel durch die Bäume wie runde Goldmünzen, die schwarze, feuchte Erde roch nach verfaultem Eichenlaub. Bald stießen wir auf Spuren und Mist von Ebern. Die Spuren sahen sehr groß aus. Verstohlen blickte ich Lysis an, aber sein Gesicht verriet nichts, er sah ganz aus wie im Krieg.

Wir gelangten alsbald zu einer Eiche, deren Rinde von den Hauern des Ebers ganz zerfurcht und zerschlissen war. Die Hündin an Lysis' Arm zerrte, und die Haare auf dem Rücken sträubten sich; sie knurrte. Vor uns lag dunkles Gestrüpp, aus

dem Spuren herausliefen. Lysis sagte: »Das ist sein Lauf. Hier wollen wir die Netze stellen.«
Wir führten die Hündin zurück und banden sie wieder mit den anderen zusammen, stellten die Netze in einer Mulde vor dem Lager auf und befestigten sie an starken Pflöcken und Bäumen. Im Hintergrund erhob sich ein steiler Fels. Hier, außer Gefahr, stellten wir den Sklaven auf, mit einem Haufen Steine bewaffnet, um den Eber daran zu hindern, vom gewünschten Weg abzuweichen. Dann griffen wir zu unseren Spießen. Lysis sagte: »Halte dich bereit und laß das Dickicht nicht einen Augenblick aus den Augen. Eber sind schnelle Tiere.« Wir holten die Hunde, die wegen des verhaßten Geruches bereits lärmten, und ließen sie in das Dickicht los. Lysis stand rechts der Netze, ich links. Bei einer waidgerechten Jagd stehen vier oder fünf Mann an diesen beiden Stellen, mit ihren Spießen, und weiter hinten noch einige Leute mit Wurfspeeren; um die mangelnde Zahl auszugleichen, rückten wir näher heran. Auf unser Zeichen hin begann der Sklave zu rufen und Steine zu werfen. Dann erblickte ich zwischen zwei schwarzen Gebüschen den Eber.
Ich dachte: »Er ist nicht einmal so groß.« Er stand mitten unter den bellenden Hunden, den Kopf gesenkt, und seine Hauer stachen gelb von seiner behaarten schwarzen Schnauze ab. Seine kleinen Augen blickten umher, und ich sah sogleich, daß er nicht blindlings ins Netz rennen würde. Es war ein altes, verschlagenes Tier. Lysis und ich standen an unseren Plätzen, die Speere in der Rechten nach vorn und unten gerichtet, geführt von der Linken. Dann sprang Phlegon, Lysis' größter Hund, den Eber an. Der Kopf des Ebers schnellte einmal hoch, Phlegon flog, um sich schlagend, durch die Luft, fiel zu Boden und rührte sich nicht mehr. Als ich ihn verenden und Lysis dort stehen sah, kam ich endlich zu mir. Seine Hunde waren besser als die meinen; daß sie die Jagd auf seine Seite hinüberlenken würden, hatte er im voraus gewußt. Ich brüllte den Eber an, um

ihn auf meine Seite zu ziehen, und schritt auf ihn zu. Sogleich schrie auch Lysis, noch lauter als ich. Aber der Eber hatte mich zuerst gesehen. Ehe ich auch nur denken konnte: »Da kommt er«, stand er schon vor meinem Spieß.

Bis dahin hatte ich nicht gewußt, was Kraft ist. Seine Augen flammten rot auf, als er sich auf mich stürzte; kreischend und stampfend versuchte er mich an meinem Spieß vorbei zu erreichen. Sein Gewicht war größer als mein eigenes. Ich biß auf die Zähne und drückte mein ganzes Körpergewicht auf den Spießgriff; einige Augenblicke, die mir wie Stunden vorkamen, blickte ich den Spieß entlang auf seine Hauer und den runzligen Rüssel. Dann gab er blitzschnell nach und wandte sich seitwärts. Der Spieß drehte sich wie etwas Lebendiges und entwand sich meiner Hand. Ein großes Staunen überfiel mich, in dem alles ruhte; mir schien, ich könne meinen Spieß leicht wieder zurückholen. Gerade noch rechtzeitig erreichte mich Lysis' Stimme. Er schrie: »Zu Boden! Leg dich hin!« Vom Kriege her gewöhnt, Lysis zu gehorchen, warf ich mich blindlings nieder; erinnerte mich dann weshalb, und klammerte mich an die Wurzeln und kleinen Stauden unter mir, um mich fest zu verankern. Die Hauer eines Ebers sind nach oben gebogen, er muß sie zuerst unter sein Opfer bringen, bevor er es aufspießen kann.

Meine Finger krallten sich in den Boden, meine Zähne bissen in bittere Stengel und Blätter. Ich spürte den Rüssel des Ebers sich in meine Seite bohren und roch seinen heißen Gestank. Dicht neben mir schrie Lysis laut auf; der Eber war verschwunden. Ich lag da wie halb betäubt, dann blickte ich mich um. Lysis hatte den Eber an seinem Spieß und kämpfte um sein Leben. Das Tier tobte wie ein Dämon und zerrte ihn auf dem Boden, dessen Gestrüpp voller Gefahren für die Füße war, dahin und dorthin. Nun schien ich wieder überlegt und klar denken zu können. Ich sagte mir: »Wenn er unterliegt, habe ich ihn getötet. Aber ich will nicht leben mit diesem Wissen im Herzen.«

Mein Spieß hing immer noch von der Schulter des Ebers herunter. Ich sprang auf die Beine, riß ihn heraus und stieß ihn tiefer hinein, als er sich mir zuwandte, genau am Ansatz des Halses. Es war, als schlage eine Meereswoge gegen meine Arme; ich konnte Lysis keuchen hören, als wir gemeinsam zustießen. Dann stürzte der Eber, wie ein den Berg hinuntergeschleuderter Felsblock, hin. Sein Maul öffnete sich, er grunzte und war tot.

Lysis stemmte den Fuß gegen ihn, zog den Spieß heraus und pflanzte ihn aufrecht in den Boden. Ich tat desgleichen. Wir standen da und blickten einander über den Eber hinweg an. Nach einer Weile kam er zu mir und faßte mich um die Schultern. Was wir zuerst sagten, läßt sich nicht niederschreiben. Dann gingen wir zum getöteten Hund hinüber; der Tapfere lag da, die Zähne immer noch kampfbereit entblößt, die Stichwunde des Ebers im gebrochenen Genick. »Armer Phlegon«, sagte Lysis, »er ist das Opfer unseres Stolzes. Mögen ihn die Götter als Opfer annehmen und sich besänftigen.« Dann riefen wir den Sklaven von seinem Zufluchtsort herab. Er war in großer Erregung, da er wohl geglaubt hatte, der Eber würde, nachdem er uns beide getötet, ihn belagern. Wir waren nun ziemlich übermütig und lachten über seine Angst; dann zerlegten wir den Eber, schnitten den den Göttern gebührenden Anteil weg und opferten ihn der Artemis und dem Apollon. Dann schickten wir den Sklaven mit dem Maultier und den Jagdgeräten nach Hause. Den ganzen Nachmittag saßen wir auf einem Abhang des Hügels neben einer Quelle. Unter uns bespülte die blaue Bucht von Marathon das mit Tang verunreinigte Ufer; in der Ferne lagerten die Höhenzüge Euböas klar wie dunkler Wein. Wir hatten uns gegenseitig verziehen und konnten unseren früheren Zwist kaum mehr begreifen. Ich gestand ihm, teilweise, warum ich in die Berge gelaufen war, und sagte ihm, mein Vater habe mich einer Gottlosigkeit bezichtigt, die zu schändlich sei, ausgesprochen zu werden. Einen Augenblick lang starrte er vor sich hin, dann hielt er rasch den Atem an, ergriff meine Hand und schwieg. Von nun an war er so gut zu mir, daß man hätte meinen können, ich hätte etwas Bewundernswertes getan und nicht sein Leben aufs Spiel gesetzt. Das Blau des Meeres wurde dunkler, das Licht bekam einen tiefen goldenen Glanz; Schatten krochen die östlichen Abhänge herab. Ich sagte zu Lysis: »Der heutige Tag ist uns nicht entglitten wie die anderen Tage, die mit nichts angefüllt waren. Es ist falsch zu behaupten, nur das Elend lasse die Tage lang erscheinen.« – »Ja«, antwortete er. »Und doch neigt sich der Tag seinem Ende zu, und immer noch zu früh.« – »Glaubst du, es sei am Ende des Lebens ebenso?« – »Ich denke, es gibt keinen Menschen, der nicht einmal in seinem Herzen gesagt hätte: ›Gib mir dies oder jenes, und ich will zufrieden sterben.‹« – »Worum würdest du bitten, Lysis?« – »Einmal um dies, dann wieder um etwas anderes. Als Sophokles alt wurde, sagte er, die Befreiung von der Liebe sei wie die Befreiung eines Sklaven von einem tyrannischen Herrn.« – »Wie alt ist er?« – »Etwa achtzig Jahre. Wir sollten die Hunde herbeirufen; sie haben sich über den ganzen Hügel zerstreut.« – »Lysis, müssen wir in die Stadt zurück? Wir haben genug Fleisch übrig. Wir wollen es braten und in den Hügeln bleiben. Der Tag wird dann so lange dauern, wie wir wollen.« – »Schau«, versetzte er, »wie nah scheint doch Euböa zu sein. Es wird regnen heute nacht.« Dann lud er mich, wie ich es insgeheim gehofft hatte, zu sich zum Nachtessen ein.

In der Stadt angelangt, ging ich schnell nach Hause, um mein Jagdzeug abzuwerfen und mich zu waschen. Ich kämmte mein Haar, legte den besten Mantel um und zog meine bestickten Sandalen an; als ich sein Haus betrat, sah ich, daß auch er sich gepflegt hatte. Kaum hatten wir mit dem Essen begonnen, als sich der Sommerregen über der Stadt entlud. Er klatschte auf die Reben der Terrasse und trommelte auf das Dach. Die Luft erfüllte sich mit dem Duft aufgeweichten Staubes und erfrischter Blätter und roch zart nach den getränkten Blumen auf den Marktfeldern. Wir sagten, wir könnten die versengten Hügel, aus denen wir gekommen waren, sich satt trinken hören, und hoben unsere Schalen gemeinsam. Als der aufwartende Sklave gegangen war, stellten wir die bronzene Schale für den Kottabos hin und warfen einer für den andern und brachten beim Werfen Trinksprüche dar. Lysis erzielte ein besseres Ergebnis und lachte mich aus; ich weigerte mich, das Omen anzunehmen, und füllte meine Schale wieder auf, um ihn herauszufordern. Diesmal gewann ich, aber er wollte sich dem Sieg nicht beugen, und so fuhren wir fort, bis ich trotz immer größerer Bemühungen immer schlechter traf und Lysis mir schließlich die Schale wegnahm und sagte: »Mein Lieber, du hast genug gehabt.«

»Was?« rief ich lachend und holte sie zurück. »Lalle ich, oder hast du mich Unsinn sprechen hören? Oder bin ich einer von denen, die bei der dritten Schale bereits ihr gutes Aussehen einbüßen?« – »Du würdest es verdienen, daß ich ja sagte.« – »Trink selber aus, du bist größer, und es braucht mehr, um dich zu füllen. Die ganze Erde trinkt und wird schön dadurch, warum nicht auch wir? Um dieses Gefühl zu haben, das mich jetzt bewegt, pflanzen die Menschen Wein und keltern Trauben. Nicht nur du, Lysis, siehst für mich schön aus wie immer, nein, die ganze Welt ist schön. Wozu hat uns der Gott den Wein sonst geschenkt?«

»So laß es damit genug sein«, entgegnete er, »und verdirb es nicht durch mehr.«

»Noch eine Schale, um uns zuzutrinken. Hast du daran gedacht, Lysis, daß nun mein Leben das deine ist? Wärest du nicht gewesen, so wäre ich heute abend weiß ich wo. Vielleicht ein Schatten draußen im Regen schauernd, oder den Ufern des Styx entlang huschend und mit einer schwachen Fledermausstimme, zu hoch, um gehört zu werden, ›Lysis! Lysis!‹ schreiend.«

»Halt«, sagte er. »Kein Wort weiter, Alexias! Der Tod kommt die Freunde früh genug trennen.«
»So wollen wir denn aufs Leben anstoßen. Du hast sie mir geschenkt: dieses Lampenlicht, diesen Blumenduft und diesen Regen; den Wein, die Kränze, und vor allem deine Gesellschaft. Du hörst es nicht gern, daß ich dein Geschenk lobe? Mir fehlt nur eines, mich zum glücklichsten Menschen zu machen: eine Gegengabe. Doch was könnte groß genug sein?«
»Ich scherzte ja bloß. Schau', ich bin so nüchtern wie du; nüchterner sogar. Sag' mir, Lysis, wohin, glaubst du, geht die Seele, wenn wir sterben?«
»Wer ist je zurückgekehrt, uns das zu sagen? Vielleicht, wie Pythagoras lehrte, wieder in den Mutterschoß zurück. In einen Philosophen, wenn wir es verdient haben, oder in ein Weib, wenn wir schwach waren, oder in ein wildes Tier, oder einen Vogel, wenn es uns nicht gelang, menschenwürdig zu leben. Ein solcher Glaube wäre beruhigend, weil es so gerecht wäre. Doch ich glaube, wir schlafen ein und wachen nie wieder auf.«
Seine Traurigkeit drang durch meinen Weinnebel hindurch, und ich machte mir Vorwürfe. »Sokrates sagt nein. Er war immer der Meinung, die Seele sei unsterblich.« – »Seine Seele vielleicht. Es besteht kein Zweifel, daß sie aus härterem und reinerem Stoff geschaffen ist als die anderer Menschen, und nicht so leicht zu zerstreuen.« Er raffte sich auf und lächelte. »Vielleicht wollen die Götter ihn vergöttlichen und als Sternbild an den Himmel versetzen.« – »Darüber würde er lachen. Und dir das Sternbild des Sokrates in den Staub zeichnen: zwei kleine Sterne als Augen und fünf oder sechs große als Mund.« – »Oder mich für meine Unehrerbietung gegenüber den Göttern tadeln. Man kann ihm nicht alles sagen; er versteht die Schwachheit gewöhnlicher Menschen nicht.« – »Nein«, antwortete ich. »Er hat das Herz eines Löwen, nichts erschreckt ihn, nichts bringt ihn von

seinem Wege ab. Das Gute erkennen und es auch tun ist für ihn ein und dasselbe.« Und ich fügte noch hinzu: »Doch er sagt, das gelinge erst durch tägliche Übung, wie ein Sieg in den Kampfspielen.« Dann besann ich mich, und statt zu reden, hob ich meine Schale, um zu trinken. Dann fuhr ich fort: »Er weiß wohl, daß er einzigartig ist, und erwartet von anderen nicht, daß sie seien wie er.« – »Er ist kein Mann der Kompromisse.« – »Gegenüber sich selbst nicht. Aber er ist freundlich. Er hat gelernt, nicht zu viel zu erwarten.« Lysis antwortete: »Das hat ihn wohl Alkibiades gelehrt.« Er stand von seinem Lager auf, ging weg und blickte auf die Terrasse hinaus.

Ich folgte ihm und stellte mich an seine Seite. »Sei nicht böse mit mir heute nacht, Lysis. Was ist los?« – »Nichts. Ich war zu oft grundlos böse mit dir. Schau, der Regen ist vorüber.«

Ein weißlicher Neumond war aus den Wolken hervorgetreten, und ein oder zwei Sterne blinkten. Die Luft im Garten erfrischte unsere Gesichter; hinter uns roch das Speisezimmer nach zerdrückten Blumen, Lampenrauch und verschüttetem Wein. »Auch ich habe dich grundlos herausgefordert«, antwortete ich, »oder aus demselben Grund. Es wird noch mehr Regen fallen, Lysis, spürst du es nicht?« – »Die Dürre dauerte lange«, sagte er. – »Zu lange. Wenn die Erde nicht tüchtig trinkt, werden wir heftige Stürme und Gewitter in den Bergen erwarten müssen. Nun, wenn es nach deinem Kopf gegangen wäre, verbrächten wir die Nacht heute auf dem Pentelikon.« – »Wir würden wohl«, entgegnete ich, »eine Höhle gefunden haben, groß genug, uns beiden Unterschlupf zu gewähren.«

Ein mit Wasser gefülltes Blatt leerte seinen Inhalt klatschend über das Weinlaub. »Es ist spät«, sagte er. »Ich will eine Fackel für dich kommen lassen.« – »Spät? Es muß noch immer eine Stunde vor Mitternacht sein. Behandelst du mich jetzt wie ein Kind, weil ich meinen Spieß verlor?« – Er rief aus: »Verstehst du denn nicht?« und fügte nach einem Augenblick leise hinzu: »Ich sah den Tod nach dir greifen und besaß nicht die Ruhe des Philosophen.«

»Du hast deine Sache mit einem Eberspieß gut genug gemacht«, sagte ich und versuchte ihn zum Lächeln zu bringen. »Im Krieg haben wir einander oft dem Tode nahe gesehen und haben am Abend gemeinsam gesungen.« – »Soll ich jetzt singen? Singen ist leicht. Ich habe dich tot gesehen und nichts darüber hinaus. Nur Mühsal um eine verbrannte Ernte nach einem verlorenen Frühjahr und Sommer. Jetzt habe ich es dir gesagt, obwohl ich noch nie zuvor dem Wein gestattete, meine Zunge zu lösen. Hast du genug gehört? Du würdest jetzt besser gehen.«

Er wandte sich von mir ab und schritt auf den Torweg zu, um den Sklaven zu rufen. Laufend holte ich ihn ein und hielt ihn am Arm zurück.

Während des Laufens war mein Kranz auf dem Haar zurückgerutscht; er streckte die Hand danach aus, aber er fiel hinter mir zu Boden. Ich konnte hören, wie die Weinstöcke ihre letzten Tropfen auf die Terrasse fallen ließen; das Quaken eines Frosches aus der Zisterne; und das Pochen meines eigenen Herzens. Ich sagte: »Ich bin hier.«

20

Im darauffolgenden Winter schifften sich Lysis und ich ein und fuhren nach der Insel Samos.

Jeder hatte seine guten Gründe, die Stadt zu verlassen. Lysis' Vater war im Winter an einer Erkältung gestorben, und Lysis, der ihn jahrelang von den Sorgen des verfallenden Bauerngutes ferngehalten hatte, konnte es nicht ertragen, an seiner Beerdigung zu sparen. Er wurde unter den Siegeszeichen seiner Triumphe bei Wagenrennen aufgebahrt, und als alles vorüber war, konnte Lysis es sich nicht mehr leisten, ein Pferd zu halten, es sei denn, er hätte um einen Beitrag der Reiterei nachgesucht, wozu er zu stolz war. Mein Vater erholte sich; bald mochte er Phoenix zurückverlangen, und ich wollte nicht warten, bis er ihn anforderte. In diesen Tagen bewegten wir uns beide leise nebeneinander, wie Menschen in einem von Erdbeben heimgesuchten Haus.

Er war nun mit einer Reihe von Oligarchen dick befreundet, die im Geruche standen, mehr als bloßes Heimweh nach der Vergangenheit zu haben. Ihre Zusammenkünfte verliefen ohne Fröhlichkeit: wie bei Männern, die ein gemeinsames Ziel verfolgen. Oft war die Tür des Speisezimmers von innen verriegelt, und die Sklaven wurden ausgeschlossen; über allem lag eine Atmosphäre, die mir nicht gefiel; vor allem störte mich die Gegenwart von Kritias. Gab es wirklich, wie gewisse Leute behaupteten, Männer in der Stadt, die dazu bereit waren, die Spartaner einzulassen, sofern sie unter ihrer Herrschaft eine gute Stellung erhalten konnten, so schienen mir diese so auszusehen. In meinem Alter hätte ich es durchaus als mein Recht ansehen dürfen, mit ihm darüber zu sprechen, aber wir unterhielten uns nicht mehr über ernste Dinge. Wenn er mich tadelte, so nur beiläufig und wegen Kleinigkeiten: daß ich mir den Bart nicht wachsen lasse, beim Parfumeur herumsitze, wohin ich wirklich nur ging, wenn schon Freunde von mir dort waren, und wozu geht man denn in die Stadt, wenn nicht, um diese zu treffen und mit ihnen zu sprechen? Es stimmt jedoch, daß ich gelegentlich, wenn Lysis keine Zeit hatte, meine Zeit lieber mit sinnlosen Leuten verbrachte, als nach Hause zu gehen.

Lysis mißfiel das, doch hatte er nicht den Mut, mich zu tadeln. Jeder muß sein eigenes Leben leben, und das ging niemanden etwas an. Wir waren aber beide ruhelos, und das zeigte sich auch darin. Zu jener Zeit war eine gewisse Wildheit in uns, die sich manchmal in heftigen Ausbrüchen der Freude, manchmal in Waghalsigkeiten Bahn brach; in ausgelassenen Possen bei Trinkgelagen oder Tollkühnheiten im Felde.

Sokrates sprach nie darüber. Ich glaube aber nicht, daß ihm die Ursache lange verborgen blieb. Die Liebe ist im tiefsten Grunde ein Prahlhans, der das gestohlene Pferd nicht verbergen kann, ohne wenigstens einen Blick auf die Zügel zu gestatten. Niemand hätte in jenen Tagen freundlicher sein können als er. Ohne daß er ein Wort gesprochen hätte, aus seiner bloßen Gegenwart begriff ich: während wir glaubten, etwas für ihn zu tun, war er es vielmehr, der aus Zuneigung zu uns daran gedacht hatte, uns an seinen Reichtümern teilhaben zu lassen; er war jetzt zu uns so rücksichtsvoll wie zu Freunden, die von einem schweren Verlust betroffen wurden.

Wir wußten es zwar, aber wir fühlten es noch nicht in unserem Innern. Was uns besiegt hatte, war etwas Unsagbares, und was nachher geschehen, kam uns nun wie Trost und Freude vor. Wir übten unsere Pflichten gegenüber den Göttern, hielten treu zusammen und des anderen Ehre hoch. Nur fand ich, daß von nun an die Träume meiner Jugend verblaßten, wichen und immer mehr der Vergangenheit angehörten. Doch hat man gesagt, dies sei die unabänderliche Folge der Jahre.

So nahmen die Dinge ihren Lauf, als ich eines Tages Asklepios, den Sohn Apollons, besuchte.

Wegen des Krieges konnte man nicht nach Epidauros gehen; und das wäre auch etwas übertrieben gewesen. Deshalb besuchte ich den kleinen Altar in der Felsenhöhle der Akropolis, der gerade unterhalb der Mauer liegt. Es war abends. Die letzten Sonnenstrahlen fielen auf die Säulen und das Portal, drinnen aber war es dunkel; das Tropfen der heiligen Quelle tönte feierlich und laut. Der Priester nahm den Honigkuchen, den ich gebracht hatte, und reichte ihn der heiligen Schlange in ihrer kleinen Grube. Sie ringelte sich auf und nahm ihn entgegen. Der Priester fragte mich, warum ich gekommen sei. Er war ein dunkelhaariger Mann, hager, mit langen Fingern; während ich sprach, befühlte er meine Haut und zog die Augenlider von meinen Augen zurück. Ich sagte: »Es ist mein Wunsch, bei den nächsten Olympischen Spielen am Langstreckenlauf für Männer teilzunehmen.« – »So danke dem Gott für deine gute Gesundheit«, sprach er, »doch wenn du Vorschriften für deine Ernährung brauchst, so wende dich an deinen Trainer. Dieser Ort ist für die Kranken.« Ich wollte eben weggehen, als er mich zurückhielt und sagte: »Warte, was fehlt dir?«

»Nicht viel«, antwortete ich. »Ich hätte Apollon nicht belästigen sollen. Der Atem eines Läufers ist ihm nicht wichtig. Doch manchmal, in der letzten Runde oder im Endspurt, wenn ich außer Atem bin, habe ich einen Schmerz verspürt, als würde ein Messer in mich gebohrt. Manchmal trifft es mich in die Brust, manchmal in den linken Arm; zuweilen verdunkelt sich mir vor Schmerz das Sonnenlicht. Nach dem Rennen aber geht es vorüber.«

»Wann hat das angefangen?« – »Auf dem Isthmus zuerst. Doch kürzlich lief ich lange querfeldein, in die Berge hinauf, und seither kehrt der Schmerz sogar beim Training wieder.« – »Aha. So laufe denn zur Agora. Grüß den Altar der Zwölf und komm rasch hierher zurück, ohne dich aufzuhalten und mit jemandem zu sprechen.«

Der Lauf dorthin war unbedeutend, aber die Steigung am Ende ließ mich keuchen, und der Schmerz machte sich ein wenig bemerkbar. Dann legte er die Hände in mein Genick und auf die Handgelenke und beugte seinen Kopf über meine Brust. Sein Bart kitzelte mich, aber ich wußte, daß es unziemlich sei zu lachen. Er brachte mir eine Schale und sagte: »Trink das und schlafe. Wenn du aufwachst, suche dich an den Traum zu erinnern, den der Gott dir geschickt hat.«

Ich nahm den Trank ein, der bitter war, und legte mich auf ein Strohlager im Säulengang. Ein zweiter Mann schlief auf einem anderen Strohsack, die übrigen waren leer. Zur Zeit des Lichteranzündens schlief ich ein. Beim Erwachen roch ich Myrrhe und sah den Priester sein Morgengebet verrichten, denn es war kurz vor Sonnenaufgang. Der Mann auf der anderen Pritsche schlief immer noch. Es war mir schwindlig, mein Kopf war benommen und schwer. Bald kam der Priester vom Altar herüber und fragte mich, ob der Gott mir einen Traum geschickt habe.

»Ja«, versetzte ich, »einen glücklichen. Ich träumte, etwas Kaltes berühre meine Stirn, und ich öffnete meine Augen an diesem Ort, und der Gott erschien mir. Er sah aus wie im Tempel, nur ein wenig älter; etwa dreißig Jahre alt und glattrasiert wie ein Athlet. Er trug eine weiße Chlamys über der Schulter und den Bogen auf dem Rücken. Dort drüben stand er.« – »Ja«, sagte der Priester, »und dann?« – »Dann«, fuhr ich fort, »hielt der Gott selbst mir den Olivenkranz mit den Bändern von Olympia hin.« Der Priester nickte und strich sich über den Bart. »In welcher Hand hielt der Gott den Kranz? In der Linken oder der Rechten?« Da erinnerte ich mich und antwortete: »In keiner von beiden. Er zog einen Pfeil aus dem Köcher, und auf der Pfeilspitze hing der Kranz; so hielt er ihn mir hin.«

»Warte«, sagte er und warf Weihrauch auf den Altar und betrachtete den Rauch. Das heilige Wasser tropfte dumpf in den Felsblöcken, und die trockenen Windungen der Schlange regten sich in ihrer Sandgrube. Der Morgen war neblig und ziemlich kühl. Der Priester trat wieder zu mir, den Kranz auf dem Kopf. »Also spricht Apollon: ›Sohn des Myron, bis heute bin ich dein Freund gewesen. Selbst den Olivenkranz von Olympia will ich dir nicht verweigern, wenn du ihn mit deiner ganzen Willenskraft verlangst. Verlange aber nicht danach, denn mit dem Kranz kommt auch der Todespfeil, rasch und aus heiterem Himmel.‹«

Er blickte mich an, um zu sehen, ob ich verstanden habe. Schweigend überlegte ich eine Weile, dann fragte ich ihn, warum das so sein müsse. Er antwortete: »Dein Herz ist zu groß für deinen Leib, Alexias. So lautet die Botschaft des Gottes.«
Die Sonne war aufgegangen. Ich schritt um den Felsen herum und stieg zur Akropolis hinauf. Ich blickte zu den hohen blauen Hügeln Lakedämons hinüber, hinter denen Olympia liegt. Ich dachte daran, wie nach den letzten Spielen, als der Sieger des Langstreckenlaufes in seine Heimatstadt zurückkehrte, man die Stadttore für allzu profan hielt und die Stadtmauern durchbrach, um ihn hindurchzutragen. Als ich zum ersten Mal die Geschichte von Ladas, dem Spartaner, hörte, der mit den noch frischen Oliven im Kranz tot hingestürzt war, dachte ich, ein Mann könne kaum ein schöneres Ende finden. Doch seither war ich auf dem Isthmus gewesen, und heute schien es mir einem edlen Menschen besser anzustehen, sich wie Harmodios und Aristogeiton für die Freiheit der Stadt und die Ehre der Freunde zu opfern. Doch als ich nach Hause ging, war mein Geist leer und seiner vertrauten Gedanken beraubt. So lange hatte ich von Olympia geträumt: von den grünen Feldern neben dem Fluß mit seinen Kieselsteinen, vom Hügel des Chronos mit seinen feierlichen Eichenwäldern und vom Stadion zu seinen Füßen; von den Standbildern der Sieger, welche die Wege einsäumten, von der Zeit der Heroen bis zum gestrigen Tage. Als der Bildhauer in der Palästra mich gebeten hatte, ihm Modell zu stehen, hatte ich mir im stillen gesagt: »Das hat noch Zeit.«
Dies ist der Grund, weshalb ich mich vom Langstreckenlauf zurückzog. Die Zeit rückt wohl heran, da ich den Preis für meine früheren Kränze entrichten muß; seit ich fünfzig wurde, habe ich nach der Überwindung einer Steigung oder einem anstrengenden Ritt wiederum den Pfeil des weithintreffenden Apollon meine Brust durchbohren gespürt. Deshalb schreibe ich diese Dinge nieder, so lange ich mich noch an sie erinnern kann.

Kurz darauf trafen wir einen Athener aus der Samischen Schwadron, der als Flottenhoplit einem der Schiffe zugeteilt war. Unsere Zungen waren vom Wein gelöst, so daß er uns fröhlich fragte, weshalb so gute Burschen wie wir beim Füttern von Pferden hungerten, wenn wir doch in der schönsten Stadt der Inseln wie die Herren leben und uns am Kampfe gegen die Schiffe des Spartanischen Bundes beteiligen könnten, die bei Miletos, jenseits der Meerenge, ihren Stützpunkt hätten. Das wäre eine Arbeit, die eines Mannes würdig sei.
»Es gibt keinen besseren Aufenthalt als auf Samos«, sagte er. »Die Samier tun alles für die Athener, seit sie ihre Oligarchen vertrieben haben und die unseren, die im Hafen waren, auf der Seite der Demokraten kämpften. Ihr könnt haben, was oder wen ihr wollt. Sie brauchen übrigens jeden Demokraten, dessen sie habhaft werden können, denn es ist dort etwas im Anzug.«
Letzteres glaubten wir nur halb, denn nur ein Narr, wie Lysis sagte, wird sich in einer fremden Stadt mir nichts, dir nichts in die Politik stürzen. Das übrige aber schien uns glaubhaft. Er berichtete uns von einem neuen Schiff, der *Sirene,* das sich im Piräus ausrüste und dessen Mannschaft noch nicht vollzählig sei. Der Trierarch, dem noch ein Schiffsleutnant fehlte, war froh, einen Mann vom Rufe Lysis' zu bekommen, und da wir Stammesgenossen waren, fiel es nicht schwer, auch mich an Bord zu bringen. Ich war noch nicht ganz volljährig für fremden Kriegsdienst, aber in Kriegszeiten kann man sich im allgemeinen leicht die Erlaubnis erwirken, mehr zu tun, als man muß, besonders, wenn es sich darum handelt, Liebenden zu helfen. Es war noch Winter, als die *Sirene* ausgerüstet wurde, aber aus Gründen, die wir noch erfahren sollten, lag dem Schiffshauptmann sehr daran, möglichst schnell auszulaufen. Jetzt war die Reihe an meinem Vater, am Dock zu stehen und mir das Geleit zu geben. »Nun, Alexias«, sagte er, »wenn du in den vergangenen Monaten ein wenig Zeit für die Angelegenheiten der Stadt hättest erübrigen

können, so wäre es mir möglich gewesen, etwas für dich zu tun; aber lassen wir das. Du hast dir im Feld einen guten Ruf erworben, und ich fürchte nicht, daß wir uns deiner schämen müssen. Halte nur deine Augen offen in Samos und gebrauche deinen Verstand, wenn du siehst, wie die Dinge liegen. Athen ist zu lange durch das Los mit Kieselsteinen und das Abzählen von Dummköpfen regiert worden. Es ist an der Zeit, daß Leute von Stand das beweisen.«

Ich hatte keine Zeit, mich nach dem Sinn dieses Orakels zu erkundigen. Meine Gedanken waren bereits an Bord. Ich roch Hanf und Pech, die Leiber der Ruderer, die Fässer mit schwitzenden Salzfischen, Öl und das kalte Salzwasser der winterlichen See. Die Möwen schwebten über unserem Kielwasser und warteten auf Abfälle. Die *Sirene* war eine Kriegstriere, kein Transporter, und führte nur ihre eigene Kampfeinheit von fünfzehn Mann mit sich. Wir lebten auf dem Vorderdeck, unter einem Vordach aus Ochsenhaut, unmittelbar über der ersten Ruderbank; unser Platz für den Fall eines Kampfes war der schmale Laufsteg, der außerhalb des Schiffsrumpfes entlangführte. Eine fünfundzwanzigköpfige Mannschaft versorgte das Schiff, und von den drei Reihen von Ruderern setzte sich die unterste aus Sklaven zusammen. Freie Männer wollen nicht dort unten arbeiten; die Ruderlöcher sind mit Lederkappen versehen, um die Gischt abzuhalten, und der Ruderer sieht den ganzen Tag nichts als den Rücken seines Vordermannes und die Füße der Ruderer auf der zweiten Bank, auf ihren Stützen zu beiden Seiten. Wenn es aber regnete und stürmte, waren sie besser dran als wir, die unter unserem Felldach zusammengedrängt waren. Ich hatte geglaubt, eine Seereise im Winter könne nicht beschwerlicher sein als einige unserer Nachtlager in den Hügeln. Ich hatte vergessen, daß man auf einem Pferd nicht seekrank wird. Am zweiten Tag schlug der Wind jedoch um, und ich fühlte mich besser.

Obwohl wir es geheimgehalten, hatte es sich irgendwie doch an Bord herumgesprochen, daß Lysis und ich Liebende seien. Nachdem ich bei der Reiterei gewesen, wo für diese Dinge ein gewisses Verständnis besteht, fiel es mir schwer, mich mit einigen primitiven Vorstellungen abzufinden, wie man sie bei einer Infanterie-Einheit trifft. Es kann aber auch sein, daß ich mich damals zu rasch beleidigt fühlte. Die meisten waren ganz nette Kerle, wie es sich mit der Zeit herausstellte; ihr Geschwätz entsprang einer Gewohnheit und der Tatsache, daß sie sich nie gezwungen sahen, sich über die wahre Bedeutung ihrer Worte Rechenschaft abzulegen. Wir hatten den Sold für einige vor Sestos liegende Schiffe bei uns. Da der Wind günstig blieb, konnten wir sie in sechs Tagen erreichen. Im Hafen von Sestos aber wurden wir von einem ungeschickten Getreideschiff angefahren; zwei oder drei Ruderer wurden verletzt und einige Bohlen eingedrückt. Wir warteten ungeduldig auf dem Hellespont, bis die Ausbesserungen vorgenommen waren; doch dann wurden wir durch das Wetter zurückgehalten. So dauerte es einige Wochen, bevor wir nach Samos ausliefen, während denen wir ohne jede Nachricht blieben.
Nachdem wir die Zeit in einer kleinen Kolonialstadt totgeschlagen hatten, war es gut, nun die große Stadt Samos zwischen Hügeln und blauem Meer aufleuchten zu sehen. Die Stadt ragte wie ein Sporn ins Wasser hinaus, und ihr Hafen lag in seiner Krümmung. Gegen Westen, am Strand, stand der Tempel der Hera, der größte von ganz Hellas. Gegen Osten senkten sich die Gerstenterrassen wie eine breite Treppe zum Meer hinunter. Jenseits der Meerenge, ganz nahe, erhob sich die stolze Küste Ioniens, veilchenfarbig ihrem Namen getreu.
Der Hafen war voller Schiffe. Zum erstenmal sahen wir die neue Flotte Athens, denn die meisten Schiffe wurden unmittelbar nach ihrer Fertigstellung hierhergebracht. Sie boten einen prächtigen Anblick, mit ihren glänzenden Schnäbeln und

Rammsteven, den mit Zinnober frisch gestrichenen Flanken und den Wimpeln der Trierarchen am Heck. Die einen waren abgetakelt und ihre Masten an Bord gebracht worden, um für den Fall eines Angriffs auf den Hafen bereit zu sein; denn die Spartaner waren gar nahe. Andere, die Segel neben sich ausgebreitet, wurden am Ufer überholt, und ihre Wahlsprüche leuchteten in frischen Farben. Die bogenförmige Promenade unter den Platanen wimmelte von Bürgern und Seeleuten, Kriegern und Kaufleuten, die vor den Schenken saßen, auf und ab spazierten oder mit den Phöniziern handelten, die in Booten ihre Waren mitgebracht hatten und sie vor ihnen ausbreiteten.

Das athenische Lager befand sich am Ufer, wo man die Schiffe an den Strand zog, zwischen der Stadt und dem Tempel. Es befand sich schon so lange hier, daß es keine Zelte gab; es war wie eine kleine Stadt aus Holz, Lehm und Flechtwerk, mit Dächern aus Rohr. Wir fanden unser Quartier und machten uns auf, um die Sehenswürdigkeiten zu besichtigen. Es wäre langweilig, heute alles aufzuzählen, was wir sahen. Jeder Mann meines Alters und übrigens auch jeder Jüngere kennt diesen Anblick. Nach wochenlangem Ränkespiel, Zug und Gegenzug, stand die Stadt am Rande der Revolution. Nach ein oder zwei Stunden war es mir nur allzu klar, warum mein Vater mir gesagt hatte, ich solle meinen Verstand gut gebrauchen. Das athenische Heer selbst war von oben bis unten gespalten; die Oligarchen verbündeten sich mit ihren Freunden in Samos, die Demokraten hielten zu den Bürgern. Doch was allem einen besonders üblen Geruch von Korruption verlieh, war die Tatsache, daß die samischen Oligarchen zum großen Teil nicht die Leute waren, die früher vertrieben worden waren, sondern Männer, die an der Spitze der demokratischen Empörung gestanden. Ihre feine Nase hatte die faule Stelle im Kern gewittert: Männer, die nicht nach Freiheit und Gerechtigkeit verlangten, sondern nur nach dem, was andere besaßen.

Was das für unsere eigenen Truppen bedeutete, davon erhielten wir am folgenden Tag einen Vorgeschmack, als die spartanische Flotte gesichtet wurde, deren Weg an der Insel vorbeiführte. Die Trompeten erschollen, die Schiffe wurden abgetakelt und über die Helling heruntergezogen, die Bänke bemannt, Waffen und Schilde mittschiffs aufgehäuft, und die Schale für das Trankopfer stand auf dem Heck bereit. Wir warteten nur darauf, den Schlachtruf anzustimmen und auszulaufen. Lysis hatte unsere Wartezeit auf dem Hellespont nicht ungenützt verstreichen lassen, und unsere Mannschaft hatte bereits etwas von seinem Geist geatmet. Während wir auf das Zeichen warteten, sangen wir, die Ruderer fielen ein, und ich hörte sogar die Sklaven singen. Doch wir warteten, bis der Gesang erstarb und die Leute ruhig und müde wurden; die spartanische Flotte fuhr weiter, am Tempel vorbei und um die Landspitze herum, und wir alle gingen an Land, um unsere Beschämung hinunterzuspülen. Es war nicht der Feind, den unsere Anführer fürchteten. Sie fürchteten sich voreinander. Später wurde von diesem oder jenem Trierarchen ganz offen gesagt, er decke einen in der Schlacht oder werde sich auf die andere Seite schlagen. Dinge, die in Athen kaum genannt wurden, galten hier für ausgemacht.

Samos ist eine alte und vornehme Stadt. Selbst ihre früheren Tyrannen hatten sie wie einen Lieblingssklaven mit Juwelen geschmückt. Jetzt hatte sie den Höhepunkt ihres Wohlstandes erreicht: Bildhauer, Steinmetzen und Maler waren vollbeschäftigt, die Straßen wanden sich wie Ranken an den Hängen des Hügels empor, im Schmucke gelben, rosaroten oder grünen Marmors, behauen und vergoldet im anmutigen ionischen Stil. Und doch ging man seines Weges, als schreite man durch einen stinkenden Sumpfboden und könne keinem trauen. Sogar über unseren eigenen Trierarchen waren wir im ungewissen. Er war ein bleicher Mann mit schmalen Lippen, der sich wegen der

Verzögerung auf dem Hellespont ungeduldig die Fingernägel gebissen hatte, aber dann, als Ungeduld verständlich und nur natürlich gewesen wäre, sie zu verbergen versucht hatte.
Über all diesem Unrat geisterte wie ein Irrlicht der Name Alkibiades. Er war von Tissaphernes' Palast zur Küste heruntergekommen und lebte auf der anderen Seite der Meerenge. Die Oligarchen setzten in Umlauf, er werde zurückkehren und uns verzeihen, wenn die Demokratie, die ihn ungerechtfertigterweise ins Exil vertrieben habe, in Athen gestürzt werde. Da die Perser ihm aus der Hand äßen, werde er dann den Krieg für uns gewinnen.
Und dies machte wohl stimmen, denn er feierte seine Feste in Magnesia unter einem über ihm hängenden Schwert. Wenn die Spartaner die Vorherrschaft in Hellas erlangten, so würden ihn die Meder, um sich mit den Spartanern gut zu stellen, sicherlich ausliefern. In Sparta erwartete ihn der sichere Tod, solange König Agis lebte.
Die bedrückende Stimmung dieser Stadt lastete auf uns, so daß wir selbst schweigsam wurden. Da hatten wir das Glück, unseren alten Freund Agios, den Steuermann der *Paralos,* die im Hafen vor Anker lag, anzutreffen. Mit ihm, das wußten wir, konnten wir offen sprechen, und er verschaffte uns bald etwas festeren Boden unter den Füßen, da er uns erzählte, die Seeleute seien bis auf den letzten Mann treue Demokraten. Er war wohl befugt, auch für sie zu sprechen, da die *Paralos* das Hauptschiff war und er Obersteuermann der Flotte.
Am folgenden Tag trafen wir ihn verabredungsgemäß wieder. Er führte uns zu einer bestimmten Schenke, mit dem Zeichen eines goldenen Dreifußes. Auf der Hinterseite befand sich ein kleiner geweißter Hof, von Reben beschattet. Hier saß an einem Tisch ein großer, hagerer Mann, der mit Seemannsrock und Lederwams der Flotte gekleidet war. Er war hager, aber breitschultrig, hatte einen großen, festen Mund und braune Augen,

die gerade und freimütig blickten. Agios sagte: »Dies sind meine Freunde, Thrasybulos.«
Dieser Mann war als einfacher Hoplit nach Samos gekommen; da er aber von Natur mit Führereigenschaften ausgestattet war, hatte er bald einen ihm entsprechenden Posten gefunden. Bereits ruhten die Augen aller Demokraten auf ihm. Er war nicht nur körperlich groß, man wußte, daß er Gesicht und Namen eines Menschen nie mehr vergaß und immer an seinen Sorgen Anteil nahm.
Nachdem ihm Agios gesagt hatte, man könne uns trauen, sprach er ganz offen mit uns. Er sagte, unser Trierarch sei an der Verschwörung beteiligt und Lysis müsse bereit sein, das Kommando zu übernehmen, falls es zum Kampf komme. Es stand nun fest, daß diese samische Angelegenheit nur ein Bruchteil einer viel umfassenderen Sache war. Die athenischen Oligarchen benützten sie, um die Flotte zu kontrollieren und alsbald auf diesem Wege sich Athens zu bemächtigen. Dann würden sie mit Sparta verhandeln, gleichgültig, unter was für schändlichen Bedingungen, wenn sie nur auf dem Leichnam ihrer Stadt sich fett fressen könnten. Athen würde dann nur ein weiterer Lehensknecht Spartas sein, unter einer Herrschaft geknechtet, wie sie kein Spartaner im eigenen Land ertrüge, um die Führer zu Sklaven und das Volk zu Schwächlingen zu machen. Wir sollten an die Spartaner verkauft werden, genau so, wie vor langer Zeit der Tyrann Hippias uns an die Meder verkauft hatte.
Aber eben jetzt, erzählte er, hätten die Verräter einen Schlag erlitten, unter dem sie noch immer taumelten. Alkibiades war ihrer Angel entwischt.
Entweder (und das war seine eigene Version) hatte er nie beabsichtigt, sie zu unterstützen, und hatte die Verschwörung nur genau kennenlernen wollen, oder dann hatte er seine Absicht aus persönlichen Gründen geändert. Schließlich war er immer Demokrat gewesen. Auf alle Fälle stand er jetzt auf

unserer Seite und hatte dies auch unter Beweis gestellt; er hatte die Gelegenheit, Verzeihung zu erwirken, sofort ergriffen, indem er die Freiheit der Stadt gerettet hatte. In Athen war er der größte Köder gewesen, mit dem die Oligarchen fischen konnten; erst seit seiner Verbannung hatte man sein wahres Genie im Felde vollständig erkannt. »Deshalb«, schloß Thrasybulos, »sollt ihr Samos jetzt nicht verlassen, auch nicht für eine Stunde. Ich will ein Narr sein, wenn sie nicht losschlagen, bevor diese Nachricht die Heimat erreicht hat.«

Später, auf dem Rückweg, waren wir beide ziemlich schweigsam. Ich dachte, daß ich, wenn mein Vater mit offenen Augen in diese Geschichte hineingeraten wäre, nie mehr den Kopf hätte aufrecht tragen können. Selbst Lysis, glaubte ich, würde von der Schande mitbetroffen. Während er neben mir, in seine eigenen Sorgen vertieft, dahinschritt, blickte ich ihn an: er gehörte nicht zu jenen Soldaten, die den Glauben an ihre Vorgesetzten leichthin wegwerfen. Seine Gedanken waren bei seiner Ehre, und die meinen bei ihm.

Seitdem ich neunzehn Jahre alt war, schienen die im Laden des Händlers für duftende Salben und bei Trinkgelagen gesprochenen Phrasen zum erstenmal an mein Ohr zu dringen. »Wie geht es dir mein Freund, nach so langer Zeit? Und wie geht es dem schönen X, dessen Lob du uns gesungen hast?« – »Nun, die Zeit vergeht, weißt du. Er muß jetzt an die Zwanzig sein, wo immer er sein mag.« Wenn ich zu laut lachte oder zu lange trank oder im Kampf sinnlos Gefahr auf mich nahm, war dies der Ansporn gewesen. Jetzt, an der Schwelle des Mannesalters, wo der Ehrgeiz mich hätte anspornen sollen, dachte ich nur daran, wie sehr ich mich der Zeit ausgeliefert hatte, und zählte nur den Verlust. Doch die Zeit war in Samos mit wichtigeren Dingen erfüllt als den meinen.

Am folgenden Tag spazierten Lysis und ich ein wenig außerhalb der Stadtmauern, um die Schloßruine des alten Polykrates, des

samischen Tyrannen, zu besichtigen, den das Glück so lange begünstigt hatte, daß er seinen großen Smaragd ins Meer warf, um seine Glückssträhne selbst zu unterbrechen, damit es nicht die Götter an seiner Stelle täten. Aber diese schickten den Ring im Bauche eines Fisches zurück, um ihn wissen zu lassen, daß keiner seinem Schicksal entrinnt; und nun standen seine Hausmauern da, wie die Meder sie zurückgelassen hatten. Das Gemäuer diente nun als Schafstall, und da und dort wuchsen zerstreut ein paar kleine Blumen. Es war Frühling hier; auf den terrassenartigen Feldern unter uns verlieh die junge Gerste der Erde eine grüne Farbe, und die schwarzen Weinstöcke standen in Blüte. Auf den großen warmen Steinen lagen wir mit den Eidechsen zusammen an der Sonne, als Lysis plötzlich fragte:
»Wie lange sind wir schon hier? Wir sollten gehen.«
»Warum?« sagte ich. »Alles ist ruhig. Es geschieht jetzt selten, daß wir zusammen weg können.« – »Ich habe ein warnendes Vorgefühl. Vielleicht sah ich ein Omen, das ich nicht beachtet habe.« – »Eine Warnung, daß du nun genug von meiner Gesellschaft hättest? Das Omen gilt mir.« – »Spaße nicht«, versetzte er. »Es geschieht etwas, ich fühle es. Wir müssen gehen.«
Die Agora war überfüllt, aber nicht unruhiger als sonst. Eben wollte ich Lysis einen Vorwurf machen, als in mir selbst ein Gefühl der Unruhe aufstieg. Nur um etwas zu tun, schauten wir einem Silberschmied zu, der den Muschelrand an einer Fischplatte ausklopfte; Lysis, der aus der Türe schaute, rief: »Bei Herakles, ich könnte schwören, daß das Hyperbolos ist.« Ich reckte den Hals, halb in der Erwartung, eine mit Schuppen bedeckte Schlange zu sehen. Er war verbannt worden, als ich noch ein kleiner Junge war, und mein Vater hatte stets von ihm nur als einer Art Ungeheuer gesprochen. Ich hatte vergessen, daß er sich in Samos niedergelassen hatte. Jetzt erblickte ich ihn, und er sah wie jeder andere verrufene alte Demagoge aus, wie einer, der von Angeberei und Bloßstellung lebt, solange man

ihm Glauben schenkt, und von Schmeichelei und Zuträgerei, mit einem Schuß Meineid untermischt, wenn er keinen Glauben mehr genießt. Er hatte ein blasses Gesicht mit einem schlaffen Mund und einem dünnen, sandfarbenen Bart. Er sprudelte beim Reden und schlug sich dabei mit einer Pergamentrolle auf die Hand, wie das solche Leute zu tun pflegen, um sich wichtig zu machen. Er war mit einem Freund zusammen, der ihm nur mit halbem Ohr zuhörte. Selbst von weitem trug der alte Halunke den Stempel unheilbarer Langweiligkeit. Dies ließ es um so merkwürdiger erscheinen, daß er nun in Samos Zuhörer gefunden hatte.

Fünf oder sechs Leute hatten sich um ihn geschart. Einige machten den Eindruck von dummen Lehrlingen, die, von ihrem Meister wegen ihrer Faulheit gescholten, lieber die Arbeit hinschmeißen, statt sich zu bessern. Auch zwei ältere Männer schienen zu ihrer Gesellschaft zu gehören, aber sie sprachen nicht.

Ich sah, wie einige Bürger Hyperbolos und seine Anhänger flüchtig anblickten und dann rasch weitergingen. Neben ihm stand ein Bildwerk eines Athleten auf einem mehrstufigen Podest. Auf eine der Stufen stützte er, als sei es eine alte Gewohnheit, seinen Fuß. Da er sich wie zu Hause fühlte, begann er zu reden. Worüber er sprach, weiß ich nicht. Als er sich einmal umwandte, sah er die Männer hinter ihm. Er war bleich, aber er wurde nicht noch bleicher. Im Gegenteil, ich sah, wie er rot wurde. Er stieg die Stufen empor, bis er auf der obersten stehenblieb, und schickte sich an, den Anwesenden eine Rede zu halten.

Lysis und ich schauten einander an. Er legte den Arm um mich und klopfte mir auf die Schulter. Dann sagte er: »Das wollen wir uns anhören.«

Wir verließen den Laden und gingen nach der anderen Seite hinüber. Immer wenn ich glaube, mir ein Bild eines Menschen gemacht zu haben, kommt mir Hyperbolos in den Sinn. An diesem Tage spielte er wohl die Galavorstellung seines Lebens. Er war der schlechteste Redner, den ich je gehört hatte: vulgär, unwissend und weniger darauf aus, seine Hörer zu belehren, als vielmehr die Menschen, die so primitiv waren wie er selbst, zu jener unsinnigen Maßlosigkeit aufzuhetzen, denen solche Leute ausgesetzt sind: eine Hure von einem Redner. Und doch sprach ein gewisses Feuer aus ihm, wenn er die Männer anklagte, welche die Stadt in Furcht versetzten. Er war ein so gemeiner Mensch, daß er die Vortrefflichkeit, von deren wahrem Wesen er keine Ahnung hatte, wohl nur im Munde führte, um andere des Mangels an dieser Tugend zu beschuldigen. Er lebte in einer Atmosphäre von Bosheit und Haß. Und jetzt beschwor er das Gute nur im Namen des Hasses, und doch schien sich einen Augenblick lang Edles in ihm widerzuspiegeln und ihn tapfer zu machen. Es war, als sehe man einen räudigen Köter, der jahrelang von Abfällen und von Unrat des Marktes gelebt hat, vor einem Rudel Wölfe den Rücken krümmen.

Er beugte sich vor, drohte der Menge mit dem Finger, dehnte vor einem rhetorischen Höhepunkt Wort für Wort, als einer der jungen Männer die Stufen emporsprang, sein Bein packte und ihn rücklings zu Boden warf. Ein Gelächter brach aus, denn er hatte grotesk ausgesehen, wie er mit offenem Mund zu Boden fiel.

Einige Leute hatten sich um ihn geschart. Während Lysis und ich versuchten, über sie hinwegzublicken, hörten wir vom Sockel des Denkmals her ein Geräusch, halb Schrei, halb Stöhnen. Dann ertönte ein Ruf, und wir hörten die Schritte von Männern. Die Menge begann sich zu bewegen und wogte auf und ab, einige Leute versuchten sich ihr zu entziehen, andere drängten nach vorn. Ich sah Lysis' Hand nach dem Gürtel tasten. Selbst in Samos konnte man nicht, wie ein Barbar auf den Straßen, offen ein Schwert tragen. Wir hatten aber beide spartanische Dolche, die man in der Wache als Schmuckstücke tragen durfte. Jeder Athener trug eine Waffe, wenn es auch nur ein Jagdmesser war.

Plötzlich teilte sich die Menge vor unseren Schultern, und wir befanden uns vor dem Standbild. Hier machte uns niemand den Platz streitig; ein kleiner Raum war frei von Menschen, abgesehen von Hyperbolos, der auf dem Boden lag, den dünnen Bart zum Himmel gerichtet und den mit Speiseresten bekleckerten Mantel mit Blut besudelt. Der Mund stand weit offen und zeigte eine Art Grinsen, als habe er eben jemanden so bloßgestellt, daß auch kein Schatten eines Zweifelns mehr daran bestehen könne.

Während wir vorwärtsschritten, schienen die anderen erleichtert zurückzuweichen, als wollten sie sagen: »Bitte bedienen Sie sich. Es steht Ihnen alles zur Verfügung.« Und jetzt teilte sich die Menge auf der anderen Seite.

Einige jener Leute, die sich durchdrängten, hatte ich schon vorher in Hyperbolos' Gefolge gesehen. Einer zeigte schweigend auf die Leiche. Gesicht und Daumen schienen zu sagen: »Werft diesen Dreckhaufen in die Mistgrube.« Keiner rührte sich, aber ein kleines Männchen sagte: »Das war Mord. Die Behörden sollten ihn untersuchen.« Daraufhin drehte sich einer der Jünglinge schnell um und spuckte ihm ins Gesicht. Sie gingen auf den Leichnam zu. Ich spürte, wie Lysis' Finger meinen Arm packten, und dann war er von meiner Seite verschwunden. Ich rannte ihm nach und sah ihn mit gespreizten Beinen über der elenden kleinen Leiche stehen, den Dolch in der Hand. Der Jüngling, der gespuckt hatte und an dem nichts Homerisches war, blickte ihn an, reichlich verstört. Ich zog meinen eigenen Dolch und sprang vor, um Lysis den Rücken zu decken. Dann konnte ich ihn nicht mehr sehen; nur noch die ihn umringenden Gesichter: die einen entsetzt, andere mit einem absichtlich verständnislosen Ausdruck, wieder andere, in denen sich Kampflust oder Freundschaft zu regen begann, und die Gesichter der Männer, die gekommen waren, um den Leichnam zu holen, und nun ihre langen Messer unter der Achselhöhle hervorzogen.

Ich zweifelte keinen Augenblick daran, daß wir uns in ebensogroßer Gefahr befanden wie nur je im Krieg, und vor einem noch häßlicheren Tod. Und doch mußte ich merkwürdigerweise meinen Mut nicht zusammennehmen, ich war so hochgestimmt, daß ich laut hätte jubeln und singen können. In Wirklichkeit glaubte ich wohl, jene Szene zu spielen, von der jeder Schuljunge träumt, wenn er zum erstenmal die Ballade von Aristogeiton und Harmodios hört. Mein Kopf war voll von großen Worten; ich sah wie ein Knabe unsere beiden Leichen auf einer Heldenbahre liegen, sah mich aber selbst in meiner Vorstellung nicht sterben. Ich stand da und fühlte Lysis' Schulter. Ich sah zweifellos aus, als hätte ich auf Geheiß die Pose eines Befreiers eingenommen. Ich war so hingerissen, daß ich laut und aus vollem Halse brüllte: »Tod den Tyrannen!«

Im nächsten Augenblick spürte ich den Anprall, den Lysis aufzufangen hatte, als einer ihn ansprang, und ich sah zwei Jünglinge auf mich losstürzen. Da vergaß ich das Heroentum; es war wieder Krieg, und ich mußte ohne Pferd und mit verlorenem Speer standhalten. In der rundherum herrschenden Verwirrung hörte ich eine Stimme rufen: »Tod den Tyrannen!«, aber ich konnte bloß die beiden Männer sehen, mit denen ich kämpfte, bis einer von ihnen von hinten von mir weggezogen wurde. Das Gedränge wurde wieder lichter: ich spürte, wie meinem Fuß ein Glied des Leichnams in die Quere kam, und ich fluchte während des Kämpfens darüber. Ich hörte Lysis' Stimme; wir stellten uns Schulter an Schulter nebeneinander und gingen rückwärts die Stufen hinauf, bis wir im Rücken den Sockel des Standbildes verspürten. Jetzt sahen wir, daß ringsherum gekämpft wurde. Lysis warf den Kopf zurück und schrie: *»Sirene! Sirene!«* Dann

hörten wir den athenischen Schlachtruf quer über den Platz erschallen und Stimmen, die *»Paralos«* riefen.
Die Seeleute kamen über den Platz auf uns zugerannt, und die Oligarchen machten sich aus dem Staube. Ein paar ängstliche Bürger waren in die Häuser gelaufen, die meisten aber schlossen sich uns an und jubelten Lysis und mir als Führern zu, weil sie uns auf den Stufen stehen sahen. Es war wie das glückliche Ende eines Traumes. Die Leute griffen immer noch den Ruf »Tod den Tyrannen!« auf. Doch jetzt vernahm ich darin einen anderen Klang. In einer Ecke des Platzes befand sich ein Menschenknäuel, in dessen Mitte ich plötzlich ein Gesicht auftauchen sah, blutüberströmt und mit weit aufgerissenen Augen starrend. Es wurde dort einer gelyncht. Das ist etwas, was man im Kriege nicht sieht; mir war, als werde mein Triumph mit Kot beworfen.
Ich zog Lysis am Arm und machte ihn darauf aufmerksam. Er sah es, bat um Ruhe und redete zur Menge. Er sagte, dies sei ein großer Tag für Samos, denn seine Feinde hätten sich zu erkennen gegeben. Die Arbeit aber habe erst begonnen, wir müßten weitergehen, korrekt und geordnet, und zu den Waffen greifen. Alle Verräter würden verurteilt, sobald die Stadt sicher sei, und inzwischen dürften nur die angegriffen werden, die uns Widerstand leisteten, denn wir könnten nicht die Ungerechtigkeit bestrafen, wenn wir selbst ungerecht handelten. Dann sagte er, daß Samier und Athener, solange sie die Gerechtigkeit liebten, Freunde seien; diese Worte lösten Beifall aus. Es war eine sehr gute Rede für einen, der nach einem solchen Kampf eben erst wieder zu Atem gekommen ist. Die Samier hoben ihn hoch und trugen ihn ein Stück weit auf den Schultern; und grundlos, für die Masse bezeichnend, taten sie dasselbe mit mir. Nun war ich hoch genug, um Umschau halten zu können. Ich reckte den Hals, um zu erkunden, ob der Mann, den sie mißhandelt hatten, wieder auf den Beinen sei. Aber er lag noch immer dort.

Das war der Beginn des Kampfes in Samos, wie wir ihn sahen. Es gab jedoch noch andere Orte, wo der Kampf entbrannte, denn die Oligarchen hatten in der ganzen Stadt losgeschlagen und sich als erste Opfer Leute wie Hyperbolos ausgesucht, die allgemein verhaßt oder verachtet wurden und von denen sie glaubten, niemand werde um ihretwillen auch nur eine Hand rühren, so daß sie unter dem Vorwand, die Stadt säubern zu wollen, einen guten Anfang machten. An einigen Orten gelang dies, an anderen aber erkannten die Leute, was das bedeutete; so flammte der Kampf überall auf wie Feuer in einem Strohdach, wenn ein starker Wind hineinbläst.

Wie man weiß, wurden die Oligarchen überall geschlagen, und die Demokraten blieben Herren der Stadt.

In jener Nacht saßen Lysis und ich, nachdem wir unsere Kameraden verlassen hatten, in seiner kleinen Schilfhütte in der Nähe des Ufers beisammen. Wir waren müde vom Kampf, aber noch zu aufgewühlt, um zu schlafen. Wir verbanden unsere Wunden, die nur unbedeutend waren, und aßen, da wir hungrig waren und vorher keine Zeit dazu gefunden hatten. Wir saßen auf Hockern an dem gescheuerten Holztisch bei unserem Wein. Vom Ufer hörten wir die Brandung, draußen, am Himmel droben blinkten die Sterne, unten die Wachtfeuer und Hafenlichter; zwischen uns, auf dem Tisch, stand eine flache Tonlampe, die wir eben angezündet hatten. Lysis saß da, das Kinn auf die Faust gestützt, und betrachtete die Flamme. Plötzlich sagte er: »Warum bist du Demokrat, Alexias?«

Müßte ich heute für den Jüngling von damals antworten, würde ich vielleicht sagen: »Wegen meines Vaters oder wegen der Rhodierin oder weil ich dich liebe.« Aber natürlich antwortete ich damals, ich sei der Ansicht, die Demokratie sei gerecht.

Er fuhr fort: »Laß dich nicht täuschen, mein Lieber, sie kann ebenso ungerecht sein wie nur irgend etwas. Nimm zum Beispiel Alkibiades, der übrigens wohl bald unser Befehlshaber sein wird.« Ich machte große Augen, da dieser Gedanke mir zum erstenmal aufblitzte. »Mach dich vertraut damit«, versetzte er. »Scheinbar hat ihn seine Tätigkeit beschmutzt; und er ist auch schmutzig; aber es läßt sich darüber streiten, wieviel Treue ein Mann einer Stadt schuldet, die ihn zu Unrecht geächtet hat. Was er auch immer seinerzeit getan hat, die Hermen hat er so wenig geschändet wie du und ich ... Sag mir, ist es besser, wenn alle Bürger ungerecht sind oder nur einige wenige?« – »Einige wenige nur, Lysis.« – »Ist es besser, Übles zu leiden oder Übles zu tun?« – »Sokrates sagt, Übles zu tun sei schlimmer.« – »Dann muß eine ungerechte Demokratie schlechter sein als eine ungerechte Oligarchie, nicht wahr?« Ich dachte darüber nach. »Was ist Demokratie, Lysis?« – »Sie ist, was das Wort sagt, Volksherrschaft. Sie ist so gut oder so schlecht, wie das Volk ist.«

Er drehte die Weinschale in seiner Hand. Das Schwarze seiner Augen, die weit offen standen, wurde klein vom beharrlichen Betrachten der Flamme, und die Iris glich grauen und braunen Seidenfalten, auf die das Licht fällt.

»In Athen«, fuhr er fort, »errichteten sie im ersten Kriegsjahr zu Ehren der Gefallenen eine Gedenktafel. Die Aschenkrüge und die Opfergaben wurden prunkvoll durch die Heilige Straße getragen, mit einer leeren Bahre für die Leichen der Verschollenen. Das geschah nur wenige Monate vor deiner Geburt; vielleicht hat deine Mutter dich bei dem Umzug in ihrem Leibe mitgetragen. Ich war sieben Jahre alt. Ich stand mit meinem Vater in der Gräberstraße; es war kalt, und ich wollte weglaufen und spielen. Ich starrte die hohe hölzerne Rednertribüne an, die man für Perikles erbaut hatte, und wartete wie Kinder auf eine Vorstellung, daß er sie besteige. Als er erschien, bewunderte ich seine Würde und seinen prächtigen Helm; und als zum erstenmal seine Stimme an mein Ohr klang, erschauerte ich fast. Bald aber wurde ich des Stehens und Nichtstuns müde. Ich hatte kalte Hände und Füße und glaubte, es nehme nie ein Ende; das

Weinen der Frauen hatte mich gestört, und nun lauschten die Leute in so tiefer Stille, daß sie mich bedrückte. Ich stand da und starrte auf den Grabstein eines Jünglings, der mit seinem Pferd dargestellt war; ich kann ihn noch heute vor mir sehen. Ich war froh, als es vorüber war, und hätte man ein Jahr später von mir verlangt, die Rede des Perikles zu zitieren, ich hätte zweifellos kaum ein Dutzend Worte zusammentragen können. Deshalb habe ich sie vor meiner Abreise in den Archiven nachgelesen. Ich fand Gedanken darin, die ich niemandem zu verdanken wähnte. Noch während des Lesens konnte ich mich nicht daran erinnern, daß ich Perikles diese Dinge hatte sagen hören. Meine Seele schien sich daran zu erinnern, so, wie wir uns aus den Tagen – das behauptete Sokrates –, da wir noch ungeboren und rein waren, der Musik und Mathematik erinnern.«

Ich sagte ihm, ich hätte von dieser Rede gehört, sie aber nie gelesen; und er wiederholte mir soviel daraus, was er noch im Gedächtnis hatte. Seit damals habe ich sie viele Male gelesen. Da ich aber Perikles nie gekannt habe, ist es für mich immer Lysis, der spricht; ich sehe weder Gräber noch Rednertribüne vor mir, sondern die Lampen von Samos durch den Torgang leuchten, seinen groß auf die Mauer geworfenen Schatten, die neben dem Strohsack aufgeschichtete glänzende Rüstung, die schwarzglänzende Weinschale in der Hand mit dem alten Ring aus geflochtenem Gold, die den Henkel der Schale berührt.

»Die Menschen sind an sich nicht gleich von Geburt«, sagte er später zu mir, »deshalb scheint es mir unter der Würde eines Mannes zu sein, dies als selbstverständlich vorauszusetzen. Hielte ich mich für ebenso gut wie Sokrates, so wäre ich ein Dummkopf; und wenn ich, obgleich ich es nicht wirklich glaubte, dich bäte, mich mit der Versicherung zu erfreuen, ich sei es, so würdest du mich mit Recht verachten. Weshalb sollte ich dann meine Mitbürger beleidigen, indem ich sie wie Dummköpfe und Feiglinge behandle? Wer sich so gut wie jeder andere vorkommt, bemüht sich nicht um den eigenen Fortschritt. Andererseits könnte ich mich für so gut halten wie Sokrates und sogar andere Dummköpfe dazu überreden, mir beizupflichten; doch unter einer Demokratie gibt es einen Sokrates in der Agora, der meinen Irrtum aufdeckt. Ich wünsche mir eine Stadt, wo ich Ebenbürtige treffen und Überlegene achten kann, wer immer sie auch sein mögen, wo keiner mich heißen kann, eine Lüge zu schlucken, weil sie ihm oder den Plänen eines anderen nützt.«

Nun machten sich die Anstrengungen des Tages bemerkbar, und wir schliefen ein. Am folgenden Tag lief die *Paralos* aus, um die gute Kunde nach Athen zu bringen; ihr Bug war bekränzt, und die Ruderer sangen an ihren Riemen. Als wir sie unter Jubel verabschiedet hatten, ging ich zum Tempel und opferte Zeus ein Zicklein, weil er meinen Vater wider dessen eigenen Willen gerettet hatte. Mit den Oligarchen hatten wir keine Mühe mehr. Ihre einzige Sorge war es nun, ihre Spuren zu verwischen und die eigene Haut zu retten. Nach der Abfahrt der *Paralos* verlebten wir eine friedliche Woche; ich will damit sagen, daß es in Samos friedlich war. Von mir kann ich nicht ganz dasselbe behaupten, denn im Laufe der nächsten beiden Tage sagte mir Lysis in jenem leichten Ton, den er in solchen Augenblicken anschlug, er habe in der Stadt ein Mädchen getroffen, das ihm gefalle und das er heute nacht besuchen wolle. Seit sich die Dinge zwischen uns geändert hatten, war es das erstemal, daß sich meines Wissens so etwas zutrug, und ich war überrascht, daß ich es mir so sehr zu Herzen nahm. Nach meiner Beunruhigung zu schließen, hätte man fast glauben können, er sei ernstlich von einem Jüngling gefesselt worden. Es war unsinnig, in Anbetracht seiner Treue.

Ich ölte die Lederriemen seiner und meiner Rüstung (Leder verdirbt rasch in der Meeresluft), und ich beschäftigte mich angelegentlich damit, meine Gedanken zu verbergen. Aber er bemerkte, daß ich ziemlich einsilbig geworden war, und fragte mich, ob ich auch gerne mitgehen wolle, er sei sicher, sein Mädchen könne auch eines für mich finden. Ich dankte ihm und antwortete, ich käme ein andermal mit. Das Haar in Locken legend, stand er da und pfiff vor sich hin; dann blickte er sich um, setzte sich neben mich und drängte mich freundlich mitzukommen. Unter anderem sagte er, ich sei der einzige Sohn meines Vaters und müsse eines Tages heiraten; dann wisse ich nicht, welche Frau ich wählen oder wie ich sie richtig behandeln solle, wenn ich mich nicht vorher an Frauen gewöhnt habe. Ich erwiderte, Frauen seien mir durchaus nicht gleichgültig, aber heute abend hätte ich keine Lust dazu. In Wirklichkeit hatte seine Ermutigung ihren Zweck gründlich verfehlt, denn sie erinnerte mich daran, daß er es sei, der zuerst heiraten werde, wenn die Dinge den normalen Gang gingen. Meine Bekannten schienen das leichtzunehmen; ich hatte sie mit echter Fröhlichkeit den Brautführer für ihre Freunde spielen sehen; es betrübte mich, einsehen zu müssen, daß ich selbst bedeutend stärker zu extremeren Gefühlen neigte und der Vernunft weniger zugänglich war als andere. Und wirklich, wenn ich auf jene Zeit meines Lebens zurückblicke, kann ich mich nicht verstehen.

Als er gegangen war, ging ich spazieren; denn der Gott, der mir eine Strafe zugedacht hatte, verschonte weder meine Seele noch meinen Körper, und ich hielt es im Bett nicht aus. Eine schmale Mondsichel stand am Himmel; ich stieg den Fußpfad zum Schloß des Polykrates hinan und setzte mich nieder, aufs Meer hinausblickend. Der Ort roch nach Schafen, da die Herde im Pferch war; auch Thymian und andere Frühlingskräuter roch man in der Luft. Ich beklagte mich beim Gott über seine Ungerechtigkeit, da ich ihn weder beleidigt noch ihm getrotzt hätte; doch mit abgewandtem Gesicht klagte er mich an und erinnerte mich an meine frühere Unfreundlichkeit gegenüber Lysis, der mir immer nur freundlich begegnet sei; und wie ich vor langer

Zeit mich nicht um Polymedes und ein Dutzend andere gekümmert habe, deren Namen mir nicht einmal im Gedächtnis geblieben seien. Er wies auch darauf hin, ich sei aus eigenem freien Willen sein Diener geworden, und da er der Spender größerer Freuden sei als irgendeine andere Gottheit, sei es nur gerecht, daß auch seine Züchtigungen schmerzhafter seien. Da anerkannte ich seine Gerechtigkeit und kehrte schließlich ins Quartier zurück. Als Lysis nach Hause kam, täuschte ich Schlaf vor. Es zeigte sich, daß ihm das Mädchen über Erwarten gut gefiel und er es mehrere Nächte nacheinander aufsuchte. Ich litt während dieser Zeit. Und doch hinterließ das weniger tiefe Spuren in meinem Geist als andere, anfänglich gering erscheinende Wunden, hervorgerufen durch Treuebruch oder Ehrlosigkeit verhältnismäßig unbedeutender Personen. So wie die Gußform zerbricht und in Staub zerfällt, während das Bronzebild überdauert, so kann ich jenen Schmerz nicht mehr ins Leben zurückrufen; und doch erinnere ich mich, als wäre es gestern, an den Geruch jener Nacht, an die Milchstraße, die wie Sprühregen am tiefdunklen Himmel glänzte, an die Pechlampe, die auf einem vor Anker liegenden Schiffe brannte, und an den Schrei eines aus dem Schlafe aufgeschreckten Lammes, der vom Melker beantwortet wurde.

Ich weiß nicht, wie lange all dies gedauert hat. Die Sache bemächtigte sich meiner in einem Ausmaß, das völlig sinnlos war, und sogar Lysis fragte mich, ob ich krank sei. Nun aber brachen ernste Dinge über uns herein und bliesen solche Torheiten weg.

Der Trierarch der *Paralos* kam auf einem Kauffahrer aus Aegina allein zurück. Das Schiff hatte Athen erreicht, die Oligarchen aber bereits an der Macht gefunden. Wegen des Verlustes von Alkibiades verzweifelt, hatten sie nicht gewagt, die Ergebnisse in Samos abzuwarten, sondern sogleich gehandelt. Sie hatten den Handstreich in Samos betrügerischerweise als erfolgreich gemeldet und das Gerücht ausgestreut, Alkibiades befinde sich bereits unterwegs; daraufhin waren sie an die Macht gelangt, hatten die Auszahlung von Beamtengeldern eingestellt und den Senat entlassen. Mit gemieteten Raufbolden und Zuträgern unterdrückten sie das Volk, und den gemäßigten Flügel ihrer eigenen Partei beruhigten sie durch das Versprechen, in Kürze eine Wahlliste von Edlen zu veröffentlichen.

Als sie erfuhren, welche Nachrichten die *Paralos* brachte, wagten sie nicht, in der Stadt etwas davon verlauten zu lassen. Sie bemächtigten sich der ganzen Besatzung des Ehrenschiffes, die ein Recht hatte, dort zu dienen, und versetzten sie auf einen Truppentransporter, der eben auslief. Wer Widerstand leistete, wurde gefangengenommen. Der Trierarch hatte durch einen glücklichen Zufall vom Dock aus gesehen, was sich zutrug, und war durch die Schiffe hindurch entkommen, um uns Nachricht zu bringen. Er fügte hinzu, ein Soldat brauche nur einen einzigen Blick auf die neue Befestigung zu werfen, die sie am Hafen erbauten, um zu wissen, wozu sie diene: um die Getreidevorräte vor den Bürgern zu schützen und einen Brückenkopf für eine Landung der Spartaner zu errichten.

Man hätte nun annehmen können, diese Nachricht hätte ganz Samos aus dem Triumph in die Verzweiflung gestürzt. Aber unser Blut war noch heiß vom Siege, unsere Köpfe überzeugt von der gerechten Sache; wir glichen den Männern von Marathon, als sie direkt vom Schlachtfeld wegmarschierten, um vor der Stadt Stellung zu nehmen, im Bewußtsein, daß ihnen die Götter wohlgesinnt waren.

Am Tage, nachdem wir diese Nachricht erhalten hatten, versammelten sich Athener und Samier, Soldaten, Seeleute und Bürger zum gemeinsamen Zuge zu ihrer Akropolis auf dem Hügel. Dort schworen wir einen Eid als Kampfgenossen und verpflichteten uns, gegenseitig unsere Freiheiten zu verteidigen, den Krieg fortzusetzen und weder zu Hause noch auswärts mit dem Feind

Verhandlungen zu führen. Es gibt dort oben ein großes freies Feld, das von einer alten Mauer umgeben ist; als wir den Hymnos an Zeus anstimmten, stiegen die Lerchen singend empor, und auch der Opferrauch stieg senkrecht zum Himmel.
Nie habe ich mich weniger als Verbannter gefühlt. Wir waren es, die jetzt die Stadt repräsentierten, ein freies Athen jenseits des Meeres. Auch trugen wir Schwert und Rüstung unserer Stadt; die Flotte war es, nicht die Regierung in der Heimatstadt, welche den Inseltribut erhob, um die Kriegskosten zu bestreiten. Die Sonne schien; unter uns erglänzte die See wie gehämmertes Silber; wir hatten das Gefühl, daß wir etwas Neues auf der Erde schufen.
Später, in der Stadt drunten, wurden alle Athener in samische Häuser gezogen und auf den Ehrenplatz gesetzt. Sie brachten uns den besten Wein, gewürzte Feigen und alles, was sie hatten. Ich erzählte meine Lebensgeschichte, oder doch einen großen Teil davon, an drei verschiedenen samischen Herdfeuern; und als ich Lysis im Lager wiedertraf, waren wir beiden nicht mehr ganz nüchtern. Aber wir waren glücklich und voller Zuversicht. Er hatte sein Mädchen ganz vergessen, und, was noch viel erstaunlicher war, ich auch.
Es war ein warmer Frühlingsabend; man roch die See, das auf Fichtenholzfeuer kochende Essen und den Duft von Blumen vom Hügel her; wir saßen auf der Schwelle unserer Hütte in der untergehenden Sonne und grüßten vorübergehende Freunde. Und wir öffneten einen Weinkrug, um auf unser Unternehmen zu trinken, denn, wie Lysis sagte, halb nüchtern ist weder Fisch noch Vogel. Aber der Wein machte unser Denken nur noch klarer und funkelnder: wir regelten die Angelegenheiten ganz Athens und Samos' unter uns und fuhren fort, den Krieg zu gewinnen.
Da gesellte sich der Trierarch der *Paralos* zu uns, verweilte ein wenig und trank mit uns. Lysis machte ein paar bedauernde

Bemerkungen über den Verlust seines Schiffes; er lachte und antwortete: »Nicht mich mußt du bedauern, sondern den Trierarchen, der sie jetzt befehligt. Ich kenne diese Burschen. Das Netz kann den Delphin nicht halten. Ich wette fünf zu eins, daß sie ihn bei der ersten besten Gelegenheit auf offener See in Eisen schmieden und Samos ansteuern werden.« (Es sei beigefügt, daß er seine Wette gewann.)
Er gerate noch immer in Wut, wenn er sich daran erinnere, was er in Athen gesehen habe. Doch nun fiel durch unsere Hoffnungen etwas Licht auf diese dunkle Geschichte. »Wenn Alkibiades hier den Befehl übernimmt«, sagte er, »so dauert es nicht lange mit ihnen. Wie ihr wißt, haben sie den gemäßigten Flügel bereits verloren. Theramenes und seine Partei warten nur, bis ihre Zeit gekommen ist. Sie schlossen sich ihnen nur auf das Versprechen eines beschränkten Wahlrechtes hin an, ein Prinzip, dem ich zwar nicht grün bin, aber immerhin ein Prinzip. Jetzt wissen sie, daß sie eine Tyrannis bekommen haben, und werden diese nicht länger als notwendig ertragen.«
Ich hörte schweigend zu, beschämt davon, daß dieser Fremde meinem Vater mehr Gerechtigkeit widerfahren ließ, als ich es getan. Viele Dinge aus meinen ersten Lebensjahren fielen mir wieder ein. Wie ich aus den Bergen zurückgekehrt war und in meinem Zimmer, in Tuch eingehüllt, das für Sostias bestimmte Silbergeld vorgefunden hatte.
»Aber«, sagte der Trierarch, »beinahe hätte ich vergessen, was ich euch zuerst erzählen wollte, nämlich, daß für morgen eine Heeresversammlung anberaumt worden ist; bald werdet ihr den Herold vernehmen. Die Hälfte der Schiffe in der Flotte sind im selben Zustand wie das eurige; der Trierarch nach Miletos entflohen, der erste Offizier im Kommando. Es wird über die neuen Rangbeförderungen abgestimmt. Wenn ich der Führung eines Schiffes so sicher sein könnte wie du, Lysis, ich würde heute nacht gut schlafen.«

Ich schaute Lysis an; ich war höchst zufrieden. Er wischte aber aus Bescheidenheit die Bemerkung unter den Tisch, doch der Trierarch fuhr fort: »Dein Steuermann soll von dir gesagt haben: ›Er weiß, daß ein Schiff nicht gleich gelenkt wird wie ein Pferd.‹ Von einem Steuermann ist das ein gewaltiges Lob.« Das stimmte auch; denn zwischen dem Soldaten, der auf einem Schiff kämpft, und dem Seemann, der es steuert, besteht ein Zwist, so alt wie der Trojas.

Er verließ uns, und wir hörten den Herold rufen; wir füllten unsere Schalen aufs neue und tranken, doch ohne über die gute Nachricht zu sprechen, um die Götter nicht zu versuchen. Die Abendsonne glühte wie Bronze auf den schilfbedeckten Dächern, da und dort sangen die Männer an ihren Feuern. Ich sagte mir: »Das sind die Freuden des Mannesalters. Wir müssen die dem jeweiligen Lebensalter entsprechende Arbeit verrichten, wie Hesiod sich ausdrückt.«

Lysis suchte über die Weinschale hinweg meinen Blick. »Auf den schönen Alexias«, sagte er und schleuderte den Bodensatz ins Freie. Er bildete im Staub ein Alpha; er hatte Übung darin, und es konnte ihm in drei von vier Fällen gelingen. Er gähnte, lächelte und sagte: »Es ist spät.«

Aber wir blieben noch ein wenig länger sitzen; denn als die Sonne unterging, erhob sich der Mond. Sein Licht hatte sich mit dem letzten nachglühenden Sonnenlicht vermischt, und der Hügel hinter der Stadt hatte die Farbe eines Löwenfelles. Ich dachte: »Wandel ist der Inbegriff des Weltalls, und was von der Natur kommt, ist nicht zu fürchten. Man gibt ihr aber Geiseln und bürdet seinen Kummer den Göttern auf. Sokrates ist frei, er würde mich Freiheit gelehrt haben. Doch ich habe das unsterbliche Pferd, das den Wagen zieht, mit einem irdischen Pferd unter dasselbe Joch gespannt, und wenn das eine stürzt, so verwickeln sich beide im Geschirr.« Ich dachte an Sokrates und erkannte das Gesetz meines Lebens.

Lysis sagte zu mir: »Das sind zu lange Gedankengänge, um sie für sich allein zu behalten.«
»Ich dachte an die Zeit«, antwortete ich, »an den Wandel aller Dinge und daran, daß ein Mann ihnen folgen muß wie ein Fluß in Übereinstimmung mit dem, was ist. Und doch wird schließlich der letzte Wandel der Tod sein, ob wir nun gehorchen oder Trotz bieten.« – »Der letzte?« fragte er lächelnd. »Drücke eine Meinung nie so aus, als handle es sich um etwas Bewiesenes. Heute haben wir gelebt, als wäre dem nicht so; und wir hatten das Gefühl, es sei gut.« Sein Gesicht war unbewegt im immer heller werdenden Mondlicht. Ich spürte, daß er beim Gebrauch seines Mutes, im Vertrauen auf seine Sache und in der Begeisterung unseres Schwures auf dem Hügel sich selbst wiedergefunden hatte.
In Gedanken versunken saßen wir da. Ich wandte den Blick von den Bergen ab und merkte, daß er mich ansah. Er legte seine Hand auf die meine. »Nichts wird sich ändern, Alexias. Doch nein, das stimmt nicht; wo immer es Leben gibt, da gibt es auch Wandel, und wir sind bereits nicht mehr dieselben, die sich in Taureas' Palästra begegneten. Doch welcher Dummkopf würde einen Apfelbaum pflanzen, um ihn dann, wenn er Frucht ansetzt, zu fällen? Blumen bekommt man jedes Jahr, den Baum aber, der die Haustür beschattet und ins Haus hineinwächst, nur mit der Zeit, mit der Sonne und dem Regen jedes einzelnen Jahres.«
Er war wirklich zu gut für mich. Ich hatte oft den Eindruck, er allein sei es, der mich zum Mann gemacht habe.
Helios hatte sein rotes Haar in die Wogen der See getaucht, und die Gesänge an den Wachtfeuern erstarben. Es wurde kalt, und wir gingen hinein, denn, wie die Männer bei Homer sagten, wenn ein langes Tagwerk hinter ihnen lag: Es ist gut, sich der Nacht zu beugen.

21

»Willkommen zu Hause, Alexias«, sagte ein junger Mann in der Agora, der mir ganz fremd war. »Weißt du, daß du dich umblickst wie ein Kolonist? Du bist wirklich zu lange fort gewesen, und es ist gut, dich wiederzusehen.«
»Drei Jahre«, antwortete ich. »Dein Gesicht kommt mir bekannt vor, aber ...« – »Mein Name«, versetzte er lächelnd, »wird dir vertrauter sein, denn seit unserer letzten Begegnung habe ich mir den Bart wachsen lassen. Euthydemos.«
Wir lachten schallend und setzten uns plaudernd auf eine Bank vor einem Laden. Er war ein prächtiger Junge geworden, gesund und frei von seiner früheren Feierlichkeit; Sokrates wußte immer, wo man nach Gold graben mußte. »Ich halte dich auf«, sagte er, »und von deinen Freunden ab, aber ich muß einfach deine Geschichte hören, bevor dich die Menge wieder wegträgt. Alkibiades' Leute schreiten alle, von seinem Ruhm bestrahlt, durch die Stadt; und das sollen sie auch. Wie fühlt man sich denn, wenn man mit Siegeskränzen so schwer behängt ist?« – »Man fühlt sich«, antwortete ich, »wie einer, der sich unter einer guten Führung weiß.« Halb lächelnd runzelte er die Stirn. »Was, Alexias! Sogar du! Du, der immer dem pöbelhaften Götzendienst mißtraute und ihn mißbilligte, wenn ich mich recht erinnere?« Ich lachte und zuckte die Achseln. In Wirklichkeit hatte es unter uns in Samos keinen einzigen gegeben, der nicht geglaubt hätte, die Sonne gehe in Alkibiades' Augen auf.
»Keiner kennt ihn«, versetzte ich, »der nicht unter ihm im Kriege gekämpft hat. Er gibt dem Krieg erst seinen wahren Glanz. Hier in der Stadt haben sie ihn nicht verstanden, wie wir in Samos. Er vertraut uns, und wir vertrauen ihm, das ist das ganze Geheim-

nis.« Da lachte Euthydemos laut und rief: »Großer Zeus! Er muß euch einen Zaubertrank verabreicht haben.«
Ich fühlte den Zorn in mir aufsteigen, was töricht war. »Ich bin kein Politiker, nur ein Schiffsleutnant. Ich sage, was ich denke. Nie sah ich ihn bei irgendeiner Unternehmung Schiff oder Mann im Stiche lassen. Wer für ihn kämpft, stirbt nicht für nichts. Er sieht, was ein jeder taugt, und gibt ihm das Gefühl, daß er mit ihm rechnet. Als er die Flotte gegen Byzanz führte, brach beim Eindunkeln eine finstere Böe los, aber wir erhoben alle singend unsere Stimme gegen den Donner. Keiner zögert und stellt Fragen, wenn er einen Befehl erteilt. Er denkt rasch. Ich war mit ihm, als er Selymbria mit dreißig Mann eroberte.«
Ich erzählte ihm die Geschichte. Selymbria liegt an der Propontis, auf niedrigen Hügeln in der Nähe des Meeres. Wir hatten es belagert und die Schiffe auf den Strand gezogen und waren zur Zeit des Lichteranzündens beim Essen um die Feuer versammelt. Die Mannschaften der *Sirene* und eines weiteren Schiffes, dreißig an der Zahl, standen zwischen Lager und Stadt Vorposten, um vor Überraschungen zu schützen; wir aßen deshalb in unseren Rüstungen, die Waffen griffbereit. Wir hatten gerade begonnen, als Alkibiades mit seinem langen, federnden Schritt durch die Tamarisken hervortrat. »Guten Abend, Lysis. Hat es für mich noch Platz am Feuer? Hier ist ein Beitrag zum Essen.« Sein Sklave stellte einen chianischen Weinkrug auf den Boden, und er setzte sich in unsere Mitte. Bei solchen Gelegenheiten war er der beste Gesellschafter; jede Mannschaft, die er besuchte, erzählte den ganzen folgenden Tag von seinen Reden; doch heute abend war er ernst und befahl uns, keiner dürfe schlafen gehen, da wir bereit sein müßten, um Mitternacht zum Angriff überzugehen. Er hatte sich mit einigen Demokraten in der Stadt in Verbindung gesetzt, die eingewilligt hatten, ihm die Tore zu öffnen. Das Heer sollte sich in der Dunkelheit heranschleichen, bereit, auf das Signal – eine

über die Mauer hochgehaltene Fackel – in die Stadt einzudringen.
»Ich habe die Thraker über die Hügel verteilt«, erzählte er. »Wir können dies auch ohne sie erledigen. Weder Gott noch Mensch kann einen Thraker in einer eroberten Stadt in Schranken halten, und ich habe mein Wort gegeben, daß kein Blut vergossen wird, wenn die Stadt den Tribut entrichtet.« War es notwendig, so tötete er ohne Skrupel; aber er tötete lustlos und schien immer froh zu sein, wenn er sein Ziel ohne Blutvergießen erreichen konnte. Was ihn seinerzeit gegen Melos in Bewegung setzte (er hatte wohl begriffen, was die Athener beabsichtigten), scheint ihn zeitlebens verfolgt zu haben.
Wir beendeten unser Essen und mischten den Wein für die letzte Runde. Unter uns, am Ufer, leuchteten die Feuer; wie ein Stadion, etwas mehr als ein Bogenschuß entfernt, standen die dunklen Stadtmauern. Die Nacht brach herein. Plötzlich streckte Lysis den Arm aus und sagte: »Hast du Mitternacht gesagt, Alkibiades? Was ist das dort?«
Eine Fackel brannte rot über dem Turm der Stadtmauer. Wir sprangen bestürzt auf. Das Heer war eine halbe Meile entfernt; die meisten um diese Zeit nackt, einander mit Öl einreibend oder sich schabend, oder die Rüstung vor dem Kampf flickend. Aller Augen ruhten auf Alkibiades. Die Sache schien aussichtslos, während er dastand und mit nur dreißig Mann in Waffen hilflos auf das Zeichen starrte. Ich für meinen Teil erwartete einfach, ihn fluchen zu hören. Man erzählte sich die ungeheuerlichsten Dinge davon.
Er stand da, die großen blauen Augen auf die Fackel gerichtet und die Stirne gerunzelt. »Diese Kolonisten«, sagte er. »Wie Leute, die zu einer Gesellschaft erscheinen, während sich der Hausherr noch ankleidet. Da ist wohl einem das Herz in die Hosen gefallen, und die übrigen wagten nicht zu warten. Pollis, eil ins Lager zurück, laß die Mannschaften antreten und bring

sie im Laufschritt zur Stadt. Abteilung, zu den Waffen! Nun, meine Freunde, dort ist das Zeichen, also los! Vorwärts!«

Er eilte in der Dunkelheit der Stadt entgegen, und wir eilten ihm nach, als wäre es die vernünftigste Sache der Welt. Als wir zu den Stadttoren kamen, flogen diese auf; wir schritten hindurch und in eine Straße, wo der Führer der Verschwörung atemlos auf Alkibiades zurannte und ihm das zu früh erteilte Zeichen erklärte. Ich konnte sehen, wie der Mann auf und ab schritt und Alkibiades sich umblickte, ohne ihm zuzuhören. Eben als wir auf die Agora mit großem Lärm und Waffengeklirr kamen, stürzten die Selymbrier rings um uns hervor.

Lysis kam zu mir herauf und hielt den Schild an meiner Seite. Ich fragte mich, ob die Tore hinter uns geschlossen seien, und dachte: »Wenn wir fallen, wird Alkibiades dafür sorgen, daß wir zusammen begraben werden.« Er achtete auf solche Dinge. Ich sprühte vor Lebenskraft, wie eine Katze im Gewitter Funken sprüht; nur der bereits Halbtote fürchtet den Tod. Dann ertönte Alkibiades' Stimme kühl, als wären wir auf dem Übungsplatz: »Herold, verkünde die Proklamation.« Unser Herold gab das Zeichen. Es entstand eine Pause in den dunklen Straßen, nur ausgefüllt von Murmeln und Summen. »Gib folgendes bekannt, Herold: ›Das Volk von Selymbria darf sich den Athenern nicht widersetzen. Unter dieser Bedingung soll es verschont bleiben.‹«

Der Herold trat vor und verlas sie. Stille trat ein. Wir atmeten kaum. Dann erhob sich eine Stimme, zitternd, aber immer noch überheblich: »Du versprichst das, General, doch wollen wir zuerst deine Bedingungen hören.« Alkibiades antwortete: »So laßt eure Wortführer kommen.«

Seine Frechheit hatte Erfolg. Sie sahen in uns bereits die Herren der Stadt, und er hielt sie in den Verhandlungen so lange hin, bis es auch stimmte. In Samos pflegte man von ihm zu sagen, er sei ein General für die Jugend.

Am Schluß der Geschichte sagte Euthydemos: »Ihr seid also immer noch beisammen, du und Lysis?« – »Wie denn nicht? Ich habe ihn auf dem Dock verlassen, wo er die Arbeiter beaufsichtigt. Es gibt keinen besseren Trierarchen in der Flotte; wenn du mich für voreingenommen hältst, so frage einen anderen.« – »Du hast ihn wirklich nie über sein Verdienst gelobt, Alexias. Ich habe nach euch beiden gesucht, als das Geschwader in den Piräus einlief; doch die Menge, die Alkibiades begrüßte, war so dicht, daß ich selbst nichts als Kränze und Myrtenzweige sah, die durch die Luft gegen seinen Helmbusch flogen.« – »Schade«, versetzte ich, »daß ihm nicht ein Teil des Vermögens, das man für Kränze und Chöre ausgab, als Schiffsgeld ausgehändigt wurde. Man hat ihn seit Jahren knapp gehalten. Vollbrächte er nicht jeden Monat ein Wunder, ihr hättet überhaupt keine Flotte. Die Hälfte unserer Schlachten wurden wegen des Tributes geschlagen; wir mußten ihn herauspressen, auch wenn es schmerzte, aber was blieb uns übrig?« – »Nun«, sagte er, »ich glaube, die Stadt ist ohnehin bis zur äußersten Grenze besteuert, reden wir von etwas Angenehmerem. Wie ich sehe, hast du keine Zeit verloren und bist gleich beim Buchhändler das neueste Theaterstück Agathons kaufen gegangen.«
»Er betrat gerade den Laden«, antwortete ich, »und da überredete ich ihn, es für mich zu signieren. Nicht daß ich selbst viel auf solche Späße gebe; aber ich will es meinem Mädchen als Geschenk nach Samos mitbringen.«
Aus Liebe zu ihr nannte ich sie Mädchen, selbst wenn sie nicht zugegen war. Euphro machte nie ein großes Geheimnis aus ihrem Alter oder aus der Tatsache, daß sie Mutter eines Sohnes war, der 16jährig gestorben war. Ich war ihr tatsächlich zum erstenmal auf dem Friedhof außerhalb der Stadt begegnet, wohin sie mit einem Opferkorb gekommen war, den sie auf sein Grab stellen wollte. Als sie mich in der Nähe erblickte, zog sie, aus einem Gefühl der Schicklichkeit, den Schleier übers Ge-

sicht. Dabei trat sie unvorsichtig auf und glitt aus, so daß der Inhalt des Korbes vor meine Füße fiel.
Wie alle, die oft zur See gehen, beachtete ich das Vorzeichen; es war mir nicht angenehm, daß eine Gabe, die für einen Toten bestimmt war, mir gleichsam hingeworfen wurde. Aber als sie sich entschuldigte, schien mir ihre Stimme eine Freundlichkeit zu verraten, die dem Anlaß mehr als nur angemessen war; ihre dunklen Augen blickten klar über ihren Schleier, und ihre Stirn war schön und weiß. Ich bückte mich, um das Ölgefäß für sie aufzuheben, und sah, daß es zerbrochen war. Ich kam auf die Idee, ihr ein anderes zu kaufen; ich folgte ihr in einiger Entfernung und erfuhr so, wo sie wohnte. Als ich ihr meine Gabe brachte, kam sie unverschleiert zur Tür und begrüßte mich, nicht dreist, sondern wie einen erwarteten Freund. Ich hatte noch nie zuvor mit einer Frau geschlafen, die wußte oder sich darum kümmerte, was für eine Art Mann ich war. Ich erkannte nun, daß es mir wie einem ergangen war, der Wein verschmäht, weil er nie etwas anderes als nur den Bodensatz gekostet hat.
Lysis freute sich um meinetwillen, als ich ihm erzählte, ich hätte eine Frau gefunden, die mir gefalle. Später, als er sah, wie oft ich zu ihr ging und wie viel ich mit ihr sprach, war es ihm wohl nicht mehr ganz so erwünscht. Sein eigenes Mädchen war hübsch, aber, davon abgesehen, ohne weitere Vorzüge; wenn er Gedanken austauschen wollte, kam er zu mir. Er war viel zu großzügig, um Eifersucht zu zeigen, aber wenn ich eine Ansicht Euphros über eine Tragödie oder Musik erwähnte, so nahm er es oft zum Anlaß, eine entgegengesetzte Meinung zu verfechten. Mit seiner gewohnten Güte war er mit meinem Vorschlag einverstanden, daß wir unsere beiden Gefährtinnen in ein Speisehaus der Stadt ausführen wollten, aber ich muß gestehen, daß diese Gesellschaft kein großer Erfolg war. Obwohl Euphro in einem Alter stand, das Lysis weniger zusagte, gefiel ihm doch ihr Verstand, und er sprach mit ihr bereitwillig über Politik und

Dichtung, wenn auch nach meinem Gefühl etwas allzu streng. Das Mädchen aber machte sich nichts aus solchen Dingen und witterte überall Nebenbuhlerinnen, da sie in ihn vernarrt war. Als er einmal eine Geschichte Euphros mit der Bemerkung unterbrach, sie sei zu jung, um sich an jene Zeiten zu erinnern, konnte ich mir die Bemerkung nicht verkneifen, daß ich, der doch noch jünger sei als sie, mich sehr gut zu erinnern vermöge. Nachdem wir die Frauen nach Hause gebracht hatten und uns wieder trafen, waren Lysis und ich zuerst ein wenig befangen und saßen einander nachdenklich gegenüber; bis wir uns unvermittelt anschauten und lachen mußten.

Wieder in Athen, während die Stadt Alkibiades feierte, hatten wir nun Zeit, unsere Freunde aufzusuchen und unsere Vaterhäuser wiederzusehen.

Ich fand meinen Vater jünger und gesünder, als ich ihn verlassen hatte; nach Vaterart war er erfreut, daß ich nicht einer ruhmlosen Mannschaft angehört hatte. Er seinerseits war mutig mit Theramenes gegen den Tyrannen gezogen und hatte mit eigenen Händen beim Niederreißen des Torhauses der Verräter teilgenommen und genoß verdientes Ansehen in der Stadt. Meine Mutter dagegen war mehr gealtert, als ich erwartet hatte. Vor kurzem hatte sie eine Fehlgeburt gehabt. Da es aber wiederum ein Mädchen war, hatte man doch das Gefühl, es sei so besser gewesen.

Sokrates traf ich auf der Agora im Säulengang des Zeus. Sein Bart war weißer geworden, denn er war nun über Sechzig; aber abgesehen davon, daß er alles erfahren wollte, was ich erlebt hatte, hätte ich ebensogut nie fortgewesen sein können. Schon nach wenigen Minuten war ich bis zum Halse in ein Streitgespräch verwickelt, das schon vor meinem Eintreffen im Gange gewesen war: ob das Heilige das sei, was die Götter liebten, oder ob sie es liebten, weil es heilig sei; ob etwas heilig sein könne, das dem einen Gott heilig und dem anderen verhaßt ist, oder ob nur heilig sein könne, was von allen Göttern gleicherweise geliebt werde; was sie alle liebten und weshalb. Vor dem Schluß entfernte sich ein Orthodoxer, der das Gespräch angeregt hatte, empört und vor sich hin brummend. Jedermann fühlte sich erleichtert, denn er war einer von jenen, die nur beweisen wollen, daß sie selbst im Recht sind. Für mich war es wunderbar, Sokrates wieder sagen zu hören: »Entweder werden wir finden, was wir suchen, oder wir werden uns wenigstens von der Überzeugung befreien, etwas zu wissen, das wir nicht wissen.« Ich traf, wie nach so langer Zeit nicht anders zu erwarten, einige neue Gesichter in seiner Umgebung, darunter auch ein halbvertrautes, das mich zuerst verwirrte. Es gehörte einem jungen Mann ungefähr meines Alters; er war breitschultrig und kräftig, mit aufmerksam tiefliegenden Augen in einem ausdrucksvollen Gesicht. Ich war sicher, daß er mir fremd war, und doch regte sich etwas in meinem Gedächtnis; ich fragte mich, ob ich vielleicht einmal einen Verwandten getroffen habe, der ihm glich. Sobald er meinen Blick fühlte, lächelte er mir zu; ich erwiderte das Lächeln, konnte ihn aber immer noch nirgends unterbringen. In ruhiger Haltung trug er eine etwas kühle Würde zur Schau, sein Lächeln aber war bescheiden, fast scheu. Er griff nicht oft ins Gespräch ein, tat er es aber, so erhielt es eine neue Wendung; und ich war in solchen Augenblicken über die Haltung Sokrates' erstaunt. Nicht daß er sich viel aus dem jungen Mann zu machen schien, noch ihn mit jener Zartheit behandelte, die er stets für Phaidon übrig hatte, aber er fühlte sich dann mehr denn je in seinem Element. Vielleicht, weil sein Gedankengang so rasch erfaßt worden war. Manchmal mußten sie noch einmal auf die Dinge zurückkommen, damit die anderen ihnen zu folgen vermochten. Während ich noch immer mein Gedächtnis abquälte, sagte Sokrates: »Ja, ich weiß, Platon; doch wenn du immer drei Stufen auf einmal nimmst, wirst du eines Tages eine zerbrochene übersehen.«

Sobald Sokrates gegangen war, kam Platon zu mir herüber, ergriff meine Hand, fragte mich nach meinem Ergehen und ob Lysis mit mir zusammen sei. »Ich habe dich, Platon«, antwortete ich, »seit den Spielen kaum mehr gesehen. Aber ich sehe schon, ich müßte dich jetzt Aristokles nennen.« – »Das tut keiner meiner Freunde, und wenn du, Alexias, nicht mehr zu ihnen zähltest, täte mir das leid.«

Plaudernd gingen wir zusammen weg. Die frühere Förmlichkeit, die ihm als Knabe so seltsam angestanden, paßte nun zu ihm wie eine gute Rüstung. Ich gebrauche diesen Vergleich mit voller Absicht; er ist, glaube ich, ein Mann, der leicht verletzt ist, sich es aber nur sehr ungern anmerken läßt. Wer ihn erst in seinem Mannesalter zum erstenmal kennenlernt, vermutet das selten, denn er ist heute wohl imstande, einen Schlag mit einem Gegenschlag heimzuzahlen. Man hätte ihm etwa das gleiche Alter gegeben wie mir; auch war mir aufgefallen, daß ihn die meisten jungen Männer um Sokrates fürchteten.

Ich fragte ihn, ob er noch immer ringe. Er antwortete: »Nein, abgesehen von einem Freundschaftskampf. Der Isthmus hat mich von diesem Ehrgeiz geheilt. Man übt sich, um ein ganzer Mann zu sein, nicht ein Geschöpf, das wie ein Pflugtier nur zu einem einzigen Zweck aufgezogen wird.« Er war größer geworden, und das, zusammen mit einer anderen Trainingsweise, hatte ihm ein viel besseres Aussehen verliehen: er war groß, doch nicht unproportioniert. Das war mit ein Grund, weshalb ich ihn nicht erkannt hatte. »Auf jeden Fall«, sagte er, »rufen einen die Zwillinge häufiger als die Palästra.« An seinem Arm war ein kaum verheilter Speerstich zu sehen; seit dem Fall Euböas waren die feindlichen Einfälle wieder schlimmer geworden.

Ich fragte ihn nicht, wie er zu Sokrates gekommen sei: es wäre ebenso töricht gewesen wie einen Adler zu fragen, wie er denn zum Fliegen komme. Er war es, der selbst davon zu sprechen begann. »In Korinth«, sagte er, »hast du meinem jugendlichen

Unsinn so freundlich zugehört, daß ich dir wahrscheinlich erzählte, ich halte mich für einen Dichter und schreibe eine Tragödie.« – »Ja, allerdings; über Hippolytos. Hast du sie beendet?« – »Ja, tatsächlich, und letztes Jahr habe ich sie verbessert. Ich zeigte sie meinem Onkel, der oft so freundlich war, mir sein gesundes Urteil zur Verfügung zu stellen; er billigte sie, und andere Freunde nahmen sie gut auf, so daß ich auf ihren Rat beschloß, sie für die Dionysien einzureichen. Ich ereiferte mich so sehr dabei, daß ich bereits vor der Öffnung des Amtsraumes für Bewerber wartend im Säulengang des Theaters mit der Rolle in der Hand wartete. Sokrates stand auch dort, nicht voller Ungeduld wie ich, sondern in Gedanken verloren. Ich hatte durch meinen Onkel von ihm gehört, der ihn eine Zeitlang oft sah, dann aber wegen einer philosophischen Streitfrage sich von ihm trennte, wenn ich recht informiert bin. Ich spreche natürlich von meinem Onkel Kritias.«
Nun erinnerte ich mich und antwortete: »Ja, natürlich. Doch wie war das nun mit Sokrates?«
»Da er sich meiner Anwesenheit nicht bewußt war, benutzte ich die Gelegenheit, ihn zu betrachten. Worüber er nachsann, habe ich ihn nie gefragt. Als ich aber sein Gesicht anschaute, erfaßte mich eine seltsame, ja sogar schmerzliche Erregung, wie sie ein Kind vor dem Geburtsschrei verspüren mag. Indes ich noch immer versuchte, mich zu verstehen, erwachte er aus seiner Versenkung und sah mich unvermittelt an. Er trat zu mir und fragte mich, ob ich eine Tragödie einreiche und welches ihr Gegenstand sei. Dann bat er mich, ihm etwas daraus vorzulesen. Du kannst dir vorstellen, wie gern ich seinem Wunsche nachkam. Dann wartete ich auf Lob, da ich darin bisher noch nicht enttäuscht worden war; und wirklich lobte er es höflich. Dann bat er mich um die Erklärung eines Gleichnisses. Ich war der Ansicht gewesen, daß es jedem Gebildeten klar sei, denn man schreibt schließlich nicht für Dummköpfe; als ich aber zu erklä-

ren begann, bemerkte ich ganz unvermittelt, daß ich sehr wenig damit sagte und daß das Wenige nicht ganz stimmte. Äußerst freundlich bat er mich, noch mehr hören zu dürfen; diesmal sagte er, er sei völlig einverstanden, und begründete es auch. Doch mehr noch als seine Ironie verhalf mir sein Lob zu einer Enthüllung meiner selbst. Er hatte in dem Abschnitt etwas bemerkt, das meine eigene Fassungskraft so weit überstieg, daß das ganze Werk, so betrachtet, in meinen Händen in Stücke zerfiel. Ich brachte die Schamlosigkeit nicht auf, sein Lob anzunehmen. Ich sagte ihm, er habe mir die Augen geöffnet; ich könne mich mit dem Werk, wie es sei, nicht zufrieden geben, sondern nehme es nach Hause und schreibe es neu. Wir waren inzwischen vom Säulengang hinabgeschritten und im Gespräch auf den Hauptgedanken gekommen, um den sich das ganze Stück drehte: ich meine den Handel von Theseus und Hippolytos mit den Göttern und der Götter untereinander. Wir sprachen den ganzen Morgen, und zur Zeit des Mittagsmahls ging ich nach Hause. Am Nachmittag las ich meine Tragödie und meine übrigen Verse noch einmal durch. Einige Zeilen waren nicht unglücklich formuliert, und die Chöre hinkten im Versmaß nicht. Was würdest du, Alexias, von einem gestickten Mantel halten, der einen Gott kleiden soll, dessen Bild noch ungestaltet im Marmor ruht, in dem kaum die Bohrlöcher sichtbar sind? Ich sah ein, daß die weitere Beschäftigung mit diesem Gegenstand hieße, meine Seele in Ketten zu legen, während ihr Flügel verheißen worden. Deshalb ließ ich ein Kohlenbecken kommen und verbrannte alles.«

Was immer ich ihm auch geantwortet haben mag, er schien darüber nicht verstimmt zu sein; also darf ich annehmen, es habe keine Beleidigung enthalten. In mir kämpften nämlich Liebe und Neid auf eine mir unerreichbare Vollkommenheit. Einen Augenblick lang war ich wohl wieder ein Kind in der Musikstunde und so eifersüchtig wie ein Kind. Aber bald ge-

dachte ich einiger Lehren, die mir Sokrates erteilt hatte, und der Tatsache, daß ich ein Mann war. So fragte ich denn Platon, ob er sich noch an etwas aus dem verbrannten Stück erinnere.
Ich sah ihn zögern. Er war schließlich ein Dichter und wenig über Zwanzig. Schließlich antwortete er: »Nun, es gab da eine Stelle, die ihm nicht so übel schien. Du mußt dir vorstellen, daß Hippolytos soeben gestorben ist, der Chor der Jünglinge ruft Aphrodite an, die Lenkerin seines Geschicks.«
Er wiederholte mir die Stelle. Ich schwieg lange, meine Seele war von ihrem Wahn befreit, demütig vor dem Unsterblichen. Schließlich fürchtete ich, unhöflich zu erscheinen, konnte aber nur sagen: »Das hast du verbrannt und keine Abschrift behalten?«
»Wenn man den Göttern opfert, bringt man ein ganzes Tier zum Altar. Wenn es ein Bild von etwas war, das es nicht gibt, dann war es falsch und mußte zerstört werden; war es ein Bild von etwas, das wirklich ist, dann würde ein wenig Feuer es nicht zerstören. Es ist beinahe Mittag, darf ich dich einladen, bei mir zu Hause zu essen?«
Ich war im Begriffe, die Einladung anzunehmen, als der Trompetenruf wie in alten Zeiten durch die Stadt hallte. »Sie werden unverschämt«, sagte er. »Verzeih mir, Alexias, aber es wird mich ein andermal sehr freuen.« Er ging weg, um sich zu rüsten, doch nicht ohne vorher zögernd zu sagen, die Truppen in Ionien hätten lange Zeit die erste Wucht des Krieges aufgehalten. Er hatte immer ein gutes Benehmen, und er wußte wohl, daß ich jetzt kein Pferd hatte. Ich hatte noch andere Freunde in der Stadt zu besuchen. Als ich Phaidon traf, lief er auf mich zu und umarmte mich. Das freute mich, nicht allein meinetwegen. Seit er Gurgos verlassen, hatte ich nie gehört, daß er je aus freien Stücken jemanden berührt hätte; so genoß ich es als nachträgliches Glück, sein Arzt gewesen zu sein. Aber seine Hauptliebe galt, wie ich sah, immer noch der Philosophie. Es war offensicht-

lich, daß sein Verstand an Kraft und Schärfe zugenommen hatte, und ich erfuhr, nach kurzem Gespräch, daß er ihn an Platon geschliffen hatte. Entgegengesetzte Ideen, mit Achtung vermischt, hatte die beiden zueinander gezogen. Vielleicht waren sie einander im innersten Wesen ihrer Seelen nicht einmal so unähnlich. Je hochfliegender der verratene Traum, um so größer die Bitterkeit; wenn der Mensch sie überlebt, wird er sich vor Träumen hüten wie der Hirt vor Wölfen. Phaidon sagte: »Er sagt mir, wenn ich mich nicht in acht nehme, werde ich mein Leben damit hinbringen, den Grund zu säubern, und nie zum Bauen kommen. Ich entgegne natürlich, er sei einer, der mit Bauen beginne, bevor ein fester Grund gelegt sei. Er ist zwar sehr gewandt und hat auf jeden Einwand eine Erwiderung; und doch glaube ich, wird er dir zugeben, daß ich seiner Logik da und dort einen Riß beigebracht habe.«

Mein nächster Besuch galt Xenophon. Er war ebenso verändert wie alle anderen und doch mehr denn je derselbe. Mir war, als hätte ich vorher nur eine Umrißzeichnung von ihm gekannt, die der Künstler nun ausfüllte, wie er das stets beabsichtigt hatte. Er war jeden Zoll athenischer Reiter alten Stils: soldatisch, wohlerzogen, der Reiter, der sein eigenes Pferd selbst züchtet, zureitet und pflegt; der darauf stolz ist, in der Schlacht so gewandt zu sein wie im Tischgespräch, aber vorgibt, für Politik keine Zeit zu haben, womit er sagen will, seine Politik sei festgelegt, ein für allemal. Weil er nicht zu jenen gehörte, die jeder neuen Mode nachrennen, hatte er sich einen Bart wachsen lassen. Er war kastanienbraun und gelockt, dunkel wie sein Kopfhaar; kurz gestutzt, die Oberlippe glattrasiert, nach dem Vorbild der Spartaner. Er war ebenso hübsch als Mann, wie er es als Knabe gewesen.

Er freute sich, mich zu sehen, und beglückwünschte mich, so oft zum Kampfeinsatz gekommen zu sein. Er selbst war noch nicht lange wieder in der Stadt zurück, um sein Lösegeld ärmer;

er war von den Thebanern gefangengenommen und einige Zeit in Ketten geschmiedet worden. Als ich ihn deswegen bedauerte, sagte er, alles wäre viel schlimmer gewesen, hätte er dort nicht Freundschaft mit einem thebanischen Jüngling namens Proxenos geschlossen. Als er erfuhr, daß sie beide bei Gorgias studiert hatten, besuchte ihn der Jüngling im Gefängnis, führte philosophische Gespräche, leistete Bürgschaft, daß ihm die Fesseln abgenommen wurden, und tat alles, was in seiner Macht stand, um seine Gefangenschaft zu erleichtern. Seitdem er ausgelöst worden war, standen sie noch immer im Briefwechsel, sofern dies möglich war. Er sprach von Proxenos mit solcher Wärme, daß ich bei jedem anderen gedacht hätte, es handle sich um Liebende, aber es wäre sehr voreilig gewesen, bei Xenophon auf so etwas zu schließen.

Unser Gespräch wandte sich Sokrates und seinen Freunden zu, und ich kam natürlich auf Platon zu sprechen. Doch bemerkte ich sogleich einen Anflug von Kälte in seinem Gebaren. Als ich Zeit zur Beobachtung und zum Nachdenken fand, erschien mir das nicht mehr so unverständlich.

Sicherlich war es nicht bloßer Neid. Weder als Mann noch als Knabe habe ich je bei Xenophon etwas Niedriges oder Gemeines festgestellt. Er war stets ein praktischer Mensch, ehrenhaft, gottesfürchtig, mit festen sittlichen Grundsätzen, die nicht falsch, wohl aber ein wenig eng waren. Verweist man einen solchen Menschen auf etwas schlicht und einfach Gutes, so wird er ihm treu bleiben, auch auf dem schwersten Weg, den man ihn führen mag. Sokrates hatte ihn so genommen, wie er war, liebte sein gutes Herz und quälte seinen Geist nicht unnötig mit formaler Logik; wenigstens nicht mit mehr, als unumgänglich notwendig ist, um eine Lüge zu entlarven. Auch mit erhabenen Gegenständen, zu denen er sich nicht aufschwingen konnte, verschonte ihn Sokrates. Er liebte Sokrates: da er aber auch die Ruhe seines eigenen Geistes liebte, gefiel er sich im Glauben, der Sokrates, den er kenne, sei der ganze Mensch. Doch in Sokrates' Seele, glaube ich, gab es einen Tempel in einer Einsamkeit, den noch keiner, weder Jüngling noch Greis, je betreten hatte, mit Ausnahme seines Dämons, der ihn vor dem Übel warnte, und des Gottes, zu dem er betete. Nun stand ein Fuß auf seiner Schwelle. Xenophon hatte schon seit langem beschlossen, Sokrates sei der Ansicht, man lasse Spekulationen über das Göttliche besser auf sich beruhen, und als er plötzlich merkte, daß er sich getäuscht hatte, bereitete ihm das Kummer. Was Platon betrifft, so war er wohl der letzte, der gegen Abneigung unempfindlich gewesen wäre oder sie leichthin abgetan hätte. Wenn Xenophon anwesend war, zog er sich in seine Festung zurück, was wie Anmaßung aussah und es zum Teil auch war. Ich glaube kaum, daß seine Freundschaft mit Phaidon dabei von Nutzen war. Xenophon war wohl zu Phaidon immer höflich gewesen, aber nicht mehr. Sein Sinn für das Schickliche war sehr ausgeprägt; er konnte Phaidons Vergangenheit nicht vergessen und fühlte sich auch in seiner Gegenwart nie ganz wohl. Platon aber wischte das alles mit der Großzügigkeit seines königlichen Geblüts beiseite; er gab der Geistesaristokratie den Vorzug. Als wäre das noch nicht genug, nie sah jemand Xenophon einem Jüngling den Hof machen, noch Platon einer Frau; und solche Gegensätze des Wesens führen naturgemäß zu Zwietracht.

Im Verlaufe der Zeit sah ich, daß mein Vater glücklicher war als früher. Dann und wann hörte ich harte Worte über Theramenes: er habe anfänglich Tyrannei und Gewalt zum großen Teil gutgeheißen und sei dann, als der Wind drehte, zur siegreichen Partei übergegangen. Böse Zungen hatten ihm den Übernamen »Alte Socke« angehängt, was besagen wollte, er passe auf jeden Fuß. Ich wußte aus seinen Tischgesprächen, daß er seinen eigenen Scharfsinn hoch einschätzte, aber er war zu mir immer freundlich gewesen, und ich schenkte seinen Verleumdern keinen

Glauben. Selbstredend hatten ihn die Führer der Oligarchen als Verräter bezeichnet, aber da sich diese Leute hauptsächlich in der Gegend von Thekelaia versteckten und sich den spartanischen Raubzügen nach Attika anschlossen, war ihre Verurteilung so viel wert wie ihr Lob. Lysis begab sich, sooft er konnte, auf sein Landgut hinaus. Es waren Jahre her, seitdem er es besucht hatte, und der zwar ziemlich ehrliche Verwalter hatte zuviel freie Hand gehabt. Mein Vater wollte sich persönlich überzeugen, was von unserem Gut übriggeblieben war. Deshalb hatte ich Zeit, mit Sokrates zu spazieren und durch die Stadt zu schlendern, um mir alles Neue anzusehen. Eines Tages bog ich in den Säulengang bei der Palästra Mikkos' ein, um nachzusehen, ob mein alter Trainer immer noch dort sei. Doch beim Eingang hörte ich Zimbeln, Flöten und Leiern ertönen und bemerkte, daß die Knaben, statt zu trainieren, einen Tanz zu Ehren Apollons einübten. Die Zeit, da das Heilige Schiff nach Telos fährt, um den Geburtstag des Gottes zu feiern, rückte heran. Da ich selbst einmal zu seinen Ehren getanzt hatte, blieb ich stehen und schaute zu. Die älteren Knaben schienen mir – aber das geht einem immer so – viel jünger zu sein als zu meinen Zeiten. Sie waren eben vorgetreten, um ihren Teil des Tanzes zu proben; einige trugen Körbe, Wasserkrüge und so weiter, welche die heiligen Geräte darstellten, andere grüne Blätter, die sie statt der Lorbeerzweige schwangen.

Auf ein Zeichen der Zimbeln hin trat die erste Reihe zurück, und die zweite trat vor, um den Tanz zu übernehmen; in der Mitte, bis dahin vor mir verborgen, stand ein Knabe. So beginnt man, wenn man zu einer Beschreibung ansetzt: doch während ich auf das Papier schaue und mich zum Schreiben anschicke, hat sich der Schatten an der Wand verflüchtigt. Um doch etwas zu sagen, will ich seine Augen beschreiben, deren Blau mehr dem Nacht- als dem Taghimmel glich, und seine reine, hohe Stirn. Doch sollte ich auch einen Mangel erwähnen, den er aufwies: sein

Haar war grau, fast weiß. Es war die Folge eines Fiebers, das er überstanden hatte, doch das erfuhr ich erst später, ich weiß nicht mehr, durch wen.
Es war offenbar eine der letzten Proben, denn statt der Flötenspieler des Ringplatzes amteten bereits die wirklichen Musiker, die vor dem Gott für sie spielen würden. Beim Betrachten des Gesichtes des tanzenden Knaben bemerkte ich, daß es von der Musik ganz erfüllt war. Er spielte vielleicht selbst ein Instrument oder war Sänger. Man sah die anderen Knaben sich nach seinem Rhythmus richten, denn er fiel nie aus dem Takt, und wenn sie in einer Reihe tanzten, übernahm er die Führung. Er hatte jedoch nicht als Einzeltänzer aufzutreten, da man seinen Körper vielleicht nicht für genügend vollkommen hielt, um vor Apoll bestehen zu können; wegen seines Haares. In diesem Falle aber hätten sie ihn meiner Ansicht nach ganz ausscheiden sollen; denn, solange er da war, konnte weder ein Gott noch ein Mensch Augen für einen anderen haben.
Als nächste traten die kleineren Knaben auf, und die älteren traten zurück; doch nahm ich auf dem Gesicht dieses Jungen denselben ruhigen, doch strahlenden Ausdruck wahr, den er noch beim Tanzen gehabt hatte. Ich glaube, sie hatten vorher noch nie mit der Musik geprobt, und er sah nun den Tanz wie ein Bild, das man stets nur beim Lampenlicht gesehen hat, und nun zum ersten Mal im Tageslicht erblickt. Sprach ihn einer der anderen an, hörte er ihn zuerst nicht, antwortete dann lächelnd, doch ohne die Augen vom Tanze abzuwenden.
Ich stand da und schaute zu, an eine Säule gelehnt; wie lange, weiß ich nicht mehr, denn die Zeit war für mich stillgestanden und verharrte wie das Wasser in einem Teich, der tiefer ist als breit. Dann, während einer Ruhepause, machte einer der Musiker eine Bewegung, als wolle er gehen; ich erwachte wieder, kehrte zum Geschehen auf der Bühne zurück und wußte, daß die Probe bald zu Ende sein werde und der Junge dann gehen

müsse. Nun blickte ich mich zum erstenmal im Säulengang um und schaute nach Bekannten aus; nicht weit von mir entfernt sah ich Platon allein stehen. Ich grüßte ihn, und wir plauderten ein wenig über den Tanz. Dann fragte ich ihn nach dem Namen dieses oder jenes Knaben und begann so unverfänglich wie möglich mit jenen, die solo getanzt hatten. Er nannte mir einige, die er kannte, und dann fragte ich: »Und der grauhaarige Jüngling, der die Reihe dort anführt, kennst du seinen Namen?« Er antwortete: »Er heißt Aster.« Er sprach ganz leise, und doch hob der Knabe, der die ganze Zeit nicht ein einziges Mal in meine Richtung geschaut hatte, bei der Erwähnung seines Namens den Kopf und wandte uns seine meeresdunklen Augen zu. Dieser Augenblick haftet in meinem Gedächtnis wie fest gebannt; ich weiß nicht, ob sie einander zulächelten. Wie der Umriß einer Wolke oder Welle nicht mehr zu unterscheiden ist, wenn der Blitz vom Himmel zur Erde zuckt, so war es mit ihrer Lust. Während ich durch die Stadt zurückkehrte, sah ich ein, wie töricht es von mir gewesen war, den Tanz nicht bis zum Ende angeschaut zu haben, um ihn ganz im Gedächtnis zu besitzen. Denn man kann mehr ertragen, als man denkt; einst, in Thrakien, als ich von einem Pfeil getroffen wurde und man den Widerhaken aus mir herausschnitt, richtete ich meine Augen fest auf einen Vogel auf einem Baum, und ich kann noch heute jede seiner Federn sehen. Aber ich war bereits zu weit gegangen, um noch einmal umzukehren. Als die Schatten der Fichten, die den Lykabettos umgeben, auf mich fielen, fragte ich mich, was mich dorthin geführt habe. Dann, etwas höher oben auf dem Berg, wo der Fels nur noch ein paar kleine Blumen nährt, sprach eine Stimme in mir: »Erkenne dich selbst.« Und ich erkannte die Wahrheit, daß man keinen so großen Kummer empfindet über den Verlust von etwas, das man nie besessen hat, gleichgültig, wie köstlich es auch sein möge; ich empfand mehr Kummer über das, was einst mein gewesen. Deshalb setzte ich mich

nicht, wie beabsichtigt, auf die Felsen, sondern stieg zum Berggipfel hinauf, wo der kleine Altar sich vom Himmel abhebt. Dort gedachte ich dessen, was wir den Göttern schuldig sind und der Seele, durch deren Wahrheitssinn wir jene erkennen können, und hob die Hand zu Vater Zeus und gelobte ihm ein Opfer, weil er Sokrates seine Söhne zur rechten Zeit geschickt hatte.
Nach einer Weile wollte ich in die Stadt gehen und ihn suchen; er schien stets zu wissen, wann man nur zuhören und nicht sprechen mochte. Dann erblickte ich vom Berg aus den Weg zu Lysis' Gutshof. Er hatte mich nicht um Hilfe gebeten, hatte aber Mangel an Arbeitskräften und hatte vielleicht nur gedacht, ich würde lieber meine Freunde in der Stadt besuchen. Auch bestand immer die Möglichkeit, daß ein zerstreuter Trupp Spartaner durch die Wache schlüpfen konnte. Ich schämte mich, ihn allein gelassen zu haben. So stieg ich hinunter, borgte von Xenophon ein Pferd und ritt auf sein Gut hinaus, um ihm nach Kräften zu helfen.

22

Wir sahen, wie Alkibiades auf der Pnyx zum obersten Führer der Athener proklamiert wurde; ein Rang, den vor ihm nur Perikles innegehabt hatte. Wir jubelten ihm zu, als er auf der großen steinernen Rednertribühne stand, das leuchtende Haar mit einem goldenen Olivenzweig bekränzt, über die Stadt hinwegblickend wie ein Wagenlenker über seine Mannschaft. Wir sahen, wie der gegen ihn wegen Gottlosigkeit ausgesprochene Bannfluch, auf eine Bleiplatte eingeritzt, ins Meer geschleudert wurde; wir marschierten mit ihm durch die Heilige Straße,

geleiteten den Mysterienzug, König Agis zum Trotz, nach Eleusis; es war das erstemal seit dem Fall von Dekeleia, daß die Stadt es wagte, den Zug auf dem Landweg durchzuführen. Wir sahen, wie er im großen Tempel wie der Lieblingssohn der Göttin empfangen wurde.
Selbst seine Feinde stimmten in die Lobeshymne ein, die seine Siege besang, damit das Volk, des Gaffens nie überdrüssig, ihn wiederum ausschicke, noch weitere Erfolge zu erringen. Man sagte damals, er hätte nur pfeifen müssen, und Athen hätte wieder einen König gehabt. War er nicht gekommen, als wir, auf die Knie gezwungen, von Tyrannen unterdrückt waren, und hatte uns wieder zu Herren der See gemacht? Aber noch ehe drei Monate um waren, schiffte er sich wieder nach Samos ein; und als die Leute seine Bescheidenheit bewunderten, konnten wir, die mit ihm gekommen waren, nur lachen.
Was uns betraf, so glaubten wir seine Absicht erraten zu können. Er würde sich jetzt mit nichts Geringerem als der siegreichen Beendigung des Krieges zufriedengeben. Er war in keinem seiner Wünsche bescheiden, aber es lag ihm vor allem daran, sich hervorzutun. Das mußte ein süßer Tag für ihn sein, wenn König Agis ihn nach den Bedingungen für die Übergabe fragen mußte. Der Krieg hatte nun dreiundzwanzig Jahre gedauert; er hatte daran teilgenommen, auf der einen Seite oder der anderen, seitdem er ein junger Ephebe gewesen, der von einem untersetzten Hopliten, einem gewissen Sokrates, bei Potidäa verwundet unter den Speeren hervorgezogen worden war und so sein Leben zurückerhalten hatte, um wieder nach freier Wahl darüber zu verfügen.
So sagten wir Freunden und Verwandten Lebewohl und machten uns fahrtbereit. Einmal, vor meiner Abreise, besuchte ich nochmals Mikkos' Schule, um den Knaben bei ihren Übungen zuzuschauen. Doch diesmal war mein ehemaliger Trainer dort und hielt mich im Gespräch auf; deshalb konnte ich den Knaben

Aster nur für einen kurzen Augenblick sehen, wie er den Wurfspeer über der Schulter abwog und das Ziel ins Auge faßte.
Wir fuhren nach Samos, aßen dort mit Freunden, die auf unsere Nachrichten aus der Stadt neidisch waren, und machten uns wieder ans Kriegshandwerk.
Aber schließlich fanden wir, daß sich einiges drüben im spartanischen Stützpunkt bei Milet verändert hatte. Früher war uns ihr törichter alter Brauch, jährlich die Admirale zu wechseln, sehr zustatten gekommen. Zuweilen war der Mann, den sie herschickten, noch nie zur See gewesen. Erst kürzlich war der Wechsel wieder fällig gewesen. Der neue Mann hieß Lysander. Wir waren der Ansicht, man könne sich heutzutage nicht auf einen Dorier verlassen. Bald war es ihm aber gelungen, sich mit dem jungen Prinzen Kyros, Darius' Sohn, zu treffen, einem Feuerkopf, in dem Marathon und Salamis noch schwärten, als hätten diese Schlachten erst gestern stattgefunden. Den Spartanern verzieh er, denn es war keiner mehr übriggeblieben, der sich mit den Thermopylen hätte brüsten können. Es waren die Athener, welche das Heer, das die Flüsse trocken trank, gelenkt hatten. Deshalb gab er Lysander genügend Geld, damit er den Sold seiner Ruderer erhöhen könne.
Beide Seiten hatten nicht genügend Sklaven, um eine Flotte zu rudern. Beide verwendeten vorwiegend freigeborene Fremde, die für ihren Lebensunterhalt arbeiteten. Die unseren begannen deshalb auf einmal zu Lysander überzulaufen. Er hatte seine Flotte von Milet, wo sie vor unseren Augen lag, nordwärts nach Ephesos verlagert. Dort, wo ihn ein Überläufer von uns in einem Tage erreichen konnte, machte er es sich bequem, drillte seine Mannschaft, suchte die besten Ruderer aus und gab die Silberdaraiken von Kyros für Bauholz und Pech aus.
Wir waren alle bereit gewesen, nach Chios vorzustoßen, dessen Fall entscheidend gewesen wäre. Niemand zweifelte, daß Alkibiades es einnehme; schließlich hatte er es schon einmal genom-

men, als es unser war. Jetzt aber, mit Lysanders Flotte als Hindernis und ohne genügend Silbergeld, um ihn beim Einkauf von Ruderern auszustechen, mußten wir entweder auf Geld aus Athen warten oder ausfahren, um irgendwo Tribut herauszuschinden. Von einem Oberbefehlshaber erwartet man nicht, wegen solcher Kleinigkeiten auszulaufen, wenn sein Sinn auf den Gesamtsieg gerichtet ist. Zum erstenmal auf Samos war Alkibiades gelangweilt.

Wie man meistens den ersten Anzeichen einer Krankheit keine Bedeutung beimißt, beachteten auch wir die Veränderung, die wir wahrzunehmen begannen, zu wenig. Wir waren wütend über die Athener zu Hause, die ihn mit Anfragen wegen der Verzögerung quälten; diese Ungerechtigkeit ließ uns seine Partei ergreifen. »Er soll nur manchmal ausgelassen sein«, sagten wir, »beim Herakles, er hat es verdient.« Sollten Befehle erteilt werden und er war gerade in der Straße der Weiber untergetaucht, so lachten wir, erledigten die Arbeit für ihn und dachten, wenn es für ihn etwas zu tun gäbe, das der Mühe wert sei, so wäre er früh genug zur Stelle. War er betrunken, so war er es nicht auf sinnlose Art, und wir schluckten ein großes Maß Unverschämtheit von ihm, weil er auf eine einmalige und unvergleichliche Art unverschämt sein konnte. Aber wir sahen ihn selten auf den Schiffen. Unsere Ruderer waren eine rauhe Gesellschaft, die Reste vom Markt, die Lysander noch übriggelassen hatte. War die Bezahlung ihres Soldes im Rückstand, brummten und fluchten sie sogar vor seinen Ohren, da sie wußten, daß wir es nicht wagen konnten, sie fortzujagen. Er pflegte dann zu scherzen oder nicht hinzuhören, doch brannte es ihn wohl in der Seele, auch wenn es von solchem Abschaum kam. Er liebte es, geliebt zu werden, wie andere Leute in die Liebe verliebt sind.

Wohl eher aus diesem Grunde denn aus Trägheit kam er immer weniger an Bord und schickte seinen Freund Antiochos an seiner Stelle.

Ich kann nicht behaupten, daß ich diesen Mann ebensosehr haßte wie einige andere. Auf der *Sirene* bot ihm Lysis stets zu trinken an; er sagte, es sei eine Freude, jemandem zuzuhören, der sein Handwerk so gut verstehe. Wenn er auch stolz auf seine Seemannskunst war, so war er doch ein tüchtiger Seemann, von Kindesbeinen an dazu erzogen; er verstand sich auf das Lenken wie auch auf das Bekämpfen eines Schiffes, und auch die abgefeimtesten Halunken unter unseren Ruderern zitterten vor seinem Blick. Wie die Dinge lagen, war er für den Drill im Hafen viel geeigneter als Alkibiades; er hatte auch Humor, sonst wären sie sicherlich nicht so lange Freunde geblieben. Kam er aber auf ein Schiff, dessen Trierarch auf seiner Würde bestand und seine Befehle durch einen Steuermann weiterleitete oder sich nichts sagen ließ, verlor er leicht die Geduld und war mit seinen Worten nicht gerade wählerisch. Er stammte aus dem Volk; und wenn er nicht erwartete, daß ihm dies in einer Stadt wie Samos vorgehalten werde, kann ich ihm das nicht verdenken; er nahm es aber sehr übel auf, um so mehr, weil Alkibiades, dessen Geschick er während all der Jahre in der Verbannung geteilt hatte, nie ein Wort gegen ihn duldete.

Unterdessen wurde das Geld so knapp, daß Alkibiades selbst auszufahren beschloß, um rückständige Tribute einzutreiben. Die Hälfte der Flotte führte er nach Norden gegen den Hellespont und ließ den Rest zurück, um die Spartaner abzuhalten. Er raffte sich sogar dazu auf, die Schiffe seines Geschwaders zu inspizieren, und kehrte dann wieder zu seinen Mädchen zurück; daraufhin verbreitete sich die Nachricht, er überlasse Antiochos den Oberbefehl in Samos.

Die halbe Nacht lang war unsere Hütte voll von Männern, die herumstanden und fluchten, unseren Wein tranken und mit der Hitzigkeit von Leuten, die wohl wissen, daß sie nichts ausrichten können, erzählten, was *sie* tun würden. Schließlich beschlossen einige, eine Abordnung zu Alkibiades zu senden, und luden

Lysis ein, die Führung zu übernehmen. »Ich wünsche euch viel Glück«, entgegnete er, »doch laßt mich aus dem Spiel. Ich kam als Leutnant nach Samos, meine Leute haben mich durch Abstimmung befördert. Ich habe mein Schiff weder bemannt noch ausgerüstet, noch bezahle ich den Sold meines Steuermanns. Ein Hund beißt den anderen nicht.« – »Vergleiche dich nicht mit dem Burschen«, versetzte einer, »ein Ehrenmann ist etwas anderes.« – »Sagt das dem Vater Poseidon, wenn er das nächste Mal einen Sturm toben läßt. Der alte Blaubart ist der erste Demokrat. Und wenn ihr Alkibiades besucht, denkt daran, daß er zu dieser Stunde der Nacht schon alle Gesellschaft hat, die er braucht.«

Das kühlte einige ab, aber die Zornigsten machten sich gegenseitig Mut und zogen los. Sie fanden ihn wohl bei seiner neuen Favoritin, einem Mädchen namens Timandra, und nicht in der Stimmung, gestört zu werden. Er fertigte sie kurz ab mit der Bemerkung, er sei beauftragt worden, ein demokratisches Heer anzuführen, und da er nichts Gegenteiliges gehört habe, hätte er den Befehl über die Flotte dem tüchtigsten Seemann, den sie besitze, übertragen. Diese Worte und der blaue offene Blick seiner Augen verlieh seiner Unverschämtheit etwas Beißendes, wie von einem Bergwind, das sie mit eingezogenem Schwanz nach Hause trieb. Am nächsten Tag lief er aus.

Kurz vor seiner Abfahrt berief er einen Rat der Trierarchen ein, nicht um Rechenschaft abzulegen, sondern um mitzuteilen, daß wir während seiner Abwesenheit nur defensive Kampfhandlungen unternehmen sollten und keine, die irgendwie vermeidbar seien. Wir seien bloß eine halbe Flotte, Lysander aber verfüge über eine ganze.

Ich war damals sehr beschäftigt. Die Samier bereiteten eben die Spiele der Hera vor und baten mich, als sie hörten, daß ich ein bekränzter Sieger sei, ihnen bei der Ausbildung der Knaben behilflich zu sein. Die Arbeit gefiel mir; es gab dort ein paar schöne Jünglinge, die zu beraten ein Vergnügen war; ich achtete deshalb nur mit halbem Ohr darauf, wenn sich die Leute über Antiochos und die rauhe Art beschwerten, mit der er den Trierarchen mitteilte, sie ließen sich die Herrschaft über das Meer durch die Finger gleiten. Nun, als Alkibiades abgereist war, ließ er uns doppelt so viele Manöver durchführen. Lysis und einigen anderen verwegenen und lernbegierigen jungen Kapitänen machte das nichts aus, andere aber, die Besitzer ihrer Schiffe waren, verdroß es so sehr, auf Befehl des Steuermanns dahin und dorthin gehetzt zu werden, daß sie ihn ungekocht hätten fressen mögen. Es dauerte nicht lange, so beschloß er, wir benötigten auf Kap Rain, jenseits der Meeresstraße, einen Beobachtungsposten, falls Lysander versuchen sollte, nach Norden zu entschlüpfen und Alkibiades in den Rücken zu fallen. Deshalb nahm er ein halbes Dutzend Schiffe und fuhr nach Ionien hinüber.

Ich hielt das für eine Torheit. Samos hat im Inneren hohe Berge, von deren Gipfel man eine weite Meerfläche überblickt und Inseln wie Delphine in Wolken schwimmen sieht, wo der Himmel sich mit dem Meer vermischt. Wir hatten dort oben Beobachtungsposten, die uns sehr gut über alles, was bei Ephesos geschah, berichten konnten. Gerade von diesen Leuten einer war es, der ein paar Tage später auf seinem Maultier nach Samos hinuntergeritten kam, um uns zu melden, daß außerhalb des Hafens von Ephesos eine Seeschlacht im Gange sei.

Er hatte einige Stunden gebraucht, um vom Berg herunterzusteigen. Wir takelten ab und machten uns kampfbereit. Da traf noch ein Späher aus den östlichen Hügeln mit dem Bericht ein, von Kap Rain steige eine große Rauchfahne auf, als wolle jemand einen Sieg verkünden.

Wir blieben nicht lange im ungewissen. Von Süden her schleppten sich durch die Meerenge die noch übriggebliebenen beschädigten Schiffe, mit zerschlagenen Ruderbänken und eingedrückten Wanten, die Männer todmüde vor Anstrengung, die Decks voll von Verletzten und halb Ertrunkenen, die man aus den sinkenden Wracks aufgefischt hatte. Wir halfen die Verwundeten an Land bringen und ließen Holz kommen, um die Toten zu verbrennen.

Nach drei Jahren ununterbrochener Siege hatten wir vergessen, wie eine Niederlage schmeckt. Wir gehörten zu Alkibiades' Heer, und wenn wir eine Schenke betraten, rückten alle anderen Truppen zur Seite oder machten sich dünn, wenn sie unlängst in einer Schlacht dem Feind den Rücken gezeigt hatten; denn wir wählten unsere Zechkumpanen sorgfältig und machten keinen Hehl daraus.

Schiff um Schiff lief ein und bestätigte die Kunde, an die wir zuerst nicht geglaubt hatten. Antiochos war an diesem Morgen mit ein paar Schiffen aus dem Hafen ausgelaufen, angeblich auf Streife, hatte außerhalb des Hafens von Ephesos die Segel gestrichen und war hineingerudert, am Bug der auf den Strand geholten Kriegsschiffe Lysanders vorbei, hatte ihnen Beschimpfungen zugerufen, bis sich ein fahrbereites Schiff auf die Jagd nach ihm machte. Als die Athener bei Kap Rain bemerkten, daß sich ein Gefecht anbahnte, schickten sie ein paar Schiffe zu Hilfe; die Spartaner verstärkten ihre eigene Streitmacht, und das ging so fort, bis beide Flotten vollständig eingesetzt waren, ganz wirr durcheinander und aufs Geratewohl; das Ergebnis war denn auch so, wie man es in Anbetracht schon allein des zahlenmäßigen Unterschiedes hatte voraussehen können.

Bereits rottete sich an der Landungsseite von Samos eine wüste Menge zusammen, die auf die Rückkehr des Antiochos wartete. Wäre er gesteinigt worden, ich glaube kaum, daß sich einige Trierarchen gerührt hätten, um Einhalt zu gebieten. Für Lysis und mich, obwohl wir auch gute Freunde bei diesem Kampf verloren hatten, bedeutete die Sache viel mehr. Wir sahen voraus, daß dieser Mann, der Alkibiades fünfundzwanzig Jahre lang durch alle Schicksalsschläge hindurch die Treue gehalten hatte, nun sein Verderben sein werde. Nach diesen Monaten der Muße würde sein Ansehen in Athen diesem Schlag nicht gewachsen sein. Seine Feinde würden schließlich alles erhalten, was sie brauchten. Deshalb warteten wir beide, ein wenig beschämt vielleicht wegen unserer eigenen Neugier, auf den Anblick eines Mannes, der seinem Freund solches angetan hatte und ihm zudem noch die Nachricht selbst überbringen mußte. »Ist er verrückt geworden?« fragte ich. »Er konnte alle hart am Winde halten; ein wohlerwogener Überfall, selbst auf eine Übermacht, hätte ihm Möglichkeiten geboten.« – »Wie viele Trierarchen, meinst du, wären ihm so offensichtlich gegen die Befehle gefolgt, wenn er sie zuerst gefragt hätte?« – »Man sagt«, antwortete ich, »er habe Alkibiades seit Jahren um eine Kommandostelle ersucht. Um seines Freundes willen gab er wohl dieser Beförderung den Anschein eines nebensächlichen Zufalls, um nicht offen dessen Befehle zu verhöhnen.« Lysis schüttelte den Kopf. »Alle sind zu tadeln«, versetzte er. »Alkibiades, weil er ihm nachgegeben hat, aus Lässigkeit oder Weichheit gegenüber dem Manne, da er doch sah, daß man ihn gering achtete. Die Trierarchen, die ihn reizten, bis er sich ihnen ebenbürtig erweisen wollte, wie ein grüner Junge, der im Kriege noch unerfahren ist. Am meisten von allen jedoch er selbst, weil er sich seinen Spaß mit etwas erkaufte, worüber er kein Verfügungsrecht besaß. Die Trierarchen haßten ihn, und doch standen sie ihm in seinem Wahnsinn bei; selbst die schlechtesten haben sich ihm dabei als überlegen erwiesen. Drei Jahre lang ist es uns eine Ehre gewesen, zusammenzuhalten, einem plötzlichen Befehl ohne Murren zu gehorchen und nie einem Schiff in Not die Hilfe zu verweigern. Das alles war ihm anvertraut, und er hat es in seinem eigenen Kampf zerstört; und das, so leid er mir tut, kann ich ihm nicht verzeihen. Denn von nun an wird uns ein Makel anhaften, du wirst sehen.«

In diesem Augenblick kam sein Schiff, leck und an zersplitterten Rudern vor Anker treibend, um die Landspitze in Sicht. Es lief ein und wurde an Land gezogen; die Menge brummte und wartete. Die Verwundeten wurden an Land getragen und erhielten erste Hilfe, aber Antiochos zeigte sich noch immer nicht. Dann brachten sie einen auf einer Planke liegenden Toten an Land. Der Wind lüftete den Seemantel ein wenig und ließ sein Gesicht erkennen. Als er sah, was sein Unternehmen für ein Ende nehme, wird er wohl nicht mehr viel auf sein eigenes Leben geachtet haben. Er hatte den Tod so wenig gefürchtet wie einen Lebenden, ausgenommen Alkibiades.
Ein paar Tage später wurde die vom Hellespont zurückkehrende Flotte gesichtet. Eine große Menschenmenge umgab ihn, als er an Land ging, und ich stand weit hinten; aber er war so groß, daß man sein Gesicht über die Köpfe der anderen hinweg sehen konnte. Ich sah, wie er sich über das Schweigen wunderte und vor sich hinstarrte; ich hätte an seinem Gesicht auf die Sekunde genau ablesen können, wann er die Nachricht erhielt, als er sagte: »Schickt Antiochos zu mir«, und von dessen Tode erfuhr.
Er stand regungslos, die blauen Augen starr und leer. Er brauchte sein Gesicht nicht zu verbergen, wenn er sein Herz verhüllen wollte. Ich erinnerte mich wieder an die Geschichte ihrer ersten Begegnung, die ich einmal Kritias hatte erzählen hören. Ein Tisch stand, glaube ich, in der Orchestra des Theaters, an dem grauhaarige Steuerbeamte saßen; die reichen, würdigen Bürger traten der Reihe nach vor, um ihre Gaben für den Staatsschatz zu übergeben, und setzten sich auf ihrem Weg durch den Mittelgang möglichst in Positur, die Rechnungsführer zählten, der Herold gab die Summe bekannt, die Menge jubelte, der Spender verbeugte sich und schritt zurück, um sich von Freunden und Schmeichlern loben zu lassen. Da schlenderte Alkibiades über das staubige Gras heran, es kam ihn die Laune an, diesem Lärm

nachzugehen und zu sehen, wem sie denn in seiner Abwesenheit zujubelten. Er schritt durch die Fichtenbäume und trat oberhalb der Bänke hervor und fragte, was los sei; und jetzt erwachte in ihm der Wetteifer. Der Jüngling schritt die langen Stufen herab, groß, kräftig und glänzend; jedermann klatschte schon beim bloßen Anblick seiner Schönheit Beifall: man sagte damals, der schnellfüßige Achilles, wenn er an Antlitz und Gestalt so vollkommen gewesen, wie ihn Homer besungen, hätte wie Alkibiades aussehen müssen. Er ging auf den Tisch zu, wo die Steuerbeamten hinter ihren Kästchen saßen, und warf das Gold vor sie hin, das er für den Kauf eines Gespanns gescheckter Grauschimmel für seinen Wagen bei sich hatte; die Leute schrien auf, und vom Geschrei erschreckt, entflog seinem Mantel die Wachtel mit ihren gestutzten Schwingen und flatterte in der Versammlung umher. Die Einzüger schnalzten mit den Zungen, die Reichen schmollten, das Volk fiel beim Versuch, den Vogel einzufangen und einen Blick von seinem Herrn zu erhaschen, über die Sitze, bis die Wachtel verängstigt hinausflatterte und sich auf der Seite des Hügels auf einer Fichte niederließ. Und während noch alle hinaufzeigten und nichts taten, lief ein junger Seemann mit schwarzem Bart und goldenen Ohrringen auf den Baum zu, kletterte wie ein Affe hinauf, brachte den Vogel herab, schritt auf Alkibiades zu und sah ihn mit einem kühnen, glänzenden Blick an, aus Augen, die so blau wie die des Alkibiades waren. Der goldene Achilles reichte Patroklos lachend die Hand, und sie gingen zusammen durch den Lärm und die schmachtenden Gesichter hindurch. Das war Anfang und Ende ihrer Freundschaft.

Ein paar Augenblicke stand er schweigend am Strand und sah vor sich hin; dann drehte er sich um und erteilte einen Befehl. Ein Trompetenstoß hallte über Samos hin und rief zu den Waffen; die Menge löste sich auf, Seeleute rannten zu ihren Schiffen und die Soldaten ins Lager, um ihre Rüstung zu holen. Alkibiades ging mit weitausholenden Schritten zu seinem Flaggschiff. Als ich mit den Hopliten zurückkam, sah ich ihn das Achterdeck auf und ab schreiten oder einem verspäteten Schiff zurufen und es fluchend zur Eile antreiben. Dann gab er den Befehl, Abstand zu nehmen; die Flotte stieß vom Land und lief nach Ephesos aus. Ich fühlte das Blut wieder heiß wallen, das Gift der Niederlage war daraus verschwunden; wir folgten ihm wie verlorene Hunde, die den Meister wieder gefunden haben und ihn bellend umspringen, bereit, auf alles, was ihnen in die Quere kommt, loszustürmen.

Die Spartaner wurden gedrillt, als wir sie kurz vor dem Hafen sichteten. Doch als wir diesen erreichten, war kein Schiff mehr außerhalb der Hafenmauer. Lysander hatte sich gern auf das Geschäft eingelassen, als er einen billigen Sieg in Reichweite sah, jetzt aber wußte er, wer hier war, um den Handel abzuschließen. Seine Schiffe hatten ihre Befehle, und in Sparta werden Befehle befolgt.

Den ganzen Tag kreuzten wir zwischen Ephesos und Kap Rain, während Alkibiades darauf wartete, daß die Spartaner auslaufen und ihm eine Schlacht liefern würden. Bei Sonnenuntergang kehrten wir nach Samos zurück. Als wir anlangten, wurden die Lampen angezündet; sie winkten freundlich aus den Hafenschenken. Wir zogen das Schiff an Land, und ich sagte zu Lysis: »Heute abend will ich mich betrinken. Kommst du mit?« Er antwortete: »Das wollte ich eben auch vorschlagen.«

Wir schlugen uns die Nacht um die Ohren, schüttelten aber schließlich die Gesellschaft, die wir gefunden hatten, ab und gingen zusammen weg, beide wohl mit dem Gefühl, wir könnten das, was unsere Herzen bewegte, nur allein austauschen. Wie ein Lied ohne Worte erfüllte uns der Kummer um den Verlust. Es war nicht so sehr der Verlust von Alkibiades; denn er war uns seit geraumer Zeit immer mehr entglitten. Wenn man sich vorstellen kann, daß eine Leier um ihre eigene Musik trauert, wenn der Richter sie aufhängt und Knaben zum Spielen überläßt, dann mag man unseren Kummer ermessen.

Zu gegebener Zeit sprach die Stadt ihm ihren Tadel aus und entsetzte ihn seines Kommandos. Sie hatte wenigstens genügend Gerechtigkeitssinn, um es dabei zu belassen; doch keiner von uns war überrascht, als er, statt nach Athen zurückzukehren, allein nach Thrakien segelte. Er hatte sich dort im Verlaufe seines Kommens und Gehens ein Schloß erbaut, und seine Feinde sagten, wenn er je im Grunde seines Herzens treu gewesen wäre, so hätte er sich diese Zufluchtsstätte nicht bereitgehalten. Er kannte andererseits die Athener so gut wie der Töpfer seinen Ton.

Er schätzte es, geliebt zu werden, war aber schlau genug, sich zu sagen, daß er im Falle eines Mißerfolges entsprechend der Höhe ihrer Erwartungen bezahlen müsse. Zu Hause glaubten sie kaum, daß er sterblich sei oder es etwas gebe, das er nicht könne. Man hätte glauben mögen, sie seien der Ansicht, er könne wie König Midas Steine in Gold verwandeln, denn als es auskam, daß er an seinem letzten Beutezug einen der unterworfenen Verbündeten erpreßt hatte, waren sie darüber empört; und doch hatten sie ihm monatelang nichts geschickt, und unsere Angelegenheiten standen verzweifelt. Ich wenigstens verargte ihm den Bau seines Schlosses nie; die Umstände rechtfertigten ihn. Er ging, ohne uns Lebewohl zu sagen; in den Wochen nach der Schlacht war er unmöglich geworden; es war fast eine Erleichterung, ihn gehen zu sehen; und doch schien die Sonne weniger hell, und der Wein schmeckte schal, als sein Segel am Horizont verschwand.

Ein ganzer Ausschuß von Generälen wurde ausgeschickt, ihn zu ersetzen. Wir hielten uns unsere Pflicht vor Augen und sagten uns gegenseitig, wir seien dazu da, den Krieg zu führen, und nicht, uns über jeden zu beklagen, der ihm nicht den Schwung eines olympischen Wagenrennens verleihen könne. Das war in den ersten Tagen.

Es war Herbst, als die spartanische Flotte im Hafen von Mytilene eines unserer kleinen Geschwader umzingelte, so daß es aussah, als müßten wir Schiffe und Mannschaften sowie auch Lesbos verlieren. Um das Unheil abzuwenden, verstärkte man unsere Flotte mit einer aus Athen, und wir machten uns gemeinsam nach dem Norden auf den Weg. Außerhalb der Weißen Inseln (Arginusen), an einem rauhen Morgen, stießen wir auf die Spartaner und besiegten sie. In der Nacht hatte es geregnet und gedonnert, und eine starke Dünung kam auf. Wir jubelten, als sie auf Chios zurückfielen; gerade noch rechtzeitig, denn der Wind frischte auf. Einige ihrer Schiffe waren aber immer noch eine Jagdbeute, was wir erkannten, als eines auf die *Sirene* losfuhr, um unsere Schiffsbreite zu rammen.

Es war ein großes schwarzes Schiff mit einem Drachen als Bugfigur, der uns seinen roten Rachen zeigte. Wind und Meer kämpften auf seiner Seite, und obwohl unsere Ruderer sich fast die Rücken brachen, um davonzukommen, wußte ich, daß es uns nie gelingen würde. Wir waren bereits zweimal im Kampfe gerammt worden; ein Schiff, dem das dreimal geschieht und das doch noch heil in den Hafen zurückkehrt, muß ich erst noch sehen. Wir waren leck wie ein Korb. Wir schleppten uns schlingernd durch die See, während der Gegner auf uns zubrauste. Ich hörte Lysis und den Steuermann der Decksmannschaft zurufen, sie sollten die Ersatzruder nehmen und den Schlag abzubremsen versuchen. Dann rannte ich zum Waffengestell, holte einen Arm voll Wurfspeere, verteilte sie unter die Leute und stieg mit den übrigen auf das Dach des Deckhauses, weil ich sah, daß der Feind sich anschickte, einen Stoß gegen unsere Fierung zu führen. Als er näherkam, befühlte ich meine Wurfspeere, um mich zu vergewissern, daß sie gut geschärft waren, wählte den besten, umwickelte den Schaft mit dem Riemen und

wog ihn mit den Fingern in der Schlinge, bereit, ihn wuchtig zu schleudern. Die *Sirene* war ein schönes Schiff, und wir wollten es alle so teuer wie möglich verkaufen.
Auf dem Laufsteg stehend, suchte ich mir meinen Mann aus und wartete mit dem Wurf, bis er wieder ins Innere hinabsteige, ehe sie rammen würden. Man kann in diesem Augenblick einen Mann leicht am Arm oder Schenkel treffen und ihn für den weiteren Kampf ausschalten. Es war ein Spartaner in einem scharlachroten Chiton, ein großer Mann, der seinen Helm in den Nacken geschoben hatte, um besser sehen zu können. Er sah gut aus, und es tat mir leid, daß mir kein anderer ein ebensogutes Ziel bot. Das Schiff brauste heran, sehr schnell, aber er blieb wo er war, stolz und ruhig, mit einem fast verzückten Blick, bis ich fast vergaß, worauf ich wartete, und ihm am liebsten zugerufen hätte: »Steig hinab, du Dummkopf! Gleich kommt der Stoß!« Bei der heftigen Dünung lag ihr Rammsteven unter der Wasserlinie, doch konnte ich seine Länge abschätzen. Dann fuhr es mir durch den Kopf: »Beim Zeus! Es ist ihr Trierarch!« Ich riß den Arm zurück und warf. Im selben Augenblick stießen die Schiffe zusammen.
Es gab einen heftigen Stoß, ein Knirschen von Spanten, Rufe vom Deck, Geheul und Schreie von den Ruderbänken herauf. Ich wurde auf die Knie geworfen und konnte mich kaum festhalten. Ob ich den spartanischen Offizier traf, weiß ich nicht; es spielte auch keine Rolle. Das Geländer des Laufsteges, das bei den meisten Schiffen schwach gebaut ist, zersplitterte beim Zusammenprall, und er ging über Bord. Sein Arm reckte sich empor und griff in die Luft; dann schlug er auf die grüne See und versank in seiner Rüstung wie ein Stein. Vielleicht war er ihr neuester General, Kallikratidas, der während der Schlacht auf ebendiese Weise über Bord ging: er war Lysanders größter Nebenbuhler im Krieg und ihm an Kriegsruhm weit überlegen; allgemein als großherziger Krieger und vollkommener Ehren-

mann bekannt. Wäre er nicht zu stolz gewesen, die Niederlage zu überleben, es hätte später manches anders kommen können. Jedenfalls hatte er die letzte Aufgabe vor seinem Tode noch gelöst, denn sein Rammsteven hatte unsere Flanke direkt durchbohrt. Wäre unser Schiff nicht durch den großen Hanfgürtel gesichert gewesen, der es vom Vorder- bis zum Hintersteven umfing und zusammenhielt, es wäre wohl in zwei Stücke gespalten worden. Aber auch so drang, sobald die Spartaner uns gerammt hatten, das Wasser in unser Schiff ein.
Ich schleuderte einen letzten Speer nach dem spartanischen Schiff, eine Wuthandlung, die so unnütz war wie das Heulen eines Kindes; dann sprang ich aufs Deck hinunter, um etwas Ordnung zu schaffen. Lysis war nach unten gegangen, um bei den Ruderern nach dem Rechten zu sehen. Ich pfiff die Soldaten zusammen, ließ sie eine lebendige Kette bilden und Wasser schöpfen. Die Seeleute hatten Eimer, wir nur unsere Helme zur Verfügung. Wir schlitterten und platschten herum, während die Seeleute versuchten, den unnötigen Ballast zusammenzusuchen und über Bord zu werfen. Unsere Brustpanzer hinderten und erhitzten uns, die Rüstung war für solche Arbeit nicht geeignet; aber wer in der Schlacht die Waffen wegwirft, wirft noch etwas anderes weg, nämlich seinen guten Ruf hintendrein. Als ich einen an seinen Schnallen herumfingern sah, schleuderte ich ihm einen Blick zu, der ihn mit beschämtem Gesicht wieder an die Arbeit trieb. Es konnte nicht mehr lange dauern, bis die Flotte umkehren und uns zu Hilfe kommen mußte; die Spartaner befanden sich auf der ganzen Linie auf der Flucht, und keiner sollte mir sagen, solange ich es verhindern konnte, die Leute der *Sirene* seien in der Stunde des Sieges wie eine flüchtende Rotte aufgefischt worden. Unten hörte ich Lysis' Stimme die Ruderer ermutigen. Ich konnte ihn nicht sehen (ich stand bei der Luke und reichte die vollen Helme aufs Deck hinauf), doch der bloße Klang seiner Stimme tat mir wohl.

Als die Mannschaft nicht mehr zum Ballast hinuntergelangen konnte, begann sie damit, die Vorräte und dann auch das Ersatztauwerk über Bord zu werfen. Als auch die Schilde an die Reihe kamen, blickte ich weg. Zwei oder drei verletzte Ruderer waren auf Deck gebracht worden. Einer, der vom Rammsteven selbst getroffen worden war, lag offensichtlich im Sterben. Die anderen waren von den mit Blei verschalten Innenhebeln der Ruder der oberen Reihe erfaßt worden, die ihrer Länge wegen ein Gegengewicht im Schiff haben müssen, und waren übel zugerichtet worden. Einer blickte mich aus schwarzen, mit einem deutlichen weißen Rand umgebenen Augen an; der Blick war haßerfüllt, doch Männer verstehen einander in solchen Augenblicken in Freud und Leid, und ich wußte, daß er einen jeden haßte, der zwei gesunde Arme besaß, die ihn im Meer retten konnten.
Inzwischen hatten der Steuermann und einige seiner Leute das große Segel über die Schiffswand heruntergelassen und machten es mit Trossen, die unter dem Kiel durchliefen, über dem Riß fest. Das verstopfte das Leck etwas, und wenn auch das Schiff deutlich am ganzen Schiffsrumpf leckte, so begann nun das Schöpfen doch ein wenig zu nützen. Als uns eine Woge hochtrug, blickte ich mich hilfesuchend um, doch alle Schiffe, die ich erblicken konnte, befanden sich selbst in Schwierigkeiten. Eines ging vor meinen Augen unter. Es sank Heck voran, der Rammsteven ragte wie das Horn eines Einhorns in die Höhe, dann glitt es rückwärts, und das Wasser war voll kleiner schwarzer Köpfe. Ich rief meinen Leuten irgendeinen Unsinn zu, um sie von diesem Schauspiel abzulenken. Nun kam Lysis an Deck und teilte uns in Schichten ein. Zwei an der Arbeit und eine abgelöst, um uns etwas ausruhen zu lassen. Die Leute waren froh; doch er war zuerst auf das Dach des Deckhauses gestiegen, und ich erriet, daß noch keine Hilfe in Sicht war. Die Sklaven arbeiteten mit den Ruderern weiter. Ihre Bänke standen unter Wasser, doch keiner war umgekommen; Lysis ließ sie zur

See immer ohne Fesseln. Dann kam die Ablösung für mich, und ich ging zu ihm hinüber. »Wie steht es, Alexias?« fragte er und fügte dann hinzu: »Du hast die Hopliten gut in die Hand genommen.« Er war nie zu beschäftigt, um an solche Dinge zu denken. »Der Trierarch ging über Bord«, sagte ich, »wenn ich mich nicht irre. Hast du eines unserer Schiffe gesehen?« Erst antwortete er nicht, dann sagte er: »Ja, ich habe sie gesehen. Mit eingetauchtem Bug, in voller Fahrt.« Ich schaute ihn an und sagte: »Aber der Feind wird, sobald er das erfährt, aus Lesbos auslaufen. Unsere Arbeit ist getan, warum kommen sie nicht zu Hilfe?« – »Sie wollen wohl«, antwortete er, »den fliehenden Spartanern den Weg abschneiden.« Aber in seiner Stimme schwang ein Ton mit, den ich seit jenem Tage in Korinth, als er im Tempel des Asklepios lag, nicht mehr gehört hatte.

Unsägliche Bitterkeit erfüllte mich; dann bemerkte ich: »Alkibiades wäre zurückgekommen.« Lysis nickte. Ich fuhr fort: »Wie oft sind wir den lahmen Enten zu Hilfe gekommen und haben dabei einen Preis verloren?« In diesem Augenblick wälzte sich eine Woge über uns, und das Schiff schluckte so viel Wasser, daß ein gut Teil der Schöpfarbeit wieder zunichte gemacht wurde. Er sagte: »Das Schiff ist abgetakelt worden, jetzt ist es an der Zeit, auch die Mannschaft zu erleichtern.« Ich wußte, was er meinte.

Er ging zu den Hopliten hinüber. »Nun, Freunde, der Feind ist geflohen. Kein Spartaner kann sich rühmen, er habe uns die Waffen wegwerfen sehen. Was wir den Menschen nicht ausliefern wollten, das können wir Vater Poseidon opfern. Panzer ausziehen!«

Ich mühte mich mit den nassen Riemen meiner Rüstung ab, und versuchte, es rasch hinter mich zu bringen. Er hatte mich zum Soldaten gemacht, und ich schuldete es ihm, diese Handlung nun vor seinen Augen vorzunehmen. Der Brustpanzer des Archagoras, mit seinen goldenen Nägeln, und der Gorgo, wurden

heruntergerissen. Ich schritt über das nasse Deck und warf die Rüstung ins Meer.
Eben jetzt kam der Steuermann Theras und sagte: »Das war höchste Zeit, Lysis.« Ich blickte nach dem Wetter und sah, daß er recht hatte. »Wenn du nichts dagegen hast«, sagte er, »werde ich das Deckhaus niederreißen lassen.« Mehr brauchte man nicht zu sagen; man tut dies zuletzt, um Planken für die Schwimmer zu bekommen. Lysis antwortete: »Gut denn. Brich aber auch das Boot ab.« Wir führten nämlich ein kleines Boot mit, um an Orten, wo das Schiff nicht landen konnte, Wasser und Vorräte an Bord bringen zu können. Theras schaute ihn an; Lysis versetzte: »Wie viele Mann wird es bei diesem Seegang fassen?« – »Vier«, antwortete Theras. »Vielleicht fünf.« – »Es wird Planken für zehn oder zwölf liefern. Reiß es auseinander.«
Ich machte mich wieder an die Schöpfarbeit und hörte bald das Krachen der Äxte. Aber dann vernahm man noch andere Geräusche. Ich hieß die Leute ohne mich weitermachen und rannte auf Deck. Vier Seeleute hatten dem Boot den Rücken zugekehrt und die Äxte gegen ihre Gefährten erhoben. Sie beabsichtigten, im Boot wegzufahren, und der Aufruhr wuchs. Bereits kämpften so viele Leute um das Boot, daß es gesunken wäre, wenn sie hineingelangt wären, genau wie es Lysis vorausgesehen hatte. Dann sah ich ihn unbewaffnet auf das Getümmel zuschreiten.
Das alles nahm nur einen Augenblick in Anspruch. Aber ich erinnere mich, gedacht zu haben: »Hat er immer noch solches Vertrauen in die Menschen?« Mittschiffs, unter dem abgebrochenen Deckhaus, standen noch ein paar übriggebliebene Wurfspeere im Gestell. Ich riß einen heraus. Lysis sprach zu den Männern; die meisten hatten die Äxte gesenkt und waren beschämt. Hinter ihm aber schwang jener Mann, in dessen Augen ich schon vorher gelesen hatte, ein blankes Beil über seinem ungeschützten Kopf. Ich rief Apollon an und warf. Die Spitze drang tief ein, knapp links neben der Wirbelsäule; das Gewicht

der Axt brachte den Mann rückwärts zu Fall, so daß er auf den Speerschaft fiel. Ich glaube, die Waffe durchbohrte sein Herz. Alle Wurfspeere auf der *Sirene* waren scharf. Das war etwas, wofür ich selbst sorgte.

Als sie sich wieder an ihre Arbeit gemacht hatten, trat Lysis zu mir. »Du hast mir einmal gesagt«, sagte er, »dein Leben sei das meine. Du hast dein Pfand wieder zurückgenommen.« Ich lächelte und antwortete: »Nicht für lange.« Eine mächtige Woge kam auf uns zu; als sie auf uns niederstürzte, glaubte ich, wir würden sogleich sinken, doch wir schleppten uns noch ein wenig weiter. Da sah ich, daß Lysis meine Hand hielt, er hatte sie ergriffen, um zu verhindern, daß ich über Bord gespült wurde. Er sagte: »Ich möchte wissen, worüber Sokrates jetzt gerade spricht.«

Wir schauten einander an. Nach einem solchen Kampf fehlten uns die Worte, und wir fühlten auch kein Bedürfnis danach. Ich dachte: »Wir sind also am Ende: so wie das Leben jetzt ist, wird es der Gott empfangen.«

Jemand kam über Deck auf uns zugerannt und brüllte: »Land!« Wir starrten in der bezeichneten Richtung auf einen trüben grauen Streifen kleiner Inseln jenseits der tobenden See. Lysis fragte mich: »Wie hoch steht das Wasser jetzt?« Ich blickte in die Luke hinunter und sagte: »Über den zweiten Ruderbänken.« Er nickte, trillerte seine Pfeife, um alle Mann zusammenzurufen. Kaum hatte er ihnen gesagt, es sei Land in Sicht und es ihnen gezeigt, als uns die nächste See traf.

Das Schiff wankte heftig taumelnd, dann, schwerfällig und plump, sank es ganz langsam mit fast ebenem Kiel. Hätte Lysis mir nicht zugerufen, ich solle springen, ich wäre wohl, das Deck unter den Füßen, stehen geblieben, bis mich der dem Sinken nachfolgende Sog in die Tiefe gezogen hätte.

Ich kann mich nicht mehr deutlich besinnen, wie lange ich im Wasser gewesen war. Ich erinnere mich noch, daß ich zuerst eine kleine Planke hatte, die aber zu leicht für mein Gewicht war und immer wieder unter mir wegsackte. Ungeduldig ließ ich sie fahren und dachte: »Es war mein Leben, das ich nun fahren gelassen habe; schön, es ist zu Ende.« Ich konnte Osten und Westen nicht unterscheiden; die Wellen schüttelten mich hin und her und drohten mich zu ersticken; ich sagte mir, es sei besser, jetzt unterzugehen und rasch zu sterben, aber das Leben in mir war stärker als mein Denken, und ich kämpfte weiter. Rings um mich ertönte lautes Rufen und Geschrei auf dem Meer; ich hörte jemanden immer wieder rufen: »Sag Krates, er soll das Land nicht verkaufen! Das Land nicht verkaufen!« Bis die Stimme mitten im Satz abgeschnitten wurde. In meinen Ohren brauste das Wasser, als ich wieder auftauchte, dauerte das Geschrei noch an, doch weniger laut als vorher; in meinem Kopf schien etwas zu sagen: »Horch, warte«, und wiederum dachte ich: »Wie kann ich denn? Ich habe genug zu tun.« Dann lauschte ich und hörte Lysis' Stimme rufen: »Alexias! Alexias! Alexias!« Ich gab ihm Antwort und dachte nun, wir hätten miteinander noch einmal gesprochen. Dann hörte ich neben mir einen Schwimmer keuchen, Wasser ausspucken, und dann war Lysis mit einem Heckruder da und schob es mir zu.

Ich klammerte mich mit den Händen daran und fragte, als ich wieder ein wenig zu mir gekommen war: »Wird es uns beide tragen?« – »Du siehst ja, daß es geht.« Das beruhigte mich im Augenblick, da ich halb betäubt und zu glauben gewöhnt war, was er mir sagte. Ich glaube, daß er das Ruder vorwärtsstieß, um mir zu helfen, ohne sich selbst tragen zu lassen.

Wir schwammen lange Zeit, tage- und nächtelang, wie mir schien. Als sich die Ermattung meiner bemächtigte, verlor mein Körper jede Lebenslust; in der Brust verspürte ich einen heftigen Schmerz und dann kam ein Zeitpunkt, da Ruhe das einzig Schöne und Gute zu sein schien. Ich war so abgestumpft, daß ich das Ruder hätte fahren lassen und ohne ein Wort untersinken können, doch zuletzt lebte meine Seele nochmals für einen Augenblick auf, und ich sagte: »Lebewohl, Lysis.« Dann ließ ich das Ruder fahren. Aber da verspürte ich einen heftigen Ruck an meinem Haar und wurde wieder emporgerissen. »Halt dich fest«, sagte er, »du Dummkopf, wir sind nahe am Land.« Doch ich wünschte nur noch Ruhe. »Ich kann nicht mehr, Lysis, ich bin am Ende. Laß mich fahren.« – »Durchhalten, verdammt noch mal«, rief er. »Du willst ein Mann sein?« Ich weiß nicht mehr, was er mir alles sagte. Später, als ich im Hause des Schäfers auf der Insel lag und wieder zu mir kam, fühlte sich mein Inneres ganz zerschlagen an, was ich mir nicht recht erklären konnte. Mein Geist fühlte sich so an, wie einer seinen Leib spüren mag, nachdem er in halb bewußtlosem Zustand noch durchgepeitscht worden ist. Ich glaube, er schimpfte mich einen Feigling. Auf alle Fälle überzeugte er mich auf die eine oder andere Art, daß ein Loslassen des Ruders einem Tod mit einer Wunde im Rücken gleichkomme. Später in der Nacht, als wir in alte Decken gehüllt dasaßen, an einem Feuer aus Treibholz Suppe aus schwarzen Bohnen aßen, begann er sich zu entschuldigen, doch in sehr allgemeinen Worten und in der Hoffnung, ich hätte alles vergessen. Als ich seinen Wunsch erkannte, sagte ich, ich könne mich an nichts mehr erinnern.

Wir beide waren die einzigen Überlebenden der *Sirene*. Fünfundzwanzig Schiffe hatten die Athener in der Schlacht verloren, die Mehrzahl ging mit Mann und Maus unter.

Es dauerte fast einen Monat, bis wir in die Stadt zurückkehrten, denn die Insel war ein kleiner Ort, wo nur einige wenige Fischer gelegentlich anlegten. Schließlich erwischten wir ein Schiff aus Lesbos und traten unseren Heimweg an. Zu Hause trauerte der ganze Haushalt um mich, mein Vater mit geschorenem Kopf. Er sah alt und krank aus und war bei meinem Anblick so gerührt, daß ich ganz verwirrt war und kaum etwas zu sagen wußte. Er hatte sich wohl Vorwürfe gemacht, daß er mich von zu Hause weg und zur See hatte gehen lassen. Mich selbst hatte die Zeit gelehrt, darin nur eine Planetenkonjunktion und die Hand des Schicksals zu erblicken. Meine Mutter war viel ruhiger und sagte, sie habe geträumt, ich sei nicht tot. Meine Schwester Charis tanzte auf ihren langen Beinen um uns herum und beklagte sich über den Bart, den ich mir auf der Insel hatte wachsen lassen, und wollte mich nicht küssen, bis ich ihn beseitigt habe.

Später, als das Haus wieder ruhiger war und ich meine Geschichte erzählt hatte, sagte mein Vater, die Stadt sei sehr aufgebracht über die Generäle und habe sie des Kommandos enthoben. Sie hatten schriftlich verschiedene Entschuldigungen vorgebracht und sagten in einem Atemzug, der Sturm sei für eine Umkehr zu heftig gewesen, und im nächsten, sie hätten zwei jüngere Offiziere beauftragt, die Umkehr anzuordnen. Da der eine von diesen Thrasybulos und der andere Theramenes war, den wir im Feld als durchaus verläßlich kennengelernt hatten, schätzte ich, das müsse ein späterer Einfall gewesen sein, als die Flotte bereits sicher im Hafen lag. Wahrscheinlich war die Hälfte von uns bereits untergegangen, ehe sie ausliefen. Daß sie Thrasybulos zum Sündenbock erkoren hatten, steigerte meine Empörung noch mehr. Ich fragte: »Wann werden sie abgeurteilt?«

»Sobald alle zurück sind«, antwortete mein Vater. »Im Interesse der Gerechtigkeit ist es besser, wenn sich die Leidenschaft des Pöbels vorher ein wenig abkühlt.« Ich entgegnete: »Der Pöbel mag sich die Mühe sparen, Vater, und sie den Männern überlassen, die lebend aus dem Schiffbruch davongekommen sind. Wir sind zu wenige, um einen Pöbelhaufen zu bilden. Wir werden ihnen schon Gerechtigkeit widerfahren lassen. Ich wollte, ich hätte alle ihre Hälse in einer Schlinge und meine Hand am Strick.« – »Du hast dich verändert, Alexias«, sagte er und blickte mich forschend an. »Als du ein Kind warst, hielt ich dich für zu

zart für einen Soldaten.« – »Ich habe seither mitansehen müssen, wie ein Schiff voll tapferer Männer verraten wurde. Und ich mußte meine Waffen auf einem siegreichen Schlachtfeld wegwerfen.« Mit der Erinnerung kehrte auch mein Zorn zurück, und ich fügte hinzu: »Wenn Alkibiades dort gewesen wäre, hätte er ihnen ins Gesicht gelacht und sie zu den Weibern an den Webstuhl geschickt. Er wäre allein gefahren. Man kann sagen, was man will, aber als er uns führte, führte uns ein Mann.«
Mein Vater saß schweigend da und starrte in die Rundung seiner Weinschale. Dann versetzte er: »Nun, Alexias, was du gelitten hast, kann ich für dich nicht wiedergutmachen, noch werden das wohl die Götter tun. Was aber die Rüstung betrifft, so hätte ich dir, wäre ich damals in der Stadt gewesen, als du dich als Bürger einschreiben ließest, eine Ausstattung gekauft, wie sie ein jeder in unserer Stellung hat. Unser Vermögen ist nicht mehr, was es war, aber dafür kann ich immer noch aufkommen, das darf ich wohl sagen.« Er trat zum großen Schrank und öffnete ihn. Darin hing eine beinahe neue, vollständige Rüstung. »Bring sie«, fuhr er fort, »einem zuverlässigen Handwerker und laß sie dir anpassen. Wenn sie hier herumliegt, nützt sie doch keinem.«
Es war eine sehr gute Rüstung. Er hatte sie wohl anfertigen lassen, als er seine Kräfte zurückkehren fühlte. Ich hätte mich über das Wegwerfen meiner Waffen nicht so laut bei einem Manne beklagen sollen, dem vom Feind die Rüstung abgenommen worden war. »Nein, Vater«, sagte ich, »das kann ich von dir nicht annehmen. Ich werde schon einen anderen Weg finden.« – »Ich habe wohl vergessen, dir zu sagen, daß Phoenix tot ist. Wir müssen uns damit abfinden, daß die Zeiten vorbei sind, da wir uns ein neues Pferd leisten konnten; und das Marschieren geht heute über meine Kräfte, glaube ich. Mein Schild steht dort drüben in der Ecke. Nimm ihn auf und prüfe sein Gewicht.«
Ich nahm ihn auf und schob den Arm durch die Riemen. Er war gut ausgewogen und hatte annähernd das Gewicht, an das ich

gewöhnt war. Ich sagte: »Natürlich, Vater, ist er für mich eher etwas schwer. Aber es ist schade, an einem so guten Schild herumzupfuschen. Vielleicht kann ich ihn mit zunehmender Übung ohne Änderung tragen.«

23

Bald darauf kehrte die Generalsmeute nach Athen zurück; alle bis auf zwei, die sich ihre Geschicklichkeit im Vermeiden von Unwetter zunutze gemacht hatten und nach Ionien geflohen waren. Sie kehrten nie wieder zurück.

Seit den Tagen der Hermenschändung hatte ich die Stadt nicht mehr so empört gesehen. Das Fest der Familien fiel zufälligerweise unmittelbar vor die Zeit der Gerichtsverhandlung. Statt der üblichen Kränze und Festtagskleider sah man überall die Angehörigen der Ertrunkenen in Trauergewändern, mit geschorenen Köpfen, die Freunde und Nachbarn aufforderten, die Toten nicht zu vergessen.

Dann kam der Tag der Gerichtsverhandlung. Ich ging mit meinem Vater zur Versammlung; nachdem ich seine Freunde begrüßt hatte, wie es die Höflichkeit erforderte, machte ich mich dünn und suchte Lysis, wurde aber von einem Haufen von Bürgern, Verwandten und Freunden der Ertrunkenen aufgehalten, die mich um einen Bericht über die Schlacht baten. Erst jetzt, inmitten dieser Fremden, empfand ich wohl meine eigene Erbitterung. Ich erzählte ihnen alles, was ich gesehen, und auch, was ich von anderen gehört hatte.

Es war überall dasselbe, auf der ganzen Pnyx; die Leute drängten sich in die Nähe der Überlebenden, denn es waren ihrer nur

wenige. Der Herold konnte kaum Ruhe schaffen, als die Reden begannen.
Jetzt hatte niemand mehr Lust, auf diese Burschen viel Zeit zu verschwenden. Als die Anklage den Antrag stellte, eine Vernehmung genüge für alle sechs, jubelte ich mit den Angesehensten zusammen. Der Zorn meiner Umgebung hatte auch mich erhitzt; jedermann schien mein Freund. Dann erhob sich die Verteidigung und schlug Lärm. Es stimmte zwar, daß die Verfassung einen Paragraphen gegen kollektive Aburteilung bei Kapitalverbrechen enthält, für gewöhnliche Fälle durchaus zu Recht, um anständige Leute zu schützen; aber wir spürten alle, daß es sich hier um einen Sonderfall handelte. Es herrschte viel Lärm. Eben als sich die Verteidigung wieder Gehör verschafft hatte, entstand in der Nähe der Rednertribüne ein Auflauf, und ein Seemann stürzte hinauf. Man konnte auf den ersten Blick sehen, welches sein Beruf war, und es entstand eine Pause.
»Verzeiht mir, Freunde«, begann er mit singender Stimme, denn das war wohl das einzige Mittel, um seiner Stimme Tragkraft zu verleihen, »daß ich mich vordränge, aber ich habe einen Schwur geleistet. Ich war Maat auf der alten *Eleutheria.* Alles, was ich zu sagen habe, ist folgendes: als das Schiff unterging, konnte ich mich an ein Mehlfaß klammern, das mich weitertrug. Viele meiner Kameraden trieben auf dem Meer, und einige der Seeleute, die meisten verwundet, wußten, daß sie es nicht mehr lange machen konnten. Da hörte ich einen rufen: ›Antandros‹, denn das ist mein Name, ›Antandros, wenn du nach Hause kommst, sag ihnen, daß wir der Stadt die Treue gehalten haben.‹ Ein anderer rief: ›Und sag' ihnen, welches unser Lohn war. Ersäuft wie Hunde! Das sag' ihnen, Antandros.‹ Und ich leistete einen Schwur, und zu dem muß man auch stehen. Entschuldigt also, daß ich mir diese Freiheit herausnahm. Danke.«
Rasch eilte er von der Rednertribüne herunter; einen Augenblick herrschte Schweigen, dann erhob sich ein Gebrüll, das

man in Eleusis hätte hören können. Jemand rief, ein jeder, der sich dem Willen des Volkes widersetze, sollte selbst abgeurteilt werden, zusammen mit den Generälen. Wir brüllten uns die Kehlen heiser. Mir war zumute, als stimmte ich den Schlachtruf an oder sei an den Dionysien betrunken oder befinde mich auf der letzten Strecke eines Rennens, wenn die Menge einem den Sieg wünscht. Und doch war es nicht ganz das gleiche.

Es wurde den vorsitzenden Senatoren die Entscheidung überbürdet, ob das Gerichtsverfahren so durchgeführt werden solle; man konnte kaum im Zweifel sein, wie ihr Urteil ausfallen werde, sei es auch nur um ihres eigenen Wohlergehens willen. Doch schienen sie lange darüber zu beraten, das Volk begann zu pfeifen und zu brüllen, bis endlich der Ausrufer aufstand und bekanntgab, sie hätten sich nicht einigen können.

Von meinem Standort aus konnte ich sie nicht sehen; aber wir verschafften uns Gehör, besonders als es sich herumsprach, nur ein einziger sei dagegen. Wir forderten ja von jedem dieser Feiglinge nur sein eigenes Leben, das die Schuld an Hunderten von Leben auf sich geladen hatte; und sie würden alle viel bequemer sterben als unsere Freunde in der rauhen, herbstlichen See. Die Leute fragten einander, wer der senile Querkopf sei, der durch das Los für einen Tag dazu gewählt worden sei, sich als kleiner Gernegroß aufzuführen. »Hat er je einen Schild getragen?« brüllte einer, und ich antwortete: »Ich glaube, der hat keine eigenen Söhne.« – »Wer ist es?« fragten wir jene, die näher standen. Eine Stimme antwortete: »Der alte Witzbold Sokrates, der Sohn des Bildhauers Sophroniskos.«

Diese Worte trafen mich, wie ein Strahl eiskalten Wassers einen taumelnden und gröhlenden Betrunkenen, wie der Kampfalarm einen auf dem Bett der Lust Schwitzenden. Lärm und Hitze erstarben in mir, und ich stand nackt unter dem Himmel. Mir war, als sei ich aus vielen zusammengesetzt gewesen, aber jetzt war ich nur einer; und die grauäugige Athene von der Akropolis

sprach zu mir: »Alexias, Sohn des Myron, ich bin die Gerechtigkeit, die du zur Hure und Sklavin gemacht hast.«
Als ich aus der Stille in mir wieder zum Leben zurückkehrte, hörte ich den Lärm andauern wie zuvor und konnte es kaum glauben. Ich hatte gedacht, daß jedermanns Augen im selben Augenblick wie die meinen hätten geöffnet werden müssen. Ich blickte um mich, doch die Gesichter waren alle wie zuvor, sie brüllten mit offenen Mäulern, alle gleich, wie eine Schweineherde.
Ich wandte mich an den Mann neben mir. Er mochte eine gewisse Erziehung genossen haben, ein Kaufmann vielleicht. »Wir sind im Unrecht«, sagte ich. »Wir sollten das Gesetz nicht durchbrechen.« Er drehte sich um und fuhr mich an: »Was verstehst denn du davon, junger Mann?« – »Ich war dabei«, versetzte ich. »Mein Schiff wurde in der Schlacht versenkt.« – »Um so mehr solltest du dich schämen«, sagte er, »die Partei dieses Kerls zu ergreifen. Hast du denn für deine Schiffskameraden kein Gefühl?« Kurz darauf gab der Ausrufer bekannt, daß die übrigen Ratsherren den Antrag gutgeheißen hätten, da sich ihm nur ein einziger nicht angeschlossen hätte.
Ich ließ einen weißen Kieselstein in die Urne fallen, und als er meine Hand verließ, versuchte ich mir vorzustellen, ich sei durch ihn gereinigt worden.
Lysis holte mich auf dem Abhang unter der Pnyx ein. Er war stets mein Vorbild für Mut gewesen, und er war es auch, der als erster zu sprechen begann.
»Du weißt«, sagte er, »wie der Wind in jenen Gegenden von den Hügeln Ioniens herunterbraust; wie ein Wirbelsturm, und eine Meile weiter ist es nur noch eine Mütze voll. Es könnte sogar stimmen, daß der Sturm sie verhindert hat.« Ich entgegnete: »Alkibiades wäre gekommen.« – »Ja, wenn er einen Steuermann gehabt hätte. Die Wahrheit ist die, Alexias, daß unsere Schiffahrt nicht mehr ist, was sie einst war. Selbst in den wenigen Jahren

meines Kriegsdienstes habe ich die Veränderung festgestellt. Alkibiades wußte es, und Antiochos auch. Diese Neulinge aber sind vom durchschnittlichen Kapitänsschlag. Einer hat sogar seinen Schiffbruch selbst verschuldet. Wir haben sie zu Tode verurteilt wie ein Kind, das der Bank einen Fußtritt gibt, an der es sich das Bein verletzt hat. Was ist aus uns geworden?«

»Ich bin ungerecht gewesen«, sagte ich. Während des Gehens wurden wir von Streitenden und sich rechtfertigenden Männern angestoßen; doch einige lachten und schlossen eine Wette auf einen Hahnenkampf ab. Nach einem langen Schweigen sagte Lysis: »Wahnsinn ist den Göttern heilig. Sie schickten ihn uns zur rechten Zeit, um unsere Seelen zu reinigen, so wie sie uns kräftige Kräuter gegeben, um den Körper zu reinigen. Bei den Dionysien sind wir ein bißchen wahnsinnig; aber es verunreinigt uns nicht, weil wir diesen Wahnsinn einem Gotte geweiht haben. Das aber haben wir uns selbst geopfert, und es hat uns beschmutzt.«

»Sprich nicht so, Lysis. Ich bin sicher, du hast einen kühleren Kopf bewahrt als ich.« Er lächelte und zitierte einen gewissen Satz, der mir eine persönliche Angelegenheit zwischen uns beiden in Erinnerung rief. Dann fügte er hinzu: »Werde ich alt, daß ich immer wieder denke: ›Letztes Jahr war es besser?‹« – »Mitunter kommt es mir vor, Lysis, als sei seit den Spielen nichts mehr beim alten geblieben.« – »Das glauben wir, mein Lieber, weil wir damals mit ganzer Seele dabei waren. Wenn du den Töpfer dort drüben oder jenen alten Soldaten oder Kallippides, den Schauspieler, fragtest, so wüßte wohl jeder seine eigenen Isthmischen Spiele zu nennen ... Der Krieg hat lange gedauert, Alexias. Schon vierundzwanzig Jahre. Selbst der Trojanische Krieg dauerte bloß zehn.« Eben überquerten wir die Agora, und er deutete auf ein paar Frauen an einem Stand und bemerkte: »Als jenes Kind dort geboren wurde, hatte er bereits so lange wie der Trojanische Krieg gedauert, und jetzt ist es schon fast eine Frau geworden.« Seine Stimme mußte weiter getragen haben, als er beabsichtigte, denn das Mädchen blickte auf und sah ihn an. Er lächelte ihm zu, es deutete ebenfalls ein Lächeln an, und das Gesicht erhellte sich einen kurzen Moment. Es war in Trauerkleidung und sah spitz und blaß aus. Die Frau neben ihm, die nicht seine Mutter zu sein schien, wies es scharf zurecht, obwohl man doch sehen konnte, daß es sich nur wie ein Kind benommen hatte. Ich bemerkte zu Lysis: »Sie muß den Vater in der Schlacht verloren haben.« Er blickte ihr über die Köpfe der Menge hinweg nach und antwortete: »Ja, und auch den letzten ihrer Brüder. Sie hatte drei.« – »So kanntest du sie?« – »O, ja. Ich kenne sogar das Kind selbst. Es hätte mich beinahe angesprochen, ehe es ermahnt wurde, daß es nun größer sei. Es ist die Tochter Thimasions, des ehemaligen Trierarchen der *Demokratia.«*

Unterdessen wurde das Kind vom Markt weggeführt. Man konnte es an seinem Rücken erkennen, daß die Frau es immer noch auszankte. Lysis sagte: »Mich nimmt nur wunder, was aus ihm werden soll. Dieses sauertöpfische Weibsbild ist die Witwe des ältesten Sohnes, glaube ich; es ist ein schwieriges Alter für einen solchen Wechsel. Es hatte eine etwas nachlässige Erziehung; die Mutter, die jetzt tot ist, war gewöhnlich krank, und die kleine Thalia schien stets bei ihrem Vater oder den jungen Männern zu sein. Sogar bis zum vergangenen Jahr dachten sie nie daran, sie aus dem Zimmer zu schicken, so wenig wie einen jungen Hund. Du weißt, wie es manchmal bei spätgeborenen Kindern geht. Der eine Sohn wurde bei Byzanz getötet, und der andere hier in Attika bei einem feindlichen Einfall. Dann zogen Thimasion und der letzte Sohn mit dem athenischen Geschwader in den Krieg. Das löschte die Familie aus, mit Ausnahme dieses armen kleinen Mädchens, das allein zurückbleibt.«

In Gedanken versunken ging er weiter. Als ich ihn unvermittelt ansprach, hörte er mich nicht. »Sie war ganz hübsch«, fuhr er

fort, »bevor all das geschah; wenigstens hatte sie ein reizendes Gesichtchen. Dieses Weib wird sie wohl beim ersten Angebot aus den Händen geben, ganz gleichgültig wem ... Sie waren eine gute Rasse, Thimasion und seine Söhne. Ich kannte sie alle.«
»Lysis«, sagte ich und sah ihn an. »Woran denkst du? Sie sieht nicht älter aus als zwölf.« Er rechnete an seinen Fingern nach. »Nun, sie wurde vor drei Olympiaden geboren, im Jahr, als Alkibiades das Wagenrennen gewann. Also muß sie im dreizehnten sein, auf alle Fälle.« Dann lachte er und versetzte: »Warum nicht? Für eine gute Sache kann man sich gedulden; es gibt noch viele Frauen für die Zwischenzeit. Bedenke nur, wieviel besser ein Pferd ist, wenn du es schon als Füllen hast.« Nach einer Weile sagte ich: »Na, gut, warum auch nicht, Lysis, wenn du glaubst.« Ich dachte wieder an alle meine Erwartungen, die so sehr von den seinen abwichen; und doch, sobald man es sich richtig überlegte, war ihm eine solche Handlung durchaus gemäß.
»Sie wird wohl eine kleine Mitgift haben«, fuhr er fort, »so daß keins dem anderen zu sehr verpflichtet sein wird. Meine Schwester Niko wird ihr alles beibringen, was sie wahrscheinlich zu Hause nicht erlernt hat. Ich werde ein kleines Haus mieten und mich nicht einschränken, um in einem großen leben zu können. Wenn es dann später einmal besser geht, um so besser, so achtet einen eine Frau mehr, als wäre es von Anfang an so gewesen.« Er fuhr in diesem Stil noch lange fort, man hätte glauben können, es hätte ihn schon seit Wochen beschäftigt. »Welchen Monat haben wir?« fragte er. »Ich glaube, wir könnten die Hochzeit wie jedermann ebenfalls im Gamelion feiern.«
»Du meinst doch nicht«, sagte ich verblüfft, »in diesem kommenden Gamelion, oder doch?« – »Warum nicht? Sie kann doch in drei Monaten alles vorbereitet haben?« – »Ich dachte, du wolltest nur jetzt den Handel abschließen. Sie ist doch noch ein Kind.« – »Oh, ich werde sie sogleich heiraten müssen, das sehe

ich ein. Das ist der einzige Weg, etwas aus ihr zu machen. So wie sie ist, hat sie, gleichgültig, welche Mängel ihre Erziehung aufwies, doch auch ihre Vorzüge. Man lehrte sie anständiges Benehmen, Mut und Wahrheitsliebe, wenn auch vielleicht nicht die Kunst des Stickens. Warum sie ein Jahr lang dieser verkniffenen Zankhexe überlassen, die sie nur verschlagen, prüde und heuchlerisch machen und ihr den Kopf mit altem Hebammengewäsch vollschwatzen wird? Ich zweifle sogar, ob Gamelion früh genug ist.« Ich rief mir jenes Erlebnis in der Agora ins Gedächtnis zurück und begriff, was er meinte. Er sagte: »Ich könnte genau sagen, was sie fühlte, als sie mich sah; als sei sie einem Möbelstück oder einem Hund begegnet, der sie an ihr früheres Heim erinnerte. Als sie sechs Jahre alt war, habe ich ihr die Geschichte von Perseus erzählt.« – »Worauf wartest du also?« sagte ich. »Ziehe deine Flügelschuhe an und befreie sie von ihren Ketten, ehe der Drache kommt.« Er lachte, nahm mich am Arm und sagte: »Der Gott segne dich, Alexias, ich glaube, ich will es tun. Der heutige Tag hat mich zum Nachdenken gezwungen. Seit dieser Krieg begann, haben wir mehr als nur Silber ausgegeben, sogar mehr als Blut, nämlich etwas von unserer Seele. Als ich das letztemal zur Akropolis hinaufstieg, schien mir sogar selbst die Jungfrau müde auszusehen. Es ist Zeit, daran zu denken, einen Sohn zu zeugen, um die nächste Runde frisch in Angriff zu nehmen … Ich muß Niko aufsuchen, damit sie vorspricht.«

Zwei Tage später erzählte er mir den Bericht seiner Schwester. Sie habe, so berichtete er, zu der kleinen Thalia eine Zuneigung gefaßt und halte sie für ihr Alter durchaus nicht für zurückgeblieben. Der Schlag ihres Verlustes und das Heimweh, sagte Niko, hätten sie in ihre Kindheit zurückgetrieben. Nach Nikos Erzählung war die Schwägerin nicht so bösartig, wie Lysis sie gezeichnet hatte; mit einem gewissen Recht machte sie geltend, daß keine anständige Frau einem ihrer Obhut anvertrauten

Mädchen gestatte, Männern auf dem Markt zuzulächeln. Aber sie sei eine törichte Person, in ihren Ansichten festgefahren und ohne viel Gefühl; ihr Versuch, dem Mädchen in einem Monat eine Erziehung beizubringen, die drei Jahre erfordert hätte, habe Thalia so nervös gemacht, daß sie keine Spindel mehr aufheben könne, ohne den Faden zu zerreißen. »Sie hält große Stücke auf dich, Lysis, und wollte mir alles wiederholen, was sie ihren Vater von dir hat erzählen hören, nur um mir Freude zu machen, denn sie verfügt über eine angeborene Güte, die man gleich spürt. Dann wurde sie aber zurechtgewiesen und für ihr vorlautes Wesen getadelt. Das arme Kind tat mir wirklich leid; es war ihm bis dahin gar nicht in den Sinn gekommen, daß mein Besuch mit ihm in Zusammenhang stehe; dann aber konnte ich kein Wort mehr aus ihm herausbringen, das kannst du dir denken.«

Das Haupt der Familie war ein alter Großvater, taub und beinahe so blind, daß er Lysis für einen Jüngling hielt, da er keinen Bart trug. Zu guter Letzt wurde aber doch alles bereinigt, die Mitgift bestimmt, und er ging mit seiner Schwester das Mädchen besuchen.

»Anfänglich«, erzählte er, »konnte ich sie nicht dazu bringen, mich anzuschauen. Armes, kleines Geschöpf, nie habe ich eine solche Veränderung gesehen. Früher hatte man sie schon vom Hof aus im ganzen Hause singen hören. Aber die kluge Niko verwickelte ihre Schwägerin in ein Gespräch über die Schlechtigkeit der Sklaven, was mir ein wenig Zeit verschaffte. Ich berichtete ihr, wie gut sich ihr Vater in der Schlacht geschlagen habe; einem solchen Gespräch kann sie mit Leichtigkeit folgen. Dann erinnerte ich sie an unsere alte Bekanntschaft, und sie sagte, sie werde wohl in meinem Haus eher wieder ein Heim finden. Sie begann schon, etwas weniger bedrückt auszusehen, aber ich stellte doch fest, daß dieses Weibsbild sie tüchtig bearbeitet und in eine Art Panik versetzt hatte, weshalb ich ihr sagte: ›Nun hör mir mal zu; du kennst mich doch schon länger als alle andern. Fangenspiel und Rennen am Hochzeitsfest sind etwas, das wir machen werden, um unsere Gäste zu unterhalten, die das für das Wichtigste bei einer Hochzeit halten. Aber alles andere kann warten‹, sagte ich, ›bis wir Zeit gefunden haben, uns anzufreunden. Das ist nun unser erstes gemeinsames Geheimnis, jetzt wollen wir sehen, wie du es bewahrst.‹ Sie sah viel besser aus, als wir sie verließen, fast wieder so, wie ich sie in Erinnerung hatte.« Niko überredete ihn jedoch dazu, den Ablauf eines Jahres abzuwarten und im Gamelion zu heiraten, wie er es ja zuerst geplant hatte. Sie machte ganz vernünftig geltend, Thalia sei dann vierzehn, wirklich das früheste Alter, in dem er ein junges Mädchen in sein Haus nehmen konnte, ohne sich dem Klatsch der Leute auszusetzen.

Er sagte mir, er beabsichtige nicht, sich nach einem anderen Schiff umzusehen; es würde ohnehin lange dauern, bis die Flotte wieder erstarkt sei. Er wolle in seinem Stammesheer, welches auch das meine war, dienen, sich in Athen niederlassen und sein Land bebauen, wenn die Spartaner es zuließen.

Auch ich hatte das Gefühl, mein Platz sei in der Stadt. Meinem Vater ging es nicht gut; ein Tertianfieber, das er sich in Sizilien zugezogen hatte, quälte ihn oft; während der Anfälle konnte er weder seinen Geschäften nachgehen noch zum Gut sehen. Doch nicht nur die Pflicht, sondern auch die eigene Neigung hielt mich in der Stadt; denn ich war lange weg gewesen, mein Geist war zur See etwas eingerostet und vom Wachtfeuer geräuchert worden, und die Schüler von gestern waren junge Männer geworden, deren Stimmen in den Säulengängen vernehmbar wurden.

So kehrte ich zur Philosophie zurück, aber in einem andern Sinne; ich fühlte sie in mir und meinen Gesprächspartnern wie ein Fieber im Blut. Als Knabe war ich aus dem Staunen über die sichtbare Welt dazu gekommen, die Ursachen der Dinge zu ergründen und die Spannkraft meines Geistes zu erproben, so wie man etwa die Muskeln in der Palästra auf die Probe stellt. Jetzt aber forschten wir nach dem Wesen des Weltalls und dem unserer eigenen Seelen, wie ein Arzt in einer Zeit der Krankheit. Nicht daß wir in die Vergangenheit verliebt gewesen wären. Wir standen in einem Alter, da man das Gefühl hat, die Gegenwart zu besitzen, und glaubt, sie werde einen nie überholen. Die großen Namen in Malerei, Bildhauerei und Dichtung, die uns begeisterten, schienen uns ebenso groß wie jene aus den Tagen des Perikles, und es überrascht mich noch immer ein wenig zu sehen, daß sie meinen Söhnen unbekannt sind. Doch standen wir selten vor einem guten Kunstwerk, um es zu genießen, wie man etwa vor einer schönen Aussicht oder Blume steht, in schlichter Freude, daß sie da ist. Wie wir jeden neuen Künstler bejubelten, so erzürnten wir uns über die früheren, als wären sie falsche Führer, die wir entlarvt hatten. Wir stürmten voran, obwohl wir nicht wußten, wohin. Zur Freiheit, sagten wir; die Bildhauer schufen ihre Gestalten nicht mehr wie Phidias und Polykleitos nach dem goldenen Schnitt des Pythagoras; und wir versprachen uns viel von der Kunst, die ihre Fesseln abgeworfen hatte.

Euripides war tot; er litt nicht mehr an unseren Zweifeln und spürte das Leid unserer Verluste nicht mehr. Und Agathon war nach Makedon gegangen, als Gast des reichen Königs, dessen Traum es war, seine wilden Bergvölker zu zivilisieren. Monatelang pflegten wir uns lachend zu fragen, wie unser sanfter Sänger sich droben im Norden bewähre, und wir malten uns aus, wie er unter der rauhen Jugend dort einen suchte, dessen Rede sich nicht ausschließlich auf Weiber, Pferde und Krieg beschränkte. Da brachte uns eines Tages ein Reisender die Nachricht, er sei gestorben. Es ist schlimm, unter Barbaren krank zu werden. Nach seinem Tode verstand sich sogar Aristophanes zu einem freundlichen Wort über ihn.

Einzig Sokrates blieb unverändert, wenn er nicht gar jünger aussah. Seine keifende Xanthippe, durch seine Freundlichkeit gezähmt oder durch die Zeit milder geworden, hatte ihm jetzt, da sie dem Ende jenes Alters entgegenging, da sie noch Kinder haben konnte, zwei Söhne geschenkt. Er nahm das, wenn es auch mehr sein mochte, als er erwartet hatte, durchaus heiter auf. Er war noch ebenso bereit wie der Jüngste von uns, festgelegte Meinungen in Frage zu ziehen; und die heranwachsenden Jünglinge kamen zu ihm, wie wir das getan hatten, und mühten sich mit der Logik wie junge Hunde ab, indem sie auf der Suche nach Wahrheit alles zerzausten.

Der Norden hatte uns Agathon, den sanften Sänger, geraubt, aber er hatte uns auch etwas wiedergegeben. Kritias war aus Thessalien nach Athen zurückgekehrt.

Kurze Zeit nach dem Sturz der Vierhundert, als einige seiner Machenschaften ans Licht kamen, war er von dort geflohen. In Thessalien sind die Grundbesitzer kleine Könige, die sich stets im Kleinkrieg befinden. In diesem trüben Wasser konnte er gut fischen. Er erfuhr alsbald, daß unter den Leibeigenen eine gewisse Unzufriedenheit herrschte, denn in Thessalien kümmert sich das Gesetz nicht sehr um die Armen. Deshalb zettelte er mit deren Anführer eine Intrige an, verschaffte ihnen Waffen und plante einen Aufstand, der seinen Absichten diente. Dieser wurde aber, wie ich glaube, unter großem Blutvergießen niedergeschlagen; Kritias aber konnte sich ungeschoren davonmachen. Sicherlich kam er ihnen anfangs wie ein Abgesandter der Götter vor und verlieh ihnen das Gefühl, sie seien Zeus' Lieblinge. Sokrates pflegte uns zu lehren, die menschlichen Götterbilder enthielten einen Schatten von Wahrheit, der Anhänger der Philosophie jedoch müsse durch diesen hindurch und über ihn hinaussehen. Daraus hatte wohl Kritias, seiner Natur gemäß, den Schluß gezogen, daß Religion und Gesetz wohl gut für Dummköpfe seien, der höhere Mensch aber über ihnen stehe.

Ich erhebe aber nicht den Anspruch, im Falle Kritias' gerecht zu urteilen.
Er begegnete mir zu dieser Zeit auf der Straße, erinnerte sich meiner wohl im Zusammenhang eines ihm unangenehmen Zusammentreffens, schaute mich an und versuchte, mich in seinem Gedächtnis unterzubringen. Ich weiß nicht, ob ihm dies gelang, aber selbst die Spartaner, auf die ich in der Schlacht traf und die meine Augen nur durch die Helmspitze sahen, hatten mich offener, von Mann zu Mann, angeblickt als Kritias.
Nachdem ich all diese Ansichten geäußert habe, muß ich gestehen, daß sie nicht mehr wert sind als ein Urteil eines Fieberkranken über Wein. Bei meinem letzten Besuch in der Stadt hatte ich mir eine Krankheit zugezogen, von der ich geheilt zu sein glaubte. Jetzt, ihrer Ursache wieder nahe, begriff ich, daß sie nur geschlummert und sich während ihres Schlafes verschlimmert hatte.
Darin wenigstens war mir der Gott freundlich gesinnt, daß er mich von Anfang an nie mit Hoffnungen quälte. Auch waren seine Pfeile nicht vergiftet; denn was auf den ersten Blick schön und gut erschien, scheint es mir auch heute noch zu sein. Als Aster nun siebzehn geworden, hatte er Mikkos' Schule verlassen und war oft bei Sokrates. Ich ging ihm dort aus verschiedenen Gründen aus dem Weg; doch wo es Musik gab, blieb er nie fern. Meine Erinnerung kehrt zurück zur Kithara, der Syrinx, zu einem Flötenkonzert oder zu hellen, singenden Stimmen; selbst heute noch kann manchmal ein Akkord oder Diskant mir den Hauch von wohlriechendem Öl oder Lorbeerblättern oder von Gras und brennendem Pech und das Flackern der Fackeln vor seinen ruhig lauschenden Augen in Erinnerung rufen.
Nur einmal war ich in Gefahr. In einer Frühwinternacht war ich zum Lykabettos gewandert, und der Gipfel hob sich schwarz vor dem dichtbesäten Sternenhimmel ab. Kurz vor dem Gipfel schöpfte ich Atem und sah auf der Terrasse des Altars seine

Gestalt mit hocherhobenem Kopf den Himmel betrachten. Auch er hatte eine Neigung für Mathematik und Astronomie, wie man sie oft bei Musikern findet. Der Gürtel des Orion stand über ihm; bei seiner Schulter das Degengehänge.

Ich stand auf dem felsigen Fußpfad zwischen Trieb und Seele hin- und hergerissen. Ich hatte den ersten und auch den zweiten Schritt auf dem Weg gemacht, als ich sah, daß er nicht allein war. Ich ging barfuß, so daß sie mich nicht gehört hatten, ich konnte wieder im Wald untertauchen, wo zwischen den Föhrenzweigen ein paar Lichter und Sterne schienen. Es ist ganz offenkundig, daß der Gott mich beschützte; und zum Zeichen meiner Dankbarkeit opfere ich ihm alljährlich an einem bestimmten Tag ein paar Tauben.

Lysis' Heirat hatte auch für mich ihr Gutes; denn nichts hätte gerade damals mich besser vor mir selbst retten können als die ernsthafte Teilnahme an einem mir so teuren Menschen. Ich durfte einem Kummer keinen Spielraum lassen, den er, hätte er ihn bemerkt, einer Eifersucht zugeschrieben hätte, die eines Freundes und Mannes unwürdig ist. Da ich gezwungen war, ihn zu verbergen, konnte ich ihn manchmal vergessen und Lysis' Glück teilen. Denn er war offenbar genauso glücklich wie ein Mann, der sich auf eine richtige Hochzeitsnacht freut. Ich half ihm, ein kleines Haus am Inneren Kerameikos zu finden, nicht weit vom unsrigen, und es mit einigen Gegenständen aus dem Hause seines Vaters einzurichten. Er verkaufte eine Bronze von Alkamenes, um die Musik und die Kränze für das Fest bezahlen zu können. »Sie soll Freude daran haben«, sagte er. »Schließlich ist es die einzige Hochzeit, die sie erleben wird!«

Xenophon sagte mir im Vertrauen, er billige diese Heirat von ganzem Herzen. »Wenn ich selbst heirate«, sagte er, »werde ich mich nach einer Braut in ebendiesem Alter umschauen; bevor sie den Kopf voll falscher Begriffe hat, und solange es noch Zeit ist, sie ordentlich zu erziehen. Ich kann es nicht ausstehen, wenn alles durcheinander ist, wie Kraut und Rüben, und sich nichts an seinem Ort befindet. Ordnung ist bereits die Hälfte eines anständigen Lebens.«

Dann kam der Augenblick, da wir alle sagten: »Nur noch eine Woche, Lysis«, und dann war schon der Hochzeitsmorgen da.

Während der Nacht war Schnee gefallen. Er lag auf den Dachfirsten, unter einem strahlenden, reinen Himmel, dünn, hart und glitzernd; weißer als Marmor aus Paros, weißer als unsere Hochzeitsgewänder. Die löwenköpfigen Wasserspeier an den Tempeldächern trugen ellenlange Eisbärte; das Rot des gebrannten Tons sah dunkel und warm aus und die weiße Tünche wie dicker Rahm. Helios schien weit entfernt und hoch oben; keine Wärme sandte er aus dem blassen Himmel, einzig das Blitzen seines Silberhaares. Als wir den Bräutigam zum Brauthaus führten, zersprangen die Saiten der Leiern vor Kälte, und die Flöten klangen verstimmt; aber wir machten das mit unserem Gesang wett. Unser Atem stieg, im Takte des Liedes, in kleinen Wolken in die frostkalte Luft empor.

Ich erinnere mich nicht, daß Lysis je besser ausgesehen hätte. Sein Hochzeitsmantel aus weißer milesischer Wolle war mit einem zwei Spannen breiten Saum aus echten Goldfransen geschmückt, die schon vor ihm sein Vater und Großvater bei der Hochzeit getragen hatten. Wir hatten ihm rote, blaue und goldene Bänder gebracht, bekränzten ihn mit Myrten und den Veilchen, die sich im Neuschnee durch ihren Duft verrieten. Er schritt auf das Brauthaus zu, lachend und glühend vor Kälte. Sein Chiton wurde an der Schulter von einer großen Spange aus alter mykenischer Goldarbeit zusammengehalten, einem Geschenk Agamemnons an Lysis' Vorfahren, so erzählte man sich wenigstens. Haar, Kranz und Bänder an seinen Armen funkelten von dem von den Dächern stiebenden Schnee. Als wir das Gästezimmer des Hauses betraten, saß die Braut an der

Seite des Greises; aus ihrem kleinen, von einem safranfarbigen Schleier umhüllten Gesicht blickten große Augen.
Die Frauen umringten sie; sie küßten sich und flüsterten miteinander. Sie benahm sich, wie Lysis gesagt hatte, gut; aber in jeder Pause, als seien ihre Augen vom Unterricht dispensiert, blickten sie rasch zu ihm hinüber. Einmal bemerkte er es und lächelte unbekümmert zurück. Die Frauen seufzten alle und murmelten: »Reizend!« Nur die Schwägerin beugte sich vor und zischte ihr etwas ins Ohr. Sie wurde hochrot und fuhr zurück wie eine Rose, die sich wieder verschließen will. Ich glaube, es standen Tränen in ihren Augen. Für einen Augenblick gewahrte ich in Lysis' Gesicht einen so zornigen Ausdruck, daß ich dachte, er werde eine Unbesonnenheit begehen und jedermann in Verlegenheit bringen. Ich zupfte ihn am Mantel, um ihn zu erinnern, wo er war.
Dann wurde zum Festmahl gerufen, und sie setzten sich zusammen zwischen die Gäste. Er sprach lächelnd mit ihr, doch sie antwortete mit einem leisen, fast ersterbenden Flüstern und stocherte auf ihrem Teller herum. Er mischte den Wein für sie, und sie trank auf sein Geheiß, wie ein Kind beim Arzt; und wirklich schien ihr die Medizin zu bekommen.
Der Haushofmeister winkte mich zu sich, ich ging hinaus und sah den Brautwagen warten. Alles war in Ordnung: die Hörner der Ochsen vergoldet, Kränze und Bänder ordnungsgemäß befestigt und der Baldachin aufgespannt. Es schneite wieder, aber nicht so körnig wie vorher, sondern in schweren, weichen Flocken.
Sie begleiteten uns mit Musik hinaus und riefen uns Unsinn zu; ich kletterte in den Wagen, Lysis hob die Braut zu mir empor und stieg ein. Wir fuhren ab, er und ich, das Mädchen in der Mitte. Sie fröstelte; er zog die Schaffelle herauf und legte den Arm mit einem Teil seines Mantels um ihre Schulter. Plötzlich überfiel mich die Vergangenheit; einen Augenblick lang war

mein Kummer so beißend kalt wie die Winternacht; und doch war es ein altvertrauter Kummer, an dem ich schon seit langem litt und der jetzt hinter mir lag. Alles ist Wechsel; und man steigt nicht zweimal in denselben Fluß.

Die Kälte war angenehm und mild, nicht wie Morgenkälte; noch vor der Abenddämmerung würde es tauen. Lysis sagte: »Nun, Thalia, du hast es sehr gut gemacht, und ich war stolz auf dich.« Sie sah zu ihm auf. Ich konnte ihr Gesicht nicht sehen. Er sagte: »Dies ist mein bester Freund, Alexias.« Statt auf die übliche Art einen Gruß vor sich hinzumurmeln, lüftete sie den Schleier und lächelte. Ihre Augen und Wangen glänzten im Fackellicht. Ich hatte mich schon vorher gefragt, ob es klug gewesen sei von Lysis, ihr eine zweite Schale Wein zu reichen. »O ja, Lysis«, sagte sie »du hattest recht, er ist wirklich noch schöner als Kleanor.«

Das war die Wirkung der frischen Luft nach der Wärme im Inneren. Ich sah Lysis einen Augenblick blinzeln; dann sagte er fröhlich: »O ja, das habe ich doch immer gesagt, nicht wahr?« Sein Blick suchte den meinen und bettelte um Verständnis. Ich lachte und versetzte: »Ihr werdet mich beide noch eitel machen.« In einem Tonfall, den wohl ihre Mutter gegenüber Damenbesuch verwendet hatte, sagte sie zu mir: »Ich habe Lysis oft von dir reden hören. Sogar bevor er zur See ging, als ich noch ganz klein war. Jedesmal wenn er uns besuchte, fragte mein Bruder Neon, wie es dir gehe. Lysis antwortete dann: ›Wie geht es Kleanor?‹ oder wie gerade der beste Freund meines Bruders damals hieß. Neon aber fragte Lysis stets: ›Wie geht es dem schönen Alexias?‹ und Lysis pflegte zu antworten: ›Er ist immer noch schön.‹«

»Nun«, fuhr Lysis fort, »jetzt siehst du ihn. Da ist er. Aber jetzt mußt du mit mir sprechen, sonst streiten wir uns.« Sie wandte sich wieder ihm zu; keinen Augenblick zu früh. Glücklicherweise hatten wir einen Baldachin; es konnte kaum jemand etwas bemerkt haben. »O, nein! Du darfst dich nie mit Alexias streiten, nach so langer Zeit der Freundschaft.«

Holpernd fuhren wir durch den von Rädern aufgepflügten Schlamm, während der Schnee im Scheine der Fackeln wie große Feuerflocken an uns vorüberstob. Die Leute auf der Straße riefen uns die uralten Scherze über den Monat der langen Nächte zu; und von Zeit zu Zeit stand ich im Wagen auf und schrie ihnen die ebenso uralten Antworten zu. Als wir uns seinem Hause näherten, beugte er sich über sie und flüsterte ihr zu, sie brauche sich nicht zu fürchten. Sie nickte und flüsterte zurück: »Melitta sagte mir, ich müsse schreien.« Dann setzte sie mit Festigkeit hinzu: »Aber ich sagte ihr, nein.« – »Natürlich nicht. Was für eine abgeschmackte Ansicht.« – »Zudem antwortete ich ihr, ich sei die Tochter eines Kriegers.« – »Und auch die Frau eines Kriegers.« – »O ja, Lysis. Ja, ich weiß.«

Als es soweit war und er sie nach dem Erklingen des Brautliedes hochhob, streckte sie lächelnd die Arme zu ihm empor und umschlang seinen Hals. Als ich ihnen nacheilte, um ihnen die Türe zu öffnen, hörte ich neben der Mauer ein paar alte Hennen gackern und ihre Schamlosigkeit rügen.

Am nächsten Tage besuchte ich ihn. Es schien kein Grund zu bestehen, weshalb ich die späte Stunde hätte abwarten sollen, welche die Sitte vorschreibt, also ging ich ziemlich früh hin, noch vor der Marktzeit, um den übrigen zuvorzukommen. Nach einigem Warten kam er herein, noch halb im Schlaf, das vollkommene Bild eines Bräutigams nach der Hochzeitsnacht. Als ich mich für die Störung entschuldigte, antwortete er: »Oh, es ist Zeit zum Aufstehen. Aber ich sprach noch mit Thalia bis in die frühen Morgenstunden. Ich hatte keine Ahnung, Alexias, wie verständig sie ist und über wieviel geistige Anmut sie verfügt. Sie wird eine Frau werden, wie es nur eine unter zehntausend gibt. Sprich nicht zu laut, sie schläft noch.«

»Sollte sie nicht an der Arbeit sein«, sagte ich, »zu dieser Zeit?«

Da er meinen Blick bemerkte, lachte er ein wenig betreten. »Nun, sie lag ziemlich lange wach. Sie sah so kindlich aus, daß ich mich zu ihr setzte, um mit ihr zu plaudern, bis sie einschlafe, da ich glaubte, sie könnte sich allein fürchten; schließlich muß ich aber als erster eingeschlafen sein, denn als ich aufwachte, bemerkte ich, daß sie eine neue Wolldecke aus ihrer Brauttruhe geholt und über mich gebreitet hatte.«

Ich schwieg, da dies ja nicht meine Sache war. Er sagte lächelnd: »O ja, ich kann meine Pferde schon zügeln bis zum Startzeichen. Für mich braucht es zwei, um den Ritus der Aphrodite auszuüben; eher würde ich mit der Athene Promachos, mit Schild und allen Zutaten, schlafen als mit einer Frau, der es kein Vergnügen macht. Ich weiß, was das Kind jetzt von mir braucht, besser als es selbst. Aber ich glaube doch, daß es gar nicht so lange dauern wird.«

Er sah mit der Zeit auch wirklich immer froher und glücklicher aus, und eines Tages, später im Jahr, als er mich einmal zum Essen eingeladen hatte und ich in der kleinen Vorhalle stand, hörte ich von drinnen den Klang einer jungen Stimme, die wohl bei der Arbeit sang; es klang wie Wasser, das im Schatten dahinplätschert. Lysis sagte: »Du mußt es dem Kinde nachsehen. Ich weiß, daß eine sittsame Frau den Gästen ihren Aufenthaltsort nicht verraten soll, aber wenn ich sie so glücklich sehe, bringe ich es nicht übers Herz, sie mit solchen Dingen zu behelligen. Davon hatte sie schon genug bei der Frau ihres Bruders; ich gab ihr ein schönes Geschenk, der Hexe, und verbot ihr das Haus. Wir haben ja noch alle Zeit. Ihre Sittsamkeit liegt in ihrer Seele. Dem Äußeren werden wir später unsere Aufmerksamkeit schenken.«

Es war ein schöner, goldener Abend. Das kleine Speisezimmer bot gerade Raum für vier Klinen, sah aber besser aus, wenn nur zwei darin standen. Man hatte Kränze und Weinlaub und Rosen aufgelegt. »Thalia hat sie geflochten«, erklärte er. »Sie schmollt, wenn ich auf dem Markt fertige Kränze kaufe.« Es gab garnierten Schwertfisch zum Essen. Ich war nicht sehr hungrig, doch tat ich mein Bestes, weil ich bemerken konnte, wie stolz er darauf war. Wir sprachen vom Krieg, der fast überall zum Stillstand gekommen war. Die Spartaner hatten Lysander den Oberbefehl für ein weiteres Jahr übertragen, entgegen ihrem sonstigen Brauch, und er erhielt wiederum Geld von Kyros.

»Schmeckt dir der Fisch nicht?« fragte er. »Sie sagte, ich müsse dich fragen, ob die Sauce scharf genug sei.« – »Ich habe noch nie besseren gegessen, aber auf dem Wege hörte ich etwas, das mir den Appetit verdorben hat. Jene beiden Triremen, welche die samische Flotte kürzlich eroberte: weißt du, was aus den Ruderern wurde? Man hat sie von einer Klippe ins Meer geworfen. Das wird sie lehren, für die Seite zu arbeiten, welche es sich leisten kann, sie besser zu bezahlen.«

Er starrte mich schweigend an und rief dann aus: »Zeus! Und wenn man bedenkt, was zu Beginn des Krieges gesagt wurde, als die Spartaner dasselbe taten ... Du wirst dich wohl nicht mehr erinnern. Wir machten täglich Fortschritte; der jüngste Vorschlag lautete, man solle den feindlichen Ruderern bei der Gefangennahme die rechte Hand abhauen, oder waren es beide Daumen? Weil ich dagegen stimmte, warf man mir in der Versammlung finstere Blicke zu. Ich bin froh, Alexias, daß wir nicht mehr bei der Flotte sind. Alle Nachrichten aus Samos haben einen üblen Klang.«

Die Flotte war monatelang untätig gewesen. Die Generäle trauten einander nicht, und die Mannschaften trauten den Generälen nicht; immer wieder gelangten Gerüchte in die Heimat, dieser oder jener lasse sich bestechen, genau die Art von Geschwätz, die auch unter den Spartanern in Milet Unheil angerichtet hatte. Schon im bloßen Wissen, daß es dort Gold gab, lag ein tödliches Gift. »Kolon ist in Ordnung«, sagte ich. – »Ein Mann unter zwölfen. Ich frage mich, was wohl Alkibiades in seiner Hügelfestung davon hält. Man sagt, er überblicke von dort den halben Hellespont. Er wird wohl manchmal hinter seinen Mauern lachen müssen.«

»Heute ist der Gedenktag von Salamis«, sagte ich. »Es sind fünfundsiebzig Jahre seit der Schlacht vergangen. Erinnerst du dich nicht, wie Alkibiades an diesem Tage den Wein immer in Strömen fließen ließ? Es war ebenfalls am Tag von Salamis, als er uns jene Geschichte von den persischen Eunuchen erzählte.«

Wir lachten und verstummten dann beide. Während des Schweigens vernahm ich wieder den Gesang im Hause, aber jetzt leiser; sie mußte sich erinnert haben, daß Gesellschaft da war.

»Du trinkst nichts«, sagte er. Der Sklavenknabe hatte den Tisch abgeräumt und war gegangen. – »Genug für den Augenblick, Lysis. Ich bin so froh, wie Wein mich machen kann.« Da blickte er mich an. »Es muß eine tiefe Traurigkeit sein«, sagte er, »die sich vor dem Weine scheut.« – »Kommst du morgen zum Rennen? Kallias sagt, der Rotbraune werde gewinnen.« – »Das ist der Lauf der Welt. Haben wir einen Menschen, dem wir lieber als irgendeinem anderen Gutes erweisen möchten, so verzehrt ausgerechnet er sich das Herz nach dem, was man ihm nicht geben kann.« – »Hast du es schon lange gewußt?« fragte ich. – »Das tut nichts zur Sache. Es weiß niemand sonst. Kannst du nicht wieder eine Frau wie jene finden, die du in Samos hattest?« – »Ich will mich bald umsehen. Denk nicht daran, Lysis. Es ist Wahnsinn. Es geht vorüber.« – »Du solltest heiraten, Alexias. Ja, ich weiß, der Rat ist billig, aber sei mir nicht böse. Wenn ein Mann ...« er hielt inne. Wir stellten beide unsere Weinschalen ab, erhoben uns von unseren Klinen und rannten zur Tür. Die Straße war leer. Aber der Lärm kam näher wie Rauch, der vom Wind in großen Schwaden herangetrieben wird. Es war kein Jammern, auch kein Stöhnen, und auch kein Klagen, wie es die Frauen für die Toten erheben. Und doch lag von allem etwas darin. Zeus gibt den Menschen Gutes und

Schlimmes, meistens jedoch Schlimmes; und der Klang des Kummers ist nichts Fremdes. Doch dies war nicht der Kummer von einem oder von zweien oder von einem ganzen Haushalt. Es war die Stimme der ganzen Stadt, die wie in Verzweiflung aufstöhnte.

Wir sahen einander an. Lysis sagte: »Ich muß mit dem Kind sprechen. Erkundige du dich, was los ist.« Ich stand in der Vorhalle, doch niemand kam vorbei. Im Innern des Hauses sprach er beruhigende Worte. Beim Weggehen hörte ich ihn sagen: »Beendige deine Mahlzeit, arbeite etwas und warte auf mich.« Sie antwortete gefaßt: »Ja, Lysis. Ich werde warten.«

Weit oben auf der Straße rief ein Mann etwas. Ich sagte zu Lysis: »Ich konnte es mir nicht zusammenreimen. ›Alles verloren‹, sagte er; und dann etwas von der Ziegenbucht.« – »Ziegenbucht? Wir gingen dort einmal an Land, als uns eine Planke zersplittert war. Etwa in der Mitte des Hellesponts, gleich nördlich von Sestos, ein Dorf aus Lehmhütten, und ein sandiger Strand. Ziegenbucht? Du mußt dich verhört haben. Dort kann nichts los sein.«

Auf den Straßen sahen wir niemanden, da und dort eine Frau, die aus der Türe spähte. Eine von ihnen, in ihrer Angst die Zurückhaltung vergessend, sprach uns an: »Was ist los, oh, was ist los?« Wir schüttelten die Köpfe und gingen weiter. Der Lärm kam von der Agora, wie der Lärm eines Heeres im Aufruhr. Ein Echo schien sich in die Ferne fortzupflanzen. Das war der Klang des Wehgeschreis, das zwischen Stadt und Piräus an den Langen Mauern wie Schmerz einem Körperglied entlangzuckte.

Aus der Agora kam uns ein Mann auf der Straße entgegen. Er schlug sich während des Laufens die Brust. Als ich ihn am Arm packte, starrte er mich an, wie ein Tier in der Falle. »Was ist los?« fragten wir. »Was hast du für Nachrichten?« Er schüttelte den Kopf, als hätten wir nicht griechisch gesprochen. »Ich war in Melos«, sagte er dann. »O Zeus, ich war in Melos. Nun werden wir das auch hier sehen.« Er befreite seinen Arm aus meinem Griff und rannte nach Hause.

Wo die Straße in die Agora mündete, war sie mit Männern verstopft, die sich mit den Schultern einen Weg zu bahnen versuchten. Als wir das Gedränge erreichten, torkelte ein Mann in entgegengesetzter Richtung auf uns zu. Er stand einen Augenblick still, stolperte dann und fiel zu Boden. »Was ist geschehen?« schrien wir ihn an. Er beugte sich vor und erbrach schalen Wein. Dann reckte er den Kopf zu uns empor. »Du sollst lange leben, Trierarch. Ist dies die Weiberstraße?« Lysis sagte: »Dieser Mann ist Ruderer auf der *Paralos.«* Er brüllte dem Kerl ins Ohr: »So gib doch Antwort, verflucht noch mal«, und schüttelte ihn hin und her. Der Mann taumelte auf die Füße und murmelte: »Ja, ja doch.« – »Was ist geschehen?« fragten wir. Er wischte sich den Mund mit dem Handrücken und antwortete: »Die Spartaner kommen«, und begann zu kotzen. Als wir den Eindruck hatten, er habe sich nun aller Getränke entleert, schleppten wir ihn zu einem öffentlichen Brunnen an der Straße und tauchten seinen Kopf unter Wasser. Mit hängenden Armen saß er auf dem Brunnenrand. »Ich war betrunken«, sagte er, »und habe meinen letzten Obolus ausgegeben, und jetzt habt ihr mich nüchtern gemacht!« Er weinte, das Gesicht in die Hände vergraben.

Bald faßte er sich wenigstens teilweise und sagte: »Es tut mir leid. Wir saßen drei Tage an den Rudern, nichts anderes vor Augen als die Pflicht, diese Nachricht überbringen zu müssen. Die Flotte ist zerstört. Unseres Erachtens hat uns jemand an Lysander verkauft. Er erwischte uns bei der Ziegenbucht, auf dem Land; keine Hilfe, keine Deckung, nichts. Ausradiert, vernichtet, zusammengerollt wie eine Papierrolle.«

»Aber was hattet ihr dort zu suchen?« fragte Lysis. »Es ist gut zwei Meilen von Sestos entfernt; es gibt keinen Hafen dort und keine Nahrung. Wart ihr gestrandet?« – »Nein, die Flotte hatte dort das Lager aufgeschlagen.« – »An der Ziegenbucht? Ein Lager aufgeschlagen? Bist du immer noch betrunken?« – »Ich wollte, ich wäre es. Aber es ist die Wahrheit.«

Er wusch das Gesicht im Brunnen, wand das Wasser aus dem Bart und fuhr fort: »Wir erhielten Nachricht, Lysander habe Lampsakos erobert. Wir folgten ihm den Hellespont hinauf, an Sestos vorbei, bis zur Meerenge. Dann schlugen wir in der Ziegenbucht unser Lager auf. Man kann Lampsakos von dort sehen.« – »Großer Poseidon!« rief Lysis. »Und von Lampsakos aus kann man euch sehen.« – »Am Morgen liefen wir in Schlachtordnung aus, um Lysander zu stellen. Aber der alte Fuchs blieb in seinem Bau. Am nächsten Tag desgleichen. Die Vorräte gingen zu Ende. Wir mußten zu Fuß zum Markt von Sestos hinüber, nachdem wir die Schiffe auf den Strand gezogen hatten. So ging das vier Tage. Am vierten Abend hatten wir eben die Schiffe auf den Strand gezogen, als wir einen Zuruf hörten. Ein Mann kam von den Hügeln heruntergeritten, kein Einheimischer; auf einem guten Pferd und in der Haltung eines Hochgeborenen. Die Sonne ging hinter ihm unter, und ich dachte: ›Ich habe dich schon früher einmal gesehen!‹ Einige junge Offiziere schauten ihn an und begannen alle plötzlich zu rennen, als seien sie verrückt. Sie liefen die Straße hinauf, ihm entgegen und riefen aus: ›Es ist Alkibiades!‹

Sie umfaßten seine Füße, sein Pferd und alles, was sie erreichen konnten. Ich glaubte, daß einige zusammenbrechen und weinen würden. Nun, es war für ihn von jeher Speise und Trank, wenn man viel Wesens von ihm machte. Er fragte nach dem Vater des einen und dem Freund des anderen; du weißt ja, daß er nie ein Gesicht vergaß, und dann fragte er: ›Wer führt den Befehl?‹

Man nannte ihm die Namen der Generäle. ›Wo sind sie?‹ fragte er. ›Führt mich zu ihnen. Sie müssen heute nacht diese Bucht verlassen. Ist die Flotte verrückt geworden? Vier Tage lang‹, sagte er, ›habe ich mit angesehen, wie ihr Lysanders Fuß den Arsch hingehalten habt; das halte ich nicht mehr länger aus. Was für eine Stellung, beim Hund, mitten im Angesicht des Feindes. Was für ein Lager, schaut es euch nur an; keine Wachen aufgestellt, nicht ein Graben, schaut euch die Truppen an, von hier bis nach Sestos zerstreut. Man könnte glauben, es sei Spielwoche in Olympia.‹

Jemand hielt sein Pferd, und er schritt zu den Zelten der Generäle. Sie kamen heraus, um den Grund des Lärms zu erfahren. Sie sahen nicht so erfreut aus wie die jungen Männer, bei weitem nicht. Sie wünschten ihm kaum guten Abend und boten ihm nicht einmal etwas zum Trinken an. Wißt Ihr aber, was mich zuerst am meisten erstaunte? Daß er so höflich mit ihnen sprach. Er war nie der Mann gewesen, den man ungestraft auf die leichte Schulter nehmen durfte, er verstand es immer, mehr auszuteilen, als er einstecken mußte. Er führte ihnen sehr ruhig und ernst die Lage ihres Lagers vor Augen. ›Habt ihr heute nicht gesehen‹, sagte er, ›daß spartanische Wachtschiffe eure Bucht beobachteten? Lysander bemannt seine Schiffe jeden Morgen und läßt sie bis zur Dämmerung bemannt. Wenn er bis jetzt zugewartet hat, so nur deshalb, weil er es nicht fassen kann. Er befürchtet eine Falle. Wenn er erfährt, daß die Mannschaften nachts nicht im Lager bleiben, glaubt ihr, er werde dann noch länger zuwarten? Nicht er, ich kenne den Mann. Jede Minute, die ihr jetzt noch hier sitzen bleibt, setzt ihr die Flotte und damit auch Athen aufs Spiel. Auf, meine Herren, ihr könntet heute nacht in Sestos sein.‹

Sie hatten ihn stehend, vor dem Zelt, empfangen, so daß viele zuhören konnten. Ich hörte General Kolon in den Bart brummen: ›Genau, was ich ihnen immer gesagt habe.‹ Dann trat Tydeus, einer der neuen Generäle, vor. ›Besten Dank, Alkibiades‹, sagte er, ›daß du gekommen bist, uns unser Handwerk zu lehren. Wir alle wissen, daß du der Mann dazu bist. Vielleicht möchtest du die Flotte übernehmen, oder vielleicht ist ein anderer deiner Zechkumpane da, dem du sie gerne anvertrauen möchtest, während du auf Weiberjagd durch Ionien ziehst? Was haben die Athener wohl gedacht, als sie uns statt deiner das Kommando übertrugen? Aber gerade das taten sie. Du bist schon einmal an der Reihe gewesen. Jetzt sind wir dran; und deshalb: auf Wiedersehen!‹

Nun verfärbte er sich; doch trotz allem verlor er nicht den Kopf. Kühl und langsam, in der ihm eigenen schleppenden Sprechweise sagte er: ›Ich habe meine Zeit verschwendet und die eurige auch, wie ich sehe. Für zwei Dinge achte ich Lysander: er weiß, wie man Geld auftreibt und wo man es ausgeben muß.‹ Dann drehte er ihnen den Rücken und war weg, ehe sie auch nur die Zungen rühren konnten.

Man konnte kaum an ihn herankommen, so groß war die Menge, die ihm das Geleit gab. Als man ihm sein Pferd brachte, sagte er: ›Mehr kann ich nicht tun, und wenn ich es könnte, so würde ich die Generäle zuerst in den Hades befördern. Sie sind die Verlierer. Ich habe immer noch ein paar Freunde jenseits der Meerenge. Ich hätte Lysander in Lampsakos zu schaffen machen können, ich hätte bloß auf meiner Burg die Trompete blasen müssen, um dreitausend Thrakier unter die Waffen zu rufen. Sie haben noch nie jemanden als ihren Herrn anerkannt, für mich aber kämpfen sie. Ich bin König in dieser Gegend‹, sagte er, ›König in allem, es fehlt mir nur der Titel.‹

Er schwang sich auf sein Pferd und blickte mit seinen weitgeöffneten blauen Augen über das Meer hinaus; dann machte er kehrt und ritt in die Hügel hinauf, wo sein Schloß stand.

In jener Nacht sperrte unser ›Alter‹ auf der *Paralos* alle Landurlaube. Desgleichen General Kolon auf seinen acht Schiffen. Die übrigen aber trieben es weiter wie bisher. Und in der folgenden Nacht kamen die Spartaner.

Während noch unser Geist wie ein erschöpftes Rennpferd hinter der Erzählung nachhinkte, erzählte er uns von der Schlacht oder vielmehr Schlächterei: Lysanders Flotte mit ihren erstklassigen Ruderern durch das Dunkel heranbrausend; Kolon, der als einziger der Generäle den Kopf und seine Ehre hochhielt, versuchte überall zugleich zu sein; Schiffe mit nur halber Besatzung und ohne Ruderer; Schiffe mit einer Bank Ruderer und keiner Besatzung. Kolon sah das sichere Ende voraus und brachte sein kleines Geschwader mit der *Paralos* in Sicherheit; wie der alte Seemannsspruch sagt: Alles, was den Schiffbruch vermeidet, ist Gewinn. Die Spartaner nahmen sich nicht die Mühe, ihn zu verfolgen. Sie waren mit ihrer Ernte zufrieden; 180 Segel, die ganze Seemacht der Athener, standen auf den Strand gezogen bei der Ziegenbucht, wie Gerste, die auf die Sichel wartet.«

Schließlich war die Erzählung beendet; der Mann redete aber weiter, wie das Leute in einer solchen Lage tun, doch es war, als hätte sich ein tiefes Schweigen über uns gesenkt. Dann sagte Lysis: »Es tut mir leid, den Wein aus dir herausgepumpt zu haben. Da, nimm, und fang wieder von vorne an.«

Seite an Seite schritten wir durch die Straßen, schweigend, zwischen den Häusern hindurch, in denen es weinte und flüsterte. Die Nacht brach herein. Ich erhob meine Augen zur Akropolis. Die Tempel standen schwarz und lichtlos und lösten sich in der Dunkelheit des Himmels auf. Ihre Sakristane hatten sie vergessen. Es war, als lägen die Götter selbst im Sterben.

Lysis berührte meine Schulter und sagte: »Die Meder haben die Akropolis einmal eingenommen und durch Feuer verwüstet. Aber am folgenden Tag hatten Athenes Oliven grüne Sprossen.«

Wir reichten einander die Hände, zum Zeichen, daß wir Männer seien, die wußten, daß nun die Zeit der Leiden gekommen war. Dann trennten wir uns, er ging zu seiner Frau und ich zu meinem Vater, denn es ziemt sich für einen Mann, in solcher Zeit bei seinem Haushalt zu sein. Die ganze Nacht konnte man in den

Straßen erleuchtete Fenster sehen, wo schlaflos Liegende die Lampen wieder angezündet hatten: auf der Akropolis aber nur Nacht und Schweigen, und das langsame Wandeln der Sterne.

24

Als wir wußten, daß Athen nun allein stand, gingen wir zur Akropolis hinauf und leisteten den Kameradschaftseid. Einer, der sich an den Eid auf Samos erinnerte, hatte den Vorschlag gemacht. Auch ich erinnerte mich daran. Eine Lerche hatte gejubelt, als wir die Hymne zu Zeus emporschickten, und der Rauch stieg zum tiefblauen Äther empor bis dort, wo die Götter wohnen. Heute aber war Herbstanfang; der Himmel hing grau über den von der Sonne ausgetrockneten Hügeln; ein kalter Wind blies mir Rauch und Asche ins Gesicht, als der Priester das Opfer darbrachte.

Tag und Nacht warteten wir auf die Spartaner und hielten an den Mauern Wache. Statt ihnen aber kamen Athener in die Stadt.

Es waren nicht die Gefangenen von der Ziegenbucht. Diese, dreitausend Mann, hatte Lysander durch das Schwert hinrichten lassen. Sie kamen aus den Städten des Hellespont, die Lysander ihre Tore geöffnet hatten. Wo immer er eine Demokratie vorfand, wurde sie vernichtet. Die schlimmsten Oligarchen waren überall seine Helfershelfer. Sie unterdrückten für ihn das Volk; er gab ihnen dafür das Leben ihrer Feinde in die Hand und bestätigte sie in ihrem Stand und Vermögen. In wenigen Wochen vernichteten sie so viele Menschenleben wie der Krieg in Jahren. Den Spartanern zu Hause schien es, Lysander bringe alle diese Länder in die Gewalt seiner Stadt, während

er mehr Macht als der Große König in seinen eigenen Händen vereinigte.
Wo er auf seinem Vormarsch auf Athener stieß, Soldaten, Kaufleute oder Kolonisten, gab er ihnen freies Geleit und verschonte sie, vorausgesetzt, daß sie nach Athen zurückkehrten. Die ganze Thebanische Straße entlang, über die Pässe des Parnes und hinab in die Ebene, schleppten sie sich mit Weib und Kind, Bettzeug und Kochtöpfen. Den ganzen Tag kamen sie mit staubigen Füßen durch die Stadttore, legten ihre Last nieder und priesen Lysanders Barmherzigkeit.
Wenn sie dann ein wenig ausgeruht waren, gingen sie zum Markt, um Nahrungsmittel zu kaufen.
Wir hatten die Pforten des Piräus geschlossen, sobald wir wußten, daß wir keine Schiffe mehr hatten, die dort Zuflucht finden konnten. Nur der kleine Hafen Munychia war wegen der Getreideschiffe nicht gesperrt. Anfänglich liefen noch einige aus dem Hellespont ein, die vor der Schlacht durchgeschlüpft waren, und einige aus Zypern. Das Korn wurde gelagert und unter bewaffneten Schutz gestellt. Aber am folgenden Tag mußten alle Säcke wieder ausgegeben werden, um all die vielen neuen Mäuler zu stopfen, die den Markt leer gegessen hatten. Dann wurde Lysanders Flotte gesichtet, zweihundert Segel. Sie fuhr zuerst nach Salamis und plünderte es völlig aus. Dann setzte sie sich dort fest, die Augen scharf auf den Piräus gerichtet, und wartete.
Sparta erwies uns wirklich alle Ehre; gleich beide Könige schickte es zu uns. König Pausanias rückte mit seinem Heer über den Isthmus auf unsere Mauern vor. In den Gärten der Akademie schlug er seine Zelte auf; wir mußten zuschauen, wie die Spartaner auf der Sandbahn Wettläufe austrugen oder Diskus warfen. Sie schlossen den Weg nach Megara ab; dann rückte König Agis von Dekeleia vor und sperrte die Straße nach Theben. Der Winter brach herein, erst mit kaltem Sonnenschein, dann mit

kaltem Regen. Nach selbst sehr kurzer Zeit konnte auch das kleinste Kind Lysanders Barmherzigkeit begreifen.

Es dauerte nur ein paar Wochen, bis im Volk das Sterben begann. Zuerst die Ärmsten, die Ältesten und bereits Erkrankten. Je spärlicher die Nahrung wurde, um so höher stiegen die Preise; das Essen verschlang den ganzen Besitz der Leute; der Handel verfiel, die Männer mußten die Arbeit einstellen, die Renten wurden jenen nicht mehr ausbezahlt, die davon gelebt hatten; das Heer der Armen nahm täglich zu, und wenn die Leute einmal lange genug arm gewesen waren, starben sie.

Das Korn wurde von der Regierung ausgegeben, ein Maß pro Kopf. Das Maß wurde jeden Tag kleiner, und wer zuletzt kam, erhielt nichts mehr. Das Familienoberhaupt mußte es persönlich abholen. Mein Vater pflegte vor Tagesanbruch aufzustehen; manche warteten die ganze Nacht hindurch. Viele erkälteten sich in den rauhen Nächten, und manche starben auf diese Weise.

Zu Hause jedoch lebten wir anfänglich ganz gut. Heutzutage war ein Mann mit einem Maultier so reich wie einer mit einem Pferd. Das unsere war ganz jung und schmeckte, gut gesalzen, fast wie Wildbret. Als mein Vater es tötete, sagte ich: »Wir sollten Lysis etwas davon schicken. Du weißt doch, daß wir das immer tun, wenn wir opfern, und er schickt uns auch von dem seinigen.« – »Wir opfern jetzt nicht«, versetzte mein Vater. »Ein Maultier ist nicht das richtige für einen Gott. Man kann jetzt nicht mehr alle Konventionen einhalten. Dein Onkel Strymon, obwohl er ganz gut dran ist und der Bruder meines eigenen Vaters, schickt mir nichts.« – »So nimm es von meinem Anteil, Vater. Lysis hat in der Schlacht oft genug sein eigenes Blut vergossen, um das meine zu retten. Und jetzt soll ich ihm das Fleisch eines Maultiers mißgönnen?« – »Es befinden sich fünftausend Menschen in der Stadt, Alexias, die ihr Blut für uns alle gleichermaßen vergossen haben. Soll ich jedem von ihnen Fleisch schicken?«

Schließlich gab er aber doch nach. Kurz darauf sandte uns Lysis eine Taube. Als wir uns das nächstemal trafen, wußte ich, daß es ihn quälte, nichts Besseres geschickt zu haben, und daß er sie sich am eigenen Mund abgespart hatte. Überall war es dasselbe, ausgenommen bei den Reichen; wer aber mit Pythagoras gesagt hatte: »Zwischen uns gibt es kein Mein und Dein«, den traf es nun hart.

Als das Kornmaß auf eine halbe Pinte pro Kopf gesunken war, beschloß man, Abgesandte zu den Spartanern zu schicken und sich nach ihren Friedensbedingungen zu erkundigen.

Die Abgesandten ritten zur Akademie hinaus; die Zuschauer erinnerten sich, wie, nach der Einnahme von Kyzikos durch Alkibiades und wiederum nach unserem Seesieg bei den Weißen Inseln, die Spartaner den Frieden angeboten hatten, unter der Bedingung, beide Parteien sollten behalten, was sie erobert hatten, mit Ausnahme von Dekeleia, das sie uns zurückgeben wollten, falls wir die vertriebenen Oligarchen wieder in die Stadt ließen. Wegen dieser letzten Bedingung hatte der Demokratenführer Kleophon das Volk angehalten, den Kampf bis zum bitteren Ende vorzuziehen, und ihm den Sieg versprochen. Nun war er unter der Anschuldigung der Kriegsdienstverweigerung vor Gericht gestellt und zum Tode verurteilt worden. Doch will ich nicht in die Vergangenheit abschweifen, denn man sagt, ein Mann solle nicht rückwärts blicken, wenn er seinem Ende entgegengehe.

Unsere Abgesandten kehrten bald zurück, denn die Könige wollten nicht mit ihnen verhandeln. Das sei eine Angelegenheit der Ephoren in Sparta, ließen sie ausrichten. Wir schickten sie deshalb wieder weiter auf den langen Ritt über die Hügel und den Isthmus; sie waren bevollmächtigt, den Spartanern jetzt das anzubieten, was sie verlangt hatten, daß jede Seite behalte, was sie besitze. Nur daß die Spartaner jetzt außer der Stadt Athen, dem Piräus und den Langen Mauern alles in Händen hatten.

Die Häfen waren fast leer gefischt, und die Beute wurde täglich geringer. Wenn man heute aus einem Hof hörte, wie ein Seepolyp auf einem Stein weichgeklopft wurde, so blickte man sich so bedeutungsvoll an wie früher nur dann, wenn man das Stirnband eines Ochsen vor einer Türe hängen sah. Eine Pinte Öl wurde für zwei Drachmen verkauft, wenn sie überhaupt aufzutreiben war.

Dann kehrten die Abgesandten wieder zurück. Es war ein naßgrauer Tag, und große Wolken zogen vom Meer dunkel heran. Von der Höhe der Pnyx konnte man bis nach Salamis hinaus schaumgekrönte Wellen und Lysanders Schiffe dem Hafen zustreben sehen. Die Abgesandten erhoben sich; ein Blick auf ihre Gesichter genügte, um die Kälte noch kälter erscheinen zu lassen. Die Spartaner hatten sie, nachdem sie ihr Angebot angehört hatten, wieder ausgewiesen und ihnen mitgeteilt, sie möchten doch erst mit einem ernstgemeinten Vorschlag wiederkommen. Athen müsse die Herrschaft Spartas als unterworfener Verbündeter anerkennen und die Langen Mauern auf einer Strecke von einer Meile niederreißen. Dann könne man über den Frieden reden.

Da durchbrach eine Stimme die Stille: »Sklaverei!« Wir blickten zum Piräus hinüber und sahen, wie sich die hohen Mauern des Themistokles zum Hafen erstreckten, die Straße wie die Rechte eines Mannes beschützend, der aus der Schulter weit ausholt, um seinen Speer zu werfen. Nur einer der Ältesten stimmte für die Übergabe, und er wurde wegen Entehrung der Stadt zu einer Kerkerstrafe verurteilt. Dann schritten wir den Hügel hinab, jeder in Gedanken bei seiner nächsten Mahlzeit.

Unterwegs machte ich bei Simon, dem Schuster, halt, um mir meine Sandalen ausbessern zu lassen, und traf an der Türe mit Phaidon zusammen. Es mochte eine Woche her sein, seitdem ich ihn zuletzt gesehen hatte; er war ziemlich dünn geworden, doch da er einen schönen Körperbau hatte, schien sich sein

Aussehen nur verändert, doch nicht verschlechtert zu haben. Ich fragte, wie es ihm gehe, weil ich nicht fragen wollte, wie er denn lebe. »Oh, ganz gut, solange wir noch Papiervorrat haben. Die Leute kaufen immer noch Bücher, um die Gedanken vom Hunger abzulenken. Und heute kann ich auch ein wenig Unterricht erteilen. Man kommt zu mir für Mathematikstunden, und ich bringe den Schülern gleichzeitig etwas Logik bei. Das halbe Elend der Welt kommt von jenen Leuten, die nicht gelernt haben, einen Trugschluß ebenso übelzunehmen wie eine Beleidigung.«

Ich blickte auf das Buch, das er hielt, und auf seine Hand. Man konnte beinahe die Schrift durch seine Hand hindurch lesen. »Phaidon, was machst du überhaupt noch hier? Weißt du denn nicht, daß die Spartaner die Melier repatriieren und ihnen freies Geleit zusichern?« Er lächelte und blickte über die Schulter hinweg in den Laden zurück. Simon saß an seiner Werkbank, einen Frauenschuh in der einen, die Ahle in der anderen Hand, und hörte Sokrates zu, der mit Euthydemos sprach, ein Stück gegerbten Leders in der Hand. Phaidon sagte: »Wir haben die Tapferkeit definiert; nun, nachdem sie definiert ist, können wir uns nicht einigen, ob sie absolut, nur bedingt oder teilweise gut sei. Doch wenn du hereinkommst, mein lieber Alexias, wirst du hören, daß Sokrates sie mit dem Vorgang des Gerbens vergleicht und, ob sie nun absolut gut sei oder nicht, wir werden jedenfalls am Ende bereichert weggehen. Warum sollte ich in Melos hungern, wenn es hier so gute Kost gibt. Tritt ein und schließ dich uns an.« Er nahm mich am Arm und führte mich hinein.

Inzwischen zogen sich die Linien der Spartaner immer enger um die Stadt, und eine Pinte Öl kostete bereits fünf Drachmen. Auf dem offenen Markt gab es alles außer Korn, denn es gab von nichts genügend, so daß man es hätte einschränken müssen. Die Armen begannen ihre Neugeborenen auszusetzen, wenn die Mutter keine Milch hatte. Stieg man zur Akropolis hinauf, so hörte man immer irgendwo in den Felsen oder im langen Grase drunten ein Weinen.

Die Reichen hatten es bis jetzt noch nicht zu spüren bekommen; diese Leute kauften sich Vorräte in Mengen; was ihnen fehlte, konnten sie bezahlen, abgesehen von der Nahrung für ihre Pferde, Esel und Maultiere. Viele waren großzügig: als Xenophon sein liebstes Schlachtroß tötete, sandte er ein Stück davon an alle seine Freunde mit einem liebenswürdigen Begleitbrief, der das Ganze als einen Scherz hinstellte, damit keiner sich schämte, wenn er kein Gegengeschenk machen konnte; Kriton unterhielt eine Zeitlang wohl Sokrates' ganze Familie, dann wieder Phaidon und auch die Pensionierten und Diener, die er schon von Anfang an unterstützt hatte; Autolykos ernährte einen zusammengebrochenen Ringkämpfer, der ihn als Knaben unterrichtet hatte. Aber all das konnte die Tatsache nicht ändern; war arm oder reich früher nur eine Frage von Purpur oder hausgemachtem Tuch gewesen, so wurde es jetzt zu einer Frage von Leben oder Tod.

Deshalb wählte die Stadt einen anderen Abgesandten, um es noch einmal zu versuchen. Es war Theramenes. Er hatte sich freiwillig dazu gemeldet. Er hatte bei den Spartanern einen gewissen Einfluß, dessen Natur er aber, wie er selbst sagte, nicht verraten könne. Die Leute wußten, was er meinte. Er war nicht umsonst einer der Vierhundert gewesen. Er hatte sich aber schließlich zur richtigen Partei geschlagen und mehr als die meisten für die Rettung der Stadt getan. Wenn er uns jetzt bessere Bedingungen erwirken konnte, dann Glückauf. Mein Vater war auf die einem so alten Freunde erwiesene Ehre stolz, der uns noch vor einer Woche ein großes Halsstück eines Esels geschickt hatte.

Er machte sich also auf den Weg und wurde auf der Heiligen Straße in Begleitung einiger Spartaner gegen Eleusis reiten

gesehen. Die Stadt wartete. Aus drei Tagen wurden vier, aus einer Woche zwei, und eine Pinte Öl kostete bereits acht Drachmen.
Am Ende der ersten Woche tötete ich die Hunde. Zuerst hatten sie selbst nach Futter gesucht und aufgehört, zur Fütterungszeit wieder bei uns zu erscheinen. Der Preis für eine Ratte betrug aber schon eine Drachme, und die Rippen meiner Hunde zeichneten sich ab. Mein Vater sagte, es bleibe kein Fleisch mehr an ihnen übrig, wenn wir noch länger warteten. Ich war im Begriff, mein Jagdmesser zu wetzen, als zwei der Hunde schwanzwedelnd herbeikamen, wohl im Glauben, wir gingen auf die Hasenjagd. Ich wollte mit dem kleinsten den Anfang machen, da ich ihn am liebsten hatte, und damit er, als erster, keine Furcht haben sollte. Er hatte sich aber versteckt und schaute mich heulend aus einer dunklen Ecke hervor an. Vom größten konnten wir noch etwas Pökelfleisch gewinnen. Die andern waren, als ich sie gehäutet hatte, nur noch zum Kochen gut; aber wir lebten drei Tage von ihnen.
Schon vorher hatten wir Kydilla verkauft. Mein Vater hatte sie bei der Hochzeit meiner Mutter gekauft; wir hätten sie, als wir sie nicht mehr ernähren konnten, freigelassen, doch das hätte für sie nur den Hungertod bedeutet. Ein Mantelschneider kaufte sie für ein Viertel dessen, was sie gekostet hatte, als sie noch unerzogen und ungelernt gewesen. Sie weinte nicht nur ihretwegen, sondern weil sie meine Mutter ein oder zwei Monate vor der Niederkunft verlassen mußte.
Die ganze Zeit über mußten die Mauern bemannt werden, falls die Spartaner ungeduldig werden und einen Überraschungsangriff machen sollten. Um diese Zeit beschuldigten sich zwei von Lysis' Arbeitern des Diebstahls von Lebensmitteln und griffen zum Schwert. Lysis trat dazwischen, um sie zu trennen, und erhielt einen Hieb in den Oberschenkel, der beinahe bis auf den Knochen ging.

Wenn ich ihn besuchte, sagte er immer, es gehe besser, die Wunde verursache keine Schmerzen und er werde morgen wieder gehen können. Er erhielt nun keinen Zins mehr für das Haus seines Vaters, da es außerhalb der Stadtmauern lag; dazu ging er nun auch seines Soldes verlustig, und ich dachte, er sehe krank aus. Doch er sagte, er habe die große Spange des Agamemnon verkauft, noch bevor der Markt völlig ruiniert gewesen sei, auch habe sein Schwager ihm etwas geschickt, und die kleine Thalia erweise sich als ausgezeichnete Haushälterin; es gehe ihnen so gut wie allen anderen auch. Das einzige, woran es der Stadt nicht gebrach, waren Einwohner. Wir hatten deshalb zwischen den Wachen viel Freizeit. Eines Tages traf ich meine Schwester Charis, von ihren Puppen umgeben, denen sie eine Mahlzeit aus Kieselsteinen und Glasperlen verabreichte. »Seid schön artig«, sagte sie gerade, »und eßt eure Suppe auf, sonst bekommt ihr keine gebratenen Zicklein oder Honigkuchen.« Mit acht Jahren wachsen die Kinder schnell, sie schien nur noch aus Beinen und Augen zu bestehen. Am folgenden Morgen sagte ich zu meinem Vater: »Ich gehe mir Arbeit suchen.«

Wir saßen gerade beim Frühstück, ein oder zwei Viertel Pinten Wein, mit vier Teilen Wasser gemischt. Er setzte seine Weinschale nieder und fragte: »Arbeit? Was für Arbeit?« – »Irgendeine Arbeit. Gerben oder Mörtel mischen, jede ist mir recht.« Es war ein frostiger Morgen, und die Kälte machte mich gereizt. »Was willst du damit sagen?« fragte er. »Ein Eupatride, Nachkomme des Erechtheus und des Ion, Apollons Sohn, will bei den Handwerkern Arbeit suchen wie ein Metöke? Noch bevor der Tag zu Ende geht, wird irgendein Schwätzer sagen, wir seien keine Bürger, das kommt immer wieder vor. Wir wollen doch wenigstens noch einen Rest von Würde bewahren.« – »Nun, Vater«, entgegnete ich, »wenn unsere Ahnenreihe so trefflich ist, wäre es besser, dafür zu sorgen, daß sie mit uns nicht ausstirbt.«

Schließlich ließ er mich gehen. Frisch gewagt ist halb gewonnen, heißt das Sprichwort. Bei den meisten Läden aber, bei denen ich vorsprach, kam ich nicht einmal zum Fragen. Vor jedem wartete eine Menge von Männern, die selbst einmal Meister im Fach gewesen waren, in Sestos oder Byzanz; bereit, sogar den Boden zu wischen, wenn sie nicht Arbeit in ihrem Beruf erhalten konnten. Sie standen zusammengedrängt in der Kälte, stampften mit den Füßen und schlugen die Arme um den Leib, während sie darauf warteten, daß der Laden geöffnet werde; sie sahen einander feindselig an, achteten aber nicht auf mich, weil sie mich für einen Kunden hielten.
In der Straße der Waffenschmiede war jede Werkstatt mit allen möglichen Leuten angefüllt, und man mußte sie zurückdrängen, um sich Raum für die Arbeit zu verschaffen.
Jeder Töpfer schien bereits einen Vasenmaler zu beschäftigen, der den Ton für ihn mischte. Die Handelsleute, die ihre Sklaven verloren hatten, waren mit aller notwendigen Hilfe versehen, da ja der Handel jetzt lahmgelegt war. Ich ging durch die Straße der Hermenbildner und wurde langsam müde, hatte aber keine Eile, nach Hause zu kommen. So gelangte ich in das Viertel der Bildhauer und hörte beim Vorübergehen, wieviel Werkstätten ohne Arbeit waren. Als ich aber in einer den Schlag des Hammers auf den Meißel vernahm, trat ich ein, um zuzusehen und mich vor dem kalten Wind zu schützen.
Es handelte sich um die Werkstatt Polykleitos' des Jüngeren, die schon am Morgen voller Menschen zu sein pflegte. Nun befanden sich nur Polykleitos darin und ein Lehrling, der in einen Sockel die Inschrift meißelte. Polykleitos hatte das Gerüst für eine stehende Figur auf einem Holzbock errichtet und bog es zurecht. Ich grüßte ihn und beglückwünschte ihn, daß er noch immer eine Arbeit in Bronze ausführen könne. Es mußte einem gutgehen, wenn man sich noch Brennholz für den Guß leisten konnte.

Er sprach nie viel bei der Arbeit, und ich war überrascht, daß er so erfreut schien, mich zu sehen. »Selbst in diesen Zeiten«, sagte er, »vergessen die Leute, die einem Gott etwas gelobt haben, ihre Verpflichtungen nicht. Ich arbeite an einer choragischen Trophäe; Hermes, der die Leier erfindet.« Er schob das Gerüst zur Seite und griff nach Zeichenmappe und Stift. »Wie würdest du dich hinstellen, Alexias, um eine Leier anzuschlagen?« – »Ich würde mich dazu setzen«, antwortete ich, »wie jedermann. Aber ein Gott kann wohl alles.« An der Wand hing eine Leier; ich ergriff sie, und um etwas zu tun, begann ich sie zu stimmen. »Willst du dich nicht setzen?« fragte er und warf eine Decke über einen Block parischen Marmors, um die Kälte zu lindern. »Wenn du etwas spielen willst, so ist es mir ein Vergnügen.« Ich spielte eine oder zwei Strophen eines Trinkliedes; meine Finger waren zu kalt, um viel herauszuholen. Als ich aufblickte, sah ich ihn mit dem Bleistift beschäftigt. Man merkt es gleich, wenn man durch die Kleider hindurch angeschaut wird. Ich lachte und sagte: »O nein, Polykleitos, bei diesem Wetter ziehe ich mich für keinen aus. Warte auf dein Modell, das du dafür bezahlst.«
Er räusperte sich und spitzte den Bleistift. »Gerade jetzt ist es etwas schwierig. Vor einer oder zwei Wochen hätte ich ein halbes Dutzend Modelle von dem Körperbau haben können, den ich benötige. Aber heute …« Er zuckte die Achseln. »Gesunde und kräftige Körper waren in meiner Werkstatt immer Tradition. Mein Vater hat sich mit olympischen Siegern einen Namen gemacht. Es geht mir gegen den Strich, mit saft- und kraftlosen Modellen vor Augen arbeiten zu müssen. Aber man findet heute nichts Rechtes, wenn man durch die Straßen geht; nur harttrainierte Muskeln bewahren in diesen Tagen ihre Form; und wenn einmal ein Hochgeborener hereinschaut, nun, dann wagt man, aus Furcht ihn zu beleidigen, kein Angebot zu machen.«
Fast hätte ich laut aufgelacht. Ich war wohl gewöhnlich mit

Xenophon oder einem anderen wohlhabenden Freund zuschauen gekommen. Ich beschwichtigte seine Befürchtungen, versuchte aber dabei nicht allzu eifrig zu sein. »Das höchste, was man anbieten kann«, fuhr er fort, »ist ein bißchen Gastfreundschaft.« Aber es war ein guter Handel; er bezahlte mich mit einer Mahlzeit, was wertvoller war als Geld. Das bedeutete, daß ich, solange die Arbeit dauerte, nichts von zu Hause nehmen mußte. Ich erfuhr bald, daß jeder Bildhauer, der noch Arbeit hatte, diesen Weg einschlug, um selbst dafür zu sorgen, daß sein Modell nicht zu rasch vom Fleisch falle.

Polykleitos behandelte mich gut. Er ließ sogar eine kleine Kohlenpfanne hereinbringen, um mich zu wärmen. Aber immerhin mußte ich auf nur einem Bein stehen, die eine Hüfte nach außen gedrückt, denn diese Stellung war in letzter Zeit aufgekommen und nun große Mode. Ich stand und hielt in der einen Hand etwas, das wohl das Gehäuse der Leier darstellen sollte, während ich mit der anderen Hand darauf hinzeigte; eine affektierte Haltung, und dieser Ansicht bin ich noch heute. Für einen Handwerker war er ein Mann von Stand, aber nicht der Künstler, der sein Vater gewesen.

Die Stellung sah leicht aus, fiel aber auf die Dauer schwer, besonders am ersten Tag, denn das Nachtessen des Vortages hatte nur aus Hundeschwanzsuppe und ein paar Oliven bestanden. Auf einmal spürte ich eine Schwäche im Magen, und ein dunkles Netz begann sich vor meinen Augen auszubreiten; aber gerade in diesem Augenblick gönnte mir Polykleitos eine Pause, und ich fühlte mich wieder besser. Das Nachtessen war reichlicher als zu Hause. Ich hoffte auf eine Gelegenheit, etwas auf die Seite zu schaffen, aber er behielt mich gut im Auge, obschon er sich höflich mit mir unterhielt.

Ich hoffte, Sokrates werde nicht auftauchen und der Arbeit zuschauen wollen. Ob Mensch oder Gott, er zog es vor, wenn eine Statue fest auf beiden Beinen stand, wie es noch in seiner

Lehrzeit Mode war. Mein Vater nahm die Nachricht meiner Anstellung ruhig auf. Er selbst trug alle Mühsal ohne Klage, wie einer, dem es schon schlechter gegangen ist. Er war noch nicht so hager wie damals, als er aus Sizilien zurückgekehrt war.
Die Zeit verging, und noch immer kam keine Nachricht von Theramenes. Als ein Monat verstrichen war, setzten wir uns mit den Spartanern in Verbindung und fragten, ob er tot sei. Sie antworteten, die Bedingungen würden immer noch besprochen. Man konnte überhaupt kein Öl mehr kaufen außer durch Tausch. Das Korn betrug pro Kopf noch eine Viertelpinte, wenn man früh genug kam. Während Lysis bettlägerig war, hatte ich Vorkehrungen getroffen, daß ich seine Ration für ihn abholen konnte. Das war alles, was ich für ihn tun konnte: es ihm ersparen, in der Schwärze der Winternacht hinaushumpeln zu müssen; wenn seine Wunde brandig wurde, war er erledigt. Wenn mein Vater und ich nach Hause kamen, pflegte Mutter ein kleines Feuer anzumachen und uns unseren Wein mit heißem Wasser zu mischen, um uns zu erwärmen. Dann ging ich jeweils an den Mauern Wache oder bei Polykleitos Modell stehen.
Für das Tonmodell des Hermes brauchte er drei Wochen. Noch immer keine Nachricht von Theramenes. Als die Arbeit beendet und gußbereit war, gab mir Polykleitos zu meinem Essen noch Käse als Zugabe und verabschiedete mich. Halb hatte ich gehofft, jemand erteile ihm einen weiteren Auftrag, aber das war natürlich nicht der Fall. Unter der Türe rief er mich zurück. »Chremon hat kürzlich nach dir gefragt. Ich glaube, er arbeitet immer noch.« Er sprach, ohne mich anzusehen. Er wußte, daß ich bereits das in den Werkstätten umgehende Geschwätz gehört hatte. Ich antwortete: »Das habe ich gehört. Tag und Nacht an der Arbeit. Nein, Polykleitos, ich danke.« – »Es tut mir leid«, sagte er. »Aber manchmal sind die Leute froh, so etwas zu wissen.«
Am nächsten Morgen ging ich aus, ohne zu Hause zu sagen, daß

es mit meiner Arbeit zu Ende sei. Ich dachte, es würde sich sicherlich etwas finden lassen, das mir ein paar Obolen eintrage, wenn ich die Stadt absuchte. Der letzte unserer Pächter hatte nun die Zahlungen eingestellt, und die Vorräte waren beinahe aufgebraucht. Man konnte immer noch ein paar Kleinigkeiten für Geld erstehen; Oliven, einen wilden Vogel, einen Marder oder sogar Fisch, wenn man zum Piräus hinunterging. Es gab auch Fleisch, aber es kostete ein Stater das Pfund. Einmal konnte ich nach Hause gehen und sagen, ich hätte auswärts gegessen, wenn es zum Schlimmsten kam; aber eine Wiederholung mußte auch meine Möglichkeiten bei den Bildhauern vernichten. Polykleitos hatte mir gegen Ende der Arbeit offensichtlich geschmeichelt.
Ich achtete nicht sehr auf die Leute meiner Umgebung, und ich weiß nicht, was mich besonders auf eine Frau aufmerken ließ. Es war auf einer der Straßen, wo der Töpfermarkt in die Agora einmündet. Zuerst war ich meiner Sache nicht sicher, denn sie war seit der Hochzeit noch eine halbe Spanne gewachsen; bald würde sie groß sein. Dann dachte ich: »Sie ist zu jung, um zu wissen, was sie da tut. Jemand muß es ihr sagen.« Deshalb überholte ich sie und sagte freundlich, um sie nicht zu erschrecken: »Du, Lysis' Frau, gehst allein aus?«
Sie hielt den Atem an, als hätte ich ihr einen Dolchstoß versetzt. Das Fleisch schien ihr fast von den Knochen zu fallen. Ich sagte: »Du brauchst keine Angst zu haben, Thalia. Hast du Alexias vergessen, der bei deiner Hochzeit Brautführer war? Du weißt, daß du bei mir sicher bist. Aber das solltest du nicht tun, es würde ihn sehr bekümmern, wenn er das wüßte.« Sie antwortete nicht. Ich hörte, wie ihre Zähne aufeinander schlugen, wie bei meinem Vater, wenn ihn ein Fieberanfall packte.
»Für eine Frau ohne Begleitung«, sagte ich, »sind die Straßen nicht sicher. Du brauchst nicht wie eine Hetäre auszusehen, um in diesen Tagen belästigt zu werden. Zu viele Frauen sind zu

allem bereit, wenn sie nur eine Handvoll Gerstenmehl dafür bekommen.« – »Wir können«, sagte sie und fand wieder ihre Stimme, »uns kein Marktmädchen leisten. Und den Knaben mußten wir verkaufen. Heutzutage macht das niemandem etwas aus.« – »Die Frauen gehen zu zweien oder dreien aus; sieh dich um, und du wirst es sehen. Seit wir unser Mädchen verkauften, geht meine Mutter auch immer. Ein andermal könntest du mit ihr gehen. Aber allein darfst du wirklich nicht, sonst kommst du ins Gerede. Komm, ich will dich begleiten und sicher nach Hause bringen. Wenn du den Schleier vorziehst, wird dich niemand erkennen.« – »Nein«, antwortete sie, »ich möchte nicht mit Männern durch die Stadt gehen.« Ich begann wieder zu sprechen, dann sah ich ihre Augen; wie die eines abgebrannten Spielers bei seinem letzten Wurf.

»Thalia«, sagte ich, »was ist los? Mir kannst du es sagen, ich bin sein Freund.« Sie blickte mich finster und hoffnungslos an. »Sag es mir«, bat ich, »und ich will tun, was in meiner Macht steht.« Und dann meine eigene Dummheit erkennend, fügte ich hinzu: »Ich werde es ihm nicht sagen. Ich gebe dir mein Wort als Ehrenmann.«

Sie drückte ihren Schleier mit beiden Händen an ihr Gesicht und begann zu weinen. Leute gingen an uns vorüber, stießen uns sogar an, aber niemand achtete auf uns. Weinende Frauen waren keine Seltenheit in der Stadt. In der Nähe befand sich ein offener Bauplatz. Ich zog sie hinüber, und wir setzten uns auf einen Stein mit der Inschrift: »Hier stand das Haus des Verräters Archestratos.« Sie sagte: »Wenn du sein Freund bist, mußt du mich gehen lassen. Im Namen aller Götter, Alexias. Wenn er nicht ißt, wird er sterben.« Ich schwieg und schaute auf den zerbrochenen Stein. Ich dachte: »Warum hab ich sie angesprochen? Es war schon vorher genug; muß ich auch das noch erfahren?« Dann fragte ich sie: »Ist es das erstemal?«

Sie nickte, die Hände immer noch vor dem Gesicht, immer noch in verkrampfter Haltung auf dem Steine sitzend. »Er hat jetzt jede Nacht Fieber, und seine Wunde heilt nicht. Ich verbinde sie dreimal täglich, aber das nützt nichts, solange er nichts zu essen hat, und er will nichts anrühren, bevor er mich nicht zuerst mit eigenen Augen hat essen sehen. Er paßt sogar auf, um sich zu vergewissern, daß ich es auch hinunterschlucke. Als ich mich weigerte, stand er auf und versuchte auszugehen. Er glaubt, er könne alles. Er glaubt, er könne von Wasser leben.« Sie begann wieder zu weinen. Ich sagte: »Ich kann von zu Hause nichts nehmen. Meine Mutter ist im siebenten Monat. Aber wir werden schon einen Weg finden.« Sie weinte immerzu. Ihre Tränen hinterließen große dunkle Flecken auf ihrem Schleier.

»Es kam eine alte Frau«, erzählte sie, »die Tonlampen verkaufte. Sie sagte, ein reicher junger Mann habe mich gesehen und sich in mich verliebt, und wenn ich ihn in ihrem Hause treffe, würde er mir alles geben. Ich wurde wütend und schickte sie fort, aber dann …«

»Es ist immer ein reicher junger Mann. Irgendein verlebter alter syrischer Zuckerbäcker. Er erwartet von dir, daß du es für ein Nachtmahl tust und ihm nachher noch dankst.« Ich war grausam, wie es die Geschlagenen sind. »Wenn du nicht geradewegs zu Lysis zurückgehst, so werde ich gehen.« – »Du hast mir dein Wort gegeben«, erwiderte sie. Als sie den Kopf hob, glitt der Schleier herunter. Ich sah Thimasions Tochter und die Schwester seiner Söhne.

»Bedecke dein Gesicht. Willst du, daß die ganze Stadt dich erkennt? Dann wird er es später erfahren, und was dann?« – »Wenn er noch lebt«, sagte sie, »um es später zu erfahren, dann hat mein Leben lange genug gedauert.«

»Thalia«, sagte ich. Sie wandte sich mir zu und blickte mich an wie ein Kind, wenn die Züchtigung vorüber ist. Ich ergriff ihre Hand und nahm sie in die meine; sie war jung und kühl und roch von der Arbeit. »Geh heim zu Lysis, und überlaß das mir.

Bedenke, seine Ehre liegt in deinen Händen. Glaubst du, er würde sie für Brot verkaufen? Dann darfst es auch du nicht. Geh nach Hause und versprich mir, nicht mehr daran zu denken; ich werde euch heute abend etwas schicken. Heute nacht oder spätestens morgen früh. Willst auch du mir dein Wort geben?« – »Aber wie kannst du das, Alexias? Von deiner Mutter kannst du es nicht nehmen.« – »Das werde ich auch nicht tun. Es gibt viele Dinge, die ein Mann in die Hand nehmen kann. Bei einer Frau ist es etwas anderes. Aber du mußt es mir versprechen.« Sie schwor es mir, ihre Hand in der meinen, und ich begleitete sie noch bis ans Ende ihrer Straße.

Ich ging weiter durch die Stadt, durch die Straße der Waffenschmiede, der Kupferschmiede und der Hermenbildner, wo vor jeder Werkstatt eine kleine Schar von Handwerkern stand, die auf Gelegenheit warteten, Sklavenarbeit verrichten zu dürfen. Alsbald gelangte ich zum Viertel der Bildhauer und fand die Werkstatt Chremons. Die Tür stand offen, und ich trat ein.

Er hatte soeben ein Marmorbild vollendet und schaute dem Maler zu, der es kolorierte: ein Apollon, der mit einer Schlange aus glasierter Bronze spielte, mit langem Haar, das wie bei einer Frau in einen Knoten aufgesteckt war.

Chremon hatte sich unter den Ultramodernen einen Namen gemacht. Man pflegte von ihm zu sagen, sein Marmor atme. Ich hätte schwören können, daß sein Apollon, wenn ich ihn in den Hintern gekniffen hätte, aufgesprungen wäre.

Rund um die Wände lief ein Bord, das mit Wachs- oder Tonentwürfen vollgestellt war; hätte Chremon so viele Statuen verkauft, so wäre es ihm gutgegangen. Es waren alles Studien von jungen Männern oder Jünglingen, die sich dem Mannesalter näherten: angelehnt, kauernd, kriechend, liegend und in allen Stellungen, nur daß sie nicht auf dem Kopf standen. In diesem Augenblick blickte er über die Schulter zurück und sagte: »Heute nicht.«

»Gut«, antwortete ich, »das war alles, was ich wissen wollte.« Jetzt drehte er sich um, und ich fügte hinzu: »Ich bin nur vorbeigekommen, weil ich es dir zuerst versprochen hatte.« – »Warte einen Augenblick«, sagte er. Er war ein bleicher, stämmiger Mann, mit kahlem Kopf, einem rötlichen Bart und großen, flachgedrückten Fingerspitzen. Es war noch reichlich Fleisch an ihm. Ich war froh festzustellen, daß er es sich leisten konnte, so gut zu essen. »Ich habe dich mit einem andern verwechselt«, versetzte er. »Tritt ein.« Dann sagte er zum Maler: »Du kannst das morgen fertig machen.«

Ich trat ein, und er ging zwei- oder dreimal um mich herum. »Zieh dich aus«, sagte er, »und laß sehen.« Ich entkleidete mich, und er schritt wieder um mich herum. »Hm, ja. Nimm eine Stellung für mich ein. Sitz auf die Fersen und strecke die Hände vor, als wolltest du einen Hahn zum Kampf hinstellen. Nein, nein, nein, mein Lieber. Etwa so.« Er umfaßte meine Taille mit seinen dicken Händen. Ich ließ ihn ein, zwei Augenblicke gewähren und sagte dann: »Ich verlange zwei Drachmen pro Tag.«

Er fuhr zurück und rief aus: »Du bist wohl verrückt. Zwei Drachmen! Komm, komm, ein gutes Essen an meinem eigenen Tisch; keiner zahlt dir mehr.« Er fügte hinzu: »Ich gebe meinen Modellen Wein.« – »Das ist gut. Aber ich verlange zwei Drachmen.« Ich blickte ihn über die Schulter an. »Noch keiner hat sich darüber beklagt.«

Er schüttelte den Kopf hin und her und schnalzte mit der Zunge. »Wie weit ist es mit den jungen Leuten heute schon gekommen? Kein Gefühl, keinen Sinn für die Anmut des Lebens ... Die Knöchel des beflügelten Hermes, das Gesicht des Hyakinthos, ein Körper für Hylas am Teich; und: ›Ich verlange zwei Drachmen‹, wie der Schlag eines Hammers. Er ist schrecklich, dieser Krieg; nichts wird mehr sein, wie es war. Na, schön, einverstanden. Aber dafür mußt du arbeiten. Da, halte diesen Topf; das ist dein Kampfhahn. Das linke Knie am Boden, es soll die Erde berühren, und ein wenig nach außen gestellt. Nein, nein, nicht so.«

Nach einer Weile holte er einen Klumpen Bienenwachs vom Gestell und begann ihn mit seinen breiten Fingern zu bearbeiten. Neben mir lächelte der rotwangige Apollon, der Doppelzüngige, schräg auf seine dicke, grüne Schlange herab.

25

Der zweite Monat ging in den dritten über, und Theramenes kam noch immer nicht.

Chremon machte sechs Studien nach mir, in Wachs oder Ton: einen Kampfhahn haltend, die Sandalen bindend, das Haar mit einem Band umwindend; als Hylas, am Teiche kniend; als Hyakinthos, vom Diskos erschlagen; als schlafenden Dionysos. Der Dionysos war eine Improvisation, ohne mein Wissen verfertigt. Was den Wein anbetrifft, so hielt er Wort; wir bekamen jeden Abend halb Wein, halb Wasser oder noch stärker. Man sagt, jeder Zustand des menschlichen Lebens habe sein Gutes, genau besehen; und damals brauchte es wenig, um betrunken zu werden.

Ich glaube, er behielt mich länger als die anderen, denn ich konnte von keinem Modell mehr als vier Studien auf dem Gestell zählen. Er gab mir besser zu essen als Polykleitos und bezahlte mir täglich meine zwei Drachmen. Ich pflegte Thalia bei den Trümmern des Hauses jenes Verräters zu treffen und ihr zu übergeben, was ich für das Geld erstehen konnte; ich bat sie aber, Lysis nicht immer zu sagen, daß es von mir komme, damit er sich nicht frage, wie ich dazu käme. Als ich ihn besuchte, sah er ein bißchen besser aus, doch seltsam, mit tiefliegenden Augen und einer so reinen Haut, wie die eines Knaben. Das rührte vermutlich von seinem vielen Wassertrinken her, um den Hunger zu betäuben; ein Arzt sagte mir einmal, das sei gut für eine ungeheilte Wunde, da es die kranken Säfte aus dem Körper spüle; ich darf wohl sagen, daß es das war, was ihn am Leben erhalten hat.

Es war schwer, meiner Familie für mein spätes Ausbleiben eine Erklärung zu geben, da die Gefahr bestand, daß ein Haus, in dem man eine Öllampe brennen sah, mit Steinen beworfen wurde. Wenn ich die ganze Nacht wegblieb, sagte ich, ich hätte Wache. Manchmal sah mich mein Vater forschend an. Aber es war nicht mehr viel im Vorratsschrank, und meine Mutter war der Entbindung nahe; wenn er es für besser hielt, keine Fragen zu stellen, so mache ich ihm deshalb keinen Vorwurf.

In vorgerückter Schwangerschaft sah meine Mutter nie sehr gut aus und bewegte sich für jemanden, dessen Bewegungen flink wie die eines Vogels gewesen waren, langsam im Hause herum. Die kleine Charis half ihr, und als ich einmal in der Dämmerung nach Hause kam, sah ich meinen Vater den Hof kehren, so gewandt, als hätte er das seit Jahren getan. Da kam ich zur Besinnung. Ich nahm ihm den Besen aus der Hand; aber wir schwiegen beide.

Wenn ich Zeit dazu hatte, sah ich mich auf den freien Plätzen nach Gräsern und Kräutern für die Suppe um. Es gab eine Kiefernart, deren Kerne eßbar waren. Die Pythagoreer waren in diesen Dingen sehr erfahren, da sie nie Fleisch aßen; alles, was man sie pflücken sah, konnte man unbesorgt essen.

Mitunter war es Chremon nicht ums Arbeiten, und er hatte für mich bis zum Abend keine Verwendung, doch ich konnte mich zu Hause nicht zeigen. Solche Tage verbrachte ich gewöhnlich mit Phaidon. Ich pflegte dann auf dem Strohbett in seinem

Zimmer zu liegen und zu lesen, während er schrieb, oder ihm beim Unterricht zuzuhören. Er war ein guter Lehrer; klar, zuweilen sogar streng, aber immer ausgeglichen. Von einem kleinen Fenster über seiner Schulter fiel das Licht auf sein blondes Haar und die edlen Backenknochen; die Magerkeit brachte seine gute Rasse, aber mehr noch seine Geistigkeit zur Geltung. Er sah bereits wie ein Philosoph aus und so rein wie ein Tempelpriester Apollons. Ich erzählte ihm nie alles; aber einmal machte er die Bemerkung: »Es ist in diesen Tagen leichter, ein alleinstehender Mann zu sein.« Sokrates ging die ganze Zeit hindurch wie gewöhnlich umher, barfuß in der Kälte, in seinem alten Mantel, redend und Fragen stellend. Einmal traf ich ihn bei einem Besuch bei Lysis. Sie diskutierten Homer. Es ist mir immer vorgekommen, dies sei der Wendepunkt in Lysis' Genesung gewesen, wenn auch wohl der Wein und die trockenen Feigen mithalfen, die Platon ihm am folgenden Tag sandte. Sokrates wußte immer, wer etwas entbehren konnte und wer es am dringendsten benötigte und wie diese Leute zusammenzubringen seien.

Aber ich folgte ihm nicht oft in die Säulengänge. Platon war dort bei ihm, und selten allein. Wer von der Aphrodite der Agora besessen ist, wird durch Winter und Entbehrungen bald genug abgekühlt sein, und die Schönheit, die ihn nicht schlafen läßt, spendet nur wenig Wärme, zu der man sich hindrängen könnte, wenn der Wind bläst. Doch mit seiner Liebe war es anders bestellt. Er hatte das unbefangene Auge, das unmittelbar auf den Grund der Seele blickt; und die meine schien nun von all den Lehren aus Chremons Werkstatt überall gezeichnet. Deshalb hielt ich mich fern und dankte dem Gott, der Aster einen Ort geschenkt hatte, wo man sich um ihn kümmern konnte. Seine Augen sahen größer aus, waren aber hell und klar, seine Wangen, obwohl ein wenig eingefallen, hatten eine frische Farbe, die wohl von einem Glück herrührte, über das weder Zeit noch

Wechsel Macht haben; und aus seinem Gesicht sprach noch immer die Musik.

Chremon wählte schließlich das Motiv des erschlagenen Hyakinthos für seine Statue. Ich freute mich darüber; Hyakinthos lag auf die Erde hingestreckt, den einen Arm vors Gesicht gepreßt. Eine Zeitlang war Chremon eher in den Dionysos verliebt gewesen, der mit dem Gesicht nach oben dalag.

Der dritte Monat näherte sich seinem Ende, und an unserem Feigenbaum konnte man bereits erkennen, wo Knospen sprießen würden. Dann, eines Morgens, als meine Kompanie auf der Mauer Wache stand, erklang vor dem Dipylontor Trompetenschall, und es ging das Gerücht, Theramenes sei zurück.

Dann ertönte das Signal zur Einberufung der Ratsversammlung. Die Mauern mußten bewacht werden, wir konnten also nur warten. Endlich kam die Ablösung. Wir durchforschten ihre Gesichter und fragten nur zögernd nach den Nachrichten. Der Hauptmann, der die Abteilung von mir übernahm, blickte mir in die Augen und sagte: »Nichts.«

Ich starrte ihn an und fragte: »Ist denn Theramenes nicht zurückgekommen?« – »O doch, und er sieht sehr gut aus. Er war mit Lysander in Salamis.« – »Schön, welches sind also die Bedingungen?« – »Keine. Lysander läßt sagen, es stehe weder in seiner noch der Könige Macht, Friedensverhandlungen zu führen, einzig die Ephoren in Sparta seien dazu befugt.« – »Nach drei Monaten? Bist du krank, Myrtilos?« Sein einziger Sohn war am Vortage gestorben. – »Ich nehme an, daß einem Athener sogar die schwarze Brühe aus Sparta gut schmeckte. Er konnte sie nicht dazu bewegen, ihre Bedingungen zu ändern, also wartete er.« – »Beim Herakles, aber worauf denn?« – »Daß die Stadt am Geruch der schwarzen Brühe gefallen finde. Die Oligarchen sind reich; sie können es noch ein wenig länger aushalten. Demokraten sterben mit jedem Tag mehr dahin. Bald wird es keine mehr geben, und die Überlebenden, die Guten und

Schönen, können die Tore ihren Freunden zu den Bedingungen öffnen, die diese stellen.«
Keiner sprach mit dem anderen, als wir von der Mauer hinunterstiegen. Wenn ich an die Gesichter zu Hause dachte, so verließ mich mein Mut; ich ging deshalb geradewegs zu Chremon. Er war fröhlich und bot mir zu trinken an, obwohl es noch nicht Mittag war. »Nun geht's nicht mehr lange«, sagte er. Er muß sich schon die ganze Zeit auf den Tag der Übergabe gefreut haben; nicht weil er ein Oligarch war, sondern weil er die Annehmlichkeiten des Lebens liebte und ihn alles andere gleichgültig ließ. Ich nahm den Wein an, denn ich hatte bereits, ohne mich ausgezogen zu haben, kalt genug. Die Werkstatt hatte ein kleines Fenster hoch oben, das einen Ausblick auf die Akropolis gewährte; Athenes Speer erglänzte in einem Lichtstrahl. Ich wandte den Blick ab und sah Chremon an, der sich die Hände über den Kohlenbecken rieb, um sie für die Arbeit zu erwärmen. So viel gelitten und ausgegeben, und nun dieses Ende.
Am Abend traf ich bei der Heimkehr meine Mutter und Schwester allein. Charis sagte: »Vater ist nach Sparta gegangen.« Nicht zu Scherzen aufgelegt, antwortete ich in scharfem Ton, aber es war die Wahrheit. Theramenes war wiederum als Abgesandter mit allen Vollmachten für die Verhandlung nach Sparta geschickt worden. Neun Abgeordnete waren ihm zur Begleitung mitgegeben worden. Da die Spartaner mit den Demokraten nicht verhandeln wollten und die Stadt den Oligarchen nicht traute, wurden die neun aus den früheren gemäßigten Anhängern Theramenes' ausgewählt, und zwar die Ärmeren vor allem, die allen Grund hatten, die Belagerungen rasch beendigt zu sehen. Diese drei Monate hatten die Bürger etwas gelehrt.
»Dein Vater hatte keine Zeit mehr«, sagte meine Mutter, »dich in der Stadt zu suchen.« Ich vermutete, es sei ihm auch nicht daran gelegen gewesen, lange nach mir zu suchen. »Aber er schickt dir seinen Segen.« – »Du vergissest etwas, Mutter«,

sagte Charis. »Er sagte: ›Sage Alexias, ich vertraue euch seiner Obhut an.‹ Alexias, werden die Spartaner Vater etwas von ihrem Essen geben?« Dicht an ein kleines Feuer aus Kiefernzapfen und Holz gerückt, das man den ganzen Tag für den Abend aufgespart hatte, überdachte ich meine Pflichten; das Kind saß da mit einer alten Puppe auf den Knien, die es zum Spielen nahm, wenn seine Arbeit im Haushalt getan war; meine Mutter saß in ihrem Stuhl unbeholfen wie alle dickleibigen Frauen, den Kopf klein und zart auf dem unförmigen Körper, dunkle Wimpern auf einer Wange aus Elfenbein, von Fältchen durchzogen, wie ich im Feuerschein sehen konnte. Ich wiederholte Chremons fröhlichen Ausspruch und sagte: »Nun geht's nicht mehr lange.« Als sie zu Bett gegangen waren, saß ich über der warmen, weißen Asche und dachte: »Was tun, wenn sie in der Nacht gebärt und wir kein Öl haben, um der Hebamme zu leuchten?«

Am folgenden Tag kamen mehr Leute als gewöhnlich, um Chremon bei seiner Arbeit zuzuschauen. Ein paar der Männer kannten mich. Sie grüßten mich, aber ich glaube, daß sie einander bedeutsam anblickten. Es waren auch einige von Chremons Freunden dabei, mit denen er sich zu einem Schwatz in eine Ecke zurückzog. Einen von ihnen hörte ich lachen und sagen: »Gut, wenn du mit ihm fertig bist, schicke ihn zu mir.« Ich kannte den Namen des Mannes; er war kein Bildhauer. Sie gingen weg, und Chremon kam zurück, bevor ich ganz bereit für ihn war, mein Arm verbarg mein Gesicht teilweise, weshalb ich nicht immer so sorgfältig beobachtete, wie ich sollte. Ich wußte, daß ihn das, was er gesehen hatte, verstimmte; er war ein Mann, der sich selbst gern einredete, die Dinge seien so, wie er sie wünschte. Wäre er der Große König gewesen, er hätte sicher die Boten schlechter Nachrichten nicht verschont.

Der städtische Kornspeicher war nun leer; man brauchte das Korn nicht mehr abzuholen. Aber ein paar Tage später sah ich nach dem Erwachen, daß eine Taube im Feigenbaum auf den

Leim gekrochen war; ein fetter Vogel zudem, der von der anderen Seite der Stadtmauern hergeflogen sein mußte. Ich kletterte zu ihm hinauf, drehte ihm den Hals um und dachte: »Dieser Tag wird Glück bringen.« Von meiner guten Nachricht ganz erfüllt und sein Fleisch während des Hereintragens befühlend, traf ich Charis auf der Schwelle. Sie sagte: »O Alexias, mach schnell. Mutter ist krank, das Baby kommt.«

Ich rannte zum Haus der Hebamme, die murrte, weil sie in diese Kälte hinaus mußte, und fragte, womit wir sie bezahlen wollten. Ich versprach ihr einen Krug voll Wein, unseren letzten, da ich fürchtete, sie könnte Speise verlangen. Sie begann zu klagen; Charis stand händeringend in der Vorhalle und schrie: »Schnell, schnell.« Als ich die Frau ins Zimmer einließ, hörte ich meine Mutter stöhnen; einen erstickten Laut, denn sie hatte etwas in den Mund gestopft, damit das Kind sie nicht hören sollte.

Ich schickte Charis in die Küche und wartete vor der Tür. Es wäre die Zeit für Chremon gewesen, aber ich scherte mich nicht darum. Ich schritt im Hofe auf und ab, als ich von drinnen einen lauten Schrei hörte; dann rief die Stimme meiner Mutter: »Alexias!« Ich rannte zur Türe und riß sie auf. Die Hebamme schrie zornig auf, aber ich sah nur das mir zugewandte Gesicht meiner Mutter und ihre weißen, sich lautlos bewegenden Lippen. Ich kniete nieder und stützte ihre Schultern. Aber als ich sie berührte, sanken ihre Augen in die Höhle zurück, und ihre Seele entfloh.

Ich starrte auf sie nieder und schloß ihre Augen. Sie schlief. Ich dachte: »Da liegt nun eine, für die ich nichts mehr fürchten muß.« Und dann dachte ich weiter: »Sie hat schon früher ein Kind geboren, dann eine Fehlgeburt erlitten, ist aber daran nicht gestorben. Die Hungersnot hat sie getötet. Hätte ich nach Hause gebracht, was ich bei Chremon verdiente, wäre sie vielleicht noch am Leben.« Es war mir vorgekommen, daß ich ja etwas tat, was mich keiner zu tun geheißen, und ich deshalb meinen Lohn verwenden dürfen, wie es mir gut schien; doch was kann schon ein Mensch mit all seiner Logik ausrichten gegenüber der Notwendigkeit? »Hätte ich mich nicht eingemischt«, dachte ich, »als ich Thalia auf der Straße begegnete, so wäre sie zum Hause der Kupplerin gegangen und hätte ein wenig Geld nach Hause gebracht; Lysis hätte zu essen bekommen, von nichts etwas erfahren, und diese Nahrung hätte ihm das Leben wie jede andere gerettet. Was ist Ehre? In Athen etwas anderes als in Sparta, und bei den Medern wieder etwas anderes. Doch man gehe, wohin man will, es gibt kein Land, wo die Toten über den Fluß zurückkehren.« Die Hebamme hatte die Tücher zurechtgezogen. Sie bedeckten nun flach den Körper, der so schmächtig aussah wie der einer einjährigen Hirschkuh. Darauf hörte ich ein Geräusch und wandte mich um. Hinter mir saß die Frau und band die Nabelschnur des Neugeborenen ab. Sie fragte: »Wem soll ich es geben? Es ist ein Knabe.«

Gegen Abend, nachdem ich die Anordnungen für die Bestattung getroffen hatte, kehrte ich nach Hause zurück. Meine Schwester hatte ihre Tränen getrocknet; sie hatte ihre alte Wiege hervorgeholt und wiegte das Kind darin. »Pst«, machte sie. »Er schläft. Was ist er für ein liebes Baby! Seitdem ich ihn hier gebettet habe, hat er nicht ein einziges Mal geschrien.«

Ihre Worte machten mir Hoffnung, und ich beugte mich über die Wiege. Doch das Kind schlief, wie sie gesagt hatte. Es glich meinem Vater; es war blond und ein großes Kind, wohl zu groß für den Schoß meiner Mutter. »Wie soll ich es ernähren, Alexias? Wenn ich die Nahrung zuerst kaue und weich mache, wäre das nicht so gut wie Milch? So machen es die Vögel.«

»Nein«, antwortete ich. »Es muß Milch haben, Charis. Ich muß es heute abend mitnehmen und jemanden finden, der es stillen kann.« – »Ich glaube, das ist sehr teuer, diese Dame sagte es wenigstens. Haben wir denn Geld?« – »Nicht viel. Deshalb können wir es nicht bei uns behalten. Wir müssen eine reiche Dame finden, welche die Götter um ein Kind angefleht hat. Sie wird gerne ein so schönes Baby aufnehmen. Vielleicht wird sie vorgeben, die wirkliche Mutter zu sein, und ihr Mann wird glauben, es sei wirklich sein Sohn. Sie werden ihm ein Pferd geben, wenn es älter ist, und es zu einem Mann erziehen, und eines Tages wird es General.«

Sie blickte auf die Wiege hinunter und sagte: »Ich will nicht, daß eine reiche Dame es bekommt. Ich will es zur Gesellschaft behalten, Alexias, wenn du bei der Arbeit bist.« – »Aber hier hätte es keine Mutter. Du mußt jetzt vernünftig sein, Kleine.« Ich fürchtete, sie würde wieder weinen, aber ihre Tränen waren versiegt. Ich nahm das Kind auf und wickelte es in das Leinen der Wiege. Sie sagte: »Das ist nicht warm genug«, und veranlaßte mich, das Wolltuch zu nehmen. »Wir müssen ihm etwas geben«, sagte sie, »woran man ihn erkennen kann, wenn er einmal ein Mann ist. Theseus hatte ein Schwert.« – »Ich brauche mein Schwert. Aber such' schnell etwas für ihn.« Sie kam mit einem roten Korallenkranz zurück, der ihr gehörte, und hängte ihn dem Kind um den Hals. »Wie sollen wir ihn nennen, Alexias? Wir haben ihm noch nicht einmal einen Namen gegeben.« – »Er muß zu seiner Mutter gehen«, versetzte ich, »und sie wird ihm einen Namen geben.«

Ich schritt, meinen Bruder auf dem Arm, über die Agora und hielt vor dem Stand eines Töpfers. Da die Nahrung teuer wurde, waren die Töpfe billig geworden, und für zwei Obolen konnte ich einen erstehen, der groß genug war, innen rund, mit einer weiten Öffnung. Zwei Obolen waren mehr, als wir entbehren konnten, aber für das eigene Fleisch und Blut muß man tun, was man kann, und in der Stadt rannten herrenlose Hunde herum, die gierig waren wie Wölfe. Am Fuße der Akropolis, auf dem leeren Grund, wo die Steine der Tyrannenfestung zerstreut herumliegen, sah ich mich um. Nicht weit entfernt konnte ich einen Säugling in den Felsen weinen hören, aber die Stimme klang dünn; wenn die Frau eines Reichen einen Erben für ihren Gatten suchte, so würde mein Bruder nicht mehr lange einen Nebenbuhler haben. Doch wenn sie in diesen drei Monaten ihre Wahl noch nicht getroffen hat, dachte ich, muß sie schwer zufriedenzustellen sein.

Solange er in meinem Arm gelegen, war er ruhig gewesen, jetzt aber fühlte er die Kälte des Topfes um sich und begann zu weinen. Es war ein kräftiger Laut für ein so kleines Baby. Ich sah es im Geiste als einen Jüngling, groß wie mein Vater, von Werbern umringt, die um seine Gunst flehten; wie er in der Schlacht einen Schild trug oder bei den Spielen gekränzt wurde; dann seine Hochzeit mit Musik, und dann den Anblick seiner Söhne. »Geh in Frieden«, sagte ich zu ihm, »trag mir nichts nach, denn kein Mensch kann dem Zwang der Notwendigkeit entrinnen. Und beklage dich nicht bei unserer Mutter über mich, denn ihr Blut haben wir beide über unsere Häupter gebracht. Hätten die Götter es nicht verboten, mein Bruder, so würde ich dich in Schlaf wiegen, ehe ich dich verlasse, denn die Nacht bricht herein; dies ist ein öder Ort, und die Wolken hängen schwarz über den Bergen. Doch das Blut der Verwandten läßt sich nicht wegwaschen; und wenn ein Mann einmal den Atem der Hochgeehrten in seinem Nacken verspürt, wird er sie nicht über seine Schwelle lassen. So vergib mir denn und erdulde, was sein muß. Die Wolken sind schwer; wenn die Götter dich lieben, wird noch vor dem Morgen Schnee fallen.«

Es war bereits dunkel. Beim Weggehen konnte ich ihn noch lange weinen hören; dann begann hoch oben von den Felsen herab beim Bollwerk der Zitadelle ein Hund zu heulen, und ich hörte das Weinen nicht mehr.

Wir bestatteten meine Mutter in einem der Gärten innerhalb der Stadt, die seit dem Beginn der Belagerung diesem Zwecke dienten. Ich sagte Lysis nichts, da ich ihn für zu schwer krank hielt, um ihn damit zu betrüben; aber er vernahm es und bat immer wieder, ich möge ihnen Charis senden, damit sie für sie sorgen und das Ihrige mit ihr teilen könnten. Er bot dies an, obgleich ich ihm seit zwei Tagen nichts geschickt hatte und sie selbst wie die Vögel leben mußten. Ich schickte das Kind zu ihm, denn es war in eine tiefe Traurigkeit versunken. Was wir noch übrighatten, gab ich ihr mit; jetzt war ich allein übriggeblieben; und ich hatte meine Arbeit, zu der ich zurückkehren konnte.

Am folgenden Morgen ging ich zu Chremon zurück. Der Wind blies mir kalt in den Nacken, und ich dachte, er würde nicht darüber erfreut sein, daß ich mein Haar geschoren hatte, da er den Kopf noch nicht beendet hatte, was mir erst jetzt in den Sinn kam. Aber es gab keine Schwierigkeiten; denn als ich im Torweg stand, sah ich bereits einen anderen auf dem hölzernen Podest in der Stellung des Hyakinthos ausgestreckt daliegen. Er hatte wohl nur gewartet, bis er ein Modell mit demselben Körperbau gefunden hatte. Zweifellos waren viele, die sich zu Beginn der Belagerung noch für reich gehalten hatten, jetzt nicht mehr zu stolz, für Chremon Modell zu stehen. Ich ging, bevor er mich sah, und raubte ihm das Vergnügen, mir sagen zu können: »Heute nicht.«

Zwei Tage später kehrten die Abgesandten zurück. Ich ging ihnen nicht entgegen; obgleich ich nicht so hungrig war wie tags zuvor, ermüdete mich alles; als ich das Rufen auf der Straße hörte, ging ich zur Tür, um zu fragen, was los sei, und legte mich dann wieder nieder. Aber, wie mein Vater mir später erzählte, die ganze Stadt kam, soweit sie sich noch auf den Beinen halten konnte, zu ihrer Begrüßung und führte sie geradewegs auf die Pnyx, um ihre Nachrichten zu vernehmen.

Diese lauteten folgendermaßen: Die Spartaner und die Wortführer ihrer Verbündeten waren zusammengekommen, um über unser Schicksal abzustimmen. Der thebanische Abgesandte war dann aufgestanden, ein Mann, der, wie es sich später zeigte, nicht so sehr für seine eigene Stadt als vielmehr aus jenem Stolz auf sein wichtiges Amt heraus sprach, der einen Mann glauben läßt, er sei selbst ein Gott. »Behandelt sie«, sagte er, »wie sie die Melier oder die Stadt Mykalessos behandelt haben, als sie die Thrakier daraufhetzten. Verkauft sie in die Sklaverei, verwüstet die Stadt und laßt dort die Schafe weiden.« Als solche Worte fielen, unterstützten die Korinther den Vorschlag.

Wenn es auch in Sparta nicht viel Anmut gibt, so doch Ehrfurcht vor der Vergangenheit. Wenn sie sich einmal als groß erweisen, so ist dies der Kern ihrer Größe. Kurz und trocken, wie es bei ihnen der Brauch ist, antworteten sie, Athen sei ein Teil von Hellas, sie seien nicht dafür, die Stadt zu versklaven, welche die Meder abgeschlagen habe. Die Verhandlung war zu einem Stillstand gekommen, als ein Mann aus Phokis aufstand und zu singen begann. Es war der Chor des Euripides, der mit den Worten beginnt:

Elektra, Agamemnons Kind, komm
Zu deinem verödeten Haus …

Was die Spartaner davon hielten, weiß niemand; aber nach langem Schweigen stimmten die Wortführer der Verbündeten für die Gnade.

Dies waren also die Bedingungen für die Aufhebung der Belagerung: Reißt eine Meile eurer Langen Mauern nieder; nehmt eure Verbannten wieder in den Verband der Bürger auf; liefert eure Schiffe aus; und gehorcht als unterworfene Verbündete der Herrschaft Spartas, dem ihr die Führung im Frieden und im Krieg überlassen müßt.

Eine oder zwei Stimmen sollen sich noch immer gegen die Übergabe erhoben haben. Was die übrigen betrifft, so ist es nicht meine Sache, sie zu verachten. Hätte Chremon einen Tag früher noch Arbeit für mich gehabt, ich kann nicht schwören,

daß ich nicht ohne jede Bezahlung, bloß um einer Suppe willen, hingegangen wäre.
Lysander näherte sich von Salamis her mit der Flotte; König Agis kam durch die Tore, die er so lange beobachtet hatte; doch in den ersten Tagen hütete ich das Bett, und mein Vater sorgte für mich wie für ein kleines Kind. Er war gut zu mir und setzte den eigenen Kummer hintan; dafür vergaß ich, blöd geworden vor Schwäche, daß er nicht wissen konnte, daß Charis, die ja abwesend war, am Leben sei. Einen ganzen Tag lang hielt er sie für tot, ehe ich seinen Irrtum bemerkte. Selbst dann wurde er nicht zornig, aber ich sah Tränen in seinen Augen stehen. Da schien es mir, daß die Hochgeehrten endlich besänftigt seien; und bei diesem Gedanken schlief ich ein.
Vom ersten Tag der Übergabe an hatten wir wieder zu essen; denn manche Leute, denen noch etwas geblieben war, schickten, noch bevor die Tore geöffnet wurden, ihren Freunden etwas, jetzt, da sie wußten, daß ihre Kinder nicht hungern müßten. Deshalb war ich am dritten Tag wieder auf den Beinen, ging aus und sah die Wälle der Akropolis von Spartanern besetzt, die einander die Berge ihrer Heimat zeigten. Ich dachte: »So also fühlt man sich als Besiegter«, aber mein Geist war leer, hohl und gefühllos.
Sie rissen bereits die Mauer nieder. Ich hörte das Schlagen und Krachen der fallenden Steine, vermischt mit Flötenspiel. Wer damit begann, weiß ich nicht; den Spartanern sah es nicht ähnlich, es werden wohl die Korinther gewesen sein; denn sie hatten alle noch vorhandenen Flötenspielerinnen versammelt, ihnen Wein und eine Handvoll Speise gegeben und sie zum Spielen aufgefordert. Es war einer der ersten Frühlingstage, das Licht grell und blendend, die Mädchen standen zwischen den Mauern auf der Straße, die Gesichter unordentlich bemalt oder, wenn es Athenerinnen waren, von Tränen rot und schwarz gestreift; sie trugen ihren nur für das Lampenlicht geeigneten

Flitter und spielten drauflos; die fremden Mädchen und auch einige andere putzten sich heraus und machten den Siegern schöne Augen. Und während sie spielten, krachte von Zeit zu Zeit einer der großen Quader des Themistokles zu Boden, und die Spartaner jubelten. »Das«, sagte ich mir, »ist wirklich die Niederlage.« Aber es kam mir vor wie ein Traum.

So ging ich denn zu Sokrates' Haus; doch draußen traf ich Euthydemos, der mir sagte: »Er ist zum Tempel des Erechtheus hinaufgegangen, um für die Stadt zu beten.«

Während wir noch plaudernd dastanden, kam Platon hinzu und begrüßte uns; als er aber hörte, daß Sokrates nicht da sei, blieb er nicht länger. Ich schaute ihm nach und dachte, daß selbst die Reichen es letzten Endes zu spüren bekommen hätten. Seine Augen waren hohl, und die Knochen seiner mächtigen Schultern zeichneten sich scharf unter der Haut ab.

Ich sagte zu Euthydemos: »Es war edel von ihm, anderen zu geben, da er doch selbst in solcher Not war.« Er antwortete: »Keiner hat sich während der letzten Wochen den Bauch vollgeschlagen; ich glaube nicht, daß Platon hungerte. Wenn es bei ihm zu Hause knapp wurde, kam ihnen Kritias zu Hilfe; obwohl ich den Mann nicht ausstehen kann, scheint er doch ein wenig Familiengefühl zu besitzen. Platon war bis vor kurzem noch ganz gut dran. Aber als sein Freund gestorben war, kam er in wenigen Tagen auf den Hund.«

Ich streckte die Hand aus und stützte sie auf einen Stein; es war die Säule jener Herme, die Sokrates geschaffen hatte. Sie stand fest und trug mein Gewicht leicht. »Welcher Freund?« fragte ich. »Nun, Aster«, antwortete Euthydemos. »Platon wechselt nicht so leichtfertig. Nachdem der Jüngling allein übriggeblieben war (denn er hatte einen alten Vater oder Verwandten, der im Verlauf des Winters starb), nahm Platon ihn ganz in seine Obhut. Solange er eine Brotrinde hatte, brauchte der Knabe gewiß nicht zu hungern; er hatte eine ganz gute Gesichtsfarbe, und nichts

Schlimmeres als einen Husten, wie ihn die halbe Stadt jetzt hat. Doch eines Tages, als sie zur Akropolis emporstiegen, bekam er plötzlich einen Erstickungsanfall und spuckte Blut; er fiel auf der Stelle um, auf die Stufen des Säulengangs, und gab den Geist auf. Platon bestattete ihn; und heute ist er in dem Zustand, in dem du ihn gesehen hast.«

Meine Seele war einsam, ich hörte und sah nichts und war von Chaos und schwarzer Nacht umfangen, meine Seele hatte ihr eigenes Dasein vergessen. Da drang eine Stimme zu mir und sagte: »Trink das, Alexias«, und ich sah, als meine Augen das Dunkel durchdrangen, das Gesicht der Herme über mir und Euthydemos, der sich mit etwas Wein in einer Schale über mich beugte. »Gleich als ich dich sah, dachte ich, du habest dir zuviel zugemutet.« Ich dankte ihm und ging nach Hause, nachdem ich mich ein wenig ausgeruht hatte. Dann fiel mir ein, daß ich nicht einmal gefragt hatte, wo das Grab sei.

Einige Tage suchte ich danach und fand es schließlich in einem alten Garten am Fuße des Nymphenhügels, wo sich auch andere Gräber befanden. Solche Gräber innerhalb der Stadtmauern wurden später wieder geleert; und ich konnte hernach nie erfahren, wo er lag. Doch das Grab, das ich hier sah, befand sich unter einem Mandelbaum, der in voller Blüte stand, denn der Frühling war eingezogen; und daneben stand ein knospender Rosenstrauch. Die meisten Gräber hatten Stelen aus Holz oder eine tönerne Urne, um den Platz zu bezeichnen; aber dieses Grab hatte einen Stein. Die künstlerische Arbeit war nicht bedeutend; und wenn ich an Platons guten Geschmack dachte, konnte ich seinen Schmerz ermessen, da er offenbar den Bildhauer gar nicht beaufsichtigt hatte. Ein Zweig des Rosenstrauchs hatte die Inschrift verdeckt; ich bog ihn zurück und las die Worte:

Lichtbringender Morgenstern, für die Lebenden entzündet;
Helle Fackel des Hesperus, die zu den Toten sinkt.

Ich betrachtete das Relief nochmals, das den in Gedanken versunkenen Jüngling darstellte und einen trauernden Mann, der das Gesicht verhüllt. Das Werk war, wie man so sagt, ehrlich, aber von einer altmodischen Einfachheit, daß man hätte glauben können, der Bildhauer habe seit Phidias' Tagen den Meißel nicht mehr geführt. Ich stand immer noch in stiller Betrachtung da, als mir ein Gedanke kam; ich kniete nieder und suchte die Stelle, wo der Bildhauer sein Zeichen hinterläßt; und als ich den Namen las, verstand ich.

26

Es gibt Getränke, die den wahren Geschmack nicht beim ersten Schluck verraten; doch wenn man sie austrinkt, zieht ihre Bitterkeit einem den Mund zusammen.

Die Steine krachten noch immer von den Langen Mauern nieder, nachdem das Flötenspiel verstummt war; und die Sieger, die zum Vergnügen mitgeholfen hatten, waren nun des Spieles müde. Die halbverhungerten Athener ermüdeten viel früher; aber Lysander überwachte die Arbeit, ein großer blonder Mann mit eckigem Kinn und eisernem Mund.

Unterdessen sah man auf den öffentlichen Plätzen, wie sich die verbannten Oligarchen wieder breitmachten. Einige waren eingezogen, sobald die Tore geöffnet wurden; sie hatten mit König Agis' Heer vor den Mauern gewartet.

Kurz darauf forderten die Spartaner die Oligarchenvereinigung auf, fünf Ephoren zu wählen, wie sie sie nannten, um Vorschläge für eine Regierungsbildung zu unterbreiten. Mein Vater nahm an diesen Beratungen teil. Das Ergebnis war, daß Theramenes

und Kritias zu den fünf Männern gehörten. Ich glaube, mein Vater stimmte für beide. Doch ich machte ihm keinen Vorwurf daraus. Was Theramenes angeht, obwohl er sich satt aß, während wir hungerten, so kostete er uns wenigstens nichts. Wäre er zurückgekommen und hätte seinen Mißerfolg eingestanden, wäre das Volk auf ihn wütend geworden. Man sagte, er habe seine Zeit dazu verwendet, sich mit Lysander zu verschwören, um seine Freunde an die Macht zu bringen; aber das war Klatsch und reine Mutmaßung. Über Kritias sagte mein Vater zu mir: »Ich kann nicht begreifen, was dich gegen ihn so voreingenommen macht. Einer unserer fähigsten Männer, ein echter Redner, aller Demagogie bar, von dem man Weisheit und Logik erwarten kann. Und aus seinen Schriften spricht sein unübertroffen hoher sittlicher Ton.« Er war während meiner Krankheit gütig zu mir gewesen, weshalb ich meine Antwort hinunterschluckte.
Um diese Zeit lud mich Platon zum Nachtessen ein. Ich ging mit zwiespältigen Gefühlen, wohl wissend, daß ich ihm nicht sagen konnte, was ein Freund hätte sagen müssen. Doch er zeichnete mich durch besondere Freundlichkeit aus und bot mir sogar einen Platz auf seiner Kline an, wiewohl andere anwesend waren, die eher Anspruch auf eine solche Auszeichnung gehabt hätten. Ob Euthydemos geplaudert hatte, werde ich zweifellos nie erfahren. Er war stets ein anmutiger, wenn auch ziemlich förmlicher Gastgeber; schweiften seine Gedanken ab, verbarg er das rasch. Während die übrigen die Ereignisse besprachen, sagte er zu mir: »Ich glaube, dieser Erfolg wird für meinen Onkel Kritus gerade das richtige sein.«
Ich hatte es längst aufgegeben, mit Platon über Politik zu rechten. Sein Verstand war meinem überlegen, und seine Beweggründe waren rein. Er war nicht der Mann, einen Menschen wegen Armut oder niedriger Geburt zu verachten. Aber er verachtete Dummköpfe, wo immer er sie traf, ob niedrig oder hochgestellt; und da er mehr solche als Weise und Gerechte

fand, war er der Ansicht, eine Volksherrschaft müsse der Stadt Abbruch tun. Lysis pflegte zu sagen, das Regierungsgeschäft sei eine Übung, die auch den niedrigen erhöhe, genau wie gute militärische Übung einen Feigling in einen Tapferen verwandle. Als ich diesen Ausspruch zitierte, lobte Platon seine Großzügigkeit, billigte ihn aber nicht. Was Kritias betraf, so war der Mann sein Verwandter, und er mein Gastgeber.

»Bis jetzt«, sagte Platon, »hat er noch nie ein Amt bekleidet, das seinen Gaben würdig gewesen wäre. Ich habe zuweilen befürchtet, das werde ihn verbittern. Ich kann dir nicht einmal die Hälfte der selbstlosen Dienste aufzählen, die er mir während der Belagerung erwiesen hat. Ich werde das nicht so leicht vergessen; nicht nur mir allein, sondern ... aber das ist vorbei.«

Ich antwortete: »Man sagt: ›Könnte das Schicksal durch Tränen gerührt werden, so würden die Menschen Gold bieten, um sie zu kaufen!‹«

»... ›Doch der Schmerz treibt die Tränen hervor wie der Baum seine Blätter.‹ Und da wir von meinem Onkel Kritias sprechen: Charmides und ich statteten ihm einen Besuch ab, um ihn zu beglückwünschen; Charmides nimmt, seit Sokrates ihn wegen seiner Faulheit zurechtgewiesen hat, seine Laufbahn sehr ernst. Kritias drängte uns beide, doch in den Dienst der Stadt zu treten. Wenn die besseren Leute, sagte er, nicht bereit sind, alles zu tun, was in ihrer Macht steht, um den Mißbrauch der Demokratie wiedergutzumachen, wird die Stadt in Apathie verfallen oder sich in die Vergnügungssucht von Besiegten flüchten und das Gedächtnis an ihre Größe verlieren. Obwohl mein Ehrgeiz bis jetzt anderswo gebunden war, muß ich gestehen, daß seine Worte mich bewegten.« Ich sagte ihm aufrichtig, Männer seiner Art hätten wir nötig. Er hatte, glaube ich, damit begonnen, um seinem Schmerz zu entfliehen, aber nun regte sich der Ehrgeiz in ihm. Ich sagte mir: »Ich bin voreingenommen. Die Feindschaften der Jugend kennen kein Maß. Vielleicht wäre mir

Kritias wie ein Ehrenmann vorgekommen, wenn ich Chremon früher als ihm begegnet wäre.«

Man hörte in jener Woche Chremons Name überall nennen. Pasion, der Finanzmann, hatte soeben sein neuestes Werk zu einem hohen Preis erstanden. Die halbe Stadt pilgerte zu Pasions Hof, um es zu sehen, und gefiel sich nachher in dem Gemeinplatz, der Marmor scheine zu atmen oder habe wenigstens erst vor kurzem zu atmen aufgehört.

Drei Tage lang vermied ich es, Lysis zu begegnen. Am dritten suchte er mich auf. Er konnte nun wieder ganz gut gehen und brauchte seinen Stock kaum mehr. Wir plauderten ein wenig, doch wurde er bald schweigsam und schaute mich an. Ich suchte aufs Geratewohl nach Worten; in meinem Herzen dachte ich: »Ich hätte mich in mein Schwert stürzen sollen. Früher hätte ich nicht darauf gewartet, bis er spreche.« Ich konnte keinen Gesprächsstoff mehr finden und schwieg ebenfalls. Dann sagte Lysis: »Ich bin auf der Akropolis gewesen, um Eros ein Opfer zu bringen.« – »Ja? Nun, er ist ein mächtiger Gott.« – »Und ein grausamer, sagt man. Für mich aber der edelste aller Unsterblichen. ›Der beste Krieger, Gefährte und Retter‹, wie der arme Agathon zu sagen pflegte. Es war Zeit, ihm zu danken.«

Bald darauf beriefen die neuen Ephoren, nachdem sie sich beraten hatten, eine Volksversammlung ein, und Kritias hielt die Rede. Er sprach, wie immer, sehr gut. Seine Stimme war hervorragend ausgebildet, weittragend, ohne jede den Zuhörer ermüdende Manier, und wußte die Menschen zu packen. Es war die Stimme eines Wissenden, der zu ehrlicher Einfachheit rät, ohne diese zu verachten. Es war eine Stimme, bei der sich jeder wohl fühlte, der das Denken lieber andern überläßt.

Er schlug vor, einen Rat der Dreißig zu bilden, der auf Grund der alten Gesetzesordnung eine Verfassung entwerfen und inzwischen regieren sollte. Als er die Liste herunterlas, beginnend mit den fünf Ephoren, hörte ihm das Volk zuerst zu, wie Kinder dem Lehrer. Dann erhob sich ein Gemurmel, dann ein Gebrüll: Die Volksversammlung war aufgewacht und hörte die Namen: der Kern der Vierhundert, die Verräter von Dekeleia, alles extreme Oligarchen, die das Volk haßten, wie der Eber den Hund haßt. Die Pnyx widerhallte von dem Aufschrei. Kritias hörte zu, scheinbar unbewegt; dann drehte er sich um, gab einen Wink und trat zur Seite. Lysander stand auf der Rednertribüne, in voller Rüstung. Sein Blick schweifte langsam über den Hügel. Totenstille.

Seine Rede war kurz. Die Lücke in den Mauern, führte er aus, sei noch zwei Stadien kürzer als eine Meile; die Frist aber sei abgelaufen. Wenn er den Vertrag nicht für nichtig erkläre und die Stadt dem Erdboden gleichmache, sei das ein Gnadenakt. Wir täten besser, uns diese Gnade auch zu verdienen.

Die Leute schlichen sich von der Pnyx hinab wie Sklaven, die von ihrem Herrn beim Stehlen ertappt worden sind. Jetzt schmeckten unsere Zungen den Geschmack der Niederlage.

Doch die neue Regierung brachte die öffentlichen Ämter schnell in Ordnung, und das Volk war mit ihr zufrieden. Am Tage, da sie eine Ratsversammlung ernannte, beglückwünschten mich die Leute auf der Straße; mein Vater war offenbar zum Ratsmitglied ernannt worden. Ich wünschte ihm Glück. Angesichts seiner politischen Haltung konnte ihn niemand verdächtigen, sich nach dem Winde zu drehen. Sein Auftrag als Abgesandter hatte ihn in den Blickpunkt der Öffentlichkeit gerückt, und Theramenes hatte ihn nicht vergessen. Es war immerhin etwas, daß sogar so gemäßigte Ratsmitglieder wie er gewählt wurden. Am Anfang pflegte er ganz von seinen Geschäften erfüllt nach Hause zu kommen. Man konnte es fast auf der Straße erraten, welche Männer in der neuen Verwaltung ein Amt bekleideten, sei dieses Amt noch so unbedeutend. Sie sahen nämlich wie Leute aus, welche die richtige Nahrung bekommen. Wenn Männer an den Regierungsgeschäften der Stadt teilgenommen ha-

ben, seit sie einen langen Mantel tragen, dann kommt es sie hart an, plötzlich damit aufzuhören. Man kann da beobachten, daß sie zusammenschrumpfen wie ein gefesseltes Glied. Eines Abends sagte er beim Essen: »Nun, ich denke, wir werden die Stadt ein bißchen sauberer übergeben, als wir sie übernommen haben. Im Vertrauen gesagt: morgen gibt es eine Rattenjagd, und es war auch höchste Zeit dazu.« – »Ratten, Vater?« – »Ich meine jene Geschöpfe, die von anderen und Besseren leben und ihnen als Dank noch Dreck anwerfen. Wie soll man sonst seinen Angeber definieren?«
Ich gab ihm bereitwillig recht. Im letzten Jahr, als die Dinge schlecht standen und die Leute vom Kriegsfieber erfaßt wurden, waren die Angeber eine Schande für die Stadt gewesen. Nur arme Leute zeigten sie an und steckten die Belohnung ein. Besaß einer ein wenig Geld, so ließen sie sich Schweigegeld bezahlen und zeigten ihn später, wenn er nichts mehr hatte, doch noch an. Einige arbeiteten allein, andere für reiche Erpresser, die sich daraus ein Geschäft machten. »Gute Jagd, Vater«, sagte ich. »Aber sie sind ein schwer zu treffendes Wild; sie kennen jede Lücke im Gesetz und verstehen es, immer durchzuschlüpfen.« – »Diesmal nicht. Da die Verfassung erst ausgearbeitet wird, können wir ihnen ausnahmsweise das Gesetz nach Maß schneidern.«
Er lachte, als er das sagte. Ich blickte auf, da mich sein Lachen in eine andere Stadt zurückversetzte; ich sah wieder Hyperbolos mit offenem Maul hinstürzen. »Auch bei den Vierhundert«, sagte ich, »hat es damit begonnen.«
»Unsinn«, sagte er; und in seinem Gesicht zeigte sich der Ärger eines Mannes, der in seiner guten Laune gestört wurde. »Du würdest besser vergessen, Alexias, daß du in jene Affäre von Samos verwickelt warst. Ich sage nicht, es sei für dich eine Schande gewesen; zu große Besonnenheit steht einem Jungen aus edlem Blut nicht wohl an; doch die rauhen Parteihändel

einer Flottenbasis in Übersee stoßen hier in der Stadt nicht auf viel Verständnis. Denk daran, sonst wirst du dir selbst und mir noch unnötig schaden.« – »Ja, Vater. Was für ein Gerichtsverfahren wendet ihr auf diese Leute an?« – »Ein kollektives, und das ist noch zu gut für sie.« – »Vielleicht; aber als Präzedenzfall?« – »Den haben wir bereits seit der Verurteilung der Generäle, die euch ertrinken ließen.«

Die Angeber wurden am nächsten Tag versammelt und ohne Einsprache zum Tode verurteilt. Mein Vater versicherte mir später, er habe keinen Mann auf der Anklagebank gesehen, dessen Name nicht die ganze Stadt verpestet hätte. Eine Woche später wurden wiederum Angeber verhaftet. Als ich ihn fragte, wie das Gerichtsverfahren verlaufen sei, antwortete er: »Es wird sich etwas hinauszögern. Ein oder zwei Fälle waren mehr als zweifelhaft. Wir stimmten dafür, sie getrennt zu untersuchen.« Er räusperte sich und fügte hinzu: »Man hat den Versuch unternommen, den Rat durch Beeinflussung umzustimmen. Doch für eine Interimsregierung ging das zu weit.«

Es fanden keine Massenverurteilungen mehr statt, und die Stadt hatte einige Wochen Ruhe. Dann wurde eines Morgens ein spartanisches Regiment auf der Heiligen Straße gesichtet. Die Dipylonwache schickte einen Läufer, Weisungen einzuholen, und der Rat ließ antworten, die Tore seien zu öffnen.

In ihrem eisernen Schritt marschierten sie zwischen den Gräbern unserer Väter zum Stadttor hinauf. Sie überquerten den Topfmarkt, die Agora und zogen weiter. Die Leute standen auf dem Markt und starrten ihnen nach, während sie die Rampe zur Akropolis hinaufstiegen und durch den Säulengang in den Vorraum der Jungfrau marschierten. Dort legten sie die Waffen zusammen und schlugen ihre Zelte auf. Zu Füßen der Athene Promachos und rund um den großen Altar zündeten sie ihre Lagerfeuer an und kochten ihre schwarze Brühe.

Im Hof traf ich meinen Vater. Er sah krank aus. Ich glaube, er hatte gehofft, eine Begegnung mit mir zu vermeiden. Ich sagte: »Ich nehme an, daß du davon nichts gewußt hast.«

»Ich bin von Theramenes gekommen. Offenbar erhielt der Rat von einer Verschwörung Kenntnis, die sich der Burg bemächtigen wollte und die führenden Bürger hinzurichten beabsichtigte.« – »Ich verstehe. Nannte er dir irgendwelche Namen?« – »Sie werden veröffentlicht, sobald die Verhaftungen vorgenommen sind.« Wir sahen einander an, wie das Vater und Sohn tun können, ohne der Worte zu bedürfen. Er versetzte: »Sei jetzt nicht störrisch, wenn dir daran liegt, daß ich nicht zornig werde; ich habe Verdruß genug«, und ich bemerkte: »Du kannst mir nicht ins Gesicht sehen, und du weißt es auch. Ich könnte dir verzeihen, wenn du mir die Wahrheit gestehen würdest.« Ich war im Begriff, mich von ihm abzuwenden, als er sagte: »Man kann sich darauf verlassen, daß Theramenes die Ereignisse überwacht; er hat sich noch immer allem Extremen widersetzt. Vergiß nicht, ich zähle auf deine Verschwiegenheit.« Mit diesen Worten ging er ins Haus.

Kallibios, der spartanische General, war für seine Rasse überdurchschnittlich groß. Seine Augen blickten verbittert, man konnte in ihnen noch die Schläge erkennen, die er in seiner Jugend erhalten hatte, und eine finstere Unverschämtheit, voll Haß. Verglichen damit, war Alkibiades' Unverschämtheit ein Kinderlachen. Die Dreißig krochen vor ihm und empfingen ihn in ihren Häusern.

Man gewöhnte sich an den Anblick der Spartaner in den Straßen; sie starrten mit offenen Mäulern die Läden an oder blickten verächtlich vor sich hin und spazierten paarweise. Einige der jüngeren, das muß ich zugeben, machten einen bescheidenen und wohlerzogenen Eindruck. Einen solchen, einen schönen großen Jüngling, sah ich an Pistias' Torweg der Arbeit zusehen und mit einem Freund über Rüstungen sprechen. Sie sahen weniger düster aus als die meisten ihrer Gefährten; ich hörte sie sogar lachen. Als ich vorüberging, drehte sich der zweite Mann um und sagte: »Guten Tag, Alexias.« Ich starrte ihn an und erkannte Xenophon.

Ich wandte das Gesicht ab und ging weiter; ich befürchtete weniger, ihn verletzt zu haben, als meinen eigenen Augen nicht mehr trauen zu können. Als ich ihn das nächste Mal traf, war er allein. Er streckte mir mit einem offenen Lächeln die Hand entgegen, um mich aufzuhalten. »Warum bist du so böse mit mir, mein Freund? Was fehlt dir?« – »Nur, was auch dir fehlt«, antwortete ich.

Er schaute mich ernst an wie einer, der sich mit Recht verletzt fühlt, aber darüber hinweggehen will. »Sieh doch die Dinge, wie sie sind, Alexias. Die Stadt muß überwacht werden; das ist eine Maßnahme gegen den Pöbel, nicht gegen Leute wie uns. Die Spartaner achten einen Soldaten und Mann von Stand, selbst wenn er mit dem Speer gegen sie gekämpft hat. Der junge Arakos, den du mit mir gesehen hast, ist ein netter Kerl. Wir haben einander einmal in den Hügeln bei Phyle beinahe getötet. Wenn *wir* uns deswegen nicht grollen, wer sollte es sonst? Man muß aus der Gesellschaft eines anständigen Menschen Gewinn ziehen, gleichgültig, aus welcher Stadt er stammt. Tugend geht allem voran; hat nicht Sokrates das immer gelehrt?« Seine klaren grauen Augen blickten mich gerade an, er sprach aus innerster Überzeugung.

Ich schwieg, an die Schulzeit denkend und an unsere flegelhaften Kämpfe im Waschraum. Damals war der Unterschied kaum größer als bei Wetten auf verschiedenen Wagen bei den Spielen. Er blickte mich an, und ich konnte ihm seine Gedanken an den Augen ablesen: »Tust du recht daran, mir Vorwürfe zu machen? Habe ich einen schlechteren Freund als Chremos gefunden?« Aber es gibt Dinge, die man nicht ausspricht. »Es muß Ordnung sein in der Stadt«, fuhr er fort. »Ohne Ordnung sind die Menschen nicht besser als Tiere.«

Lysis und ich sprachen wenig über die Ereignisse. Wir kannten ein jeder die wunden Stellen in der Seele des anderen und wollten nicht noch Salz hineinreiben. Wir trafen uns, um zu plaudern oder zu schweigen oder Sokrates anzuhören, der wie immer lebte und seine Nachforschungen über das Wesen der menschlichen Seele, der Gerechtigkeit und Wahrheit fortsetzte. Wie immer kümmerte er sich nicht um Politik und folgte nur der Logik, wohin sie ihn auch führte. Wenn einige für das Volk bestimmte Berichte in letzter Zeit der Logik entbehrten, so diente ihm das nur nebenbei als Beispiel.
Platon kam weniger häufig als früher. Als er sich der Politik zuwandte, hatte ihm Sokrates nur den Rat erteilt, das Gesetz zu studieren. »Niemand kann einen tönernen Wasserkrug herstellen, ohne zuerst eine Lehrzeit gemacht zu haben. Glaubst du, die Kunst, Menschen zu regieren, sei leichter?« Wenn er zu Sokrates kam, sprach er selten; er hörte zu oder verbohrte sich in seine eigenen Gedanken. Er glich einem Kranken bei einem Festmahl, der nur das zu sich nimmt, was er ertragen kann. Ich war nicht so töricht, seinen Kummer an meinem zu messen, der nur der Spur glich, die ein Meteor bei seinem Sturz hell an den Himmel schreibt.
Samos war gefallen. Ohne Flotte hatte für die Insel keine Hoffnung bestanden. Lysander hatte die Demokraten am Leben gelassen, und die Kleider, die sie auf dem Leibe trugen, durften sie in die Verbannung mitnehmen. Die Stadt hatte er wieder den Oligarchen, die wir bezwungen hatten, zurückgegeben. Damit war seine Arbeit zu Ende, und er segelte im Triumphzug heim nach Lakonia, mit Kriegstrophäen und einer Schiffsladung Geld, von dem nicht eine Drachme in seinen eigenen Sack geflossen sein soll. Er war ein Mensch, den es einzig nach Macht gelüstete. Doch nicht bei allen Spartanern, die mit Geld in Berührung kamen, verhielt es sich so; seitdem Gold nach Lakonien gekommen war, soll sich dort vieles geändert haben.

Kallibios' Truppen blieben auf der Akropolis; jeder Athener, der opfern wollte, mußte erst um Erlaubnis bitten. Und jetzt pflegte der Rat der Dreißig seine Verhaftungen durch eine spartanische Wache vorzunehmen. Sie begannen bei den Metöken. Ich habe selbst gesehen, wie man Polemarchos, den Schildmacher, durch die Straßen führte. Ich kannte ihn als einen gebildeten Mann, der die Philosophen unterstützte. Ich wandte mich an einen Zuschauer mit der Frage, wessen man ihn beschuldige.

»Ah«, antwortete der Mann, »es scheint, sie haben ihn schließlich doch ertappt.« Er war ein schwächlicher Bursche; das Weiß seiner Augen glich dem Weiß eines verdorbenen Eies. »Er verkaufte einem armen Soldaten einen Schild, dessen Füllung nur mit dünner Bronze überzogen war, und der Mann wurde getötet. So machen diese Fremden ihr Geld: indem sie ehrliche Leute unterbieten.« – »Nun, beim Verhör werden wir ja sehen, ob er schuldig ist oder nicht.« – »Schuldig? Natürlich ist er schuldig. Er ist der Bruder von Lysias, der sein Brot verdient, indem er für andere Reden aufsetzt, und der diese dreckigen Angeber verteidigt und losbekommen hat. Ihr Haus ist voller Atheisten und Anarchisten, wie zum Beispiel Sokrates, der die jungen Leute die Götter verspotten und ihre Väter verprügeln lehrt.« Ich blickte ihn an. Ebensogut hätte man einem Hund, der sich nach Flöhen absucht, Logik beibringen können. »Das ist eine Lüge«, sagte ich. »Dein Verstand stinkt wie dein Körper.« Dann ging ich fort und schämte mich. »Es ist eine Krankheit«, dachte ich, »und ich bin von ihr befallen, wie die anderen auch.«

Polemarchos wurde nie vor ein Gericht gestellt. Es wurde bekanntgegeben, er sei des Hochverrates schuldig befunden worden, aus zureichenden Gründen; man gab ihm im Gefängnis den Schierlingsbecher zu trinken. Sein Bruder Lysias entkam durch die Hintertür und floh mit seiner Frau über den Piräus. Ihr Vermögen wurde beschlagnahmt, vom Staat, hieß es in der

Meldung. Doch die Bronzen aus ihrem Haus konnte man später im Hause eines der Dreißig sehen. Später machte dieses Beispiel bei anderen Schule. Wer sich schon bereichert hatte, nötigte die anderen auch dazu, damit alle gleichermaßen an der Sache beteiligt seien. Doch Theramenes, das fiel auf, machte nicht mit. Er sah krank aus, und wenn er in unserem Hause speiste, aß er Diät und sagte, sein Magen mache ihm Beschwerden.

Bald gewöhnte sich die Stadt an den Anblick von Menschen, die ohne Gerichtsverfahren verschwanden. Es waren schließlich nur Metöken. Aber dann begannen die Dreißig, auch Demokraten zu verhaften. Und von diesem Zeitpunkt an gab es in der Stadt zwei Nationen. Denn es genügte nun nicht mehr, daß man, um sicher zu sein, die Zunge hütete. Es wurde nötig, die Überzeugung aufzugeben; und viele gaben sie auch auf.

Eines Morgens hielt mich mein Vater an, als ich eben ausgehen wollte. Nach einigen Umschweifen kam er schließlich zur Sache. »... es wäre deshalb, wenn man alles berücksichtigt und solange es heikel ist, wohl angebracht, sich nicht mit Lysis, dem Sohn des Demokrates, in der Öffentlichkeit sehen zu lassen.«

Es wurde mir dunkel vor den Augen. Mir war übel. »Vater«, sagte ich, »sag mir im Namen meiner Mutter: ist Lysis in Gefahr?« Er schaute mich ungeduldig an. »Unsinn, nicht daß ich wüßte. Aber es fehlte ihm an Besonnenheit. Er bringt sich ins Gerede.« Ich wartete einen Augenblick, um wieder Herr meiner selbst zu werden, bevor ich sprach. »Es sind nun zehn Jahre, daß ich stets, wenn von Lysis die Rede war, an seiner Ehre teilhaben konnte. Wofür soll ich sie jetzt verkaufen? Für einen Teller schwarzer Brühe? Für einen Kuß von Kritias? Für wieviel?« – »Du wirst ausfällig. Ich spreche von bloßer Vorsicht. Das sind Dinge, die man jungen Leuten mit loser Zunge nicht eröffnen kann, doch wollen wir hoffen, daß der gegenwärtige Stand der Dinge nicht in alle Ewigkeit dauern wird. Inzwischen aber er-

warte ich, daß du dich in diesem Hause so benimmst, wie du es von mir gelernt hast und nicht, wie Sokrates es lehrt.«
Tiefe Falten zogen sich um seine Augen; in letzter Zeit hatte er oft müde ausgesehen. »Ich war unverschämt, Vater. Es tut mir leid. Doch würdest du selbst tun, was du von mir verlangst?«
Nach einem Augenblick des Zögerns sagte er: »Bedenke immerhin, daß ich nur einen einzigen Sohn habe.«
Ich machte mich sofort auf, um Lysis zu besuchen. Unterwegs sah ich vor mir einen Rücken, den ich an seiner Breite erkannte. Autolykos befand sich auf dem Heimweg von der Palästra.
Unter den damaligen Athleten galt er als besonders gutaussehend und anmutig. Er war nicht viel schwerer, als er es auf dem Isthmus gewesen war, und da er sich mit seinem Gewicht auch gegen viel schwerere Gegner durchgesetzt hatte, galt er nun als klassischer Kämpfer und Vertreter des Goldenen Zeitalters. Verglichen mit dem, was man jetzt bei allen Spielen sah, hatte sogar ich allmählich begonnen, ihn für schön zu halten. Bei den letzten Spielen der Athene hatte er wieder den Kranz gewonnen. Ich wollte ihn eben überholen, um mit ihm zu plaudern, als ich aus der entgegengesetzten Richtung Kallibios die Straße herunterkommen sah, zwei spartanische Wachen hinter sich. Die Straßenmitte war kotig, doch den Mauern entlang war es trocken. Kallibios und Autolykos trafen sich, hielten an und blickten einander an, ohne daß einer dem anderen Platz gemacht hätte. Die Leute auf der Straße standen still.
Kallibios sagte in seinem rauhen Dorisch: »Mach Platz, du Lümmel.« Er hätte nicht brüllen müssen, um gehört zu werden. Ich sah Autolykos' Rücken, fest wie eine Eiche; und dann Kallibios' Augen, als er mit seinem Stock ausholte.
Autolykos bückte sich mit einer lässigen Bewegung, wie ein Erwachsener, der mit Knaben spielt. Als er sich wieder aufrichtete, erschien über seiner Schulter Kallibios' Gesicht in der Luft. Seine Hände schlugen auf Autolykos' Schultern, dann wurde er

leichthin wie ein Reisigbündel nach rückwärts geworfen und landete mit dem Gesicht nach unten in der nassen Straßenmitte. Autolykos hakte sich, ohne zu beachten, wohin sein Gegner gefallen war, seinen Mantel fest und schritt der Mauer entlang weiter. Die ganze Straße jubelte, mit Ausnahme jener, die nahe genug standen, um zu sehen, wie Kallibios den Kot aus seinem Gesicht kratzte, und diese lachten. Ehe Autolykos um die Straßenecke bog und aus unserem Gesichtskreis verschwand, machte er das Zeichen, mit dem sich ein guterzogener Sieger auf seinem Rückweg in den Ankleideraum für den Beifall bedankt.

Die beiden Wachen waren ziemlich langsam gewesen und nicht ganz auf der Höhe der Situation, da sie keine Befehle erhielten; jetzt aber, als sie ihm nacheilten, stießen sie auf ihrem Wege auf lauter Hindernisse, beladene Esel, raufende Jungen, sogar eine Gruppe von Frauen. Aber sie holten ihren Mann bald ein, da sie ja rannten und er nicht. Ich glaube, er überlegte sich, ob er die beiden noch als Zugabe drannehmen sollte; dann bemerkte er, daß die Menge folgte, lächelte und schritt ruhig weiter. Sie wagten ihn nicht zu fesseln. In jeder Straße, durch die wir kamen, schwoll die Menge an und wurde lärmiger, da die Leute sich gegenseitig Mut machten. Als wir die Straße zur Akropolis erreichten, müssen es beinahe zweihundert gewesen sein.

Ich war an der Spitze gewesen, und es gelang mir, dort zu bleiben. Als wir uns dem Säulengang näherten, sah ich allein zwischen den großen Säulen des Perikles einen Mann stehen. Selbst an diesem Ort sah er immer noch groß aus. Seit seinem Triumph in Sparta hatte Lysander die Gewohnheit, unangekündigt zu kommen und zu gehen. Er war sich selbst Gesetz.

Autolykos stieg zwischen seinen beiden Wächtern die letzten Stufen empor. Lysander wartete, in seiner scharlachroten Chlamys, unbewaffnet, drei Schritte vor seinen Leuten. Man haßte ihn aus mancherlei Gründen, nicht aber wegen Feigheit.

Er und Autolykos waren von fast gleicher Größe. Ihre Blicke begegneten sich, sie maßen einander; Kallibios' Stimme, die eine Anklage hervorsprudelte, überhastete sich und wurde schrill; beide achteten nicht auf ihn.
Die Spartaner kämpften den Allkampf nicht so, wie wir ihn kennen. Die Regeln der Spiele verlangen vom Verlierer, daß er zum Zeichen der Aufgabe die Hand hochhebt, und kein Spartaner, der dies getan hat, darf sich lebend in Lakonien zeigen. Deshalb ist das ein Kampf, an dem sie sich nicht beteiligen, sie sehen ihm aber so gerne zu wie jedermann. Lysander besonders liebte es, den Spielen beizuwohnen und sich dort feiern zu lassen. Autolykos stand im Säulengang, unbewegt wie Marmor; ich hatte ihn mit diesem Ausdruck im Tempel gesehen, als er auf die Bekränzung wartete. Lysander runzelte die Stirn, konnte aber aus seinen harten blauen Augen eine kühle Billigung nicht verbannen. Kallibios, bis zu den Haaren mit Kot verschmiert, schaute zu, wie die beiden großen Männer ihre Kraft maßen; wäre es in seiner Macht gelegen, alle Anwesenden in Stein zu verwandeln, er hätte mit Lysander den Anfang gemacht. Jedermann bemerkte das; und Lysander sah es auch, als er sich umwandte.
Sein Gesicht verriet nichts. »Du bist Autolykos, der Ringer? Ist seine Anklage wahr?« – »Er spricht zu schnell«, versetzte Autolykos. »Sie ist es wohl.«
Lysander sagte: »Laß den Angeklagten die Anschuldigung hören, Kallibios. Sagtest du nicht, er habe dich angegriffen? Was tat er?« Kallibios stotterte. Einige aus der Menge legten unaufgefordert Zeugnis ab. Lysander gebot Ruhe. »Nun, Kallibios? Wiederhole die Anklage.«
So erzählte Kallibios noch einmal, wie er in die Straßenmitte geworfen worden war, und die Menge jubelte. Lysander fragte: »Wie tat er das, Kallibios? Ich verlange einen Bericht. Hat er einen Hüftschwung angesetzt oder was?« Kallibios kaute an

seiner Lippe. Autolykos antwortete: »Nein, es war bloß ein Schenkelgriff mit Hochwurf.« Lysander nickte. »Stimmt es, was diese Männer bezeugen, daß er dich mit dem Stock schlug?« Autolykos hob schweigend die Hand zu seiner Stirn, wo das Blut aus seinem kurten Kraushaar sickerte. »Klage abgewiesen«, sagte Lysander. »Du arbeitest jetzt nicht mit deinen Heloten auf dem Bauerngut, Kallibios. Es wäre besser, du lerntest, wie freie Männer regiert werden.«

Die Stadt war für ein paar Tage ruhig. Dann wurde, in Marmor gehauen, bekanntgegeben, Thrasybulos und Alkibiades seien verbannt worden.

Thrasybulos war vor einer Woche nach Theben geflohen. Angeblich soll ihn Theramenes vor dem gewarnt haben, was man gegen ihn plante. Seine Verurteilung erregte eher Zorn als Überraschung. Doch es genügte, wie immer, den Namen des Alkibiades in der Agora laut werden zu lassen, um die Leute den ganzen Tag zum Reden zu veranlassen. Was führte er im Schild, das die Dreißig so ängstigte? Man sagte, er habe Thrakien verlassen, sei nach Ionien hinübergefahren und habe vom neuen König Artaxerxes freies Geleit erbeten. Dahinter mußte etwas stecken. Die einen sagten, er werde es der Stadt nie verzeihen, ihn ein zweites Mal ungerechterweise der Schande preisgegeben zu haben; andere, er werde aus Haß auf König Agis tun, was er für uns aus Liebe nie tun würde. Selbst nach der Schlacht bei der Ziegenbucht, wo ihn die Generäle unter Beleidigungen fortgejagt hatten, trafen Flüchtlinge ein, die er auf seinem Hügelschloß beherbergt und denen er das Leben gerettet hatte. Unverschämt mag er sein, aber er ist frei von jeder niedrigen Gesinnung. Schon von Kindheit an war das so. Und die Leute sagten: »Solange Alkibiades lebt, besteht noch Hoffnung für die Stadt.« Die Nachricht seiner Verbannung war fast wie ein Versprechen seiner Rückkehr. Man sagte offen auf den Straßen, die Dreißig seien nur im Amt, um eine neue Verfassung zu entwerfen; es sei Zeit, daß sie ihren Entwurf vorlegten und anderen Platz machten.

Bald darauf erging ein Appell an die Truppen; sie wurden zu einer unbewaffneten Heerschau einberufen, um die Einheiten neu einzuteilen. Auf dem Exerzierplatz der Akademie plauderte ich mit ein paar alten Freunden; dann besuchte ich Lysis, den ich in der Menge vermißt hatte. Als ich zu seinem Haus kam, hörte ich drinnen ein Weinen und Lysis mit der erstickten Stimme eines verstörten Mannes sagen: »Da, trockne deine Augen, mach dir nichts draus. Beruhige dich jetzt, ich muß gehen.«

Er kam herausgestürzt und hätte mich beinahe auf die Schwelle geworfen. Er war halb betäubt und zitterte vor Wut. Er packte mich fest an, als könnte ich ihm davonlaufen, und sagte: »Alexias, diese Hurensöhne haben mir meine Rüstung weggenommen.« Ich fragte: »Was? Wer hat sie weggenommen?« – »Die Dreißig. Während ich beim Appell war. Meinen Speer, meinen Schild und sogar mein Schwert.«

Ich starrte ihn an wie ein Blödsinniger. »Aber das können nicht die Dreißig gewesen sein. Meine Waffen sind noch da; ich komme soeben von zu Hause.« – »Horch!« Zornige Stimmen begannen sich auf der Straße immer lauter zu erheben, und Männer rannten von Haus zu Haus. »Dein Vater ist Ratsmitglied«, fügte er hinzu.

Es gibt Unheil, das man sich nicht vorstellen kann, bis man es geschehen sieht. Das sollte nun, wie mein Vater so gerne zu sagen pflegte, eine Regierung von anständigen Männern sein! Ein anständiger Mensch und Bürger sollte doch ein Mann sein, der die Stadt mit seinen Waffen verteidigen kann.

»Beherrsche dich, Alexias«, sagte Lysis. »Was soll das? Ich habe bereits genug Tränen gehabt.« – »Ich weine nicht. Ich bin wütend.« Mein Gesicht brannte, und mein Hals wollte zerspringen. »So sollen sie auch meine Waffen nehmen; es ist ohnehin keine

Ehre mehr, sie zu tragen.« – »Sei kein Dummkopf, Waffen sind in erster Linie zum Gebrauch da, erst in zweiter Linie als Ehre. Wenn du Waffen hast, so paß auf sie auf. Schließ sie ein.« Am folgenden Tag erfuhren wir, daß dreitausend Reiter und Hopliten ihre Waffen behalten durften. Mein Vater gehörte dazu, und sie hatten meine Waffen für die seinigen gehalten. Sie allein besaßen das Bürgerrecht und das Recht auf gerichtliche Untersuchung. Über alle anderen beanspruchten die Dreißig die Gewalt über Leben und Tod.

Die Menschen gingen wie der Tod durch die Stadt. Es gab keinen Ausweg. Wir selbst waren einst Ursprung der Gerechtigkeit und Demokratie in Hellas gewesen. Wir waren durch den Krieg verarmt; von siegreichen Feinden umringt; und jenseits des Meeres waren die Länder der Barbaren, wo selbst das Denken der Menschen versklavt wird. Womit kann man taubes Salz wieder salzig machen?

Mein Vater sagte zu mir: »Sprich nicht so wild, Alexias. Bestehe sie nun aus wenigen oder vielen, eine Regierung, die sich bewährt, ist gut. Kritias ist ein kluger Mann; die Verantwortung wird ihn vorsichtig machen.« – »Willst du einen Betrunkenen zur Mäßigkeit erziehen, indem du ihm mehr Wein gibst?« – »Unter uns gesagt, Theramenes findet dreitausend auch zu wenig. Doch das nur in unseren vier Wänden. Aber der Grundgedanke ist gut und paßt zu einer Aristokratie.« »Platon glaubt auch an eine Herrschaft der Besten. Als er hörte, daß man Lysis die Waffen abgenommen hat, konnte er vor Beschämung nicht mehr sprechen.« – »Zitiere mir nicht Platon«, erwiderte mein Vater, »als ob er ein Philosoph wäre. Ich habe von deinen wohlriechenden Freunden genug.«

Die Arbeit mußte weitergehen; ich ritt am nächsten Tag auf einem gemieteten Maultier auf das Gut hinaus und übernachtete dort. Ich verrichtete meine Arbeit nackt in der frühen Herbstsonne, band die Weinreben und war trotz allem glücklich; die

Erde und ihre fruchtbaren Götter schienen allein wirklich, alles andere war wie Schatten von Träumen. Tags darauf kehrte ich zurück und schlug den Weg über das Dipylontor ein, um mein Maultier zurückzugeben. Als ich durch die Gräberstraße ging, überfiel mich ein merkwürdiges Gefühl und eine Furcht, die ich mir nicht erklären konnte. Es schien kälter zu sein; die Farben auf den Hügeln hatten sich verändert; und als ich auf den Boden blickte, auf den das Sonnenlicht in hellen runden Flecken durch die Blätter fiel, sah ich, daß alle ihre Form verändert hatten und wie Sicheln aussahen. Der Himmel war wie in Blei verwandelt und schien sich auf die Erde herabzusenken. Die Augen zur Sonne aufhebend, nahm ich auch an ihr eine Veränderung wahr, so daß ich nicht länger hinzuschauen wagte, damit der Gott mich nicht mit Blindheit schlage.

Zwischen den Gräbern glaubte man sich im Düster dieser Sonnenverdunkelung in der Unterwelt. Ich verspürte einen Schauer im Nacken. Anaxagoras sagt, dies sei nur darauf zurückzuführen, daß die dunkle Gestalt des Mondes sich mit der Sonne kränze. Wenn ich an einem hellen Morgen durch die Säulenhalle gehe, kann ich es ihm glauben.

Dann sah ich in der Kälte und dem fahlen Schatten einen Trauerzug die Heilige Straße heraufkommen. Er war lang und ließ auf eine Person von Stand schließen; er bewegte sich langsam in der tiefen Stille der von Schmerz und Furcht bedrückten Menschen. Nur hinter der Bahre raufte sich laut weinend eine junge Frau tränenblind das Haar.

Ich wartete, bis die Bahre an mir vorbeigezogen war. Sie trug eine schwere Leiche, denn sechs große Männer trugen sie, und dennoch beugten sich ihre Schultern. Als sie dann näherkamen, erkannte ich sie alle. Jeder war ein olympischer Sieger, ein Ringer, Boxer oder Allkämpfer. Und auf der Bahre, auf der Stirn des Toten, lag ein Olivenkranz.

Ich stand da und schaute zum letztenmal auf das strenge Antlitz

Autolykos', das man im Leben selten ohne ein Lächeln gesehen hatte. Jetzt sah er wie ein alter Heros aus, der zurückgekehrt ist, um uns zu richten. Das Dunkel nahm zu, bis ich den Olivenkranz und seinen steinernen Mund kaum mehr sehen konnte. Hinter ihm waren auf einem Katafalk seine Trophäen und seine bebänderten Kränze aufgehäuft. Als auch er vorübergezogen war, schloß ich mich den Leidtragenden an und sagte zu meinem Nebenmann: »Ich bin auf dem Land gewesen. Wie starb er?« Mit mißtrauischen und furchtsamen Augen sah er mich im Dunkel prüfend an. »Gestern ist er noch herumgegangen. Das ist alles, was ich weiß.« Er blickte weg.

Es war nun fast dunkel. Die Vögel schwiegen; ein Hund heulte furchtsam auf; das Weinen der Frau schien die Erde zu erfüllen und bis zum niedrigen Himmel zu steigen. Ich dachte: »Lysander hat ihm verziehen. Auch Kallibios hat das nicht getan, denn Spartaner gehorchen, selbst wenn sie hassen. Aber es war ein Geschenk an Kallibios, um seine Gunst zu gewinnen. Das haben Athener getan.«

Dann sprach ich in meinem Herzen: »So komm denn, Apollon, Heiler und Zerstörer, in deinem schwarzen Zorn, wie du zu den Zelten von Troja kamst, von den Zacken des Olymps herniederschreitend, wie der Einbruch der Nacht. Ich höre den Köcher im Takt deiner Schritte an deine Schulter schlagen und die Pfeile mit dem trockenen Laut des Todes rasseln. Du, Herr des Bogens, schieße ohne Unterlaß auf dein Ziel, denn wo immer dein Geschoß in dieser Stadt hinfährt, es trifft einen Menschen, für den zu sterben besser ist als zu leben.«

Doch der Schatten wich vom Antlitz der Sonne, und als wir Autolykos in sein Grab legten, sangen bereits wieder die Vögel. Damals kam es mir vor, als liege die Seele Athens in den Staub ausgestreckt und könne nicht mehr tiefer fallen. Doch einige Tage später machte ich einen Besuch in Phaidons Haus. Er war ausgegangen, aber er hatte einige neue Bücher, und so las ich und wartete. Schließlich fiel sein Schatten auf den Torweg, und ich erhob mich, ihn zu begrüßen.

Er sah mich im Vorübergehen an, als suchte er sich zu erinnern, wer ich sei; dann ging er weiter, kehrte wieder um und schritt im Zimmer auf und ab. Seine Hände waren verkrampft, und ich sah zum erstenmal seit vielen Jahren, wie ihn beim Gehen jene alte Wunde wieder behinderte. Nachdem er einige Male auf und ab gegangen war, begann er zu sprechen. Selbst auf den Ruderbänken eines Kriegsschiffes habe ich nie Ähnliches gehört. Während er bei Gurgos arbeitete, hörte ich ihn meines Wissens nie ein Wort sagen, das nicht auch bei der auserlesensten Tischgesellschaft Anklang gefunden hätte. Jetzt aber schüttete er den ganzen Dreck und Schmutz des Abschaums aus, daß ich glaubte, er höre nie mehr auf. Nach einer Weile hörte ich nicht mehr zu, nicht, weil es mich verletzte, sondern weil ich fürchtete, was er mir zu sagen habe, wenn er damit fertig sei. Schließlich streckte ich die Hand aus, hielt ihn in seinem Lauf auf und sagte: »Wer ist gestorben, Phaidon?« – »Die Stadt«, sagte er, »und sie stinkt. Doch der Leichenfledderer Kritias bewahrt die Leiche seiner Mutter noch unbestattet über der Erde auf. Sie haben ein Gesetz erlassen, welches das Lehren von Logik untersagt.«

»Logik?« fragte ich. »Logik?« Er war mir unverständlich, als hätte er gesagt, ein Gesetz gegen Menschen. »Wer kann die Logik verbieten? Logik gibt es einfach.«

»Schau auf der Agora nach. Dort ist eine Verfügung in Marmor gehauen, die es zum Verbrechen stempelt, die Wortkunst zu lehren.« Er brach in ein Gelächter aus; wie ein Gesicht in einem dunklen Wald, hatte Lysis es einmal beschrieben. »O ja, es ist wahr. Hab ich dich etwas Neues gelehrt, Alexias? Lerne es auswendig, schreibe es nieder, es ist die Rede eines Sklaven. Ich werde in Athen eine Schule eröffnen; sei du mein erster Schüler, ich werde dich unentgeltlich aufnehmen.« Sein Lachen brach ab; er warf sich auf seine Arbeitsbank vor dem Tisch nieder,

zwischen seine Federn und Schriftrollen, und vergrub den Kopf in den Armen.
Dann setzte er sich auf und sagte: »Es tut mir leid, daß ich ein solches Theater aufführte. Während der Belagerung, als man mit jedem Tag seine Kräfte ein wenig mehr schwinden fühlte, besaß man größere seelische Widerstandskraft. Offenbar schwächt Mangel an Hoffnung mehr als Mangel an Nahrung.«
Angesichts seines Schmerzes vergaß ich fast seine Neuigkeiten, denn er war mir sehr lieb. »Warum grämst du dich so, Phaidon? Wenn uns die Götter verflucht haben, was geht das dich an? Wir haben das Blut deiner Verwandten vergossen und dir das schlimmste Unrecht angetan.« Doch er antwortete: »Athen war die Stadt meines geistigen Lebens.«
»Geh nach Melos zurück«, fuhr ich fort, »und fordere von den Spartanern den Landbesitz deines Vaters zurück. Dort wirst du mehr Freiheit finden als hier.« – »Ja«, sagte er, »ich will gehen, warum nicht? Aber nicht nach Melos; nichts könnte mich dazu bringen, es wiederzusehen. Vielleicht nach Megara, um Mathematik zu studieren, und später in eine dorische Stadt, als Lehrer.« Er erhob sich und begann seine Bücher auf dem Tisch zu stapeln. Dann lächelte er und sagte: »Was rede ich denn? Du weißt, daß ich Athen nie verlassen werde, solange Sokrates am Leben ist.«
Ich erwiderte sein Lächeln, und dann, im selben Augenblick, kam uns beiden der gleiche Gedanke, und das Lächeln erstarrte auf unseren Lippen.
Als ich bei Sokrates' Haus vorsprach, war er ausgegangen; so spät am Morgen war das vorauszusehen gewesen, und doch hatte ich Angst. Beim Weggehen traf ich Xenophon; auch in seinen Augen konnte ich meine eigenen Befürchtungen lesen. Wir ließen den gezwungenen Ton unserer letzten Begegnung fallen. Er zog mich in eine Vorhalle; selbst er hatte endlich gelernt, die Stimme auf der Straße zu dämpfen. »Diese Regie-

rung wird nie ihrer selbst würdig sein, Alexias, solange Kritias ihr angehört. Ich habe gegen seine Wahl gestimmt, das darf ich sagen.« – »Er hat von Sokrates' Freunden wohl kaum viele Stimmen erhalten.« – »Ausgenommen jene Platons. Eines ist sicher, Kritias hat Sokrates die Geschichte mit Euthydemos nie verziehen. Dieses Gesetz richtet sich gegen Sokrates persönlich. Jeder Narr kann das sehen.«

»O nein«, antwortete ich. »Es richtet sich gegen die Gedankenfreiheit, wie Phaidon sagt. Keine Tyrannei ist sicher, solange die Menschen ihren Verstand gebrauchen dürfen.« – »Das Wort Tyrannei gefällt mir nicht«, entgegnete er schroff. »Ich möchte eher sagen, daß ein Prinzip falsch angewendet wird.« Dann sah er plötzlich wieder aus, wie ich ihn von Kindheit an gekannt hatte. »Wenn du dich nicht mehr an Kritias' Gesicht erinnern kannst an jenem Tag, ich kann's.«

Zuerst kam es mir widersinnig vor. Ich hatte den schönen Euthydemos erst kürzlich gesehen; er hatte auf die Geburt seines zweiten Sohnes getrunken. Es war begreiflich, daß Xenophon dort, wo Phaidon das Denken gefesselt sah, nur die Rache eines einzelnen erblickte; sein Geist war mehr auf das Persönliche ausgerichtet; und doch gibt es Zeiten, wo das Gefühl klarer sieht als der Verstand. Ich sagte: »Du könntest sehr wohl recht haben.« Wir sahen einander an, wollten uns aber nicht wie Weiber und Dummköpfe fragen: »Was sollen wir nur tun?«

»Phaidon erzählt mir«, sagte ich, »daß ein Wort von Sokrates in der Agora herumgeboten wird: ›Wenn wir einen Hirten anstellen, zahlen wir ihn dann, damit er die Herde mehren oder sie täglich kleiner werden läßt?‹« – »Wir täuschen uns nur selbst, Alexias, wenn wir erwarten, er werde sein Diskutieren hinter seine Sicherheit zurückstellen.« – »Wünschen wir das überhaupt? Er ist Sokrates. Und doch ...« – »Mit einem Wort«, sagte Xenophon, »wir lieben ihn und sind nur Menschen.« Wir schwiegen wieder. Dann setzte ich hinzu: »Es tut mir leid, daß ich bei unserer letzten Begegnung unhöflich war. Du hast nichts getan, das gegen deine Ehre geht.« – »Ich mache dir keinen Vorwurf mehr, seit Autolykos gestorben ist. Ich selbst …« Da sahen wir Sokrates auf uns zukommen.

In unserer Freude, ihn lebend zu sehen, rannten wir beide auf ihn zu, so daß die Leute uns anstarrten, und er fragte uns, was los sei. »Nichts, Sokrates«, sagte Xenophon, »außer unserer Freude, dich wohlauf zu sehen.« Er sah aus wie immer, fröhlich und ruhig. »Ah, Xenophon«, sagte er, »was für ein guter Arzt doch an dir verloren gegangen ist! Ein einziger Blick sagt dir, daß nicht nur mein Fleisch, meine Knochen und inneren Organe gesund sind, sondern auch mein unsterblicher Teil.« Er lächelte auf seine neckische Art; mich aber verließ der Mut, und ich dachte: »Er bereitet uns auf seinen Tod vor.«

Ich verbarg meine Furcht und fragte, ob er die Bekanntmachung in der Agora gesehen habe. »Nein«, antwortete er. »Ein Freund hat mir die Mühe erspart, sie selbst lesen zu müssen; ein Freund, der, damit ich nicht aus Unwissenheit Ärgernis errege, so freundlich war, mich zu sich zu rufen und sie mir selbst vorzulesen. Ich glaube, ich darf mich auf sein Gedächtnis verlassen, da er der Mann ist, der sie selbst aufgesetzt hat.«

Ein dunkles Rot zog von Xenophons Bart zu seiner Stirn; von Kindheit an war er dazu erzogen worden, seine Gesichtszüge zu beherrschen, das Erröten aber hatte er nie überwunden. »Willst du uns damit sagen, Sokrates, daß Kritias nach dir schickte, um dir zu drohen?« – »Nicht jedem wird das Vorrecht zuteil, daß ihm der Gesetzgeber persönlich sein Gesetz auslegt. Das verschaffte mir Gelegenheit, ihn zu fragen, ob die Wortkunst verboten sei, insofern sie zu falschen oder zu wahren Feststellungen führe; erstreckt sich nämlich das Verbot auch auf die letzteren, so müssen wir uns alle jedes sinnvollen Sprechens enthalten, das ist klar.«

Seine kleinen, hervorstechenden Augen lachten uns an. Oft

berichtete er uns Zug um Zug von einem Wortstreit, den er in der Palästra oder den Läden mit einer voreingenommenen Zufallsbekanntschaft geführt hatte. Jetzt beschrieb er uns diese Unterredung, in der er im selben Stil sein Leben verwirkt hatte, darauf war zehn gegen eins zu wetten. »Wie alt bis du übrigens, Xenophon? Und du, Alexias?« – »Sechsundzwanzig«, antworteten wir beide. – »Beim Hund, was ist aus meinem Gedächtnis geworden? Ich werde wohl alt. Man hat mir doch eben verboten, mit Männern unter Dreißig zu reden.« Das war zuviel; wir brachen in wildes und zorniges Gelächter aus. »So hat mir Kritias wenigstens am Ende unseres Gespräches sein neues Gesetz ausgelegt. Ich bin Gegenstand einer besonderen Zusatzklausel; wirklich eine ungewöhnliche Ehre.«

Als wir nachher über die Agora zurückkehrten, hörten wir einen Hausvater zu einem anderen sagen: »Eines muß man der Regierung zugute halten, sie hat einige Mißbräuche beseitigt. Es war höchste Zeit, daß man mit diesen Sophisten aufräumte, die den Leuten nur ein Bein stellen und sie dann so verdreht machen, bis sie Recht und Unrecht nicht mehr unterscheiden können. Sie lehren die jungen Leute nur freche Entgegnungen auf alles, was man ihnen sagt.« Als wir sie hinter uns gelassen hatten, sagte Xenophon: »Das, Alexias, sind nun die Leute, von denen du regiert werden willst.« – »Die vielen schleifen die extremen Härten der einzelnen ab«, versetzte ich, »wie Kiesel an einem Strand. Möchtest du lieber Kritias haben?« Doch wir schieden als Freunde. Auch heute noch, wenn wir einander treffen, geht es ähnlich zu.

Von diesem Zeitpunkt an bildeten Sokrates' Freunde eine Verschwörung. Einer pflegte schon sehr früh am Morgen bei ihm vorzusprechen und sich in irgendeiner Frage Rat zu holen. Während er sprach und sein Fortgehen hinauszögerte, erschienen andere und zettelten ein Streitgespräch an. Wir ließen die Straße nicht aus den Augen; es gab für den Notfall einen Rück-

zug über die Hausdächer. Gewöhnlich gelang es uns, ihn im Hause zu halten, wenigstens solange die Agora voll Leute war. Ich erinnere mich noch gut an den kleinen, weißgetünchten Raum voller Leute; der zuerst Angekommene saß am Fuß von Sokrates' Bett; der Zweite setzte sich auf das Fensterbrett; die meisten aber auf den Boden; und Xanthippe murrte laut im Inneren des Hauses, weil sie keine Möglichkeit mehr hatte, das Haus zu schrubben. Platon pflegte schweigend einzutreten und sich in die dunkelste Ecke zu setzen. Denn er kam nun täglich, und man hörte nichts mehr von seinen Rechtsstudien. Seine Anfälle von Geistesabwesenheit waren verschwunden; man konnte sehen, daß er jedem Wort folgte und in Gedanken oft vorauseilte; aber er sprach selten. In seiner Seele tobte ein Kampf, und wir bemitleideten ihn alle, wenn man überhaupt einen Geist bedauern kann, der stärker ist als der eigene. Xenophon nehme ich hier aus: denn er wußte wohl, daß Platon mit Dingen ringe, an die er selbst nicht rühren wollte, und das machte ihn verlegen. Wer zu Sokrates ging, pflegte sich bei Euphronios, dem Parfümeriehändler, zu versammeln. Es war dort nicht so fein, daß jedermann hinging, nicht so von Fremden überfüllt, die leicht hätten Angeber sein können. Wir gingen hin, unterzogen uns der höflichen Redensarten, die ein solcher Händler erwartet, und rochen am neuesten Öl, das er gerade mischte, fanden es zu schwer oder zu leicht oder zu moschushaltig, oder manchmal, um ihn bei Laune zu halten, lobten wir seine Ware und kauften etwas. Sokrates rümpfte dann wohl seine Stupsnase, wenn wir sein Haus betraten, und sagte, ein guter Ruf rieche besser.
Doch eines Morgens kam uns der Mann, der als erster gegangen war (es war Kritons Sohn Kritobulos) im Torweg entgegen und sagte: »Er ist nicht zu Hause.«
Ins allgemeine Schweigen hinein sagte Euphronios: »Versuche einmal dieses, mein Lieber. Echtes persisches Rosenöl. Die

Flasche ist ägyptische Glasarbeit. Als besonderes Geschenk …« – »Ich bin überall gewesen«, berichtete Kritobulos, »in der ganzen Stadt. Ja, schicke mir zwei, Euphronios.« – »Zwei? Das kostet …« Kritobulos kam zu uns herüber und dämpfte die Stimme. »Jemand sagte, er sei in die Bunte Halle gegangen.«
Junge Leute, die sich heute die Bunte Halle ansehen, können sich kaum vorstellen, daß sie ein Ort gewesen ist, den man bei Tageslicht aufsuchte und erst nachts wieder verließ, die Füße voran. Die Dreißig verhörten dort die Verdächtigen. Sie verwendeten den Ort freilich auch zu anderen Zwecken; doch die anmutigen Säulen, die bemalten Kapitäle und die Goldverzierungen verbreiteten einen Todesgeruch wie das Gehege des Minotaurus.
»Jemand sagt das immer«, sagte Lysis darauf. »Leute, die lieber mit schlechten als mit gar keinen Nachrichten kommen. Er kann auch früh aufgestanden sein, um opfern zu gehen.« – »Mein Vater versucht, es herauszufinden. Sobald wir etwas erfahren, komme ich zurück.«
In gemeinsamer Not drängen sich die Menschen instinktiv zusammen, doch für einen Augenblick saß jeder in einen Kummer versunken da, der ganz ausschließlich sein eigener zu sein schien. Xenophon starrte, die Hände auf den Knien, die Wand an. Bei Euphronios sah er immer etwas fehl am Platz aus. Wurde ihm ein Gratismuster angeboten, sagte er: »Nicht für mich. Hast du etwas für ein Mädchen?« Apollodoros rieb seine großen roten Hände, bis die Gelenke krachten. Er war erst kürzlich zu uns gestoßen und war fast eine Belastung, da er so schlicht war, daß seine Gesellschaft fast lästig war, wie die eines Kindes, ohne deren Reiz zu besitzen; auch war er häßlich mit seiner kahlen Stirn und den großen Ohren. Einige hatten sich anfänglich auf seine Kosten lustig gemacht, bis Sokrates uns beiseite nahm und beschämte. Es stimmte, daß der junge Mann keine falsche Einbildung habe, sondern mit Bescheidenheit das Gute suchte,

von dem er nicht wußte, wie es zu finden sei, so wie das Vieh Salz suchen geht. Da er sich aber nicht beherrschen konnte, hatte er nun Euphronios in Verlegenheit gebracht. Ernsthafte Zusammenkünfte waren in jener Zeit in jedem Laden unerwünscht. Lysis und ich, die wir in Samos unsere Erfahrungen gemacht hatten, gelang es, seinen Rückzug zu decken, indem wir vorgaben, eine Liebesgeschichte habe ihn verwirrt.

Euphronios wurde wieder besser gelaunt und begann, seine neuen Vorräte auszubreiten. Dann blickte er plötzlich auf. »Ah, Aristokles, du bist so leise eingetreten, daß ich dich gar nicht hörte. Und ich habe gute Nachrichten für dich. Das Rosenöl, das du letztes Jahr zu bestellen pflegtest, ist wieder eingetroffen. Genau die gleiche Qualität, süß und trocken, du erinnerst dich sicher daran.« Er betupfte ein Stück Leinwand und hielt es ihm hin. Nach einem Augenblick des Schweigens sagte Platon: »Danke, Euphronios, doch heute nicht.« – »Ich versichere dir, es ist in jeder Hinsicht dem letztjährigen ebenbürtig.« – »Nein, danke, Euphronios.« Er schritt zur Tür und sagte: »Wollen wir gehen?« Phaidon trat zu ihm hin und sagte ruhig: »Noch nicht, Platon. Sokrates ist nicht zu Hause.« – »Nicht zu Hause?« sagte Platon langsam. Er zog die Brauen zusammen wie einer, der unter Kopfschmerzen leidet und von dem verlangt wird, über etwas nachzudenken.

Phaidon begann: »Kritobulos sagt ...«, als dieser selbst, von den Säulengängen kommend, im Torweg erschien. Er war ein hübscher junger Mann, dessen Kleidung das noch unterstrich. Der Mantel hatte einen gestickten Saum, die Sandalen waren mit Korallen und Türkisen besetzt, und sein Gesicht hatte die Farbe gebleichten Hanfs. »Sie haben Sokrates kommen lassen. Sie bestellten ein Aufgebot, um eine Verhaftung vorzunehmen. Leon von Salamis, sagen die Leute. Sie ließen Sokrates kommen, damit er sich ihnen anschließe.«

Wir wandten uns zur Tür, um unsere Gesichter vor Euphronios

und seinen Sklaven zu verbergen. Ich sah, wie sich Xenophons Lippen schweigend bewegten, fluchend oder betend. Das war nun die neueste Methode der Dreißig, so verfuhren sie mit jedem, der für sie eine Gefahr bedeuten konnte: Sie zwangen ihn zur Teilnahme an einem ihrer Verbrechen, damit die Schande ihm den Mund versiegle. Wer sich weigerte, lebte nicht sehr lange.

Kritobulos sagte: »Sokrates ging in die Säulenhalle, als er gerufen wurde, und fragte, wie die Anklage laute. Als sie ihm das nicht sagen wollten, versetzte er: ›Also keine‹, und ging nach Hause.«

Das Schweigen wurde von Apollodoros gebrochen, der laut aufschluchzte. Xenophon nahm ihn bei der Schulter und führte ihn hinaus. Ich sah mich nach Platon um. Er stand immer noch im Ladeneingang und starrte vor sich hin auf eine Hetäre, die Wohlgerüche einkaufen kam. Sie raffte ihr Seidenkleid straff über ihrem Hinterteil zusammen und lächelte über die Schulter zurück; dann, als sich seine Augen nicht rührten, ging sie achselzuckend davon. Ich hatte ihn eben ansprechen wollen, doch es gibt Türen, wo man nicht anklopft.

Endlich wandte er sich um, berührte Phaidons Arm und sagte: »Warte nicht auf mich.« Phaidon zögerte und sah ihm ins Gesicht. Dann sagte er: »Der Gott sei mit dir.« Ich war überrascht, aber zu verwirrt, um die volle Bedeutung zu erfassen. In diesem Augenblick lief Apollodoros herbei und rief: »O Platon, wenn du zu Sokrates gehst, laßt mich dich begleiten.« Jetzt aber war seine Ungeschicklichkeit zuviel; zwei oder drei von uns konnten einen Zornesausbruch nicht unterdrücken. Aber Platon nahm ihn beim Arm und sagte sanft und deutlich: »Geh jetzt nicht zu Sokrates, Apollodoros. Er wird seine Angelegenheiten ordnen und vielleicht mit Weib und Kind sprechen. Ich gehe nicht zu Sokrates; ich gehe zu Kritias.«

Er ging durch den Säulengang davon. Während ich ihn gehen

sah, dachte ich daran, wie die alte attische Dynastie geendet hatte, als König Kodros allein auszog und die Dorier herausforderte, weil die Vorzeichen den Sieg verkündet hatten, wenn der König falle. Sie hielten es für gottlos, ihm einen Nachfolger zu geben, setzten einen Priester auf seinen Thron und weihten ihn den Göttern. Ich dachte: »Ein Mann kann Söhne hinterlassen und doch nicht lange genug leben, um seine Erben zu sehen.«
Was sich an jenem Tag zwischen Platon und seinem Verwandten zutrug, erfuhr keiner von uns. Fragt man mich, wie es ein Vierundzwanzigjähriger fertigbrachte, einen Fünfundvierzigjährigen zu beschämen, was selbst Sokrates nicht gelungen war, so kann ich darauf nur antworten, daß Sokrates den Dreißig trotzte und dennoch weiterlebte. Einer seiner Aussprüche, den alle seine Anhänger kannten, lautete: »Wenn einer sich mit dem Besitz einer Tugend brüstet, läßt er sich einen Kredit einräumen, den er eines Tages wird zurückzahlen müssen, oder er geht daran bankrott.« Es mag sein, daß die Vorstellung, die sein Neffe von ihm hatte, Kritias etwas wert war. Kein Mensch ist aus einem Guß. Wenn ich selbst einen auswählen müßte, der mich auf einer Lüge ertappen sollte, Platon stünde weit unten auf der Liste.
Ich ging damals wie in meiner Knabenzeit oft zum Piräus, doch aus einem anderen Grunde. Man atmete dort die Luft des Meeres; und die Stille war nicht die Stille der Stadt. Die Menschen waren hier ruhig wie Seeleute, die einen schlechten Kapitän erhalten haben und sich einig sind. Eines Tages wird die Rah vom Stapelklotz fallen, oder in einer stürmischen Nacht wird eine Trosse in Knöchelhöhe ausgespannt.
Lysis und ich gingen dort in eine gewisse Schenke, wo man frei sprechen konnte. Als wir durch die Gewürzstraße gingen, wo einige Huren ihren Wohnsitz haben, sahen wir eine in einem Trauerschleier aus dem Hause treten, die Tür hinter sich versperren und mit gesenktem Kopf weggehen, worauf zwei ande-

re, die auf der Straße klatschten, sich umwandten und sie auslachten. Als er das sah, hielt Lysis an und sagte ihnen: »Halt, ihr Mädchen, spottet nicht über den Kummer. Die Götter lieben das nicht. Morgen könnte die Reihe an euch sein.« Die eine warf den Kopf empor. »Mögen sie mir nichts Schlimmeres schicken als ihr! Hätte sie der Mann je wiedergesehen, er hätte sie gewiß nicht einmal von einer Hyperboreerin unterscheiden können. So eine Ziererei! Sie, und um Alkibiades trauern!«

Wir rissen die Augen auf, hielten unvermittelt den Schritt an und fragten: »Um wen?« – »Oh, ist die Nachricht noch nicht bis zur Oberen Stadt gelangt? Das Handelsschiff aus Chios hat sie gebracht. In Phrygien sei er gestorben, heißt es; aber es kann auch wieder einer seiner Scherze sein. Kümmere dich nicht um ihn, komm herein, mein großer Liebling, und trink ein bißchen Wein mit uns. Meine Schwester wird sich deines Freundes annehmen.«

Wir eilten zur Schenke weiter und trafen dort Steuerleute und Kapitäne, die hoch und heilig schworen, Alkibiades sei nicht tot. Er sei am Hofe von Artaxerxes und schließe ein Bündnis mit ihm ab, oder er hebe ein Heer von Thrakern aus, um Athen zu befreien. Es ging sogar das Gerücht, er halte sich im Piräus versteckt. Doch in der Stadt sagte mir Xenophon: »Sokrates glaubt es und hat sich zurückgezogen, um nachzudenken. Wenn die Nachricht falsch wäre, hätte ihn sein Dämon gewarnt.«

Am nächsten Tag trafen wir einige Chier vom Schiff und fragten sie aus. Der eine sagte: »Er wurde getötet, als er bei einem Weibe lag. Wie anders sollte Alkibiades auch sterben?« Und ein anderer: »Er hatte sie in seinem Hause, und die Männer ihrer Familie machten auf ihn Jagd. Sechs waren sie gegen einen, doch offenbar wollte keiner der erste sein. Sie warfen Fackeln auf das Strohdach, während er schlief. Er wachte auf, erstickte das Feuer mit dem Bettzeug und ging mit dem Mädchen hinaus, dann rannte er nackt auf sie los, einzig mit seinem Schwert bewaffnet, den Mantel als Schild um den Arm gewickelt. Keiner stellte sich ihm; aus zwanzig Schritt Entfernung durchbohrten sie ihn mit Pfeilen, im Lichtschein des Brandes. Das war sein Ende.«

Im Felde pflegte er oft zu uns zu kommen und sich an unser Wachtfeuer zu setzen, um sich zu schaben und zu ölen. Er war eitel auf seinen Körper, der helles Haar hatte und braun glänzte; er war sauber wie gute Nahrung; die einzigen Narben, die er aufwies, rührten von einer alten Speerwunde her und manchmal vom Liebesbiß einer Frau. Ich sah seine Augen, schläfrig und blau im Schein der zerfallenden Glut. »Wer singt uns etwas vor, ehe wir schlafen gehen? Du kannst singen, Alexias. ›Ich liebe dich, Atthis, vor langer Zeit.‹ Sing uns das.«

Lysis fragte den Chier: »Was war das für ein Mädchen?« – »Ich kenne ihre Geburtsstadt nicht. Ein Mädchen Namens Timandra.« – »Aber er hatte sie doch in Samos. Sie war eine Hetäre.« – »Sie bestattete ihn«, sagte der Chier, »wer immer sie auch war. Sie wickelte ihn in ihr eigenes Kleid und verkaufte ihre Armspangen, um ihn standesgemäß zu begraben. Ja, das Schicksal ist ein Rad. Von Perikles erzogen, sieben olympische Wagensiege, und von einer Hure begraben.«

Später sagte Lysis zu mir: »Wenn dieses Mädchen einen Vater und Brüder hatte, so ist es schon lange her, seit diese es suchen gingen. Und Männer, die ihre Ehre rächen, beweisen ein wenig mehr Geist, oder sie bleiben zu Hause. Doch gekaufte Mörder werden nicht bezahlt, um ihr eigenes Blut zu vergießen. In Phrygien … Ja, er muß zu Artaxerxes gegangen sein. Ich frage mich, ob König Agis es anordnete oder jemand, der uns näher wohnt.« Im ganzen Piräus und droben in der Stadt konnte man die Leute auf der Straße erklären hören, Alkibiades sei nicht tot. In einigen Armenvierteln behaupteten sie das noch ein Jahr später. Doch die Dreißig verrieten die Erleichterung von Leuten, die eine Furcht losgeworden sind.

Eines Tages kam ich vom Gut nach Hause, wo wir unsere erste karge Ernte einbrachten. Die Oliven hatten wieder starke Schosse getrieben; eine, die nur zur Hälfte versengt worden war, trug sogar Früchte. Ich hatte den Ertrag nach Hause gebracht und rief beim Eintreten: »Vater, sieh da!« Seine Stimme fragte von drinnen: »Was gibt's?« Beim Klang seiner Stimme stellte ich den Korb ab und trat ruhig ein. Er saß an seinem Schreibtisch, seine Papiere vor sich. »Setz dich, Alexias. Ich habe dir etwas zu sagen.« Ich ging hin, setzte mich neben ihn und blickte ihm ins Gesicht.

»Das sind die Urkunden unseres Gutes«, sagte er. »Und hier die Verträge unseres Landes in Euböa; wertlos heute, aber keiner kennt die Zukunft. Ich habe keine Schulden. Hermokrates schuldet uns noch den Zins eines Vierteljahres und kann es sich jetzt leisten, ihn zu bezahlen.«

Ich sah mir das Papier auf dem Schreibtisch an und merkte, was es war. »Vater«, rief ich aus. – »Unterbrich mich nicht, Alexias. Kydilla hätte nach ihren langen Diensten ihre Freiheit erhalten sollen. Ich habe nichts schriftlich festgelegt, teile dir aber meinen ausdrücklichen Wunsch mit, daß du, wenn das Vermögen es erlaubt, sie suchst und loskaufst, wenn du sie finden kannst. Den Zeitpunkt überlasse ich deinem Ehrgefühl und gesunden Menschenverstand. Gib deine Schwester Charis keinem zur Heirat, ehe sie fünfzehn Jahre alt ist. Alkiphron von Acharnai hat einen geeigneten Sohn, und seine Ländereien sind im Aufbau; aber die Zeiten sind unsicher, so daß ich auch das in deinen Händen lassen muß.«

Ich hörte ihn zu Ende an. »Du weißt, Vater, daß ich alles tun werde, was du verlangst; mögen die Götter geben, daß diese Zeit noch ferne ist. Was ist geschehen?« – »Hast du denn nicht gehört, daß Theramenes heute gestorben ist?«

»Theramenes?« Selbst von Alkibiades konnte ich es schneller glauben: er war ein Seiltänzer, wie Kritias einmal gesagt hatte;

man wußte, daß eines Tages das Seil reißen oder das Schwert ausrutschen würde. Doch Theramenes war schlau wie ein Bergfuchs, der nichts um des Scheines willen tut und keinen Bau ohne zweiten Ausgang gräbt. »Ermordet«, fuhr mein Vater fort, »durch den Rat, auf durchaus legale Art.« Er nahm in einer Ecke einen losen Ziegel heraus, der so gut eingepaßt war, daß ich ihn nie bemerkt hatte, und legte in den leeren Raum sein Testament. »Wenn du dies einmal herausnimmst und noch andere Papiere findest, so verbrenne sie, doch nicht, ohne sie vorher gelesen zu haben. Ich wünschte, du wüßtest, daß du der Sohn eines Mannes bist, der der Tyrannei nicht zustimmte.«
»Ich habe das nie geglaubt, Vater. Es ist mein eigener Fehler, daß du mich nicht kennst.« Und ich versuchte ihm zu sagen, was ich getan hatte. Aber es mißfiel ihm zu hören, daß ich im Piräus Verbindungen angeknüpft hatte. »Es wäre mir lieber, du verbrächtest deine Zeit mit Flötenspielerinnen. Ich dachte es mir, daß nichts Gutes daraus werde, als du zur See gingst und dich mit dem Pöbel gemein machtest.« – »Vater, darüber wollen wir später sprechen. Was ist heute geschehen?«
»Kritias klagte Theramenes des Verrates an. In seiner Verteidigung vor dem Rat leugnete dieser nicht, daß er den heutigen Zielen des Rates nicht zustimme. Er klagte seinerseits Kritias mutig an, die Prinzipien der Aristokratie verraten und an ihre Stelle eine Tyrannei gesetzt zu haben. Ich habe keine Zeit, dir die ganze Rede zu wiederholen, doch ich habe nie eine geschicktere gehört. Mit Ausnahme der notorischen Extremisten zollte ihm am Ende der ganze Rat Beifall. An unserem Urteil konnte ebensowenig Zweifel bestehen wie über dessen Konsequenzen; er hatte Kritias auf die Anklagebank gebracht. Doch inzwischen hatte sich eine Meute junger Lümmel im Zuschauerraum zusammengeschart. Ehe über das Urteil abgestimmt werden konnte, begannen sie zu brüllen und Messer zu schwingen: Männer aus keiner bestimmten Stadt, arbeitslose Metöken,

wegen Feigheit entlassene Soldaten, alles Leute, die sich für Geld oder aus freier Wahl dem Beruf käuflicher Raufbolde zuwenden. Kritias sagte, diese Männer seien gekommen, um uns den Willen des Volkes bekanntzugeben. Nun, einige von uns, die schon einer spartanischen Kampftruppe gegenüber gestanden waren, hatten schon stärkere Männer gesehen. Wir drängten auf die Abstimmung. Da erinnerte uns Kritias, nur die Dreitausend hätten Recht auf rechtliches Gehör; und er hielt die Liste empor und strich darauf Theramenes' Name aus.«

Ich konnte nur staunen, daß niemand früher an eine so einfache Lösung gedacht hatte. Mein Vater fuhr fort: »Er wurde auf der Stelle im Auftrag der Dreißig verurteilt und sogar vom Altar des Heiligen Herdes weggeschleppt, Götter und Menschen um Gerechtigkeit anrufend ... Er war gut zu dir, Alexias, als du ein Knabe warst, du wirst deshalb gerne hören, daß er rühmlich gestorben ist. Als sie ihm den Schierlingsbecher reichten, trank er ihn in einem Zuge leer, bis auf den Bodensatz; diesen schleuderte er auf die Erde und rief: ›Das ist für Kritias, den Schönen.‹ Sogar die Wächter lachten darüber.«

Er schwieg. Ich starrte ihn an und fragte: »Aber woher weißt du das alles, Vater?« – »Ich war bei ihm«, antwortete er. »Er ist dreißig Jahre lang mein Freund gewesen. Als junge Burschen dienten wir zusammen in der Wache. Zuerst war die Meinung, die Stadt solle von Ehrenmännern regiert werden. Weil Kritias das vergessen hat, brauchen es nicht alle zu tun.«

Er blickte zu dem Ziegel hinüber, unter welchem das Testament vergraben war, klopfte ihn leicht mit dem Fuß fest und sagte: »Über dem Heiligtum des delphischen Apolls, dem Nabel der Erde, steht geschrieben: ›Von nichts zuviel.‹ Ein Extrem erzeugt das andere. Ich habe mich bemüht, dir eine anständige Erziehung zu geben; doch auch du wußtest nichts Besseres, als von einem Extrem ins andere zu fallen, statt angesichts der Tyrannei alle Extreme zu fürchten. Und ein Mann wie Theramenes, der

sein Leben oft aufs Spiel setzte und es schließlich auch für die Sache der Mäßigkeit geopfert hat, erhält dafür keinen anderen Lohn als einen gemeinen Spitznamen. Es muß wohl dafür einen Grund geben. Nun, jetzt ist er tot. Der Rat machte mir keine Schwierigkeiten, als ich bat, ihn im Gefängnis besuchen zu dürfen. Kritias sagte, es sei ihnen nur lieb zu wissen, wer seine Freunde waren.« Ich öffnete den Mund und wollte etwas sagen, ich weiß nicht, was; aber ich konnte erkennen, daß er mich für einen Toren hielt, und das lähmte meine Zunge. »Du mußt noch vor Einbruch der Nacht aus der Stadt verschwinden, Vater. Ich will das Maultier mieten gehen, auf dem ich jeweils auf unser Gut hinausreite; das wird niemandem auffallen. Willst du nach Theben?« – »Ich werde auf meinen eigenen Grund und Boden gehen«, versetzte er. »Es braucht einen besseren Mann als Kritias, mich wie einen entflohenen Sklaven über die Grenze zu jagen. Hundert Jahre oder noch länger, ehe wir ein Haus in Athen besaßen, war das Gut unser Heim. Es ist schade, daß wir es je verließen. Die Menschen würden besser den Lauf der Jahreszeiten beobachten und guten Samen in die Erde senken, statt sich in Städten zusammenzudrängen, wo sie jeden Tag nur ihren eigenen Lärm hören und die Götter vergessen. Acharnai ist durchaus weit genug entfernt.«
»Das bezweifle ich. Ich flehe dich an: geh nach Theben. Die Thebaner hassen Lysander heute mehr, als sie uns je gehaßt haben; sie haben geschworen, ihm keinen Athener auszuliefern. Einige unserer besten Männer sind dort.« Schon wollte ich den Namen Thrasybulos aussprechen, doch ich besann mich noch rechtzeitig. »Ich wäre selbst nach Theben gegangen, wäre die Ernte nicht gewesen. Überlaß das Gut mir; ich werde darauf achtgeben.« Schließlich gab er unwillig nach und sagte, er gehe nach Theben. »Bring deine Schwester«, fügte er hinzu, »ins Haus des Krokinos. Obgleich er nur ein Vetter ist, besitzt er doch Familiensinn; er hat aus eigenem Antrieb angeboten, sie

zu sich zu nehmen. Für ihren Unterhalt habe ich bereits gesorgt.«
Bei Einbruch der Dämmerung führte ich das Maultier vors Haus. Beim Aufsteigen erschauderte er offensichtlich. »Das ist wieder dieses verdammte Fieber«, sagte er. »Ich wußte schon, daß es wieder fällig war. Es macht nichts; ich habe mein Mittel eingenommen. Auch ist die Luft in den Hügeln besser.« – »Gib mir deinen Segen, bevor du gehst.« Er segnete mich, fügte aber sogleich hinzu: »Laß aber, während ich weg bin, nicht gleich betrunkene Seeleute oder diese jungen Einfaltspinsel aus dem Parfümerieladen ins Haus. Verrichte die Opfer an den vorgeschriebenen Tagen und bewahre dem Haus seinen anständigen Ruf.« Nachher führte ich Charis zum Hause unseres Vetters. »Bitte«, sagte sie, »darf ich nicht bei Thalia und Lysis bleiben? Ich war so gerne dort.« – »Du kannst wieder gehen, wenn Vater nach Hause kommt. Jetzt könnte auch Lysis weggehen müssen, und Thalia würde dann bei ihrer Schwester wohnen.« Sie fragte nicht, wohin oder warum unser Vater gegangen sei. Ich habe nie ein Kind ihres Alters gekannt, das so wenige Fragen stellte. Noch vor ein paar Jahren hatte sie im Übermaß gefragt.
Kronikos' Haus war bis zum Dach von Frauen überfüllt. Er war ein guter Kerl und seinem Vater Strymon so unähnlich wie nur möglich. Er und seine Gattin hatten Frauen selbst der entferntesten Verwandtschaft bei sich aufgenommen, wenn sie verbannt waren oder flüchten mußten. Strymon selbst, nachdem er, ohne Fleisch zu verlieren, die Belagerung überstanden hatte, war einen Monat nach Übergabe der Stadt an einer Darmerkältung gestorben.
Am folgenden Tag packte ich früh morgens meinen Sack und machte mich auf den Weg nach dem Gut, auf einem Esel, den ich außerhalb der Stadtmauern gemietet hatte. Auf Lysis' Rat gedachte ich dort eine oder zwei Wochen zu bleiben. Es gab viel Arbeit, und es hatte keinen Sinn, in der Stadt zu bleiben, wenn

mein Vater vermißt wurde. Lysis hatte versprochen, mich oft zu besuchen und mir Nachrichten zu bringen.
Es war ein schöner frischer Morgen, als ich in die Hügel hinaufritt. Überall hatten die verwüsteten Güter wieder Früchte zu tragen begonnen. Auf einem wurden sogar Trauben gekeltert. Ein kleiner nackter Junge, der eine Ziegenherde trieb, lächelte mich an und zeigte mir dabei seine Milchzähne und einige Zahnlücken. Die Vögel sangen; die kühlen, westwärts ziehenden Schatten hatten die Farbe von Athenes Augen. Ich ritt zum Gutshof hinauf und summte *Des Königs Weib von Sparta* vor mich hin. Dann bemerkte ich, daß die Türe offen stand.
Ich dachte, es sei eingebrochen worden, und lief hinein. Nichts schien berührt, nur ein Bett, auf dem eine Decke lag. Beim Herumgehen entdeckte ich, daß mein Fuß auf dem Boden einen Flecken zurückließ. Ich ging wieder zur Haustür und erkannte, in was ich getreten war.
Ich folgte der Blutspur den Pfad hinunter und quer über den Hof. Zuerst sah ich Fußstapfen, dann die Eindrücke von Händen im Staub und die Spur eines Körpers, der sich weitergeschleppt hatte. Oben auf der Hügelseite knabberte ein Maulesel das Buschwerk ab.
Ich fand ihn beim Brunnen, auf dem Stein des Einfassungsrandes liegend, den Kopf über den Wellbaum hängend. Ich glaubte, er sei schon seit Stunden tot, aber er sagte mit einer Stimme, die den Klang von dürrem Gras hatte, über das ein Fuß hinstreicht: »Schöpf mir ein wenig Wasser, Alexias.«
Ich legte ihn nieder, zog Wasser herauf und reichte es ihm. Er hatte einen Dolchstoß in den Rücken erhalten und einen weiteren in die Brust, als er sich umgekehrt hatte, um zu kämpfen. Ich weiß nicht, wie er so lang hatte am Leben bleiben können. Als er getrunken hatte, beugte ich mich nieder, um ihn hochzuheben und ins Haus zu tragen, aber er sagte: »Laß mich liegen. Wenn du mich bewegst, werde ich sterben; ich muß zuerst

sprechen.« Ich kniete neben ihm nieder, tauchte meinen Mantel ins Wasser und kühlte damit sein Gesicht. Ich wartete. »Kritias«, sagte er. Ich antwortete: »Das werde ich mir merken.« Er sank in sich zusammen, dem Tode nahe, und sein Geist in Schatten verhüllt. Dann fragte er: »Wer ist da?« Ich gab ihm Antwort, und er kam wieder ein wenig zur Besinnung.

»Alexias«, sagte er, »ich schenkte dir das Leben. Zweimal schenkte ich es dir.« Ich antwortete: »Ja, Vater«, und dachte, er phantasiere. Dann fuhr er fort: »Eine Frühgeburt. Kränklich und klein. Man konnte nicht glauben, daß du viel Ehre einlegen würdest. Ein Mann hat ein Verfügungsrecht über sein eigenes Blut. Aber deine Mutter ...« Er schwieg, aber nicht wie zuvor, sondern die Augen auf mich gerichtet und um Kraft ringend, damit er weitersprechen könne. Ich sagte: »Ja, Vater; ich bin in deiner Schuld.«

Er murmelte vor sich hin. Ich verstand die Worte: »Sokrates« und »Sophisten« und »die jungen Leute von heute«. Seine Augen wurden groß, und er krampfte die zusammengeballten Hände in die Erde; dann sagte er mit erhobener Stimme, als hebe er einen schweren Stein: »Räche mein Blut.« Dann schloß er die Augen, wandte den Kopf ab und begann wieder zu murmeln.

Ich nahm seine Hand und drückte sie kräftig, bis er die Augen mir zuwandte. »Vater«, sagte ich, »seit meinem siebzehnten Jahr habe ich für die Stadt die Waffen getragen. Ich bin von keinem Schlachtfeld geflohen, auch wenn ich nur gegen Fremde kämpfte, die mir kein Unrecht getan hatten. Bin ich so niederträchtig, meinen Feinden zu verzeihen? Glaub mir, Vater, daß du einen Mann gezeugt hast.«

Unsere Blicke trafen sich; dann öffneten sich seine Lippen. Ich glaubte, er verziehe sie vor Schmerz, doch alsbald erkannte ich, daß er zu lächeln versuchte. Seine Hand umschloß die meine, so daß seine Nägel mir ins Fleisch drangen; dann ließ der Griff nach, und ich erkannte, daß seine Seele entflohen war.

Bald darauf kehrten die gemieteten Arbeiter, die vor den Mördern geflohen waren, beschämt zurück. Ich machte ihnen keine Vorwürfe, denn sie trugen ja keine Waffen, aber ich hieß sie ein Grab für ihn ausheben. Zuerst hatte ich beabsichtigt, den Leichnam zu verbrennen und die Asche in die Stadt zurückzubringen. Aber ich erinnerte mich an seine eigenen Worte und begrub ihn auf dem alten Land unserer Vorfahren, das sie schon lange, bevor wir in die Stadt gezogen waren, bebaut hatten. Es liegt am Hügel droben, über den Reben, wo die Erde für den Anbau zu karg ist; aber man hat eine gute Aussicht von dort und kann bei günstigem Sonnenstand das Aufblitzen der Akropolis sehen, wenn das Licht den Speer Athenes trifft. Ich stellte die Opfergaben auf das Grab und goß das Trankopfer aus. Als ich mir das Haar schor, kam mir in den Sinn, daß es schon das zweitemal war; und doch, dachte ich, war es auch das erstemal nicht fehl am Platz gewesen.
Ich legte es auf das Grab; dann nahm ich eine Bewegung hinter meinem Rücken wahr und kehrte mich rasch um, das Messer in der Hand. Aber es war Lysis, der dort stand. Ich merkte, daß er schon seit einiger Zeit gewartet haben mußte, schweigend, während ich die Riten beendete. Er trat nun vor, nahm mir das Messer aus der Hand, schnitt sich zum Zeichen der Ehrerbietung eine Haarlocke ab und legte sie aufs Grab. Dann streckte er mir die Hand hin und sagte, als ich sie ergriff: »Komm, mein Lieber, pack zusammen, was du hast. Wir gehen nach Theben.«
»Nein, Lysis, ich muß in die Stadt zurück. Ich habe dort noch eine Rechnung zu begleichen.« – »Das kann besser von Theben aus geschehen. So schreibt Thrasybulos. Ich wäre morgen zu dir gekommen, es zu besprechen, aber ich bekam Wind davon, sie kämen mich heute nacht holen.« Er lächelte und fuhr fort: »Zwei Männer warnten mich, unabhängig voneinander. Die Mannhaftigkeit mag in der Stadt schlafen, doch sie lebt noch. Sie hat auch in mir geschlafen, Alexias. Ich hätte schon lange

gehen und versuchen sollen, was Thrasybulos getan hat. Schwäche hielt mich zurück. Es ist hart, ein noch grünes Schoß zu bewachen und dann wegzugehen, wenn die Blüte sich öffnet.«
Noch in derselben Stunde brachen wir auf und schlugen zu Fuß die Bergstraße ein, denn wir hatten unsere gemieteten Reittiere in die Stadt zurückgeschickt. Zuerst waren wir schweigsam; er, weil der hinter ihm liegende Abschied ihm eine Wunde geschlagen hatte, die noch immer blutete; ich, weil ich erst jetzt zur Selbsterkenntnis gelangte, daß ich verloren hatte, was meine Seele geformt hatte. Doch nach ein paar Stunden, in der guten Luft und dem klaren Licht, und durch die Bewegung beim Wandern, wich beim Wiedersehen all der Plätze, wo wir in der Wache gekämpft hatten, der Kummer von uns, und Lysis erzählte mir von den Truppen, die Thrasybulos auf die Beine stellte, um die Stadt zu befreien. Die Straße stieg steil an; die Luft wurde mild und dünn; wir sahen die steinerne Festung von Phyle, die auf ihrem steilen Hügel den Paß bewachte, und verließen die Straße, damit die Wache nicht herauskomme und uns stelle. Die Kletterei über den Berg war anstrengend, doch nachher kamen wir gut voran und waren bei Anbruch der Nacht bereits außerhalb Attikas.
Etwas abseits machten wir an einem geschützten Ort zwischen den Felsen ein kleines Feuer an und aßen, was wir mitgebracht hatten. Es war wie in den Tagen im Feld; wir saßen beisammen und erinnerten uns alter Schlachten und alter Gefährten, bis uns der Schlaf die Augen beschwerte. Dann begannen wir uns wie vor vielen Jahren darüber zu streiten, ob der schwerere unserer Mäntel als Unterlage oder als Decke zum Schutz gegen die Kälte verwendet werden solle. Als der eine, ich kann mich nicht mehr erinnern, welcher von uns beiden, schließlich brummend dem anderen nachgegeben hatte, machten wir uns daran, die Mäntel auszubreiten, und bemerkten, daß der eine so dick wie der andere war; wir lachten und legten uns schlafen.

Wir waren müde und schliefen lange. Als ich die Augen öffnete, sah ich bereits über den Gipfeln einen Hauch der Morgendämmerung; dann hörte ich eine Stimme leise sagen: »Einer von ihnen ist wach.«

Ich berührte Lysis, um ihn ohne Geräusch zu wecken, und griff nach meinem Dolch. Dann wandte ich den Kopf und sah zwei Jünglinge oder eher Knaben, die auf ihren Fersen saßen und lächelten. Sie waren für die Jagd gekleidet, im ledernen Wams, mit Gürtel und Beinschienen; der eine war dick und blond, der andere langbeinig und dunkel. Der blonde sagte: »Guten Morgen, ihr Gäste des Landes. Habt ihr Lust zu einem Jägerfrühstück?«

Wir grüßten sie, und sie führten uns zu ihrem Pferdeplatz, dort gab es ein Feuer, und ein in Lehm und Blätter gehüllter Hase briet in der Glut. Die Burschen holten ihn heraus, verbrannten sich dabei die Finger, fluchten, lachten und zerlegten ihn. Sie reichten uns auf den Messerspitzen die besten Stücke.

Nachdem sie sich nach den neuesten Nachrichten aus der Stadt erkundigt hatten, sagte der Dunkle: »Sagt mir bitte, wie kann ein Mann mit einem anderen sprechen, den er weder sieht noch hört?« Etwas an seiner Art, die Frage zu formulieren, sagte mir, daß er Philosophie studieren müsse; deshalb antwortete ich lächelnd: »Erleuchte meine Unwissenheit, mein Bester.« – »Er kann es heute, wenn er Thebaner ist; denn wir haben ein neues Gesetz, das uns erlaubt, euch Athener, wenn wir euch beim Überqueren der Hügel treffen und ihr die Waffen gegen die Tyrannen ergreifen wollt, weder zu sehen noch zu hören; und das ist auch ganz recht so.« – »Aber«, sagte der Blonde, »als wir euch schlafend trafen, vergaßen wir für einen Augenblick, daß ihr unsichtbar seid, und sagten uns: ›Die beiden sind alte Freunde wie wir, und um der Freundschaft willen sollten wir sie bewirten. Kebes und ich haben nämlich heute vor einem Jahr das Iolaos-Gelübde abgelegt. Ich heiße Simmias.«

Wir stellten uns vor und sagten ihnen ein paar verbindliche Worte über ihre lange Freundschaft. Man hätte nicht sagen können, welches der Ältere war, hätte nicht Kebes, der Dunkle, noch immer den Haarschnitt eines Knaben getragen. Die Sonne ging auf, während wir noch aßen, rund und rot über den Talnebeln. Simmias sagte: »Unser Lehrer Philolaos, der Pythagoreer, hält die Sonne für einen großen runden Spiegel, der das Zentralfeuer des Alls wie ein glänzender Schild zurückstrahlt. Warum aber das Feuer bei Sonnenaufgang rot und am Mittag weiß ist, können wir uns nicht zufriedenstellend erklären, nicht wahr, Kebes? Wie erklären die athenischen Philosophen die Sonne?« – »Auf beinahe so viele Arten«, antwortete Lysis, »als es Philosophen gibt. Doch unser Lehrer sagt, das Wesen des Helios sei ein Geheimnis des Gottes; und die erste Aufgabe des Menschen sei es, sich selbst zu erkennen und die Quelle des Lichts in der eigenen Seele zu erforschen. Wir essen nicht alles, was wir sehen, sondern müssen erst lernen, was unserem Körper bekommt. So ist es auch mit der Seele.«
»Das klingt vernünftig«, sagte der dunkle Kebes. »Der geistige Teil der Menschenseele ist ein Akkord, der von allen Teilen der Seele angeschlagen wird, so wie die Sphärenmusik ein Akkord der Himmelskörper ist. Halten die Tonabstände kein Maß, bringt die Seele wie eine ungestimmte Leier nichts Sinnvolles hervor. So lehrte uns Philolaos.« – »Aber«, warf Simmias ein, »er geht bald nach Italien zurück, dann werden wir keinen Lehrer mehr haben, denn von den anderen sind wir samt und sonders unbefriedigt. Doch unsere Väter erlauben uns nicht, nach Athen zu gehen, solange die Tyrannen dort an der Macht sind; ihr seht also, daß wir unsere eigenen Gründe haben, uns ihren Sturz zu wünschen. Erzähle uns noch mehr von diesem Lehrer, zu dem du gehst. Hat er etwas Neues über das Wesen der Seele zu sagen?«
Schließlich luden sie unsere Reisesäcke auf ihre Pferde und

gingen plaudernd mit uns den ganzen Weg nach Theben zu Fuß. In jener Nacht schliefen wir auf Klinen im Gästezimmer von Simmias' Vater. Er nahm noch zwei oder drei andere Athener auf, und das Haus von Kebes' Vater war bereits ganz besetzt. Überall begegnete man uns mit Freundschaft; es fiel schwer, noch an die Bitterkeit vergangener Tage zu glauben. Sie hätten, sagten sie, von Lysanders Oligarchien genug gesehen, die schlechtesten Männer regierten mit den schlechtesten Mitteln für die schlechtesten Ziele; Anhänger der Freiheit seien nicht Thebaner und Athener allein, sondern alle Hellenen gleicherweise. Am nächsten Tag wollten die Jünglinge uns zu Philolaos schleppen, damit wir ihn anhören sollten, doch wir entschuldigten uns damit, daß wir zuerst Thrasybulos sehen müßten. Es war wie in früheren Zeiten: wir betraten eine einfache kleine Weinschenke, sahen, wie er seine langen Beine unter dem Tisch hervorzog und zu uns herüberkam, die braunen Augen voll Wärme und freimütig aus dem hageren, dunklen Gesicht blickend. »Alte Samoskämpfer!« sagte er. »Die beste Nachricht für uns heute.« Ungefähr eine Woche später verließen wir das Siebentorige Theben, doch nicht allein.

Wir brachen im roten Licht des Sonnenuntergangs auf, eine Schar von siebzig Mann. Unsere Schilde waren getarnt, unsere Rüstungen gehärtet und mit dunklem Öl beschmiert. Wir waren alle schwer bewaffnet, obwohl wir aus Attika gekommen waren; die Thebaner hatten uns bewaffnet. Beim Überschreiten der Grenze errichteten wir einen Altar und brachten Pallas Athene und König Zeus unsere Opfer dar. Die Vorzeichen lauteten günstig.

Die Sonne ging unter, doch ein kleiner Mond stieg auf, der gerade Licht spendete, damit wir in den Hügeln nicht die Hälse brachen. Später würde er untergehen, was uns recht war. In seinem abnehmenden Licht gelangten wir an die Stelle, wo der Paß sich durch die Bergwand schmeichelt; gegenüber befinden sich eine Schlucht und eine Steigung, und oberhalb der Steigung die steingebaute Festung von Phyle, geschützt von dem Abgrund einer tiefen Schlucht, die Vorderseite der Thebanischen Straße zugekehrt. Wir stiegen auf einem schmalen Pfad in Einerkolonne ins Tal hinunter; drunten fließt ein Bach, dessen Quelle im Hügel droben liegt, mit sehr sauberem und gutem Trinkwasser. Hier warteten wir, während ein Kundschafter unter den Mauern emporschlich. Er hatte hier einmal Dienst getan und kannte den Ort wie seine eigene Tasche. Er war noch in derselben Stunde zurück. Es handelte sich nur um eine Besatzung in Friedenszeit, die es sich jetzt leicht machte, da die Spartaner abgezogen waren. Sie hatten einander das Losungswort so laut zugerufen, wie man sich auf der Agora einen guten Tag wünscht.

Wir krochen zum Haupttor hinauf, kurz vor der Wachablösung. Der Mond war untergegangen. Jemand gab die Losung; als das Tor sich öffnete, hielten wir es fest, während die anderen hineinstürmten. Glücklicherweise war das Hintertor über der Schlucht, durch das man die Abfälle wegwirft, unbewacht geblieben; der Abhang ist steil, doch einige unserer berggewohnten Leute kletterten dort hinein.

Noch nie sah ich eine Besatzung in solcher Verwirrung. Sie leistete kaum Widerstand, sobald sie begriffen hatte, wer und was wir waren. Der befehlshabende Offizier, auf seinen Ruf bedacht, stellte sich zum Kampf; doch Thrasybulos tat desgleichen, und, indem er ihn von sich abhielt, ohne ihn zu verwunden, fragte er ihn über den Schild hinweg, was ihm daran liege, seine Ehre für eine Regierung einzusetzen, die selbst keine besitze, während er doch als Befreier unsterblichen Ruhm erwerben könne. Schließlich schworen nicht nur er, sondern auch die halbe Besatzung mit uns den Eid, und alle sahen wohl fünf Jahre jünger und glücklicher aus. Die übrigen fesselten wir, bis es hell genug war, daß wir sehen konnten, wohin sie

gingen; dann ließen wir sie laufen und behielten ihre Waffen zurück.
Später betrachteten Lysis und ich bei der Morgenwache auf den Mauern den Sonnenaufgang. Rot und purpurn stieg die Sonne auf, denn der Winter kam heran, und hier oben spürte man bereits das Beißen des Frostes. Dann erglühten die Höhen in goldigem Licht; doch unter uns lag die tiefe Schlucht von Phyle, welche man Wagenvertilger getauft hat, in einem unauslotbaren Nebelmeer. Licht verbreitete sich; der Nebel löste sich auf; weit draußen, unten in der Schlucht, sahen wir die acharnische Ebene, von einer kleinen Straße durchzogen; und am Ende der Straße schimmerten undeutlich die Mauern und Dächer Athens. In der Mitte stand die Akropolis wie ein Altar und bot den Göttern ihre Opfergaben an. Lange schauten wir schweigend hinüber; dann sagte Lysis: »Ich glaube, nun sehen wir wirklich die Dämmerung.«

27

Zwei Tage später sahen wir von unseren Mauern aus, wie das Heer von Athen vorrückte.
Der Himmel war wolkenlos, blau wie das Ei einer Drossel. Wie die aufgereihten Perlen einer Kette, fast ohne sichtbare Bewegung, zogen sie zu Pferd und zu Fuß, den Windungen der Straße entlang; dann wurden sie von den Bergen verdeckt. Kurz vor Sonnenaufgang sahen wir sie, ganz nahe, auf dem Paß. Wir betrachteten die Menschenlinie, die uns umschloß, zuerst ein Faden, dann eine Schnur, dann ein großes Seil, dick wie ein Schiffstau. Fünftausend Mann waren es, glaube ich, die an jenem

Abend vor Phyle kampierten. Der Versorgungstroß, der ihre Nahrung führte, wälzte sich über den Reitpfad. Als die Nahrung aufgebraucht war, folgte noch mehr nach. Wir hatten nur so viel bei uns, als für einen Trupp von fünfzig Mann vorgesehen war, und auch das war teilweise aufgezehrt.

Sie zündeten ihre Feuer an, biwakierten für die Nacht und schlugen die Zelte für die Anführer auf. Die Dreißig waren persönlich anwesend. Wir sahen nun alle, wie es wahrscheinlich enden würde. Doch nicht einer hätte Phyle mit Athen vertauschen wollen. Unter unserer Ostmauer, so tief unten, daß die Föhren zu beiden Seiten wie kleines Buschwerk aussahen, war die Wagenschlucht. Noch stand uns eine Tür zur Freiheit offen, wenn die Lebensmittel aufgezehrt waren.

Die ganze Nacht schienen die Sterne hell über uns; drunten flackerten die Wachtfeuer. Die Morgendämmerung war wolkenlos, sie brachte uns einen Herold, der uns zurief, wir sollten uns dem Rate ergeben. Wir lachten und antworteten, was jedem gerade einfiel. Am Fuße des Hügels sahen einige Reiter zu, wie ihre Pferde besorgt wurden; reiche junge Männer, die den Feldzug wie Herrensöhnchen zu führen gedachten. Einige traten vor und riefen uns spöttisch zu, wir sollten herunterkommen. »Nein«, riefen wir zurück, »ihr kommt herauf. Erweist unserem Hause die Ehre und macht uns so glücklich.« Plötzlich schwangen sich ungefähr ein Dutzend auf die Pferde und trieben sie den Hügel hinan; vielleicht aus Prahlerei, vielleicht in der Hoffnung, das Tor zu stürmen, falls sie es erreichen konnten.

Phyle war mit Wurfspeeren gut versehen. Von den Mauern herab suchte ich mir einen Mann aus, der gerade unter mir heraufkam. Ein oder zwei andere hätten ein ebenso gutes Ziel geboten, aber ich wählte mir diesen aus, um seine Unverschämtheit zu bestrafen. Ein gutgewachsener Kerl, der auf seinem Pferde saß, als sei er darauf aufgewachsen. Er führte die Schule seines Pferdes vor.

Auch er war mit einem Wurfspeer bewaffnet. Er machte sich zum Wurf bereit, während er den Hügel hinanritt; aber nach unten schleudert man kräftiger. Er hatte mich gesehen; wir zielten gleichzeitig: dann, im Augenblick, bevor wir beide den Speer fahren ließen, zügelte er das Pferd mit einem gewaltigen Satz, als hätte ich ihn bereits getroffen. Sein Pferd spürte das und wich zurück, wodurch mir das Ziel verdeckt wurde. Während er mit seinem Reittier kämpfen mußte, verschob sich sein Helm; er stieß ihn zurück, um besser sehen zu können. Es war Xenophon. Einen Augenblick lang, während er auf dem sich bäumenden Pferde saß und den Kopf hochwarf, starrten wir einander in die Augen. Dann ritt er um den Mauervorsprung, und ich sah ihn nicht mehr.

Die Reiter wurden zurückgeschlagen und mehrere verwundet. An diesem Tage fanden keine Kampfhandlungen mehr statt. Thrasybulos zählte die Nahrungsvorräte. Dann versammelte er uns alle, mit Ausnahme der Wachen, und bat uns, gemeinsam zu Zeus, dem Erretter, zu beten, daß er, der Beschützer der Gerechtigkeit, diese nicht mit uns aus Hellas verschwinden lasse. Wir beteten und sangen einen Hymnos. Der Abend senkte sich nieder, feierlich und rot, die Luft war kalt, kein Hauch rührte sich. Und während der Nacht neigte sich Zeus, der Erretter, über uns und öffnete seine Hand.

Seine Hand öffnete sich, und aus dem bis dahin von großen weißen Sternen besäten Himmel fiel Schnee. Er fiel die ganze Nacht hindurch, kalt wie die Brust der Artemis und spitz wie ihre Pfeile; und als der Tag hereinbrach, fiel er immer noch. Die Berggipfel standen im Schneewirbel, wie eine Welt aus weißem, schwarzgeädertem Marmor. Tief unten befanden sich die dünnen Zelte der Belagerer; und die vielen, die keinen Unterschlupf hatten, drängten sich um rauchende, feuchte Feuer, schlugen sich den Körper, stampften mit den Füßen, um sich vor dem Erfrieren zu bewahren, und hüllten die frierenden Pferde in

Decken, die sie selbst gebraucht hätten. Ein Heer von Bettlern blickte neidisch zu unserem Reichtum empor. Wir riefen ihnen zu, luden sie zu einem Besuch ein und versprachen, dann für ihre Erwärmung zu sorgen.
Es schneite den ganzen Tag; doch am Mittag hatten sie genug. Die Dreißig, inzwischen an Annehmlichkeiten gewöhnt, zogen als erste ab. Dann folgten die Reiter, die mit ihren zitternden Pferden Mitleid hatten; dann marschierten die Hopliten ab; und dann unter uns, aufgestellt wie ein vom Himmel bereitetes Gastmahl, die langen schweren Gepäckwagen, die halb eingesunken im Schnee dahinkrochen. Wir rissen die Tore auf, und den Kampfruf brüllend, wie Männer, auf deren Seite die Götter kämpfen, brausten wir den Hügel hinab.
An diesem Tag ließen wir roten Schnee zurück und trugen Nahrungsmittel, Brennholz und Decken nach Phyle hinauf, genug, um ein Jahr lang wie Könige zu leben.
Wir waren eine Zeitlang eingeschneit. Dann trafen die ersten Freiwilligen ein. Die meisten waren geächtete Verbannte: Demokraten oder in ihrer Ehre allzu empfindliche Adlige, die der Regierung nicht dienen wollten, oder einfach Leute, deren Besitztum einer der Dreißig für sich beschlagnahmt hatte. Ein paar wenige kamen aus dem Heer, das uns belagert hatte; selbst vor dem Schneefall hatten sie gedacht, auf dem Hügel oben sehe es besser aus. Ihr Wahrsager kam, ein leidenschaftlicher, schweigsamer Mann; Apollon hatte ihn durch den Anblick des Opfers gewarnt, Menschen zu dienen, die den Göttern verhaßt seien.
Wir waren hundert Mann stark, dann zweihundert, dann dreihundert. Ganz Attika, Megara und Theben hörte von den Männern von Phyle. Dann waren wir siebenhundert. Wenn das schlechte Wetter uns alle in die Festung trieb, gab es kaum genug Platz zum Schlafen.
Die Dreißig stellten auf dem Paß eine Wache auf, um uns von den Gütern fernzuhalten; doch wir hatten unsere eigenen

Schleichwege über die Berge. An Vorräten litten wir niemals Mangel. Einen Teil erhielten wir als freiwillige Liebesgaben, einen Teil nahmen wir uns, weil es die Notwendigkeit erforderte. Überfälle auf unsere eigenen Güter waren unsere Lieblingsbeschäftigung. Dutzenden unserer Leute war ihr Land von den Tyrannen gestohlen worden. Diese pflegten es zwar gut; ich überzeugte mich davon bei einem Überfall auf mein eigenes Bauerngut. Seit meiner Kindheit hatte ich es nie mehr so blühend und reich gesehen. Als sich unser Beutezug bereits seinem Ende näherte, fand ich in einem Kornbehälter einen Sklaven versteckt. »Komm heraus«, sagte ich, »und sag mir, wer dieses Land bebaut. Dann kannst du von mir aus laufen. Wenn du aber lügst, dann blüht dir dies!« Ich drohte ihm mit meinem Dolch. »Bei Bendis' Bogen« (er war ein Thraker) sagte er, »mein Herr heißt Kritias.«

Ich ließ ihn ziehen und stieg, einen weißen Hahn in der Hand, den Weinberg hinauf. Auf dem Grabe meines Vaters schlachtete ich ihn, um meines Vaters Schatten zu besänftigen, als Bürgschaft für die Zukunft und um Kritias anzudeuten, wer ihn besucht hatte.

In kurzer Zeit hatten die Dreißig viele solche Denkzettel erhalten, und oben in Phyle befanden sich nun tausend Mann. Wenn auch nur wenige Rüstung und Waffen mitbringen konnten, es hieß doch überall, die Dreißig glaubten kaum, daß Lysander ihnen jetzt zu Hilfe kommen werde.

Es war noch mitten im Winter; doch unsere Hoffnung war stark, hart und fest wie die Knospen, die noch im winterstarren Baum eingebettet liegen. Wir hatten keine Sklaven und halfen uns gegenseitig beim Kochen, Fegen und Wassertragen. So kaltes, weiches Wasser wie das der Quelle von Phyle habe ich nie gekostet; und in uns waltete eine fröhliche Stimmung, wie ich sie noch selten erlebt. Ich erinnere mich, wie wir einen dem Wind ausgesetzten Bergpfad einschlugen, beladen mit Brennholz, singend und von der Zukunft sprechend, wenn die Stadt erst einmal frei sein würde. Lysis sagte, er werde einen Sohn bekommen. »Doch wenn zuerst eine Tochter kommt, so spielte auch das keine Rolle, kleine Mädchen bringen mich zum Lachen.« – »Ich werde«, sagte ich, »jenen thebanischen Jungen schreiben, Simmias und Kebes. Wir sind ihnen ein wenig Gastfreundschaft schuldig. Auch brennen sie darauf, Sokrates zu hören.« – »Ihr berühmter Philolaos«, versetzte Lysis, »ist für meinen Geschmack viel zu mathematisch.« – »Ja, aber ich werde sie mit Phaidon bekannt machen. Ihm wäre es sicher ein Vergnügen, sie sprechen zu hören.«

Eines Morgens früh griffen wir die Wache an, die den Paß besetzt hielt, erwischten sie, als sie noch mit einem Bein im Bett war, und trieben sie in die Ebene hinunter. Bald erfuhren wir auch, daß unter den Dreißig Panik ausgebrochen sei. Selbst die Dreitausend, einst ihre verläßlichste Hilfe, trauten ihnen nicht mehr, seit Theramenes von der Liste gestrichen worden war. Wir freuten uns über die Nachricht; doch verflog unsere Freude, als wir erfahren mußten, *wie* groß ihre Furcht war.

Auf Hybris folgt Nemesis; doch ist es der Wahnsinn, der sie hereinläßt. Sie brauchten nun einen Zufluchtsort, um sich gegen das Schlimmste zu wappnen; und ihre Wahl fiel auf Eleusis, weil sie von dort im schlimmsten Fall auf dem Seeweg fliehen konnten. Da sie aber von keiner Seite Gutes erwarten konnten, mußten sie befürchten, von Eleusis ausgeliefert zu werden. Unter dem Vorwand einer Heeresübung ließen sie durch einen schmalen Torweg marschieren und nahmen auf der anderen Seite jeden einzelnen fest. Sie ermordeten alle Männer und heranwachsenden Jünglinge in Eleusis; doch nicht mit eigenen Händen, wie es Männer tun, die ihre Schuld vor den Göttern auf sich nehmen. Sie schleppten sie nach Athen und klagten sie vor dem Rat gefährlicher, gegen die Stadt gerichteter Umtriebe an; eine weitere Beschuldigung geruhten sie nicht vorzubringen.

Die Abstimmung war öffentlich; hier schuldig, dort unschuldig; und der Rat war mit schwerbewaffneten Spartanern durchsetzt. Der Rat stimmte für den Tod. Da sie ohnehin schon tief gesunken waren, war dies nur mehr ein Schritt tiefer. Doch es war ihr letzter. Sie waren nun am Tiefpunkt angelangt, und einige hatten noch Augen, das zu sehen. Als die Nachricht in die Berge gelangte, wußten wir, daß nun unsere Zeit gekommen war, vor Göttern und Menschen.

Den ganzen folgenden Morgen trafen wir Vorbereitungen. Am Mittag aßen und ruhten wir, denn während der kommenden Nacht würde es keinen Schlaf geben. Als Lysis und ich unsere Waffen geprüft hatten, sagte er zu mir: »Wir sehen fast etwas zu sehr nach Männern aus Phyle aus. Wir wollen uns doch so zurechtmachen, daß wir uns in der Stadt sehen lassen können.« Wir schnitten uns gegenseitig die Haare, waren uns aber gar nicht einig, ob wir unsere Bärte opfern sollten oder nicht; wir hatten inzwischen ganz ansehnliche Bärte bekommen und fühlten uns dabei wohl. Doch Lysis versetzte lachend: »Ich möchte, daß meine Frau mich wiedererkennt.« Schließlich rasierten wir uns beide und waren froh, als es geschehen war; wir hatten das Gefühl einer wirklichen Rückkehr.

Als sich das Licht auf den Bergen verfärbte, opferten wir einen Widder und spendeten die Trankopfer. Der Wahrsager deutete die Zeichen als günstig, wir erhoben uns und sangen den Schlachtruf. Bald darauf traten wir zu unserem Marsch an, denn wir hatten einen weiten Weg quer über die Hügel vor uns.

Kurz vor dem Trompetenruf standen Lysis und ich auf den Mauern, blickten die Wagenschlucht hinab und sahen in der schräg einfallenden Wintersonne Athen erglänzen, in einem hellen Gold, das sich von den Schatten abhob. Ich wandte mich ihm zu und sagte: »Bist du traurig, Lysis? Es war schön hier, aber wir sind im Begriff, zu etwas Besserem zu gehen.« Er lächelte mich an und antwortete: »Wahrlich, so möge es sein.« Dann schwieg er eine Weile, hielt nach der Akropolis Ausschau und stützte sich auf seinen Speer. »Woran denkst du?« fragte ich, denn mein Kopf war voller Erinnerungen, und ich hatte das Gefühl, sie bewegten auch ihn. »Ich dachte«, antwortete er, »an das Opfer, das wir soeben gebracht haben, und wie man beten sollte. Wer für eine gerechte Sache auszieht, der mag sie getrost dem Himmel anvertrauen. Doch für einen selbst ... Wir haben die Götter um so manches angefleht, Alexias. Manchmal haben sie es uns gewährt, manchmal waren sie anderer Meinung. Deshalb habe ich heute so gebetet, wie Sokrates es uns einmal lehrte: ›Allwissender Zeus, gib mir, was für mich das Beste ist. Beschütze mich vor dem Bösen, auch wenn es das sein sollte, worum ich dich gebeten habe, und gib mir das Gute, das ich aus Unwissenheit nicht erfleht habe.‹«

Bevor ich ihm antworten konnte, erklang die Trompete, und wir stiegen zum Tor hinunter.

Die Frühlingswende war vorüber; das Licht zeigte uns den Weg durch die Berge, und als wir die Ebene von Eleusis erreichten, machte uns die Dämmerung auf der Straße unsichtbar. Wir stießen auf keine Feinde. Die Dreißig bewachten den Paß, um die Landgüter zu schützen. Kurz nach Mitternacht erreichten wir, immer dem Ufer entlang marschierend, den Piräus.

Zuerst war alles ruhig. Dann wachte die Stadt auf, doch es herrschte kein Geschrei und keine Verwirrung. Wir wurden empfangen wie ein kostbares Gut, nach dem sie sich lange gesehnt hatten, mit jener starrköpfigen Geduld von Männern, die dem Meer verfallen sind. Das Gerücht lief durch die Straßen, und die Häuser öffneten sich. Männer traten heraus mit Schwertern Messern, Äxten oder Steinen; Frauen kamen, biedere Hausfrauen, Schulter an Schulter mit Hetären, und brachten Kuchen oder Feigen; die Dunkelheit machte sie mutig, und sie drückten uns ihre Gaben in die Hände. Die Metöken kamen: Phrygier und Syrer und Lyder und Thraker, deren Verwandte von den Dreißig

so erbarmungslos, wie sich ein Bauernweib ein Hähnchen für den Suppentopf aussucht, getötet oder ausgeplündert worden waren. Als der Morgen dämmerte, wußten wir, daß der ganze Piräus auf unserer Seite stand, wenigstens was das Gefühl anbetraf. Die Stellung war bezogen, doch die Schlacht stand bevor. Eine frostkalte Sonne blinzelte über dem Hymettos; es wurde ein strahlender Tag; und von den Dächern aus sahen wir den Feind ausrücken: die Pferde zuerst, und dann die Hopliten, traten sie aus dem Schatten der Langen Mauern in das Sonnenlicht von Lysanders Bresche vor. Als es ziemlich hell geworden war, sahen wir uns einer fünffachen Übermacht gegenüber und konnten nicht hoffen, den äußeren Verteidigungsring zu halten; wir zogen uns deshalb auf die alte Festung von Munychia zurück, wo sonst die Epheben ausgebildet werden. Auf der felsigen Straße, die vom Markt zur Zitadelle emporführt, bezogen die Schwerbewaffneten Stellung, um den Durchgang zu halten. Hinter uns, auf die Felsen verteilt, befanden sich die leichtbewaffneten Männer von Phyle und jene, die gar keine Waffen besaßen, und schließlich die Leute vom Piräus mit Beilen, Messern und Steinen.
Dann, wie das im Krieg üblich ist, entstand eine Pause. Das Heer der Stadt opferte und traf seine Vorkehrungen. Hinter uns brüllten die Leute einander etwas zu; über dem Hafen kreisten und schrien die Möwen; drunten ertönte ein Befehl, ein Pferd wieherte, und man hörte das Klirren von Schilden, die auf den Boden gestellt werden. Wir begannen mit dem sinnlosen Geschwätz von Soldaten, die warten müssen. Ich erinnere mich, gefragt zu haben: »Wann hast du deine Sandalen geflickt, Lysis? Welch übles Flickwerk! Warum hast du nicht mich gebeten, du weißt doch, daß ich das besser kann?« Und er antwortete: »Ach, ich hatte keine Zeit mehr; für den heutigen Tag wird es schon noch halten.« Dann ein Trompetenstoß, der Anmarsch der Rüstungen, und der Feind betrat drunten den Marktplatz.

Mit seinen leeren Ständen und ohne Handelsbetrieb sah dieser sehr geräumig aus; an diesem Tage hatte es im Piräus keinen Handel gegeben. Die Truppen marschierten ein, füllten ihn von der einen Seite zur anderen, und nun bildete sich Reihe um Reihe. Ihre Schildreihen bildeten fünfzig Glieder. Die unsrigen, das wußte ich, hatten nur zehn.

Als sie aufmarschierten, begannen wir sie zu erkennen. Es hatte keinen Platz für die Pferde; die Reiter kämpften zu Fuß, aber man konnte sie am Gold ihrer Rüstung und dem Helm aus gehämmerter Bronze unterscheiden. Man konnte nur da und dort einen Mann erkennen, und doch dachte ich: »Xenophon ist nicht dabei«, und war froh darüber. Dann sahen wir zu unserer Linken das Banner; und Thrasybulos rief mit seiner gewaltigen Stimme: »Dort sind die Dreißig!«

Er hielt uns, wie er es in Samos stets getan, eine Ansprache über unsere gerechte Sache; er erinnerte uns an die Gunst der Götter, als sie uns durch den Schneefall gerettet hatten. »Jeder von euch«, sagte er, »kämpfe so, daß er das Gefühl hat, den Sieg allein zu erringen. Ihr habt alles zu gewinnen: euer Land, euer Heim, eure Rechte, das Wiedersehen mit euren Geliebten und Frauen; Freude, wenn ihr den Kampf lebend übersteht, Ruhm, wenn ihr sterbt. Dort stehen die Tyrannen; unser ist die Rache. Sobald ich den Schlachtruf anstimme, übernehmt ihr ihn von mir und greift an. Wir machen den Göttern noch unsere Aufwartung.«

Er wandte sich an den Wahrsager, der das Opfer vollzogen hatte und nun vortrat, das heilige Stirnband auf dem Kopf. Er schritt durch unsere Reihen nach vorn, als sähe und fühlte er uns nicht. Seine Augen sagten mir, daß er von Apollon besessen war. »Stillgestanden!« befahl er. »Der Gott verheißt den Sieg; zuerst aber muß ein Mann fallen. Bis dahin stillgestanden!« Dann rief er mit einem lauten Schrei den Namen des Gottes an und rief: »Und der bin ich!« Mit diesen Worten sprang er vor und auf die

feindliche Schildreihe zu. Einen Augenblick lang, von der Plötzlichkeit überrascht, standen sie regungslos. Dann schleuderten sie die Speere auf ihn, und er fiel. Und die Mauern Munychias widerhallten von Thrasybulos' Stimme, die den Schlachtruf anstimmte. Wir stürmten den Hügel hinunter. Der Abhang beflügelte unsere Füße, unser Ziel verlieh uns Schwingen. Es war wie in der letzten Runde eines Laufes, wenn der Eros des Sieges den Läufer beflügelt. Ich weiß, daß ich tötete und tötete, und doch verspürte ich keinen Zorn, ich kam mir eher wie ein Priester vor, der das Blut des Opfers vergießt. Lysis und ich kämpften Seite an Seite, vorwärts drängend, und spürten, wie die feindliche Linie nachgab und in Scherben splitterte. Sie waren zahlreich, doch ihre Rinde war dünn, ihre Mitte weich; Männer, die mit den Göttern und ihren eigenen Seelen haderten. Bald war einer der Ihren, der noch kräftig standhielt, ein Mann, der nichts mehr zu bestellen hatte. Bei diesem Stand der Schlacht hörte ich eine Stimme, die zur Schließung der Reihen aufforderte; die Stimme eines Redners, ungewohnt jener Sprache des Schlachtfeldes, wo Mann zu Mann spricht. Ich erkannte sie; und ich sprang von Lysis' Seite weg (denn bis jetzt waren wir Schritt für Schritt zusammen vorgerückt) und bahnte mir durch das Kampfgetümmel einen Weg zu ihr.
Ich stellte ihn beim Stand eines Töpfers, der auf der einen Seite des Platzes leer stand. Schweigend war ich ihm gefolgt, hatte ihm weder seinen Namen noch eine Herausforderung zugerufen, denn ich wußte, daß es viele, gleich mir, nach seiner Gesellschaft verlangte. Wie ein Liebender suchte ich ihn, den Weg vorsichtig vortastend und die Nebenbuhler im Ungewissen lassend. Dann stand er vor mir, und durch seine Helmschlitze sah ich seine Augen.
Als wir Schild an Schild standen, sagte ich: »Du hast mir einst den Hof gemacht, Kritias! Bin ich dir jetzt nahe genug?« Aber er knirschte nur mit den Zähnen und keuchte; denn ich hatte ein

hartes Leben geführt, er ein weiches, und sein Atem ging mühsam. Ich drängte seinen Schild mit dem meinen weg, stieß zu und verwundete ihn am Bein. »Kennst du mich?« fragte ich ihn, »ich bin Myrons Sohn.« Ich erwartete, daß sein Gesicht sich verfärbe, aber es veränderte sich nicht, abgesehen von einem Aufzucken beim Speerstich; und nun begriff ich, daß dieser eine Name ihm nichts sagte unter den vielen, die er in den Tod geschickt hatte. Nun packte mich ein solcher Zorn auf ihn, daß meine Kraft wie eine Fackelflamme aufloderte; ich preßte mich schwer auf ihn, bis er rückwärts bog, hakte meine Knie in das seine, wie ich das Lysis im Allkampf hatte tun sehen, und unter Waffengeklirr krachte er gegen das Gerüst der Töpferbude.
Er griff nach einem Brett, und es löste sich ab; er schwankte, fiel dann auf den Rücken, und ich stürzte mich auf ihn und riß ihm den Helm weg. Da sah ich sein von grauen Strähnen durchzogenes Haar; das angstverzerrte Gesicht wies Altersrunzeln auf, und beim Gedanken, ihn nun zu töten, drehte sich mir der Magen um; da kam mir wieder in den Sinn, daß er den Namen meines Vaters vergessen hatte, und ich dachte: »Ein wildes Tier wälzt sich unter meinen Knien, kein Mensch.« So zog ich denn mein Schwert, stieß es ihm durch die Kehle und sagte: »Nimm das für Myron.« Sein Mund klaffte auf, und er starb. Ob er meine Worte noch verstand, weiß ich nicht.
Nachdem ich mich von seinem Tod überzeugt hatte, sprang ich auf. Rings um mich wogte das Schlachtgetümmel. Ich hob die Stimme und schrie: »Lysis!«, denn ich konnte kaum erwarten, ihm von meiner Tat zu berichten. Ich hörte, wie sich seine Stimme über das Waffengeklirr erhob: »Ich komme, Alexias!« Dann schien ein mächtiger Felsblock auf mich zu fallen, ich knickte ein und versank in Finsternis. Der Schlachtenlärm drang nur noch schwach und bedeutungslos an mein Ohr, wie ein einschlafendes Kind Stimmen aus dem benachbarten Zimmer hören mag.

In einem Hof voll Verwundeter kam ich wieder zu mir. In seiner Mitte ergoß sich das Wasser eines Brunnens in ein mit blauen medischen Ziegeln ausgeschlagenes Becken. Mein Kopf schmerzte; mir war übel. Ich mußte von einem Schlag auf den Helm getroffen und betäubt worden sein, aber mein Kopf blutete nicht; die Wunde befand sich in meiner Hüfte, unmittelbar unter dem Rand des Brustpanzers. Sie war tief, und ich lag in einer großen Blutlache. Ich hatte wohl beim Fallen einen Speerstich erhalten. Das Blut war an den Rändern, wo es über die Marmorplatte gelaufen war, schwarz und verkrustet; ich mußte also schon einige Zeit hier gelegen sein.
Ich war durstig, und das Plätschern des Wassers machte mich noch durstiger. Als ich trinken wollte, kam mir zum erstenmal der Gedanke: »Bin ich ein Gefangener oder frei?« Ich drehte den Kopf zu einem Mann, der in meiner Nähe lag und fragte: »Haben wir gewonnen?« Er seufzte tief und wandte den Kopf zu mir. Ich erkannte, daß er dem Tode nahe war. »Wir haben verloren«, sagte er und schloß die Augen. Da erkannte ich ihn, so verändert er auch aussah: es war Charmides. Ich hatte ihn noch vor der Schlacht, drunten auf dem Platz bei den Reitern gesehen. Ich rief ihn mit Namen an, aber er sprach nicht mehr.
Ich begann auf den Brunnen zuzukriechen, das Wissen um den Sieg verlieh mir die Kraft; doch ein Mann, der gehen und den einen Arm gebrauchen konnte, reichte mir in einem Helm ein wenig Wasser. Ich trank, dankte ihm und fragte, ob die Schlacht schon lange zu Ende sei. »Etwa seit einer Stunde«, antwortete er, »man hat einen Waffenstillstand abgeschlossen, um die Toten wegzuschaffen. Bis vor kurzem war ich selbst dort. Die Dreißig sind geflohen, und ehe ich wegging, sprachen die Männer aus beiden Lagern miteinander, während sie die Leichen sammelten.« Er erzählte noch weiter, doch ich war zu schwach, um es zu beachten. Ich schaute mein Blut auf dem Boden an, tauchte meine Hand hinein und dachte: »Ich habe es nicht

unnütz vergossen.« Eine Zeitlang ruhte ich noch; eine alte Frau kam zu mir und verband die Wunde mit einem Tuch; dann öffnete ich die Augen und fühlte mich etwas besser. Ich blickte mich wieder um und wartete ungeduldig, daß jemand komme und mich zu meinen Freunden trage.

Ich hörte Schritte von Männern, die eine Last trugen, und wollte sie herbeirufen. Doch sie trugen auf einem Schild einen Toten. Der Kopf hing nach hinten, die Beine baumelten über den Schildrand, und der ganze Körper war in eine Pferdedecke gehüllt, so daß sein Gesicht verborgen blieb. Ich erkannte die Decke nicht und wollte mich schon abwenden, als ich bemerkte, daß die beiden Männer erst mich und dann sich bedeutsam anblickten. Da gerann mir das Blut in den Adern, und meine Wunden erkalteten. Seine Füße hingen unter der Decke hervor; eine der Sandalen war ausgebessert.

Dann war ich meiner Stimme wieder mächtig und rief die beiden Männer an, die sich zuerst stellten, als hörten sie mich nicht. Auf mein zweites Rufen hielten sie an. Ich fragte: »Wer ist es?« Jeder wartete, daß der andere spreche, dann begann der eine: »Es tut mir leid, Alexias ...« Und dann ergänzte der andere: »Er ist tapfer gestorben. Nachdem er schon getroffen war, erhob er sich noch zweimal auf die Beine, und selbst nachher versuchte er noch zu kämpfen. Wir müssen weiter, Alexias, denn er ist schwer.« Ich bat: »Tragt ihn nicht fort. Laßt ihn hier neben mir.«

Sie blickten sich auf dem Hof um, der sich immer mehr gefüllt hatte, und dann kreuzten sich ihre Blicke abermals. Ich konnte erraten, was sie dachten: »Verwundete liegen nicht gerne neben Toten.« So sagte ich denn: »Dann will ich euch begleiten.« Ich erhob mich von meinem Platz und folgte ihnen. Im Säulengang fand ich einen zerbrochenen Speer und stützte mich darauf. Wir legten eine kurze Strecke zurück und gelangten zu einer kleinen gepflasterten Fläche vor einem Altar. Daneben stand eine zer-

störte Mauer, und Staub lag auf den Steinen; doch ich konnte nicht mehr weiter und sagte: »Hier ist es gut.«
Sie legten ihn nieder und entschuldigten sich bei mir, weil sie Decke und Schild mitnahmen, denn sie mußten noch andere Leichen holen. Er war zwischen Hals und Schulter verwundet worden und verblutet. Er war nun so blutleer, daß sich sein Fleisch nicht wie bei andern Toten verfärbte, sondern wie heller gelber Marmor aussah. Auf seiner Rüstung und in seinem Haar klebte Blut. Der Helm stand offen, und die Augen blickten, wie er so dalag, geradewegs zum Himmel hinauf, als stellten sie eine Frage. Lange mußte ich die Hand daraufpressen, um sie schließen zu können.
Der Leichnam war noch nicht starr, aber die Haut erkaltete. Er lag bereits da wie einer der zahllosen Toten. Seit je, soweit ich mich zurückerinnern kann, ob zu Pferd oder zu Fuß, ob er lief oder plaudernd auf der Straße stand, stets hatte ich ihn von allen andern Menschen unterschieden; noch wäre es auch in der dunkelsten Nacht je möglich gewesen, daß ich die Hand eines andern mit der seinen verwechselt hätte. Nun kamen bereits die Fliegen, und ich mußte sie abwehren.
Geistig und körperlich war ich so schwach wie ein kleines Kind, und doch fand ich keine Tränen. Das ist auch gut so, mag man denken, denn wenn ein Hellene einen würdigen Tod stirbt, sollte selbst ein Weib die Tränen zurückhalten. Auch ich war von frühester Kindheit an gelehrt worden, wie man sich in einem solchen Fall zu benehmen hat, noch war es mir unbekannt, daß mein Geliebter sterblich sei. Und doch war ich jetzt der Erde und meiner eigenen Seele entfremdet. Ich hatte das Gefühl, wenn es einen Gott gebe, der sich um das Leben der Menschen kümmert, so müsse dieser Gott jetzt mit mir leiden. Bedachte ich aber, daß die Unsterblichen in fernster Ferne in Freuden lebten und ewige Feste feierten, so schien es mir keine Götter zu geben.

Nach einer Zeit, deren Dauer ich nicht ermessen kann, kamen die Männer, die ihn getragen hatten, zurück, um nach mir zu sehen. Ich sagte, es gehe mir recht gut, und fragte, ob sie ihn hätten fallen sehen. Sie verneinten, aber sie hatten gehört, wie er von jenen, die dabei gewesen, gelobt worden war. Einer von beiden war später, als er starb, bei ihm gewesen. Ich erkundigte mich, ob er noch gesprochen habe.
»Ja«, antwortete der Mann, »er sprach mit Eukles, den er besser kannte als mich, und erkundigte sich nach dir; er schien zu befürchten, du könntest gefallen sein. Er sagte, du hättest ihn um Hilfe gerufen, und ich glaube, daß er seine Wunde empfing, als er dich zu erreichen versuchte. Wir sagten ihm, man habe dich vom Schlachtfeld getragen, doch nicht tödlich verwundet. Da schien er beruhigt und ruhte ein wenig. Dann umwölkte sich sein Geist, und er begann zu gähnen, wie ich es bei anderen beobachtet habe, die allmählich verbluten. Dann sagte er noch: ›Er wird für das Kind sorgen.‹ Hatte er denn eines? Aber du wirst wohl wissen, was er meinte.« Ich antwortete: »Ja. Sagte er sonst noch etwas?«
»Als Eukles bemerkte, daß er am Verscheiden war, fragte er ihn, ob er dir ein Andenken hinterlassen wolle. Er schwieg, lächelte aber. Er wird es wohl nicht mehr gehört haben. Als aber Eukles nochmals fragte, antwortete er: ›Was es auch sei.‹ Eukles wies auf seinen Ring, und er versuchte ihn abzustreifen, aber er hatte ihn zu lange schon am Finger, und die Schwäche hinderte ihn. Eukles hat ihn für dich genommen, er zog ihn nach seinem Tode ab. Gerade dann wichen die Stadttruppen von der Agora und ließen uns als Sieger auf dem Felde zurück. Thrasybulos ließ die Trompeten den Sieg verkünden. Da öffnete Lysis nochmals die Augen und fragte: ›Unser Sieg?‹ Ich bejahte, und er fuhr fort: ›Dann ist alles gut, nicht wahr?‹ Eukles antwortete ihm: ›Ja, Lysis, alles ist gut.‹ Dann starb er.«
Ich dankte, und sie verließen mich. Als sie gegangen waren, hob

ich die Hand meines Freundes hoch und sah, wie sie zerschunden worden, als man ihr den Ring für mich abgestreift hatte. Dann weinte ich.

Da klang von den Mauern Munychias die Siegeshymne zum Lobe Zeus' zu mir herunter. Während ich noch lauschte, begann mein Kopf zu wirbeln, und meine Sinne verdunkelten sich, denn das Gehen hatte meine Wunde aufgerissen, und sie blutete wieder. Dann wurde ich von Männern, die sich darüber stritten, ob ich noch lebe, auf eine Bahre gehoben. Ich antwortete nicht, denn es war ja belanglos, sondern lag mit geschlossenen Augen und lauschte dem Triumphgesang.

28

Ein Jahr später stieg ich an einem warmen Frühlingstag zur Akropolis hinauf, um einen Olivenkranz in Empfang zu nehmen. Es war bloß einer von siebzig, welche die Stadt Thrasybulos und den Männern von Phyle verliehen hatte. Der Bürgerkrieg war vorbei und die Tyrannei endgültig vernichtet, denn Lysander hatte sich selbst das Genick gebrochen, als er in Sparta Intrigen anzettelte, um König zu werden. König Pausanias hatte davon Wind bekommen und war ausgezogen, ihn abzusetzen. Um seine Macht überall zu untergraben und weil sie es überdies für politisch klug hielten, hatten die Könige uns wieder erlaubt, eine Demokratie aufzurichten. Die Stadt dankte nun Zeus und verpflichtete sich zu einer Regierung, die unter den Menschen völlige Gerechtigkeit garantierte.

Es mutete seltsam an, wieder im Tempel der Jungfrau zu stehen und die Olivenzweige an der Stirn zu fühlen. Wie oft hatte ich nicht in meiner Jugend gebetet, Lysis und ich möchten einmal gemeinsam bekränzt werden; und auch er hat wohl um dasselbe gebetet. Und nun war ich es, der den Kranz an seiner Statt erhielt und nach Hause brachte. Ich nahm ihn für Thalia entgegen, da es nun meine Aufgabe war, hierin und in allem andern an ihrer Stelle zu handeln. Doch hat die Mutter meiner Söhne während der vergangenen fünfundzwanzig Jahre Besseres von mir verdient, als daß ich über sie so in den Tag hineinrede; und schon habe ich mehr niedergeschrieben, als ich dürfte.

Anschließend wurden Reden gehalten, welche die Befreier priesen, die Toten ehrten und die schöne Zukunft der Stadt begrüßten. Wenn wir auch die Herrschaft verloren hätten, sagte man, so hätten wir doch Gerechtigkeit, Zeus' größte Gabe an den Menschen, gefunden. Dann schloß sich ein Wettgesang der Chöre, ein Rennen für Bewaffnete und, bei Einbruch der Dunkelheit, ein Fackellauf für Knaben an.

Ich saß im Stadion und dachte in den Wettkampfpausen daran, wie ich die jungen Burschen auf den Lauf trainiert hatte. Ich wollte hingehen und jene ermutigen, die es nötig haben mochten. Aber es war noch nicht Zeit dazu. Die Wasser- und Weinverkäufer waren geschäftig am Werk, denn der Abend war warm, und die Läufer hatten den Staub des Bodens aufgewirbelt. Wie immer bei solchen Anlässen grüßten sich die Freunde von ihren Plätzen aus (denn es war noch nicht ganz dunkel) und kamen herüber; andere machten ihnen Platz, damit man zusammensitzen konnte. Xenophon winkte mir zu und bahnte sich einen Weg. Wir begrüßten einander herzlich. Die Waffenruhe hatte uns beiden einen willkommenen Anlaß geboten, unsere Freundschaft wieder zu flicken. Ich sagte, ich hätte ihn kürzlich in der Stadt vermißt, und fragte, wo er gewesen sei.

»In Delphi«, antwortete er, »um Apollon zu befragen, wie ich vor meiner geplanten Reise opfern solle.« Ich fragte, ob er weit

verreise. »Ziemlich«, versetzte er, »nach Persien, um für Kyros zu kämpfen.«
Ich starrte ihn an, zu verblüfft, um zu sprechen. Er fuhr fort: »Proxenos, mein thebanischer Freund, hat mir aus Sardis geschrieben. Er steht bereits in Kyros' Sold und sagt, er habe noch nie einen tüchtigeren Soldaten und besseren Mann getroffen. Und Proxenos versteht sich auf solche Dinge. Offenbar braucht man eine Streitmacht, um Banditen aus den Bergen zu vertreiben; und Kyros ist freigiebig, was etwas heißen will für einen Mann, dessen Gut ebenso verschuldet ist wie das meine.«
»Das scheint mir ein etwas merkwürdiges Unternehmen zu sein. Ein Heer von Hellenen ausheben, um Banditen rauszuwerfen? Man kann sich auf das Wort eines Meders nicht verlassen, es könnte dir da alles mögliche blühen. Hast du das Orakel denn nicht befragt, wenn du schon dort warst, ob du überhaupt gehen sollst?« Er lachte reichlich verlegen. »Das fragte auch Sokrates. Nun, ich muß gestehen, daß ich meine Absicht gar nicht mehr ändern wollte. Hätte aber Apollon viel einzuwenden gehabt, würde er mir wohl einen Wink gegeben haben.«
Ich machte mir größere Sorgen um ihn, als ich zugeben wollte. Selbst in Friedenszeiten schadete er sich zu Hause beträchtlich, wenn er dem ehemaligen Gönner Lysanders sein Schwert zur Verfügung stellte. Aber er mußte es ja wissen, er war ein Soldat und kein Dummkopf. Eigentlich wollte ich ihn fragen, weshalb er die Stadt verlasse, zu einer Zeit, da sie sich eben wieder erhebe, aber ich stellte die Frage nicht. Obgleich er noch immer die Haltung eines Reiters und Offiziers wahrte, lag doch seit dem Waffenstillstand etwas Dunkles und Bedrücktes über ihm; er sah aus wie ein Mann ohne Zukunft. Er hatte, wie es ihm scheinen mußte, durch alle Schwierigkeiten hindurch Schritt für Schritt im Einklang mit seiner Ehre gehandelt; schließlich hatte er die Tyrannen wie jedermann verabscheut, aber die Augen waren ihm spät aufgegangen, und es stimmte, daß die Stadt

gegenwärtig für ehemalige treue Anhänger der Dreißig wenig Verwendung hatte.

»Jeder Mann wünscht«, fuhr er fort, »irgendwo auf Erden seinen Namen zu verewigen. Selbst ein Knabe fühlt das, der seinen Namen in eine Baumrinde ritzt. Zuweilen habe ich davon geträumt, eine Stadt zu gründen; doch das steht bei den Göttern.« Ein Weinverkäufer kam vorbei, und er spendete mir eine Schale Wein; es war der gewöhnliche herbe Stoff, den sie bei den Spielen ausschenkten. »Zudem«, sagte er, »möchte ich Kyros studieren. Man sagt von ihm, er sei zum Regieren geboren, und ich möchte wissen, aus was für einem Holz ein solcher Mann geschnitzt ist. Man hört immer viel von dieser oder jener Partei und wie sie sich besser als jede andere für die Regierung eigne. Wie Sokrates immer sagt: ein Maurer oder Schmied kann genau sagen, ob sich einer für sein Handwerk eignet oder nicht, aber noch keiner hat die für einen Herrscher erforderlichen Eigenschaften klar bestimmt, oder vielmehr ist sich niemand über die Definition einig. Aus mangelnder Begriffsbestimmung aber entsteht immer Unheil, am meisten offenbar dann, wenn gerade diese Eigenschaften überhaupt nicht festgelegt sind.«

»Viel Glück denn«, versetzte ich, »zu deiner Definition. Doch bringe sie wieder zurück nach Athen, damit deine Freunde auch etwas davon haben.« Ich blickte ihn an und schluckte den herben Wein hinunter wie einer, der weiß, daß ihm noch Schlimmeres bevorsteht. Ich spürte, daß ich den Jüngling, den ich noch in meiner Erinnerung trug, zum letztenmal sah. Ich hatte recht. Als ich ihn wieder traf, waren fünf Jahre vergangen, und es war nicht in Athen. Er war braungebrannt wie der Riemen eines Wurfspeers und so hart wie dessen Schaft: ein Soldat, dessen Wiege offenbar ein Schild gewesen. Doch die merkwürdigste Veränderung an ihm, der das Herkömmliche immer so hochgehalten hatte, war wohl jene unbekümmerte Nachlässigkeit des Fremdlings, wie man sie bei irregulären Truppen von besonders gutem Ruf immer antrifft: Männer, die zu sagen scheinen: »Kümmert euch um eure eigenen Angelegenheiten, die ihr nie erlebt habt, was wir erlebten. Wir sind unsere eigenen Richter.«

Er ging zu ein paar anderen Freunden. Als ich sah, daß mir jemand winkte, stand ich auf, erkannte Phaidon und ging zu ihm hin. Platon stand neben ihm, und ein paar Bänke weiter saß Sokrates im Gespräch mit seinem alten Freund Chairephon, der aus seiner Verbannung bei den Demokraten wieder zurück war. Sie sahen mich nicht, da ich von hinten kam, doch Platon nötigte mich auf den Platz neben ihm. Wenn wir uns in der Öffentlichkeit treffen, erweist er mir immer große Höflichkeit. Aber er lädt mich nicht in sein Haus ein. Obwohl ich mich nie rühmte, Kritias erschlagen zu haben (denn keiner wird sich dessen rühmen, was er zu teuer erkauft hat), war diese Tatsache doch einigen Leuten bekannt; und es wird zweifellos ein schlimmer Tag für die Stadt sein, wenn die Menschen einmal so ehrfurchtslos sind, daß sie den Gastgeber dessen spielen, der das Blut eines ihrer Verwandten vergossen hat.

Wir sprachen über Belangloses und schauten dem Gaukler zu, der im Stadion Fackeln in die Luft warf, denn die Dämmerung sank herab. Auf der Bank unter uns sprach Anytos mit einigen Freunden. Auch er war an diesem Tag für seine Arbeit in der Widerstandsbewegung bekränzt worden, und niemand hatte das mehr verdient. Er hatte in der Verbannung fast ebenso angestrengt gearbeitet wie Thrasybulos und sich im Piräus tapfer geschlagen, obwohl er nicht mehr der Jüngste war. Er war nicht der Mann, der eine Arbeit nur halb verrichtete. Schon vor langer Zeit, als noch die ganze Stadt in Alkibiades verliebt war, war die Leidenschaft Anytos' berühmter als alle anderen gewesen und hatte ihm Spott und sogar öffentliche Beleidigung eingetragen. Einmal hatte er ein Gastmahl gegeben, an dem angeblich der Jüngling nicht teilnehmen wollte. Anytos aber hörte nicht auf zu drängen und flehte ihn fast auf den Knien an, unter allen Umständen zu kommen. Alkibiades ging lachend davon, und als die Gäste eintrafen, war er nicht dabei. Mittendrin aber tauchte er auf und stand auf dem Torweg. Man forderte ihn auf einzutreten, doch er schwieg und schickte seinen Diener die auf einem Tische stehenden silbernen Weinschalen holen und ging mit ihnen, noch immer ohne ein Wort zu sagen, fort. Das trug sich noch in jenen Tagen zu, als er Sokrates nachlief, der, ohne je etwas für sich selbst zu begehren, den Jüngling wohl noch mehr zum Verächter seiner sklavischen Anbeter gemacht hatte.

Heute aber wurde Anytos überall als Retter der Demokratie gepriesen und war geradezu Muster und Vorbild eines Demokraten geworden. Er tat sich viel darauf zugute, wie ein Arbeiter die rechte statt die linke Schulter zu entblößen, und das, obgleich er sehr wohlhabend war und in seiner Gerberei sowohl Freie wie auch Sklaven beschäftigte. Er machte sich in der Politik einen Namen, und an diesem Abend wurde sein Gespräch mit den Freunden durch viele Begrüßungen unterbrochen.

»Nun«, sagte er gerade, »dafür kämpfen wir, und nun haben wir es erreicht. Hier sitzt das Volk, wieder in seine Rechte eingesetzt, das einfache Volk, brüderlich vereint, seinen Triumph zu verkünden, die alten Tugenden zu ehren und sich gemeinsam an seinem Stolz- und Glücksgefühl zu freuen. Ein Tag des Spottes für die Unbeherzten, die Zögernden, die Wortverdreher und alle, die diesen Kampf nicht zu ihrem eigenen machten. Ihnen gehört die Zukunft. Das ist ihr Tag!«

Seine Freunde zollten ihm Beifall. Doch Platon wandte sich ungeduldig zu Phaidon und sagte: »Was will der Mann mit seinen hochtrabenden Worten? Wer ist dieses Volk? Welche Leute? Wer sind diese schlichten ... du vielleicht, Phaidon? Und du, Alexias, empfindest du dein Glück? ... Verzeih. Es steht dir frei, mich dasselbe zu fragen.«

Ich antwortete: »Es ist wohl nur eine Redensart.« Seine Stimme war immer laut und deutlich; aus Anytos' Rücken schloß ich, daß er alles mitangehört hatte.
»Dann ist es eine schlechte Redensart, denn sie bezeichnet etwas, das es nicht gibt. Es gibt hier kein ›Volk‹. Wohl sehe ich zwanzigtausend Körper, die alle eine Seele beherbergen, die Mittelpunkt eines Kosmos ist, den kein anderer sieht. Hier sitzen sie zusammen und schlagen in Gesellschaft ein wenig die Zeit tot, ehe ein jeder die Fron seiner Einsamkeit wieder auf sich nimmt, durch die einzig seine Seele leben oder sterben wird: seinen Heimweg zu Gott. Wer kann Gutes tun, ohne zu wissen, was gut ist? Und wie will man es finden außer durch Nachdenken, Gebet oder das Gespräch mit einigen befreundeten Wahrheitssuchern oder beim Lehrer, den der Gott einem gesandt? Auch steckt das Gute nicht in einem Schlagwort, das auf der Agora gebrüllt wird, das allen Zuhörern dasselbe bedeutet, nein, es muß durch langwierige Selbsterkenntnis und die Einsicht in die Hintergründe unserer Irrtümer und durch Zügelung der Begierde erarbeitet werden, die wie ein hartmäuliges Pferd unterworfen sein will, bis die Seele sich wieder der Wahrheit unterwirft und es sich nach langer Mühsal wie ein Stück Gold herauskristallisiert. Dergleichen Dinge geschehen aber nicht in einer Masse, im Gegenteil, sie weichen aus wie ein Rohr dem Wind, aus Zorn oder Angst oder Vorurteil, die in ihrer Unwissenheit von einer falschen Erkenntnis angekränkelt oder selbst einer an sich richtigen Ansicht angesteckt werden, die aber noch nicht abgewogen und gesiebt worden ist. Was ist das Volk, daß wir es anbeten sollten? Sollen wir im Menschen das Tierische statt des Göttlichen anbeten?«
Ich bemerkte, wie Anytos sich umblickte und sich zu reden anschickte. Er war nun offensichtlich erzürnt; doch als er mich sah, hielt er inne, da er wohl glaubte, ich sei der geeignete Mann, die Sache zu regeln.

»Aber«, wandte ich ein, »die Menschen müssen zusammenkommen, um Gesetze zu erlassen, Krieg zu erklären und die Götter zu ehren. Bei solchen natürlichen Aufgaben müssen sie sich als Demos fühlen, wie sich Seeleute als Mannschaft fühlen.«

»Ja, aber sie mögen vor der Lüge in ihrer Seele auf der Hut sein. Die Menschen vergöttern solche Worte, und dann, im Gefühl, Teil eines Ganzen zu sein, das kein Unrecht begehen kann, bläht sich ihre Hybris auf, und sie sehen nur noch, wie hoch sie über anderen Menschen, und nicht mehr, wie tief sie unter den Göttern stehen. Was ist der Demos anderes als eine Meereswoge, die von Ufer zu Ufer tausendmal ihr Wesen ändert? Welches ist sein Urbild? Wir wollen annehmen, der göttliche Geist enthalte neben den Ideen der Gerechtigkeit, Heiligkeit und Wahrheit eine sie alle umfassende Idee des Menschen, in jeder Hinsicht vollkommen und wahr, wie Zeus, der Schöpfer, sie zuerst erdacht. Man mag der Ansicht sein, daß ein so erschaffener Mensch einem Gotte näher stehe, und doch ist in der Ordnung des Alls noch Raum für ein solches Bild. Wie kann es aber eine Idee des Volkes geben? Wer kann sie fassen, abgesehen von der Liebe? Hast du die Idee des Volkes geliebt, Alexias, als du nach Phyle gingst? Nein. Du hast die Freiheit geliebt und konntest logisch genug denken, um zu wissen, daß in deiner Umarmung allein das zugrunde gehen würde, was du liebst. Darf ich von Lysis sprechen, da wir ja heute hier sind, um seiner zu gedenken? Er liebte als wahrer Sohn des Zeus die Gerechtigkeit, und er wollte sie teilen, wie alles Gute, das er besaß. Weshalb sollte er den Demos lieben, er, der großherzig genug war, um die Menschen zu lieben? Selbst wenn Zeus, der Allwissende, diesen vollkommenen Menschen, den wir postuliert haben, auf die Erde stellen sollte, würde der den Demos lieben? Ich glaube kaum. Er würde den Herrn wie den Knecht, den Sklaven wie den Freien, Hellenen wie Barbaren, ja sogar viel-

leicht die Bösen lieben, denn auch sie sind Gefängnisse göttlich geborener Seelen. Der Demos aber würde sich mit den Tyrannen verschwören und fordern, daß er gekreuzigt werde.« Drunten im Stadion ertönte Musik; eine Schar Jünglinge trat ein, mit Helm und Schild, die einen Speere, die anderen Fackeln in der Hand, um für Zeus zu tanzen. Phaidon stand auf und sagte: »Macht Schluß mit eurem Streit, denn vor Beginn des Rennens möchte ich noch ein Wort mit Sokrates sprechen.«
»Wir wollen alle gehen«, sagte Platon. Doch als wir uns erhoben, sagte Anytos, der sich diesmal ganz umgedreht hatte: »Das dachte ich mir!«
»Nun?« fragte Platon und wartete. Anytos versetzte: »Du bist also ein Schüler von Sokrates, nicht wahr?« – »Nein«, entgegnete Platon, zog die Brauen hoch und ließ sie plötzlich wieder fallen. »Aber ich bin stolz darauf, sein Freund zu sein. Du entschuldigst mich.« Er ging hinter Phaidon weg, der es nicht gehört hatte.
Ich wollte ihm eben folgen, als Anytos mich plötzlich am Mantel festhielt. Er hatte die Gewohnheit, seine Gesprächspartner zu tätscheln, ihnen auf die Schulter zu klopfen und sie anzufassen, da er ein Feind aller Distanz und Zurückhaltung war. Sie hatten für ihn den Geruch der Oligarchie. Ich war mir der Achtung bewußt, die ich seinen Leistungen schuldete, weshalb ich mich aus Höflichkeit nicht widersetzte.
»Ich wundere mich, Alexias«, fuhr er fort, »daß du, der am heutigen Tage hier bekränzt und vom Demos als Freund geehrt worden bist, diesen reaktionären Mist anhören kannst, ohne die Geduld zu verlieren. Ich dachte, du hättest wenigstens aufgehört, dich von Sokrates narren zu lassen, jetzt, da du ein Mann geworden bist.« – »Aber, Anytos, ich habe hier und in Samos als Demokrat gekämpft, nur weil Sokrates mich lehrte, selbständig zu denken. Und Platon gab die Tyrannen preis, um Sokrates' willen, obgleich einige seine Verwandten waren. Sokrates bringt

jeden dazu, nach der Wahrheit zu suchen, die in ihm verborgen liegt.«

Ich konnte erkennen, daß er nur darauf wartete, bis ich ausgeredet hätte, um dann zu sagen, was er vorbereitet hatte, ganz, als hätte ich überhaupt nicht gesprochen. Es war mir in seiner Gegenwart wohl gewesen, da es mir gefiel, wie er jedermann als seinesgleichen behandelte, aber es ist befremdlich, mit einem zu sprechen, den unsere Gedanken gar nicht erreichen. Urplötzlich war mir, als sei ich von einer großen Wüste umgeben, ich verspürte sogar den Schrecken des Pan, des Herdentreibers, wie er uns an einsamen Orten überfällt.

»Dieser Mann«, entgegnete Anytos, »ist, soweit ich mich zurückerinnern kann, immer mit reichen Müßiggängern gesehen worden, die ihr Vorrecht auf Muße zur Schau stellten und ihre besten Jahre vertrödelten, während sie einen ehrlichen Beruf hätten ausüben können. Kannst du leugnen, daß Kritias sein Schüler war? Oder möchtest du lieber sagen, sein Freund? Und was noch schlimmer ist, seit die Demokratie wieder hergestellt wurde, hat er sie verspottet und untergraben.«

»Das glaube ich nicht«, entgegnete ich, »ich weiß wahrhaftig nicht, was du meinst, es sei denn, daß Sokrates es für töricht hält, Archonten und Richter durch das Los wählen zu lassen. Er ist der Ansicht, daß keiner den Arzt durch das Los wählt, wenn sein Sohn erkrankt ist. Oder du vielleicht?«

Sein Gesicht wurde dunkelrot. Ich begriff, daß ich etwas in ihm berührt hatte, das ihn quälte. »Beherzige meinen Rat«, fuhr er fort, »und bleibe nicht bei ihm, bis er deinen Geist verdorben hat und dich ohne Grundsätze, ohne Religion oder jegliche Ehrfurcht zurückläßt, wie er es mit anderen jungen Männern getan hat.« – »Mich verdirbt? Ehe ich mit Sokrates sprach, wußte ich nicht, was Religion ist. Es wäre zu spät, ihn jetzt zu verlassen, Anytos. Seit meiner Kindheit war er mir ein Vater und noch viel mehr.« Auf seiner Stirn schwoll eine Ader an, und als er weiter-

sprach, merkte ich, daß er, jenseits aller Logik, nur noch seinen Gefühlen Ausdruck gab.
»Mehr als ein Vater! Genau das. Hier liegt die Wurzel des Übels. Wer kann einen Jüngling besser führen als sein eigener Vater, das möchte ich gerne wissen?« – »Das kommt darauf an«, versetzte ich, »ein Steuermann könnte es vielleicht, wenn er sich zur See befindet, glaubst du nicht auch? Oder ein Arzt, wenn er Fieber hat? Die Stadt scheint zu glauben, selbst ich könnte es besser, wenn der Jüngling zufällig laufen lernen soll.« Und ich begann von jenen zu sprechen, die sich im Fackellauf maßen, in der Absicht, ihn etwas zu beruhigen. Aber er wurde nur noch zorniger. »Spitzfindigkeiten!« antwortete er. »Endlose Spitzfindigkeiten, die alle gesunden Grundsätze zerfressen, die der Instinkt einem jeden als wahr empfiehlt. Wie kommt er nur zu dieser Macht über die Jugend? Indem er ihr schmeichelt, natürlich, und sie glauben macht, es sei ihre Aufgabe im Leben, etwas möglichst Ausgefallenes zu werden, wie jener junge Guckindieluft, der soeben den Demos verspottet hat. Indem er sie lehrt, ein ehrbares Gewerbe zu betreiben, wo sie die Bedeutung der wahren Demokratie im Austausch mit ihren Arbeitskameraden lernen könnten, sei Zeitverschwendung für ihre kostbaren Seelen, und wenn sie nicht den lieben langen Tag mit ihm in den Säulengängen herumlungerten und alles Heilige zerredeten, zu Klötzen würden – wie ihre armen Väter, die nur Blut geschwitzt haben, damit sie als Bürger und nicht als Sklaven leben konnten.« – »Er hat sich selbst in einem Handwerk ausgebildet und ist stolz darauf. Die ganze Stadt weiß das!« – »Sprich zu mir nicht von Sokrates. Wenn die jungen Leute für seinen Unterricht nichts bezahlen müssen, beim Hund, ihre Väter haben dafür zu bezahlen.«
Ich folgte seinem Blick und wußte bereits zum voraus, was ich sehen würde. Sein Sohn, Anthemion, ein Jüngling von achtzehn Jahren, saß ein wenig weiter drüben in einer Gruppe von Kauf-

mannssöhnen, die ihn mit Bewunderung anblickten. Nach dem Klang ihres Gelächters zu schließen, mußte er ihnen eben eine Zote erzählt haben; als ich hinblickte, winkte er den Weinverkäufer heran, bereits zum zweiten- oder drittenmal. So herb der Wein auch war, er trank ihn unvermischt, wie Männer, die ihn nicht mehr missen können. Er war ein Jüngling mit fahlem Haar und fahlen Brauen, einem geröteten und beweglichen Gesicht und verwegenen Augen.

»Er spricht mehr, als für ihn gut ist«, sagte ich. »Alle seine Freunde bedauern das. In den Tagen, als er noch zu Sokrates kam, sah ich ihn überhaupt nie trinken. Ich glaube nicht, daß er glücklich ist. Nicht – und davon bin ich überzeugt – weil er sich für zu gut hält, in deiner Gerberei zu arbeiten, aber vielleicht, weil es ihn davon abhält, sich zu entfalten, wie es etwa einem Vogel ginge, den man in einen Käfig sperrt, wenn seine Flügel wachsen.« – »Albernes Gewäsch!« versetzte er. »Was glaubt er denn zu sein? Er muß seine Lehrzeit absitzen wie jeder andere. Ich kämpfe für die Gleichheit unter den Menschen. Keiner soll von mir sagen dürfen, ich hätte meinen Sohn dazu erzogen, etwas Besseres zu sein als seine Mitbürger.«

»Müssen wir denn die Liebe zum Vortrefflichen hintanstellen, bis jeder Bürger sie in sich fühlt? Anytos, ich habe nicht gekämpft, um mich bekränzen zu lassen, wo ich gar nicht mitgelaufen bin, sondern für eine Stadt, in der ich wissen kann, wer wirklich meinesgleichen ist und wer besser, um ihm Ehre zu erweisen, für eine Stadt, in der das Alltagsleben eines Mannes seine eigene Angelegenheit ist und in der mir keiner eine Lüge aufzwingen kann, nur weil sie einträglich oder der Wille irgendeines anderen ist.«

Während ich sprach, schienen mir meine Worte Ausdruck der eigenen Gedanken zu sein, die ich keinem verdankte außer einem Erinnern in meiner Seele, aber als ich über das Stadion hinwegblickte, dorthin, wo sie auf der Akropolis in der hereinbrechenden Dunkelheit die Lichter anzündeten, sah ich durch einen Torweg die Lichter von Samos erglänzen und die Weinschale auf einem blankgescheuerten Holztisch stehen. Dann bemächtigte sich meiner der Schmerz über den Verlust wie ein nächtlicher Messerstich, nachdem man den ganzen Tag auf der Hut gewesen. Die Welt wurde leer, zu einem Ort der Schatten; doch keiner reichte mir eine Schale mit Lethe, um mich den Trunk der Vergessenheit trinken zu lassen.

»Nein«, dachte ich, »ich würde sie auch nicht trinken. Denn er lebt hier, in dem, was wir erreicht haben: in den Knaben dort drunten, die für Zeus tanzen; in den Leuten, die als freie Bürger zuschauen können und deren Gedanken auf ihren Gesichtern geschrieben stehen; selbst in diesem törichten Greis, der seine Meinung ausspricht, wie sie nun einmal ist, ohne dazu gezwungen zu sein, und in Sokrates, der zu seinen Freunden sagt: ›Entweder werden wir finden, wonach wir suchen, oder uns doch von der Überzeugung befreien, etwas zu wissen, was wir nicht wissen.‹«

Ich blickte über die Bankreihen hinab und sah ihn im Gespräch mit einem Weinverkäufer, dem Chairephon eben eine Runde abkaufte. Die Fackeln für das Rennen waren bereits angezündet worden und beleuchteten die maskenhaften Züge des alten Silen; und Platon und Phaidon lachten. Ich berührte den Ring an meinem Finger und sagte in meinem Innern: »Schlafe ruhig, Lysis. Alles ist gut.«

Dann drang Anytos' Stimme, die ich für einige Zeit nicht beachtet hatte, wieder an mein Ohr. »Er hat euch auch eine neue Religion gelehrt, sagst du. Das kann ich glauben. Selbst die heiligen Olympier sind für ihn nicht gut genug. Er muß seine eigene Gottheit haben, die ihm das Orakel spricht und die er über die Götter der Stadt emporhebt. Er ist ein Frevler, er ist ein Feind der Demokratie, mit einem Wort, er ist unathenisch. Ich bin nicht der einzige, der davon genug hat. Nur sein Einfluß bei

hoher Stelle hat ihn davor bewahrt, schon seit langem den verdienten Lohn zu erhalten. Aber dies ist eine Demokratie.«
Ich wandte mich ihm wieder zu und sah in seine Augen. Da wußte ich plötzlich, was es war, das mich an seiner Stimme so gestört hatte. Es war das Gefühl der Macht. Ein kühler Wind wehte vom Ilissos herauf und fegte durch das Stadion. Er drückte die Flammen der Fackeln nieder, und die schwarze Nacht neigte sich herab. Von oben berührte jemand meine Schulter.
»Kommst du nicht, Alexias? Deine Jünglinge warten auf dich. Bald erfolgt das Startzeichen, der Tanz ist bereits vorüber, und gleich werden sie den Hymnos anstimmen.«
Noch während er sprach, hob der Choregos seinen Stab, und der Chorgesang der jungen Knaben stieg wie ein Schwarm leuchtender Vögel zum verblassenden Himmel empor und rief Zeus, den König, den Allwissenden, den Spender von Weisheit und Gerechtigkeit unter den Menschen an. Ich erhob mich, und vor mir, während die Stimme Anytos' neben mir redete und redete, sprach Sokrates im Fackellicht mit Phaidon, die Weinschale in der Hand.

Dieses Buch fand ich unter den Papieren meines Vaters Myron, die mir nach seinem Tode zugekommen sind. Es müssen wohl die Aufzeichnungen meines Großvaters Alexias sein, der plötzlich auf der Jagd starb, als ich noch ein kleines Kind war und er etwa fünfundfünfzig Jahre zählte. Ich habe sie zusammengebunden, wie sie waren, da ich keine Fortsetzung finden konnte. Ob mein Großvater das Buch beendet hatte, weiß ich nicht.
Alexias, Myrons Sohn, Phylarch der Athenischen Reiterei, dem Göttlichen Alexander, König von Mazedonien, dem obersten Schutzherrn aller Hellenen.

Zeittafel

v. Chr.

431 (Nehemia baut Jerusalem wieder auf. Rom unterwirft die Volsker endgültig.)
Ausbruch des Peloponnesischen Krieges.
Belagerung von Potidäa. Sokrates rettet als 38jähriger dem 18jahrigen Alkibiades das Leben und verzichtet zu dessen Gunsten auf die Tapferkeitsauszeichnung.

430 Spartaner fallen in Attika ein. Die Pest in Athen. Xenophon um diese Zeit geboren.

429 Tod des Perikles. Andauern der Pest.

428 Die Spartaner in Attika. Wahrscheinliches Geburtsjahr Platons.

427 Fall von Mytilene. Begnadigung der Lesbier. Die Spartaner in Attika.

425 Sieg bei Pylos durch Demosthenes. Die Spartaner in Attika. Athen fordert von den Zwangsverbündeten doppelten Tribut.

424 Schlacht von Delion. Athener von den Thebanern besiegt, deren Elitetruppen von Freunden später als Heilige Schar von Theben bekannt wurden. Alkibiades rettet Sokrates während des Rückzuges. Thukydides verbannt.

423 Einjähriger Waffenstillstand. Aristophanes führt *Die Wolken* auf, worin Sokrates als Aufrührer dargestellt wird, der die Jugend verführt.

422 Angriff auf Amphipolis. Kleon und der Spartanergeneral Brasidas getötet. Autolykos gewinnt als 17jähriger sei-

nen ersten Kranz bei den Panathenischen Spielen; die Ursache dieser Veranstaltung wird in Xenophons *Symposion* beschrieben.

421 Friede des Nikias.

420 Olympische Spiele. Verschwenderischer Aufwand des Alkibiades, der sieben Wagen einsetzt und damit den ersten, zweiten und vierten Preis gewinnt.

419 Alkibiades bringt das Bündnis mit Argos zustande.

418 Athen nimmt den Krieg wieder auf.

416 Nach einer Belagerung wird Melos von den Athenern eingenommen. Die erwachsenen Männer werden hingerichtet, die Kampfuntauglichen versklavt, darunter wahrscheinlich auch Phaidon.

Agathon erhält den Tragödienpreis, was Anlaß zu der Gesellschaft gibt, die in Platons *Symposion* beschrieben wird.

415 Erstaufführung der *Troerinnen* von Euripides.

Vorbereitung auf den Sizilianischen Feldzug.

Hermenzertrümmerung und Anklage des Alkibiades.

Beginn des Feldzuges im Frühsommer.

Alkibiades, zur Aburteilung nach Athen zurückberufen, flieht nach Sparta.

Aufführung der *Vögel* von Aristophanes.

413 Dekeleia von den Spartanern eingenommen und auf Rat des Alkibiades befestigt. Mykalessos in Böothien von den Thrakern unter athenischer Führung eingenommen. Barbarische Niedermetzelung der Zivilbevölkerung, darunter Kindern in der Schule.

Timaea, die Gattin des Königs Agis, von Alkibiades verführt.

Verstärkung nach Sizilien entsandt unter der Führung von Demosthenes, dessen Nachtangriff unter schweren athenischen Verlusten zurückgeschlagen wird. Nikias

mit der Rückkehr einverstanden. Abreise aber durch die Mondfinsternis vom 27. August verzögert.
Schiffsschlacht im Hafen und totale Vernichtung der athenischen Flotte.
Rückzug des athenischen Heeres, das völlig aufgerieben wird.

412 Feldzüge des Alkibiades auf den Ionischen Inseln. Ausgedehnte Revolten der tributpflichtigen Verbündeten Athens. Sparta anerkennt den persischen Anspruch auf Ionien und erhält dafür Gelder, um die Flotte zu finanzieren.
Die Athener zu den Isthmischen Spielen eingeladen.
Alkibiades bei den Persern, von Tissaphernes ausgehalten.

411 Umsturz der Demokratie in Athen. Versprechen für die Schaffung eines Rates der Viertausend nicht eingelöst. Politische Morde und Schreckensherrschaft. Revolution in Samos mit Alkibiades' Hilfe niedergeschlagen, der die Oligarchen verabschiedet (laut Thukydides, weil er ihnen mehr versprochen hatte, als die Perser geben wollten).
Gegenrevolution in Athen durch die gemäßigten Konservativen unter der Führung von Theramenes. Noch rechtzeitig erfolgt, um die Übergabe der Stadt an die Spartaner zu verhindern. Vierhundert Oligarchen gestürzt. Ihre Anführer verbannt.
Euböa von den Spartanern genommen. Empfindliche Verluste an Ackerland und Privatgütern.
Die wiederhergestellte Demokratie ruft Alkibiades zurück, der es aber vorzieht, als Oberbefehlshaber der Flotte in Samos zu bleiben. Aufführung von Aristophanes' *Lysistrata* und *Thesmophoriazusen.*

410 Alkibiades Sieger in der Ägäis.

409 Agathon und möglicherweise auch Euripides verlassen Athen und gehen nach Makedon.

408 Alkibiades erobert Byzanz zurück und zieht im Triumph in Athen ein.

407 Lysander Oberbefehlshaber der spartanischen Flotte.

406 Antiochos von Lysander in der Schlacht bei Notium (Kap Rain) geschlagen.

Alkibiades abgesetzt.

Schlacht bei den Arginusen (Weißen Inseln). Schwere Verluste, weil die zerstörten Schiffe ihrem Schicksal überlassen wurden. Verfassungswidrige Verurteilung der Generäle. Sokrates protestiert dagegen.

Friedensangebot der Spartaner. Der Demagoge Kleophon verlangt Ablehnung.

405 Auf Ersuchen von Kyros wird Lysander wieder zum Befehlshaber ernannt.

Blockade von Lampsakos.

Athenische Flotte bei Aigospotamoi (Ziegenbucht) vernichtet. Allgemeine Erhebung der Zwangsverbündeten, mit Ausnahme von Samos.

404 Belagerung Athens. Theramenes verhandelt in Salamis. Hungersnot erzwingt die Übergabe im April.

Lysander setzt in Athen die Dreißig Tyrannen ein.

Schreckensherrschaft. Alkibiades in Phrygien ermordet. Autolykos ermordet.

Theramenes bewirkt, daß 3000 Athenern die Bürgerrechte verliehen werden.

403 Kritias denunziert Theramenes. Thrasybulos und die Siebzig besetzen Phyle. Justizmord an Eleusiniern. Einnahme des Piräus und Schlacht von Munychia. Kritias getötet.

König Pausanias von Sparta interveniert: Proklamation einer Amnestie, Rückzug der Besatzungstruppen.

402 Lysander abgesetzt.

401 Kyros im Erbfolgekrieg gegen Artaxerxes getötet. Sein Söldnerheer von 10 000 Griechen führerlos, seine Generäle, darunter Proxenos, der Freund Xenophons, werden von Tissaphernes verräterisch umgebracht. Xenophon vereinigt die verzweifelten Truppen und marschiert mit ihnen, unterstützt von anderen jüngeren Offizieren, durch unwirtliche und feindliche Gegenden von Babylon zum Hellespont.

400 König Agis stirbt. Sein Sohn wird von der Thronnachfolge ausgeschlossen, da der Verdacht besteht, sein wahrer Vater sei Alkibiades gewesen.

390 Xenophon verbannt.

Sokrates angeklagt, verurteilt und nach 30 Tagen Gefängnis (da die Rückkehr des Heiligen Schiffes aus Delos abgewartet wurde) hingerichtet. Platon und andere Freunde bleiben bis zum letzten Augenblick bei ihm und fliehen dann nach Megara.